स्वाधीनता संग्राम में राजस्थान की आहुतियाँ

(1805 ई - 1947 ई)

द्वितीय संस्करण

डॉ. कन्हैयालाल राजपुरोहित

एसोशिएट प्रोफेसर (से.नि.), राजनीति विज्ञान,

जयनारायण व्यास विश्वविद्यालय, जोधपुर

साईन्टिफिक
पब्लिशर्स

प्रकाशक

साईन्टिफिक पब्लिशर्स (इंडिया)

5–ए न्यू पाली रोड़,
पो.बॉ. नं. 91
जोधपुर – 342 001 भारत
E-mail: info@scientificpub.com
Website: http://www.scientificpub.com

ISBN: 978-93-89184-04-4
eISBN: 978-93-89184-05-1

भारत में मुद्रित

समर्पण

हुआ दुखी हिंदवाण रा रुकी न गोरां राह।
विकट लड़्यौ विखौ सह्यौ वाह आऊवा वाह।।

माँ के 'ओरणे' की लाज रखने वाले आऊवा के शहीदों की पावन स्मृति में।

द्वितीय संस्करण : आत्म निवेदन

सदियों से विदेशी आक्रमणों व आधिपत्य से पद-दलित होते हमारे देश पर अट्ठाहरवीं सदी में ब्रिटिशा शासन की स्थापना सर्वाधिक विनाशकारी विभीषिका थी। अपनी प्रकृति से ही वह पूर्ववर्ती विदेशी शासनों की तुलना में ज्यादा घातक था क्योंकि श्री अरविन्द के शब्दों में ''जब बनिया शासक बन जाता है तो वह सबसे बुरा शासक सिद्ध होता है।'' इस वणिक् राज के दमघोटू नागपाश से मुक्ति पाने के लिये लम्बा संघर्ष चला। अगणित बलिदान दिये गये। भारत का मुक्ति संग्राम ब्रिटिश शासन के 'अंधकार युग' की समाप्ति के लिये था, जिसमें देश के सभी हिस्सों ने भूमिका निभायी। किन्तु बलिदान व उत्सर्ग से भरपूर इस महागाथा की प्रस्तुति में राजस्थान का कहीं उल्लेख नहीं होता। जैसे देश में अन्यत्र हो रही हलचल से यह प्रदेश सर्वथा अछूता था।

असल में ब्रिटेन के उपनिवेशवादी शासन के अन्तर्गत तो तिहरी गुलामी ने राजस्थान को लस्त-पस्त कर दिया था। पूरा प्रदेश ब्रिटेन द्वारा संरक्षित मध्यकाल की भग्नावशेष प्रजापीड़क सामन्ती व्यवस्था के प्रहारों से अवसन्न था। इसके बावजूद स्वाधीनता संघर्ष में १८५७ ई. के प्रथम स्वतंत्रता संग्राम से लेकर आज़ादी की भोर तक राजस्थान कभी निःश्चेष्ट नहीं रहा पर विडम्बना यह है कि इतिहास ग्रन्थों में इसका उल्लेख नहीं मिलता। राष्ट्रीय स्तर पर तो छोड़िये, स्वयं राजस्थान में नई पीढ़ी को इस तथ्य से अवगत नहीं कराया गया है कि हमारे पूर्वजों ने अत्यन्त प्रतिकूल हालात होते हुए भी भारत के मुक्ति संग्राम में क्या भूमिका निभायी? हम उस थाती से अनजान हैं। विश्वविद्यालय अनुदान आयोग की पहल पर पिछली सदी के नवें दशक में विश्व विद्यालय के मानविकी पाठ्यक्रम में इस विषय को जोड़ने की आधी-अधूरी चेष्टा हुई पर जिस शिद्दत से जिसे उभारा जाना चाहिये था, वैसा नहीं हुआ।

प्रस्तुत कृति के प्रथम संस्करण में भारतीय स्वाधीनता संग्राम में हमारे प्रदेश के योगदान को सिलसिलेवार अभिलेखीय व समकालीन साहित्यिक प्रमाणों के आधार पर प्रस्तुत करने का प्रयास किया गया था। पहिला संस्करण अप्राप्त हो चुका है। फलत: इस विषय के महत्व को देखते हुए इसका द्वितीय संस्करण नई पीढ़ी को अपनी विरासत से परिचित कराने के महत् उद्देश्य से प्रकाशित किया जा रहा है। असल में यह बुनियादी महत्व का ऐसा विषय है जिसकी जानकारी छात्रों को शालायी स्तर पर ही दिया जाना अत्यावश्यक है ताकि हमारी नई पीढ़ी राजस्थान के यशस्वी अतीत से परिचित हो सके। अपनी मातृभूमि के प्रति अहोभाव से स्पन्दित हो सके। उसका मन ऐसे संस्कारों से संस्कारित हो सके कि वह राष्ट्र के भविष्य निर्माण में सार्थक योगदान देने में समर्थ बन जाए और राजस्थान के योगदान के सम्मुख प्रश्नचिन्ह खड़े करने वालों से प्रतिप्रश्न पूछ सके कि –

हमने बताओ किस तपते सूरज धूप से हार मानी
हमने किस दीवार-ए-चमन के साये में आराम किया।

हिवड़ैतणी हिलोर : प्राक्कथन

आदि ग्रन्थ ऋग्वेद की अमृतवाणी से सर्वप्रथम गुंजायमान, प्राचीनतम शैल शृंखला 'आडावळा' का जनक, मेरु प्रमाण मर्यादा का अधिष्ठान, रंगभीना राजस्थान प्रतिकूलताओं से जूझते हुए ही परवान चढ़ा। जूझना जैसे उसकी नियति बन गयी। बर्बर विदेशी हमलावरों से भारत की अस्मिता की रक्षा के लिए हुए सुदीर्घ संघर्ष की 'हरावळ' में रहने वाले राजस्थान ने तराई के युद्ध से लेकर आलमगीरी विस्तारवाद तक जिस आदर्श के लिये रोमांचित कर देने वाले बलिदानों की अद्वितीय परम्परा को स्थापित किया, वह था स्वतंत्रता का आदर्श। 'अणदागल' प्रणवीर प्रताप के रूप में राजस्थान की स्वातंत्र्य चेतना अपने सर्वोत्तम रूप में रूपायित हुई। स्वतंत्रता के लिए सर्वस्व बलिदान करने वाले राजस्थानी शूरवीर निजंधरी नायक हैं। अत: यह स्वाभाविक था कि भारतीय संस्कृति के सरोरूह का समूलोच्छेद करने पर तुले हुए ब्रिटिश साम्राज्यवाद की दासता के बंधन को तोड़ फेंकने के लिए राष्ट्रीय स्वतंत्रता संघर्ष में राजस्थान बढ़-चढ़ कर भाग लेता। यह उसकी अपनी परम्परा की स्वाभाविक परिणति थी।

इस दृष्टि से यह आश्चर्य की बात है कि भारतीय स्वाधीनता संग्राम के इतिहास लेखन में राजस्थान की भूमिका विद्वानों द्वारा प्राय: अनचीन्ही रह गयी है। नागभट्ट, रायपिथौरा, जयमल-पत्ता व दुर्गादास जैसे स्वातंत्र्य योद्धाओं की धरती के वाशिन्दों ने उन्नीसवीं और बीसवीं सदी में अंग्रेजी साम्राज्यवाद के खिलाफ राष्ट्रीय संघर्ष में जो योगदान दिया, उसकी ओर विद्वानों का ध्यान नहीं के बराबर गया है। वस्तुत: स्वाधीनता संग्राम के दौरान राजस्थान ने सामंती निरंकुशता के नागपाश में बंधे होने के बावजूद बलिदान व त्याग की अपनी पुराकालीन परंपरा को अक्षुण्ण रखते हुए ईस्ट इंडिया कम्पनी की सत्ता प्रसार के प्रारंभिक काल से लेकर गाँधीजी के 'करो या मरो' के आव्हान तक हर चरण में

महती भूमिका निभायी लेकिन वह यशोज्ज्वल प्रेरणादायी कहानी अनकही पड़ी है। इसलिए शेष भारत की तो छोड़िये, स्वयं राजस्थानियों को यह ज्ञात नहीं है कि उनके पुण्यश्लोक पूर्वजों ने निकट अतीत में मातृभूमि की मुक्ति के लिये कितने प्रभूत बलिदान दिये हैं।

उस गौरवपूर्ण कीर्तिकथा से लगभग अनभिज्ञ होने के कारण उनमें आत्म गौरव की वह भावना विकसित नहीं हो पायी जिसकी आभा से 'आमचे शिवाजी महाराज', कहते ही एक महाराष्ट्रवासी का मुख प्रदीप्त हो जाता है। इससे भी बड़ा दु:खद आश्चर्य यह कि स्वयं राजस्थान में स्वतंत्रता प्राप्ति के बाद राजस्थान सम्बन्धी जानकारी को, राजस्थानी भाषा व संस्कृति के अध्ययन को, शिक्षा में कहीं स्थान नहीं दिया गया। फलस्वरूप हम स्वयं से ही अनजान रह गये। हम यह भूल ही गये कि हम किस महान् परम्परा के उत्तराधिकारी हैं? हमारी विरासत क्या है? राजस्थान बोध व इसकी मिट्टी से जुड़ाव की संभावनाओं के द्वार बन्द कर दिये गये। इसलिए एक महत् परम्परा के वारिस होते हुए भी राजस्थानी अपनी ही नजरों में बौने होते चले गये। अपनी जड़ों से अनजान होने के कारण अपनी हर चीज से कटते चले गये।

राष्ट्र की स्वाधीनता के लिए करीब सौ वर्षों तक चले संघर्ष में राजस्थान की कुर्बानियों की ऐसी अनदेखी की गयी कि १८५७ के प्रथम स्वातंत्र्य समर के संदर्भ में लक्ष्मीबाई, नानासाहब व तात्या टोपे को तो हम भावाञ्जलि अर्पित करते हैं पर मारवाड़, मेवाड़, हाड़ौती व शेखावाटी के उन शहीदों से सर्वथा अनभिज्ञ हैं, जिन्होंने फोर्ट विलियम कलकत्ता में आसीन गवर्नर जनरल की नींद हराम कर दी थी। कितने लोग इस तथ्य से परिचित हैं कि १८५७ के संग्राम में राजस्थान के जनसाधारण गोरी सत्ता के विरुद्ध इस दृढ़ निश्चय से लड़े थे कि तोपों से चाँदी के गोले छूटने पर अंग्रेजों को चुरू का घेरा उठा देना पड़ा था और आऊवा में अंग्रेजी सेना को न केवल दो बार मुँह की खानी पड़ी वरन् जोधपुर के पॉलिटिकल एजेन्ट मांक मेसन को आऊवा की रणभूमि में जान से हाथ धोना पड़ा था। यहीं नहीं इस समर से पचास वर्ष पूर्व तीव्र गति से आगे बढ़ती ब्रिटिश सत्ता का सफल प्रतिरोध भरतपुर ने किया था।

राजस्थान के साथ सबसे अधिक अन्याय क्रांतिकारी आन्दोलन के मामले में हुआ है। क्रांतिकारी आन्दोलन के संदर्भ में पंजाब, बंगाल और महाराष्ट्र का यशोगान करते समय क्या एक क्षण के लिए भी किसी ने सोचा है कि क्रांतिकारी बारहठ परिवार, राव गोपाळसिंह खरवा, सेठ दामोदरदास राठी और अर्जुनलाल सेठी ने राजस्थान में क्रांति की जो अलख जगायी उससे ब्रिटिश सरकार कितनी

आतंकित थी? दिल्ली के चाँदनी चौक में लॉर्ड हार्डिञ्ज पर बम फेंककर ब्रिटिश साम्राज्यवाद को चुनौती देने वाले जोधार जोरावरसिंह का नाम कितने लोगों ने सुना है? शाहपुरा के क्रांतिधर्मा बारहठ परिवार के अप्रतिम बलिदान का भारत में कोई सानी नहीं है। महात्मा गाँधी के चंपारण व खेड़ा और वल्लभभाई पटेल के बारडोली किसान आन्दोलन से काफी पहले पथिकजी के नेतृत्व में बिजोलिया के किसानों ने विदेशी सत्ता द्वारा पोषित सामंतशाही के विरुद्ध जो शौर्यपूर्ण संघर्ष किया, शेखावाटी के किसानों ने जो दृढ़ता दिखायी, गोविन्द गुरु के नेतृत्व में भीलों ने जो संघर्ष किया, इन महत्वपूर्ण बातों से कितने लोग परिचित हैं? भारतीय राष्ट्रीय कांग्रेस की संजीवनी राजस्थान था, यह बात कहते ही लोग चौंकते हैं। इस विडम्बना का कारण यह है कि राजस्थान के एकीकरण के बाद वायवीय राष्ट्रीयता के नाम पर यहाँ के शासकों व नीति निर्धारकों ने अपनी परम्परा, अपनी विरासत एवं अपनी थाती की उपेक्षा किंवा अवहेलना करना शुरु कर दिया और वह आत्मघाती उपेक्षा इस हद तक पहुँच गयी कि जब अन्य सभी लोग अपनी प्रादेशिक पहचान पर गौरव अनुभव करते हैं, हम दिग्भ्रमित होकर इधर-उधर भटक रहे हैं। हमारी समृद्ध सांस्कृतिक धरोहर को विदेशी विस्मय विमुग्ध दृष्टि से देखते रहे, उस पर ग्रन्थ लेखन करते रहे और हमने उससे मुँह फेर लिया। अपनी थाती से अनजान रखे जाने के कारण नयी पीढ़ी के मन में यह भाव घर कर गया कि हमारे पास कुछ ऐसा है ही नहीं कि हम उस पर स्वयं को गौरवान्वित अनुभाव करें। हमारे नीति निर्माता इस बात को भूल गये कि जो लोग अपने पूर्वजों को भूल जाते हैं, वे मर जाते हैं। अपनी अस्मिता को नकारने के इस विनाशकारी, अविचारपूर्ण कृत्य को राष्ट्रीय एकता के संवर्धन में योगदान का नाम देकर अपने गुनाह को ढ़कने की कोशिश की गयी।

ईश्वरीय कृपा का वर्षण हो उस स्वर्गीय प्रोफेसर साथी पर जिन्होंने एक गंभीर विमर्श के दौरान राजस्थान के लिए हिकारत भरे शब्दों का प्रयोग करके, राष्ट्रीय आन्दोलन में उसका योगदान शून्य होने का लांछन लगा कर मुझे भीतर तक झकझोर कर रख दिया था। इस हादसे से मेरे अन्तर्मन में ऐसी कसक व हूक उठी कि उसी दिन से इस अनकही कहानी के बिखरे हुए सूत्र एक-एक करके जोड़ने में लग गया। संपूर्ण स्वाधीनता आन्दोलन के विभिन्न चरणों के परिप्रेक्ष्य में हमारे महिमावंत पूर्वजों की, उपेक्षा के अंधकार में छुपी थाती को उजागर करने का संकल्प मन में लिये शोधकार्य में जुट गया। ज्यों ज्यों आगे बढ़ता गया, उसकी कीर्तिकथा अनावृत्त होती चली गयी और मन रोमांचित हो गया।

एक सामान्य पुस्तक लेखन से परे यह अपनी अस्मिता को खोजने का प्रयास है। मेरा मन कभी भी यह स्वीकार करने को तैयार नहीं था कि जिस राजस्थान की परंपरा यह रही है कि वह मातृशक्ति को भी यह आग्रह करता है कि –

जननी जणै तो दोय जण के दाता के सूर।
नींतर रहीजै बांझड़ी मत गमाइजै नूर।।

जिस राजस्थान के दुर्गादास ने भाले की नोंक में भुट्टा फँसाकर, जलती चिता में सेक कर खाने की विपदा मारवाड़ के स्वातंत्र्य रक्षण के लिये झेली, जिस राजस्थान की पन्नाधाय और गोराधाय ने अपने कलेजे के टुकड़े स्वामी की रक्षा के लिए बलिदान कर दिए, जिस राजस्थान की हाड़ी रानी ने पति को 'सेनाणी' के रूप में मेंहदी रचे हाथों से अपना सिर काट कर भेजा, जिस राजस्थान के भामाशाह ने स्वातंत्र्य रक्षण के लिए पीढ़ियों से संचित अपनी सारी संपदा प्रतापी प्रताप को सौंप दी, जिस राजस्थान ने शेरशाह सूरी को 'मुट्ठी भर बाजरे के लिए हिन्दुस्तान का साम्राज्य खोने' की स्थिति में डाल दिया, जिस राजस्थान ने तूफानी हिन्दू स्वामी विवेकानन्द को हिमालयी ऊँचाई तक पहुँचाया, उसका पानी भला इतने कैसे उतर सकता था कि वह भारत माता की बेड़ियों को काटने के महायज्ञ में समिधा नहीं डालता।

इस यज्ञ में राजस्थान ने जो आहुतियाँ डालीं, वे उसकी राजनीतिक परिस्थितियों की अवसन्नकारी प्रतिकूलताओं के संदर्भ में अनुपम थीं। सन् १८०५ से लेकर लाल किले पर तिरंगा फहराये जाने तक राष्ट्र की आजादी के लिए संघर्ष में राजस्थान कहीं पीछे नहीं रहा परन्तु सामंती घटाटोप ने उसे ऐसा ढँक रखा था कि उस कोहरे के पार देख पाना अधिकांश लोगों के लिए संभव नहीं था। स्वतंत्रता के सूर्योदय के बाद तो वह कोहरा हट जाना चाहिए था पर उस नृशंस व्यवस्था से लस्तपस्त राजस्थानियों की हालत तो यह हो चुकी थी कि–

कहकहे सारी दुनिया को हमने दिए।
और तबस्सुम को हम ही तरसते रहे।।

फलत: सार्वत्रिक पिछड़ेपन ने राजस्थान की सही छवि उभरने नहीं दी और सबसे बड़ी बात तो यह है कि यदि अपनी माँ की हम ही इज्जत नहीं करेंगे तो दूसरे क्यों करेंगे? स्वयं राजस्थानियों ने आजादी के बाद कभी इस ओर ध्यान ही नहीं दिया कि अपनी गौरवशाली परंपरा से नयी पीढ़ी व भावी पीढ़ियों को परिचित व अनुप्राणित करने के लिए ठोस कदम उठाने चाहिये। फलस्वरूप जब

राष्ट्रीय स्वाधीनता आन्दोलन की बात चलती है, हम खाली हाथ मुँह ताकते रह जाते हैं।

स्वाधीनता संग्राम पर बड़े बड़े ग्रंथों का लेखन करते समय विद्वानों को राजस्थानी लोगों के बलिदानों की अनदेखी करते देखकर तो यही कहना पड़ता है कि –

तू ही नादां चन्द कलियों पर कनायत कर गया।
वर्ना गुलशन में तो सामां तंग ये दामां भी था।।

विश्वविद्यालय में जहाँ प्रबुद्ध लोगों से गुण ग्राहकता व खुले दिलो-दिमाग की अपेक्षा की जाती है, वहीं कुछ ऐतिहासिक कारणों से, योग्यता के अभाव के कारण नहीं, शिक्षा के क्षेत्र में पीछे रह गये प्रदेश में छद्म आत्म श्रेष्ठता प्रमाणित करने को बैचेन लोगों की राजस्थान की गरिमा को नकार कर उस पर छींटाकशी करने की मनोवृत्ति से उद्भूत मेरी घनीभूत पीड़ा का परिणाम यह पुस्तक है। एक राजस्थानी के नाते मेरे स्वाभिमान को जाने-अनजाने चोट पहुँचाने वाले उन सभी महानुभावों का मैं आभारी हूँ जिनके कटाक्षों ने मुझे इस कार्य में जुटने की प्रेरणा दी क्योंकि –

पाटा पीड़ उपाव तन लागां तरवारियां।
जठै वहै जीभ रा घाव रती न ओखद राजिया।।

जन्मभूमि के चरणों में अर्पित की जाने वाली इस माला को गूँथने में जिन लोगों ने मेरी सहायता की, उनमें सर्वप्रथम मैं संतकवि नाहरसिंहजी आऊवा के प्रति कृतज्ञता ज्ञापित करता हूँ जिन्होंने १८५७ के संग्राम में आऊवा की भूमिका के बारे मे आऊवा गढ़ में संगृहीत अमूल्य सामग्री प्रदान की। क्रांतिकारी केसरीसिंहजी बारहठ की पौत्री पूजनीया राजलक्ष्मीजी साधना व उनके पति श्री फतहसिंह 'मानव' का मैं अत्यन्त आभारी हूँ, जिनसे वीरवर प्रताप व जोधार जोरावरसिंह के बारे में प्रामाणिक जानकारी मिली। उनकी मदद के बिना क्रांतिकारियों पर इतना प्रामाणिक रूप से लिख पाना संभव नहीं था।

सांयकालीन अध्ययन संस्थान के श्री कैलाशचन्द्र व्यास ने अपने निजी पुस्तकालय से राजस्थान के स्वाधीनता सेनानियों के सम्बन्ध में दुर्लभ बल्कि अलभ्य पुस्तकें उपलब्ध कराके जो उपकार किया है, उसे कैसे भूल सकता हूँ? राजस्थानी संस्कृति प्रकोष्ठ के संदर्भ ग्रंथालय के प्रभारी श्री सत्यकृष्ण शर्मा व भाई कय्यूम से जो मदद मिली, उसके लिए मैं उनका आभारी हूँ। स्वतंत्रता सेनानी प्रोफेसर एम.पी. व्यास 'आतूजी' का भी मैं आभारी हूँ जिन्होंने 'शेरे

राजस्थान' श्री जयनारायण व्यास के बारे में अपने संस्मरण सुनाकर मेरी जानकारी बढ़ायी।

पुस्तक लेखन में जिन विद्वानों के ग्रन्थों से मदद मिली है, उन सभी के प्रति मैं हार्दिक कृतज्ञता ज्ञापित करता हूँ। अपने प्रकाशक श्री पवनकुमार शर्मा के प्रति धन्यवाद ज्ञापन तो औपचारिकता होगी क्योंकि उनकी आत्मीयता तो मेरा संबल रहा है। उनके मन में जन्मभूमि के लिए जो तड़प है, पुस्तक का इस सुन्दर रूप में प्रकाशन उसी का परिणाम है। पुस्तक के शीर्षक, अध्यायों व प्राक्कथन के सम्बन्ध में डॉ. चेतनप्रकाश पाटनी ने जो बहुमूल्य सुझाव दिये उसके लिए मैं उन्हें धन्यवाद ज्ञापित करता हूँ। पुस्तक लेखन की व्यस्तता के कारण सहधर्मिणी पुष्पलताजी को जो दिक्कतें उठानी पड़ीं और उन्होंने जिस तरह खुशी खुशी उन्हें झेला, उसके लिए वे भी धन्यवाद की अधिकारिणी हैं।

अन्त में पाठकों से मेरी यही अर्ज है कि

'मायड़ रौ हैलो सांभळौ'

– कन्हैयालाल राजपुरोहित

जोधपुर : ५.१०.१९९२

विषय सूची

1

महीयसी मरुधरा राजस्थान

"राजस्थान मानव जाति के इतिहास में ऐसे लोगों का एकमात्र उदाहरण प्रस्तुत करता है जिन्होंने ऐसे प्रत्येक अत्याचार का सामना किया है जो बर्बरता ढ़ा सकती है या मानव प्रकृति सहन कर सकती है। जो कठिनाईयों का बोझ पड़ने पर भी उत्फुल्ल हो उठ खड़े हुए और आपदा ने जिनके साहस को सान चढायी", कर्नल जेम्स टॉड का यह अभिमत रंगभीने राजस्थान का प्रभविष्णु शब्द चित्र प्रस्तुत कर देता है जिसने अपने उदात्त जीवन मूल्यों व उनकी रक्षार्थ किए गए अप्रतिम बलिदानों से भारतीय इतिहास में दिगन्त प्रतिश्रुत ख्याति अर्जित की है। मातृभूमि के लिए बलिदान को ही राजस्थान ने मातृत्व की कृतार्थता समझा–

सुत मरियो हित देश रै हरख्यौ बंधु समाज।
मां नंह हरखी जनम दे जतरी हरखी आज।।

जननी–जन्मभूमि के सम्मान की रक्षा की सीख तो यहाँ लोरी की मृदु थपकियों के साथ मिलती है –

इळा न देणी आपणी हालरिये हुलराय।
पूत सिखावै पालणै मरण बड़ाई मांय।।[१]

मुनि जिनविजय के शब्दों में, राजस्थान का इतिहास शौर्य पूर्ण कार्यों व निःस्वार्थ बलिदानों की शोभायात्रा है। ये ही भारतीय इतिहास में कई शताब्दियों के दमन के धूसर कैनवास में विद्यमान सुनहरे स्थान हैं।[२] शूरवीर राजस्थानियों के रोमांचकारी कृत्यों ने जनसाधारण के हृदय को उद्धेलित और विद्वानों को प्रेरित किया है। अभी निकट अतीत में ही अनेक क्रान्तिकारी देशभक्तों ने राणा प्रताप द्वारा भीषण बाधाओं के बावजूद लड़े गए स्वतंत्रता संग्राम से प्रेरणा ली।

आज हम जिस रूप में राजस्थान से परिचित हैं, उसका आविर्भाव भारत की स्वतंत्रता प्राप्ति के पश्चात् हुआ, जब पूर्ववर्ती अट्ठारह देशी रियासतों और अजमेर मेरवाड़ा के ब्रिटिश क्षेत्र का विलीनीकरण कर दिया गया। टॉड के मतानुसार राजस्थान भारतवर्ष के उस हिस्से का सामूहिक नाम है जिसे लोग राजवाड़ा या रायथान के रूप में जानते थे। सत्रहवीं सदी से पूर्व यह क्षेत्र किसी एक सामान्य नाम से नहीं जाना जाता था। राजस्थान के विभिन्न क्षेत्रों को प्राचीन ग्रन्थों तथा शिलालेखों में अनेक नामों से अभिहित किया गया। कई नाम इसकी भौगोलिक विशेषताओं के कारण हैं जबकि कुछ दूसरे उन जातियों के नाम से जाने गए जिन्होंने समय-समय पर उन पर आधिपत्य जमाया। सर्वाधिक प्राचीन नामों से मरू, धन्व, जांगल, मत्स्य, शूरसेन व शाल्व है, जिनका वर्णन ऋग्वेद से ही प्राप्त होने लगता है।

राजाओं के सुसम्बद्ध क्षेत्र के रूप में राजस्थान का पहिला उल्लेख विक्रम संवत् १७६५ (१७०८ ई.) के शिलालेख में इस प्रकार मिलता है –

देश धर्म क्षेत्र सागर सपवित्र क्षेत्र तन्मध्ये।
मेरु शिखर सराज विजय राजस्थान सन्नृपनिवास।[३]

राजस्थान डिंगल शब्द रायथाना का तत्सम रूप है। बोलचाल में इसे राजवाड़ा भी कहा जाता था। ब्रिटिश काल में राजपूताना एक विशाल प्रादेशिक वृत्त के लिए प्रशासनिक संज्ञा था जिसमें अट्ठारह देशी रियासतों व अजमेर-मेरवाड़ा का समावेश था। अंग्रेजों का जब समूचे भारत में आधिपत्य स्थापित हो गया तो उन्होंने शासन की सुविधा की दृष्टि से इस क्षेत्र की सभी देशी रियासतों[४] को एक इकाई मानकर संपूर्ण क्षेत्र को राजपूताना नाम दिया। यहाँ राजपूत राजाओं के प्राधान्य के कारण यह नामकरण हुआ। डॉ. गोपीनाथ शर्मा के मतानुसार ऐसा प्रतीत होता है कि राजपूताना शब्द राजपूतान से ग्रहण किया गया जो फारसी भाषा में राजपूत का बहुवचन है। टॉड का यह कहना कि राजपूताना रायथाना का बिगड़ा हुआ रूप है, सही नहीं है। रायथाना तो राजस्थान का विकृत रूप है।[५]

हर्षकालीन प्रान्तपति, जो इस भाग की इकाई का शासन करते थे, 'राजस्थानीय' कहलाते थे। सातवीं सदी से जब इस क्षेत्र के विभिन्न भाग राजपूत नरेशों के आधीन होते गये तो उन्होंने पूर्व प्रचलित अधिकारियों के पद के अनुरूप इस भाग को राजस्थान की संज्ञा दी।[६] भारत स्वतंत्र होने के बाद रियासतों के एकीकरण के उपरान्त इस राज्य का भी चिर प्रतिष्ठित नाम राजस्थान स्वीकार कर लिया गया। कुछ ऐसी भी मान्यता है कि सन् १८०० ई. में सर्वप्रथम जॉर्ज टॉमस ने इस प्रान्त के लिए राजपूताना नाम का प्रयोग किया।

३,४२,२७४ वर्ग किलोमीटर में फैला विशाल राजस्थान भारत का सबसे बड़ा राज्य है। पश्चिमी व उत्तरी पश्चिमी सीमा पर प्रहरी के रूप में चौकस यह उत्तर व उत्तरी-पूर्वी सीमाओं पर पंजाब, हरियाणा व उत्तर प्रदेश से गले मिलता है। दक्षिण व दक्षिण पूर्व की ओर तो उसकी अपनी बिरादरी का मालवा है ही, जबकि दक्षिण पश्चिम में है कुछ पीढियों पहिले के ही उसके वंशजों की भूमि गुजरात।[८] 'आडावळा', जिसे लोग भ्रमवश अरावली कहते हैं, इसके मरूस्थलीय भाग को शेष भूमि से अलग करता हुआ कोई ४३० मील तक इसका मेरूदंड बना हुआ है। इतिहास में कभी राजस्थान की प्रतिहार, तंवर, चौहान आदि क्षत्रिय शाखाओं ने दिल्ली पर शासन किया थ। यह अधिकार इसी 'आडावळा' पर्वत श्रृंखला ने दिया जिसका एक छोर राष्ट्रपति भवन के दक्षिणी भाग को चूम रहा है।[९] सिरोही, उदयपुर, डूंगरपुर, बाँसवाड़ा, सवाई माधोपुर आदि क्षेत्रों में फैले घने जंगल इसी आडावळा की देन हैं।

लगभग साठ हजार वर्गमील में फैले रेगिस्तान का भी कोई कम महत्व नहीं है और सच्चाई तो यह है कि राजस्थान को विशिष्ट पहचान इसी ने प्रदान की है। मारवाड़, बीकानेर व शेखावाटी इसी भूभाग में अवस्थित हैं। पाकिस्तान से लगी ''थाट'' व ''पार'' शाखाओं, वैदिक सरस्वती व दृषद्वती नदियों के सूखे थालों और प्रायः बंजर पठारों में विभक्त इस मरूभूमि ने ही राजस्थान को प्राचीन व मध्यकालीन भारतीय वाङ्मय में गौरव प्रदान किया था। भू-वैज्ञानिक दृष्टि से राजस्थान के अनेक हिस्से हिमालय और उससे निकली नदियों की मिट्टी के जमाव से बने गंगा घाटी के मैदानों से भी प्राचीन हैं। इसलिये यह स्वाभाविक है कि राजस्थान में सभ्यता का प्रारम्भ उत्तरी भारत के कई भागों की अपेक्षा पहले हुआ। अनेक प्राग् ऐतिहासिक स्थल इस तथ्य के साक्षी हैं। इसी भूमि पर गंगा-यमुना से भी अधिक श्रद्धास्पद सरस्वती नदी बहती थी जिसके तटों पर विश्व के प्राचीनतम ज्ञानकोश वेदों की ऋचाएँ गूंजती थीं और जो हजारों वर्ष पूर्व 'विनशन' नामक स्थान पर जाकर लुप्त हो गयी थी। गंगानगर की सरस्वती घाटी सभ्यता हड़प्पा की समकालीन है। इसी मरूस्थल में लुप्त सरस्वती के प्रदेश में यायावर आभीर आ बसे थे। यह घटना रामायण से पहिले की है। इन्हीं नदियों के तट पर वह महान् आर्य सभ्यता पनपी जिसके हम उत्तराधिकारी हैं। राजस्थान भारतीय संस्कृति का पालना है। प्राचीन समय से ही इस प्रदेश ने भारतीय संस्कृति, इतिहास और साहित्य के रखरखाव और पोषण के लिए अपने लहू का पानी और हाड माँस का खाद दिया है। राजस्थान की धरती के कण कण में भारतीय संस्कृति का सौरभ व इतिहास की गाथाएँ समायी हुई हैं।

भौगोलिक दृष्टि से विस्मयकारी वैविध्य से भरपूर इस प्रदेश के जन–जीवन व संस्कृति को ढ़ालने में भौगोलिक परिस्थितियों ने महत्त्वपूर्ण भूमिका निभायी है और यह स्वाभाविक है क्योंकि भूगोल ही राष्ट्रों को वैयक्तिकता प्रदान करता व नाना प्रकार के रीति–रिवाजों व व्यवसायों को जन्म देता है जो विभिन्न पर्यावरणों के प्रति मनुष्य की प्रतिक्रिया के परिणाम होते हैं।[९a] राज़स्थान के काफी बड़े हिस्से में फैले रेगिस्तान ने यहाँ की संस्कृति को निर्णायक ढंग से प्रभावित किया है। अनादि काल से इसने घुमन्तू पशुपालकों को अपने क्रोड़ में स्थान दिया है। मरूभूमि की विशालता व एकान्त ने ब्रह्माण्ड की विशालता का पाठ पढाकर यहाँ के लोगों को आध्यात्म की ओर प्रेरित किया। जीवन की कम आवश्यकताओं ने लोगों को छल कपट से दूर रखा। शुष्क जलवायु ने लोगों को कठोर जीवन यापन व साहसी प्रवृत्तियों में दत्तचित्त रहने का अभ्यस्त कर दिया। मरूक्षेत्र की कठोरता की क्षतिपूर्ति लावण्यमय गीतों की सरसता, परिधानों की चटक व आमोद–प्रमोद की विभोरता में हुई। इसी मरूक्षेत्र की विभीषिकाओं ने महमूद गजनवी के सैन्य दल को विवश कर दिया था और शेरशाह सूरी को मारवाड़ पर आक्रमण करते समय कहना पड़ा था कि मुट्ठी भर बाजरे के लिए मैं हिन्दुस्तान का साम्राज्य खो देता। अपने विशिष्ट भौगोलिक लक्षणों के कारण राजस्थान पड़ोस के क्षेत्रों के शूरवीर जातियों की आश्रय स्थली रहा है। इसे उत्तर प्रदेश, मालवा और गुजरात व पंजाब से पृथक् करने वाली कोई ऊँची गिरि श्रृंखलाएँ नहीं हैं। इन सीमावर्ती क्षेत्रों के निकट ही थार रेगिस्तान व दुर्गम आडावळा पहाड़ियाँ हैं जहाँ आश्रय लेकर शूरवीर अपनी स्वतंत्रता के लिए संघर्ष कर सकते थे। जब आठवीं सदी में अरबों ने भारत को रौंदने का प्रयास किया तो एक शूरवीर राजस्थानी शासक जालोर के नागभट्ट प्रथम ने स्थिति को संभाला। यहाँ बनाए गए दो प्रकार के दुर्गों–धन्वदुर्ग और गिरि दुर्ग के कारण राजस्थानियों को स्वतंत्रता के लिए लड़ने वाले अन्य भारतीयों की तुलना में अनुकूलता रही। विशाल मरूभूमि ने आक्रान्ताओं की घुसपैठ रोककर यहाँ की सांस्कृतिक धरोहर को बचाए रखने में बड़ा योगदान दिया है। जैसलमेर के मंदिर तथा वहाँ जैन भंडारों की विरासत आज भी आश्चर्य चकित कर देती है। रेगिस्तान ने ही अलभ्य हस्तलिखित ग्रंथों को बचाए रखा।[१०] औसत १० इंच वर्षा का यही वह क्षेत्र है जहाँ अतिशय गर्मी में प्रचलड लू से चराचर दग्ध हो उठता है। यहाँ कभी जल अकाल, कभी तृण अकाल तो कभी अन्न अकाल निरंतर घेरे ही रहते हैं। अकालों से जूझना इस चिरतृषित धरती की नियति बन चुकी है। पीढ़ियों से अकाल की मार से त्रस्त यहाँ का मनुष्य ईश्वर से प्रार्थना करता है –

छळ बळ है छती तो हाथां करतार।
मारण मारग मोकळा मेह बिना मत मार।।

प्राकृतिक प्रतिकूलताओं से जूझते मरूवासियों के लिए कष्ट–सहिष्णुता, धैर्य, बहादुरी व अतिथि सत्कार दूसरी प्रकृति बन गए।

आडावळा की उपत्यका में बसे यहाँ के मूल वाशिन्दे इस क्षेत्र की दुर्गमता के कारण बाहरी प्रभाव से अछूते रहे। वे अपनी पृथक् जीवन शैली विकसित करने और बनाए रखने में सफल हुए। उन्होंने एक विशिष्ट संस्कृति विकसित की। पहाड़ी क्षेत्र में निवास के कारण वे स्वभावतः कुशल पर्वतारोही बन गए। भीषण कठिनाईयों और विपदाओं से जूझने की उन्होंने अपनी शैली विकसित की। मुस्लिम सेनाओं के विरूद्ध संघर्ष में छापामार लड़ाई इस क्षेत्र के भीलों की एक विशिष्ट तकनीक थी जिससे आक्रामकों को कई बार मुँह की खानी पड़ी। ऊँचे गिरि श्रृंग हमलावरों के मार्ग में हर कदम पर दुर्लंघ्य प्राकृतिक बाधा स्वरूप थे। जब उत्तरी भारत विदेशी आक्रमणों से आक्रान्त था तब राजस्थान इन पर्वतीय दीवारों के कारण इनके कुप्रभाव से बचा रहा। पर्वत श्रृंखलाओं में अपने धन व जीवन को सुरक्षित रखने के लिए विशेष रूप से गुजरात व मध्यप्रदेश से अनेक समृद्ध परिवार यहाँ आए और उन्होंने अपनी संपत्ति का सदुपयोग लोकोपयोगी कार्यों में किया। रणकपुर व देलवाड़ा के मंदिर इसके उदाहरण हैं।

इसी प्रकार पठारी भाग जिसमें अजमेर, बिजौलिया, हाड़ौती आदि के क्षेत्र सम्मिलित हैं, राजस्थान के धार्मिक व बौद्धिक विकास में बड़ा उपयोगी सिद्ध हुआ है। इस भूभाग के विशुद्ध और शांत वातावरण ने चन्द्रवरदाई व सूर्यमल मीसण जैसे कवियों को जन्म दिया जो बौद्धिक जगत में पांक्तेय है। तीर्थ क्षेत्र होने के कारण इसने यहाँ के धार्मिक जीवन में समरसता व सामंजस्य का ताना बाना बुनने में मदद की। ऊपरमाळ में ऐसे कई उल्लेखनीय स्थान हैं जो हिन्दुओं व जैनों, दोनों के लिए तीर्थ स्थल हैं। इस क्षेत्र के अपेक्षाकृत छोटे पहाड़ कवियों व कलाकारों की भूमि के रूप में प्रसिद्ध हैं। यहाँ का प्राकृतिक सौन्दर्य इसमें मददगार रहा। पर्वतीय क्षेत्र व पठार के अलावा राजस्थान की अन्य उल्लेखनीय प्राकृतिक विशेषता घाटियों व पहाड़ियों के बीच स्थित कछारी मैदान हैं। मैदानों की चर्चा होते ही सभ्यता, समृद्धि, अवकाश व बड़े शहरी क्षेत्रों के विकास की बात स्मरण हो आती है जहाँ वस्तुओं व विचारों का आदान प्रदान होता था। यह क्षेत्र घनी आबादी और सघन कृषि वाला क्षेत्र है।

सरिताओं के किनारे सभ्यताएँ फली फूली हैं। चम्बल राजस्थान की सर्व प्रमुख नदी है जिसकी ओर आर्यों से लेकर मुगल काल तक बसने के इच्छुक व

आक्रान्ता दोनों आकृष्ट होते रहे हैं। नदियाँ सीमारेखा सुनिश्चित करने व रक्षापंक्ति का निर्माण करने में भी सहायक सिद्ध हुई हैं। बनास नदी व अन्य अनेक नदियों के किनारे हुई लड़ाईयों से यह स्वयं सिद्ध है।

भारत के विभिन्न हिस्सों के लोगों की विशिष्ट शारीरिक व चारित्रिक विशेषताएँ भौगोलिक परिस्थितियों की देन हैं। रंगभीने राजस्थान की भी अपनी विशिष्ट संस्कृति है। जिसकी पहचान उसमें निरुपित जीवनादर्शों व मूल्यों द्वारा होती है। राजस्थान सदैव से वीरत्व का पालना और शौर्य की क्रीड़ा स्थली रहा है। इस वीरता के पीछे जिन उदात्त जीवन मूल्यों की प्रेरणा रही है, उसने इस वीरता को एक अनूठी गरिमा व महिमा से मंडित कर दिया। इनमें मातृभूमि के प्रति प्रेम, स्वामी भक्ति, वचन निर्वाह, शरणागत वत्सलता जैसे दुर्लभ गुणों व आदर्शों का समावेश है जिनके लिए इस धरती के लालों ने किसी भी त्याग को मँहगा नहीं समझा है क्योंकि उनके अन्तर्मन से तो यह आवाजी आती है –

कोट खिसै देवल डिगै वृख इंधण व्है जाय।
जस रा आखर जेहिया जातां जुगाँ न जाय।।[11]

राजस्थान के जनजीवन में उदात्त जीवन मूल्यों के लिए स्वाभाविक रुझान नजर आता है क्योंकि जिस प्रदेश की परंपरा यह सीख देती है कि ''माथौ दियां जस मिळै जितरै सूंघौ जाण'', वहाँ के लोगों के मन में यही बात प्रतिध्वनित होती रहती है कि –

कोटड़ियौ बाघौ कठै आसो डाभी आज।
गाइजै जस गीतड़ा गया भींतड़ा भाज।।[12]

इसलिये आधिभौतिकता के प्रलोभन राजस्थानियों को उन आदर्शों से नहीं डिगा सके जो उनके तप:पूत पूर्वजों की थाती रही है। बलिदान व त्याग उनके रक्त में समाये हुए हैं। महाकवि सूर्यमल मीसण की इस पंक्ति में इस धरती का ओज प्रकट हुआ है – ''बळिहारी उण देसड़े माथा मोल बिकाय।''

राजस्थानियों ने अपनी धरती की पहिचान, परम्परा व आत्मा की रक्षा के लिए प्राणपण से चेष्टा की। मनुष्यत्व के श्रृंगार स्वरूप निर्मल प्रेम, शूरत्व, भक्ति, अतिथि सत्कार जैसे उदात्त गुणों की खान है यह धरती। यों तो मरुभूमि भाँति भाँति की आपदाओं का दूसरा नाम किन्तु यहाँ के लोग अपने साहस व संकल्प के बल पर संस्कृति के सुमेरु पर चढ़ गए किन्तु यह खेदजनक बात है कि राजस्थान का इतिवृत प्रस्तुत करते समय इसके केवल एक पक्ष को ही उभारा गया। **'इळा न देणी आपणी'** वाली माँ की सीख तो राजस्थानी संस्कृति के

शतदल की एक पाँखुड़ी है। योद्धाओं के अश्वों की टापों से उड़ी धूल से घिरे इतिहासज्ञों को स्यात् इस बात का ध्यान नहीं रहा कि धर्म व अध्यात्म के धुणीर, साहित्य व संगीत के आचार्यों, वास्तुशिल्प के विश्वकर्मा व नामी चितेरों ने इस धरती का रसपान करके ही अक्षय कीर्ति स्वरूप सृजन किये।

मूमल, आभल व ऊजळी जैसे कमनीय नायिकाओं की विरह वेदना से तड़पती धरती, लूहर, फाग और गणगौर के गीतों से थिरकती धरती, कोयल, ओळू, और वीरा के करुण रस से सरोबार धरती, मीराँ, दादू व चतुरसिंहजी के भक्ति जल के निर्मल जल से स्नात इस धरती के मनमोहक रूप को भुलाकर राजस्थान का अध्ययन करते समय इतिहासज्ञों का मन चील की भाँति युद्ध भूमि के ऊपर ही मंडराता रहा, यह बड़े आश्चर्य की बात है।

राजस्थान की एक सुस्पष्ट साँस्कृतिक एकता है। बोलियों, रीति रिवाजों व धार्मिक विश्वासों की समानता तथा हिन्दू संस्कृति व भारतीय स्वतंत्रता के लिए संयुक्त प्रयास की आवश्यकता ने राजस्थानियों में सदैव ऐक्य भाव उत्पन्न किया है लेकिन साथ ही पहाड़ों, विस्तृत घाटियों और दुर्गम्य मरुभूमि ने यहाँ के निवासियों में वैयक्तिक स्वंतत्रता के लिए प्रेमभाव विकसित किया जिसने सामन्ती मनोवृति को बढ़ावा दिया।

भारत के ऐतिहासिक परिप्रेक्ष्य में राजस्थानियों का स्वाधीनता प्रेम विशेष दृष्टव्य है। प्राचीनकाल में राजस्थान मालव, यौधेय, अर्जुनायन जैसे स्वाधीनता प्रेमी गणों की क्रीड़ा स्थली रहा। आठवीं सदी में प्रतिहारों ने विदेशी आक्रमणकारियों का सफलतापूर्वक प्रतिरोध किया और महान प्रतिहार साम्राज्य की स्थापना की। प्रतिहार साम्राज्य के अवसान के पश्चात् चौहानों नें हिन्दू धर्म व संस्कृति की रक्षा के लिए संघर्ष जारी रखा। चौहानों के पराभव के बाद मेवाड़ के सिसोदियों ने स्वाधीनता की दीपशिखा को किसी न किसी रूप में प्रज्ज्वलित रखा। इन महान विभूतियों के क्रियाकलाप भारत के इतिहास के स्वर्णिम अध्याय हैं। स्वतंत्रता की मशाल को जलाये रखने में राजस्थान की अग्रणी भूमिका की चर्चा करते हुए टाइम्स ऑफ इंडिया ने लिखा, "वह इस दृष्टि से अनुपम है कि युगों तक स्वतंत्रता के लिए भारत के संघर्ष में वह अग्रणी रहा और देश के किसी अन्य भाग ने स्वातंत्र्य देवी की वेदी पर राजस्थान से बढ़कर बलिदान नहीं दिया।"[१३]

आधुनिक युग में भारत के स्वाधीनता आन्दोलन में राजस्थान की भूमिका बहुत महत्वपूर्ण रही। १८५७ के प्रथम स्वतंत्रता संग्राम, क्रांतिकारी आन्दोलन व कांग्रेस के नेतृत्व में चलाए गए सभी आन्दोलनों में राजस्थानियों का बहुमूल्य

योगदान रहा। यह बात दीगर है कि इन सारी बातों का न तो सही मूल्यांकन हुआ और न उसकी चर्चा की जाती है। इस अनकही कहानी को उद्घाटित करने से कई चौंकाने वाले तथ्य सामने आयेंगे।

टिप्पणियाँ एवं सन्दर्भ

१. सूर्यमल मीसण – वीर सतसई, दूहा संख्या २३४ (संपादक डॉ. कन्हैयालाल सहल एवं पतराम गौड़) पृ. २२८ 'अपनी धरती किसी को न देनी चाहिए', इस भाव के झूले के गीतों के साथ झुलाती हुई पालने में ही माता पुत्र को रणांगण में मरने की महत्ता सिखा देती है। वीरसतसई का यह दोहा इतना प्रसिद्ध हुआ कि सम्पूर्ण राजस्थान में वीरता के प्रसंग में बहुधा उद्धृत किया जाता है। – प्रकाशक बंगाल हिन्दी मंडल, कलकत्ता

२. मुनि जिन विजय – डॉ. दशरथ शर्मा कृत 'राजस्थान थ्रू द एजेज' के प्राक्कथन से। प्रकाशक राजस्थान राज्य अभिलेखागार, बीकानेर

३. डॉ. गोपीनाथ शर्मा कृत – सोशियल लाइफ इन मेडिवल राजस्थान में उद्धृत, प्रकाशक लक्ष्मीनारायण अग्रवाल, आगरा

४. ये देशी रियासतें थीं – उदयपुर, डूंगरपुर, बाँसवाड़ा, प्रतापगढ़, जोधपुर, बीकानेर, किशनगढ़, सिरोही, कोटा, बूँदी, झालावाड़, जयपुर, अलवर, भरतपुर, करौली, धौलपुर, शाहपुरा व टोंक –गौरीशंकर, हीराशंकर ओझा – राजपूताने का इतिहास भाग १ पृ. २–३

५. डॉ. गोपीनाथ शर्मा – पूर्वोक्त

६. वसंतगढ़ लेख विक्रम संवत् ६८२. डॉ. गोपीनाथ शर्मा कृत राजस्थान का सांस्कृतिक इतिहास पृ. ३ पर उद्धृत प्रकाशक राजस्थान हिन्दी ग्रन्थ अकादमी।

७. विलियम फ्रेंकलिन – मिलट्री मेमवा ऑफ जार्ज टॉमस, पृ. ३४७

८. राजस्थान का गुजरात से बहुत निकट संबंध रहा। सोलहवीं सदी तक दोनों की भाषा मरु गुर्जरी के नाम से जानी जाती थी। गुर्जर प्रतिहार साम्राज्य की राजधानी भीनमाल थी जिसे संस्कृत ग्रंथों में श्रीमाल और भीनमाल नामों से संबोधित किया गया है।

९. आज जिस स्थान पर राष्ट्रपति भवन व अन्य सरकारी इमारतों का समूह अवस्थित है, वह रायसीना पहाड़ी के नाम से जाना जाता था और जयपुर राज्य के अधीन था। ब्रिटिश काल में जब भारत की राजधानी कलकत्ता से दिल्ली स्थानान्तरित की गई तो वॉयसरॉय के निवास व सरकारी कार्यालयों के निर्माण हेतु यह क्षेत्र जयपुर राज्य से खरीदा गया। तब का वाइस रीगल लॉज ही अब राष्ट्रपति भवन कहलाता है। इस क्षेत्र की एक मुख्य सड़क रायसीना रोड के नाम से अभिहित की गई है।

१०. हेरी ई. बारनेस – ए हिस्ट्री ऑफ हिस्टोरिकल राइटिंग्ज – पृ. ३४५

१०. मध्यकाल में मुस्लिम आक्रमणकारियों की विनाश लीला से अपनी साहित्यिक संपदा को बचाने के लिए देश के विभिन्न भागों से जैन मुनि लाखों की तादाद में हस्तलिखित ग्रंथ लेकर जैसलमेर पहुँचे। यहाँ के जैन ज्ञान भंडारों में वे आज तक सुरक्षित हैं।

११. राजस्थान में भौतिक शरीर को नहीं यश शरीर को अधिक महत्व दिया गया। इस दूहे में जेहिया को सम्बोधित करते हुए यही भाव दर्शाया गया है कि दुर्ग नष्ट हो जाते हैं, देवालय भी काल के ग्रास हो जाते हैं और वृक्ष सूखकर ईंधन हो जाते हैं पर हे जेहिया यशोगान के अक्षर युगों तक नहीं मिटते। - राजस्थान का हृदय पृ. ३ संपादिका - रानी लक्ष्मीकुमारी चूंडावत, प्रकाशक, श्री साधना प्रेस लि., जयपुर।

१२. इस दूहे में भी गढ़ कोटों के ढह जाने व कीर्ति के अक्षुण्ण बने रहने की बात कही गई है। बाघजी कोटड़िया व आसा डाभी अपनी गुणग्राहकता व दान वीरता के लिए लोक मानस में बसे हुए हैं। वे तो आज नहीं रहे किंतु उनके यशगीत अब भी गाए जाते हैं।

१३. टाइम्स ऑफ इंडिया (सप्लीमेंट) अक्टूबर ३१, १९५६ डॉ. एल.एस. राठौड़ कृत - 'पॉलिटिकल एंड कांस्टीट्यूशनल डवलपमेंट इन राजस्थान' में उद्धृत - पृ. ३।

2

ब्रिटिश प्रभुत्व की चेरी रंगहीन रजवट

जग रखवाळा जे रह्या, बिरदाळा धर बींद।
ताळा मंह जड़िया तिके, नींदाळा बश नींद।।
खग धारां साम्हे खड़ी उर न चढ़ी आतंक।
जिका बहादुर जातड़ी पड़ी थरहरे पंक।।

– क्रांतिकारी केशरीसिंह बारहठ

जिस राजस्थान ने 'चारों ओर के घोर अन्धकार में स्वतंत्रता की मशाल को जलाए रखा,[१] जिसके उदात्त जीवन मूल्यों की साक्षी जौहर ज्वाला बनी, साम्राज्यवादियों को जिसने अपना लोहा मनवाया, वही अपने अप्रतिम शौर्य व सृजनशक्ति से हीन होकर मुगल सत्ता के सन्ध्याकाल में स्वयं अराजकता, अनाचार व कलह की कालरात्रि की ओर अग्रसर होने लगा। विभिन्न राज्यों को नियंत्रित करने वाली केन्द्रीय सत्ता के निर्बलीकरण और तदनन्तर विलुप्ति से उत्पन्न शून्य में सारी व्यवस्था चरमरा गई। यहाँ के विभिन्न शक्तिशाली नरेशों की महत्वाकांक्षाएँ अब उमड़ने लगीं। एक ओर तो मुगलिया सल्तनत के उत्तराधिकारी बनने की महत्वाकांक्षा पाले मराठों की अंध अर्थ लोलुपता व दूसरी ओर राजाओं के आपसी ईर्ष्या द्वेष की धधकती लपेटों ने राजस्थान को झुलसाना शुरु कर दिया।

राज्य व सत्ता के लिए सर्वत्र घृणित षड्यंत्रों, निंदनीय वचनभंगों व अविश्वसनीय विश्वासघातों की विषबेल फैलने लगी। सभी रियासतें आन्तरिक विक्षोभ एवं विग्रह से जर्जर हो रही थीं। तुच्छ मिथ्या अहंकार से उपजे आत्माघाती झगड़ों में उनकी शक्ति व साधनों का सर्वनाश हो रहा था। प्रत्येक राज्य में गृहयुद्ध प्रारम्भ हो गया। बदली हुई परिस्थितियों का मराठा परिसंघ की भाँति संगठित होकर भरपूर राजनीतिक लाभ उठाने की सूझ-बूझ व दूरदर्शिता के अभाव के कारण रियासतें निरर्थक लड़ाइयों में उलझकर आत्मविनाश में जुट

गयीं। यदि उनमें जरा भी राजनीतिक समझ एवं कूटनीतिक चातुर्य होता तो ध्वस्त मुगल साम्राज्य के खंडहरों से वे अपने नेतृत्व में निजाम, अलीवर्दीखाँ, और अवध के नवाबों की भाँति साम्राज्य की स्थापना कर सकते थे, किन्तु उनके बौद्धिक दिवालियेपन व नैतिक पतन ने राजस्थान को विनाश, विक्षोभ व व्यथा के दलदल में ढकेल दिया। अपने विद्रोही सामन्तों को नियंत्रित करने में स्वंय को अक्षम पाकर विभिन्न राजाओं ने मराठा सरदारों की सहायता लेना प्रारंभ किया और बूंदी से मराठा हस्तक्षेप की जो शुरुआत हुई, उसने शीघ्र ही सारे राजस्थान को लपेटे में ले लिया। 'अशान्ति, आर्थिक दुर्दशा, अज्ञान, अयोग्यता, आक्रमणकारियों द्वारा आधिपत्य व असीम अराजकता ने राजस्थान को अस्त व्यस्त कर दिया।[२]

अंतहीन अर्थ लिप्सा से प्रेरित मराठों ने इस प्रदेश को अपनी निर्मम लूटमार से लस्तपस्त कर दिया और कोढ़ में खाज का काम पिंडारी लुटेरों ने किया। सर्वत्र इन लुटेरों ने विनाशलीला के दारुण दृश्य उपस्थित कर दिये थे। इस घोर संकट में भी उठ खड़े होने के बजाय राजा लोग 'रसिया घण रणवास रा, रजवटहीणा रंक' बन कर विलास व रागरंग में डूबकर स्वयं को व अपनी प्रजा को चौपट कर रहे थे। इस युग में राजस्थान ने विलास और वासना का वीभत्स रूप देखा। सदाचार व पवित्र आचरण भूतकालीन वस्तुएँ हो गयी थीं। 'अनुल्लेखनीय अनाचार की घृणास्पद अपकीर्तिपूर्ण कथाएँ बड़े बड़े प्रतिष्ठापूर्ण राजघरानों तक के लिए सर्वत्र प्रचलित थीं। राग रंग में डूबे, मदिरा की मस्ती में चूर, अफीम की पीनक में पड़े राजस्थान के राजा और रंक सब कूपमंडूक बने हुए थे।[३] मेवाड़ की राजकन्या कृष्णाकुमारी का कारुणिक अंत[४] तत्कालीन राजघरानों के नैतिक पतन का सबसे ज्वलन्त उदाहरण है। भौतिक जीवन के कठोर सत्यों को भुलाने के लिए नित्य नये उत्सवों का आयोजन होता था। जयपुर के सवाई जगतसिंह के रावळे में चलने वाले ऐश्वर्य विलास की अविश्वसनीय किंतु सच्ची वीभत्स कहानियाँ सारे उत्तरी भारत के कौतूहल की सामग्री बन गई थीं जिससे राजस्थान के राजाओं की प्रतिष्ठा एवं सामाजिक महत्व को गहरी ठेस लगी। यह नैतिक पतन राजस्थान के लिये बहुत घातक सिद्ध हुआ और अब तक इस प्रदेश की रक्षा एवं नेतृत्व करने वाली राजपूत जाति अज्ञान के अन्धकार में सुप्त इस पापपंक में डूबकर युगों के लिए पूर्णतया निचेष्ट व निर्जीव हो गई।

यहाँ के राज्य कभी भी संपतिशाली नहीं रहे थे और अब मराठों व पिंडारियों की लूटमार ने कहर ढ़ा दिया था। एक दयनीय विवशता राजस्थान के समूचे जीवन में भर गयी थी। लुटेरे मराठा सरदारों के आर्थिक दबाव के साथ

उनका मदान्धतापूर्ण अशिष्ट व्यवहार व दमन भी बढ़ता गया जिससे आगे चलकर यह संघर्ष केवल राजनीतिक कशमकश न रहकर जातीय व साँस्कृतिक विरोध भी बन गया। अपनी अशक्तता का अनुभव कर मराठों से छुटकारा पाने के लिए अंत में राजपूत राजाओं ने अंग्रेजों की अधीनता सहर्ष स्वीकार कर ली। अपनी वीरता और साहस में उनका आत्मविश्वास नष्ट हो चुका था। लगभग एक सदी तक निरन्तर चलती रहने वाली इस भयंकर अराजकता ने राजघरानों को जड़ से हिला दिया था, उनकी दरिद्रता दयनीयता की पराकाष्ठा को पहुँच चुकी थी। राजाओं पर साहूकारों के ऋण चढ़ गए थे और परिस्थिति इतनी विकट हो गई थी कि मारवाड़ व मेवाड़ के राजघरानों को राजमहल का खर्च चलाने के लिए सेठ साहूकारों का मुँह ताकना पड़ता था। क्षात्र धर्म से च्युत होकर वे अपनी कर्त्तव्य बुद्धि भी खो बैठे थे। घोर नैतिक अनाचार में ही उन्होनें स्वर्गिक सुख का अनुभव किया। राजाओं और सामन्तों के बीच सम्बन्ध, भूराजस्व और सैन्य व्यवस्था, व्यापार- धंधे सभी टूटन और बिखराव के शिकार हो गए।

उस समय मराठा परिसंघ देश को उचित राजनीतिक नेतृत्व और एकता प्रदान करके विघटन को रोकने की स्थिति में था किन्तु प्रमुख मराठा सरदारों की राजनीतिक अदूरदर्शिता, आपसी प्रतिस्पर्धा व कलह ने उन्हें उस राजनीतिक ऊँचाई पर पहुँचने नहीं दिया। भारत को राजनीतिक स्थिरता व नेतृत्व प्रदान करने के स्थान पर लूट मार व विध्वंस का जो अविवेकपूर्ण मार्ग उन्होंने अपनाया उसने महान् शिवाजी की कीर्ति को भी धुँधला कर दिया और महाराष्ट्र की सीमाओं से परे 'स्वराज्य' की स्थापना के अमूल्य अवसर को गँवा दिया। मराठों के अविवेक और अनाचार ने उभरती हुई ब्रिटिश सत्ता के राजस्थान में प्रसार का मार्ग प्रशस्त किया। यहाँ की अराजकतापूर्ण परिस्थिति का सूक्ष्म विश्लेषण करने के बाद तत्कालीन गवर्नर जनरल लॉर्ड हेस्टिंग्ज इस निष्कर्ष पर पहुँचा कि भारतीय रियासतों के प्रति अहस्तक्षेप व उदासीनता की नीति का परित्याग करने का समय आ गया है तथा मराठों व पिंडारियों की विनाशलीला से राजस्थानी राज्यों की रक्षा ब्रिटिश प्रभुत्व की स्थापना द्वारा ही हो सकती है।

उस समय राजस्थान में बीस रियासतें थीं जिनमें से जैसलमेर, बीकानेर व सिरोही को छोड़कर सभी मराठों के पैरो तले रौंदी जा चुकी थी। दिल्ली के रेजीडेंट चार्ल्स मेटकाफ ने इन रियासतों के साथ संधियाँ करने का गवर्नर जनरल को सुझाव दिया क्योंकि मराठों व पिंडारियों के दमन के लिए इनका सहयोग आवश्यक था। हेस्टिंग्ज का मत था कि नरेशों के सामने संधि के ऐसे प्रस्ताव रखे जाएँ कि उन्हें यह लगे कि उनकी स्वतंत्रता बनी रहेगी। उनके आन्तरिक मामलों

में बिल्कुल हस्तक्षेप नहीं किया जायेगा किन्तु बाह्य सम्बन्धों का नियंत्रण अंग्रेजों के हाथों में रहेगा। इन रियासनों को दो वर्गों में (मराठों की करद व अकरद) बाँट कर इनके लिए संधियों की समान शर्तें तय की गयीं।

विद्रोही सामन्तों की कारगुजारियों से त्रस्त व मराठों की मार से लस्त पस्त राजस्थानी नरेशों को अपनी दयनीय अवस्था से त्राण पाने का उपाय शक्तिशाली ईस्ट इंडिया कम्पनी की प्रभुता स्वीकार करने में ही दिखाई दिया। अपनी निर्बलता व अकर्मण्यता से पराभूत होकर उन्होंने जिस सत्ता की अधीनता में अपनी मुक्ति देखी उसके परिणाम स्वरूप आगे चलकर ये नरेश सर्वथा शक्तिहीन होकर 'गलीचों में बुने गये शेर चीतों' के समान रह गए। इन संधियों के निहितार्थ को समझ पाने की दूरन्देशी का उनमें अभाव था और धीरे धीरे ब्रिटिश प्रभुत्व रूपी अजगर ने अपनी कुंडली कसना शुरु कर दिया लेकिन वे तब तक सर्वथा असहाय हो चुके थे। कम्पनी द्वारा संधियों का जो मसौदा प्रस्तुत किया गया उसकी मुख्य शर्तें इस प्रकार थीं –

१. कम्पनी सरकार इन रियासतों को अपने संरक्षण में लेना स्वीकार करती है।

२. कम्पनी सरकार तथा रियासतों के शासकों व उनके उत्तराधिकारियों के बीच निरन्तर मैत्री सम्बन्ध और हित साम्य बना रहेगा।

३. राजाओं को कम्पनी सरकार की अधीनता माननी होगी। अन्य राज्यों के राजाओं के साथ उनका कोई राजनीतिक सम्बन्ध नहीं रहेगा।

४. उनको किसी राज्य पर आक्रमण करने का अधिकार नहीं होगा। यदि संयोग से ऐसी स्थिति उत्पन्न हो जाए तो कम्पनी सरकार इसका निर्णय स्वयं करेगी।

५. इन रियासतों पर अंग्रेजों का नहीं वरन् यहाँ के राजओं का प्रभुत्व रहेगा। वहाँ ब्रिटिश दीवानी और फौजदारी कानून लागू नहीं होंगे।

६. आवश्यकता पड़ने पर इन राज्यों को अपनी समस्त सेना कम्पनी सरकार को देनी होगी।

इन संधियों के फलस्वरूप राजस्थान की सभी रियासतें बाह्य आक्रमणों के भय से मुक्त हो गयीं क्योंकि अब उनकी रक्षा का दायित्व कंपनी का था। पिंडारियों के आतंक से छुटकारा मिला और अराजकता भी प्राय: समाप्त हो गई। जिन रियासतों में सामन्तों ने सिर उठाया, ब्रिटिश सैन्य सहायता से उन्हें भी दबा दिया गया। भले ही संधियों में समानता व मित्रता की बात कही गई थी पर

व्यावहारिक तौर पर यहाँ के शासक अंग्रेजों के अधीन हो गए। उनका राजनीतिक सम्बन्ध केवल कम्पनी से रह गया। वे वास्तव में इतने असहाय हो गए कि कंपनी की अनुमति के बिना पत्र व्यवहार भी नहीं कर सकते थे। शुरु में तो कंपनी ने हस्तक्षेप कम किया लेकिन शनैः शनैः उसका क्षेत्र व्यापक होता गया। उत्तराधिकार, गद्दीनशीनी जैसे मामले भी कंपनी की इच्छानुसार तय होने लगे।

यद्यपि रियासती राजा अपनी स्वतंत्रता खो बैठे पर मराठा आतंक की सिर पर लटकती तलवार से मुक्ति मिल जाने से उन्हें चैन की साँस लेने का अवसर भी मिला। अब उन दारुण घटनाओं की पुनरावृति की कोई आशंका नहीं थी जब जयपुर के महाराजा ईश्वरीसिंह को मराठों से भयभीत होकर अपनी प्रतिष्ठा की रक्षा के लिए साँप कटवा कर आत्महत्या करनी पड़ी थी और कोटा के मुसाहिब आला झाला जालिमसिंह को मराठों से मैत्री के बावजूद उनकी अर्थलिप्सा को महाराव परिवार के आभूषण बेचकर शान्त करना पड़ा था। देखते ही देखते मारवाड़ के अलावा राजस्थान के करीब सभी रजवाड़े सन् १८१८ तक अंग्रेजों के आधीन हो गए। सभी रियासतों में ब्रिटिश पॉलिटिकल एजेन्टों की नियुक्ति कर दी गई जिनके रौब दाब का यह आलम था कि रेजीडेन्सी में होने वाली कानाफूसी भी राजाओं को मेघगर्जन प्रतीत होती थी। राजा लोग ब्रिटिश सत्ता के इशारों पर चलने के लिए विवश थे। उनकी क्लीवता ने उन्हें जिस अधम अवस्था में ला पटका था उसके परिणामस्वरूप –

हुकमत गी पर हाथ घर में खूणै घालिया।
बाळक भी या बात जाण चुक्या जग मांहिनै।।
जीवन अहलो जाय सहल शिकार सलाम में।
मांटी मौज उड़ाय परजा बिलखै पेट में।।[5]

इस प्रकार ब्रिटिश प्रभुत्व के राजस्थान में विस्तार के समय राजनीतिक हालात पतन के उस निम्न बिन्दु पर पहुँच चुके थे जहाँ मानवता की गरिमा और मर्यादा लुप्त प्रायः हो गई थी किन्तु इस घोर अंधकार युग में भी दो प्रकाश स्तम्भ नजर आते हैं जिन्होंने ब्रिटिश प्रभुत्व का प्रबल प्रतिरोध करके राजस्थान व राष्ट्र के स्वाभिमान की रक्षा करने का निश्चित रूप से प्रयास किया। ये दो आलोक स्तम्भ थे – भरतपुर के राजा रणजीतसिंह और मारवाड़ के महाराजा मानसिंह। राजस्थान में विदेशी प्रभुत्व के प्रतिरोध के प्रारंभिक प्रयास इन्हीं दो राजाओं ने किये और इस प्रदेश के स्वतंत्रता संग्राम को भरतपुर के घेरे में कंपनी सेनाओं की करारी पराजय व महाराजा मानसिंह के राष्ट्रीय चरित्र के यथोचित उल्लेख के संदर्भ में ही भलीभाँति समझा जा सकता है।

नन्हीं बदली के रूप में प्रकट होकर घनघोर घटा के रूप में छा जाने वाली ब्रिटिश सत्ता को अपने विजय प्रयाण में भारत में ऐसे प्रतिरोध का सामना पहिले कभी नहीं करना पड़ा था। राजस्थान वासियों में ब्रिटिश विरोधी भावनाओं का प्रमाण इस क्षेत्र में कम्पनी द्वारा अपने प्रभुत्व विस्तार के प्रारम्भिक प्रयासों के समय से ही दृष्टिगोचर होता है। सन् १८५७ के प्रथम भारतीय स्वतंत्रता संग्राम से आधी सदी पूर्व ही कविराजा बाँकीदास ने कम्पनी सरकार से हुई संधियों के संदर्भ में विदेशी सत्ता के बढ़ते खतरे के प्रति लोगों को अपने 'गीत चेतावणी रौ'' में आगाह कर दिया था। राष्ट्रीय भावना से ओत प्रोत इस गीत में उन्होंने बताया कि किस प्रकार देश गुलाम होकर चेतनाशून्य होता जा रहा है। हिन्दू मुसलमान सभी को आह्वान करते हुए उन्होंने देश को बचाने की मार्मिक अपील की। कविराजा विरचित गीत की ये पंक्तियाँ दृष्टव्य हैं –

आयौ इंगरेज मुलक रै ऊपर, आहंस लीधा खैंच उरा।
धणियां मरै न दीधी धरती, धणियां ऊभां गई धरा।।
फौज देख न कीधी फौजां, दोयण किया न खळां डळा।
खवां खाँच चूड़ै खावंद रै, उण हिज चूड़ै गई यळा।।
महि जातां चींचातां महिला, ऐ दुय मरण तणा अवसांण।
राखो रै कीहिक रजपूती, मरद हिंदू कै मुसलमांन।।
पुर जोधांण, उदैपुर, जैपुर, पह थांरा खूटा परियांण।
आंकै गई आवसी आंकै, वांकै असल किया वखाँण।[६]

विदेशी प्रभुत्व के विरोध की भोर भरतपुर का घेरा

राजस्थान के कतिपय नरेशों की ब्रिटिश संरक्षण प्राप्त करने की ललक के बावजूद ऐसे नायकों व जागीरदारों का भी अभाव नहीं था जिन्होंने ब्रिटिश प्रभुत्व के समक्ष घुटने टेकना स्वीकार नहीं किया। मराठा शक्ति को छिन्न भिन्न करने के लिए बंगाल से विजय पताका फहराती चल रही ब्रिटिश सेनाओं को अपने इस सुगम प्रयाण में दो प्रबल आघात राजस्थान में ही झेलने पड़े। पहिला था चम्बल के किनारे मॉनसन के सैन्य दल का होल्कर के हाथों पूर्ण पराभव, जिसमें उसे तोपखाने व साजो सामान से हाथ धोना पड़ा। दूसरा था लेक के तूफानी अभियान के सम्मुख भरतपुर का अविचल रूप से डटे रहना। ये दोनों घटनाएँ इस दृष्टि से विशेष उल्लेखनीय हैं कि ब्रिटिश सत्ता को राजस्थान की धरती पर ही पहली बार पराजय का कड़वा स्वाद चखना पड़ा और इससे ब्रिटिश शक्ति की प्रतिष्ठा को गहरा धक्का लगा। इसके बाद भरतपुर का अजेय दुर्ग बीस वर्षों तक गर्वोन्नत

भाल लिए संपूर्ण देश में विजय का प्रतीक बना अंग्रेजों की पराजय की घोषणा करता अविचल खड़ा रहा।[७]

भरतपुर की विजय सर्वव्यापी हताशा के उस युग में भारतीय शौर्य की प्रतीक बन गयी। चम्बल तट का युद्ध व भरतपुर का घेरा एक ही ऐतिहासिक श्रृंखला की दो कड़ियाँ हैं जिनका सम्बन्ध मराठा शासक जसवंतराव होल्कर से हैं। उन्नीसवी सदी के प्रारंभ में कम्पनी सरकार भारत के देशी नरेशों को येन केन प्रकारेण परास्त कर यहाँ अपना अधिकार जमाने हेतु व्यग्र थी। मुगल साम्राज्य के पतन के पश्चात उदीयमान मराठा शक्ति के प्रमुख स्तम्भ थे सिंधिया, गायकवाड़, भोंसले और होल्कर। सन् १८०० ई. तक अंग्रेज अपने छल-बल के सहारे प्रथम दो से तो निपट चुके थे। मध्य भारत में अब जसवंतराव होल्कर ही एक ऐसा शासक बच रहा था जो उनके फंदे में नहीं फँसा था। अत: उन्होंने अपनी तोपों के मुँह होल्कर की ओर मोड़ दिये। १६ अप्रैल १८०४ को वेलेजली ने जनरल लेक को एक गुप्त पत्र में लिखा, "... मैं निश्चय कर चुका हूँ कि जितना जल्दी हो सके जसवंतराव होल्कर के साथ युद्ध शुरु कर दिया जाय।"[८] इस निश्चय के अनुसार दक्षिण की ओर से वेलेजली ने गुजरात की ओर से कर्नल मरे ने तथा उत्तर की ओर से सिंधिया की सेना ने होल्कर के राज्य पर आक्रमण किया किन्तु सबको मुँह की खानी पड़ी। कम्पनी ने इस हार का बदला लेने के लिए मॉनसन के नेतृत्व में एक बड़ी सेना होल्कर पर आक्रमण करने के लिए पुन: भेजी।

८ जुलाई १८०४ को दोनों सेनाओं का आमना सामना हुआ। प्रथम मुठभेड़ के चमत्कार से घबरा कर मॉनसन ने आगे बढ़ने का विचार छोड़कर पीछे हटना शुरु किया तो होल्कर राज्य की सरहद पर जाकर ही दम लिया। जसवंतराव ने उसका बराबर पीछा किया और १७ जुलाई १८०४ को उसे चम्बल नदी के किनारे जा घेरा। पिछले कुछ दिनों से भारी वर्षा हो रही थी। नदी खूब चढ़ी हुई थी। मॉनसन ने पहिले हाथियों व बाद में लकड़ी के बेड़े से सेना को नदी पार कराने का प्रयत्न किया। होल्कर की सेना का आक्रमण बराबर जारी था। इस भगदड़ में मॉनसन के सैकड़ों सिपाही मारे गये, सैकड़ों बीमारियों से मरे और अनेक बाढ़ में बह गए। इस युद्ध में होल्कर को अंग्रेजी सेना का बहुत सा सामान, अस्त्र-शस्त्र व गोला बारुद प्राप्त हुआ। चम्बल के किनारे की यह हार अंग्रेजों के लिए भारत में प्रथम करारी हार थी। इससे ब्रिटिश सत्ता की प्रतिष्ठा को गहरा धक्का लगा। जसवंतराव के सम्मुख मॉनसन की पराजय ने ब्रिटिश मानस पर क्या प्रभाव डाला इसकी झलक जनरल लेक द्वारा गवर्नर जनरल को लिखे गये गुप्त पत्र से मिलती है।[९] वेलेजली ने इस घटना के राजनीतिक परिणामों के

बारे में सोचकर – 'काँप उठने' की बात अपने एक पत्र में लिखी।[१०]

जसवंतराव होल्कर ने ठेट आगरा तक मॉनसन का पीछा किया और उसे वहाँ से भी खदेड़ दिया। इसके पश्चात उसने कम्पनी के इलाके मथुरा पर हमला करके उस पर अधिकार कर लिया। कुछ कारणों से होल्कर को मथुरा में कुछ दिन रुकना पड़ा। इस बीच मौका पाकर अंग्रेजों ने उसकी अनुपस्थिति का लाभ उठाते हुए उसके राज्य पर आक्रमण कर दिया। जसवंतराव को विवश होकर अपने राज्य की रक्षार्थ दक्षिण कर ओर कूच करना पड़ा। अंग्रेजों ने उसका पीछा करने के लिए तीन बड़ी सेनाएँ रवाना कीं जो क्रमश: कर्नल बर्न, जनरल लेक और मेजर फ्रेजर के अधीन थीं। जसवंतराव भरतपुर की ओर बढ़ रहा था। ये सारी सेनाएँ डीग तक होल्कर का पीछा करती रहीं डीग के ठीक पास फ्रेजर की सेना का होल्कर से मुकाबला हुआ । जिसमें फ्रेजर खेत रहा। होल्कर ने डीग के किले में शरण ली। लेक की सेना लगातार दस दिन तक डीग के दुर्ग पर गोलाबारी करती रही। २३ दिसम्बर को एक ओर की प्राचीर टूटने पर अंग्रेजी सेना ने किले में प्रवेश किया तो डीग नगर व दुर्ग दोनों निर्जन पड़े हुए थे। होल्कर ससैन्य सुरक्षित रूप से भरतपुर के दुर्ग में पहुँच चुका था। भरतपुर के शासक रणजीतसिंह की अंग्रेजों के साथ संधि हो चुकी थी। होल्कर को शरण देकर अंग्रेजों से वैर मोल लेना उसे उचित जान पड़ता या नहीं पर एक तात्कालिक घटना ने उसे अंग्रेजों के विरुद्ध कर दिया।

बात यह हुई कि वेलेजली ने भरतपुर के कुछ प्रतिष्ठित नागरिकों पर यह आरोप लगाया कि वे जसंवतराव होल्कर के साथ गुप्त पत्र व्यवहार कर उसकी मदद में लगे हुए थे। उसने जनरल लेक को आदेश दिया कि वह उनको पकड़कर अंग्रेजी इलाके में ले आए और गोली से उड़ा दे। भरतपुर एक स्वतंत्र रियासत होते हुए भी इस सम्बन्ध में राजा से किसी प्रकार की पूछताछ नहीं की गई। रणजीतसिंह को यह सारी बात बड़ी नागवार गुजरी। अत: होल्कर जब उसकी शरण में पहुँचा तो रणजीतसिंह ने शरणागत अतिथि की रक्षा करना अपना नैतिक कर्त्तव्य समझ कर उसके लिए अपना द्वार खोल दिया। इस पर जनरल लेक ने भरतपुर को तहस नहस करने का निश्चय कर लिया। अंग्रेजों ने रणजीतसिंह को धमकी दी कि वह शीघ्र ही होल्कर को अंग्रेजों के हवाले कर दे अन्यथा भरतपुर दुर्ग को तोपों से उड़ा दिया जाएगा। परन्तु स्वाभिमान और नैतिकता ने रणजीत सिंह को अंग्रेजों का मुकाबला करने हेतु प्रेरित किया।

७ जनवरी १८०५ को भरतपुर पहुँच कर लेक ने दुर्ग पर तोपों से गोलों की वर्षा प्रारंभ कर दी। दूसरे दिन दीवार का कुछ अंश खंडित होने पर कुछ सैनिकों

ने खाई पार करके किले में घुसने का प्रयत्न किया परंतु भरतपुर की सेना के अप्रत्याशित प्रबल आक्रमण का सामना अंग्रेज सेना नहीं कर सकी। अगले बारह दिनों तक अंग्रेज सेना पुनः प्राचीर को तोड़ने के प्रयत्न में लगी रही। अंततः २१ जनवरी १८०५ को प्राचीर का एक भाग पुनः खंडित होने से पूरे वेग से आक्रमण किया गया परन्तु इस बार भी प्रतिरोध इतना प्रबल रहा कि लेक की सेना को मुँह की खानी पड़ी। दोनों प्रयत्नों की विफलता से जनरल लेक की हिम्मत जवाब दे गई। उसकी सेना को जान माल का इतना नुकसान हुआ था कि वह शेष बचे सीमित साधनों के बल पर भरतपुर की ओर आँख भी नहीं उठा सकता था। आगरा व गुजरात से नई सेना आने के बाद महीने भर बाद तीसरी बार आक्रमण किया गया।

पिछले अनुभवों से लाभ उठाते हुए इस बार अंग्रेज सेना ने प्राचीर को कम चौड़े स्थान पर तोड़ने का सामूहिक प्रयत्न किया। २० फरवरी १८०५ को प्राचीर का वह खंड टूट गया और कंपनी की सेना ने दुर्ग में प्रवेश करने का जी जान से प्रयत्न किया किन्तु भरतपुर की सेना का प्रचंड प्रतिरोध झेल पाना उसके बूते की बात नहीं थी। हजारों देशी विदेशी सैनिक काट डाले गए। जनरल लेक इस दृश्य को देखकर हक्का बक्का रह गया। उसने गोरी पलटन की टुकड़ियों को आगे बढ़ने का आदेश दिया किन्तु गोरे सिपाही इतने पस्त हिम्मत हो चुके थे कि उन्होंने आगे बढ़ने से मना कर दिया। अन्ततः भारतीय सैनिकों को यह आदेश दिया गया किन्तु गोलियों की बौछार को झेल पाना उनके लिए भी संभव नहीं था। तीसरी बार भी असफलता मिलने पर कंपनी सरकार ने छल का सहारा लेकर होल्कर को मिटाने का प्रयास किया।

होल्कर की घुड़सवार सेना के बड़े भाग का नायक अमीरखाँ पिंडारी था। उसने ३२ लाख रुपए रिश्वत लेकर जनरल स्मिथ के मार्फत सौदा तय करके उसके साथ युद्ध का नाटक कर होल्कर की तमाम घुड़सवार सेना को कटवा डाला। इस घृणित देशद्रोह के पुरस्कार स्वरूप उसे टोंक की नवाबी मिली। अंग्रेजों की यह प्रबल इच्छा थी कि होल्कर उन्हें सौंप दिया जाय पर रणजीतसिंह इस बात के लिए किसी तरह तैयार नहीं था। तीसरी बार पराजय के बाद अंग्रेजों ने उसके पास संधि प्रस्ताव भेजा जिसमें भरतपुर को स्वतंत्र रियासत घोषित करके उसके साथ समानता के व्यवहार का वचन दिया गया। रणजीतसिंह ने होल्कर को १८०५ ई. के मध्य में भरतपुर से सकुशल एवं दल बल सहित रवाना करने के पश्चात् ही अंग्रेजों के साथ संधि की बातचीत की।

भरतपुर का यह ऐतिहासिक संग्राम चार महीने चला। यह भारतीय शक्ति की प्रथम विजय थी। उस समय अंग्रेजों का प्रभाव तीव्र गति से बढ़ रहा था। उस आँधी के सम्मुख भारतीय शक्तियाँ हतबुद्धि व हतश्री हो चुकी थीं। पूर्व में बंगाल से लेकर धुर दक्षिण तक अंग्रेजों की तूती बोल रही थी। भारतीय शासक सर्वथा असहाय हो चुके थे। ब्रिटिश सत्ता के इस उफनते ज्वार को रोक पाना किसी के वश की बात नहीं रह गई थी। दूसरी ओर भारतीय शासकों की आपसी फूट और अदूरदर्शिता ने कंपनी का काम और सहज कर दिया। ब्रिटिश सत्ता की अजेयता का आतंक भारतीयों के मन में घर कर चुका था। उसे सफल चुनौती भरतपुर ने दी। भरतपुर के घेरे का न केवल इस दृष्टि से बड़ा महत्व है कि यह शरणागत रक्षा के पारंपरिक भारतीय जीवन मूल्यों का निर्वाह था अपितु इसने भारतीयों के डगमगाते आत्मविश्वास को बल प्रदान किया और राजस्थान में ब्रिटिश विरोधी भावनाओं को प्रबल व धारदार बनाया। जन मानस पर इसका चमत्कारिक असर हुआ। उल्लास की उर्मियाँ तरंगित हुईं और यह आल्हाद जनकंठों एवं कवियों की वाणी में फूट पड़ा।[११]

भरतपुर में राजस्थान ने यह सिद्ध कर दिया कि उसकी तलवार का पानी अभी उतरा नहीं है। अंग्रेजों के इस प्रदेश में प्रवेश के समय से ही विदेशी सत्ता के प्रति विरोध एवं रोष की अभिव्यक्ति प्रारंभ हो गई थी। भरतपुर में अंग्रेजों की करारी हार से कंपनी की विस्तारवादी नीति को भारी धक्का लगने के साथ ही उसके प्रभुत्व विस्तार का विरोध करने वाले अन्य लोगों को भी प्रेरणा मिली। राजस्थान में स्वाधीनता संग्राम के संदर्भ में यह बात विशेष उल्लेखनीय है कि भले ही राजाओं ने अपनी दुर्बलता के कारण ब्रिटिश आधीनता स्वीकार की लेकिन जन सामान्य इस बात को गले नहीं उतार सके इसलिये १८५७ ई. के विप्लव से पूर्व भी विभिन्न क्षेत्रों में जागीरदार व जनता यथा सामर्थ्य प्रतिरोध करते रहे और ये विरोधी सामंत जनता के हृदय हार बन गये जिनकी प्रशंसा में अनेक गीत व पवाड़ों की रचना हुई। इनमें शेखावटी के डूंगजी जवाहरजी विशेष उल्लेखनीय हैं। भले ही अंग्रेज लेखकों ने उनका चित्रण डाकुओं के रूप में किया पर वास्तव में वे स्वतंत्रता के जुझारु थे जिन्होंने ब्रिटिश सत्ता को खुली चुनौती दी।

जागती जोत महाराजा मानसिंह

इस सिलसिले में मारवाड़ के शासक महाराजा मानसिंह का राष्ट्रीय स्वरूप ध्यान देने योग्य है। वे एकमात्र ऐसे राजस्थानी नरेश थे जिन्होंने अनेक आन्तरिक व बाह्य संकटों व आपदाओं से घिरे होने पर भी अंग्रेजों के संधि प्रस्तावों को

कभी स्वीकार नहीं किया तथा अपने युग के ब्रिटिश विरोधी तत्वों को हार्दिक समर्थन प्रदान किया। जिस समय देशी रजवाड़े अंग्रेजों के साथ अपमानजनक संधियों के कुचक्र में फँसते जा रहे थे केवल मानसिंह एक ऐसे दूरदर्शी शासक थे जिन्होंने इस सत्य को भाँप लिया था कि यह विदेशी शक्ति एक दिन सारे देश को गुलाम बनाकर छोड़ेगी। इसलिये प्रारंभ में ही इसका डटकर विरोध करना चाहिए और उन्होंने इस विदेशी ताकत का यथाशक्ति जीवन भर डटकर विरोध किया भी।

मानसिंह को जिन भीषण बाधाओं से जूझना पड़ा, उनको देखते हुए यदि कोई अन्य सुविधाभोगी शासक होता तो शीघ्र ही अंग्रेजों की गोद में जा बैठता परंतु उनके समान स्वतंत्रचेता एवं स्वाधीनता प्रेमी शासक ने उस विषम परिस्थिति में भी अंग्रेजों के कट्टर दुश्मन जसवंतराव होलकर को अपना पूरा राज्य दाँव पर लगाकर सपरिवार शरण दी। यह उनके ब्रिटिश विरोधी विचारों व राष्ट्रीय चेतना का ही परिणाम था।[१२] होलकर भरतपुर के दुर्ग से निकलकर अजमेर के पास हरमाड़ा नामक गाँव में ठहरा। मानसिंह को जब यह सूचना मिली तो उन्होंने आगे बढ़कर उसकी मदद की। उसे राजनीतिक शरण देते हुए उसके परिवार की रक्षा का वचन दिया ताकि वह मालवे की तरफ आगे बढ़कर पुनः शक्ति संचय करते हुए अंग्रेजों का सामना कर सके।[१३] राष्ट्र प्रेम से ओत प्रोत मानसिंह के इस कार्य ने उन्हें लोगों की नजरों में बहुत ऊँचा उठा दिया। होलकर आजीवन गाढ़े समय की इस मदद को नहीं भूला। ऐसे विकट समय में जब स्वयं के घर और राज्य में उथल पुथल मच रही थी, होल्कर को शरण देकर अंग्रेजों से वैर मोल लेना मानसिंह जैसे साहसी व्यक्ति के बूते की बात थी।

अप्पासाहिब भोंसले को शरण

महाराजा मानसिंह का राष्ट्रीय स्वरूप एक और घटना से भी उजागर होता है। १८२७ ई. में उन्होंने अंग्रेजों की इच्छा के विरुद्ध नागपुर नरेश मधुराज देव अप्पासाहिब भोंसले को भी शरण दी। वह भी होलकर की भाँति अंग्रेजों का कट्टर शत्रु था। अन्य राजाओं की तरह फुसलाकर अंग्रेजों ने उसके साथ भी १८१७ ई में संधि की थी पर संधि होने के कुछ समय पश्चात् ही उस पर अंग्रेजों के खिलाफ पेशवा की सहायता करने का आरोप लगाकर आक्रमण कर दिया और नागपुर राज्य का बहुत सा हिस्सा हड़प कर उसे कैद कर लिया गया। अप्पासाहिब भोंसले किसी तरह कैद से निकल कर भाग छूटा और वर्षों तक नागपुर पुनः प्राप्त करने के प्रयत्नों में इधर उधर घूमता रहा। जब कहीं से कोई

सहायता नहीं मिली तो निराश होकर हिमालय पर्वत की क्रोड़ में चला गया। हृदय में अंग्रेजों के विरोध की धधकती आग लिए वह दस वर्षों तक निरुद्देश्य हिमालय की घाटियों में भटकता रहा और अंततः निरुपाय होकर विपन्नावस्था में शरण प्राप्त करने के लिए मानसिंह के पास जोधपुर आया।

मानसिंह ने अप्पासाहिब का बड़ी गर्मजोशी से स्वागत किया और हर प्रकार से रक्षण व सुविधा देने का वचन दिया। महामंदिर में उसके ठहरने का प्रबंध करके सारी सुख सुविधाएँ जुटा दी गईं तथा सुरक्षा का भी पूरा प्रबन्ध कर दिया गया। अंग्रेज सरकार अप्पासाहिब को पकड़ने के लिए उत्सुक थी। उसने जब मानसिंह को इसके लिये कहा तो उन्होंने बिल्कुल इन्कार कर दिया और गवर्नर जनरल को यह निवेदन करवाया कि अप्पासाहिब के भानजे को नागपुर का राज्य सौंप दिया जाय और अप्पासाहिब को छोटी मोटी जागीर दे दी जाए। अप्पासाहिब ने जीवन के शेष दस वर्ष मानसिंह की छत्रछाया में जोधपुर में ही गुजारे और यहीं १५ जुलाई १८४० को उसकी मृत्यु हुई।

अजमेर दरबार का बहिष्कार

मानसिंह की अंग्रेजी सत्ता विरोधी भावनाओं का उन्मेष १८३१ ई. में उस समय दिखाई दिया जब तत्कालीन गवर्नर जनरल लार्ड विलियम बैंटिक के अजमेर आने पर राजपूताना के समस्त राजाओं का दरबार बुलाया गया। सभी आमंत्रित राजा इसे गर्वनर जनरल से भेंट का सुअवसर जानकर अजमेर पहुँचे। मानसिंह ने इस दरबार में उपस्थित होने में अपनी असमर्थता जाहिर की। कंपनी सरकार की नजरों में यह बहुत बड़ी गुस्ताखी थी परन्तु वह जहर का घूँट पीकर रह गई। मानसिंह की अनुपस्थिति को लेकर कोई चर्चा नहीं हुई।[१४] अजमेर दरबार में अनुपस्थित रहने के मानसिंह के साहस को राष्ट्रीय महत्व की उपलब्धि मानते हुए चारण कवियों ने उनका अभूतपूर्व यशोगान किया। यह काव्य निश्चित रूप से यह दर्शाता है कि जनसाधारण की ब्रिटिश विरोधी भावनाएँ कितनी तीव्र थीं और वे इस विदेशी सत्ता को कितना हेय दृष्टि से देखते थे।[१५]

कंपनी सरकार से लोहा लेने का हौसला रखने वाले वे एकमात्र शासक थे और अपने राज्य के मामलों में उन्होंने सदैव ब्रिटिश हस्तक्षेप का प्रतिरोध किया। अपने सामंतों के साथ जीवन मरण के संघर्ष में रत होने के कारण वे ब्रिटिश सत्ता का प्रभावी प्रतिकार करने में भले ही असमर्थ रहे किन्तु अंतिम क्षण तक उन्होंने अपनी आन बनाए रखी व अंग्रेजों को मनमानी नहीं करने दी। जीवन के संध्याकाल में विदेशी शत्रुओं के इशारों पर नाचने को विवश एक कठपुतली

शासक बनकर रहने की तुलना में उन्होंने एक सन्यासी का एकाकी जीवन बिताना श्रेयस्कर समझा। महाराजा मानसिंह ने इस प्रकार यथाशक्ति ब्रिटिश सत्ता को चुनौती दी।

मानसिंह के अलावा उस समय राजस्थान के विभिन्न क्षेत्रों में अनेक जागीरदार भी अंग्रेजों के सख्त खिलाफ थे। ऐसे उदाहरण हैं जिनसे इस बात की पुष्टि होती है कि इस प्रदेश में ब्रिटिश घुसपैठ के प्रति रोष काफी व्यापक था। इस रोष की अभिव्यक्ति राजस्थान में १८५७ में घटित घनाओं की पूर्व पीठिका को समझने में अत्यन्त सहायक है। डूंगरपुर के महारावल जसवंतसिंह को गद्दी से हटाये जाने से उत्पन्न व्यापक जनरोष,[१६] राठोड़ भीमजी द्वारा लडली पर जोधपुर के किया गया घातक हमला[१७] और जयपुर में केप्टन ब्लेक की हत्या आदि ऐसी घटनाएँ हैं जो इस तथ्य का उजागर करती हैं कि ब्रिटिश घुसपैठ को राजस्थान के लोगों ने सहजता से स्वीकार नहीं कर लिया और फिरंगियों के विरुद्ध रोष की अन्तर्धारा निश्चित रूप से विद्यमान थी। जयपुर में कैप्टेन ब्लेक की हत्या एक पूर्व नियोजित कार्य था और कमोबेश अंग्रेजों के विरुद्ध खुला विद्रोह था। इस घटना की जाँच और बाद में पकड़े गये पत्र व्यवहार से यह प्रतीत होता है कि 'जूंठाराम इस षड्यंत्र का प्रेरक था। उसके रिश्तेदार दीवान अमरचंद ने कुछ विद्रोही तत्वों को विश्वास में लेकर गवर्नर जनरल के एजंट पर हमला करवा के गड़बड़ी फैलाने की योजना बनायी।[१८]

इस विवरण से साफ जाहिर है कि ब्लेक की हत्या एक सुविचारित पूर्व नियोजित षड्यंत्र था जो राजमाता के परामर्श व लोगों की खुली सहायता से रियासत के उच्च अधिकारियों ने रचा था। कोटा रियासत में अंग्रेजों ने जिस मनमाने तरीके से झाला जालिमसिंह व उसके उत्तराधिकारियों के अनुचित दावों का महाराव किशोरसिंह के विरुद्ध समर्थन किया उससे हाडा राजपूतों का खून खौल उठा और वे सभी ब्रिटिश सत्ता व उसके आश्रित झाला के विरुद्ध उठ खड़े हुए। महाराव किशोरसिंह ने इन राजपूतों की सहायता से मंगरोल के निकट अंग्रेजों से संघर्ष किया। किशोरसिंह के अनुयायियों ने इस युद्ध में जिस शौर्य व उग्रता का परिचय दिया वे इस बात के साक्षी हैं कि राजपूत अपनी पराजय फूट व पतन के बावजूद उस समय तक पूर्णत: अंग्रेजों के वशवर्ती नहीं बन गए थे। ब्रिटिश विरोधी विक्षोभ को दर्शाने वाली इस एकाकी घटना को राजस्थानी समाज के सामन्त वर्ग में व्याप्त निराशा व कुंठा एवं उसके फलस्वरूप जागीरदारों द्वारा अंग्रेजों के विरुद्ध किए गए अनेक छिटपुट आन्दोलनों के सन्दर्भ में भलीभाँति समझा जा सकता है।

कंपनी सरकार द्वारा कोटा कन्टीजेंट, जोधपुर लीजन व शेखावटी ब्रिगेड जैसे सैन्य दलों का निर्माण केवल अराजक डाकू दलों का दमन करने में ब्रिटिश सरकार की मदद के लिए ही नहीं वरन् ब्रिटिश विरोधी तत्वों को नियंत्रण में रखने की दृष्टि से भी किया गया था। शेखावटी ब्रिगेड ने वर्षों तक इस क्षेत्र के दुर्दम्य सरदारों के विरुद्ध सतत रूप से मुहिम चलायी थी। जनवरी १८३७ में इस ब्रिगेड ने खियाली के किले को घेर लिया और उस वर्ष शरत् काल में सीकर की माजी साहिबा व उनके समर्थकों ने विद्रोह का झंडा उठाया। यह हो सकता है कि शेखावटी व अन्य क्षेत्रों के जागीरदारों ने अपने न्यस्त स्वार्थों एवं स्थानीय देशभक्ति के कारण ब्रिटिश घुसपैठ व हस्तक्षेप का विरोध किया हो लेकिन आस-पास रहने वाले लाखों लोगों से उन्हें मिला समर्थन जनसाधारण के ब्रिटिश विरोधी स्वरूप का प्रमाण है। आस-पास के क्षेत्रों की जनता के समर्थन के बिना मुट्ठी भर जागीरदारों के लिए कंपनी की प्रशिक्षित बटालियनों से सतत रूप से युद्ध करना कदापि संभव नहीं था।

उन्नीसवीं सदी के पूर्वार्द्ध में राजस्थान के दुर्दम्य सरदारों द्वारा यत्र तत्र किए गए छिटपुट संघर्ष और लोकगीतों में उनका महिमागान निश्चित रूप से इस बात को सिद्ध करता है कि उनका उद्देश्य चाहे कुछ भी रहा हो, वे असंदिग्ध रूप से ब्रिटिश विरोधी थे। जनसाधारण की ब्रिटिश विरोधी भावनाओं का मूल्यांकन ब्रिटिश सत्ता से जूझने वाले जांबाज डकैतों की प्रशंसा में रचे गए प्रशंसा भरे गीतों व काव्य से भी किया जा सकता है।[१९] उनकी अंग्रेज विरोधी गतिविधियों को इतना अधिक जनसमर्थन प्राप्त था कि वे ब्रिटिश क्षेत्र में लूट मार करने व सुरक्षा गार्डों को मार कर नसीराबाद छावनी को लूटने में समर्थ हो सके। अपने जीवन काल में ही ये डाकू सरदार निजंधरी नायक बन गये और जनमानस में इनकी छवि अजेय वीरों के रूप में स्थापित हो गई। यह तथ्य इस बात को भली भाँति उजागर कर देता है कि उन्नीसवीं सदी के पूर्वार्द्ध में राजस्थान में ब्रिटिश विरोधी भावनाएँ अपने चरमोत्कर्ष पर थीं।

इन विद्रोही सरदारों के अभियानों का स्तुतिगान करने वाले लोकगीतों में बेरोजगारी व आर्थिक शोषण से उत्पन्न लोगों की दयनीय स्थिति का भी जिक्र आता है।[२०] इन जागीरदारों की लोकप्रियता के कारण ब्रिटिश सेनाओं को राजस्थान में अनेक कठिनाईयों का सामना करना पड़ा। इनकी लोकप्रियता अप्रत्यक्ष रूप से लोगों के ब्रिटिश विरोधी विक्षोभ से जुड़ी थी। इसी कारण ब्रिटिश सत्ता का प्रतिरोध करने के फलस्वरूप वे जनता की आँखों के तारे बन गए। १८५७ के विप्लव से कुछ वर्ष पूर्व ही यहाँ के अंग्रेज परस्त राजाओं को भी

कंपनी सरकार द्वारा घोषित अपराधी डूंगजी जवाहरजी जैसे लोकप्रिय डाकू सरदारों को जनरोष के भय से शरण व संरक्षण प्रदान करना पड़ा। मारवाड़ में अंग्रेजों के विरुद्ध रोष इतना तीव्र हो चुका था कि जब बिजली गिरने से जोधपुर दुर्ग में स्थित बारुदखाने में भीषण विस्फोट हुआ, जिससे किले की प्राचीर टूट गई और चट्टानें शहर में दूर-दूर तक जाकर गिरीं (जिनसे करीब २०० लोग मारे गए) तो इसे लोगों ने अंग्रेजों के पिट्ठू शासक तखतसिंह पर ईश्वरीय कोप माना। स्पष्ट है कि १८५७ के विप्लव तक राजस्थान में अंग्रेजी हुकूमत के विरुद्ध पर्याप्त आधार बन चुका था।

टिप्पणियाँ एवं संदर्भ

१. श्री श्रीप्रकाश - हिंदुस्तान स्टेण्डर्ड, मार्च ३०, १९५६

डॉ. एल. एस. राठौड़ कृत - पॉलिटिकल एंड कांस्टीट्यूशनल डवलपमेंट इन राजस्थान पृ. ६ पर उद्धृत।

२. डॉ. रघुवीरसिंह - पूर्व आधुनिक राजस्थान पृ. १०३

३. उपर्युक्त पृ. १०५

४. मेवाड़ के शासक महाराणा भीमसिंह की पुत्री कृष्णाकुमारी की सगाई मारवाड़ के शासक भीमसिंह से तय हुई थी। विवाह से पूर्व ही भीमसिंह चेचक से चल बसा तब राजकुमारी का नारियल महाराणा ने जयपुर के सवाई जगतसिंह को भेजना तय किया। इस पर मारवाड़ के शासक मानसिंह ने आपत्ति उठाते हुए भीमसिंह के उत्तराधिकारी के रूप में कृष्णाकुमारी पर अपना हक जताया और जयपुर जाने वाले मेवाड़ी दल को उदयपुर लौटने को विवश कर दिया। इस बात पर जयपुर के शासक ने जोधपुर पर हमला कर दिया। स्थिति बड़ी विकट हो गई। तब अमीरखाँ पिंडारी ने इस मामले में हस्तक्षेप करते हुए महाराणा के सामने प्रस्ताव रखा कि झगड़े की जड़ कृष्णाकुमारी को ही समाप्त कर दिया जाए। अमीर खाँ के दबाब के आगे घुटने टेकते हुए निर्दोष कृष्णाकुमारी को जहर पिलाकर मार डाला गया। इस जघन्य पाप के कारण भीमसिंह के वंश का ही अंत हो गया।

५. केसरी सिंह बारहठ कृत 'चाबुक स्पर्श' - राजाओं को लक्ष्य करके लिखे गए उद्बोधनात्मक सोरठे। केसरीसिंह बारहठ व्यक्तित्व एवं कृतित्व भाग १, पृ. १३०

६. 'परम्परा' - गोरा हट जा अंक पृ. ५४

- डॉ. मोहनलाल जिज्ञासु - चारण साहित्य का इतिहास भाग २ पृ. ९० - अंग्रेज लुटेरा हमारे देश पर चढ़ आया है। उसने समस्त राष्ट्रीय चेतना को अपने खूनी होठों से सोख लिया है। यहाँ धरती के मालिकों ने अपना सिर कटने पर ही धरती दूसरों को सौंपी है परंतु आज तो धरती के स्वामी जीवित हैं और धरती उनके हाथ से निकली जा रही है। शत्रु सिर पर चढ़ आया है फिर भी इन लोगों ने कोई सैनिक तैयारी नहीं की

अक्षत चूड़े का सुहाग धारण किए, पति की उपस्थिति में ही पृथ्वी अपने समस्त प्रतिमानों सहित दूसरों के अधिकार में चली गई। मानव जीवन में मृत्यु को वरण करने के केवल दो ही अवसर विशेष रूप से आते हैं – एक तो जब देश की धरती शत्रु के हाथ में जा रही हो और दूसरा जबकि अबलाओं पर अत्याचार हो रहा हो। आज राष्ट्र पर संकट आया हुआ है। स्वतंत्रता की रक्षार्थ हिन्दू अथवा मुसलमान कोई तो वीरता दिखाओ।

अरे जोधपुर, उदयपुर और जयपुर के नरेशो! तुम लोगो ने तो लुटिया ही डुबो दी। अपने स्वार्थ के लिए देश को विदेशियों के हाथों में धकेल दिया। अब देश गुलाम तो हो ही गया। स्वतंत्र होना होगा तब होगा। जो सत्य था वह मैने बिना लाग लपेट के प्रकट कर दिया।

७. G. Bully Bhurtpore - an article in Blackwood magazine, १९३८ – नाथूराम खड़गावत कृत राजस्थान्स रोल इन द स्ट्रगल ऑफ १८५७ पृ. २ पर उद्धृत।

८. पं. सुन्दरलाल – भारत में अंग्रेजी राज, प्रथम खंड पृ. ४६९.

९. जनरल लेक ने इस पत्र में लिखा, 'इस लज्जा जनक और मुसीबत भरी घटना के विषय में इस समय मै और कुछ न कहूँगा... मुझे यह कहते दुःख होता है कि यदि ले. एंडरसन का बयान ठीक है तो मेरी सेना का सबसे अच्छा भाग पाँच पूरी पलटनें और छः कम्पनियाँ बिल्कुल नष्ट हो गईं और परमात्मा ही जानता है कि अब उनकी जगह कैसे भरी जा सकेगी।'' पं. सुन्दरलाल – उपर्युक्त पृ. ४८१-८२

१०. I tremble at the political consequences of that event. उपर्युक्त पृ. ४८२.

११. भरतपुर के घेरे में भारतीय शक्ति की प्रथम विजय ने जनसाधारण व प्रबुद्ध जनों, सभी को प्रभावित किया। जनउल्लास की अभिव्यक्ति लोकगीतों में और प्रबुद्ध वर्ग की प्रतिक्रिया समकालीन कवियों के काव्य में व्यक्त हुई। जनमानस विजयोल्लास की मस्ती में झूम झूम कर गाने लगा –

आछो, गोरा हट जा!
राज भरतपुर को रे गोरा हट जा।
भरतपुर गढ़ बांको किलो रे बांको
गोरा हट जा।

कविराजा बांकीदास ने इस प्रसंग पर अत्यन्त सुन्दर डिंगल गीतों की रचना की। जिनमें युद्ध की भीषणता, भरतपुर के प्रबल प्रतिरोध व अंग्रेजी फौजों की दुर्दशा का प्रभावी चित्रण हुआ है। बानगी स्वरूप गीत की यह झड़ –

अराबां तणौ असबाब अपणावियौ,
भट विकट किलकता तणौ भागौ।
आड़रोपी वज्रंद झीक वागौ असंभ,
लीक टोपी पटक पंथ लागौ।

आधुनिक समय में गिरधारीसिंह पड़िहार ने इस सम्बन्ध में 'धूड़कोट' के नाम से प्रभावी रचना लिखी है। यह काफी लंबा गीत है। कुछ पंक्तियाँ दृष्टव्य है –

कर जोर घणा ई जूझ्या पण छेकड़ गोरां रौ बळ थाक्यौ।
धिन धिन थूं धरा भरतपुर री, हिंदवाणै रौ पांणी राख्यौ।।

– डॉ. नृसिंह राजपुरोहित कृत 'भारत रा स्वाधीनता संग्राम में राजस्थानी कवियां रौ योगदान, पृ. २६ एवं पृ. ३४ पर उद्धृत

१२. नाथूराम खड़गावत – राजस्थान्स रोल इन द स्ट्रगल ऑफ १८५७ पृ. १२८

१३. वीर विनोद (कविराजा श्यामलदास) खंड २ पृ. ८६१

१४. जोधपुर राज्य की ख्यात भाग ४ पृ. १०९

१५ अनेक कवियों ने इस घटना को लेकर काव्य की रचना की। इन सब कविताओं में पारलू निवासी चैनजी चारण कृत गीत अत्यन्त प्रसिद्ध है। इसमें कवि ने बतलाया है कि अंग्रेज कम्पनी के अधिकारी मिलकर भारत में आए तो सारी प्रजा और राजा उनके चरणों में नतमस्तक हो गए। पर जोधपुर की गद्दी को सुशोभित करने वाला गुमानसिंह का पुत्र मानसिंह तू ही एक ऐसा हिम्मतवर शासक है जो गोरी सत्ता के सम्मुख सिर उठाए खड़ा है।

मेळे सुभट्टां कंपनी वाळा आया हिदवांण मांहे,
जठै सारी प्रथी राजा पाय लागा जाय।
गुमनेसनंद तठै अगंजी जोधांण गादी
इंद नरां न कीधौ सरद्दो सांमां आय।

नाथूराम खड़गावत – पूर्वोक्त पृ. ११४ पर उद्धृत

१६. डूंगरपुर रियासत पर जब अंग्रेजों ने अपनी छल कपटपूर्ण नीति के सहारे कब्जा करना चाहा तो तत्कालीन महारावल जसवंतसिंह ने इसका घोर विरोध किया। भीलों के बहुत उत्पात मचाने पर अंग्रेजों ने अपनी सेना भेजकर शांति कायम की। एक इकरारनामा करके महारावल के सारे अधिकार छीन लिए और राज्य व्यवस्था के लिए अपनी ओर से एक दीवान मुकर्रर कर दिया। अंग्रेज जसवंतसिंह को हर प्रकार से परेशान करने लगे। आखिर तंग आकर वे डूंगरपुर छोड़कर वृंदावन जा बसे और वही उनका देहान्त हुआ।

'परम्परा' – गोरा हट जा अंक पृ. १४६.

१७. जोधपुर के महाराजा मानसिंह को सर्वथा प्रतिकूल परिस्थितियों के कारण अंग्रेजी सेना को किले में रहने की अनुमति देनी पड़ी थी। जब मि. लडलो के नेतृत्व में अंग्रेज सैनिक किले में प्रवेश कर रहे थे उस समय भीमजी राठौड़ नाम के व्यक्ति ने लडलो पर आक्रमण करके उसे घायल कर दिया। इस पर अंग्रेज सैनिकों ने भीमजी को भी बुरी तरह घायल कर दिया और कुछ दिनों पश्चात् उसकी मृत्यु हो गई।

गौ.ही. ओझा – जोधपुर राज्य का इतिहास खंड ३ पृ. ८६१

१८. ब्रुक्स - पॉलिटिकल हिस्ट्री ऑफ जयपुर पृ. ३६, फ्रॉम द रिकार्डस आफ द गवर्नमेंट ऑफ इंडिया, फॉरेन डिपार्टमेंट संख्या LXV- १८६८ में प्रकाशित - खड़गावत कृत पूर्वोक्त में उद्धृत पृ. ४.

१९. १८५७ के स्वतंत्रता संग्राम से पूर्व ही राजस्थान में अंग्रेजी विरोधी वातावरण भली प्रकार पनप चुका था। शेखावटी में सर्वप्रथम इस संघर्षात्मक विद्रोह का नेतृत्व बठोठ पाटोदा के ठाकुर डूंगरसिंह व उनके चचेरे अनुज जवाहरसिंह ने किया। नसीराबाद की छावनी को लूटने व आगरा किले की कैद को तोड़कर निकल आने जैसे उनके साहसिक कृत्यों ने जनसाधारण को अत्यन्त प्रभावित किया। डूंगजी जवाहरजी की प्रशस्ति में खूब काव्य रचा गया। लोकगायकों ने इनकी प्रशंसा में छावलियें व पवाड़े लिखकर इनका यशोगान किया। इस सारे काव्य में इन्हें अंग्रेज विरोधी 'नायक' के रूप में चित्रित किया गया है। बानगी स्वरूप एक लंबे गीत के ये अंश -

सन सतावन सूं पैली ई ए जोत जगावण वाळा हा,
आजादी वाळै दिवलै री बळती लौ रा रखवाळा हा।
आं जगां जगां छापा मास्या सिरकार कंपनी धूजै ही
गोरां री जात डरी एहडी ईसा मरियम नै पूजै ही।।
बरसां तक जूंझ्या बैरी सूं धरती पर अम्मर नांव कियौ
चक्कर खायगा फिरंगीड़ा जद हिला नसीराबाद दियौ

- धूड़ कोट - रचियता गिरधारीसिंह पड़िहार, 'परम्परा' गोरा हट जा अंक पृ. ३५

२०. कंपनी सरकार द्वारा किये गये अंधाधुंध शोषण के फलस्वरूप जनसामान्य को किन कठिनाईयों का सामना करना पड़ा इस बात को इस गीत में भली भाँति दर्शाया गया है - 'मिनखाँ निठगी मोंठ बाजरी, घोड़ां निठग्यौ घास''

3

स्वातंत्र्य चेतना का तूर्यनाद : १८५७ की क्रान्ति

दमदमे में दम नहीं अब खैर माँगौ जान की।
ऐ जफ़र ठंडी हुई शमशीर हिन्दुस्तान की।।
गाज़ियों में बू रहेगी जब तलक ईमान की।
तख्ते लंदन तक चलेगी तेग हिंदुस्तान की।।

जिस समय इंगलैण्ड के राजा के दूत सर टॉमस रो के निवदेन पर अजमेर में जहाँगीर द्वारा अंग्रेज बनियों को भारत में व्यापार करने की अनुमति प्रदान की गई, उस समय इस बात की कल्पना भी कौन कर सकता था कि एक दिन मुगल बादशाहत इन छद्‌म छल प्रवीण व्यापारियों के सम्मुख सर्वथा असहाय हो जाएगी[१] और भारत एक सुदूर द्वीप देश का उपनिवेश बन कर रह जाएगा। एक राष्ट्र के रूप में भारत की अस्मिता को सबसे बड़ी चुनौती यूरोपीय संस्कृति के वाहक जॉनबुल से मिलेगी, कि देखते ही देखते यह विशाल देश साम्राज्यवादियों का आखेट स्थल बन जाएगा।

उन्नीसवीं सदी में भारत पर ब्रिटिश प्रभुत्व की स्थापन ने दो नितान्त भिन्न मूल्यों व आदर्शों वाली संस्कृतियों के संघर्ष को अनिवार्य बना दिया। इस वणिक् राज का उदय भारत का केवल राजनीतिक पराभव ही नहीं वरन् सांस्कृतिक विलोपन का गहराता संकट भी था। इसमें कोई संदेह नहीं कि ब्रिटिश राज्य की स्थापना आन्तरिक विग्रह से ग्रस्त इस राष्ट्र की अधोगति का दुःखद परिणाम था लेकिन पूर्ववर्ती विदेशी शासनों व अंग्रेजी शासन में मौलिक अंतर था। एक तो अपने प्रजातिगत अहंकार के कारण उन्होंने तमाम भारतीय चीजों को हेय दृष्टि से देखा[२] और दूसरे सभी प्रकार के निकृष्ट उपायों का सहारा लेकर उन्होंने यहाँ जो राज्य विस्तार किया उसका मूल उद्देश्य उदीयमान ब्रिटिश पूंजीवाद के हितों का अधिकाधिक संवर्धन करना था। उनकी गिद्ध दृष्टि भारत को नोचने खसोटने पर

लगी रही और जब बनिया शासक बन जाता है तो वह सबसे बुरा शासक सिद्ध होता है।'[३] इस वणिक् राज्य में शोषण व उत्पीड़न अपनी पराकाष्ठा पर पहुँच गए। प्लासी के युद्ध से लेकर डलहौजी की लेप्स की नीति तक अंग्रेजी साम्राज्य का वीभत्स रूप भली भाँति स्पष्ट हो चुका था। राजा नवाबों से लेकर जनसाधारण तक सभी इससे त्रस्त थे। स्वराज्य से वंचित होने की कसक सबको साल रही थी और फिरंगी शासन के विरुद्ध आक्रोश १८५७ में फूट पड़ा। इसे प्रथम भारतीय स्वतंत्रता संग्राम कहना ही समीचीन है।

इसके प्रेरक कारणों पर गहराई से विचार करने पर यह स्पष्ट हो जाता है कि यह मात्र 'सिपाही विद्रोह' या 'गदर' नहीं था, जैसा अंग्रेज इतिहासकारों ने इसे चित्रित किया है और उसका विचारहीन अंधानुकरण करने वाले कतिपय भारतीय इतिहासवेत्ता मानते हैं। इस क्रांति की वास्तविक प्रकृति को समझे बिना इसकी विफलता के बावजूद इसके महत्व का मूल्यांकन नहीं हो सकता। अंग्रेज इतिहासकारों ने इसकी गरिमा को कम करने व इसके निहितार्थों को नकारने का हर संभव प्रयास किया है। इतने बड़े पैमाने पर होने वाले इस विप्लव के ठोस कारण थे। लम्बे अर्से से जो लावा अन्दर घुमड़ रहा था वह १८५७ में फूट पड़ा जिसने अपनी तीव्रता व गति से अंग्रेजों को स्तंभित कर दिया था। इस क्रांति के जो कारण अंग्रेज गिनाते हैं वे न केवल हास्यास्पद अपितु अविश्वसनीय भी हैं। चर्बी वाले कारतूस तो बारुद के ढेर में चिंगारी मात्र थी। यदि चर्बी के कारतूस क्रांति के कारण हुए होते तो नानासाहब पेशवा, झाँसी की रानी, तात्या टोपे, बिहार के कुंअरसिंह व रुहेलखंड के बख्तखाँ क्रान्ति का शंख क्यों फूँकते? वे तो कारतूस काटने को बाध्य नहीं थे। गर्वनर जनरल द्वारा कारतूसों के प्रयोग का आदेश वापिस लेने पर सैनिकों का असंतोष भी शान्त हो जाना चाहिए था लेकिन यह दावानल फैलता ही गया। अंग्रेजों द्वारा साम्राज्य विस्तार, भारतीय शासकों का अपमान, छल प्रपंच से उनके राज्यों का विलय, भारतीय उद्योग धन्धों का विनाश जैसी बातें तो इस क्रांति के महत्वपूर्ण कारण थे ही किन्तु इन सबसे बढ़कर आधारभूत महत्व का कारण था भारतीय संस्कृति पर किया गया प्रहार। भारतीयों को अपनी जड़ों से काटने का कुचक्र। भारत को यूरोप के साँचे में ढालने की कोशिशों ने भारतीयों को स्वधर्म व स्वराज्य की रक्षा के लिए सन्नद्ध कर दिय। ये ही वे अमूल्य चीजें थीं जिनके परिरक्षण के महत् लक्ष्य के लिए यह संग्राम लड़ा गया। यह बात दीगर है कि कई कारणों से लक्ष्यसिद्धि नहीं हो पायी लेकिन जिन उदात्त आदर्शों से प्रेरित होकर भारतीय शौर्य ने '५७ में

हुंकार की थी, अगणित बलिदान दिए थे, परवर्ती समय में वे राष्ट्रीय आन्दोलन के अक्षय प्रेरणा स्रोत बने रहे।

इस क्रांति में भारतीय प्रायद्वीप के सम्पूर्ण उत्तरी व उत्तरी पश्चिमी प्रदेशों में ब्रिटिश सत्ता के विरुद्ध देशीय जनजातियों ने विद्रोह कर दिया था। इसे कोरी सैनिक क्रान्ति का नाम नहीं दिया जा सकता। यह तो भारत पर आंग्ल सत्ता के विरुद्ध सैनिक कठिनाइयों, राष्ट्रीय घृणा व धर्मोत्साह का संयुक्त उभार था।''[४] भारत पर अंग्रेजों का अनैसर्गिक राज्य बना रहने दिया जाय या नहीं, इस प्रश्न के अधिष्ठान पर १८५७ का क्रांति युद्ध प्रारंभ हुआ था।[५] अपनी निसर्ग प्रदत्त स्वतंत्रता को कपटपूर्ण ढंग से छीने जाने के प्रयासों व दासता की लौह श्रृंखलाओं को मातृभूमि के कंठ में डाले जाने के विघातक प्रयासों को असफल कर स्वराज्य प्राप्ति की पवित्र इच्छा की पूर्ति हेतु ही इस दास्यश्रृंखला पर किए गए प्रचंड प्रहार ही इस क्रांति के मूल थे।[६] अपने लिए भयानक दुःस्वप्न समझी जाने वाली इस क्रान्ति को दबाने के लिए अंग्रेजों द्वारा किए गए घोर पाशविक अत्याचार यह सिद्ध करते हैं कि इस क्रांति ने उन्हें कितना दहला दिया था।[७]

क्रान्तियज्ञ में राजस्थान की समिधा

सल्तनत काल से ही विदेशी आक्रान्ताओं से लोहा लेने वाले राजस्थान ने इस स्वतंत्रता संघर्ष में अपनी सुदीर्घ परम्परा का निर्वाह किया। विशेषकर मारवाड़ और हाड़ौती क्षेत्र ने तो अंग्रेजों को लोहे के चने चबवा दिये। यहाँ यह बात विचारणीय है कि जब राजस्थान के सारे रियासती राजा अंग्रेजों की अधीनता स्वीकार कर चुके थे फिर यहाँ क्रान्ति की ज्वाला कैसे फैल गई? राजाओं ने तो अपनी 'स्वामीभक्ति' का भरपूर प्रमाण दिया किन्तु जनसाधारण व जागीरदारों ने स्वराज्य प्राप्ति के इस प्रयास को सफल बनाने में कमी नहीं रखी। राजस्थान में ब्रिटिश विरोधी वातावरण की चर्चा पहले की जा चुकी है। यहाँ उसके कारणों पर विचार करना उचित होगा।

उन्नीसवीं सदी के प्रारंभ में राजस्थान के राजाओं द्वारा अपनी राजसत्ता एवं विशेषाधिकारों की रक्षा के लिए स्वेच्छया ब्रिटिश संरक्षण स्वीकार किए जाने के कारण अंग्रेज अधिकारी काफी बाद तक यह मानते रहे कि, 'राजपूताना का वातावरण सरकार के विरुद्ध षड्यन्त्रों से इतना मुक्त था, राजाओं की स्वामी भक्ति इतनी स्पष्ट थी, साम्राज्य के संवर्धन के लिहाज से उठाए गए प्रत्येक कदम का सभी प्रभावशाली वर्गों ने इतनी तत्परता से स्वागत किया था कि इस बात की

कल्पना करना भी कठिन प्रतीत होता है कि १ लाख ३० हजार वर्ग मील का यह विशाल क्षेत्र विद्रोह के कितना निकट था।''[८]

ब्रिटिश सत्ता प्रति इस नाराजगी के अनेक कारण थे।

१. राजस्थान के शुष्क क्षेत्र में बसने वाले लाखों लोगों को ब्रिटिश शासन से इस कारण वितृष्णा हुई कि इसके फलस्वरूप उन्हें आपदाओं व आर्थिक शोषण का शिकार होना पड़ा। अंग्रेजों द्वारा पूर्वी लोगों पर पश्चिमी विचार थोपने का प्रयास इसका एक प्रमुख कारण था। पश्चिमी संस्थाएँ भले ही अच्छी व लाभदायक रही हों पर वे ऐसे सिद्धान्तों पर आधारित थीं जिनमें राजस्थानी लोगों की कोई आस्था नहीं थी। अपने धार्मिक विश्वासों एवं सामाजिक रीति रिवाजों के प्रति संवेदनशीलता प्रत्येक समाज के लिए स्वाभाविक बात है। उनके बारे में कोई अनर्गल बात या – ठेस पहुँचाने का प्रयास सदैव जनरोष को जन्म देता है। कम्पनी शासन के प्रसार के साथ ईसाई धर्म प्रचारकों ने राजस्थान को भी अपनी धूर्तताओं व धर्म परिवर्तन की कारगुजारियों का अखाड़ा बनाना शुरु कर दिया। इन विदेशी पादरियों को अन्दरुनी तौर पर अंग्रेजी सत्ता का पूरा सहयोग मिलता था। जनजातियों व पिछड़े तबके के लोगों को धर्मान्तरण के लिए अनेक प्रलोभन दिए गए। अपने धर्म पर होने वाले इस प्रहार के लिए राजस्थानी लोग अंग्रेजों को उत्तरदायी मानते थे।

२. अपने पैर यहाँ जमाने के साथ ही कंपनी ने आर्थिक रूप से भी कुंडली कसना शुरु किया। आर्थिक शोषण से लोग त्रस्त होने लगे। मारवाड़ रियासत ने कंपनी को कर देने का मामला काफी समय तक लटकाए रखा था। अधिक दबाव डालने पर यह तय किया गया था कि सांभर व नावा की आमदनी कुछ वर्ष देते रहकर बाकी कर की अदायगी कर दी जायगी। यहाँ से वसूली की गई रकम समय पर नहीं पहुँची तो अंग्रेजों ने सांभर व नांवा की नमक की खानों पर अधिकार कर लिया। बाजार में नमक की एकदम कमी आ गई। नमक जैसी दैनिक उपयोग की अत्यावश्यक वस्तु का अभाव होने पर प्रजा पर इसका असर होना स्वाभाविक था। उस प्रसंग का एक लोकगीत प्रसिद्ध है जो जनभावना को प्रभावी ढंग से व्यक्त करता है –

म्हांरौ राजा भोळो, सांभर तो दे दीनी अंगरेज नै
म्हांरौ राजा भोळो!

म्हांरा टाबर भूखा, रोटी तो मांगे तीखे लूण री
म्हांरौ राजा भोळो. . . .[९]

कंपनी सरकार के बढ़ते हस्तक्षेप के कारण अपनी स्वाधीनता खोने का लोगों का एहसास तीव्र होता चला गया। यही कारण है कि लूट मार करके ब्रिटिश सत्ता को खुली चुनौती देने वाले बागी सामन्तों पर जनता ने स्तुति की पुष्पवर्षा की। इस सम्बन्ध में डूंगजी जवाहरजी का उल्लेख पहिले किया जा चुका है।

३. मध्यकाल में राजस्थान में विभिन्न राजवंशों की स्थापना के समय से ही सामन्त सरदार यहां की राजनीति के सूत्रधार थे। अपनी विशिष्टता के प्रति वे विशेष सतर्क थे एवं उन्हें अज्ञाकारिता व अनुशासन में बाँधे रखना राजाओं के लिए सदैव टेढ़ी खीर सिद्ध होता था। इस क्षेत्र में अंग्रेजों के प्रभाव विस्तार के पहले यहाँ के शासक पूर्णत: अपने जागीरदारों की सहानुभूति व समर्थन पर निर्भर थे और वे चाहकर भी उनकी इच्छा के विरुद्ध नहीं जा सकते थे। कई सरकश सामन्तों की गुटबन्दी ने राजाओं की नाक में दम कर रखा था।[१०] कम्पनी सरकार के साथ पारस्परिक मैत्री संधियों होने के पश्चात इन सामन्तों के उत्पात से राजाओं को मुक्ति मिल गई। बाह्य आक्रमणों का भय समाप्त हो गया और ब्रिटिश छावनियों की स्थापना हो जाने के बाद अब राजाओं को पूर्वकाल में सामन्तों से प्राप्त होने वाली सैन्य सहायता की भी कोई आवश्यकता नहीं रह गई थी। बदली परिस्थितियों में सामन्तों का परंपरागत वर्चस्व समाप्त हो गया और राजाओं ने उनकी अवहेलना करना प्रारंभ कर दिया। अपने राजनीतिक महत्व एवं प्रतिष्ठा के तिरोभाव के लिए सामन्त अंग्रेजी सत्ता को उत्तरदायी मानते थे। जागीरदारों में इस बात से भी रोष व्याप्त था कि उनके सैन्य दलों को छिन्न भिन्न कर दिया गया था। जागीरों पर अब तक चले आ रहे उनके नियंत्रण व प्रभाव में आयी कमी भी उन्हें बहुत अखर रही थी।

मारवाड़, मेवाड़ व अन्य रियासतों में विशेषाधिकार प्राप्त ताजिमी सरदारों का दबदबा खत्म हो जाने से अंग्रेजों के प्रति उनके मन में तीव्र घृणा थी। सामन्तों की स्थिति को निर्बल करने के लिए कंपनी सरकार ने अनेक पुरानी प्रथाएँ समाप्त कर दीं। उदाहरण के तौर पर मेवाड़ में सलूंबर के रावत की सलाह से नये महाराणा का राज्याभिषेक होता था और दत्तक लेने के लिए भी अन्य सरदारों के साथ रावत की रजामंदी आवश्यक थी। अंग्रेजों ने रावत के इस अधिकार को समाप्त कर दिया। ब्रिटिश प्रभुओं के विरुद्ध उनकी विशेष शिकायत

उनके द्वारा उस प्रथा में हस्तक्षेप करना था जिसके अनुसार कोई आसामी जागीरदार की अनुमति के बिना अत्याचारों के बावजूद अपना जन्मस्थान छोड़कर अन्यत्र नहीं बस सकता था। सर हेनरी लॉरेंस ने अपने पॉलिटिकल एजेंट को यह प्रथा समाप्त करने का निर्देश दिया था। भारी कर्जों में डूबे कई लोग इसका लाभ उठाते हुए अन्यत्र जा बसे। उनको लौटाने की सामंती मालिकों की माँग अप्रभावी सिद्ध हुई। अब तक जागीरदारों को यह अधिकार था कि वे अपने यहाँ किसी को शरण दे सकते थे। उन्हें न्यायिक अधिकार भी प्राप्त थे। कंपनी सरकार ने उन्हें इन सभी अधिकारों से वंचित कर दिया। अतः स्वाभाविक था कि सामन्त लोग ब्रिटिश सत्ता को अपने लिए सबसे बड़ा खतरा समझकर उससे मुक्ति के लिए आकुल थे। ब्रिटिश समर्थन के प्रति आश्वस्त कई शासकों द्वारा सामन्तों को कुचलने के प्रयासों से इस वर्ग की यह धारणा सुदृढ़ हो गई कि भारत में ब्रिटिश शासन के बने रहने का अर्थ होगा उनका राजनीतिक विनाश। अंग्रेजी कानून कायदों के प्रचलन से स्वयं को हुए नुकसान के प्रति राजनीतिक रूप से सचेत होने के कारण इन सामन्तों ने अपनी शिकायतों को सैद्धान्तिक धरातल पर अपने तरीके से प्रस्तुत करने व अपने ब्रिटिश विरोधी नारों सहित आगे बढ़ने का प्रयत्न किया।[११] अपनी सत्ता के छिन जाने के कारण इस वर्ग के मन में अंग्रेजों के प्रति प्रबल आक्रोश था और अवसर मिलने पर वे कंपनी सरकार के विरुद्ध उठ खड़े हुए।

४. राजस्थान पुरातनकाल से ही स्वतंत्रता प्रिय जातियों व लोगों की आश्रयस्थली रहा है। यहाँ की भौगोलिक स्थिति विशेषकर बीहड़ पहाड़ी क्षेत्र व मरुस्थलीय विस्तार ने इसे दुर्गम व यहाँ के जीवन को कठिन बना दिया। इस कारण यहाँ के वाशिन्दे बाह्य प्रभाव से ज्यादातर अछूते रहे और स्वातंत्र्य प्रेम उनकी विशिष्ट प्रकृति बन गया। इसलिये जब कभी किसी आक्रमणकारी ने यहाँ आधिपत्य जमाने की चेष्टा की, उसका डटकर विरोध हुआ। नागभट्ट प्रथम से लेकर महाराणा प्रताप तक स्वातंत्र्य रक्षण की राजस्थानियों की उज्ज्वल परंपरा है। अंग्रेजों द्वारा अपने प्रभुत्व विस्तार की कारगुजारियाँ यहाँ के लोगों को नागवार गुजरना स्वाभाविक था। तथाकथित सुधारों के नाम पर अपने विश्वासों व जीवन मूल्यों के साथ किसी प्रकार की छेड़छाड़ से उनका क्रुद्ध होना अवश्वम्भावी था।

५. पहले तुर्क व तदनन्तर मुगलिया सल्तनत के साम्राज्यवादी मंसूबों के विरुद्ध राजस्थान को निरन्तर संघर्ष करना पड़ा। पूरे मध्यकाल में युद्ध यहाँ जैसे जीवन का पर्याय बन गया और इसके साथ कुछ उदात्त जीवन मूल्य

विकसित हुए। युग धर्म ने साहित्य में वीररस को अत्यधिक प्रतिष्ठित किया। सदियों तक डिंगल कवि अपने वीर रसात्मक काव्य से योद्धाओं का मनोबल बढ़ाने, युद्ध की भीषणता का रोमहर्षक वर्णन करने, शूरमाओं का यशोगान करने व मरण त्यौहार की स्तुति करने में लगे रहे।[१२] उस युग में इन साहित्यकारों को प्रभूत मान सम्मान प्राप्त हुआ। उनकी पालकियों उठाने में राजा गौरव अनुभव करते थे।[१३] उन्हें लाख पसाव और करोड़ पसाव दिये जाते थे। अंग्रेजों से संधियों हो जाने के बाद सारी परिस्थिति ही बदल गई। ब्रिटिश संरक्षण के अंतर्गत युद्धों की कोई गुंजाइश नहीं थी। धीरे धीरे शौर्य परंपरा की बातें लोग भूलने लगे। इस परिस्थिति ने इस साहित्यिकों को जैसे अप्रासंगिक बना दिया। उनकी प्रतिष्ठा व सम्मान में भारी कमी आने लगी। अपनी विपदा का कारण वे अंग्रेजी राज को ही समझते थे और इसलिये उन्होंने राजाओं को इसके दुष्परिणामों से सचेत किया। उन्हें अपने क्षात्र धर्म की याद दिलायी और स्वतंत्रता को लगने वाले खग्रास के आसन्न संकट से सचेत किया। महाकवि सूर्यमल मीसण और कविराजा बांकीदास इस दृष्टि से विशेष उल्लेखनीय हैं। मीसणजी की काव्यकृति वीर सतसई तो स्वाभिमान, स्वातंत्र्य प्रेम व शौर्य की राजस्थानी परंपरा का दस्तावेज हैं। इसका उद्देश्य निस्तेज हो चुके लोगों को अपने पुरातन गौरव के अनुरूप उठ खड़े होने के लिए प्रेरित करना था। बांकीदासजी ने भरतपुर के घेरे के समय ही गीत चेतावणी रौ लिखकर राजस्थानियों के पौरुष को ललकारा था। मीसणजी ने काव्य सृजन के अलावा कई सरदारों व ठिकानेदारों से पत्र व्यवहार करके फिरंगी शासन की बला से मुक्ति पाने हेतु कमर कसने को प्रेरित किया। इस प्रकार तत्कालीन राजस्थानी साहित्यकारों ने भी विदेशी सत्ता विरोधी भावभूमि तैयार करने में महती भूमिका निभायी।

६. रजवाड़ों ने अंग्रेजों से सन्धियाँ परिस्थिति जन्य विवशता से की थीं। मराठों व पिंडारियों की विनाशलीला व आतंक ने उन्हें आश्रय खोजने को बाध्य कर दिया। अवसर का लाभ उठाते हुए कंपनी ने उनके साथ प्रारंभ में मैत्री संधियाँ की लेकिन शनैः शनैः राजाओं पर शिकंजा कसा जाने लगा और हर क्षेत्र में अंग्रेजों का हस्तक्षेप बढ़ता ही गया। राजा गण कंपनी के मातहत होकर रह गए। राजगद्दी के उत्तराधिकार के मामलों में दखलंदाजी शासकों के लिए असह्य हो गई। उन्हें रह रह कर यह बात खलती थी कि जिस राज्य की नींव उनके पूर्वजों के रक्त से रखी गई उसमें विदेशी व्यापारी हस्तक्षेप करें, इससे अधिक अनुचित व अपमानजनक बात और क्या हो

सकती है? कंपनी द्वारा की जाने वाली लूट लोगों की नजरों से छुपी नहीं रही। प्रबुद्ध लोग उसकी कुटिल चालों को भलीभाँति समझ रहे थे। पीपल्या ठाकुर फूलसिंह के नाम लिखे गऐ महाकवि सूर्यमल मीसण के पत्र में इस बात को भलीभाँति रेखाँकित किया गया है।[१४]

७. समूचे उत्तरी भारत में लम्बे समय से क्रांति के लिए जो तैयारी चल रही थी, राजस्थान उससे अछूता नहीं था। कंपनी की सेनाओं के भारतीय सिपाहियों के साथ सौतेले व्यवहार एवं साधुओं व फकीरों के वेश में छावनियों में घूमने वाले क्रांतिदूतों ने सिपाहियों को काफी जागरूक कर दिया था। राजस्थान की सैनिक छावनियों में यह बात फैल गई थी कि सेना को भेजे जाने वाले आटे में मानव अस्थियों का चूर्ण मिला होता था। इससे सिपाहियों में बड़ा रोष फैला। चर्बीयुक्त कारतूसों के अलावा इस प्रकार की बातों से सिपाहियों के मन में यह बात घर कर गयी कि यह सब उन्हें धर्म भ्रष्ट करके ईसाई बनाने की अंग्रेजी चालें हैं। मेवाड़ में एक बड़े अधिकारी अर्जुनसिंह ने सिपाहियों का वहम दूर करने के लिए स्वयं इस आटे से बनी रोटियाँ उनके सामने खायीं। छावनियों में हो रही इस सुगबुगाहट से प्रेरित सिपाहियों ने अपने धर्म पर आँच आती देखकर शेष भारत के साथ क्रांति का बिगुल बजा दिया।

राजस्थान में ज्वालामुखी का विस्फोट

कम्पनी सरकार की साम्राज्यवादी लिप्सा, अंधाधुंध आर्थिक शोषण एवं विनाश, मैकाले के स्वप्न को साकार करने हेतु चलाए गए कुचक्रों व अन्य कारणों से १८५७ में विदेशी प्रभुत्व के विरुद्ध 'मैं अपनी झाँसी नहीं दूँगी, के रूप में भारतीय शौर्य, स्वाभिमान व प्रतिकार की जो हुंकार उत्तरी भारत में उठी, उसने राजस्थान में भी प्रबल हलचल पैदा की। रागरंग में मस्त अंग्रेज इस बात को नहीं भाँप सके थे कि वे अपने प्रति भारतीयों की घृणा के ज्वालामुखी के दहाने पर बैठे थे और जब इसमें विस्फोट हुआ तो वे स्तंभित रह गए। उस समय राजस्थान (तत्कालीन राजपूताना) में जॉर्ज सेंट पेट्रिक लॉरेंस एजेन्ट टू गवर्नर जनरल (ए.जी.जी) के रूप में कार्यरत था। उसके काम में हाथ बँटाने के लिए विभिन्न महत्वपूर्ण रियासतों में पॉलिटिकल एजेन्ट नियुक्त थे। उदयपुर में केप्टन सी.एल. शॉवर्स, जयपुर में विलियम इडन जोधपुर में केप्टन मॉन्क मेसन, कोटा में मेजर बर्टन और भरतपुर में मेजर निक्सन कार्य कर रहे थे।

जब १९ मई १८५७ को मेरठ के विद्रोह की खुफिया सूचना लॉरेंस को मिली वह माऊंट आबू के रमणीय पर्वत पर गर्मियाँ बिता रहा था। ए.जी.जी. के रूप में आबू आने से पहले वह उदयपुर में सात वर्ष तक रेजीडेंट के रूप में काम कर चुका था और इस प्रदेश के हालात से भलीभाँति परिचित था। उस समय राजपूताना में कोई रेल लाईन नहीं थी क्योंकि कलकत्ता से लाहौर वाली रेल लाईन कानपुर से आगे नहीं बिछी थी और अजमेर व बम्बई के बीच की वर्तमाल रेल लाईन का नामो निशान ही नहीं था।[१५] राजस्थान में १८५७ की क्रांतिकारी हलचल व उससे निपटने के लिए कंपनी सरकार के प्रयासों पर समकालीन अंग्रेज इतिहासकारों व अधिकारियों द्वारा प्रस्तुत विवरण से पर्याप्त प्रकाश पड़ता है। इनमें ट्रेवर की अ चेप्टर ऑफ दि इंडियन म्यूटिनी, हॉम्स कृत 'अ हिस्टरी ऑफ इंडियन म्यूटिनी, आई.सी. प्रिचर्ड की 'म्यूटिनीज इन राजपूताना एवं शॉवर्स कृत 'अ मिसिंग चेप्टर ऑफ द इंडियन म्यूटिनी विशेष रूप से उपयोगी हैं।

उस समय राजस्थान में तैनात कंपनी की सेनाओं में सभी देशी सैनिक ही थे। अजमेर से सोलह मील दूर नसीराबाद में बंगाल नेटिव इनफेन्ट्री (पदाति सेना) के दो रेजीमेंट (१५वीं और ३०वीं), बम्बई अश्वरोही सेना की पहली रेजीमेंट, गोलन्दाज फौज का देशी तोपखाना रक्षार्थ तैनात थे। इसे पर्याप्त रूप से दृढ़ ब्रिटिश सैनिक चौकी माना जाता था। कोटा कंटीजेंट जिसमें देशी अश्वारोही सेना व पदाति सेना की एक एक रेजीमेंट थी, नसीराबाद से केवल साठ मील दूर देवली छावनी में नियुक्त थी। नसीराबाद से एक सौ बीस मील की दूरी पर स्थित नीमच में अश्व, पदाति व तोपखाने की देशी टुकड़ियों की एक ब्रिगेड तैनात थी। अजमेर से सौ मील की दूरी पर अवस्थित एरिनपुरा में जोधपुर रियासत का जोधपुर लीजन तैनात था। इसका उत्तरदायित्व रियासत पर था। उदयपुर से साठ मील के अन्तर पर खैरवाड़ा में ब्रिटिश अधिकारियों की अधीनता में स्थानीय भील कोर थी। ब्यावर में मेर लोगों की स्थानीय कोर नियुक्त थी। इस प्रकार कुल मिलाकर राजस्थान में कंपनी सेना के करीब पाँच हजार सारे ही देशी सिपाही थे। यूरोपियन टुकड़ी एक भी नहीं थी। तत्कालीन वातावरण में इन सभी का विद्रोही हो जाना निश्चित प्राय: था।

इन पाँच हजार देशी सिपाहियों की उपस्थिति ए.जी.जी. के लिए विशेष रूप से इस कारण भारी चिंता का विषय बन गयी कि उन पर नियंत्रण रखने के लिए यहाँ ब्रिटिश सैनिक टुकड़ियाँ नहीं थीं। इसलिये यह स्वाभाविक था कि उसने सभी देशी राजाओं को निर्देश जारी किए कि वे अपनी अपनी रियासतों में शान्ति

बनाये रखने की पूरी कोशिश करें और अपनी सेनाएँ ब्रिटिश सरकार की मदद के लिए तैयार रखें।''[१६] ए.जी.जी. लॉरेंस अजमेर की रक्षा के लिए सर्वाधिक उत्सुक था क्योंकि राजपूताना के केन्द्र में स्थित होने के करण उसका सामरिक महत्व था और उस पर विद्रोहियों का अधिकार हो जाने से ब्रिटिश हितों पर प्रतिकूल प्रभाव पड़ता क्योंकि वहाँ एक शस्त्रागार, सम्पूर्ण कोष व प्रचुर मात्रा में संपदा थी।[१७] उस समय अजमेर में देशी पदाति सेना की दो कम्पनियाँ थीं। उनके विद्रोह की आशंका को दूर करने के लिए ब्यावर से मेर रेजीमेंट को बुलाकर उसके स्थान पर तैनात कर दिया गया।

नसीराबाद में स्थित देशी सेनाओं को आतंकित करने के लिए डीसा से सेना को बुलाया गया और बम्बई सरकार से गुजरात व राजस्थान होते हुए सभी उपलब्ध यूरोपीय सेनाएँ आगरा भेजने का निवेदन किया गया। लॉरेंस द्वारा यह सारी व्यवस्था अग्रिम रूप से की जा रही थी क्योंकि पिछले कुछ समय से बाजारों व छावनियों में फकीरों के वेश में आए दिल्ली के दूतों ने विद्रोह के बीज बो दिए थे। यद्यपि राजपूताना में देशी रेजीमेंटों के ब्रिटिश कमांडरों को अपने सैनिकों की निष्ठा में पर्याप्त विश्वास था फिर भी विद्रोह होने का भारी डर था क्योंकि पूरा राजपूताना अशान्ति से खदबदा रहा था।[१८] चिन्ता का एक और कारण भी था। अजमेर में मेरठ से हाल ही में आयी बंगाल देशी पदाति सेना (बंगाल नेटिव इन्फेन्टरी) की १५वीं रेजीमेंट नियुक्त थी। इसमें अनुशासनहीन पूरबिये सिपाही थे। अत: उनके स्थान पर मेर रेजीमेंट के सिपाहियों को तैनात करना ठीक समझा गया। चूंकि वे निम्नजाति के गिरिजन थे अत: उनकी विद्रोहियों के प्रति कोई सहानुभूति नहीं थी। मेरों के आगमन ने अजमेर को बचा दिया और इसके साथ ही संपूर्ण राजपूताना बच गया।[१९]

नसीराबाद में विद्रोह

२८ मई को नसीराबाद में पदाति सेना की दो रेजीमेंटों ने विद्रोह कर दिया। इसकी पहल पन्द्रहवीं रेजीमेंट द्वारा की गई जिसके सिपाहियों ने तोपखाने की तोपों को कब्जे में ले लिया। सरकारी इमारतों व बंगलों को लूटा व जला दिया गया। विद्रोह को दबाने के लिए बम्बई की पहली अश्वारोही सेना ने अपने अधिकारियों की पहल का अनुसरण नहीं किया और उसने आक्रमण करने से इंकार कर दिया। यद्यपि इसके सिपाही विद्रोह से अलग रहे और ब्यावर जाने वाले यूरोपियनों के बच्चों व महिलाओं की रक्षार्थ साथ गए तथापि उनके तीन

अधिकारी मारे गये व दो घायल हो गये। विद्रोह का झंडा बुलन्द करके सिपाही दिल्ली की ओर कूच कर गए।

इस सम्बन्ध में एक विचारणीय मुद्दा यह है कि नसीराबाद में क्रांति (अंग्रेजों के अनुसार विद्रोह) का शंख फूंकने वाले सैनिक समीपस्थ अंग्रेजी सत्ता के केन्द्र स्थल अजमेर पर अधिकार जमाने के बजाय दिल्ली की ओर प्रस्थान क्यों कर गए? इसका उत्तर देते हुए समकालीन लेखक ट्रेवर ने जो तर्क दिए है, वे सब ऊपरी बातें प्रतीत होती है। असली मुद्दा कुछ और था। पहले ट्रेवर द्वारा प्रस्तुत कारणों का उल्लेख करके वास्तविक कारणों का विवेचन करना उचित होगा।

ट्रेवर के अनुसार पहली बात तो यह थी कि उनके पास लूट का माल इतनी विपुल मात्रा में था कि और अधिक की उन्हें चाह नहीं थी। दूसरे, उनकी दृष्टि में अजमेर में शस्त्रागार पर कब्जा करना एक दु:साध्य कार्य था। तीसरे, उन्हें डीसा से नवीन सैनिक टुकड़ियों के आने का डर था क्योंकि ८३वीं पैदल सेना के लिए माँग की जा चुकी थी और यूरोपियन सेनाएँ राजपूताना की ओर कूच कर चुकी थीं। चौथे, उन्हें यह डर था कि कहीं अजमेर के धनाढ्य बैंकर अंग्रेजों का साथ देने को तत्पर न हो जाएं। पाँचवे, बम्बई अश्वारोही सैनिकों के साथ उनकी पत्नियां व बच्चे थे इसलिये वे खतरा मोल लेने के इच्छुक नहीं थे।

पन्द्रहवीं देशी पदाति सेना के एक अधिकारी आई.सी. प्रिचर्ड ने विद्रोहियों के जल्दबाजी के प्रयाण का आश्चर्य जनक विशद वर्णन लिख छोड़ा है। उनके अनुसार विद्रोही दुर्गम मार्ग व लूट की भारी मात्रा से लदे फदे होने के बावजूद काफी तेज गति से आगे बढ़े। यद्यपि उनके साथ बच्चे, महिलाएँ, बीमार व असबाब था फिर भी लूट के माल की परवाह न करते हुए वे तेजी से चलते रहे। उन्हें इस माल का कुछ भाग गाँवों में पीछे छोड़ देना पड़ा था। प्रिचर्ड की एक और टिप्पणी महत्वपूर्ण है। ब्रिटिश अधिकारियों के साथ चलने वाली राज की सैन्य टुकड़ियों को न केवल इन सिपाहियों पर आक्रमण करने में हिचकिचाहट थी वरन् वे उनके प्रति सहानुभूतिशील भी थीं क्योंकि उनका विश्वास था कि ब्रिटिश लोगों ने उनके धर्म के साथ छेड़छाड़ करने की कुचेष्टा की है।

उस समय अंग्रेजों के लिए हालत इतनी नाजुक थी कि अजमेर स्थित रक्षा कार्यों का प्रभारी सैन्य अधिकारी कारनेल बेचैनी से समय काटते हुए भीतरी व बाह्य खतरे के विरुद्ध सुरक्षा प्रबन्ध करने में व्यस्त था और भारतीय सिपाहियों से इतना आंशकित था कि उसने जोधपुर के महाराजा द्वारा भेजे गये बड़े सैन्य दल को वहाँ बने रहने की अनुमति नहीं दी क्योंकि इस दल ने गोरी सत्ता के विरुद्ध अवज्ञापूर्ण प्रदर्शन में भाग लिया था। इसके बावजूद नसीराबाद के विद्रोही सैनिक

अजमेर में विद्यमान स्थिति का लाभ उठाने के बजाय दिल्ली की ओर चल पड़े, इस संबंध में ट्रेवर का स्पष्टीकरण ठीक नहीं लगता। इस बात को एक सर्वथा भिन्न दृष्टिकोण से समझने की आवश्यकता है।

इस संदर्भ में यह उल्लेखनीय है कि न केवल नसीराबाद छावनी के सिपाहियों वरन् बाद में मारवाड़ के प्रमुख सामन्तों के नेतृत्व में आऊवा के क्रांतिकारियों ने भी पहले दिल्ली की ओर कूच करने, बहादुरशाह से भेंट करके उससे फरमान प्राप्त करके फिर अजमेर की ओर मुड़ने का निश्चय किया था।[२०] केप्टन शॉवर्स द्वारा पेश किए गए 'बीच में पकड़े गए पत्रों' से भी यह प्रकट होता है कि आऊवा के विद्रोहियों को उनके दिल्ली स्थित नेताओं द्वारा वहाँ पहुँचने को कहा गया था।[२१]

इस मामले की परिस्थितियों का यथोचित विश्लेषण करने पर यह बात सुस्पष्ट हो जाएगी कि विद्रोही एक तो इस कारण दिल्ली पहुँचने की जल्दी में थे कि वहाँ उनकी सहायता की तुरन्त आवश्यकता थी और दूसरे वे सम्राट से फरमान प्राप्त करने हेतु उत्सुक थे ताकि उनकी गतिविधियों को वैधता मिल सके। उनकी आंकांक्षाओं का यह विशिष्ट पहलू इस तथ्य को उजागर करता है कि उनका सत्ता के प्रति अनुराग लूट मार के प्रति आकर्षण से बढ़कर था। दिल्ली में केन्द्रीय सत्ता का एक प्रतीक विद्यमान था जिसके फरमान से उनकी कार्यवाहियों को संविधिक कानूनी आधार प्राप्त होना था जिसके आधार पर वे लाखों लोगों का समर्थन अपने पक्ष में जुटा सकते थे। इस बात को प्रमाणित करने का भी साक्ष्य है कि इस क्रांति के मूल में एक सैद्धान्तिक अवधारणा थी और क्रांतिकारियों के प्रयत्न एक राजनीतिक लक्ष्य की सिद्धि की ओर उन्मुख थे। नसीराबाद के विद्रोही सिपाही बड़ी आसानी से अजमेर पर कब्जा करके उसे लूट कर अपनी स्थिति मजबूत बना सकते थे किंतु ऐसा प्रतीत होता है कि हिन्दू और मुसलमान असंदिग्ध रूप से उन तूफानी दिनों में दिल्ली एवं बहादुरशाह ज़फ़र की ओर देख रहे थे। उनमें इस बात पर भी स्वत: स्फूर्त मतैक्य था कि केवल बहादुरशाह ज़फ़र को भारत का बादशाह होने का अधिकार है।

यह विस्मयजनक प्रतीत होता है कि ए.जी.जी. ने इन व्रिदोही सिपाहियों के प्रयाण को रोकने का कोई प्रयत्न क्यों नहीं किया? उन पर आक्रमण करके विद्रोही शिविर में बिखराव व अव्यवस्था पैदा की जा सकती थी और इस तरह देवली की ब्रिटिश चौकी व शस्त्रागार को बचाया जा सकता था। केप्टन शॉवर्स ने ए.जी.जी. को इस सम्बन्ध में विशेष संदेश भेजकर विद्रोहियों को आघात पहुँचाने की प्रार्थना की कितु ब्रिगेडियर जनरल लॉरेंस की दृष्टि में अजमेर की

रक्षा की तुलना में विद्रोहियों का विनाश गौण था। नीमच ब्रिगेड ने देवली स्टेशन को लूट लिया। इस ब्रिगेड का टोंक के लोगों ने स्वागत किया भोजन पानी की व्यवस्था की और बहुत से लोग उसमें सम्मिलित हो गए।[२२] इस प्रकार इस ब्रिगेड के सिपाहियों की शक्ति व संख्या में अभिवृद्धि हुई और वे आगरा की ओर बढ़े, जहाँ कोटा कंटीजेंट के सिपाही भी उनके साथ मिल गए। इस बीच हर मेजेस्टी (इंगलैण्ड की महारानी) की ८३वीं पदाति सेना के चार सौ यूरोपियन सिपाहियों, बम्बई देशी पैदल सेना की बारहवीं सेना व अश्व तोपखाने की एक टुकड़ी के पहुँच जाने से अजमेर नसीराबाद की स्थिति काफी सुरक्षित हो गई। लॉरेंस ने शीघ्रतापूर्वक आबू से प्रस्थान किया और प्रान्त के सैन्य दलों के नेतृत्व के साथ अजमेर - मेरवाड़ा के कमिश्नर का पदभार भी संभाला। उसके अनुसार अजमेर की महत्ता स्वतः सिद्ध थी। उसका राजपूताना में वही स्थान था जो उत्तरी भारत में दिल्ली का।

क्रांतिकारी हलचल का फैलाव

क्रांति की ज्वाला धीरे धीरे तीव्र होने लगी और राजस्थान में अगस्त व सितम्बर महीनों में क्रांतिकारी विक्षोभ अपने शिखर पर पहुँच गया। नसीराबाद व नीमच में हुई घटनाओं से धीरे-धीरे इस क्षेत्र के जनसाधारण भी प्रेरित व प्रभावित हुए। केप्टन शॉवर्स की उदयपुर में राजमहल की ओर जाते हुए सार्वजनिक रूप से खिल्ली उड़ाई गयी और अफवाहों ने उत्तेजना को और तीव्र कर दिया।[२३] ब्रिटिश सत्ता को एक के बाद एक लगने वाले झटकों से महाराणा भी स्तंभित हो गए। वस्तुतः नीमच में मेवाड़ी सैनिक टुकडियाँ भी यह समाचार फैलने के कारण अंग्रेजों के विरुद्ध हो गयी थीं कि वे उनकी जाति नष्ट करने पर तुले हुए है। निम्बाहेड़ा के बख्शी गुलाम मोइनुद्दीन खान ने नीमच के विद्रोहियों का सत्कार किया था। दिल्ली से पहले बुंदेला की सराय पर होने वाली लड़ाई के समाचार से शाहपुरा के लोगों का रुख तत्काल बदल गया। उन्होंने अपने किले के दरवाजे बन्द कर दिये और जब केप्टन शॉवर्स व उसका सैन्य दल नीमच के विद्रोहियों का पीछा करते हुए वहाँ पहुँचे तो न उन्हें पेशवाई नजर की और न ही किसी प्रकार की सामग्री प्रदान की।[२४] टोंक में भी विद्रोहियों की खूब आवभगत हुई और वहाँ के बहुत से लोग उनके साथ सम्मिलित हो गए। भरतपुर के सैन्य दल होडुल नामक स्थान पर ३१ मई को ही विद्रोह कर चुके थे। भरतपुर शिविर अब ब्रिटिश लोगों के लिए सुरक्षित स्थान नहीं रह गया था।[२५] भरतपुर तोपखाने के कुछ लोगों ने अपनी बन्दूकें अंग्रेजों के एक समूह पर तान दी थीं। अंग्रेजों के

तम्बू जला दिए गए, बंगलों पर गोलियाँ दागी गयीं व संपति लूटी गयी। राजस्थान में सर्वत्र विद्रोहियों को मिलने वाले जनसमर्थन से यह स्पष्ट है कि आम आदमी इस विदेशी सत्ता का उच्छेदन चाहते थे।

ब्रिटिश सत्ता को लगने वाले इस आघातों के बारे में फैली अफवाहों ने राजस्थान में ब्रिटिश विरोधी हलचल को और मजबूती व हौसला प्रदान किया। काये (Kaye) के अनुसार, "अन्य स्थानों की भाँति राजपूताना में भी यह आम धारणा थी कि ब्रिटिश सरकार का इरादा देश के धर्म को नष्ट करना है और कुछ लोग खुले तौर पर बादशाह के सिंहासनारूढ होने की बात करते थे।"[२६]

यद्यपि जोधपुर, जयपुर, उदयपुर कोटा व अन्य देशी रियासतों के शासकों ने लॉरेंस के पत्रों का अनुकूल उत्तर दिया था तथापि उनके ढुलमुल रवैये और उनके सरदारों के ब्रिटिश विरोधी झुकाव के कारण कम्पनी सरकार के अधिकारी इस नतीजे पर पहुँचे कि अनुकूल अवसर और समय आने पर उनके विद्रोही हो जाने की आशंका इतनी प्रबल थी कि उसकी अनदेखी नहीं की जा सकती थी।[२७]

डीसा से नसीराबाद बुलायी गयी १२वीं बम्बई देशी पदाति सेना के हिन्दुस्तानी सिपाहियों ने १० अगस्त को विद्रोह कर दिया हालाँकि इस विद्रोह को सिपाहियों के शस्त्र छीनकर तुरन्त दबा दिया गया। अणादरा (सिरोही रियासत) में तैनात जोधपुर लीजन के एक हिस्से ने विद्रोह कर दिया और ये सिपाही माऊंट आबू पर नियुक्त अपने साथी सिपाहियों से जा मिले व उन बैरकों में जा घुसे जहाँ ब्रिटिश सिपाही व अफसर निवास कर रहे थे। कड़े संघर्ष के बाद उन्हें वहाँ से खदेड़ा जा सका किन्तु इस समय तक एरिनपुरा स्थित लीजन ने विद्रोह कर दिया था। रेल्वे स्टेशन लूटा व जला दिया गया। विद्रोही पहले अजमेर की ओर रवाना हुए लेकिन पाली पहुँच कर उन्होंने अजमेर रोड वाला मार्ग छोड़ दिया और आऊवा ठाकुर की सेवा में पहुँच गए जो इस अवसर का उपयोग करते हुए अंग्रेजों के विरुद्ध उठ खड़े हुए।

आऊवा का विद्रोह राजस्थान में ब्रिटिश विरोधी हलचल की पराकाष्ठा थी।[२८] इसी समय एक और गड़बड़ हो गयी जिस कारण शॉवर्स को निम्बाहेड़ा की ओर कूच करना पड़ा। राजपूताना के राजाओं के नाम शहजादा फिरोजशाह द्वारा मंदसौर से जारी की गई घोषणा से हलचल पैदा हो गई थी और यह अफवाह फैल गई थी कि मंदसौर शहजादे का घोषित उद्देश्य अंग्रेजी सेनाओं को नीमच से बाहर धकेल देना था।

जब राजपूताना में ब्रिटिश प्रभाव वाले क्षेत्रों में विद्रोही सिपाहियों के विरुद्ध अनेक स्थानों पर कठिन संघर्ष चल रहा था, उसी बीच आऊवा ब्रिटिश सत्ता के खिलाफ उठ खड़ा हुआ। मारवाड़ और मेवाड़ के सामन्तों में इस बारे में लम्बे समय से विचार विमर्श हो रहा था और सितम्बर महीने में यह विस्फोट हो गया। विद्रोही सिपाहियों द्वारा नसीराबाद, नीमच व एरिनपुरा में किया गया विद्रोह तो कम्पनी की देशी सेनाओं में व्याप्त ब्रिटिश विरोधी भावनाओं का प्रकटीकरण था, जबकि आऊवा में हुआ विद्रोह राजस्थान के लोगों द्वारा किया गया विद्रोह था।

टिप्पणियां एवं संदर्भ

१. परवर्ती मुगल बादशाह कंपनी सरकार के पेंशन भोगी मात्र रह गये थे। वे केवल नाम के बादशाह थे। अंतिम मुगल बादशाह बहादुरशाह ज़फ़र को १८५७ की क्रांति का नेतृत्व करने के आरोप में बंदी बनाकर रंगून भेज दिया गया था, जहाँ उन्होंने अत्यधिक तंगहाली में जीवन के शेष दिन गुजारे और वहीं १८६२ में उनकी मृत्यु हुई। इस कविहृदय बादशाह ने अपनी व्यथा का अत्यन्त मार्मिक चित्रण अपने काव्य में किया है। मुज्तर खैराबादी द्वारा रचित एक ग़ज़ल के चंद शेर उनकी बदहाली व विवशता को भली भाँति उजागर कर देते हैं –

न किसी की आँख का नूर हूँ न किसी के दिल का करार हूँ।
जो किसी के काम न आ सके मैं वो एक मुश्ते गुबार (मुट्ठी भर राख) हूँ
कितना बदनसीब है ज़फ़र दफ़्न के लिये
दो गज ज़मीं भी न मिली कू-ए-यार में।।

२. भारत में आने वाले अंग्रेज जातीय अहंकार में ग्रस्त रहते थे। उन्होंने अपने व्यवहार की एक विचित्र नीति अपनाई जिस के तीन महत्वपूर्ण सिद्धान्त थे। प्रथम तो यह कि एक यूरोपियन का जीवन अनेक भारतीयों के जीवन के बराबर है।' दूसरे यह कि भारतीयों पर शासन भय के द्वारा ही किया जा सकता है। और तीसरे यह कि 'अंग्रेज लोग यहाँ लोकहित के लिए नहीं वरन् निजी लाभ और वैभव का जीवन व्यतीत करने के लिए आये हैं।'

गेरेट – एन इंडियन कमेन्ट्री – पृ. ११६ – डॉ इकबाल नारायण कृत – भारत का राष्ट्रीय आन्दोलन में उद्धृत पृ. ४८.

३. श्री अरविन्द की प्रसिद्ध उक्ति। कंपनी सरकार द्वारा भारत के निर्मम आर्थिक शोषण ने अंग्रेजी शासन को अभिशाप सिद्ध कर दिया था। दादाभाई नौरोजी ने अपने ग्रंथ 'पॉवर्टी एंड अनब्रिटिश रूल इन इंडिया' में तथ्यों व आंकड़ों के आधार पर सिद्ध किया कि किस प्रकार ब्रिटेन भारत का रक्त चूस रहा था और उसे दरिद्रता के गर्त में ढकेल दिया था। उन्होंने लिखा – 'अंग्रेजों से पहले के शासक कसाईयों के सदृश थे जो अनियमित रूप से जहाँ तहाँ से माँस काट लेते थे, परन्तु अंग्रेज अपनी यांत्रिक क्षमता के बल पर

तेज चाकू से देश के हृदय को काट कर ले जा रहे थे।' पॉवर्टी एंड अनब्रिटिश रुल इन इंडिया पृ. २११.

४. जस्टिन मैकार्थी - हिस्ट्री ऑफ अवर टाइम, खंड ३.

५. विनायक दामोदर सावरकर - १८५७ का भारतीय स्वांतत्र्य समर, पृ. १४.

६. उपर्युक्त पृ. ८

७. क्रांति का दमन करने के लिए कंपनी सरकार ने जो क्रूर अमानुषिक अत्याचार किए उनके रोमहर्षक विवरण के लिए देखिये - पं. सुन्दरलाल कृत - 'भारत में अंग्रेजी राज, खंड प्रथम।

८. कर्नल जी.एच. ट्रेवर - अ चेप्टर ऑफ इंडियन म्यूटिनी पृ. १

९. गीत का भाव यह है कि अंग्रेज बड़ा चालाक और कुटिल है। इस विदेशी मानव का केवल ऊपरी रंग ही गोरा है भीतर से तो यह बिल्कुल काला है। इससे तो दूर ही भले। जान पहचान बढ़ाकर इसे घर में घुसने दिया तो यह नुकसान करेगा। हमारा राजा अत्यंत भोला है। इस चालाक ने इससे सांभर हथिया ली है। उधर हमारे बच्चे भूखे बैठे हैं, वे नमकीन रोटी के लिए तरस रहे हैं।

१०. सामन्तों की भूमिका व प्रभाव के लिए देखिये - 'द रोल ऑफ नॉबिलिटी इन मारवाड़' - डॉ. आर.पी. व्यास

११. नाथूराम खड़गावत - राजस्थानूस रोल इन द स्ट्रगल ऑफ १८५७ पृ. १३

१२. डिंगल में वीररस काव्य की सुदीर्घ व समृद्ध परम्परा है। भारतीय भाषाओं में इसकी कोई सानी नहीं है। दुरसाजी आढा, कविराजा बांकीदास, मोडजी आशिया, चिमनाजी कविया, करणीदान कविया, तिलोकदान बारहठ इत्यादि अनेक कवियों ने अपनी बेजोड़ रचनाओं से डिंगल साहित्य की श्री वृद्धि की। शूरवीर के विषय में बांकीदासजी का यह दोहा दृष्टव्य है -

सूर न पूछै टीपणौ सुकन न देखे सूर।
मरवा नू मंगल गिणै समर चढै मुख नूर।।

१३. डॉ. शक्तिदान कविया - 'राजस्थान में साहित्यकारों रै सम्मान री परम्परा - 'संस्कृति री सोरम'' में प्रकाशित

१४. मीसणजी के इस पत्र के महत्त्वपूर्ण अंश इस प्रकार हैं -

"... ये राजा लोग देशपती जमी का ठाकर छै जे सारा ही हिमालय का गल्या ही नीसरया सो चालीस सों लेर साठ सतर बरस तांई पाछै पटक्या छे तो भी गुलामी करै छै परन्तु यो म्हारौ वचन राज याद राखोगा कि जै अबकै अंग्रेज रह्यौ तो ईको गायो ही पूरो करसी जमीं को ठाकर कोई भी न रहसी सब ईसाई हो जासी तीसौ दूरन्देशी विचारै तो फायदौ कोई के भी नहीं. . ." - वीरसतसई सं. डॉ. कन्हैयालाल सहल व पतराम गौड़

१५. ट्रेवर - अ चेप्टर ऑफ दि इंडियन म्यूटिनी पृ. २

१६. होम्स - अ हिस्टरी ऑफ इंडियन म्यूटिनी पृ. १४८

ट्रेवर - उपर्युक्त - पृ. २

१७. होम्स - उपर्युक्त पृ. १५०

१८. ट्रेवर - उपर्युक्त पृ. ४

१९. उपर्युक्त

२०. केप्टन शॉवर्स द्वारा २५ मार्च १८५८ को ए.जी.जी. को भेजे गए गोपनीय संदेश संख्या ९० के साथ संलग्न बीच में पकड़ा गया पत्र व्यवहार

२१. शॉवर्स - उपर्युक्त

२२. शॉवर्स - अ मिसिंग चेप्टर ऑव इंडियन म्यूटिनी पृ. ४५

२३. शॉवर्स - उपर्युक्त पृ. ११

२४. उपर्युक्त पृ. ३९-४०

२५. काये (Kaye) - अ हिस्टरि ऑफ सिपॉय वॉर इन इंडिया, खंड ३, पृ. २४१

२६. उपर्युक्त पृ. ३५१

२७. उपर्युक्त

२८. नाथूराम खड़गावत - राजस्थान्स रोल इन द स्ट्रगल ऑफ १८५७ पृ. २८

4

अनमी आऊवौ

जनकंठां में जोय लो ख्यातां मंडियौ खास।
देश प्रेम सूं दीपतौ आऊवै रौ इतिहास।।

१८५७ के विप्लव में राजस्थान में ब्रिटिश सत्ता को सबसे गंभीर चुनौती देने वाले आऊवा की घटनाएँ इस प्रदेश के स्वाधीनता संग्राम का सर्वाधिक रोमांचक अध्याय है। जिस समय तमाम रियासती राजा अंधस्वार्थ के वशीभूत होकर राष्ट्र की पराधीनता की बेड़ियों को मजबूत बनाने में अंग्रेजों की पूरी मदद कर रहे थे, मारवाड़ और मेवाड़ के लोगों ने आऊवा के नेतृत्व में ही स्वतंत्रता यज्ञ में आहुति दी। यहाँ हुए संघर्ष की प्रकृति छावनियों में हुए विद्रोह से सर्वथा भिन्न थी क्योंकि इसे जो व्यापक जनसमर्थन प्राप्त था और जनमानस ने इसे जिस रूप में देखा, उसके प्रतीक लोकगीत आऊवा की विशिष्ट भूमिका के द्योतक हैं।

ब्रिटिश सत्ता को सर्वाधिक ध्यान आऊवा पर ही देना पड़ा। उसके विरुद्ध किये गये तीन अभियान एवं तदुपरान्त भीषण प्रतिशोध की भावना से किया गया आऊवा का सर्वनाश इस बात को उजागर करते हैं कि अंग्रेजों की दृष्टि में आऊवा की हलचल कितनी खतरनाक थी। सम्पूर्ण राजस्थान में गोरी सत्ता के विरुद्ध ऐसा दृढ़ निश्चयी संघर्ष और कहीं नहीं हुआ। आऊवा को यह हौसला अपनी गौरवशाली ऐतिहासिक परम्परा से प्राप्त हुआ। रणमलां और शहीदों की धरती आऊवा देश प्रेम और उदात्त कार्यों के लिए उत्सर्ग का दूसरा नाम। १८५७ में तो उसकी यश सुरभि सर्वत्र फैली और जनकंठों में उसका त्याग, बलिदान व देशभक्ति आज तक बसे हुए हैं। मातृभूमि के लिए आऊवा के बलिदान को आज भी होली के अवसर पर फाग में बड़े चाव से याद किया जाता है –

अंगरेजों री वागी फौज आऊवा में आयी ओ,
आऊवा रा ठाकर वांनै गळै लगायी ओ, अनमी आऊवौ।
व्है ओ अनमी आऊवौ, आऊवौ झगड़ा में बांको ओ, अनमी आऊवौ।।
अंगरेजां ऊं आडो झगड़ौ एक आऊवै करियौ रे
ठिकाणा रौ ठाकर वेनै कोनी डरियौ रे, कारण भाटा रौं
व्है ओ कारण भाटा रौ, आऊवौ मुलकां में चावौ रै, अनमी आऊवौ।।
अंगरेजां ऊं सामी छाती लड़वा जोधा जावै रै
आऊवा रौ ठाकर रण में धूम मचावै रै, लड़ियौआऊवौ
व्है ओ लड़ियौ आऊवौ, देश री आजादी रै खातर लड़ियौ आऊवौ।।

यहाँ यह जिज्ञासा होना स्वाभाविक है कि आऊवा के इस जुझारु तेवर का प्रेरणा स्रोत क्या है? १८५७ में उसने जिस अदम्य साहस का परिचय दिया, मातृभूमि के लिए जो बलिदान दिया वह इस गाँव की गौरवशाली परम्परा की ही देन थी। इसके लिए हमें थोड़ा सा अतीत में झाँकना होगा। मुगल बादशाह अकबर के समय से लेकर आज तक इस धरती पर जन्मे सपूतों ने मातृभूमि का नाम उज्ज्वल किया है। अकबर के समकालीन ठाकुर गोपालदास से मिले शूरत्व व सपूतपने के संस्कारों ने आऊवा को 'धरती रौ थंभ'' होने की उपमा का अधिकारी बनाया। उस समय हुआ 'आऊवा का धरना' राजस्थान के इतिहास की एक उल्लेखनीय घटना है। इस धरने में मारवाड़ के शासक मोटा राजा उदयसिंह की नाराजगी की कोई परवाह नहीं करके ठाकुर गोपालदास ने अन्याय पीड़ित चारणों की पूरी मदद की और उनके लिए कष्ट भी उठाया।

विपदा के मारों का सहारा आऊवा

मारवाड़ के शासव राव मालदेव की मृत्यु के पश्चात् उसके तीन बेटों, राम, चन्द्रसेन और उदयसिंह में उत्तराधिकार को लेकर विवाद उत्पन्न हो गया। तीनों में चन्द्रसेन सबसे छोटा था। हिसाब से राजगद्दी पर हक ज्येष्ठ पुत्र राम का था किन्तु चन्द्रसेन की माँ सरूपदे झाली मालदेव की प्रिय रानी थी। उसके कहने से राम और उदयसिंह का हक मारकर चन्द्रसेन को युवराज का पद दे दिया गया। राजघराने में कलह प्रारम्भ हो गया। बादशाह मालदेव की मृत्यु के बाद आयी रिक्तता का लाभ उठाने की ताक में लगा हुआ था। राम फरियाद लेकर आगरा पहुँचा। बादशाह के उसके पक्ष में होने के कारण चन्द्रसेन ने उसे सोजत का परगना देकर राजी किया। उधर सिवाना पहले से कल्ला रायमलोत के पट्टे में था।

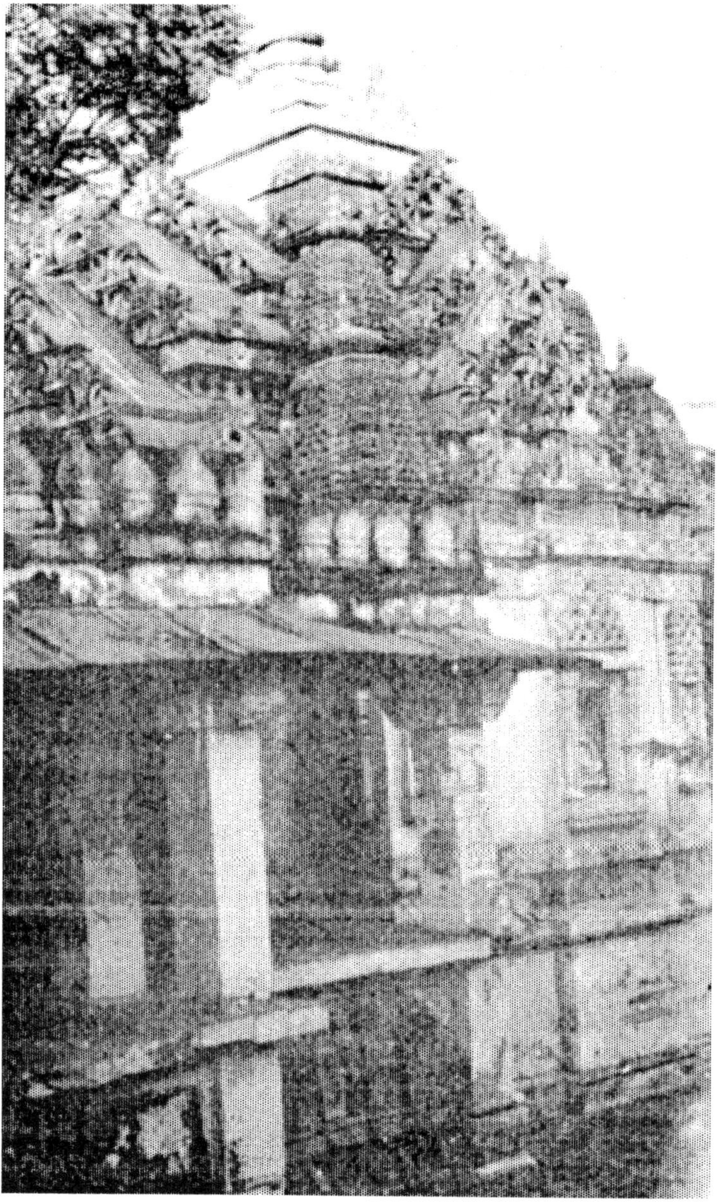

आऊवा गाँव के बाहर नदी किनारे अवस्थित १२ वीं सदी में निर्मित कामेश्वर महादेव मन्दिर जहाँ चारणों ने १६ वीं सदी में मोटा राजा उदयसिंह के समय धरना दिया था।

इन दोनों ने सिवाना और सोजत परगने के बहुत से दो फसली गाँव चारणों को सांसण के रूप में दे दिये। इसका असर राज्य की आमदनी पर पड़ा। चन्द्रसेन को अकबर से संघर्षरत रहना पड़ा। पर उसने अधीनता स्वीकार नहीं की। इसके पश्चात् उदयसिंह मारवाड़ की गद्दी पर बैठा। लम्बी लड़ाई की वजह से खजाना बिल्कुल खाली था। राज काज चलाने में कठिनाई आने लगी। इस कठिनाई का निवारण करने के लिए उदयसिंह ने चारणों, ब्राह्मणों व पुरोहितों को सांसण में दिये गये अच्छी पैदावार वाले इकतीस गाँव खालसे कर दिये। इनमें अठारह गाँव चारणों के व तेरह पुरोहितों व ब्राह्मणों के थे।[२] सांसण गाँव खालसे करने से चारण बहत रुष्ट हुए और उन्होंने राजा से यह निर्णय बदलने का काफी आग्रह किया किन्तु उसने कोई ध्यान नहीं दिया। इस संबंध में एक दूसरी बात भी मौखिक परम्परा से सुनने में आती है। विक्रम संवत् १६२३ में जब राव चन्द्रसेन को जोधपुर का किला मुगलों को सौंपना पड़ा तब जनानी ड्योढ़ी की सभी महिलाओं को मान मर्यादा की रक्षा के लिए सिवाना के पहाड़ों में भेजना पड़ा। जब यह काफिला सिवाना की ओर बढ़ रहा था उस समय महिलाओं को लेकर चलने वाले रथों में से एक का बैल थक गया। उसी मार्ग पर एक चारण का कुआँ था। उसके बैलों की एक मजबूत जोड़ी थी। राजा के आदमी वहाँ गए और इस विपदा में मदद माँगी। चारण ने बैल देने से इंकार कर दिया। पर संकट का समय होने से वे बलपूर्वक एक बैल खोल कर ले गये और रथ में जोत दिया। इस अनाधिकार चेष्टा से चारण बहुत क्रुद्ध हो गया। वह काफिले के पास पहुँचा और काफी कहासुनी के बाद अपना बैल खोलकर वापिस ले आया।

इस घटना के सत्रह साल बाद मोटा राजा उदयसिंह पुनः जोधपुर के किले पर काबिज हुआ। स्थिति सुधरने के बाद उसने उस चारण को सजा देना तय किया और उसकी जमीन जब्त कर ली। जो दूसरे चारण उसके लिये दया माया की प्रार्थना करने गये उनके भी गाँव जब्त कर लिये। चारण समाज के गणमान्य लोगों ने भी राजा से खालसा रद्द करने की प्रार्थना की किन्तु उसने जिद नहीं छोड़ी। तब चारणों ने इस अन्याय के खिलाफ 'तागो' करने का निश्चय किया और प्रसिद्ध कवि दुरसाजी आढा समेत करीब ग्यारह सौ चारण धरने पर बैठने के लिए तैयार हुए। मारवाड़ में सर्वत्र इस धरने की बात फैल गई किंतु प्रश्न यह था कि चारणों की मदद कौन करे?

चारण समाज पर आफत की बिजली कौंध रही थी। इस विपदा में आऊवा ठाकुर गोपालदास ने उनका हाथ थामा। हक की लड़ाई में पूरी मदद की। चारणों ने आऊवा के महादेव मंदिर में धरना दे दिया। यह खबर सुनकर मोटा राजा ने

चारणों को समझाने के लिए सोजत से अपने धाय भाई अखजी बारहठ को भेजा किन्तु आऊवा पहुँचकर भावना के वशीभूत होकर वह भी धरने पर बैठ गया। क्रुद्ध राजा ने सेना को आदेश दिया कि वह चारणों को सजा दे। ऐसी स्थिति में ठाकुर गोपालदास ने चारणों से कहा कि सेना को तो मैं रोकता हूँ, आप लोग अपना काम करो। चारणों ने बलिदान देने का निश्चय कर लिया। रात्रि जागरण किया। देवी की चिरजाएँ गायीं और मुँह अन्धेरे आऊवा के गोविन्द दमामी को मंदिर के ऊपर चढ़ाकर कहा कि सूर्योदय होते ही ढ़ोल पर डाका लगा देना। डाके के साथ ही सभी चारण कटार खाकर मर जाएंगें। गोविन्द की आत्मा ने गवाही नहीं दी। उसने ढ़ोल नहीं बजाया और खुद कटार खाकर नीचे गिर गया। गोविन्द की कुर्बानी देखकर चारण मंदिर में गये। किसी ने गला काटकर महादेव के ऊपर लहू छांटा तो किसी ने सिर चढ़ा दिया। किसी ने आँतें काट दीं तो किसी ने पेट में कटार खायी। मन्दिर में चारों ओर लहू की धारा बहने लगी। मंदिर में जब तक यह चाँदी हुई तब तक गोपालदास ने जोधपुर की सेना को रोके रखा। इसके पश्चात् शेष बचे चारणों और ठाकुर गोपालदास ने बीकानेर में जाकर शरण ली। बीकानेर के शासक रायसिंह ने अनुज पीथळ (पृथ्वीसिंह) के निवेदन पर अकबर ने मोटा राजा से कहकर चारणों के सांसल बहाल करवाए। अन्याय के विरुद्ध चारणों की मदद करके ठाकुर गोपालदास ने नैतिक मूल्यों के लिए संघर्ष करने की आऊवा की महान् परंपरा का श्रीगणेश किया। यह घटना विक्रम संवत् १६४३ (१५८६ ई.) की है।

मारवाड़ राज्य की सेवा में भी आऊवा हरावळ (अग्रपंक्ति) में रहा। महाराजा अभयसिंह ने जब अहमदाबाद पर चढ़ाई की तब आऊवा ठाकुर कुशलसिंह के शौर्य व पराक्रम के बलबूते पर उन्हें विजय मिली। कुशलसिंह ने इस लड़ाई में अहमदाबाद के सूबेदार सरबुलन्दखाँ के साले अहमदअली के हाथी के हौदे के दो टुकड़े कर दिये और बर्छी से हाथी का मस्तक छेद दिया। अहमदअली के मरते ही मुगलिया सेना के पाँव उखड़ गये। लड़ाई में विजय के पश्चात् शहर पनाह के जंगी किवाड़ों को खोलने का प्रश्न सामने आया। उसमें एक जंगी ताला जड़ा हुआ था। बहुत कोशिश करने पर भी ताला टूटा नहीं। अन्ततः कुशलसिंह के वज्रहाथों से चलाई गई तलवार के एक वार से ही वह टूट कर गिर गया। वह तलवार आज भी आऊवा के सिलेहखाने में रखी है।

महाराजा विजयसिंह के शासनकाल में मारवाड़ में मराठों का उत्पात बढ़ गया था। इन लुटेरे मराठों के खिलाफ हुई लड़ाइयों में आऊवा ठाकुर जेतसिंह ने खूब नाम कमाया। उनके बाद ठाकुर शिवसिंह ने भी मराठों के हमलों से मारवाड़

को बचाने के लिए मेड़ता की राड़ में आसोप के महेशदास के साथ मिलकर अपने अद्भुत पराक्रम से मराठों को हिला दिया। महाराजा मानसिंह को नित्य नये षड्यंत्र से जूझना पड़ता था। ठाकुर बख्तावरसिंह दीवान पद पर थे। उन्होंने महाराजा की हर तरह से सेवा की। राजनीति विशारद और विद्यानुरागी इस ठाकुर के पराक्रम और चरित्र की प्रशंसा करते हुए कविराजा बांकीदास ने लिखा है –

अवरां मात अनेक भार मुई दस मास लग्ग।
अजमौ खाधौ अेक जननी बगतौ जनमतां।।[3]

१८५७ की क्रांति और बलिपंथी आऊवा

पराक्रम व बलिदान की आऊवा की महत् परम्परा के आलोक को १८५७ में ठाकुर खुशालसिंह ने ब्रिटिश सत्ता से लोहा लेकर दिगंतव्यापी फैला दिया। इस समय आऊवा द्वारा किये गये बलिदान ने उसे जनमानस में अजरा अमर कर दिया। कंपनी व जोधपुर राज्य के संयुक्त सैन्य बल को अल्पसाधनों वाले आऊवा के सम्मुख करारी पराजय का मुँह देखना पड़ा, यह एक असाधारण बात थी। आऊवा का विप्लव मारवाड़ में अंग्रेजों के खिलाफ व्याप्त आम असंतोष का नतीजा था। यह डीसा व एरिनपुरा की छावनियों से विद्रोहियों के आगमन के फलस्वरूप घटित कोई अलग थलग घटना नहीं थी। उस समय आऊवा की घटनाओं की पृष्ठभूमि, प्रकृति एवं विस्तृत विवरण को जानने के निम्नलिखित प्रमुख स्रोत हैं–

जोधपुर राज्य की हकीकत बहियाँ।
अंग्रेज इतिहासकारों द्वारा प्रस्तुत विवरण।
समकालीन साहित्यिक रचनाएँ।
लोकगीत व आऊवा गढ़ से प्राप्त सामग्री।

इस तमाम सामग्री का ध्यानपूर्वक अध्ययन करने पर १८५७ की क्रांति में आऊवा की भूमिका को भलीभाँति समझा जा सकता है।

आऊवा विप्लव की प्रकृति

मारवाड़ में तत्कालीन अंग्रेज परस्त शासक तखतसिंह व उसके ब्रिटिश स्वामियों के विरुद्ध तीव्र रोष की भावना व्याप्त थी। महाराजा मानसिंह की मृत्यु के बाद मारवाड़ पर अंग्रेजों द्वारा तखतसिंह को थोप दिया गया था जिसे अधिकांश ठाकुर विदेशी मानते थे क्योंकि वह जोधपुर राजवंश की बहुत पहले

गुजरात में जा बसी शाखा का गैर मारवाड़ी वंशज था।[४] वह केवल सर्वोच्च सत्ता के समर्थन से ही गद्दी पर बना रह सकता था। उसके शासन में मारवाड़ का राजकाज अस्त व्यस्त हो गया। गद्दीनशीन होने के समय से ही उसने सरदारों को दी गई जागीरों को जब्त करने के अपने प्रयत्नों में कोई शिथिलता नहीं आने दी।[५] जनमत इस कारण अंग्रेजों के विरुद्ध हो गया कि वे ऐसे निकम्मे शासक को जनता की इच्छा के विपरीत सिंहासन पर बनाए हुए थे। महाराजा तखतसिंह स्वयं को लोगों के इस ब्रिटिश विरोधी विक्षोभ की पूरी जानकारी थी। इसी कारण उसने ब्रिटिश सत्ता को जो कुछ सहायता दी, वह गुप्तरूप से दी।[६] मारवाड़ व मेवाड़ दोनों ही क्षेत्रों के प्रमुख सामन्त कम्पनी सरकार द्वारा यहाँ की पारम्परिक व्यवस्था में हस्तक्षेप किए जाने से उसके खिलाफ थे। अत: एक अंग्रेज इतिहासकार का यह मत है कि आऊवा ठाकुर को अंग्रेंजों से कोई शिकायत नहीं थी उसे तो केवल अपने स्वामी राजा से नाराजगी थी[७], नवीन शोध कार्यों से प्राप्त तथ्यों से मेल नहीं खाता। आऊवा ठाकुर को विदेशियों से विशेष शिकायत थी क्योंकि ए.जी.जी. सर हेनरी लॉरेन्स ने अपने पॉलिटिकल एजेन्टों को उस प्रथा को समाप्त करने का निर्देश दिया था जिसके अनुसार किसी जागीर का कोई आसामी अपने स्वामी की अनुमति के बिना अपना जन्मस्थान छोड़कर दूसरी जगह नहीं बस सकता था। नवीन व्यवस्था का लाभ उठाते हुए भारी कर्ज से दबे दो व्यापारी आऊवा छोड़ गए और उनको लौटाने की खुशालसिंह की माँग अप्रभावी रही।[८]

मारवाड़ के लोगों के नाम डीसा छावनी के विद्रोहियों द्वारा १३ सितम्बर १८५७ को जारी घोषणा से जाहिर होता है कि मारवाड़ और मेवाड़ के सरदार उनके पक्ष में थे।[९] कई समकालीन पत्रों से इस बात की पुष्टि होती है कि ब्रिटिश सत्ता के विरुद्ध ठोस मोर्चा बनाने की दृष्टि से मारवाड़ व मेवाड़ के असंतुष्ट सरदारों में ऐक्य स्थापित करने के भगीरथ प्रयत्न चल रहे थे।[१०] इस सम्बन्ध में मेवाड़ के कार्यवाहक पॉलिटिकल एजेन्ट केप्टन शॉवर्स की मान्यता थी कि कुछ ऐसे शक्तिशाली तत्व थे जिनका रुझान मारवाड़ और मेवाड़ में ब्रिटिश सरकार के विरुद्ध हाथ मिलाने की ओर था।[११] राजस्थान में ब्रिटिश विरोधी विक्षोभ ने ऐसा ठोस रूप ग्रहण कर लिया था कि मेवाड़ के जागीरदारों ने महाराणा द्वारा ब्रिटिश सत्ता के साथ किए गए समझौते का अनुमोदन नहीं किया। ऐसा प्रतीत होता है कि अंग्रेजों के खिलाफ असंतोष की लपटों से मारवाड़ का राजमहल भी अछूता नहीं रह पाया था। दस्तरी बहियों के कलमनवीसों द्वारा प्रयुक्त की गयी शब्दावलि ब्रिटिश लोगों के प्रति उनके अपमानपूर्ण रवैये की द्योतक है। अनेक स्थानों पर उन्होंने लिखा है कि ब्रिटिश लोग महाराजा के चाकर हैं।

अगस्त १८५७ में एरिनपुरा में जोधपुर लीजन द्वारा विद्रोह कर देने पर आऊवा ठाकुर व उनके सहयोगी मारवाड़ व मेवाड़ के सामन्तों को अंग्रेजों के विरुद्ध उठ खड़े होने का चिर प्रतिक्षित अवसर प्राप्त हो गया। इनमें आसोप के शिवनाथसिंह, आलनियावास के अजीतसिंह व गूलर के बिशनसिंह के नाम उल्लेखनीय हैं। केप्टन निक्सन के अनुसार जब वे सैनिक जोधपुर राज्य से होकर गुजर रहे थे तब आऊवा ठाकुर ने उन्हें अपनी सेवा में आने की पेशकश की जिसे उन्होंने पहले तो इंकार कर दिया किन्तु सेवा की शर्तों को ज्यादा आकर्षक बनाए जाने पर स्वीकार किया। इससे सिद्ध होता है कि आऊवा ठाकुर ने विद्रोह मे स्वतः भाग लिया और विद्रोहियों को अपनी सेवा में आने के लिए फुसला लिया।[१२] अंग्रेजी सत्ता को चुनौती देने वाले इस अभियान में बांता, भिमाळिया, रडावास, लांबिया, बीजावास, सलूम्बर, कोठारिया, लासाणी, आसींद व रूपनगर ठिकाने भी शामिल थे।

सलूंबर के रावत के नाम समरथसिंह, माधोसिंह व राधाकिशन का एक पत्र इस तथ्य की साक्षी भरता है कि आऊवा के नेतृत्व में लड़ने वाले ये सभी सरदार एक सामान्य क्रांति की तैयारी में लगे थे जिसमें मारवाड़ की सीमा के परे के क्षेत्र भी शामिल होने थे। अतः यह स्पष्ट है कि ब्रिटिश सत्ता का प्रतिरोध करने व क्रांति के इस प्रयास में आऊवा ठाकुर को मारवाड़ के सरदारों के एक मजबूत परिसंघ का समर्थन प्राप्त था। इन सरदारों की अंग्रेजों के प्रति नाराजगी इतनी तीव्र थी कि वे आऊवा में उनको छकाने से ही संतुष्ट नहीं थे वरन् उन्होंने विद्रोहियों के साथ नारनौल की ओर भी कूच किया। अक्टूबर १८५७ के समरथसिंह के पत्र से ज्ञात होता है कि मारवाड़ के जागीरदार बहादुरशाह ज़फ़र के सम्मुख अपना मामला पेश करने के लिए दिल्ली की ओर बढ़ रहे थे और उनका इरादा दिल्ली से पच्चीस हजार सैनिकों की फौज लेकर अजमेर पर हमला करना था।[१३] मारवाड़ के इस सरदारों को सलूंबर के रावत से सहायता और प्रोत्साहन मिल रहा था जो अंग्रेजों के खिलाफ मेवाड़ के सामन्तों का नेतृत्व कर रहा था। इनकी योजना व प्रयत्नों को आसपास के लोगों का सक्रिय सहयोग व समर्थन प्राप्त था। यही कारण था कि वे एक बड़े समूह की अगुवाई करते हुए दिल्ली की ओर कूच कर सके थे। उनका उद्देश्य ब्रिटिश सत्ता को उखाड़ फेंकना था। इसी सिलसिले में उन्होंने पहले दिल्ली पहुँचकर फिर अजमेर पर आक्रमण करने की योजना बनायी थी।[१४] आऊवा ठाकुर के विद्रोही मित्रों समरथसिंह, माधोसिंह व राधाकिशन द्वारा सलूंबर के रावत को लिखे गये पत्र में यह महत्त्वपूर्ण सूचना दी गई है कि 'देहली से एक साँडनी सवार आया है। खबर यह है कि वहाँ सभी यूरोपियन मारे गए हैं।

हमें वहाँ शीघ्र पहुँचना है इसलिये हमें कल ही प्रस्थान करना है। कुछ सरदार दिल्ली जा रहे हैं और वहाँ सम्राट से भेंट करेंगे।[१५] इस पत्र से स्पष्ट हो जाता है कि आऊवा ठाकुर के अनुयायी एरिनपुरा के विद्रोहियों की सहायता और सहयोग के बिना भी दिल्ली जाने को तैयार थे। इससे यह बात असंदिग्ध रूप से सिद्ध हो जाती है कि आऊवा में हुआ विद्रोह मात्र किसी संयोग या एरिनपुरा से विद्रोहियों के आगमन का परिणाम नहीं था। अगर आऊवा ठाकुर प्रहार करने को तैयार नहीं भी होते तो उनके अनुयायी कर देते क्योंकि पं. विश्वेश्वरनाथ रेऊ के अनुसार प्रारंभ में आऊवा ठाकुर विद्रोहियों का साथ देने में हिचक रहे थे। उन्हें इस कार्य के लिए उनके साथियों द्वारा बाध्य किया गया जिनका नेतृत्व गूलर ठाकुर बिशनसिंह कर रहे थे।''[१६]

इसलिस ट्रेवर के इस मत पर पुनर्विचार की आवश्यकता है कि आऊवा ठाकुर खुशालसिंह ने अपने राजा से असंतुष्ट होने के कारण इस अवसर का उपयोग एरिनपुरा के विद्रोहियों की मदद से खुला विद्रोह करने में किया। यदि आऊवा की घटनाएँ केवल ठाकुर खुशालसिंह की ब्रिटिश विरोधी गतिविधियों का परिणाम होतीं, तो उनके वहाँ से प्रस्थान करने के साथ ही वहाँ शांति हो जानी चाहिए थी लेकिन दस्तरी रिकॉर्ड से ज्ञात होता है कि जोधपुर की सेनाएँ आऊवा के लोगों के खिलाफ विक्रम संवत् १९९४ के कार्तिक महीने तक संघर्ष में रत थीं। यहाँ तक कि जब ए.जी.जी. ने आऊवा को घेरकर आक्रमण किया तो पहला गोला गाँव की ओर से दागा गया। इस प्रकार ग्रामवासी भी अपने ठाकुर के साथ थे। वस्तुत: आऊवा का विप्लव ब्रिटिश सत्ता के विरुद्ध व्यापक जन असंतोष का नतीजा था। इसी कारण जोधपुर लीजन के विद्रोही सैनिकों व ठाकुर खुशालसिंह के आऊवा से बच निकलने के बाद भी विद्रोह की ज्वाला जलती रही।

आऊवा विप्लव का घटनाक्रम

जोधपुर लीजन के विद्रोही सैनिकों के आऊवा पहुचने और वहाँ ब्रिटिश सत्ता के विरोध को तत्पर सामन्तों की गतिविधियों की सूचना मिलते ही ए.जी.जी. ने तुरन्त जोधपुर दरबार को निर्देश दिया कि वह इस विप्लव का दमन करने के लिए तुरन्त कदम उठाए। विद्रोही गतिविधियों पर रोक लगाने के लिए जोधपुर के शासक तखतसिंह का पूरा सहयोग कम्पनी सरकार को मिला। जोधपुर के पॉलिटिकल एजेन्ट लेफ्टिनेंट जी.एच. मांकमेसन ने महाराजा को इस सम्बन्ध में जो पत्र लिखा, उसके उत्तर में उसने लिखा, ''आपकी सलाह के अनुसार मैंने

ब्यावर और पाली के बीच प्रत्येक दस मील पर घुड़सवार तैनात कर दिये हैं। उन्हें ये निर्देश दिए गए हैं कि इस मार्ग से गुजरने वाले यूरोपिय अधिकारियों के साथ रहें।'' महाराजा ने २८ तोपें और पाँच हजार घुड़सवार अंग्रेजों की सेवा में भेजे थे।[१७] २३ मई १८५७ को लॉरेन्स ने राजपूताना के सभी राजाओं के नाम विद्रोहियों का पकड़ने के लिए सहायता करने के लिए घोषणा पत्र जारी किया।

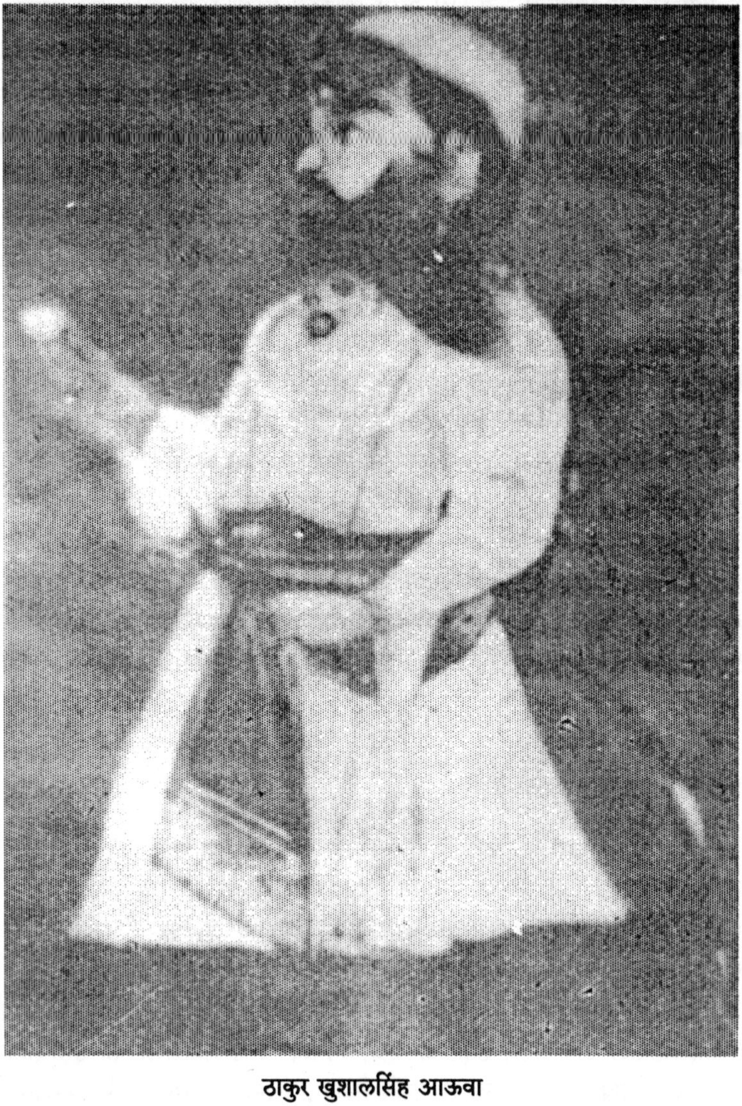

ठाकुर खुशालसिंह आऊवा

आऊवा पर पहला हमला

डीसा छावनी से आने वाले बागियों ने एरिनपुरा छावनी को लूटा, दो तीन यूरोपिय महिलाओं को बन्दी बनाया और पाली की तरफ बढ़ गये। चूंकि जोधपुर की सेनाएँ किलेदार पंवार अनाड़सिंह, राव राजमल, मेहता छतरमल और नाजर मुश्ताक की मातहती में पाली में पहले से तैनात थीं इसलिये विद्रोही पाली के बजाय आऊवा जागीर के गाँव कराठी चले गये फिर ये आऊवा की ओर बढ़े। आऊवा में बागी सिपाहियों के एकत्र होने का समाचार मिलते ही महाराजा तखतसिंह ने किलेदार अनाड़सिंह को एक हजार सिपाही व चार तोपें लेकर आऊवा पर चढ़ाई करने का आदेश दिया। उधर कुशलराज सिंघवी एक फौजी दस्ते के साथ ब्यावर के मार्ग पर पहले से तैनात था। जोधपुर दरबार के आदेश पर वह मेहता विजयमल के साथ पाँच सौ अश्वारोही सैनिकों को लेकर अनाड़सिंह की मदद के लिए बीठोड़ा पहुँच गया जहाँ जोधपुर की सेना ने डेरा डाल रखा था।

एरिनपुरा व डीसा के विद्रोही सिपाही आऊवा पहुँच गये थे और ए.जी.जी. ब्रिगेडियर जनरल हेनरी लॉरेन्स इस बात से सख्त नाराज था कि जोधपुर की सेना ने उनको मार्ग में ही क्यों नहीं रोका। इसलिये कुशलराज के पहुँचने के बाद भी आऊवा पर हमला करने में शिथिलता होने पर उसने महाराजा को व्यंग्यपूर्ण भाषा में एक चिट्ठी लिखी जिसकी प्रतिलिपि अनाड़सिंह को भेजी। जोधपुर की फौज को कायरों की जमात की संज्ञा देने वाली इस चिट्ठी को पढ़कर अनाड़सिंह को बहुत रंज हुआ।

हकीकत यह थी कि आऊवा की किलेबन्दी बड़ी सुदृढ थी। बाहर की तरफ कच्ची दीवार का चौड़ा परकोटा और भीतर मजबूत पक्का परकोटा। उस पर तोपें लगी हुई थीं। गढ़ में गोला बारूद पर्याप्त मात्रा में था। इस कारण अनाड़सिंह की इच्छा यह थी कि कोई ऐसा उपाय किया जाए कि आऊवा की सेना बाहर आ जाए तो फिर मैदान में उससे भिड़न्त की जाए। बाहर से की जाने वाली गोलाबारी मिट्ठी के परकोटे के कारण निष्फल सिद्ध हो रही थी और अन्दर से होने वाली गोलाबारी जोधपुर की सेना के लिए घातक सिद्ध हो रही थी। लोकगीत में इस स्थिति को बड़े सुन्दर ढंग से उभारा गया है –

सामोसाम गोळा छूटे आडावळौ धूजै ओ
आऊवा रा नाथ तो सुगाळीं[८] पूजे ओ, झगड़ौ आदरियौ. . .
बारली तोपां रा गोळा धूडगढ़ में लागे ओ
मांयली तोपां रा गोळा तंबू भांगे ओ नगे राखजौ
व्है ओ नगै राखजौ, नेड़ा आयां गूगलीं[९] गणगण नै ले ला ओ...

अनाड़सिंह कुशलराज सिंघवी के साथ आऊवा से कुछ दूरी पर बिठौड़ा गाँव में डेरा डाले हुए था। लॉरेंस के हृदयवेधी पत्र से उसके तनमन में जैसे आग लग गयी। रोष में भरकर उसने ७ सितम्बर १८५७ को आऊवा पर हमला कर दिया तीन घंटों तक भीषण गोलाबारी हुई। जोधपुर की सेना के दस सिपाही मारे गये जिनमें मीठड़ी (जालोर) ठिकाने का कुँवर भी शामिल था।[२०] किलेदार अनाड़सिंह के कुछ करने या मरने का निश्चय किया हुआ था। इसलिए ८ सितम्बर को उसने फिर हमले की तैयारी की। इसी समय ए.जी.जी. लॉरेन्स ने लेफ्टिनेंट हीथकोट को पाँच सौ घुड़सवारों सहित अनाड़सिंह को सामरिक परामर्श और सहायता देने के लिए भेजा।[२१] तीसरे प्रहर में हमला किया गया किन्तु आऊवा की प्रचंड गोलाबारी के सामने जोधपुर सेना की एक न चली। अगले दिन घोड़ाविड़ छठ के रोज आऊवा की सेना व पूरबिये विद्रोहियों ने बड़े सवेरे ही जोधपुर की सेना पर आक्रमण कर दिया। यह आक्रमण इतना अचानक व प्रबल था कि जोधपुरी सेना स्तंभित हो गई और उसके पाँव उखड़ गये। कुशलराज सिंघवी और हीथकोट मौका देखकर भाग खड़े हुए। केवल अनाड़सिंह अपने कुछ विश्वस्त साथियों के साथ लड़ता रहा। अंत में वह और राव राजमल लड़ते हुए मारे गए। दूसरी ओर भी कुछ लोग हताहत हुए।

लड़ाई के समाचार महाराजा को दूसरे दिन पहले प्रहर में मिले। अनाड़सिंह की मृत्यु का शोक मनाने के लिए[२२] किले में एक समय के लिए नोबत बजाना बन्द कर दिया गया। मेहता विजयमल और सिंघवी छगनराज जो कुशलराज के साथ थे, जोधपुर लौट आये। यह हक़ीक़त इस तथ्य की ओर इंगित करती है कि जोधपुर दरबार आऊवा में विप्लव को दबाने में असफल रहा। विद्रोहियों के हाथ काफी सामग्री लगी। आऊवा के दमामी जेतराम जिन्होंने १८५७ में हुए संग्राम को अपनी आँखों से देखा था, इस पहले हमले के बारे में लिखते हैं –

फजर हुकुम हुऔ फौज नै सूर चढौ सहसाथ।
आज विठोड़ा ऊपरां भिडसां अरि भाराथ।।
घनघोर तोपां घुरै वजै हाक विकराळ।
लूहर लै अछरां लखै कबडी खेलै काळ।।
प्रसणां काटे पाडियां भागल रिपु गा भाग।
लूट डेरा तोपां लियां वळिया पाछा वाघ।।[२३]

जोधपुर दरबार की सेना की इस हमले में जो करारी पराजय हुई उससे महाराजा हताश हो गया और उसने आऊवा का दमन करने के लिए अंग्रेजों से अनुरोध किया। कवि जेतराम कहते है –

इसी बात सुण नृपत उर आयौ सोच अपार।
यूं बरसां लग आऊवौ पाऊं न लड़ियां पार।।
तद गोरां नै तेड़वा तखत करी तदबीर।
लड़ै आऊवौ लैवा रौ ओ उपाय अकसीर।।
लिखिया रुक्का लागणा अंगरेजां अजमेर।
ऊभौ वदळै आऊवौ फतै न होवै फेर।।[२४]

अंग्रेजी सत्ता की किरकिरी दूसरा हमला

आऊवा में जोधपुर दरबार की सेना की जो दुर्गति हुई वह ब्रिटिश हितों व प्रभाव के लिए एक गंभीर मसला था। अत: तखतसिंह का पत्र मिलने पर आऊवा के विरुद्ध मोर्चा संभालने के लिए स्वयं ए.जी.जी. लॉरेन्स देशी और विदेशी बटालियनों के सैन्य दल के साथ ब्यावर से रवाना हुआ। उसे पूरा विश्वास था कि इस बार जीत का सेहरा उसके सिर बंधेगा। भारी वर्षा के कारण उसे मार्ग में कई जगह ठहरना पड़ा। अन्ततः १८ सितम्बर १८५७ को वह आऊवा पहुँचा। सिंघवी कुशलराज और मेहता छतरमल भी पाली से इस सेना के साथ हो लिये। आऊवा का मार्ग उस समय घने जंगल से होकर निकलता था। जैसे ही लॉरेन्स जंगल से निकलकर खुले मैदान में नजर आया, आऊवा की तोपों से गोले छूटने लगे।

लॉरेंस से मुलाकात के लिए जोधपुर का पॉलिटिकल एजेन्ट केप्टेन मॉन्क मेसन भी शीघ्रता से सोजत व फिर पाली पहुँचा। बाद में वह भी आऊवा पहुँचा। अंग्रेजी फौज ने आऊवा को घेर लिया। भीषण लड़ाई में शुरु गें गोरी फौज का पलड़ा भारी रहने से आऊवा की फौज ने पीछे हटकर तालाब की पाळ पर मोर्चा बाँधा। आसोप ठाकुर शिवनाथसिंह ने दूसरी ओर से हमला करके दुश्मन की कई तोपें छीन लीं। इससे पासा पलट गया और अंग्रेजी सेना आंगदोस की ओर खिसकने लगी। तीन घंटों तक घमासान चलता रहा। अमावस्या के दिन हुए इस युद्ध में शिवनाथसिंह का पराक्रम लोकगीतों में अमर हो गया।

आऊवौ नै आसोप धणियां मोतियां री माळा ओ
बारै नांखौ कूंचियां तोड़ावौ ताळा ओ, झल्लै आऊवौ
व्है हो झल्लै आऊवौ, आऊवौ धरती रौ थांबौ ओ,
झल्लै आऊवौ।

इसी बीच इतिहास प्रसिद्ध एक घटना घटित हो गई। पॉलिटिकल एजेंट मेसन ए.जी.जी. की मदद के लिए सीधा आऊवा की युद्ध भूमि में पहुँचा और

वहीं मारा गया। शॉवर्स के अनुसार उसे निर्धारित दिन को आऊवा के बाहर जनरल लॉरेन्स से भेंट करनी थी। वहाँ पहुँचने पर उसे ज्ञात हुआ कि जिस सैन्य दल से उसे मिलना था, वह तो पहले ही पीछे हट चुका था। विद्रोहियों के हाथों में पड़कर वह मारा गया। उसका सिर काट कर गढ़ के द्वार पर लटका दिया गया।[२५]

लॉरेंस के नेतृत्व में ब्रिटिश सेना व विप्लवियों के बीच हुई यह लड़ाई इतनी भीषण थी कि उसमें दोनों तरफ के दो हजार सैनिक मारे गये। ब्रिटिश सेना के पास नौ तोपें थीं और इनसे होने वाली भीषण गोलाबारी ने विद्रोहियों को आऊवा की तरफ हटने को विवश कर दिया। आऊवा के दो सौ अश्वारोहियों द्वारा किये गए वीरतापूर्ण आक्रमण ने ब्रिटिश तोपचियों को धराशायी कर दिया। एजेन्ट मेसन की मृत्यु इस लड़ाई में हुई, न कि उसे किसी धोखे से मारा गया जैसा कि अंग्रेज इतिहासकार बताते हैं। विद्रोहियो ने स्वयं को तीन दलों में विभाजित कर लिया था। पाँच सौ घुडसवारों के दायें पार्श्व का नेतृत्व शिवनाथसिंह आसोप व जुंझारसिंह कर रहे थे। छः सौ घुड़सवारों के वाम पार्श्व का नेतृत्व एरिनपुरा के विद्रोहियों के नेताओं के पास था। आऊवा ठाकुर के आठ सौ सैनिकों वाला पिछला हिस्सा चाँपावत सगतसिंह के नेतृत्व में था।[२६] ये तीनों दल अंग्रेजी सेना पर टूट पड़े। इसमें गोरी फौज की भारी पराजय हुई। उसे अनेक मृतकों व घायलों को युद्धभूमि में ही छोड़कर पीछे हटना पड़ा। केप्टन मेसन की मौत उसके लिए सबसे गहरा आघात था। महाराजा ने उसे जोधपुर छोड़ने से रोकने की कोशिश की थी क्योंकि उसे यह पूर्वाभास हो गया था कि पॉलिटिकल एजेंन्ट के राजधानी छोड़ने पर कुछ भी अनर्थ हो सकता था।[२७] मेसन की मौत इतनी अचानक हुई कि लॉरेंस को उसका भारी धक्का लगा। उस दिन विप्लवी देर रात तक गोरी फौज से जूझते रहे। हारकर लॉरेंस को पीछे हटना पड़ा और युद्धस्थल से साढ़े तीन मील दूर स्थित गाँव चेलावास में शरण लेनी पड़ी। तीन दिन वहाँ ठहरने के बाद वह अजमेर की ओर लौट गया। ब्रिटिश सरकार ने इस शर्मनाक पराजय को बहुत गंभीरता से लिया और ए.जी.जी. जनरल लॉरेन्स को अपनी नाराजगी से अवगत कराते हुए लिखा – कि ब्रिटिश सरकार को चुपचाप एक ऐसी हार के सम्मुख झुकना पड़ा जिसका राजस्थान में गंभीर असर पड़ना निश्चित है।''[२८] इस युद्ध से पूर्व १२ सितम्बर को विद्रोहियों ने रिसालदार अब्दुल अली, अब्बास अलीखान, शेख मोहम्मद बख्श, सूबेदारों, जमादारों व हिन्दू मुसलमान सिपाहियों के नाम में मारवाड़ और मेवाड़ के लोगों के नाम अपील जारी की जिसमें तीन हजार के करीब सिपाहियों को सहायता व शरण देने

का अनुरोध किया गया था। अपील में कहा गया था, ''मारवाड़ और मेवाड़ के सरदार हमारे पक्ष में हैं। जो लोग धर्म की रक्षा के लिए हमारी मदद करेंगे उन्हें स्वर्ग में पुरस्कार मिलेगा और सम्राट उन्हें स्वामीभक्ति के लिए सम्मानित करेंगे।''[२७]

दूसरे हमले में इस विनाशकारी पराजय के समाचार महाराजा को शुक्ल पक्ष की प्रथमा को मिले। उसने मेहता विजयमल और सिंघवी समरथराज को लेडी मेसन को शोक समाचार देने के लिए सूरसागर भेजा। मेसन की मृत्यु होने पर भी किले में नौबत बजाना बन्द नहीं किया गया जबकि अनाड़सिंह की मृत्यु पर ऐसा किया गया था। हकीकत बही कि ये पंक्तियाँ अत्यन्त महत्वपूर्ण हैं। प्रचलित रिवाज के अनुसार किसी महत्वपूर्ण व्यक्ति की मृत्यु होने पर नौबत बजाना स्थगित किया जाना चाहिए था। मेसन की मृत्यु पर ऐसा नहीं करने का कारण स्पष्ट है। वस्तुत: महाराजा जनमत से इतना भयभीत था कि उसने मृतक के लिए कोई सहानुभूति नहीं दिखायी। नौबत बजाना बन्द करना एक ब्रिटिश अधिकारी के लिए सरकारी तौर पर शोक मनाने की बात होती और इससे जोधपुर शहर व मारवाड़ में लोगों की नाराजगी और बढ़ती। इससे यह स्पष्ट निष्कर्ष निकलता है कि मारवाड़ में १८५७ की घटनाएँ जनरोष का प्रकटीकरण था।

दूसरे हमले में लॉरेंस की हार व केप्टन मेसन के मारे जाने से आऊवा का यश चारों ओर फैल गया। इस घटना पर जन प्रतिक्रिया जानने की दृष्टि से समकालीन कवियों की रचनाएँ अत्यन्त उपयोगी हैं। आऊवा निवासी जेतराम दमामी द्वारा रचित दूहे इस संदर्भ में विशेष उल्लेखनीय हैं। उदाहरण के तौर पर निम्नांकित कुछ दूहे सारी घटना पर अच्छा प्रकाश डालते हैं –

फिरंगी लॉरेंस फौज ले आयौ दिवस अथाण।
जोध अधायौ जंग रौ भिड़ियौ ऊगत भाण।।
गोळां रीठां गोळियां झड़रण खाग झपट्ट।
खाळां लोही खळकतां वीरां हाक विकट्ट।।
अजंट इतै तो आवियौ ताता खड़े तोखार।
काळा भिड़िया कड़क नै धीब लियौ खग धार।।
फीटा पड़ भागा फिरंग मेसन अजंट मराय।
घालै डोली घायलां कटक घणौ कटवाय।।
आठ दिवस लग अेकसी घड़ां उडी घमरोळ।
किलकत तोपां काळका झड़ खग सेल झबोळ।।[३०]

इस लड़ाई में ठाकुर खुशालसिंह व उनके साथियों ने जिस पराक्रम व दृढ़ निश्चय का परिचय दिया, उसने सूर्यमल मीसण और शंकरदान सामोर जैसे अग्रणी कवियों का ध्यान अपनी ओर आकृष्ट किया। उन्हें बहुत 'रंग' देते हुए सामोर ने कहा –

खेल्यौ रण में खाग हूँ जचकर जूझ्यौ जंग।
दियौ सरब हित देस रै रंग खुसाला रंग।।[३१]

मेसन की मौत विषयक महाकवि सूर्यमल मीसण रचित एक डिंगल गीत बहुत प्रसिद्ध है। इसकी कुछ पंक्तियां इस प्रकार हैं –

लोहो करंतो झाटका फणां कंवारी घड़ा रौ लाडौ
आऊऔ जोधाण सूं खेंचियौ वहै अंट।
जंगी साल हुता हिंदवाण रा आवगौ जीनै
आऊवौ खाथगौ फिरंगाण रौ अजंट।।[३२]

इस लड़ाई में मेसन के खेत रहने का जनमानस पर भी गहरा असर पड़ा। आऊवा की इस उपलब्धि को एक फाग में इस तरह याद किया गया है –

ढोल बाजै, थाळी बाजै, भेळौ बाजै बांकियौ
अजंट नै मारनै दरवाजै नांखियौ, जूंझे आऊवौ।
हां रै जूंझै आऊवौ, आऊवौ मुलकां में चावौ ओ
जूंझै आऊवौ।[३३]

इस समय अंग्रेजों के विरुद्ध जनरोष कितना तीव्र था, इसका अनुमान इस बात से लगाया जा सकता है कि मेसन के स्थान पर जब मॉरिसन को जोधपुर में पॉलिटिकल एजेन्ट नियुक्त किया गया तो उसके स्वागत की कोई औपचारिकता नहीं निभाई गई। नये एजेन्ट ने रस्मी स्वागत के बिना ही सूरसागर कार्यालय में पदभार संभाल लिया। महाराजा ने एजेन्ट के स्वागत की कोई व्यवस्था इसलिये नहीं रखी कि वह जोधपुर की जनता को नाराज नहीं करना चाहता था।

जोधपुर लीजन का दिल्ली की ओर प्रयाण

आऊवा के विरुद्ध किये गये इस दूसरे अभियान में जनरल लॉरेन्स की पराजय ने जोधपुर लीजन व आऊवा के सहयोगी सामंतों के मनोबल में काफी वृद्धि की। अब उन्होंने दिल्ली की ओर कूच करने की तैयारी की। वैसे भी उनकी सारी तैयारी एक महत् उद्देश्य के लिए थी और वह था सम्राट की सहायता से मारवाड़ व मेवाड़ में ब्रिटिश सत्ता को समाप्त करना।[३४] आऊवा ठाकुर सीधे

दिल्ली की ओर कूच करने के बजाय पहले मेवाड़ जाकर मेवाड़ी जागीरदारों की मदद से आगे बढ़ने के पक्ष में थे किन्तु उनके साथियों की राय इससे भिन्न थी। ९ अक्टूबर १८५७ को जोधपुर लीजन ने दिल्ली की ओर कूच किया। चार हजार सैनिकों वाले इस दल के फौज मुसाहिब सिमरथसिंह थे। मारवाड़ के ये प्रमुख सरदार भी इस दल के साथ थे – आसोप के शिवनाथसिंह, अजीतसिंह आलनियावास, जोधसिंह बाजावास, चाँदसिंह सिनाली, बिशनसिंह गूलर, आऊवा के प्रतिनिधि पहाड़सिंह व सलूंबर के प्रतिनिधि सुखतसिंह।[३५] महाराजा जोधपुर ने सिंघवी कुशलराज व मेहता छतरमल की अधीनता में उनकी पीछा करने के लिए सेना भेजी। विद्रोहियों ने नारनोल में मुकाम किया और महाराजा का सैन्यदल गारेकी में रुक गया। नारनोल में ब्रिगेडियर गैरार्ड के नेतृत्व में ब्रिटिश सेना और विद्रोहियों के बीच १६ नवंबर को हुए युद्ध में जोधपुर लीजन को पराजय का सामना करना पड़ा। इस पराजय ने आऊवा ठाकुर की योजना पर पानी फेर दिया।

इसके पहले २० सितम्बर १८५७ को दिल्ली पर ब्रिटिश सेना का पुन: अधिकार स्थापित हो चुका था और अन्य क्षेत्रों में भी क्रांतिकारियों को निरन्तर पीछे हटना पड़ रहा था। दिल्ली विजय से सैनिक व राजनीतिक संतुलन अंग्रेजों के पक्ष में हो गया। अब उन्हें राजस्थान पर विशेष ध्यान देने का अवसर मिल गया। २१ अक्टूबर १८५७ को अजमेर से ए.जी.जी. जनरल लॉरेन्स ने एक घोषण जारी करके राजपूताना के सभी राज्यों को चेतावनी दी कि वे किसी भी विद्रोही सिपाही या आऊवा ठाकुर जैसे घोषित अपराधी को अपने यहाँ शरण नहीं दें। आऊवा ठाकुर व उनके सहयोगी अंग्रेजों के अनुसार जिन विद्रोहात्मक कार्यों में संलग्न थे वे सर्वोच्च सत्ता की निगाह में इतने गंभीर प्रकृति के अपराध थे कि उन्हें कभी भुलाया नहीं जा सकता था।[३६] जोधपुर के पॉलिटिकल एजेन्ट मॉरिसन के अनुसार आऊवा ठाकुर व उसके सहयोगियों ने विद्रोही सेना के साथ मिलकर और केप्टन मॉन्क मेसन की हत्या करके ब्रिटिश सरकार के प्रति घोर शत्रुता प्रदर्शित की थी और महाराजा जोधपुर को इतनी दुविधा की स्थिति में डाल दिया था कि उसे ब्रिटिश सरकार के प्रति अपनी निष्ठा के प्रदर्शन करने व अपनी ही रियासत में अपनी सत्ता को अक्षुण्ण बनाए रखने में असमर्थ बना दिया था। अत: यह स्वाभाविक था कि सर्वोच्च सत्ता ने जोधपुर दरबार को आऊवा ठिकाने की जागीर जब्त कर लेने का आदेश दे दिया और वह उसी वंश या परिवार को पुन: नहीं लौटायी जानी थी।[३६ए] इस आदेश का पालन करते हुए जोधपुर नरेश तखतसिंह ने विक्रम संवत् १९१४ में आश्विन महीने की तेरस (१

अक्टूबर १८५७) आऊवा की जागीर जब्त करके श्रीचंद के नाम करने की आज्ञा जारी की।[३७] यद्यपि वह कभी भी वहाँ जाकर काबिज नहीं हो सका।

आऊवा पर तीसरा हमला

जोधपुर लीजन की नारनौल में पराजय के बावजूद आऊवा ने विद्रोह की पताका को फहराए रखा। दिल्ली विजय के बाद मारवाड़ और मेवाड़ के ठाकुरों की गतिविधियों को देखते हुए और आऊवा पर पुनः अधिकार करने के लिए राजस्थान में ए.जी.जी. लॉरेन्स ने ब्रिटिश सरकार को तुरन्त सैन्य सहायता भेजने की प्रार्थना की।[३८] आऊवा के विरुद्ध सैनिक कार्यवाही करने का आधार लॉरेन्स द्वारा ६ जनवरी १८५७ को अजमेर से की गई घोषणा में निहित था, जिसमें कहा गया था कि जो व्यक्ति या समूह आऊवा ठाकुर व अन्य लोगों को विद्रोह में सहायता देगा या शरण देगा उसके साथ ब्रिटिश सरकार व उसके मित्र जोधपुर महाराजा के शत्रु के रूप में बर्ताव किया जाएगा। इस घोषणा के बाद सशस्त्र शत्रु के रूप में बन्दी बनाए जाने वालों के साथ सैनिक कानून के तहद कार्यवाही होगी।[३९]

जनवरी १८५८ में बम्बई से राजस्थान में कुमुक नसीराबाद होते हुए पहुँची। कर्नल होम्स के नेतृत्व में आऊवा की ओर बढ़ने वाले इस सैन्य दल में सात सौ अश्वारोही, ग्यारह सौ पदाति सैनिक, तोपखाना और सैनिक इंजीनियर थे। जोधपुर दरबार की ओर पंचोली धनरूप को आदेश दिया गया कि वह मारवाड़ की सीमा पर पहुँचे और आऊवा की तरफ बढ़ रहे ए.जी.जी. व सैन्यदल की सुख सुविधा की व्यवस्था की देखभाल करे। वह इस सैन्यदल का स्वागत करने जैतारण पहुँचा।[४०] विद्रोह का दमन करने व प्रतिशोध लेने की दृष्टि से होम्स ने एक बड़ी सेना लेकर २० जनवरी १८५८ को आऊवा पर हमला कर दिया। इस सेना के पास चौदह तोपें थीं। अजमेर, नसीराबाद, नीमच मऊ व देवली से आई रेजीमेंटों को जोशी हंसराज के नेतृत्व में जोधपुर की सेना द्वारा प्रबलित किया गया था। ब्रिटिश पक्ष की ओर से लड़ने वाली जोधपुर की सेना में निमाज और रास के ठाकुर भी सम्मिलित थे।[४१]

इतनी बड़ी सेना को देखकर आऊवा ठाकुर को चिंता अवश्य हुई फिर भी उन्होंने रक्षा की तैयारियाँ की और अपनी सेना का भार अपने छोटे भाई पृथ्वीसिंह लांबिया को सौंप दिया। उसके कार्य में सहायता की जिम्मेदारी फौज मुसाहिब सादूलसिंह व किलेदार भानसिंह चाँपावत को सौंपी गई। ब्रिटिश सैन्य दल ने आऊवा को घेर लिया। पहले गोलाबारी गाँव की ओर से हुई। आऊवा गढ़ की

प्राचीर पर पचास तोपें लगी हुई थी। आऊवा ठाकुर पाँच हजार से अधिक सेना की व्यवस्था नहीं कर सके। चार दिन तक दोनों पक्षों में भीषण युद्ध और गोलाबारी होती रही। स्थिति काफी नाजुक थी। २४ जनवरी को सेना के इंजिनीयरों ने बताया कि कल सुबह नौ बजे तक बाहर का कच्चा परकोटा भूमिसात हो जाएगा और फिर सेना गढ़ के और निकट पहुँच कर हमला कर सकेगी। ठाकुर खुशालसिंह अंग्रेजी फौज के सामने अपने सैन्य बल की न्यूनता से भलीभाँति परिचित थे। संयोग से उस दिन रात को प्रचंड तूफान आया व वर्षा होने लगी। उसका फायदा उठाते हुए ठाकुर किले की रक्षा का भार पृथ्वीसिंह पर छोड़कर सैनिक मदद प्राप्त करने के लिए गढ़ से निकल कर मेवाड़ की ओर चल पड़े। इसके बाद भी लड़ाई छः दिन तक चलती रही। पिछली दो पराजयों से सबक लेते हुए इस बार ब्रिटिश व जोधपुरी सेना ने छल व कूटनीति का सहारा लिया। इसके बलबूते पर उन्हें इस बार विजय प्राप्त हुई। आऊवा के फौज मुसाहिब सादूलसिंह व किलेदार भानसिंह चाँपावत को प्रलोभन देकर अपनी ओर मिला दिया। उन्हें यह कहा गया कि वे विद्रोहियों को किला खाली करने के लिए राजी करके गढ़ अंग्रेजों को सौंप दे तो उन्हें क्रमशः आऊवा व बालोतरा का पट्टायत बना दिया जाएगा। दुर्भाग्य से इन दोनों देशद्रोहियों ने किले में घिरे आऊवा के सेनापति को यह सलाह दी कि अंग्रेजों से पार पाना मुश्किल है अतः गढ़ खाली करना ही ठीक रहेगा। मौका मिलने पर फिर हस्तगत कर लेंगे। इन गद्दारों ने गढ़ के दरवाजे खोल दिए और ब्रिटिश सेना ने आऊवा पर अधिकार कर लिया।[४२]

इस संदर्भ में जोधपुर की हक़ीक़त बही में सबसे उल्लेखनीय बात इस तथ्य का उल्लेख है कि आऊवा की संपूर्ण जनता ने अंग्रेजों के विरुद्ध शस्त्र उठा लिए थे। इससे स्पष्ट होता है कि ठाकुर को इस कार्य में जनसहयोग प्राप्त था। यह केवल सामन्तों या सिपाहियों का विद्रोह नहीं था जिन्हें अंग्रेजों से निजी शिकायतें थीं वरन् जनसाधारण ने भी उनका पक्ष लिया क्योंकि उन्हें इस बात का डर था कि अंग्रेजी सत्ता के फैलाव से उनकी संस्कृति व समाज व्यवस्था खतरे में पड़ जाएंगे।

उधर खुशालसिंह तो मेवाड़ में सैन्य सहायता जुटाने के लिए प्रयत्नशील थे और पीछे से गद्दारों ने दगा करके उनके सारे बलिदान पर पानी फेर दिया। आऊवावासी समकालीन कवि जेतराम दमामी ने इस दुर्भाग्यपूर्ण घटना का विवरण इस प्रकार प्रस्तुत किया है –

कुसाल गयौ लेवा कटक भार प्रथी दे भ्रात।
मोळी सला दी मंत्रियां रचै जाळ उण रात।।
अंगरेजां सूं लड़ अबै पाणौ मुसकल पार।
पाछौ ले लेसां पछै आपां देख उवार।।
वस भावी उण निसवणै दुरग खाली कर दीध।
वळगा सह आडावळै लारै गढ़ अरि लीध।।
माठी वात न मानता जूंझत दो दन जूट।
आय कुसालौ आऊवै काढ़त अरियां कूट।।
जपियो गढ़ तज जावतां सुणजो धणियां सार।
म्हनै दोष दीजौ मती सिर कलंक सलाकार।।
उगणीसे चवदा अखूं खत्रियां ऊगटे खार।
यूं गढ़ भिळियौ आऊवौ सुध नम, मा'सनीवार।।[४३]

आऊवा से भीषण प्रतिशोध

आऊवा के विरुद्ध किया गया तीसरा अभियान ब्रिटिश सरकार के इस दृढ़ निश्चय से प्रेरित था कि विद्रोहियों का साथ देने वाले इस ठिकाने को सर्वोच्च सत्ता के प्रति शत्रुतापूर्ण रवैये के लिए इस प्रकार दंडित किया जाय कि भविष्य में कभी कोई सिर उठाने का साहस नहीं कर सके। इसलिए गढ़ पर अधिकार करने के बाद अंग्रेजी सेना ने प्रतिशोधपूर्ण कार्यवाही की पराकाष्ठा कर दी। गढ़ व ठाकुर के निवास को बारुदी सुरंगों से पूर्णतया ध्वस्त कर दिया गया। गाँव के बहुत से निवासी मौत के घाट उतार दिये गये। कर्नल होम्स ने ए.जी.जी. को लिखे एक पत्र में स्वयं स्वीकार किया कि बहुत सी लाशें गलियों में पड़ी रहीं।[४४] मन्दिरों व मूर्तियों को नष्ट किया गया और गाँव में छः पीतल व सात लोहे की तोपें व तीन टन बारुद प्राप्त हुआ जिन्हें जोधपुर दरबार ने अपने कब्जे में ले लिया।[४५] प्रतिशोध की भावना इतनी भीषण थी कि ग्रामवासियों को नृशंस यातनाएँ दी गईं और पेड़ तक काट डाले गए। आऊवा बिलकुल उजड़ गया। ठाकुर की कुलदेवी शुगाली माता की मूर्ति भी अंग्रेज उठा ले गए जो अब तक अजमेर संग्रहालय में है। आऊवा के साथ साथ भीमाळिया व लांबिया के ठाकुरों के निवास भी पूरी तरह नष्ट कर दिये गए। आऊवा के प्रति अंग्रेज सरकार का रवैया कितना प्रतिशोधपूर्ण था इसकी जानकारी भारत सरकार के सचिव जी.एफ. एडमॉनस्टोन द्वारा ए.जी.जी. लॉरेन्स को २४ मार्च १८५८ को लिखे पत्र से मिलती है।[४६] इसमें आऊवा को नेस्तनाबूद करने के विषय में महाराजा जोधपुर पर ही निर्भर न रहने का निर्देश देते हुए कहा गया था। ''यदि आऊवा की

किलेबन्दी को ध्वस्त करने का काम पूर्णतया महाराजा जोधपुर पर छोड़ दिया गया तो इस बात की कोई निश्चितता नहीं है कि यह काम अपेक्षित पूर्णता से किया जाएगा। इसलिए आपको आदेश दिया जाता है कि आप मेजर मॉरिसन को यह सूचित करें कि वह इस कार्य में महाराजा की मदद करने के लिए तैयार रहे जिसका संकेत मेरे १३ फरवरी के पत्र में किया जा चुका है।''[४७]

आऊवा झुका नहीं

स्वाभिमानी और अपने ध्येय के प्रति दृढ़ निष्ठावान आऊवावासी खुशालसिंह के गाँव छोड़ने व गढ़ पर ब्रिटिश सेना का अधिकार हो जो के बाद भी संघर्ष करते रहे। कर्नल होम्स को दूसरी बार अभियान करना पड़ा क्योंकि ठाकुर ने गढ़ पर अधिकार कर लिया था। दूसरी बार उसके विरुद्ध सैनिक कार्यवाही करके गढ़ पर फिर से अधिकार कर लिया। इस अभियान से भी कोई विशेष प्रयोजन सिद्ध नहीं हुआ क्योंकि आऊवा ठाकुर के हमले बराबर जारी रहे और विक्रम संवत् १९९४ के वैशाख महीने में माधोसिंह व अन्य प्रमुख सरदारों का दल आऊवा के विरुद्ध भेजा गया। वे विद्रोह को दबाने में असफल रहे तब विजयमल मेहता के नेतृत्व में उनकी सहायता के लिए कुमुक भेजी गयी।[४८] यह सेना भी ठाकुर को पूर्णतया दबाने में असफल रही। वह गोडवाड़ की ओर चले गये और आडावळा में छिपकर छापामार लड़ाई का आश्रय लेकर जोधपुर दरबार की सत्ता को चुनौती देते रहे।

यह समय खुशालसिंह व उनके साथियों के लिए कठिन परीक्षा का समय था। भारी बाधाओं व प्रतिकूलताओं के सम्मुख झुके बिना वे संघर्ष करते रहे। पाँचोटिया के पास पहाड़ों में बने आऊवा के चूल्हे आज भी उस स्वातंत्र्य योद्धा के साहस व जीवट की साख भरते हैं। सन् १८५९ तक जोधपुर उन्हें दबा नहीं सका। इस समय की बही संख्या २१ से पता चलता है कि आऊवा का मामला अभी समाप्त नहीं हुआ था। सिंघवी शिवराज को आऊवा के विरुद्ध कूच करने की आज्ञा दी गई और व्यय के लिए उसे ११०२ रुपये ६ आने की एक मुश्त रकम दी गई। सिंघवी रतनराज को कार्तिक कृष्ण ४ को आऊवा के विरुद्ध प्रयाण करने का आदेश दिया गया। हकीकत बहियों में आसोप व गूलर आदि के ठाकुरों की भी जागीर जब्त किये जाने व उनके खिलाफ सैनिक अभियान का उल्लेख है। लेकिन दमन की नीति आऊवा के लोगों को पूर्णत: दबाने में असफल रही जो हकीकतों के अनुसार १८६१ ई. तक परेशानी पैदा करते रहे।

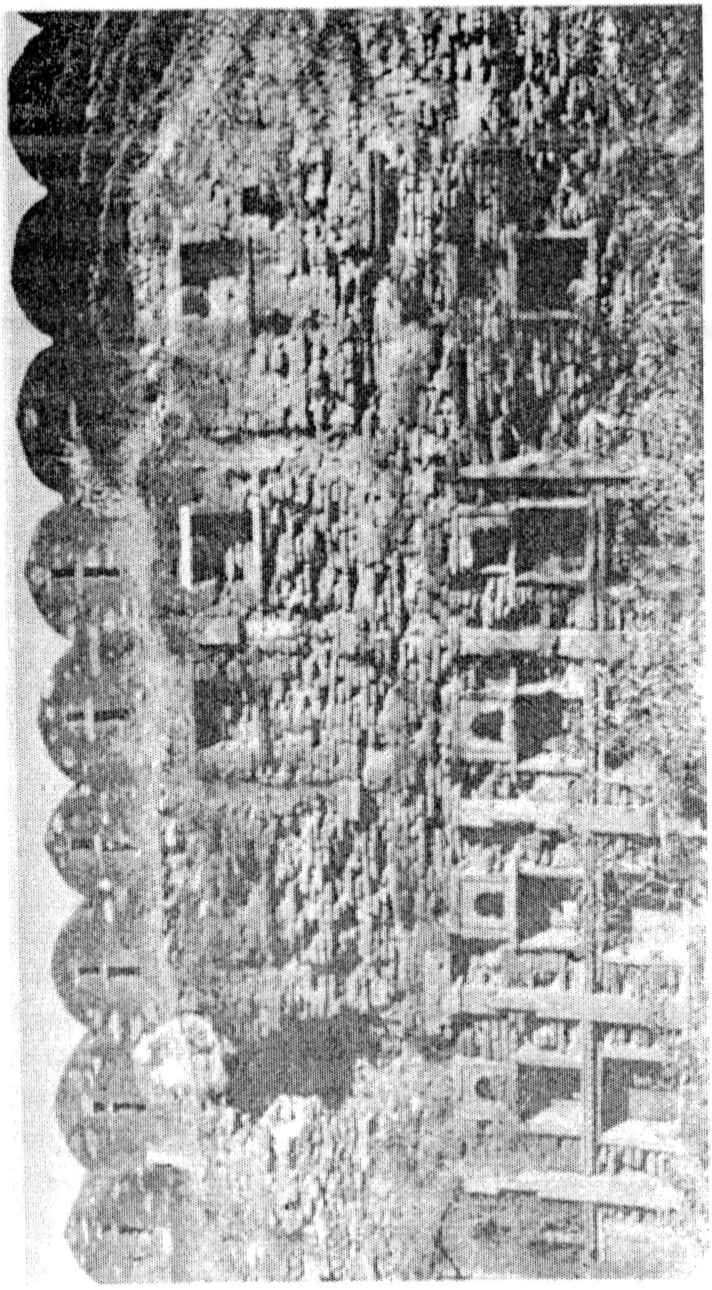

सन् १८५७ की विनाशलीला से बचा हुआ आऊवा गढ का हिस्सा

ठाकुर खुशालसिंह विपदा के समय भी निष्क्रिय नहीं रहे। उन्होंने तात्या टोपे से भी सम्पर्क स्थापित करने का प्रयत्न किया जो ३० हजार सैनिकों सहित मेवाड़ में कोठारिया की तरफ बढ़ रहा था लेकिन इसमे उन्हें सफलता नहीं मिली। खुशालसिंह की विपदा की केवल कल्पना की जा सकती है। जोधपुर दरबार व अंग्रेजों के भय से कोई उनकी मदद करने या शरण देने को तैयार नहीं था। साधनविहिन, गृहविहीन ठाकुर को नितान्त असहाय अवस्था में भटकना पड़ रहा था। अन्ततः कोठारिया (नाथद्वारा के पास) के रावत जोधसिंह ने उन्हें अपने यहाँ आश्रय दिया। सन् १८५८ के अन्त तक सर्वत्र क्रान्ति को दबाया जा चुका था। ब्रिटिश प्रभुत्व की पुनर्स्थापना हो चुकी थी। खुशालसिंह को विवश होकर अगस्त १८६० ई. में नीमच में समर्पण करना पड़ा।

खुशालसिंह पर मुकद्दमा

समर्पण के पश्चात् आऊवा ठाकुर पर मुकद्दमा चलाने का निश्चय हुआ। सपरिषद् गर्वनर जनरल ने आबू स्थित ए.जी.जी. मेजर इडन को खुशालसिंह के विरुद्ध आरोपों की जाँच करने के लिए एक कमीशन नियुक्त करने की अनुमति दे दी। ठाकुर ने प्रार्थना की कि मुकद्दमा मारवाड़ से बाहर चले और इसकी सुनवाई का काम जोधपुर के पॉलिटिकल एजेन्ट मेजर निक्सन के अलावा किसी अन्य व्यक्ति को सौंपा जाए। उनकी ये बातें मान ली गईं। मुकद्दमा अजमेर में चला। ठाकुर पर मुख्य रूप से दो आरोप थे –

१. कि उसने केप्टन मेसन के हत्यारों को शरण दी।

२. कि उसने अगस्त १८५७ से जनवरी १८५८ तक ब्रिटिश सरकार के विरुद्ध विद्रोहियों के नेता के रूप में कार्य किया।[४१]

मेजर टेलर की अध्यक्षता में चले इस मुकद्दमें में बड़ी संख्या में गवाहों के बयान लिए गये और जाँच आयोग इस निष्कर्ष पर पहुँचा कि उपलब्ध साक्ष्यों की प्रकृति को देखते हुए किसी प्रकार के दंड की आवश्यकता नहीं है, अतः सरकार को सिफारिश की गई कि ठाकुर को बिना शर्त छोड़ दिया जाए। ए.जी.जी. के इस रिपोर्ट से सहमत होने पर इसे १० नवम्बर १८६० ई. को डिस्पेच संख्या ५५६२ के अन्तर्गत सपरिषद् गवर्नन जनरल को भेज दिया गया। गवर्नर जनरल ने इसकी पुष्टि करते हुए आऊवा ठाकुर को क्षमा प्रदान कर दी। स्वाभिमानी खुशालसिंह मारवाड़ नहीं लौटे। वे उदयपुर में ही रहे जहाँ १८६२ ई. में उनका स्वर्गवास हो गया।

आऊवा पर अधिकार

ब्रिटिश सैनिक न्यायालय ने वैसे क्षमादान कर दिया किन्तु सर्वोच्च सत्ता के विरुद्ध हथियार उठाने के कारण इसी अदालत ने आदेश किया कि आऊवा की जागीर का १० आना (६० प्रतिशत) हिस्सा जब्त कर लिया जाए। इसके अनुसार आऊवा के पट्टे के निम्नलिखित गाँव जब्त कर लिये गये - बालोतरो, रियां, बड़ो गुड़ो, जाणूंदो, फिटकासणी व राजोलो। इन गाँवों की सालाना रेख २४,४०० रुपये थी। आऊवा के सहयोगी लांबिया ठाकुर को इसाली, गुडा गोदनगरीत व गांवू से हाथ धोना पड़ा। [illegible], [illegible], [illegible] व नैनियावास के ठाकुर अपनी आधी जागीर से वंचित हो गए। रूपनगर के ठाकुर को चौदह गाँव गंवाने पड़े। आसोप को दो गाँवों, गूलर को छः और वाजावास के ठाकुर को साढे दस गाँवों से हाथ धोना पड़ा। आऊवा ठाकुर, उनके सहयोगियों व प्रजाजनों को दिया गया भारी दंड इस बात को दर्शाता है कि सर्वोच्च सत्ता ने विप्लव में उनकी भागीदारी को कितना गंभीरता से लिया था। इन विद्रोही सरदारों को इसलिये क्षमा करना पड़ा कि उनका पूरी तरह दमन नहीं किया जा सका था और उन्होंने जोधपुर के शासक के लिए शासन चलाना मुश्किल कर दिया था।

खुशालसिंह के स्वर्गवास के पश्चात् उनके पुत्र देवीसिंह ने आऊवा पर अधिकार जमाने के लिए संघर्ष जारी रखा। वे पोकरण, कुचामन, नीमाज, रायपुर रास, खेजड़ला व चंडावळ के जागीरदारों की मदद से विक्रम संवत् १९२५ में माघ महीने में पहले देवली व फिर आऊवा पर अधिकार करने में सफल हुए। वहाँ से जोधपुर दरबार के आदमियों को निकाल बाहर किया।

मातृभूमि की स्वतंत्रता के लिए प्राणोत्सर्ग करने वाले आऊवा के शहीदों का बलिदान व्यर्थ नहीं गया। उन्होंने जनमानस पर ऐसा प्रभाव छोड़ा जिसे अंग्रेज सेना की गरजती तोपें, तूफानी प्रयाण करती बटालियनें व विजय भी नहीं मिटा सकी। ब्रिटिश सत्ता के खिलाफ उनके संघर्ष को लोकगीतों में धर्मराज के लिए किये गये संघर्ष के रूप में चित्रित किया गया। अभी भी होली के अवसर पर गाए जाने वाले गीतों में आऊवा में हुए भीषण संघर्ष का रोमांचक शब्दचित्र प्रस्तुत करने के साथ ही आऊवा के लोगों व ठाकुर द्वारा स्वतंत्रता के लिए किये गये वीरतापूर्ण संघर्ष का स्तुतिगान होता है। उस समय रचित चारणी गीतों से प्रकट होता है कि समकालीन कवि ठाकुर खुशालसिंह को वीर देशभक्त के रूप में देखते थे जिसमें विदेशी शक्ति का प्रतिरोध करने व अंग्रेजों के विरुद्ध अनवरत

संघर्ष करने की अजेय क्षमता थी। इन गीतों में आऊवा निवासियों के स्वतंत्रता प्रेम, संघर्ष क्षमता व दृढ़ता का प्रशस्तिगान किया गया है।

आऊवा के बलिदान की स्मृति जनमानस में सदैव बनी रही। जोधपुर दरबार व कंपनी सरकार की सम्मिलित शक्ति का सफल मुकाबला करना अद्भुत शौर्य, जीवट व दृढ़ता का परिचायक था। सन् १९५७ में जब प्रथम स्वतंत्रता संग्राम की शताब्दी मनायी गई तो आऊवा के शहीदों का भी पुण्य स्मरण किया गया। इस अवसर गढ़ के सामने कीर्ति स्तंभ, स्थापित किया गया और खारची विकास खंड की ओर से एक भव्य समारोह आयोजित किया गया। इस अवसर पर जो निमंत्रण पत्र भेजे गये उन पर तत्कालीन ठाकुर नाहरसिंहजी द्वारा रचित निम्नांकित दूहे छापे गए –

अंगरेजां रा आऊवै दळ चढ आया दूठ।
करिया जुध कुसियाल सूं पाछी फेरी पूठ।।
कुसियालै चायौ करण स्वतंत्र देश नै सूर।
हद लड़ियौजिणरौ हुवौ पर मुलकां जस पूर।।
इण भारत सरकार अब जाच कदर की जोय।
उणरौ स्मारक आऊवै हमें रह्यौ है होय।।
वरस एक सौ वीतगा कीरत मिटी न काय।
सामल उतसव सज्जनां आऊवै वो आय।।
जनतायुत नाहर जपै आऊवा सूं आज।
सेणां आय सुधार दो कोड़ गुण ओ काज।।[५०]

आऊवा और उसके सहयोगी राजस्थान के अन्य जागीरदारों के वीरतापूर्ण कृत्यों ने नि:संदेह रूप से कवियों को बहुत प्रभावित किया और उनकी प्रशस्ति में काव्य रचा गया लेकिन उनकी गतिविधियों की प्रकृति व क्षेत्र का निष्पक्ष रूप से मूल्यांकन भी अपेक्षित है। खड़गावत के मतानुसार इसमें कोई सन्देह नहीं कि सम्पूर्ण राजस्थान अशांत था लेकिन अपने ब्रिटिश विरोधी झुकाव के कारण संघर्ष में आगे आने वाले लोग विशुद्ध देश भक्ति पूर्ण भावों से प्रेरित नहीं थे और न ही उनमें वह संगठन क्षमता थी जो जनक्रांतियों के लिए आवश्यक है। राजस्थान के विद्रोही जागीरदार कई महीनों तक उपयुक्त अवसर की प्रतीक्षा करते रहे और जब अवसर आया तो वे समय पर उठ खड़े न हो सके। विलम्ब से किये गये उनके प्रयत्नों का विफल होना निश्चित प्राय: था। आऊवा के विद्रोह की भी राजस्थान में जागीरदारों की राजनीतिक परमेष्ठता को समाप्त करने की ब्रिटिश युक्तियों के विरुद्ध सामन्तों में व्याप्त आक्रोश के संकेत के रूप में व्याख्या की जा सकती है।[५१]

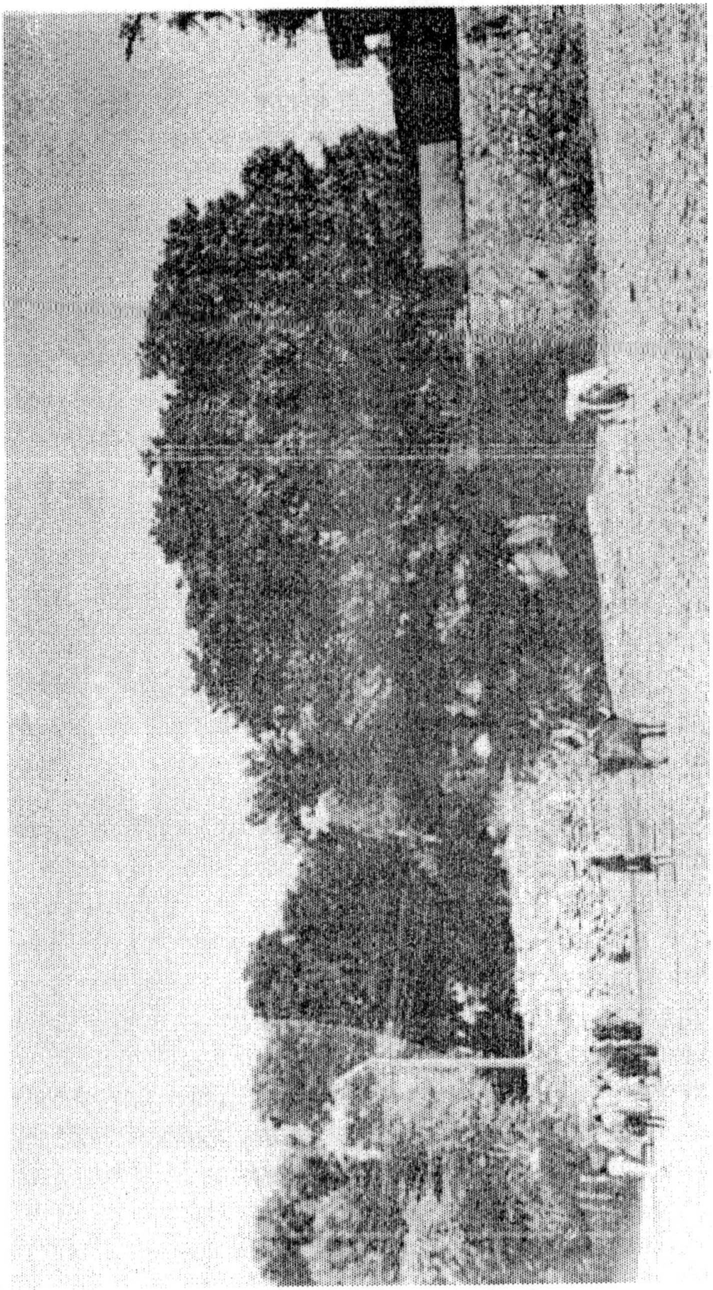

गाँव आऊवा का दक्षिणी परकोटा एवं बांता दरवाजा

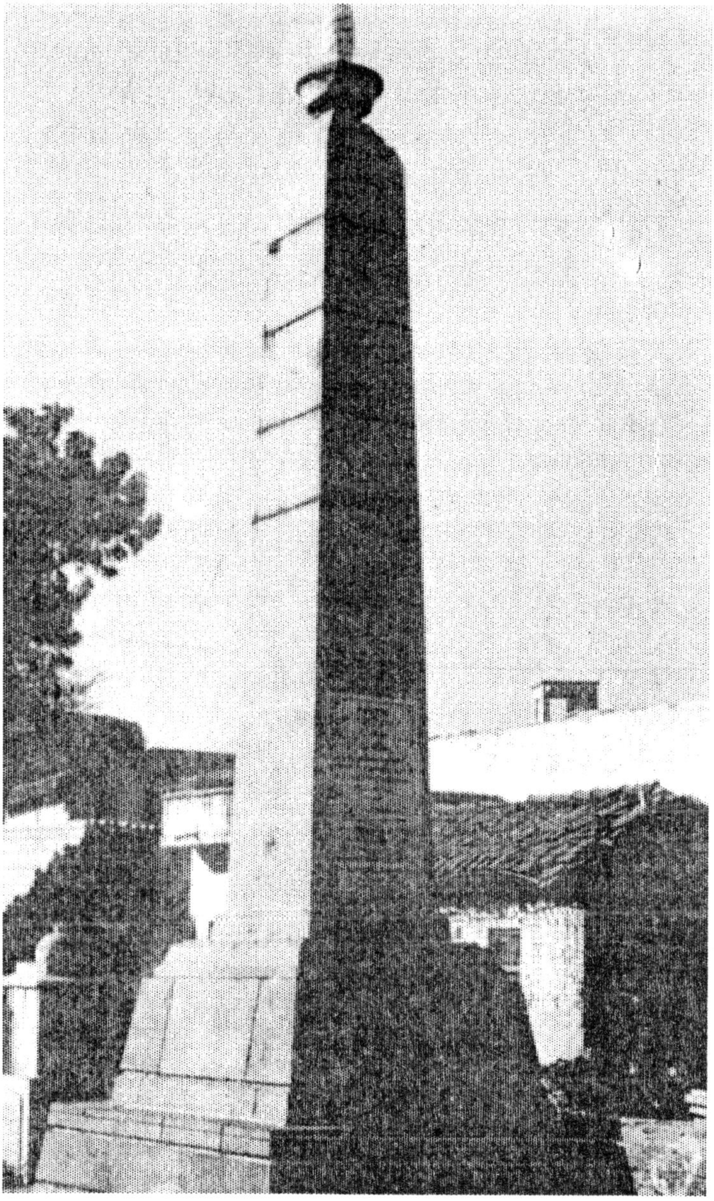

प्रथम स्वातंत्र्य समर की शताब्दी के अवसर पर सन् १८५७ में
आऊवा गढ़ के सामने राज्य सरकार द्वारा निर्मित कीर्ति स्तम्भ

यदि विदेशी शासन को समाप्त करने के दृढ़ निश्चयी देशभक्तों का समूह आगे आता तो कहानी कुछ और ही होती। सर्वोपरि रियासतों के शासक तो इतने स्तम्भित व असमंजस की स्थिति में थे कि अपने जागीरदारों के प्रयत्नों में उन्हें स्वयं अपना विनाश दिखाई पड़ा। अतः वे निकट अतीत में सामंती अराजकता के विरुद्ध उन्हें संरक्षण देने वाली ब्रिटिश सत्ता के प्रति पूर्ण निष्ठावान बने रहे।

यह भी भाग्य की विडम्बना थी कि क्रांति का अखिल भारतीय स्तर का कोई नेता राजस्थान की संघर्ष सामर्थ्य का अनुमान नहीं लगा सका और न ही उन्होंने यहाँ की देशी रियासतों में विद्यमान ब्रिटिश विरोधी हलचल को कोई महत्व दिया, न ही उन्होंने इस क्षेत्र के निवासियों की सहायता प्राप्त करने का प्रारंभिक चरण में कोई प्रयत्न किया। उपयुक्त नेतृत्व एवं एकरूप नीति के अभाव में राजस्थान में प्रसुप्त ब्रिटिश विरोधी उद्वेलन का किसी परिणाम पर पहुँचे बिना समाप्त हो जाना निश्चित प्रायः था और सामन्तों के नेताओं द्वारा किए गए विद्रोह के छिटपुट प्रयासों का कठोरता से दमन कर दिया गया। जो कुछ शेष रह गया वह काले बादलों में प्रकाश रेखा की दुःखद स्मृति मात्र थी। एक ऐसी प्रकाश रश्मि जो केवल एक बार दृष्टिगोचर हुई।

१८५७ के विप्लव में पश्चिमी राजस्थान में अग्रणी आऊवा ने मरुधरा का मुख उज्ज्वल किया। साधन सम्पन्न शत्रु के सम्मुख उसका अप्रतिम जुझारुपन जनमानस में रच बस कर निजंधरी गाथा बन गया। यदि जोधपुर के शासक ने संकीर्ण स्वार्थों से ऊपर उठकर क्रांति दूतों का साथ दिया होता तो इन शहीदों का बलिदान रंग लाता। कवि जेतराम दमामी ने कितना सटीक कहा है –

दिल्ली तखत तो देवतौ दळ गोरां रण दोट।
सामी राज विन समझ चाँपा सूं की चोट।।
करत मदत कुसियाळ री लड़ भारत ले लेत।
जस आवतौ जोधाण नै राज हिन्दवां रेत।।

टिप्पणियाँ एवं सन्दर्भ

१. इसमें आऊवा (जिला पाली) गाँव की मिट्टी के प्रताप की ओर संकेत है। मौखिक परंपरा से चले आ रहे गाँव के इतिवृत के अनुसार इस गाँव की स्थापना जालोर जिले के रेवतड़ा गाँव से आकर एक जागरवाळ पुरोहित घड़सीजी ने की थी। गाँव की स्थापना के लिए वे उपयुक्त स्थल की तलाश में थे। एक दिन घूमते हुए उन्होंने विचित्र दृश्य देखा। एक गाय अपने सद्यजात बछड़े की रक्षा के लिए सिंह से भिड़ पड़ी और उसे भागने के लिए विवश कर दिया। इस दृश्य से पुरोहितजी बहुत प्रभावित हुए और उन्हें लगा कि

इस स्थान की मिट्टी चमत्कारिक है। अत: वहीं पर उन्होंने गाँव की छड़ी रोपी। यह इस मिट्टी का ही कारण था कि एक ठिकाने के ठाकुर होते हुए भी अपने से कई गुना शक्तिशाली शत्रु से भिड़ने में खुशालसिंह को कोई हिचक नहीं हुई।

२. मोहणोत नैणसी – मारवाड़ रै परगनां री विगत, भाग १ पृ. ८१

३. आऊवा गढ़ से प्राप्त सामग्री

४. मुंशी ज्वालासहाय – लॉयल राजपूताना पृ. २७०

५. वीर विनोद – खंड २, पृ.८७८

६. दस्तरी रिकॉर्ड जोधपुर बही नं. १८, पृ. ३७२

७. मालसेन – द इंडियन म्यूटिनी ऑफ १८५७ पृ. २६५

८. मुंशी ज्वालासहाय – पूर्वोक्त पृ. २०

९. फाईल नं. १, म्यूटिनी खंड ४, १८५७ – रेजीडेंसी रिकार्डस, राष्ट्रीय अभिलेखागार, नयी दिल्ली।

१०. देवगढ़ के रावत रणजीतसिंह द्वारा कार्तिक कृष्णा १३, विक्रम संवत् १९१४ को मेवाड़ राज्य के नीमच स्थित भूतपूर्व मंत्री – मेहता शेरसिंह को लिखा गया पत्र, जिसमें कहा गया था कि ब्रिटिश सरकार व मारवाड़ व मेवाड़ के राजाओं के विरुद्ध विद्रोह करने व षडूयंत्र रचने की दृष्टि से मारवाड़ और मेवाड़ के जागीरदारों में एकता स्थापित करने के लिए समरथजी घोर परिश्रम कर रहे हैं।

मेवाड़ के कार्यवाहक पॉलिटिकल एजेन्ट केप्टन शॉवर्स ने २५ मार्च १८५८ को ए.जी.जी. लॉरेन्स को गोपनीय प्रतिवेदन नं. १० प्रस्तुत किया जिसमें कहा गया था कि सलूंबर का रावत आऊवा के ठाकुर व ब्रिटिश सरकार के शत्रुओं के साथ एक षडूयंत्र में शामिल है।

११. शॉवर्स – अ मिसिंग चेप्टर ऑफ द इंडियन म्यूटिनी पृ. १०८–९९

१२. आऊवा ठाकुर के ब्रिटिश विरोध के कारणों व गतिविधियों का विस्तृत विवरण जोधपुर के पॉलिटिकल एजेन्ट केप्टन निक्सन द्वारा कार्यवाहक ए.जी.जी. मेजर एडन को अपने पत्र संख्या ९८, १४ दिस्मबर १८५९ में प्रस्तुत किया गया।

१३. केप्टन शॉवर्स द्वारा बीच में पकड़े गये पत्र – पत्र संख्या ९०, २५ मार्च १८५८

१४. नाथूराम खड़गावत – राजस्थानस् रोल इन द स्ट्रगल ऑफ १८५७ पृ. ३७

१५. ९ अक्टूबर १८५७ को लिखी गयी चिट्ठी। यह ब्रिटिश सरकार द्वारा बीच में ही पकड़ ली गयी थी। इसी सिलसिले में ११ अक्टूबर १८५७ को अपने भतीजे कुंदनसिंह को लिखे गये पत्र में समरथसिंह ने लिखा, "मैं दिल्ली के लिए प्रस्थान कर रहा हूँ। सेनाएँ आज रात को कूच कर देंगी। हम देहली से पच्चीस हजार का सैन्य दल लाएँगे और सीधे अजमेर जाएंगे।"

१६. पं. विश्वेश्वनाथ रेऊ – मारवाड़ का इतिहास भाग २ पृ. ४५

१७. ए.जी.जी. के जून १८५७ को भारत सरकार के विदेश सचिव जी. एफ. एडमोस्टोन को लिखे पत्र से।

१८. आऊवा ठाकुर की कुल देवी

१९. तोप का नाम

२०. आसोज कृष्णा ४ विक्रम संवत् १९१४ की हकीकत, बही नं. १८ पृ. ३८४

२१. ऑफिशियल मेमोरेंडम प्रिपेयर्ड बाई मॉक मेसन, १० सितम्बर १८५७ डॉ. जबरसिंह कृत – 'द ईस्ट इंडिया कंपनी एंड मारवाड़' में उद्धृत पृ. १२६

२२. मृतकों के परिवारों को सांत्वना देने व शोक प्रकट करने के लिए दरबार ने नाजर हरकराम व परिहार शालिगराम को क्रमश: पंवार अनाड़सिंह व राव राजमल की हवेली पर भेजा। बही संख्या १८, पृ. ३८४-८५ – आसोज कृष्णा ७ विक्रम संवत् १९१४ की हकीकत।

२३. आऊवा गढ़ से प्राप्त सामग्री।

२४. उपर्युक्त

२५. केप्टन शॉवर्स – अ मिसिंग चेप्टर ऑफ द इंडियन म्यूटिनी पृ. १०७-१०८

२६. आऊवा गढ़ से प्राप्त सामग्री

२७. मुंशी ज्वालासहाय – लॉयल राजपूताना पृ. २८५ इसी लेखक के अनुसार महाराजा यह भी नहीं जानता था कि किस पर विश्वास किया जाए। उसे जोधपुर में अपनी स्थिति अन्य यूरोपियनों की भाँति ही अनिश्चित और खतरनाक लग रही थी।

२८. फोर्ट विलियम कलकत्ता से भारत सरकार के सचिव का राजस्थान के ए.जी.जी. को २७ अक्टूबर १८५७ का पत्र संख्या ४३४३, डॉ. के.एस. सक्सेना कृत 'द पॉलिटिकल मूवमंट एंड अवेकनिंग इन राजस्थान पृ. ६० पर उद्धृत।

२९. उपर्युक्त

३०. आऊवा गढ़ से प्राप्त सामग्री

३१. उपर्युक्त

३२. डॉ. नृसिंह राजपुरोहित कृत 'भारत रा स्वाधीनता संग्राम में राजस्थानी कवियां रौ योगदान' पृ. १४५-४६ पर उद्धृत

३३. परम्परा, गोरा हट जा अंक पृ. ६५

३४. डॉ. जबरसिंह – द ईस्ट इंडिया कम्पनी एंड मारवाड़ पृ. १३१

३५. समरथसिंह, माधोसिंह व राधाकिशन द्वारा सलूंबर के रावत केसरीसिंह को लिखे पत्र से – शॉवर्स द्वारा बीच में पकड़े गये पत्र – खड़गावत पूर्वोक्त पृ. १५६

३६. फॉरेन सीक्रेट प्रेसीडिंग्ज, २८ मई १८५८ संख्या – ३८२ – एवं पॉलिटिकल एजेंट मॉरिसन द्वारा जोधपुर महाराजा को १४ फरवरी १८५८ को लिखा पत्र। ३६बी जोधपुर के महाराजा को पॉलिटिकल एजेन्ट द्वारा भेजा गया खरीता

३७. हकीकत बही आसोज सुद ११, विक्रम संवत् १९१४ बही संख्या १८

३८. बम्बई सरकार के सचिव एच.एल. एंडरसन का, सचिव भारत सरकार को पत्र संख्या ४९७, दिनांक २९ अक्टूबर १८५७, डॉ. के.एस. सक्सेना कृत पूर्वोक्त में उद्धृत पृ. ६१

३९. कॉपी ऑफ द अजमेर डिक्लेरेशन ऑफ लॉरेन्स ऑन द आऊवा ठाकुर अफेयर्स - खड़गावत - राजस्थानस् रोल इन द स्ट्रगल ऑफ १८५७ पृ. १५३

४०. हकीकत पौष सुदी ७ विक्रम संवत् १९१४ पृ. ४०५ बही संख्या १८

४१. डॉ. आर.पी. व्यास - द रोल ऑफ नॉबिलिटी इन मारवाड़ पृ. १३८

४२. आऊवा गढ़ से प्राप्त सामग्री

४३. उपर्युक्त

४४. कर्नल होम्स का ए.जी.जी. को आऊवा से लिखा गया पत्र, दिनांक २९ जनवरी १८५८

४५. डॉ. आर.पी. व्यास पूर्वोक्त

४६. फॉरेन सीक्रेट प्रोसिडिंग्ज, २८ मई १८५८ - संख्या ३३४ पृ. ४५०

४७. इस पत्र में कहा गया था कि आऊवा ठाकुर का निवास स्थान पूरी तरह नष्ट कर दिया गया है लेकिन बची हुई ईंटों की दीवार, मिट्टी के सभी बुर्ज व तटबंध छोड़ दिये गये हैं। क्योंकि उनको पूरी तरह से नष्ट करने में सेना जितना समय दे सकती थी उससे काफी ज्यादा समय लगता और इस स्थान को ठाकुर या किसी अन्य विरोधी पक्ष द्वारा पुनः रक्षणीय बनाया जा सकता था। मैंने आपके अधिकारियों को निर्देश दिये हैं कि आऊवा को नष्ट करने के काम को इस तरह जारी रखने के लिए आपसे आदेश प्राप्त करें कि भविष्य में कोई भी ब्रिटिश राज का विरोध करने और विद्रोह की यादों को ताजा करने के लिए उसका उपयोग न कर सकें।

- फॉरेन सीक्रेट प्रोसिडिंग्ज २८ मई १८५८ संख्या ३८ के आधार पर जोधपुर के महाराजा को पॉलिटिकल एजेंट द्वारा भेजा गया खरीता। खड़गावत पूर्वोक्त पृ. १९०

४८. दस्तरी रिकार्ड जोधपुर, बही नं. १८ पृ. ४२४

४९. आऊवा से सम्बद्ध घटनाओं पर टिप्पणियाँ - फाईल नं. ८४ जोधपुर ओल्ड खंड १

५०. आऊवा गढ़ से प्राप्त सामग्री

५१. नाथूराम खड़गावत - पूर्वोक्त पृ. ५७

5

हाड़ौती की हुंकार कोटा में क्रान्ति

जीभ उपाड़ै कुण जड़ै पग कंध अंगरेज।
पाण उपाड़ै पीथळा तू ही रजवट तेज।।
पड़ नह भागै पीथळा घट भागौ खग घाव।
तै जाडा अमलां तणां रंग छै हाडा राव।।

– किशनजी आढ़ा

१८५७ में अंग्रेजी अमल के विरोध में हाड़ौती की हुंकार राजस्थान में स्वातंत्र्य संघर्ष का स्वर्णिम अध्याय है। कोटा ही एकमात्र राजस्थानी रियासत थी जिसकी सेना ने क्रांति का बिगुल बजाया और छः महीनों तक नगर पर स्वातंत्र्य योद्धाओं का अधिकार रहा। आऊवा की भाँति यहाँ भी पॉलिटिकल एजेन्ट को जान से हाथ धोना पड़ा और अंग्रेज परस्त महाराव को सर्वथा असहाय कर दिया गया। इस उथल पुथल में क्रांति के अग्रदूतों को व्यापक जनसमर्थन प्राप्त था। हाड़ौती की धरती पर गोरी सत्ता के प्रति असंतोष की अग्नि धीमी गति से एक दीर्घ अवधि से लगातार प्रज्ज्वलित थी। धीरे धीरे उसने जोर पकड़ा और सन् सत्तावन के तात्कालिक कारणों ने उसमें घी का काम किया। कोटा धधक उठा। उस समय हाड़ौती क्षेत्र के लोगों में अंग्रेजों के प्रति कितना आक्रोश था, इसकी प्रामाणिक जानकारी बूँदी के राजकवि सूर्यमल मीसण द्वारा उस समय कई जागीरदारों को लिखे गये पत्रों से मिलती है।

उच्चकोटि की बौद्धिकता व प्रतिभा के धनी मीसणजी ने आसपास घटित हो रही घटनाओं को बड़ी पैनी निगाह से देखा था। उन्होनें उन आशंकाओं की ओर इंगित किया है जो अंग्रेजी राज को लेकर लोगों के मन में थीं और जिनसे वे भी सहमत थे। पीपल्या ठाकुर को लिखे गये उनके पत्र के अनुसार हिन्दुत्व पर संकट मंडरा रहा था तथा भारत पर ब्रिटिश प्रभुत्व भारतीय संस्कृति के लिए घातक था।[१] उन्होंने इस बात पर बल दिया कि ब्रिटिश शासन से भारत को किसी प्रकार

का लाभ होने वाला नहीं था। अंग्रेजों की नीयत की चर्चा करते हुए एक अन्य पत्र में उन्होंने लिखा, "म्लेच्छों का इरादा ऐसा दिखता है कि यदि इस बार रह गए तो आर्यावर्त को परतंत्र कर ही डालेंगे और किसी भी हिन्दू के कोई जागीर या ठिकाना नहीं रह जाएगा।"[२] इस आशंकाओं के आधार व हाड़ौती में अंग्रेज विरोधी भावना को भली प्रकार समझने के लिए इतिहास के पृष्ठों को पलटना आवश्यक है।

हाड़ौती में ब्रिटिश विरोधी भावना में पृष्ठभूमि

उन्नीसवीं सदी के प्रारंभ से ही राजस्थान की राजनीति में ईस्ट इंडिया कंपनी की दखलंदाजी शुरु हो चुकी थी। उत्तराधिकार के दावों और किसी रियासत में प्रतिद्वन्द्वी पक्षों को लेकर अंग्रेजों ने औचित्य अनौचित्य की ओर पीठ फेर अपना स्वार्थसंधान किया जिसके परिणामस्वरूप कई रियासतों में विग्रह उत्पन्न हुए। कोटा भी इसका अपवाद नहीं रहा। महाराव किशोरसिंह (द्वितीय) के शासनकाल में महाराव व उसके मुसाहिब आला झाला जालिमसिंह के सम्बन्ध बिगड़ गये थे। अंग्रेज तो ऐसे अवसरों की ताक में रहते थे। अत: कोटा के इस आन्तरिक विवाद में उन्हें पैर पसारने पर अच्छा अवसर प्राप्त हुआ। उन्होंने जालिमसिंह की पीठ पर हाथ रखा और युद्ध के लिए तैयार कर लिया। युद्ध में अंग्रेज सैन्य अधिकारी कर्नल जेरिंग, लेफ्टिनेंट क्लार्क तथा लेफ्टिनेंट रीड गोरी टुकड़ी के साथ झाला की ओर से लड़े। यह युद्ध सन् १८२१ ई. में मंगरोल नामक स्थान पर हुआ। झाला की मदद में आई अंग्रेजी फौज का सामना करने के लिए हाड़ौती के लगभग सभी हाड़ा सरदार महाराव की ओर से उठ खड़े हुए। महाराव की सेना का नेतृत्व उसके छोटे भाई पृथ्वीसिंह के हाथों में था। इस युद्ध में पृथ्वीसिंह बड़ी वीरता से लड़ा। उसने विरोधी सेना के छक्के छुड़ा दिए परन्तु अंत में घायल होकर वीरगति को प्राप्त हुआ। अपने ज्येष्ठ भ्राता के साथ झाला की दुरभिसंधि से होने वाले अन्याय का उसने पूरी शक्ति से डटकर मुकाबला किया। पृथ्वीसिंह के बलिदान का जनता के हृदय पर अत्यधिक प्रभाव पड़ा। कवियों ने उसकी प्रशस्ति में काव्य रचना की। पृथ्वीसिंह की तरह बूँदी का बलवन्तसिंह हाड़ा भी अंग्रेजों का प्रबल विरोधी था। वह एक नामी योद्धा था। अंग्रेजों ने अनेक प्रलोभन देकर उसे अपने मार्ग से हटाना चाहा किन्तु वह स्वतंत्रचेता वीर अपने पथ से विचलित नहीं हुआ। उसने दिल्ली और दक्षिण की ओर से आने वाली सेनाओं का मुकाबला अपनी भुजाओं के बल पर किया। मातृभूमि के सम्मान की रक्षा के लिए सदैव तत्पर इस शूरवीर को भावांजलि प्रस्तुत करते हुए एक समकालीन कवि ने कहा –

दल दिल्ली दिखणाद आहूसी अंगरेज सूं।
उण दिन आसी याद बिखमी वेळा बळूंतसी।।

अंग्रेजी सेना से लड़ते हुए ही उसने प्राणोत्सर्ग किया। उसके बलिदान का महत्व इस बात से प्रकट होता है कि सूर्यमल मीसण जैसे महान कवि ने भी उसके विषय में काव्य रचना की।[३] इससे स्पष्ट है कि १८५७ से पूर्व ही हाड़ौती क्षेत्र में अंग्रेजों के विरुद्ध पर्याप्त जनरोष विद्यमान था। सत्तावन की क्रांति ने इसे और हवा दी।

कोटा में क्रांति

उत्तरी भारत की घटनाओं की सूचना मिलते ही राजस्थान में कार्यरत अंग्रेज अफसर भी अपनी सुरक्षा के विषय में चिन्तित हो गए। कोटा के पॉलिटिकल एजेन्ट मेजर बर्टन को आवश्यक सलाह मशविरे के लिए कमांडिंग अफसर मैक्डानल्ड ने नीमच बुलाया। बर्टन कोटा राज्य के सैन्य दल के साथ नीमच गैरिसन पहुँचा। इस सेना की वापसी के समय उसे महाराव ने नीमच में ही रुकने का अनुरोध किया क्योंकि उस उथल पुथल के समय में महाराव को अपनी सेना पर पूरा भरोसा नहीं रह गया था। उस समय की स्थिति का जिक्र करते हुए मीसणजी ने नीमली ठाकुर बख्तावरसिंह को लिखे पत्र में लिखा, "... और कोटे दुपालो हो रह्यो छै। परदेशी लोग और तोपां तो एक तरफ छै अर महारावजी अर भाई एक तरफ छै. . ।"[४] बारह अक्टूबर को बर्टन अपने दोनों पुत्रों सहित कोटा लौटा तब तक महाराव की सेना ने विद्रोह की आग फैल चुकी थी। उसके लौटने पर महाराव उससे मिलने आए और दूसरे दिन बर्टन महाराव से मिलने गढ़ में गया। इस अवसर पर सार्वजनिक सम्मान के बाद महाराव से एजेन्ट की एकान्त में निजी बातचीत हुई। इस बातचीत के दौरान उसने महाराव से जयदयाल व अन्य पाँच सात अधिकारियों को दंडित व बर्खास्त करने के लिए कहा जो उसके अनुसार विद्रोहियों का नेतृत्व कर रहे थे। इस गुप्त बातचीत के समय कोटा राज्य का एक वकील नंदकिशोर वहाँ उपस्थित था। इस बात की संभावना है कि इस वकील ने बर्टन द्वारा दी गई सलाह से सैनिकों व उनके अधिकारियों को अवगत करा दिया जिन्होनें तुरन्त एजेन्ट से बदला लेने का निश्चय किया। मीसणजी ने अपने एक पत्र में इस बारे में लिखा, "नीमच से बर्टन कोटे आया तब महारावजी से पाँच सात आदमियों को बंधक के रूप में माँगा। उन लोगों में जयदयाल भी है। महारावजी ने तो कह दिया कि मेरे वश की बात नहीं।"[५] महाराव को लोगों की नाराजगी की जानकारी थी और उसे डर था कि कहीं कोटा में क्रांति न हो

जाए। इसलिए अपने पॉलिटिकल एजेन्ट द्वारा जोर दिये जाने पर भी लाला जयदयाल व दूसरे अधिकारियों के विरुद्ध कार्यवाही करने में अपनी असमर्थता व्यक्त की।[६] उधर जैसे ही मेजर बर्टन द्वारा नेताओं को गिरफ्तार करवाने के षड्यंत्र का पता चला, फौज भड़क उठी।

क्रांति का घटनाक्रम

दूसरे दिन १५ अक्टूबर को कोटा राज की दो पलटनों 'नारायण' और 'भूवामी' व शहर के लोगों की भीड़ ने अचानक रेजीडेंसी को घेर लिया। रेजीडेंसी की रक्षा के लिए तैनात सिक्ख और बैरागी प्रहरी उनके सामने टिक नहीं सके। विद्रोहियों ने मेजर बर्टन को उसके दो पुत्रों, सब एसिसटेंट सर्जन सोल्डर व एक देशी ईसाई डॉक्टर सहित मार डाला।[७] एजेन्ट व उसके पुत्रों के शव दूसरे दिन सवेरे ६ बजे तक रेजीडेंसी में पड़े रहे। मूर्धन्य इतिहासकार डॉ. मथुरालाल शर्मा ने इस घटना पर विस्तार से प्रकाश डाला है। उसके अनुसार, बंगले पर गोलाबारी शुरु हुई। बंगले में मेजर बर्टन व उसके दो पुत्र थे। उनके साथ उनका एक स्वामी भक्त नौकर रबारी भी था। लगातार चार घंटे तक बंगले पर गोले व गोलियों की बरसात होती रही। चारों व्यक्ति साहस के साथ आत्मरक्षा करते रहे। अन्त में विद्रोहियों ने बंगले में आग लगा दी। ये लोग सीढियें लगा कर बंगले में घुस गए। छत पर पहुँचे और मेजर तथा उसके दोनों पुत्रों को कार्तिक कृष्णा त्रयोदशी के दिन तलवार के घाट उतार दिया।

बर्टन का सिर काट कर शहर में घुमाया गया और फिर तोप से उड़ा दिया गया। इसके बाद सारे कोटा नगर पर विद्रोहियों ने कब्जा कर लिया। महाराव गढ में अपने कुछ राजपूत सरदारों के साथ असहाय अवस्था में बंद हो गए।[८] लाला जयदयाल के नेतृत्व में रेजीडेंसी पर हुए इस हमले के बाद की घटनाओं का वृत्तान्त मीसणजी के एक पत्र से ज्ञात होता है। वे लिखते हैं, बाद में वे लोग मुसाहिब मुंशी रतनलाल को महारावजी की खास ड्योढी पर से पकड़ ले गये और बड़ी बेइज्जती करके कैद किया और भी सब बिल्लेदारों को कैद किया। धाभाई लालजी और देवता छोटूजी दोनों को ही महारावजी ने छिपा रखा है। . . कोटे में छोटी बड़ी तोपें कुल १२७ हैं परंतु सबकी सब विद्रोहियों के हाथों में हैं। तोपों का मुँह महलों पर लगा रखा है। जो राजपूत कहलाते हैं और सच्चे राजपूत नहीं हैं, उनकी बड़ी बेइज्जती की गई। पाँच सात सौ राजपूतों के शस्त्र छीन लिए और तोड़ डाले।.. विद्रोही लोग चार हजार के लगभग हैं। उन्होंने इस समय कोटे की यह दशा कर रखी है।[९]

कोटा में सारे हालात को नियंत्रित करने में विद्रोहियों की सफलता के आलोचनात्मक विश्लेषण से प्रकट होता है कि उन्हें निश्चित रूप से एक संगठन का समर्थन प्राप्त था। उन्होंने न केवल मेजर बर्टन का काम तमाम किया वरन् कोटा राज्य के विभिन्न किलों व जिलों में तैनात अनेक अधिकारियों का सक्रिय सहयोग व समर्थन प्राप्त करने में वे भी कामयाब हुए।[१०] उन्होंने जिला कोषागारों पर कब्जा जमा लिया और कुछ इलाकों के बिलेदारों ने भी उनका साथ दिया। शेरगढ़ में तैनात महाराव के सैनिकों ने भी विद्रोह कर दिया। कोटा राज्य पर क्रांतिकारियों के नियंत्रण की व्यापकता की झलक महाराव द्वारा ए.जी.जी. को सहायता के लिखे गये याचनापत्र से मिलती है। अपनी दयनीय स्थिति का हवाला देते हुए लिखा, "संपूर्ण रामपुरा शहर आदि विद्रोहियों के अधिकार में है। मेरा सारा प्रदेश उनके नियंत्रण में है और वे लोगों की तमाम संपति व राजस्व का उपभोग कर रहे हैं। वस्तुतः मुझे अपनी जीवनरक्षा का कोई मार्ग नहीं सूझ रहा है।"[११] महाराव इतना असहाय हो गया था कि उसने उदयपुर के महाराणा से अपनी महारानी को सुरक्षित निकाल ले जाने की प्रार्थना की क्योंकि कोटा रनिवास की स्थिति सेना में फैली अशांति के कारण खतरे में थी।[१२] समकालीन अभिलेखों से ज्ञात होता है कि कोटा शहर में काफी लूटपाट हुई। विद्रोहियों के आक्रमण व लूट के शिकार स्थानों की सूची की संवीक्षा करने पर ज्ञात होता है कि उनका लक्ष्य मुख्य रूप से सरकारी इमारतें थीं। बहुत कम निजी भवनों व दुकानों को निशाना बनाया गया था यद्यपि महाराव ने ए.जी.जी. के नाम अपने पत्र में सभी बैकरों के घरों व शहर के सब लोगों को लूटे जाने की बात लिखी थी, जो यथार्थ से परे हैं। कुछ इक्के दुक्के मामलों को छोड़कर आम तौर पर नागरिकों को नुकसान नहीं पहुँचाया गया।[१३] अटन, सकतपुर, कैथन, जालोदा, कोटड़ा, खारोली आदि स्थानों पर नियुक्त जिला अधिकारियों ने विद्रोहियों का साथ दिया और वे सरकारी संपति लूटकर भाग गये।[१४]

महाराव को वस्तुतः गढ़ में कैदी बना दिया गया था। यह इतना असहाय हो चुका था कि उसे एक ऐसे समझौते पर हस्ताक्षर करने को विवश किया गया जिसमें यह धारा सन्निहित थी कि पॉलिटिकल एजेन्ट बर्टन की हत्या उसके कहने से हुई है।[१५] एजेन्ट व उसके दोनों बेटों की हत्या की परिस्थितियों का पता लगाने व इसमें महाराव का हाथ होने अथवा उसकी निर्दोषिता की जाँच करने के लिए एक जाँच आयोग नियुक्त किया गया। यद्यपि आयोग ने सर्वसम्मति से महाराव को निर्दोष घोषित किया फिर भी उसे मेजर बर्टन के कोटा लौट आने के लिए उत्तरदायी ठहराया गया। इसलिये ए.जी.जी. ने उस पर पन्द्रह लाख रुपए जुर्माना

करने का सुझाव दिया लेकिन अन्ततः महाराव को इस आरोप से मुक्त कर दिया गया। इसका सीधा सा कारण यह था कि ब्रिटिश सरकार की दृष्टि में राजस्थान के एक प्रमुख राजा को विद्रोही घोषित कर देना उचित नहीं था।

महाराव को विद्रोही घोषित करने का यह अर्थ होता कि विद्रोहियों को नि:शस्त्र करने के लिए एक ऐसे समय में बड़ी संख्या में सेना की जरुरत पड़ती जब सारे शहर का वातावरण उत्तेजनापूर्ण था। महाराव की निर्बल स्थिति के कारण ही पॉलिटिकल एजेन्ट व अन्य लोगों का जीवन नहीं बचाया जा सका था। हालात इस कदर नाजुक हो चुके थे कि कोटा के धर्माचार्य गुंसाईजी महाराज को मध्यस्थ के रूप में काम करना पड़ा और महाराव को विद्रोहियों के साथ एक प्रकार से संधि करने के लिए बाध्य होना पड़ा।

ट्रेवर और लॉरेन्स समेत सभी ब्रिटिश लेखकों का मत है कि कोटा में हुई उथल-पुथल कोटा राज्य की सेना के अधिकारियों द्वारा संचालित विद्रोह था लेकिन वस्तुस्थिति यह है कि क्रांतिदूतों का जनसाधारण पर बहुत प्रभाव था। कुछ विप्लवी नेता तो कोटा के ही निवासी थे। उनके अनुयायियों की संख्या काफी बड़ी थी। लाला जयदयाल और उसके भाई हरदयाल के सम्बन्धी कोटा में थे। मेहराबखान करौली का रहने वाला था। एक प्रमुख विप्लवी नेता इसरार अली का पुत्र था जिसने अतीत में महाराव का प्रशंसनीय सेवा की थी।[१६] इन्हीं स्थानीय नेताओं के मार्गदर्शन में कोटा में क्रांति हुई थी। निश्चय ही कोटा में एक बड़ा वर्ग उग्र ब्रिटिश विरोधी भावनाओं से प्रेरित था क्योंकि महाराव की सेना ने जब रेजीडेन्सी पर आक्रमण किया तब काफी बड़ी भीड़ उसके साथ थी। इतने बड़े पैमाने पर होने वाली क्रांति को मेजर बर्टन के कुछ अधिकारियों के विरुद्ध कार्यवाही पर जोर दिए जाने के परिणामस्वरूप घटित घटना नहीं माना जा सकता। इस क्षेत्र की जनता की सक्रिय सहायता के बिना मुट्ठी भर विप्लवी सफलतापूर्वक ऐसी क्रांति कर पाते, यह संभव नहीं था।[१७]

प्रारंभ में विप्लवी महाराव के विरुद्ध नहीं थे। उनका प्रमुख उद्देश्य ब्रिटिश सत्ता के उखाड़ फेंकना था। महाराव के विरुद्ध अभियान तब प्रारंभ किया गया जब उन्हें पता चला कि वह ब्रिटिश सत्ता से सहायता के लिए जुगाड़ कर रहा है। इस संबंध में गवर्नर जनरल को लिखा गया उसका खरीता उन्होंने बीच में ही पकड़ लिया था। महाराव द्वारा उनके साथ संधि करने के बाद महल व दुर्ग पर उनके हमले बिल्कुल बंद हो गए थे। जैसे ही महाराव ने बाहरी सेना की मदद से उनके विरुद्ध कदम उठाए ये हमले फिर प्रारंभ हो गये। अतः स्पष्ट है कि विप्लवकारियों का रोष मुख्यतः ब्रिटिश लोगों पर केन्द्रित था। यदि महाराव

ब्रिटिश विरोधी रुझान से प्रेरित होकर आगे आता तो विप्लवी उसका नेतृत्व स्वीकार कर लेते लेकिन ऐसा प्रतीत होता है कि महाराव बिल्कुल पंगु हो चुका था और किसी भी प्रकार का निर्णय लेने में सर्वथा असमर्थ हो गया था। उसका विप्लवियों पर कोई नियंत्रण नहीं था। उसकी निष्क्रियता व असहायावस्था ने एक ओर तो विप्लवियों को दुगुनी शक्ति से आगे बढ़ने को प्रोत्साहित किया और दूसरी तरफ उसने उनका विश्वास बिल्कुल खो दिया।

विप्लव से हुआ नुकसान एवं दमन की कार्यवाही

विप्लव के दौरान सरकारी संपति की बड़े पैमाने पर हुई लूट पाट से कोटा राज्य को काफी नुकसान उठाना पड़ा। कोटा दुर्ग के पुराने अभिलेखों में इसका विस्तृत विवरण दिया हुआ है। इनके अनुसार विद्रोहियों ने २२०४१ रु. मूल्य की सरकारी संपत्ति जला दी और कोटा सरकार को विद्रोह को दबाने के लिए किये गये अतिरिक्त प्रबन्धों पर दस लाख रु. खर्च करने पड़े। केवल गोला बारुद खरीदने पर ही ६६,६०६ रु. की राशि व्यय की गई तथा करौली से आने वाली सेना के ठहरने व खाने पीने की व्यवस्था पर ११५६८७ रु. की राशि खर्च हुई। विद्रोही और उनका साथ देने वाले जिला अधिकारी २,२८,२०५ रु. का बारुद, १५६० रु. का गंधक, ५२० रु. का शोरा, २७६९४ रु. की जामेगी, २३५ रु. का सीसा और ३२५ रु. ७ आने की सूतली ले गये। विप्लव के फलस्वरूप कोटा सरकार को कुल १८,४६,४५४ रु. का नुकसान उठाना पड़ा।[१८]

विप्लवकारियों की ताकत का अनुमान इस बात से लगाया जा सकता है कि महाराव का कोटा पर पुनः अधिकार तभी हो सका जब मेजर जनरल एच.जी. राबर्ट्स नसीराबाद से ५५०० सैनिकों को लेकर वहाँ पहुँचा। जब उसने २२ मार्च १८५८ को चम्बल के उत्तरी किनारे पर डेरा डाला तो उसे ज्ञात हुआ कि दक्षिणी किनारे पर विद्रोहियों का पूरा नियंत्रण था जिस पर उन्होंने बड़ी संख्या में तोपें लगा रखी थीं। २५ मार्च को यह मालूम होने पर कि विद्रोही नौका घाट पर कब्जा जमाने के उद्देश्य से महल पर आक्रमण करने जा रहे हैं तो जनरल रॉबर्ट्स ने मेजर मीथ की मातहती में ८३वीं पलटन के तीन सौ सैनिकों को महाराव की सहायता के लिए भेजा। विद्रोहियों को बड़ी कठिनाई से पीछे धकेला जा सका। रॉबर्ट्स ने २७ मार्च को दो तोपों व ९५ वीं पलटन के छः सौ सिपाहियों सहित नदी को पार किया गया तथा गढ़ पर दो भारी तोपों से मोर्चा बाँधकर शत्रुदल पर २९ मार्च को भारी गोलाबारी की। ३० मार्च को जब शेष सेना ने उत्तरी किनारे से विद्रोहियों के ठिकानों पर गोले बरसाए तब रॉबर्ट्स ने

महल से तीन दस्तों के साथ दक्षिणी किनारे की ओर प्रयाण किया और बहुत कम नुकसान उठाते हुए उस पर अधिकार कर लिया।[१९]

महाकवि सूर्यमल मीसण ने कडाणा के ठाकुर पर्वतसिंह के नाम (चैत्र शुक्ल नवमी विक्रम संवत् १९१५) लिखे पत्र में ब्रिटिश सेना द्वारा कोटा पर अधिकार करने के लिये की गई तैयारी के बारे में लिखा, ''इधर की तरफ का हाल यह है कि अंग्रेज की फौज लड़ाई के लिए कोटा आई हुई है। उसमें १६० तो गोरे हैं और लगभग ४,००० काले हैं परंतु ये लोग मन में बदले हुए मालूम पड़ते हैं। आठ हजार के लगभग ऊँट हैं तथा छकड़ा पेटी वगैरह आठ सौ के लगभग हैं। चार बड़ी तोपें हैं तथा अस्सी के लगभग छोटी तोपें और गुब्बारे हैं। चैत सुदी ६ के दिन चंबल नदी से दो कोस इस तरफ यह सेना आकर डटी है।''[२०] विप्लवकारियों ने गौरी सेना का दृढ़ता से मुकाबला किया किंतु साधन सम्पन्न शत्रु के सम्मुख वे अधिक समय तक टिक नहीं सके। छः माह से कोटा शहर पर चला आ रहा उनका अधिकार समाप्त हो गया। इसके बाद ब्रिटिश सेना का आचरण क्रूरतापूर्ण प्रतिशोध की भावना से ही प्रेरित और संचालित रहा।

कोटा व उसके आस पास के क्षेत्र की जनता को दी गयी नृशंस यातनाएँ अंग्रेजी सत्ता के प्रतिशोध की भीषणता को प्रकट करती है। मीसणजी ने इस बर्बर प्रतिशोधात्मक कार्यवाही का सजीव चित्र प्रस्तुत करते हुए लिखा, ''पहले कोटे की फौज ने विरुद्ध होकर एजेन्ट को मार डाला था, इस बात पर चैत्र के महीने में अंग्रेजों की फौज ने यहाँ आकर लड़ाई की थी। चौथे दिन विद्रोही फौज तो यहाँ से निकल गई और अंग्रेजों ने कोटे को सब तरह से लूटकर खराब किया। बहुत से आदमियों को फाँसी दी और बहुतों को बंदूक से मार डाला। बहुत सी स्त्रियों की इज्जत खराब की। बहुत सी तोपें फोड़ डालीं तथा बहुत सा रुपया लेकर महारावजी को कोटा वापरा दे दिया।''[२१]

कंपनी की यूरोपीय सेना ने नानता में घरों में घुसकर जो कुछ संपत्ति व रुपया पैसा हाथ लगा, लूट लिया। यहाँ तक कि गणेशजी की मूर्ति के गहनों को भी नहीं छोड़ा गया। जिन लोगों ने किसी भी रूप में क्रांति कार्य में सहायता दी थी, उन सभी को अर्थदंड व अन्य सजाएँ दी गईं। जैसे गुमानपुरा के एक कलाळ पर विद्रोहियों को शराब मुहैया करने के लिए १५० रु. जुर्माना किया गया। प्रमुख क्रांतिकारी लाला जयदयाल को एक लंगर बेचने के आरोप में गंगाधर नामक सुनार पर ४५० रु. जुर्माना किया गया।[२२] नन्दगाँव कोटा के शाह छोटूराम पर संघर्ष में भाग लेने के कारण २०० रु. जुर्माना किया गया।

विक्रम संवत् १९१५ (१८५८ ई) की बहियों में बड़ी कचेरी के नजदीकी गाँवों में ब्रिटिश सेना के आगमन और उनके द्वारा इस क्षेत्र में रहने वाली शांतिप्रिय जनता को पहुँचाए गए नुकसान का हवाला दिया गया है। आतंकित ग्रामीण अपने घर छोड़कर भाग खड़े हुए। ब्रिटिश सेना घरों में घुसकर लूटपाट की। खलिहानों में पड़ा अनाज भी गोरे अपने साथ ले गये और खड़ी फसलों को जला दिया।[२३] जयदयाल के अनुयायियों के घर लूटे व जला दिए गए। उनकी संपत्ति जब्त करके नीलाम कर दी गई। उनके आश्रितों को नृशंस यातनाएँ दी गयीं। चम्बल नदी के किनारे ददवाड़ा में मेवाती विद्रोहियों के टुकड़े टुकड़े कर दिये गये। विद्रोही नेताओं के साथ बर्बर व अमानुषिक व्यवहार किया गया। कोटा क्रांति के नायक जयदयाल को बंदी बनाकर तोप से उड़ा दिया गया।

हाड़ौती क्षेत्र की घटनाओं पर मीसणजी के पत्रों के प्रकाश में विचार करने पर ज्ञात होगा कि यह विदेशी शासन का अन्त करने का प्रयास था। यह स्वंयसिद्ध है कि उस क्षेत्र के वातावरण में पर्याप्त उत्तेजना व क्रांतिकारी चेतना विद्यमान थी। हाड़ौती में व्याप्त गहरे असंतोष ने क्रांतिकारियों को शक्ति प्रदान करने के अलावा नागरिकों को उनके साथ एकजुट होने के लिए प्रेरित किया। इसलिये कोटा की क्रांति को मुट्ठी भर विद्रोही सैनिकों द्वारा किया गया छिटपुट आन्दोलन कहकर नज़रअन्दाज़ नहीं किया जा सकता। इसका आधार व्यापक और जड़े गहरी थीं। इसमें भाग लेने वाले अनिच्छुक लोगों के रूप में इसके प्रवाह में ढकेले नहीं गए थे। विदेशी प्रभुत्व के कलंक को मिटाने के लिए हाड़ौती के क्रांतिदूतों ने भी आऊवा की भांति अपना सर्वस्व होम दिया।

टिप्पणियाँ एवं सन्दर्भ

१. ठाकुर फूलसिंह पीपल्या को मीसणजी का पत्र। मिती पौष शुक्ला विक्रम संवत् १९१४। मूल राजस्थानी पत्र के कुछ अंश इस प्रकार हैं – "... परंतु यो म्हारो वचन राज्य याद राखोगा के जै अबकै (अंग्रेज) रह्यौ तो ई को गायो ही पूरो करसी जमी को ठाकर कोई भी न रहसी सब ईसाई हो जासी..." – सूर्यमल मीसण – वीरसतसई – सम्पादक पतराम गौड़, ईश्वरदान आशिया व डॉ. कन्हैयालाल सहल भूमिका पृ. ७५.

२. मीसणजी द्वारा नीमली ठाकुर बखतावरसिंह को चैत्र शुक्ला नवमी विक्रम संवत् १९१५ को लिखा पत्र। मूल पत्र इस प्रकार है – 'म्लेच्छां को इरादो अस्यो दीसै छै कि अबकै रह्या तो ई आर्यावत परतंत्र कर ही देसी अर ठिकाणो कोई भी हिन्दू कै न रहसी परमेश्वर की इच्छा आर्य न राखवा की दीसै छै क्योंकि अबार क्षत्रियों नै प्रतिकूल बातां छै जे सब अनुकूल दीस रही छै तीसो भावी विपरीत ही जाण्यौ पड़ै छै।" सूर्यमल मीसण – उपर्युक्त पृ. ७६

३. डॉ. नृसिंह राजपुरोहित – भारत रा स्वाधीनता संग्राम में राजस्थानी कवियां रौ योगदान पृ. १७१
४. सूर्यमल मीसण – पूर्वोक्त पृ. ७९
५. उपर्युक्त
६. ट्रेवर – अ चेप्टर ऑफ इंडियन म्यूटिनी पृ. १२
७. लेटर फ्रॉम केप्टन मैक्डोनल्ड ऑन स्पेशल ड्यूटी एट देवली टू ए.जी.जी. राजपूताना – डॉ. के. एस. सक्सेना कृत – द पॉलिटिकल मूवमेंटस एंड अवेकनिंग इन राजस्थान पृ. ६५ पर उद्धृत

   – ट्रेवर – अ चेप्टर ऑफ इंडियन म्यूटिनी पृ. १२, फाईल नं. १२, म्यूटिनी १८५७ – ५८ बॉल्यूम। रेजीडेंसी रिकार्डस – खड़गावत कृत – राजस्थानस् रोल इन द स्ट्रगल ऑफ १८५७ में उद्धृत पृ. ६२
८. डॉ. मथुरालाल शर्मा – हाड़ौती का स्वतंत्रता आंदोलन पृ. २-३
९. सूर्यमल मीसण – वीरसतसई, पूर्वोक्त, पृ. ७८-८१
१०. कोटा राज्य के जिन महत्वपूर्ण अधिकारियों ने विद्रोहियों (क्रांतिकारियों) का साथ दिया उनमें से इन के नाम उल्लेखनीय हैं – सिलेहदार छोटूखान (झालावाड़), फैयाजउद्दीन नाथूखान (आंता), अटरु का तालुकेदार, सकतपुर, कैथन, अवान, सारोला, जालोदा कोटड़ा व खारोली के तालुकेदार।

   – बस्ता नं. ६९, रुम पं. १७, ऑल्डरिकार्डस फोर्ट कोटा।

   खड़गावत पूर्वोक्त पृ. ६१ पर उल्लिखित।
११. डॉ. के.एस. सक्सेना – पूर्वोक्त पृ. ६६ पर उद्धृत।
१२. मुंशी ज्वालासहाय – लॉयल राजपूताना पृ. ३२४
१३. केवल निम्नलिखित व्यापारियों की दुकानें लूटी गई थीं – मदनमोहन, बिहारीदास, गोवर्धननाथ और बैजनाथ।
१४. झालावाड़, आंता, कैथन, सकतपुर, अवान, सारोला, जालोदा, कोटड़ा व खारोली के जिला अधिकारी क्रमश: १५ रु, ५९० रु, ६६ रु, ११८ रु, ९ आने, ४६ रु, १७२ रु, १२ आने ६ पाई, ४१५ रु ८ आने ६ पाई, १२५ रु ९ आने, ९८ रु २ आने, व ९२ रु की राशि लेकर भाग गये। बस्ता संख्या ६९, रुम नं, १७ फोर्ट कोटा
१५. मुंशी ज्वालासहाय – पूर्वोक्त पृ. ३२३

   जनरल लॉरेंस की भारत सरकार को रिपोर्ट – ट्रेवरकृत – अ चेप्टर ऑफ इंडियन म्यूटिनी, पृ. १३ पर उल्लेख
१६. मुंशी ज्वालासहाय – पूर्वोक्त पृ. ३२४-२५
१७. गागरोन के समीप रहने वाले मेवाती भी विप्लवकारियों से मिल गये थे। कोटा महाराव को उनके विद्रोह का दमन करने के लिए फतहसिंह के नेतृत्व में सेना भेजनी पड़ी थी।

मेवातियों को निर्दयतापूर्वक कत्ल कर दिया गया और जो बच गए उन्हें कारागार में डाल दिया गया।

– बस्ता नं. ६९, रुम नं. १७, फोर्ट कोटा

१८. उपर्युक्त – खड़गावत पूर्वोक्त पृ. ६६

१९. मुंशी ज्वालासहाय – लॉयल राजपूताना पृ. ३२४–२५

२०. सूर्यमल मीसण – वीरसतसई, भूमिका पृ. ७७ मूल राजस्थानी पत्र का हिन्दी अनुवाद।

२१. उपर्युक्त।

२२. बस्ता नं. ३०, रुम नं. १३, ऑल्डरिकार्डस, कोटा फोर्ट

२३. बस्ता नं. ३६, रुम नं. २१, बड़ी कचेरी, कृष्ण भंडार, झाला हवेली कोटा। खड़गावत पूर्वोक्त पृ. ६८

6

मेरु प्रमाण मेवाड़ी मर्यादा के रक्षक द्वय : सलूंबर - कोठारिया

फिरंग प्रळै जळ फैलियौ, तज दूंहू राहाँ टेक।
पांन अखै वड़ पदम रौ, ऊंचौ रहियो हेक।।
कळजुग मंह कोठारियै सतजुग लायौ सोध।
अंगरेजां आडो खड़्यौ जाडो रावत जोध।।

राघोदास सांदू

आऊवा ने जोधपुर दरबार व कंपनी की सेना का जो पानी उतारा, वह मारवाड़ और मेवाड़ के अनेक ठिकानों के सम्मिलित प्रयास व संकल्प का परिणाम था। आऊवा के रण की गूँज ठेठ कलकत्ता के फोर्ट विलियम में सुनायी पड़ी, जहाँ सपरिषद गवर्नर जनरल को उसके बारे में निर्णय करना पड़ा। एक ठिकाने को यह सामर्थ्य प्रदान करने में मेवाड़ के दो प्रमुख सामन्तों सलूंबर के रावत केसरीसिंह व कोठारिया के रावत जोधसिंह का उल्लेखनीय योगदान रहा। स्वतंत्रता यज्ञ में इन दोनों ठिकानों के योगदान की चर्चा किये बिना राजस्थान में १८५७ की क्रांतिकथा अधूरी रहेगी।

रावत केसरीसिंह सलूंबर

सलूंबर के रावत केसरीसिंह ने मेवाड़ में अंग्रेजों की घुसपैठ का प्रारंभ से ही विरोध किया। महाराणा भीमसिंह की अंग्रेजों के साथ जो संधि हुई थी उसमें मेवाड़ रियासत व उसकी जागीरों के बहुत से मामलों पर कंपनी सरकार का नियंत्रण स्वीकार किया जाना था। महाराणा की स्वीकृति के बाद जब यह इकरारनामा हस्ताक्षर के लिए सलूंबर के रावत केसरीसिंह के पास भेजा गया तो उन्होंने उसे फाड़कर फेंकते हुए कहा कि इन हाथों में अभी तक विदेशी ताकत

का सामना करने की शक्ति शेष है। मैं ऐसी संधियों को पैरों तले कुचलता हूँ।[१] १८५७ के स्वतंत्रता संग्राम में जिस प्रकार आऊवा ठाकुर खुशालसिंह ने मारवाड़ में विप्लवियों का नेतृत्व किया, उसी प्रकार मेवाड़ में रावत केसरीसिंह ने भींडर, कोठारिया, कानोड़, आसींद, लासाणी, रूपनगर आदि ठिकानों को साथ लेकर आऊवा के संग्राम में भरपूर मदद की।

जब राजस्थान के तमाम राजा अंग्रेजों की अधीनता स्वीकार कर चुके थे, बड़े बड़े सामन्त सिर झुकाए बैठे थे, उस समय रावत केसरीसिंह जैसे गिने चुने व्यक्ति ही अंग्रेजों की खिलाफत करने की हिम्मत जुटा सके थे। इस बात को एक डिंगल गीत में बड़े सुन्दर ढंस से व्यक्त किया गया है, जिसमें कहा गया है कि भारत रूपी रथ गहरे दलदल में धंस गया है। ये छोटे मोटे राजा महाराजा और सामंत रूपी कमजोर बैल इस रथ को दलदल से बाहर निकालने में असमर्थ हैं। यह तो तुम्हारे (केसरीसिंह) जैसे पुष्ट एवं हिम्मतवर वृषभ के ही बूते की बात है कि अपने सुदृढ़ स्कन्ध के सहारे उसे पार लगाए।[२] केसरीसिंह द्वारा इस अपमान जनक संधि पर हस्ताक्षर करने से इन्कार करने के साहसपूर्ण कृत्य को समकालीनों ने मेवाड़ की मर्यादा के रक्षण के रूप में देखा। राघोदास सांदू ने इस भाव को व्यक्त करते हुए एक गीत में लिखा - 'उन्मत अंग्रेजों की फौजें अनंत समुद्र की भाँति उछालें भरती हुईं साक्षात काल बनकर हिन्दुस्तान को निगल रही हैं। अपनी शक्ति के बल पर अंग्रेजों ने उदयपुर के राणा से भी इकरारनामा लिखवा दिया। यदि केसरीसिंह दृढ़ता कायम नहीं रखता तो मेवाड़ निश्चय ही अपनी मर्यादा खो बैठता। इस वीर ने मेवाड़ की आन बचा ली।''[३]

क्रांतिकारी नेताओं को शरण व संरक्षण देने वाले ब्रिटिश विरोधी जागीरदारों में रावत केसरीसिंह अग्रणी थे। यद्यपि मेवाड़ के सरदारों ने कतिपय मारवाड़ी सामन्तों की भाँति खुले तौर पर विप्लव में भाग नहीं लिया था। लेकिन इस प्रकार की चिट्ठी पत्री अंग्रेज अधिकारियों द्वारा बीच में पकड़ी गई थी जो यह सिद्ध करती है कि सलूंबर के रावत (क्रांतिकारी तत्वों के मान्य नेता) और दूसरे मेवाड़ी जागीरदार विप्लवियों से मिले हुए थे।[४] उन्होंने उनके परिवारों को आश्रय दिया और कुछ ने स्वयं क्रान्तिकारियों को शरण दी।

अंग्रेज अधिकारियों के अनुसार १८५७ के संघर्ष के दौरान सलूंबर के रावत का रवैया इतना खतरनाक था और जिस शक्ति का वे नेतृत्व कर रहे थे वह इतनी प्रबल थी कि खेरवाड़ा छावनी की सुरक्षा के विषय में केप्टन ब्रुक के मन में भारी आशंकाएँ उत्पन्न हो गयी थीं। १८५७ की क्रांति से काफी पहले जॉर्ज लॉरेन्स ने रावत को गिरफ्तार करने, गद्दी से हटाने व उसकी जागीर जब्त करने

की सिफारिश की थी क्योंकि उसे ब्रिटिश सत्ता के प्रति रावत की निष्ठा में सन्देह था।[५] बम्बई सरकार को लिखे मेजर विलियम के पत्र से ज्ञात होता है कि सलूंबर का रावत लूणावाड़ा की गद्दी के ब्रिटिश विरोधी दावेदार सूरजमल से भी हाथ मिलाए हुए था।[६]

एसिसटेन्ट पॉलिटिकल एजेन्ट केप्टन एन्सले द्वारा केप्टन शॉवर्स को लिखे पत्र से ज्ञात होता है कि १८५९ ई. में चार सौ विप्लवी एक रात रावत के पास ठहरे थे और अगले दिन उन्हें ठिकाने के गाँवों में भेज दिया गया था। उन्होंने शॉवर्स के उस पत्र पर कोई ध्यान नहीं दिया जिसमें उनसे सूरजमल को शरण न देने के लिए कहा गया था।[७] खुफिया रिपोर्टों ने इस बात की पुष्टि की कि ग्वालियर के खंजाची के साथ सूरजमल, मुबारकखान सहित दो पंडितों व ब्रिटिश विरोधी सरदारों को सलूंबर में शरण मिली थी।[८] यही नहीं रावत ने भोपाल के विद्रोहियों को भी शरण दी।

सलूंबर के रावत की इन तमाम ब्रिटिश विरोधी गतिविधियों की रिपोर्ट ए.जी.जी. को पेश की गयी। महाराणा स्वरूपसिंह को रावत के खिलाफ कदम उठाने को कहा गया लेकिन उन्होंने अपनी असहायता दर्शाते हुए अंग्रेजों से सहायता माँगी जिसके बिना सलूंबर के रावत के विरुद्ध कार्यवाही कर सकना उसके लिए कठिन था। इस बारे में गवर्नर जनरल का दृष्टिकोण यह था कि अनुचित व्यवहार की जिम्मेदारी पूर्णत: उदयपुर दरबार पर होनी चाहिए और उसे यह साफ तौर पर बता दिया जाना चाहिये कि हालाँकि ब्रिटिश सरकार किसी देशी रियासत के मामलों में हस्तक्षेप नहीं करना चाहती लेकिन यदि उदयपुर दरबार सलूंबर के सामन्त को उचित आचरण की ओर प्रवृत नहीं कर सका तो ब्रिटिश सरकार कोई भी कदम उठाएगी जिसे वह आवश्यक समझती है। सलूंबर के रावत की इन ब्रिटिश विरोधी गतिविधियों की चारण कवियों ने भूरि भूरि प्रशंसा की, जो उनकी दृष्टि में क्रांतिकारी थे।

रावत जोधसिंह कोठारिया

आऊवा को अंग्रेजों के जिस प्रबल प्रतिशोधात्मक प्रहार को झेलना पड़ा, उसके परिणामरूवरूप सारा गाँव तो तहस नहस हुआ ही, इस विप्लव के नायक ठाकुर खुशालसिंह को गृहविहीन, साधनविहीन अवस्था में आडावळा में भटकना पड़ा। अंग्रेजों व जोधपुर दरबार के डर से कोई उनकी मदद करने को तैयार नहीं था। ऐसी विकट स्थिति में रावत जोधसिंह कोठारिया ने आगे बढ़कर खुशालसिंह

को गले लगाया। आऊवा ठाकुर पर वास्तव में विपत्ति का पहाड़ टूट पड़ा था। अंग्रेजी सेना पीछे लगी हुई थी। ऐसे कठिन समय में उनकी मदद करके जोधसिंह ने बहुत साहस का परिचय दिया।[९] इसलिये उनके विषय में कवि की यह उक्ति सर्वथा उचित है –

जोध भलां ही जनमियो सत्रुवां रै उर साल।
रावत सरणे राखियो कमधां तिलक कुसाळ।।
मरुधर छोड़ खुसालसी भागौ चाँपो भूप।
रावत जोधै राखियौ रजवट हंदौ रूप।।[९अ]

जोधसिंह के इस महत् कार्य ने जनमानस को कितनी गहराई से प्रभावित किया, यह इस बात से स्पष्ट होता है कि इस प्रसंग को लेकर लोकगीत भी रचे गये।

कोठारिया में पेशवा नाना साहेब व उनके परिजनों को भी संकटकाल में शरण मिली। यद्यपि नाना साहब के साथ जोधसिंह के सम्बन्धों का कोई दस्तावेजी प्रमाण प्रस्तुत नहीं किया गया किन्तु खड़गावत के अनुसार इस क्षेत्र में रहने वाले कुछ लोगों से प्राप्त जानकारी के आधार पर यह निश्चय पूर्वक कहा जा सकता है कि रावत जोधसिंह ने बिठूर से आए नाना साहब को शरण दी। उनके गुरु खाकपुरी, गणेशसिंह, गणपतसिंह, भोलासिंह व उनकी माँ भी उनके साथ थी। उन्होंने अपने जीवन के शेष दिन कोठारिया में गुजारे और रावत ने उन्हें हर संभव सहायता दी।[१०] रावत जोधसिंह की क्रांतिकारियों से घनिष्ठता पेशवा पांडुरंग द्वारा उनको लिखे गये पत्र के आधार पर आसानी से सिद्ध की जा सकती है जिसमें उनसे क्रांतिकारियों की मदद करने का अनुरोध किया गया था। इस प्रकार सन् सत्तावन की क्रांति में आऊवा ठाकुर खुशालसिंह, रावत केसरीसिंह सलूंबर रावत जोधसिंह कोठारिया, तीनों ने अपने अपने क्षेत्र में यथा सामर्थ्य उल्लेखनीय कार्य किये। खुशालसिंह ने जहाँ अपना सर्वस्व होमकर क्रांति की अग्नि को प्रज्ज्वलित रखा, केसरीसिंह ने अपना अपूर्व सहयोग देकर उसे जलाये रखा और जोधसिंह ने शरणागतों को आश्रय देकर अपूर्व साहस का परिचय दिया।

शेखावाटी का शौर्य

१८५७ की क्रांति से न्यूनाधिक रूप से राजस्थान के सभी इलाके प्रभावित हुए। मारवाड़ और हाड़ौती में तो सशस्त्र संग्राम बड़े पैमाने पर हुआ पर शेखावाटी

भी इसमें पीछे नहीं रहा। इस स्वातंत्र्य समर से पूर्व शेखावाटी के डूंगजी - जवाहरजी द्वारा ब्रिटिश सत्ता को चुनौती देने के कार्यों का उल्लेख पहले किया जा चुका है। ये दोनों जांबाज आज भी जनमानस में स्वातंत्र्य योद्धाओं के रूप में बसे हुए हैं।''[११] जब १८५७ में फिरंगी सत्ता से राजस्थान ने लोहा लिया तब शेखावाटी के बहल, खिरोड, मंडावा आदि ठिकानों व बीकानेर रियासत में चुरु व गोपालपुरा ने विदेशी सत्ता को अपनी तलवार का मजा चखाया। शेखावाटी में शेखावतों का एक प्रमुख ठिकाना था बहल। बहल ने विदेशी सत्ता के विरुद्ध विद्रोह का झंडा बुलन्द किया उसके नेतृत्व में स्वतंत्रता संग्राम में भाग लेने के लिए करीब तीन सौ शेखावत सरदार सदल बल बहल में एकत्रित हुए। जिस प्रकार मारवाड़ नरेश तखतसिंह ने अंग्रेजों के इशारे पर स्वतंत्रता सेनानियों का दमन करने के लिए अपनी सेना आऊवा भेजी थी, वही कहानी शेखावाटी में भी दोहराई गई। यहाँ अंग्रेजों की मदद बीकानेर नरेश सरदारसिंह ने की। विप्लवियों का दमन करने के लिए बीकानेर की सेना गोरी सेना के साथ कंधे से कंधा भिड़ाकर लड़ी। सारे राजस्थान की यह विडम्बना रही कि यहाँ के देशी रजवाड़ों ने अपने क्षुद्र निहित स्वार्थों हेतु अपनों ही के गले काटे।

अंग्रेजों ने बीकानेर की सहायता से बहल पर आक्रमण किया। जमकर युद्ध हुआ जिसमें सैकड़ों योद्धा खेत रहे। जहाँ तक एक तरफ शेखावाटी के वीर विदेशी सत्ता से लोहा ले रहे थे वहाँ बीकानेरी सेना उनको नष्ट करने के लिए अंग्रेजों का साथ दे रही थी क्योंकि

डफ राजा उफ मुसद्दी डफ ही देस दीवाण।
डफ ही डफ भेळा हुया बाज्यौ डफ बीकाण।।[१२]

बहल ने जिस साहस एवं शौर्य का परिचय दिया उसका समकालीन कविवृन्द पर बड़ा असर पड़ा। बहल की तुलना चित्तौड़ से करते हुए शंकरदान सामोर ने लिखा -

सम्पत लड़ै सिसोद सम, बहल बहुरि चित्तौड।
बीकां सूं लाजां मरै, अब लाज करौ राठौड़।।
तीन सहस भड़ भोज रा, चढ्या गुडा सूं चेत।
गोरां रौ ग्रभ गाळवा, रखबा रैयत हेत।।[१३]

इसी प्रकार मंडावा (शेखावटी) के ठाकुर आनंदसिंह ने आऊवा के साथ कंधा मिलाकर लड़ने वाले आलनियावास की मदद की। चूंकि आलनियावास ने आऊवा का साथ दिया था इसलिये अंग्रेजी सेना ने उसे तहस नहस करने की

दृष्टि से घेर लिया। जब आनंदसिंह शेखावत को इसका पता चला तो सदल बल मंडावे से चल पड़ा। शेखावतों ने गोरी फौज पर अचानक पीछे से आक्रमण किया। अंग्रेजों को इस बात का गुमान भी नहीं था कि इस कदर हमला भी हो सकता है। दोनों तरफ शत्रु सेना से घिरकर गोरी सेना का कचूमर ही निकल गया। इस प्रकार आनंदसिंह द्वारा मौके पर की गई सहायता से आलनियावास को अंग्रेजों से मुक्ति मिली। कविवर शंकरदान सामोर के शब्दों में –

आलनियावास अंजसै अजै सरा सरा सेखाँण।
गोरां मुख गढ़ गयौ परौ पायो सेखाँ पांण।।

चुरु का चन्द्रहास

प्रथम भारतीय स्वतंत्रता संग्राम में बीकानेर रियासत के चुरु ठिकाने ने भी सक्रिय रूप से भाग लिया। बीकानेर की सेना वहाँ भी अंग्रेजी सेना की सहायता के लिए मौजूद थी। चुरु ठाकुर शिवनाथसिंह शेखावत अंग्रेजों के विरुद्ध प्राणापण से लड़ा। चुरु की समस्त जनता भी जी–जान से स्वतंत्रता सेनानियों के साथ थी। उसने हर प्रकार से उनकी मदद की। जब अंग्रेजों ने चुरु पर आक्रमण किया तो वहाँ के लोगों ने डटकर उसका मुकाबला किया। अंग्रेज कई दिनों तक घेरा डालकर बैठे रहे और शहर पर गोलाबारी करते रहे। चुरु की ओर से भी जवाबी गोलाबारी होती रही। कई दिनों तक यह क्रम चलता रहा। जब स्वतंत्रता सेनानियों के पास तोप के गोलों के लिए सीसे की कमी आ गयी तो चुरु के कई धनाढ़्य सेठ आगे आए और कोई उपाय नहीं देखकर उन्होंने गोलों के लिए सीसे के स्थान पर चाँदी लाकर प्रस्तुत की। इस कार्य में चुरु के एक मठ के महंत ने भी सहयोग दिया।

तोपों से निखालिस चाँदी के गोले दागे जाने का दृश्य देखकर शत्रुसेना दंग रह गई। उसके हौसले पस्त हो गये। उसने सोचा कि जिस नगर की जनता का मनोबल इतना ऊँचा है, इतना प्रबल संगठन व त्याग की भावना है, उसे हराना असंभव है। समकालीन काव्य में चाँदी के इन गोलों का जिक्र बड़े गौरवभाव से हुआ है। 'चुरु रौ जस' नामक काव्य रचना में सामोर कहते है –

जग जाहर चुरु जठै काची रही न जेट।
साबत राखी सुतंत्रता, संतां सेठां पेठ।।
बीदावत बणिरोत संग सेखा रा पोताह।
लड़्या देसहित लाडला (दे) रणगंगा गोताह।।

बीदा अर बणीरोत भड़ टणका घण टणकेल।
गोरां हित बीको लड़्यौ चुरु रै रणखेत।।
बीको फीको पड़ग्यौ बण गोरां हमगीर।
चाँदी गोळा चालिया आ चुरु री तासीर।।
चाँदी चेपी तोपगळ जंग कियौ जोधार।
झुक्यौ न झगड़ा में जबर स्योजी सो सिरदार।।
उण स्योजी नै आज भी चुरु रही चितार।
फेर्‌यौ राव बीकाण नै चाँदी गोळा मार।।[१४]

कूल तोड़ती धारा : अन्य क्षेत्रों में प्रतिध्वनि

१८५७ के संघर्ष में राजस्थान के निकटवर्ती क्षेत्रों में घटित घटनाओं की यहाँ की देशी रियासतों में भी अनुगूँज सुनायी पड़ी। भरतपुर, आगरा के बहुत समीप होने के कारण पूरे स्वतंत्रता संग्राम के दौरान अशांति व उद्वेलन की स्थिति में बना रहा। मथुरा में विद्रोह के समय भरतपुर में वातावरण बड़ा उत्तेजनापूर्ण रहा और वस्तुत: भरतपुर की सेना ने विद्रोह कर दिया। मेजर मॉरिसन अत्यन्त संकटपूर्ण व कठिन परिस्थिति में वहाँ अपने दायित्वों का निर्वाह कर सका था, तब भरतपुर के सरदारों के आग्रह को देखते हुए मि. काल्विन को उसे भरतपुर छोड़ने का आदेश देना पड़ा क्योंकि उन्हें डर था कि एक ब्रिटिश अधिकारी के रहते नीमच के विद्रोही कभी भी भरतपुर पर हमला कर सकते थे, जो आसपास ही मंडरा रहे थे। १८५७ के संपूर्ण संकटकाल में भरतपुर बड़ी कठिन परिस्थिति में रहा। उसके समस्त प्रदेश को विप्लवी सिपाहियों ने रौंद डाला था और उसकी अपनी सेना विद्रोह पर उतारु हो गई थी। उसके गूजर और मेवाती प्रजाजन विद्रोही ब्रिटिश प्रान्तों के अपने बन्धु बांधवों का अनुसरण करने में पीछे नहीं रहे। भरतपुर रियासत के प्रजाजनों के लिए इस बात का विश्वास करने के पर्याप्त कारण थे कि भारत में ब्रिटिश साम्राज्य का अस्तित्व समाप्त हो गया था।

अलवर को विप्लवी सैनिकों के कारण जुलाई में एक अनपेक्षित आघात झेलना पड़ा। देहली के कई क्रांतिकारी नेता अलवर में देखे गए थे। इस रियासत को १८५७ की उथल पुथल के फलस्वरूप बहुत कष्ट उठाना पड़ा। भरतपुर व पड़ौसी प्रान्तों के समान वहाँ के गूजर बहुल गाँवों ने ब्रिटिश शासन के विरुद्ध अपना रोष अभूतपूर्व तीव्रता से व्यक्त करते हुए अपनी विद्रोही और लुटेरेपन की प्रवृत्ति के कारण प्रशासन के लिए भारी मुसीबत पैदा कर दी।[१६] विप्लव के दौरान धौलपुर रियासत पर भी बहुत दबाब पड़ा। अक्टूबर के प्रारंभ में इन्दौर और

ग्वालियर की संयुक्त विद्रोही सेना के धौलपुर में प्रवेश से स्थिति बड़ी विकट हो गई क्योंकि धौलपुर के राणा की सेना व कुछ सरदारों ने भी उसका साथ छोड़ दिया और वे क्रांतिकारियों के साथ मिल गये।[१७] धौलपुर के शासक की सत्ता निष्प्रभ हो गई व उसकी संपति लूटी गयी। विप्लवियों ने जान लेने की धमकी व दूसरे प्रकार के दबाव डालकर राणा को अपनी माँगें मानने के लिए बाध्य कर दिया। धौलपुर की तोपों की सहायता से ही विप्लवियों ने आगरा पर आक्रमण किया था।[१८] राणा की सत्ता दिसम्बर १८५७ तक प्रसुप्तावस्था में रही। पटियाला के शासक द्वारा भेजे गये दो हजार सिक्ख सैनिकों व चार तोपों की सहायता से ही वहाँ पुन: व्यवस्था कायम की जा सकी।

दिल्ली सम्राट के दूत व दूसरे क्रांतिकारी लोग जयपुर में कुचक्र रचने में लगे हुए थे।[१९] रावल शिवसिंह ने जयपुर दरबार से दोहरी भूमिका निभाने का अनुरोध करते हुए बहादुरशाह ज़फ़र व अंग्रेजी सत्ता, दोनों से मैत्री सम्बन्ध बनाये रखने की सलाह दी यद्यपि राजा ने यह परामर्श मानने से इंकार कर दिया। नवाब विलायतअली खान, मियाँ उस्मान खान व सादुल्लाखाँ ने, जो मुगल सम्राट के साथ कुचक्र में शामिल थे, पॉर्लियामेंटरी पेपर्स के अनुसार, जयपुर शहर में विद्रोह का झंडा बुलंद करने की चेष्टा की। दिल्ली दरबार से उस्मानखाँ व सादुल्लाखाँ का राजद्रोहात्मक पत्र व्यवहार पॉलिटिकल एजेंट द्वारा महाराजा के सम्मुख प्रस्तुत किया गया। अत: उन दोनों को गिरफ्तार करके कारागार में डाल दिया गया। उन पर एक विशेष अदालत में मुकद्दमा चलाया गया और उनका दोष सिद्ध हो गया। जहाँ विलायतअली खान व उस्मानखाँ को अलग अलग किलों में कैद कर दिया गया, सुदुल्लाखान को देश निकाला दे दिया गया। विप्लव के प्रमुख केन्द्रों आऊवा व कोटा को छोड़कर राजस्थान में अन्य स्थानों पर घटित घटनाओं की जानकारी का स्रोत पार्लियामेंटरी पेपर्स ही है। इनके अध्ययन से पता चलता है कि टोंक के नवाब की सेना ने वस्तुत: विद्रोह कर दिया था। उसने सेना की एक टुकड़ी को जयपुर की ओर प्रयाण करने से रोक दिया तथा आगरा की ओर बढ़ते हुए नीमच के विप्लवियों को टोंक बुलाया।[२०] नवाब को उसके अपने सिपाहियों ने ही गढ़ में घेर लिया और पूर्णत: असहाय हो जाने पर उसने उनसे समझौता करने की कोशिश की। कई विद्रोही सिपाही उससे अपना बकाया वेतन वसूल करके दिल्ली की ओर कूच कर गए थे। नवाब ने ब्रिटिश सरकार से प्रार्थना कि कि उसकी रियासत असुरक्षित होने के कारण किसी यूरोपीय अधिकारी को वहाँ से गुजरने की अनुमति नहीं दी जाय। इसी प्रकार मेवाड़ में जन उत्तेजना इतनी अधिक थी कि मेवाड़ की सेना से वस्तुत: विद्रोह करने का

निश्चय कर लिया था और इस संकट को तभी टाला जा सका जब शाहीवाला अर्जुनसिंह ने सैनिकों के सामने उस आटे से बनी रोटियाँ खाकर उन्हें आटे की शुद्धता के बारे में आश्वस्त कर दिया, जिसके विषय में उनकी आशंका थी कि उसमें मानव अस्थियों का चूर्ण मिला हुआ है।[२१] खैरवाड़ा छावनी चिन्ता का दूसरा कारण थी लेकिन पहाड़ी रास्तों को बन्द करके स्थिति पर काबू पा लिया गया और मोटै तौर पर स्थिति नियंत्रण में रही।

यद्यपि रियासतों के राजा ब्रिटिश सत्ता के प्रति निष्ठावान बने रहे लेकिन उनके कुछ जागीरदारों ने खुले तौर पर क्रांतिकारियों की मदद की। खड़गावत का कहना है कि यदि लॉरेन्स द्वारा अपने पत्र संख्या ७४० (दिनांक २७ जून १८६३) के तहद भारत सरकार को प्रस्तुत प्रतिवेदन पर विश्वास किया जाय तो ज्ञात होगा कि क्रांतिकारी नेताओं को कुछ सीमा तक राजाओं का भी समर्थन प्राप्त था।

इस प्रतिवेदन के अनुसार बीकानेर के शासक ने नाना साहेब को मदद करने का वादा किया था और उसकी मदद की भी थी। भिंडर, आसींद, किशनगढ़ बदनौर व सलूंबर के लोग पूरी तौर पर नाना साहब के साथ थे। उस समय उनका उदयपुर और जयपुर दरबार से सम्पर्क स्थापित नहीं हुआ था यद्यपि इन रियासतों के ठाकुर नाना के समर्थक थे। रिपोर्ट में आगे यह भी कहा गया है कि तात्या टोपे उस समय बीकानेर में था। वहाँ के शासक ने उसे दस सवार प्रदान किये थे। पाँच हजार के लगभग पुराने बंगाल सिपाही सलूंबर के जंगलों में थे। स्वतंत्र राज्यों ने तात्यां टोपे की सेना को अपनी सेवा में रख लिया था और जरुरत पड़ने पर चालीस हजार सैनिक सलूंबर में तैयार थे। खड़गावत का मत है कि प्रतिवेदन के इन अंशों पर अन्य स्वतंत्र स्रोतों से उनकी पुष्टि होने तक विश्वास नहीं किया जा सकता।

१८५७ की क्रांति के शलाका पुरुष तात्या टोपे और राजस्थान

प्रथम स्वतंत्रता संग्राम के अग्रणी नायकों में तात्या टोपे का नाम विशेष रूप से उल्लेखनीय है। १८५८ तक अनेक कारणों से जब क्रांति की ज्वाला लगभग बुझ चुकी थी, प्रथम श्रेणी के क्रांति योद्धाओं में केवल तात्या ही अंग्रेजों से लोहा ले रहे थे। जब उन पर दबाव अत्यधिक बढ़ गया तो क्रांति के आखिरी दौर में सर्वथा प्रतिकूल परिस्थितियों में तात्या को राजस्थान आना पड़ा। इस स्थल पर राजस्थान में उनकी गतिविधियों पर संक्षेप में प्रकाश डालना उचित होगा। इससे इस संघर्ष में इस प्रदेश के योगदान को उसकी संपूर्णता में समझने में मदद मिलेगी।

जब साधनहीन हताश तात्या को राजस्थान में भटकना पड़ रहा था तो उन्हें यहाँ कुछ क्षेत्रों में समर्थन व सहायता मिली। मालेसन का कहना है कि वह जयपुर पहुँचने के लिए बहुत उत्सुक था लेकिन उसके प्रयत्नों को जनरल रॉबर्ट्स से सफल नहीं होने दिया जो उसका पीछा कर रहा था।[२२] होम्स और मुंशी ज्वालासहाय दोनों का मत है कि तात्या का पहला कदम जयपुर दूत भेजना था, जहाँ उसे आशा थी कि काफी बड़ा दल उसका साथ देने को तैयार था।[२३] लेकिन निश्चित तौर पर यह कहना संभव नहीं है कि वास्तव में जयपुर में कोई दल क्रांतिकारियों का साथ देने को तैयार था। २७ जुलाई १८५८ की अपनी रिपोर्ट में लॉरेन्स ने असंदिग्ध रूप से कहा है कि शिवदानसिंह नामक जयपुर के किसी भूतपूर्व मंत्री ने इडन के सैन्य दल को उसकी हत्या के लिए उकसाया था तथा मेटकाफ के दो देशी वृत्तान्तों में इस बात का उल्लेख है कि जयपुर में कुछ लोग निश्चित रूप से जयपुर दरबार के ब्रिटिश परस्त रुझान के विरोधी थे।

जयपुर में क्रांतिकारियों के प्रति सहानुभूति पूर्ण रुख वाले कुछ व्यक्तियों की मौजूदगी के उपरान्त भी तात्या को जयपुर दरबार या वहाँ के निवासियों से सहायता प्राप्त करने में सफलता नहीं मिल सकी। फिर भी तात्या टोपे की गतिविधियों ने भारी हलचल पैदा कर दी और राजस्थान में राजाओं से लेकर सामान्य जनों तक प्रत्येक व्यक्ति न्यूनाधिक रूप से या तो भय या सहानुभूति के कारण संभ्रम की स्थिति में थे। ग्वालियर के महाराजा के भाग जाने के समाचार ने भरतपुर में भारी उत्तेजना पैदा कर दी यद्यपि ग्वालियर राज्य के विप्लवी भरतपुर राज्य की दक्षिणी सीमा पर कुछ समय फिरने के बाद हिंडौन की तरफ कूच कर गये।

मेजर जनरल रॉबर्ट्स की २१ जुलाई १८५८ की रिपोर्ट के अनुसार तात्या जयपुर के बाहर निकल कर लालसोट पहुँचे और फिर दौलतपुर की ओर बढ़े। कर्नल होम्स ने उनका पीछा किया और वे दक्षिण पूर्व की ओर बढ़ गए। यह सूचना मिलने पर कि टोंक की सेना क्रांतिकारियों का साथ देने को तैयार थी, तात्या वहाँ पहुँचे और शहर पर अधिकार कर लिया। वहाँ उन्हें पर्याप्त सहायता प्राप्त हुई। ईडन की रिपोर्ट के अनुसार जयपुर रियासत से गुजरते समय विप्लवी जहाँ कहीं भी ठहरे, उन्हें खाने पीने की सामग्री ग्रामीणों ने उपलब्ध करायी। वह लिखता है कि उनका तरीका यह था कि अग्रिम दल भेजकर ग्रामीणों को यह समझाया जाता था कि उन्हें नुकसान पहुँचाने की उनकी कोई इच्छा नही है। उन्हें जिस सामग्री की आवश्यकता थी, उसके लिए वे दुगुनी कीमत देने को तैयार थे। तात्या असैनिक जनता को लूटने के पक्ष में नहीं थे। अंग्रेजों से संघर्ष के दौरान

उन्होंने जनसाधारण का विश्वास जीतने का पूरा प्रयास किया। यह एक अत्यन्त दु:खद तथ्य है कि तात्या टोपे जैसे वीरव्रती क्रांतियोद्धा राजस्थान में ही मानसिंह नामक व्यक्ति के विश्वासघात से सोते हुए पकड़े गए और अन्ततः क्रांतियज्ञ में उन्होंने अपने जीवन की आहुति दे दी।

6:1

ललकार बनी कराह स्वातंत्र्य संघर्ष का पटाक्षेप

जठै गयौ जंग जीतियौ खटकै बिन रणखेत।
तकड़ो लड़ियौ तांतियौ हिंदथान रै हेत।।
मचायौ हिंद में आखी तहलकौ तांतियै मोटो
धोम जेम घुमायौ लंक में हणू घोर।
रचायौ रुळंती रजपूती रौ आखरी रंग
जंग में दिखायौ सुवायौ अथाग जोर।।

– शंकरदान सामोर

तात्या टोपे की विश्वासघात से गिरफ्तारी एवं उनके दारुण अन्त के साथ राजस्थान में १८५७ की क्रांति का अवसान हो गया। इस सम्बन्ध में ब्रिटिश प्रशासन इस बात पर गर्व कर सकता था कि राजस्थान में अशान्ति नियमित सेना व कुछ रियासतों की सेनाओं तक सीमित थी। राजा लोग व अधिकांश सामान्य जन इससे प्रभावित नहीं हुए। उसके लिए यह भी संतोष की बात थी कि पद प्रतिष्ठा वाले और वैभवशाली लोग उसके पक्ष में थे। यहाँ के राजाओं द्वारा विविध रूपों में ब्रिटिश सत्ता को दी गई सहायता के लिए यह वर्ग उसके विशेष साधुवाद का पात्र था। अपने प्रजाजनों को शांत रखकर उन्होंने ब्रिटिश सत्ता का विशिष्ट सेवा की। उसके क्रोध व प्रतिशोध के लक्ष्य आऊवा ठाकुर के समान वे असंतुष्ट सरदार बने जो इस क्रांति में अपने साथ हुए अन्याय के निवारण का अवसर देखकर ब्रिटिश सत्ता के खिलाफ उठ खड़े हुए।

ब्रिटिश राजनेताओं का संभवत: यह सोचना था कि विभिन्न रियासतों के मामलों में उनकी न्यायपूर्ण व उदार नीति ने उन्हें (रियासतों को) इस बात के प्रति आश्वस्त कर दिया था कि उनके हितों का सर्वोत्तम संरक्षण ब्रिटिश सर्वोच्चता के बने रहने में है। चूंकि राजस्थान ने अतीत में मुगल शासन की मनमानी व मराठा लूटमार से इतने भीषण दु:ख उठाए थे कि यहाँ के लोग दिल्ली में विप्लवियों की

विजय की कामना करें, यह संभव नहीं था। राजपूत राजाओं की ब्रिटिश सत्ता के प्रति स्वामी भक्ति मुगलों व मराठों के विरुद्ध इसी प्रतिक्रिया का परिणाम थी। लेकिन राजस्थान के राजा राजनीतिक अन्तर्दृष्टि से वंचित थे। साथ ही वे इतने सम्भ्रमित थे कि कोई भी निर्णय लेने में सर्वथा अक्षम थे। निकट अतीत में अर्द्ध शताब्दी तक वे अपने ही सामन्तों के अत्याचार विद्रोह और अनुशासनहीनता से पीड़ित रहे थे। विप्लव में उनकी सफलता इन राजाओं के राजनीतिक विनाश का आधार बनती।

यही कारण था कि सर्वोच्च सत्ता के प्रति अपनी स्वामी भक्ति में वे अविचल बने रहे पर वस्तुत: वे स्वार्थी और अवसरवादी थे जो ब्रिटिश सत्ता के प्रति अपनी निष्ठा में भी आगा पीछा सोच रहे थे। यदि दिल्ली का पतन और अंग्रेजी सेना के लिये बड़े पैमाने पर कुमुक का आगमन दो महीने के लिए भी टल जाता तो क्रांति के भँवर में ये अनिच्छुक राजा भी खींच लिये जाते। सामंत लोग ब्रिटिश शासन के प्रति अपनी कटुता के बावजूद भी ऐसे लक्ष्यों से प्रेरित थे जो देशभक्तिपूर्ण होते हुए भी निस्वार्थ नहीं थे। उनके क्रियाकलापों में दो खामियाँ थीं - सैद्धान्तिक आधार का अभाव और राजनीतिक बुद्धिमता की कमी। नेतृत्व के लिए अपने राजाओं की ओर देखने वाले जनसाधारण अपने ब्रिटिश विरोधी रुझान के उपरान्त भी यहाँ के विप्लवी जागीरदारों के साथ एकजुट होने में असफल रहे। वैसे अंग्रेजों के प्रति यहाँ पर्याप्त नाराजगी व असंतोष विद्यमान था।

इस दौरान केप्टन हार्डकेसल अपने सैन्यदल के साथ जिस किसी क्षेत्र से होकर गुजरा, वहाँ के वाशिन्दों ने अंग्रेज होने के कारण उन पर अभिशापों व गालियों की बौछार की। इस प्रकार की प्रतिक्रिया के अन्य उदाहरण भी हैं। केप्टन शॉवर्स राजमहल में जाने के लिए उदयपुर शहर से होकर गुजर रहा था तो उसे तिरस्कृत करने के लिए मार्ग में लोगों ने खूब हो हल्ला किया।

जोधपुर राज के सैन्यदल ने अजमेर में प्रदर्शन किया जो किसी भी प्रकार कंपनी राज के प्रति सम्मान का द्योतक नहीं था। इस दल ने एक भूतपूर्व गर्वनर जनरल के एजेंट कर्नल सदरलैंड की स्मृति में बनाए गए स्मारक पर पत्थर फेंके। जोधपुर दुर्ग में बारुद के भूमिगत गोदाम में हुए भीषण विस्फोट को लोगों ने विधर्मियों के साथ की गई संधियों का स्वार्थवश अनुपालन करने वाले अधर्मी राजा पर ईश्वरीय कोप माना। विप्लवियों की पीछा करने वाली राज की सेनाओं ने बेहिचक इस तथ्य को उजागर किया कि उनकी सहानुभूति विप्लवियों के साथ थी क्योंकि ब्रिटिश लोगों ने उनके धर्म में टाँग अड़ाने का प्रयत्न किया था। इतना ही नहीं, विप्लव का भँवर जैसे जैसे शक्तिशाली होता गया, वह आऊवा, कोटा,

भरतपुर, अलवर के समीपवर्ती व अन्य स्थानों पर रहने वाले हजारों राजस्थानियों को अपने साथ बहा ले गया।

उदासीनता व निष्क्रियता का परित्याग कर उन्होंने क्रुद्ध सिपाहियों के गगनभेदी स्वर में अपना स्वर मिलाया लेकिन यह सब ब्रिटिश प्रतिशोध की भीषणता के सम्मुख ठंडा हो जाना था क्योंकि अपनी शौर्यपूर्ण परंपरा व यशस्वी अतीत के बावजूद भी राजस्थान उस समय प्रभावी व्यक्तित्व वाला ऐसा नेता प्रदान नहीं कर सका जो जनभावनाओं को सही दिशा देकर उनकी अन्तर्निहित ऊर्जा व घृणा को ब्रिटिश शासन को उखाड़ फेंकने में सक्षम प्लावन का रूप दे देता।

यद्यपि राजस्थान में ब्रिटिश शासन के प्रति बहुत असंतोष विद्यमान था लेकिन प्रजाजन नसीराबाद में दो रेजीमेंटो द्वारा विद्रोह कर देने के काफी समय बाद विप्लवियों से जुड़े। इस असाधारण विलम्ब का खुलासा करना बहुत कठिन है। राजस्थान का अट्ठारह रियासतों में बँटवारा, संगठन क्षमता की कमी, रणकुशल राजपूतों को नेतृत्व देने में सक्षम एक दूरदर्शी राजनेता का अभाव आदि इसके लिए उत्तरदायी कुछ कारण गिनाये जा सकते हैं। राजपूत राजा इसके लिए उदयपुर के राणा के पास गए थे लेकिन उसने नेतृत्व प्रदान करना तो दूर रहा वरन् उल्टे सारा पत्र व्यवहार अपनी संरक्षक सत्ता को सौंप दिया। राजस्थान के विप्लवी जागीरदारों में त्वरित निर्णय लेने व दृढ़ निश्चय का अभाव था। महीनों तक वे उपयुक्त अवसर की प्रतीक्षा करते रहे और जब उन्हें अवसर प्राप्त हुआ तो उन्होंने देखा कि वे नेताविहीन हैं। सर्वथा असहायावस्था में उन्होंने बहादुरशाह की ओर देखा, जो उनके नारनौल पहुँचने के बहुत पहले पराजित हो चुका था। उन्होंने अनावश्यक रूप से यह तय करने में समय बर्बाद कर दिया कि उन्हें पहले दिल्ली पहुँचना चाहिए और फिर अजमेर पर आक्रमण करना चाहिए या इसके लिए तुरन्त मेवाड़ी सरदारों की सहायता लेनी चाहिए। फिर उनके आपसी झगड़े, न्यस्त स्वार्थ व संकुचित उद्देश्य थे।

ब्रिटिश सत्ता के प्रति वैमनस्य उनकी एकमात्र योजक कड़ी थी। देहली के पतन ने उनका सम्मोहन तोड़ दिया। सर्वोपरि राजस्थान में क्रांति के दो बड़े केन्द्रों आऊवा व कोटा में कोई संपर्क सूत्र नहीं था। इसलिए इसमें कोई आश्चर्य नहीं कि राजस्थान के नेताविहीन विप्लवी उस समय चोट करने में असमर्थ रहे जब लोहा गर्म था। ब्रिटिश सत्ता के खिलाफ उठ खड़े होने के विलम्ब से किये गये उनके प्रयासों ने उन्हें अन्य लोगों की तुलना में सापेक्षिक लाभ से वंचित कर

दिया। उनकी अपनी राजतंत्रीय व्यवस्था उन पर भारी बोझ थी और इस कारण वे सितम्बर के पहले सप्ताह से पूर्व क्रांति का बिगुल नहीं बजा सके।

राजस्थान में विभिन्न स्थानों पर हुए विप्लव का आलोचनात्मक विश्लेषण करने से ज्ञात होगा कि यह विप्लव न तो संयोग पर आधारित था और न ही डीसा, एरिनपुरा, देवली व अन्य ब्रिटिश छावनियों से विद्रोहियों के आगमन का परिणाम था। लेकिन साथ ही इस बात का भी पता नहीं लगाया जा सकता कि क्या वे एकरूप नीति से परस्पर सम्बद्ध व प्रेरित थे? इस सम्बन्ध में दूसरी ही तस्वीर सामने आती है। जैसे कोटा के विप्लवियों का आऊवा के क्रांतिदूतों से कोई सम्बन्ध नहीं था।

इसमें सन्देह नहीं कि जागीरदार ब्रिटिश शासन से असंतुष्ट थे और उनका रुझान ब्रिटेन विरोधी था। उन्हें इस बात का भी डर था कि यदि ब्रिटिश सर्वोच्चता की निरन्तरता बनी रही तो उनकी प्रतिष्ठा, मान सम्मान व विशेषाधिकार समाप्त हो जाऐंगे। उन्हें इस बात का भी डर था कि अंग्रेजों द्वारा अपने तौर तरीकों के प्रचलन के परिणामस्वरूप उनकी अपनी संस्कृति व धर्म खतरे में पड़ जाएँगे। यह भी उनके ब्रिटिश विरोधी रुख का एक ठोस कारण था। वस्तुत: वे समाज के सामन्ती ढाँचे, हिन्दू धर्म की पवित्रता और अपने विशेषाधिकारों की रक्षार्थ लड़ने के लिए तैयार थे लेकिन इसमें सन्देह है कि क्या उनका एक अखिल भारतीय दृष्टिकोण था? और उनके दिमाग में क्या राष्ट्रीय महत्व की कोई योजना थी? उन्हें बहादुरशाह से सहानुभूति, नाना साहब से प्रेम और अंग्रेजों से घृणा थी लेकिन ये सभी भाव अस्पष्ट और धुंधले रहे। एकरूप नीति व उपयुक्त नेतृत्व के अभाव में उन्हें सही अभिव्यक्ति नहीं दी जा सकी।

नसीराबाद, नीमच, एरिनपुरा व अन्य ब्रिटिश छावनियों में सैनिकों द्वारा किए गए विद्रोह एक अखिल भारतीय हलचल के नतीजे थे लेकिन आऊवा और कोटा में हुए विप्लव, जहाँ नागरिकों ने क्रांतिकारियों का साथ दिया, ऐसी घटनाएँ थीं जो राजस्थान व उसके आस पास घटित हो रही घटनाओं से सम्बद्ध समाचारों व अफवाहों से प्रभावित थीं और मुख्यत: स्थानीय कारणों की देन होने से अलग थलग लगती हैं। यद्यपि आऊवा व कोटा के लोग निश्चित रूप से ब्रिटेन विरोधी भावनाओं से प्रेरित थे लेकिन साथ ही इस मामले में ठोस उद्देश्य व उचित योजना के अभाव से वे सफल नहीं हो सके। राजस्थान की घटनाओं की अंग्रेजी विरोधी आधारभूत प्रवृति का वर्णन करने वाली चारणी कविताएँ एवं लोकगीत निश्चित रूप से इस तथ्य को उजागर करते हैं कि इस संघर्ष में भाग

लेने वाले व्यक्तियों की आकांक्षाओं का निरुपण फिरंगी को बाहर निकालने की कामना से हुआ था।

सूर्यमल मीसण के पत्रों से भी यह बात स्पष्ट होती है कि वे और उनके साथी इस बात से आशंकित थे कि ब्रिटिश विजय सम्पूर्ण आर्यावर्त को दासता में जकड़ देगी। लेकिन ऐसा प्रतीतत होता है कि १८५७ की क्रांति में राजस्थान में ब्रिटेन के खिलाफ लड़ने वाले जागीरदार और विप्लवी एक विघटित हो रहे समाज में विचरण करने वाले भंजक नायक थे। 'चाहे अवचेतनरूप से ही सही, उन्हें कमर कसने को प्रेरित करने वाला धुँधला सैद्धान्तिक आधार भी भविष्य के गर्भ में छुपे अभिनव भारत की नियति को कोई नई दिशा प्रदान करने के किसी क्रांतिकारी या सृजनात्मक आदर्श से प्रेरित नहीं था।[२४] वे उन मूल्यों के लिए लड़े और काम आए जो अपनी महत्ता करीब करीब खो चुके थे। सर्वोपरि उनमें सृजनात्मक राजनीतिमत्ता का अभाव था जिसके फलस्वरूप आन्दोलनों में गतिशीलता और व्यापकता नहीं आ पाती और क्रांतियाँ भी अन्ततः विद्रोह बन कर रह जाती है।[२५]

राजस्थान में १८५७ की क्रांति ने यत्र तत्र हुए छिटपुट आन्दोलनों का दमन करते समय ब्रिटिश सेनाओं द्वारा ढ़ाये गये अत्याचारों की दुःखद स्मृतियाँ पीछे छोड़ीं। इन छोटे-मोटे धमाकों ने अपने अपने क्षेत्रों में ब्रिटिश सत्ता को हिला दिया। यदि राजा लोग ब्रिटिश सत्ता की जड़ों पर प्रहार करने का प्रयत्न करने वाले क्रांतिकारियों की आशाओं के अनुरूप ऊँचे उठ जाते तो कहानी बिल्कुल दूसरी ही होती और विप्लव कोई दूसरा ही रूप ग्रहण करता। अपनी मानसिक दुविधा के फलस्वरूप सम्भ्रमित और बिखरे हुए राजस्थानी राजा अधिकांशतः उदासीन दर्शक बने रहे और उन्होंने एक के बाद एक घोर अनिष्टकारी घटनाओं को घटित होने दिया जिसने उनकी नियति को ऐसा रूप दे दिया जो भारतीय स्वतंत्रता के महत् उद्देश्य के लिए अत्यन्त घातक सिद्ध हुआ। स्वतंत्रता के लिए प्रयास करने वाले उनके सामंत क्रांतिकारियों की भूमिका अदा करने का दृष्टि से स्यात् बहुत अधिक आत्म केन्द्रित थे और इस कारण अपने बलिदानों के बावजूद वे असफल रहे। इस मरुभूमि में रहने वाली सामान्य जनता अंग्रेजों से अंसतुष्ट होने पर भी विप्लवियों के साथ एकजुट होने, अपने स्वभावगत प्रमाद व राजतंत्र की परम्परा के बोझ से मुक्ति पाने व विदेशी शासन का अन्त करने के लिए कृतसंकल्प होकर आगे बढ़ने में असफल रही। इन समस्त कमियों के बावजूद यह क्रांति राजस्थान में निष्फल नहीं गयी। जो लोग शहीद हो गए वे लोकगीतों में अमर हो गए। ब्रिटिश विरोधी हलचल का भले ही अस्थायी रूप से दमन कर

दिया गया किन्तु बीसवी सदी के प्रारंभिक दो दशकों के क्रांतिकारी युग में इसने अपनी प्रभावी अभिव्यक्ति का मार्ग ढूँढ लिया।

दमघोटू विदेशी प्रभुत्व के विरुद्ध भारतीय शक्ति के इस प्रथम उद्घोष को रणरव का रूप देने में राजस्थान भी पीछे नहीं रहा। भारतीय स्वाभिमान और स्वतंत्रता की रक्षा के लिए हुए इस महत् संघर्ष में अग्रणी राजस्थानी अपनी असफलता के बावजूद शेष भारत के उन लोगों से हर तरह श्रेष्ठ थे जिन्होंने इस ऐतिहासिक अवसर को यों ही गंवा दिया। तात्या टोपे व नानासाहब जैसे शीर्षस्थ क्रांतिकारियों की घोर विपदा में मदद करना राजस्थान के ही बूते की बात थी क्योंकि ऐसा साहस तो बलिपंथी ही जुटा सकते थे।

टिप्पणियाँ एवं सन्दर्भ

१. 'परम्परा', गोरा हट जा अंक, पृ. १४७, राजस्थानी शोध संस्थान चौपासनी जोधपुर

२. भड़ थाका अवर निबाहे भूपति
कहि विरदावै थको कथ।
कळियो कुण काढै केहरिया
रावत कवि खुच्चिया रथ।।
दरगह रांण कळण मज्झ डारण
गयो नाई तांई गळण।
कांधौ कुण मांडे कांधळ का
बेगड धोरी तूझ विण।।

डॉ. नृसिंह राजपुरोहित – भारत का स्वाधीनता संग्राम में राजस्थानी कवियां रौ योगदान – पृ. १६१–६२

३. जंगी रिसाला हलतां प्रळै सामंद हिलोळां जेहा,
छातरंगी हसम्मा भळतां काळ चोट।
जोर दीधौ फिरंगी लिखायौ कौलनाम जठै,
आपरंगी चूंडा तैं मेवाड़ राखी ओट।

उपर्युक्त – पृ. १६२

४. शॉवर्स द्वारा ए.जी.जी. को लिखे गये गुप्त पत्र संख्या ९०, दिनांक २५ मार्च १९५८ के साथ संलग्न बीच में पकड़े गए पत्र। शॉवर्स – 'अ मिसिंग चेप्टर ऑफ द इंडियन म्यूटिनी, पृ. १०७, १०८ व १०९ – खड़गावत कृत – राजस्थानस् रोल इन द स्ट्रगल ऑफ १८५७ में उद्धृत पृ. ७६

५. शॉवर्स – उपर्युक्त पृ. ४८–४९

६. मेजर विलियम्स, पॉलिटिकल एजेन्ट रेवाकांठा का बम्बई सरकार के सचिव मि. एंडरसन के नाम पत्र, पत्र संख्या १०६ दिनांक ६.११.१८५८

७. शॉवर्स का पत्र मेजर ईडन के नाम, ७ नवम्बर १८५९

८. सूबेदार हुसैन खान द्वारा रेवा कांठे एजेन्सी के केप्टन बकल को २५ अक्टूबर १८५९ को प्रस्तुत व आगे केप्टन शॉवर्स को भेजी गई खुफिया रिपोर्ट। इसमें कहा गया था कि राव साहब (सूरजमल), ग्वालियर का खजाँची तथा दादा व भारे नामक दो पंडित विद्रोहियों के साथ हैं। रिसालदार मुबारकखान व उसका दल भी उनके साथ है। वह रतनसिंह की गढ़ी में करीब पच्चीस दिन रहा। मुबारकखान पहले रावसाहब की सेवा में था। अब वह सलूंबर के सरदार के संरक्षण में है और सेना इकट्ठी कर रहा है। सैनिकों की भर्ती रावसाहब और सलूंबर के रावत कर रहे हैं।

९. दुरग छूटो आऊवौ भूप चाँपो सह फरियो,
धर मालव ढूढांड कणी नह आदर करियो।
कम्पनी खून सुणियो कहर भड मुख उत्तर भाखियो।
पलटियो देव दूजी दसा जिणनै रावत जोधे राखियो।
(कोठारिया रावत जोधसिंह रा छप्पय)

९. परम्परा, गोरा हट जा अंक पृ. १११-११२

१०. जसराज व हरलाल द्वारा दिए गए वक्तव्य। खड़गावत - पूर्वोक्त पृ. ७८

११. डूंगजी जवाहरजी विषयक गिरधारीसिंह पड़िहार द्वारा लिखित एक सुदीर्घ गीत की ये पंक्तियां दृष्टव्य है -

सन् सतावन सूं पैली ई ए जोत जगावण वाळा हा,
आजादी वाळै दिवलै री बळती लौ रा रखवाळा हा।
आ जगाँ जगाँ छापा मारया सिंरकार कंपनी धूजै ही,
गोरां री जात डरी अेड़ी ईसा मरियम नै पूजै ही।
बरसां लग जूंझयां बैरयां सूं धरती पर अमर नाम कियौ,
चक्कर खायगा फिरगींड़ा जद हिला नसीराबाद दियौ।
- धूड़कोट - गिरधारीसिंह पड़िहार। डॉ. नृसिंह राजपुरोहित पूर्वोक्त पृ. ९५

१२. स्वतंत्रता चेता कवि शंकरदान सामोर ने बीकानेर की भर्त्सना करते हुए यह दूहा लिखा।

१३. राजस्थानी शोध संस्थान चौपासनी के संग्रह से प्राप्त गीत।

१४. उपर्युक्त

१५. पार्लियामेंटरी पेपर्स १८६० - हाऊस ऑफ कॉमन्स, पेपर नं. ७७, म्यूटिनी (हॉनर्स एटसटरा टू नेटिव प्रिसेन्ज ऑव इंडिया) लेटर फ्रॉम ब्रिगेडियर जनरल लॉरेन्स, लेटर नं. ७८४ए ऑफ १८५८ - दिनांक २७ जुलाई १८५८

१६. उपर्युक्त पृ. १२७

१७. उपर्युक्त

१८. उपर्युक्त

१९. उपर्युक्त पृ. १३०

२०. उपर्युक्त पृ. १३१

२१. मुंशी ज्वालासहाय - लॉयल राजपूताना पृ. २२१-२४८

२२. मालेसन - द इंडियन म्यूटिनी ऑफ १८५७ पृ. ३९५

२३. होम्स - द हिस्टरि ऑफ इंडियन म्यूटिनी पृ. ३४१-४२

२४. खड़गावत - राजस्थानस् रोल इन द स्ट्रगल ऑफ १८५७ पृ. ९१

२५. उपर्युक्त

7

माँ मेरा रंग दे बसन्ती चोला : क्रान्तिकारी तरुणाई

शहीदों की चिताओं पर लगेंगे हर बरस मेले।
वतन पर मरने वालों का यही बाकी निशां होगा।।

इसे संयोग कहे या विडम्बना कि कांग्रेस के थके–हारे बूढ़े नेतृत्व ने जीवन के सन्ध्याकाल में विभाजन की कीमत चुकाकर राष्ट्र की आधी अधूरी आजादी प्राप्त करने के बाद स्वराज्य प्राप्ति का सारा श्रेय गाँधीजी व उनके अहिंसात्मक आन्दोलन को प्रदान करने की सुनियोजित योजना के अन्तर्गत राष्ट्रीय आन्दोलन की उस क्रांतिकारी धारा को सर्वथा हाशिये पर डाल दिया जिसने मातृभूमि की सेवा के लिए आत्मोत्सर्ग के कीर्तिमान स्थापित किये थे। चाफेकर बन्धुओं द्वारा पूना में प्लेग कमिश्नर को पाठ पढाने से लेकर नेताजा की तुम मुझे खून दो, मै तुम्हें आजादी दूँगा, की ललकार तक इस क्रांतिकारी धारा से प्रेरित होकर न जाने कितने युवक वंदे मातरम् के जयघोष के साथ फाँसी के फंदे पर झूल गये और कितनों ने ही अंडमान में अमानुषिक यंत्रणाओं को झेला ताकि मातृभूमि बेड़ियों से मुक्त हो सके।

बंगाल, महाराष्ट्र, पंजाब, राजस्थान व उत्तरप्रदेश के तरुण देशभक्तों ने जिन उच्च आदर्शों व उदात्त मूल्यों से प्रेरित होकर कुर्बानियां दी, स्वराज्य का पथ प्रशस्त किया, उसकी सर्वथा उपेक्षा की गयी है। सही बात तो यह है कि राष्ट्रीय आन्दोलन के अन्तिम दौर में आजाद हिन्द फौज के प्रभाव से नौ सेना में हुए विद्रोह ने अंग्रेजों को भारत छोड़ने को विवश कर दिया था। बंगाल की अनुशीलन समितियाँ, लाला हरदयाल द्वारा स्थापित गदर पार्टी, रासबिहारी बोस की विप्लव योजना, भगतसिंह की हिंदुस्तान सोशलिस्ट रिपब्लिकन आर्मी जैसी क्रांतिकारी योजनाओं के पीछे प्रेरक उदात्त देशभक्ति व अनुपम बलिदान हमारी वह विरासत है जो राष्ट्र निर्माण का आधार है। राजस्थान ने इस क्रांतिकारी आन्दोलन में एक गौरवपूर्ण सुनहरा अध्याय जोड़ा।

इस संदर्भ में दुःखद तथ्य यह है कि हमारे राष्ट्रीय आंन्दोलन से सम्बद्ध ग्रन्थों में क्रांतिकारी आन्दोलन में राजस्थान के अप्रतिम बलिदान का विवरण छोड़कर उल्लेख तक नहीं मिलता। राजस्थान के साथ यह अन्याय निरन्तर होता रहा है कि भारतीय स्वाधीनता संघर्ष के शंखनाद १८५७ के समर व उत्तरवर्ती चरणों में उसके योगदान का श्रेय उसे नहीं मिला। यहाँ के रजवाड़ों की अंग्रेज परस्ती व जागीरदारी जुल्मों की व्यथाकथा ने राजस्थान की छवि इतनी धुमिल कर दी कि देश की आजादी के लिए उसके बलिदानों की बात प्रकाश में ही नहीं आयी। क्रांतिकारी आन्दोलन में राजस्थान की भूमिका पर चर्चा करने से पूर्व इसके सैद्धान्तिक आधारों व उद्भव की पृष्ठभूमि पर विचार करना समीचीन होगा।

प्रेरक सिद्धान्त एवं लक्ष्य

क्रांतिकारी आन्दोलन के प्रेरक सिद्धान्तों एवं लक्ष्य का बहुत स्पष्ट व प्रभावी दिग्दर्शन प्रसिद्ध क्रांतिकारी मदनलाल धींगड़ा के ब्रिटिश अदालत के सममुख दिये गये वक्तव्य से होता है। धींगड़ा ने कहा – 'मैं यह स्वीकार करता हूँ कि मैने देशभक्त भारतीय युवकों को अमानवीय तरीके से फाँसी पर लटकाए जाने व निर्वासित किए जाने का बदला लेने के लिए एक अंग्रेज का खून बहाने का प्रयास किया। मेरा विश्वास है कि विदेशी संगीनों की मदद से गुलामी की बेड़ियों में जकड़ा राष्ट्र निरन्तर युद्ध की स्थिति में रहता है। चूंकि एक निःशस्त्र प्रजाति के लिए खुला युद्ध करना संभव नहीं है, मैने अचानक हमला किया। मैं समझता हूँ कि मेरे राष्ट्र के साथ किया गया अन्याय ईश्वर का अपमान है। जब तक अंग्रेज और हिन्दुस्तानी प्रजातियाँ विद्यमान है, भारत और इंगलैण्ड के बीच स्वतंत्रता युद्ध चलता रहेगा।''[१]

क्रांतिपथ अत्यन्त दुर्गम व जोखिमभरा पथ है। विदेशी प्रभुत्व के जबड़े में फँसे किसी राष्ट्र की मुक्ति के दुःसाध्य कार्य को करने को कृतसंकल्प क्रांतिधर्मा के लिए कुछ आधारभूत गुण अपेक्षित हैं जिनके बिना इस पथ पर चलना संभव नहीं है। एक सच्चा क्रांतिकारी प्रेम की सुदृढ़ भावना से प्रेरित होता है। इस गुण के अभाव में एक वास्तविक क्रांतिकारी की कल्पना करना असंभव है। इसी में एक नेता के लिए बड़ी नाटकीय चुनौतियाँ सन्निहित हैं। उसमें आवेगपूर्ण जीवट और धैर्यपूर्ण मस्तिष्क का समन्वय आवश्यक है और उसे बिना विचलित हुए कष्टदायक निर्णय लेने में सक्षम होना चाहिए।[२]

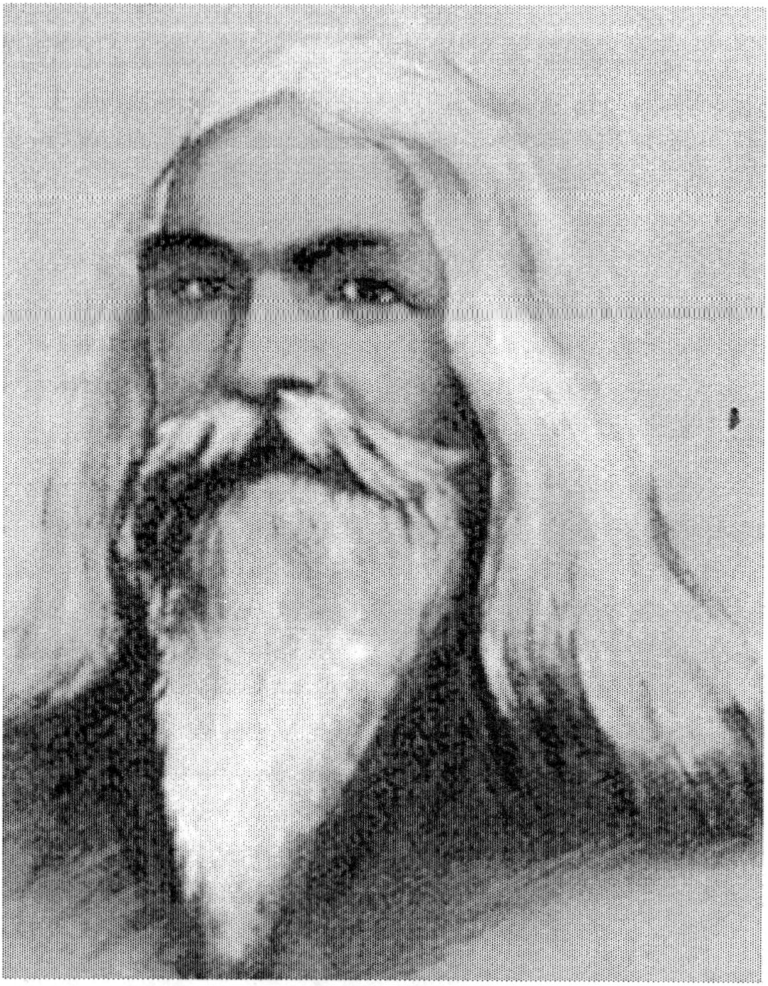

२. क्रांतिकारी केसरीसिंह बारहठ

उन्नीसवीं सदी के अंतिम दशक से ही ब्रिटिश शासन को दैवीय विधान के रूप में समझने वाली भारतीय राष्ट्रीय कांग्रेस की मितवादी नीतियों का खोखलापन स्पष्ट हो चुका था जिसकी सशक्त अभिव्यक्ति श्री अरविन्द ने अपनी लेखमाला 'न्यू लेम्पस फॉर ओल्ड' व लोकमान्य टिळक ने 'केसरी' के माध्यम से की। कांग्रेस की रीति नीति के प्रति युवा पीढ़ी का यह असंतोष व ब्रिटिश शासन के प्रति मोह भंग आने वाले वर्षों में बढ़ता ही चला गया। इससे

क्रांतिकारी आन्दोलन की आधारभूमि तैयार हुई। भारत के राष्ट्रीय आन्दोलन के संदर्भ में, 'राष्ट्रीय क्रांतिकारी शासक वर्ग में अतिशय बैचेनी, अनिश्चितता व आतंक पैदा करने के स्पष्ट उद्देश्य से प्रेरित कतिपय संगठनों व व्यक्ति समूहों के आदर्शों, तरीकों व क्रियाकलापों का प्रतिनिधित्व करते हैं। उनका उद्देश्य पस्त हिम्मत व निराश हो चुके लोगों में आशा व साहस का संचार करना व शासक वर्ग के जीवन को असुरक्षित व असह्य बनाना था। वे अपने हृदय में स्वतंत्रता प्राप्ति की अभिलाषा संजोए हुए थे।'[३] क्रांतिकारियों की भावनाओं को बल देने व उनकी बौद्धिकता को तीक्ष्ण करने में एक ओर तो राममोहनरॉय द्वारा प्रारम्भ किए गये बंगाल के पुनर्जागरण का बौद्धिक प्रभाव व दूसरी ओर बंकिम, रामकृष्ण परमहंस और विवेकानंद के संदेश का प्रभाव था। बंकिम प्रणीत देशभक्ति की ऋचा, वंदे मातरम् और मातृभूमि को सर्वोच्च उपास्या देवी मानने के स्वामीजी के आह्वान ने तरुणों को बहुत प्रेरित किया। यह कोई संयोग की बात नहीं है कि बीसवी सदी के प्रारंभ में पुलिस को अनेक क्रांतिकारियों के पास श्रीमद्‌भगवद् गीता के साथ स्वामी विवेकानन्द का साहित्य प्राप्त हुआ था।[४]

लॉर्ड कर्जन की निरंकुश जनविरोधी साम्राज्यवादी नीति की पराकाष्ठा बंगभंग ने बंगाल में उस क्रांतिकारी आन्दोलन को और हवा दी जिसकी शुरुआत वासुदेव बळवंत फड़के व चाफेकर बंधु महाराष्ट्र में कर चुके थे। प्रथम विश्वयुद्ध के दौरान भारत में सैनिक क्रांति द्वारा ब्रिटिश साम्राज्य को उखाड़ फेंकने की जो विराट योजना रासबिहारी बोस ने तैयार की थी उसे कार्यरूप में परिणत करने के प्रयत्नों में राजस्थान का अमूल्य योगदान रहा। क्रांतिकारी आन्दोलन के संदेश को वीरता की अपनी मध्यकालीन धरोहर के कारण राजस्थान ने भली भाँति हृदयंगम किया।

बंगाल की भाँति यहाँ के क्रांतिकारी भी ऐसे राजनीतिक सन्यासियों की टोली थी जिनके एक हाथ में गीता व दूसरे में पिस्तौल थी। उनका हृदय मातृभूमि को विदेशी बंधन से मुक्त कराने के लिए व्रतबद्ध और बुद्धि अपने पराये के राग द्वेष से मुक्त थी। उनका उत्कट देशानुराग, ध्येय प्राप्ति का उन्माद, उनकी कार्यक्षमता, निर्भयता व पवित्र जीवन युवकों को स्फूर्ति देने वाले थे। इनका साहसी कार्यक्रम शिक्षित वर्ग की भी प्रशंसा अर्जित करने वाला और एक प्रबल साम्राज्य की अतुल शक्ति का सामना करते हुए पतंगों की तरह बलिदान हो जाना शत्रु तक को शर्माने वाला था। उन्होंने निराशा के रेगिस्तान में स्वावलंबन की हरियाली दिखायी, शासक वर्ग के अत्याचारी व्यक्तियों में भय का संचार किया और सरकार को नृशंस दमन के मार्ग पर धकेल कर विदेशी शासन का

असली रूप प्रकट किया।[५] राजस्थान में इस क्रांतियज्ञ में आहुति देने वालों में शाहपुरा का बारहठ परिवार बेमिसाल है। केसरीसिंह बारहठ, उनके अनुज जोरावरसिंह व पुत्र प्रताप के महत् बलिदान राजस्थान में क्रांतिकारी आन्दोलन की निजंधरी गाथा है। उनके अलावा श्री अर्जुनलाल सेठी, राव गोपालसिंह खरवा व सेठ दामोदरदास राठी क्रांतिकारी आन्दोलन के पुराधाओं में अग्रणी थे।

क्रांतिकारी बारहठ परिवार

पराधीनता के पाश को काटने के लिए सर्वस्व बलिदान की तत्परता की भावभूमि पर खड़े भारतीय क्रांतिकारी आन्दोलन में निहित आनंदमठ के सन्तानों की अप्रतिम उत्सर्ग भावना को शाहपुरा के बारहठ परिवार ने चरितार्थ कर दिखाया।[६] मातृभूमि की सेवा में सर्वस्व न्यौछावर करने का ऐसा उदाहरण कहीं नहीं मिलता जहाँ क्रांतियज्ञ के ऋत्विक ने अपने पुत्र, अनुज एवं जामाता को भी समिधास्वरूप अर्पित कर दिया हो। माँ की सेवा की इस यशोज्वल कीर्तिकथा के नायक हैं क्रांतिकारी स्वप्न दृष्टा केसरीसिंह बारहठ, जो कवि के शब्दा में –

करसण कीधौ केहरी खड्यौ बगावत खेत।
काज कडूबौ साझियौ नह बड़ियौ निज हेत।।
सुहड़ भ्रात, जामात, सुत समिधा हुआ सुबंद।
जग्य हुतासण झोंकिया रंग केहर घण रंग।।
कुरब कायदा चळ अचळ जर जेवर जागीर।
दिया देश हित दाव में धिन केहर रणधीर।।[७]

२१ नवम्बर १८७२ को मेवाड़ की शाहपुरा रियासत में अपनी पैतृक जागीर के गाँव देवपुरा में जन्मे केसरीसिंह बारहठ व उनके परिजनों ने त्याग, तपस्या व बलिदान का अनूठा उदाहरण प्रस्तुत किया। केसरीसिंह के व्यक्तित्व के निर्माण में उनके पिता कृष्णसिंह बारहठ और नाना कविराजा श्यामल दास के मार्गदर्शन व शिक्षा दीक्षा का निर्णायक प्रभाव पड़ा। स्वाभिमानी एवं देशभक्त ठाकुर कृष्णसिंह आर्यसमाज के प्रवर्तक स्वामी दयानंद के पट्ट शिष्यों में थे। वे न केवल विदेशी दासता के विरोधी थे अपितु तत्कालीन राज महाराजाओं के चरित्र, व्यवहार, एवं विचारों में जो हीनता उत्पन्न हो गई थी उसका उन्हें गहरा दु:ख था।[८] स्वाभाविक था कि उनके विचारों का पुत्र केसरीसिंह पर प्रभाव पड़ा। 'वीरविनोद' जैसे प्रसिद्ध इतिहास ग्रंथ के लेखक बहुविज्ञ विज्ञान कविराजा श्यामलदास के सान्निध्य में रहकर केसरीसिंह ने वह शिक्षा दीक्षा प्राप्त की जो आगे चलकर उनकी बहुमुखी प्रतिभा का आधार बनी।

उदयपुर में शिक्षा ग्रहण के दौरान और बाद में राजनीतिक व प्रशासनिक कार्य करते हुए वे विभिन्न व्यक्तियों और विचार धाराओं के सम्पर्क में आए। जिज्ञासु प्रकृति के केसरीसिंह ने ब्रिटिश दासता के जुए के नीचे कराहते हुए भारतीय समाज की पतितावस्था को स्पष्टत: देखा। भारत के प्राचीन राष्ट्रीय गौरव से अभिभूत केसरीसिंह के लिए यह असह्य था। उन्होंने अंग्रेज सरकार की शक्ति की सीमा व उसकी कूटनीति के तौर तरीकों को भलीभाँति समझ लिया था। भारतीय इतिहास के गहन अध्येता केसरीसिंह को भारतीय इतिहास में क्षत्रिय जाति की भूमिका में गहरी आस्था थी। उनका विश्वास था कि यदि क्षत्रियों को सामाजिक पतनावस्था के गर्त से निकाल कर उन्हें अपनी जातीय गौरव और राष्ट्रीय दायित्व के प्रति जागृत कर दिया जाए तो देश का इतिहास बदल सकता है। उनकी मान्यता थी कि यदि राजस्थान की लड़ाकू जातियाँ एक बार अंग्रेजों के विरुद्ध हथियार उठा लें तो इस प्रदेश में ब्रिटिश शासन के पैर उखड़ जायेगें और एक बार ऐसा होने से अन्तत: भारत से उसका निष्कासन दूर नहीं रहेगा। इसीलिये उन्होंने शिक्षा प्रचार व कुरीतियों के उन्मूलन का अभियान प्रारंभ कर दिया।

१९०० ई. से १९१४ ई. के बीच का समय उनके जीवन का निर्णायक काल था। अब तक संस्कृत के उद्‌भट विद्वान और शास्त्रों के ज्ञाता के रूप में उन्हें सर्वत्र मान्यता मिल चुकी थी। राजनीति, क्षात्रधर्म शिक्षा, समाजसुधार आदि पर उनके लेख प्रकाशित होने शुरु हो गये थे। उन्होंने डिंगल व पिंगल में काव्य सृजन भी प्रारम्भ कर दिया था। उसका विषय भी राष्ट्रोद्धार ही होता था। अपनी बहुविज्ञता व प्रभावशाली लेखनी के कारण बीसवीं सदीं के प्रथम दशक में वे राजस्थान में एक प्रभावशाली व्यक्तित्व के रूप में उभर चुके थे। केसरीसिंह 'राजस्थान में नवयुग के प्रथम कवि थे। उनके प्रत्येक शब्द में देशभक्ति का सम्पुट था, प्रत्येक चरण में पूर्व गौरव की श्रुति थी और प्रत्येक कविता अग्निस्फुलिंग होती थी। कवि के अतिरिक्त वे उच्चकोटि के गद्य लेखक, पत्रकार एवं समीक्षक थे। उनमें कवि और कर्मयोगी का अभूतपूर्व मिश्रण था।'[१]

क्षत्रियों में जागृति का शंख फूंकने की दृष्टि से उन्होंने समाज सुधार व शिक्षा प्रचार को माध्यम बनाया। इस कार्य के लिए उन्होंने तत्कालीन ए.जी.जी. कर्नल वाल्टर द्वारा स्थापित 'राजपूत हितकारिणी सभा' को अपना मंच बनाया। इसकी शाखाएँ राजपूताना की लगभग सभी रियासतों में थी। उन्होंने क्षत्रियों की हीन एवं दयनीय अवस्था का उल्लेख करते हुए अपने एक भाषण में कहा "ईश्वर के घर से कभी किसी व्यक्ति या जाति को राज्य करने का परवाना नहीं मिलता। सब शक्ति का खेल है। संसार शक्ति का उपासक है। शक्ति अपने सच्चे भक्त

की भुजाओं में ही रहती है। आपके पूर्वज शक्ति के अभेद भक्त थे... शक्ति का यह चिर स्थान आज उजाड़ है।[१०]

उनका विश्वास था कि नवयुवकों को ऐसी शिक्षा दी जानी चाहिए जिससे उन्हें अपने राष्ट्र व संस्कृति के इतिहास का वास्तविक ज्ञान हो। उनमें स्वाभिमान और देशभक्ति के संस्कार पैदा हो सकें। जिससे उनमें आत्मविश्वास और आत्मबल जागृत हो। ऐसे युवक ही देश की उन्नति एवं स्वतंत्रता की बात सोच सकते थे। इस विचार से केसरीसिंह ने १९०४-१३ के दौरान राष्ट्रीय शिक्षा के प्रचार प्रसार कई योजनाएँ बनायीं व प्रयास किये। वे जापान जैसे छोटे से एशियाई देश द्वारा ज्ञान विज्ञान में की गई उन्नति से बड़े प्रभावित थे। १९०८ ई. में उन्होंने राजपूताना एंड सेन्ट्रल इंडिया एज्यूकेशनल एसोसियेशन फॉर टेक्नीकल एज्यूकेशन की रूपरेखा तैयार की जिसके माध्यम से इस प्रदेश से तकनीकी शिक्षा प्राप्त करने हेतु विद्यार्थियों को जापान भेजने की व्यवस्था की जा सके। इस योजना के पीछे उनका उद्देश्य यह था कि एसोसियेशन के खर्च से भारतीय विद्यार्थी उच्च शिक्षा के लिए इंगलैण्ड के बजाय स्वतंत्र व उन्नतिशील एशियाई देश जापान भेजे जाएँ। वहाँ से लौटकर देश की वैज्ञानिक और तकनीकी उन्नति व भारत को एक स्वतंत्र राष्ट्र बनाने में सहायक हों। वस्तुतः उन दिनों अधिकाधिक भारतीय नवयुवकों को विदेशों में शिक्षा के लिए भेजने की योजना चल रही थी जिससे कि विदेशों में शिक्षा प्राप्ति के साथ साथ मातृभूमि की स्वतंत्रता के लिए उन्हें क्रांतिकारी विचारों में दीक्षित किये जा सके।

केसरीसिंह शिक्षा को राष्ट्रीय जागृति का सबसे प्रभावी साधन मानते थे। इसीलिए उन्होंने १९१३ ई. में क्षात्र शिक्षा परिषद की योजना बनायी[११] और क्षत्रिय जाति के नाम एक अपील जारी की। यह अपील वस्तुतः समस्त भारतवासियों के लिये थी। ब्रिटिश सरकार ने इसमें राजद्रोह देखा। यह अपील जोधपुर की राजकीय प्रेस में छपवाई गई थी। ब्रिटिश सरकार को इसका पता लगने पर जोधपुर के महाराजा एवं उनके प्रधानमंत्री सर प्रताप संकट में पड़ गये। उन्होंने घबराकर केसरीसिंह के विरुद्ध ब्रिटिश सरकार को सहयोग दिया। इस योजना को क्रियान्वित करने के लिए उन्होंने अपना जीवन समर्पित कर देने का निश्चय कर कोटा को महाराव को अपनी सेवा से मुक्त करने का पत्र भी लिख दिया।

अंग्रेजी दासता से मातृभूमि की मुक्ति के लिए अदम्य इच्छुक साहसी एवं दूरदर्शी केसरीसिंह ने राष्ट्र की स्वतंत्रता प्राप्ति हेतु क्षत्रियों को रणभूमि में उतारने के लिए उनमें क्षात्र धर्म, सामाजिक सुधार, राष्ट्रीय शिक्षा एवं देशभक्ति के

विचारों के प्रसार का कार्य प्रारम्भ किया तो कुछ समय उपरान्त ही यह स्पष्ट हो गया कि उनमें दासता, हीनता व परावलंबन की जड़ें इतनी गहरी जमी हुई हैं कि उनमें व्याप्त बुराईयों व पतित मनोवृत्तियों को मिटाना व राष्ट्रप्रेम व स्वाभिमान की दीप्ति उत्पन्न करना लगभग असंभव था। यद्यपि वे सुधार एवं जागृति के कार्य में लगे रहे किन्तु उन्हें यह विश्वास हो गया कि सत्ता के परिवर्तन के बिना राष्ट्रीय उत्थान का कार्य संभव नहीं होगा। अत: उनके समान दृढ़ प्रतिज्ञ, मेधावी एवं साहसी व्यक्ति अन्य मार्ग एवं साधन ढूंढने लगा और वे सुधारवाद से क्रांतिवाद की ओर मुड़ गये।

राष्ट्रीय स्वाभिमान के संरक्षक

कवि और कर्मयोगी केसरीसिंह सर्वोच्च सत्ता के चरणों में नत राजस्थानी नरेशों की क्लीवता और चाटुकारिता से अत्यन्त खिन्न थे। अपने प्रतापी पूर्वजों की तुलना में उनका यह गर्हित आचरण बारहठजी की दृष्टि में एक कलंक था। वे उन्हें उस लुप्त गौरव का स्मरण दिलाकर उठ खड़े होने के लिए प्रेरित करना चाहते थे। उस समय एक ऐसी घटना घटी जब उन्होंने राष्ट्रभक्त कवि के दायित्व का भलीभाँति निर्वाह करते हुए राजस्थान के गौरव की रक्षा का स्तुत्य कार्य किया। क्रांतिदृष्टा केसरीसिंह के भावी जीवन का संकेत १९०३ ई. में घटित इस घटना से मिल जाता है।

भारत के तत्कालीन वॉयसरॉय लॉर्ड कर्जन ने एडवर्ड सप्तम के राज्यरोहण के अवसर पर दिल्ली में एक भव्य दरबार आयोजित करने का निश्चय किया। इस अवसर को ब्रिटिश प्रभुत्व व ऐश्वर्य के प्रदर्शन का साधन मानकर तमाम भारतीय राजाओं को इस दरबार में उपस्थित होने के लिए निमंत्रण भेजे गये। कहने को तो यह निमंत्रण था पर था वास्तव में आज्ञापत्र था जिसके अनुसार सब राजाओं की दिल्ली में उपस्थिति अनिवार्य थी। इसका उल्लंघन करने का अर्थ था ब्रिटिश सत्ता का विरोध करना। स्वाभिमानी और देशभक्त लोग दासता के इस प्रदर्शन में सम्मिलित होने के विरुद्ध थे किन्तु वे इतने आशक्त व असहाय थे कि नाममात्र का भी विरोध नहीं कर सकते थे। इस आदेश से मेवाड़ में हलचल हुई। महाराणा फतहसिंह ने मेवाड़ की स्वांतत्र्य परम्पराओं तथा १८१८ ई. में मेवाड़ और ईस्ट इंडिया कंपनी के बीच हुई संधि की शर्तों के आधार पर दिल्ली दरबार में शरीक होने से इंकार कर दिया।

उस समय देश में और विशेष रूप से बंगाल में ब्रिटिश शासन को हटाने व स्वराज स्थापित करने की भावना जोर पकड़ रही थी, महाराणा के दिल्ली दरबार

में सम्मिलित नहीं होने से ब्रिटिश सरकार की प्रतिष्ठा को धक्का लगता, कानूनी और नैतिक दृष्टि से ब्रिटिश शासन की स्थिति पर आँच आती। इससे ब्रिटेन विरोधी ताकतों के हौसले बुलन्द होते। इस कारण वॉयसरॉय ने महाराणा पर हर प्रकार से दबाव डाला और उन्हें गद्दी से हटा देने तक की धमकी दी। कोई चारा नहीं देखकर महाराणा ने कुछ शर्तों पर दिल्ली दरबार में शामिल होना स्वीकार किया।

इस समाचार से राजस्थान स्तब्ध हो गया। जयपुर में भिंड़ों के रास्ते पर स्थित जोबनेर ठाकुर कर्णसिंह की हवेली पर चर्चा का यही प्रमुख विषय था। वहाँ कर्णसिंह, केसरीसिंह बारहठ और राव उमरावसिंह के बीच यही सलाह मशविरा हो रहा था कि दिल्ली दरबार में भारतीयों के सम्मान की रक्षा कैसे हो। किसी खास नतीजे पर नहीं पहुँच पाने के कारण वे तीनों व्यक्ति चाँदपोल दरवाजे के बाहर स्थित मलसीसर की हवेली पहुँचे। मलसीसर ठाकुर भूरसिंह वहाँ राव गोपालसिंह खरवा, हरीसिंह लाड़खानी व सज्जनसिंह खंड़ेला के साथ इसी विषय पर मंत्रणा कर रहे थे। वहाँ यह तय हुआ कि चूंकि मेवाड़ के महाराणा दीर्घकाल से भारतीय स्वातंत्र्य समर को नेतृत्व देते आ रहे हैं अतः उनका दिल्ली दरबार में जाना किसी तरह रोका जाय। इससे भारतीयों की प्रसुप्त स्वातंत्र्य चेतना को बल और उद्धत गोरी सत्ता को चेतावनी मिलेगी।

प्रश्न था इस योजना को कार्यरूप देने का। क्रांतिपथ के पथिक राव गोपालसिंह खरवा ने सुझाव दिया कि राजस्थान के इतिहास में ऐसी संकटपूर्ण घड़ियों में चारणों ने ही अपनी ओजस्वी वाणी द्वारा सही दिशा दी है। अतः केसरीसिंह को यह कार्य सौंपा गया। उन्होंने अपनी काव्य प्रतिभा का चमत्कार दिखाते हुए उसी समय तेरह सोरठों की रचना की। सुनकर उपस्थित सभी व्यक्ति प्रभावित हुए। उनका विचार था कि ये सोरठे इतने प्रभावशाली हैं कि महाराणा तक पहुँचा दिये जाएँ तो वे दिल्ली दरबार में उपस्थित होने का विचार त्याग देंगे। 'चेतावणी रा चूंगट्या' शीर्षक से लिखित इन दोहों को महाराणा तक पहुँचाने का दायित्व रावा गोपालसिंह खरवा ने लिया। इस सम्बन्ध में राव गोपालसिंह ने अपने भतीजे खेतसिंह के नाम लिखे पत्र में लिखा, 'उण बगत महाराणा स्पेशल ट्रेन द्वारा उदयपुर सूं रवाना हो चुक्या हा। ए दूहा सरेरी स्टेशन पर श्री दरबार के नजर हुआ। उण बगत फरमायौ बतावै के जे ए दूहा उदयपुर में ही मिळ जावता तो म्हैं दिल्ली के लिए रवाना ई नी होवतौ।'[१२]

'चेतावणी रा चूंगट्या' का राजस्थान के स्वाधीनता संग्राम में कवि की वाणी के चमत्कार के रूप में अमर स्थान है। दोहे क्या थे। हवा में सनसनाते पैने

तीर थे, जिन्होंने महाराणा के मर्म को बिंध दिया। महाराणा को अपने कुल गौरव का स्मरण कराने वाले ये दोहे इस प्रकार थे –

पग पग भम्या पहाड़, धरा छोड़ राख्यौ धरम।
(ईंशूं) महाराणा'र मेवाड़, हिरदै बसिया हिंद रै।।
घण घाल्या घमसाण, राण सदा रहिया निडर।
(अब) पेखतां फुरमाण, हलचल किम फतमल हुवै।।
गिरद गजां घमसांण, नहचै धर मायी नहीं।
मावै किम महाराण, गज दो सै रा गिरद में।।
अवरां नै आसान, हाकां हरबल हालणां।।
किम हालै कुलराण, हर बल शाहां हाकियां।।
नरियंद सह नजराण, झुक करसी सरसी जकौ।
(पण) पसरैलो किम पाण, पाण छता थारौ फता।।
सिर झुकिया शहंशाह, सिंहासण जिण सामनै।
रळणौ पंगत राह, फाबै किम तोनै फता।।
सकल चढावै शीष दान धरम जिणरौ दियौ।
सो खिताब बखतीश, लेवण किम ललचावसी।।
देखेला हिंदवाण, निज सूरज दिस नेह सूं।
पण तारा परमाण, निरख निसासा नांखसी।।
देखै अंजस दीह, मुळकेलौ मन ई मनां।
दंभी गढ़ दिल्लीह, शीश नमंतां शीशवद।।
अंत बेर आखीह, पातल जे बातां पहल।
राणा सह राखीह, जिणरी साखी सिर जटा।।
कठिन जमानै कौल, बांधै नर हिम्मत बिना।
वीरां हंदौ बोल, पातल सांगै पेखियौ।।
अब लग सारां आस, राण रीत कुळ राखसी।
रहो स्याह सुखरास, एकलिंग प्रभु आपरै।।
मान मोद सीसोद, राजनीत बळ राखणो।
गवरमेंट री गोद, फळ मीठा दीठा फता।।[13]

शब्दों की इस फटकार ने महाराणा को गहराई से सोचने के लिए विवश कर दिया। वे अपने दिल्ली शिविर में इसी उधेड़बुन में थे कि क्या किया जाए? इतने में कानोता के ठाकुर नारायणसिंह व उनके साथ गुप्त वेश में अलवर नरेश जयसिंह महाराणा के शिविर में पहुँचे। जयपुर की घटनाओं का ब्यौरा देते हुए

उन्होंने कहा यदि आप घोड़ों से उदयपुर जाना चाहे तो हम इस समय ऐसी व्यवस्था करके आये हैं। जिसके अनुसार दिल्ली से बसवा तक अलवर राज्य का प्रबंध होगा। बसवा से जहाजपुर तक जयपुर राज्य का और जहाजपुर से चित्तौड़ तक राव गोपालसिंह खरवा का। हर मील पर घोड़ा तैयार मिलेगा। दिल्ली की सारी व्यवस्था जोधपुर के सर प्रताप संभालेंगे। निश्चय को बल मिला। महाराणा ने दिल्ली दरबार में न जाने का दृढ़ निश्चय कर लिया और उसकी सूचना सम्बन्धित व्यक्तियों को दे दी गयी। स्पेशल रेलगाड़ी को उदयपुर लौटाने की व्यवस्था की जाने लगी।[१४]

जिस समय दिल्ली दरबार हो रहा था, मेवाड़ महाराणा की कुर्सी खाली पड़ी थी। महाराणा की ट्रेन उदयपुर की ओर बढ़ रही थी। कर्जन खून का घूंट पीकर रह गया। साम्राज्यवादी दंभ पर भारतीय स्वाभिमान की यह करारी चोट थी। केसरीसिंह के मार्मिक उद्‌गारों ने यह चमत्कार कर दिखाया था। 'चेतावणी रा चूंगट्या वस्तुतः राजस्थान की आत्मा की पुकार थी जिसे अनसुनी करना संभव नहीं था। मातृभूमि के गौरव की पुनर्प्रतिष्ठा के लिए सर्वतोभावेन समर्पित केसरीसिंह के जीवन ने क्रांतिकारियों के सम्पर्क में आने के बाद एक ऐसा मोड़ लिया कि उनका संपूर्ण परिवार इस बलिवेदी पर बलिदान हो गया।

क्रांतिपथ के पथिक

बीसवीं सदी के प्रथम दशक में विदेशी प्रभुत्व को मिटाने के लिए देश के कई भागों में देशभक्त तरुण सशस्त्र क्रांति की योजना पर अमल करने के लिए प्रयत्नशील थे। संयुक्त राज्य अमरीका, यूरोप, जापान व दक्षिणी पूर्वी एशियाई देशों में बसे भारतीय भी स्वदेश की मुक्ति के लिए क्रांति के लिए तत्पर हो रहे थे। विदेशों में कार्यरत क्रांतिकारियों व भारत में सशस्त्र क्रांति की चेष्टा में लगे क्रांतिकारियों में समन्वय स्थापित करके भारत में क्रांति की एक संयुक्त योजना तैयार की गयी। उस समय उत्तरी भारत में रासबिहारी बोस, शचीन्द्र सान्याल व लाला हरदयाल के नेतृत्व में अभिनव भारत नामक क्रांतिकारी संगठन के कार्य का प्रसार हो रहा था। पूर्वी भारत में जतीन बाघा के नेतृत्व में क्रांति के प्रयास चल रहे थे। रासबिहारी बोस को क्रांतिकारी कार्यों की दृष्टि से राजस्थान बहुत उपयुक्त क्षेत्र लगा। इसके लिए उन्होंने रणकुशल राजपूतों, राजाओं व उनकी फौजों को चुना जिनका स्वतंत्रता व स्वाभिमान की रक्षा के लिये जूझने का लंबा इतिहास था। उनके स्वाभिमान की लौ अभी भी बुझी नहीं थी। सन् १९०३ और १९११ ई. में महाराणा फतहसिंह द्वारा की गई दिल्ली दरबार की अवहेलना से

यह स्पष्ट हो चुका था। क्षुब्ध ब्रिटिश सरकार महाराणा के विरुद्ध कोई कदम नहीं उठा सकी। बीसवीं सदी के पहले दशक में कई क्रांतिकारी धर्मोपदेशक या शिक्षकों के रूप में राजस्थान में काम करने लगे। इनमें लाहौर निवासी भाई बालमुकुन्द, मिर्जापुर निवासी पं. विष्णुदत्त त्रिवेदी और कानपुर के सोमनाथ आदि मुख्य थे। भाई बालमुकुन्द जोधपुर राजघराने में ट्यूटर थे।

इन्हीं दिनों केसरीसिंह से उनका सम्पर्क हुआ। मातृभूमि की पराधीनता से क्षुब्ध स्वतंत्रचेता बारहठजी देश की आजादी के लिए प्रयत्नशील इस अन्तरराष्ट्रीय क्रांतिदल में सम्मिलित हो गये। इस कार्य में उनका शरीक होना राजस्थान की दृष्टि से महत्वपूर्ण बात थी क्योंकि अब तक वे अपनी बहुविज्ञता, प्रगतिशील विचारों, समाज सुधार, व शिक्षा प्रसार के कार्यों के फलस्वरूप राजस्थान में प्रसिद्ध व प्रभावशाली व्यक्ति बन चुके थे। राजस्थान में अनेक राजा और सामंत उनके प्रति बहुत श्रद्धा भाव रखते थे।

केसरीसिंह के साथ राव गोपालसिंह खरवा और जयपुर के अर्जुनलाल सेठी राजस्थान में अभिनव भारत संगठन के प्रमुख सूत्रधार बने जिसमें बाद में केसरीसिंह के अनुज जोरावरसिंह, पुत्र प्रताप और जामाता ईश्वरदान आशिया भी सम्मिलित हुए। राजस्थान के नरेशों, सामन्तों व नवयुवकों को क्रांतिकारी गतिविधियों में व्यापक स्तर पर जोड़ने की दृष्टि से केसरीसिंह ने १९१० ई. में 'वीर भारत सभा' (अभिनव भारत की शाखा) नामक संगठन की स्थापना की। उनके प्रयास से राजस्थान के कई नरेश, जागीरदार व प्रभावशाली व्यक्ति इसके सदस्य बने। राजस्थान में इस गुप्त क्रांतिकारी संगठन के निम्नलिखित कार्य निश्चित किये गये – क्षत्रियों एवं अन्य रणकुशल जातियों में राष्ट्रीय विचारों का प्रसार, शिक्षा के माध्यम से नवयुवकों को क्रांतिधर्म में दीक्षित करना, क्रांति के लिये धन एवं शस्त्रास्त्र का संग्रह, रियासतों की सेनाओं में क्रांति के विचार प्रसारित करना आदि।[१५]

'वीर भारत सभा' के गुप्त क्रांतिकारी कार्य को बड़ी सावधानी एवं कौशल से क्षात्र धर्म के प्रचार, जाति सुधार एवं शिक्षा प्रचार के कार्य के साथ जोड़ दिया गया। बारहठजी, राव खरवा व सेठीजी की त्रिमूर्ति ने शिक्षा के माध्यम से मातृभूमि के लिए मर मिटने वाले क्रांतिकारी युवक तैयार करने पर विशेष ध्यान दिया। उन दिनों आर्यसमाज द्वारा संचालित अजमेर स्थित डी.ए.वी. स्कूल ऐसी ही संस्था थी। केसरीसिंह के पुत्र प्रताप व जामात ईश्वरदान भी प्रारंभ में इसी स्कूल में पढ़े। अनन्य देशभक्त बारहठजी ने दूसरों को प्रेरणा व प्रोत्साहन देने से पूर्व देश के लिए सर्वस्व समर्पण कार्य अपने घर से प्रारंभ किया। उनके आदर्श

चरित्र और दृढ़ विचारों के कारण उनका संपूर्ण परिवार देशभक्ति के रंग में रंग गया। उनके अनुज जोरावरसिंह व पुत्र प्रताप ने देश के लिए अपना जीवन होम दिया। अपनी पुत्री चन्द्रमणि बाई को लिखे पत्र से इस सम्बन्ध में उनके विचारों पर अच्छा प्रकाश पड़ता है। इसमें उन्होंने लिखा, 'भारत में जन्म लेने के साथ ही जो कर्त्तव्य प्रत्येक मानव जीवन के साथ अविच्छिन्न प्राप्त होते हैं जो ऋण प्रत्येक देश संतान पर चाहे पुरुष हो या स्त्री, सब पर रहता है उसी कर्त्तव्य को पूर्ण करने उसी ऋण से मुक्त होने में हमारा कल्याण है। ... तुम अवश्य यह जानकर संतुष्ट होगी कि भारत के एक महत्त्वपूर्ण प्रदेश में जागृति होने का प्रारम्भ अपने कुटुम्ब की महान् आहुति से ही हुआ है। इस राजसूय यज्ञ में हम लोगों की बलि मंगलरूप हुई है।'[१६] आत्मोत्सर्ग के ऐसे दुर्गम पथ चलने के उदाहरण अत्यन्त विरले हैं। रासबिहारी बोस के ये उद्‌गार कि "ऐसे उदाहरण तो हैं कि पिता ने पुत्र को देश की बलिवेदी पर चढ़ने के लिए भेज दिया किन्तु मेरे सामने केसरीसिंह का यह पहला उदाहरण है जिसने अपने पुत्र के साथ जामाता को भी आगे कर दिया है," त्याग के इस अनुपम उदाहरण की विशिष्टता को उजागर करते हैं।

राजस्थान में गुप्त क्रांतिकारी कार्यों के प्रचार प्रसार में मिर्जापुर निवासी पं. विष्णुदत त्रिवेदी का काफी हाथ रहा। उसका सम्बन्ध बंगाल के क्रांतिकारी संगठन अनुशीलन समिति से रहा था। मारवाड़ के गाँवों में घूम-घूम कर वह क्षत्रिय बालकों का यज्ञोपवीत संस्कार करने की ओट में विप्लव की भावनाएँ भरता था। वह केसरीसिंह का विश्वासपात्र साथी बन गया।[१७] स्वयं केसरीसिंह भी क्षत्रिय बालकों की शिक्षा के लिये यत्र तत्र छात्रावास स्थापित करके छात्रों एवं उनके अभिभावकों में विदेशी सत्ता के विरुद्ध क्रांतिकारी विचारों का प्रचार करने में लगे हुए थे। कोटा और जोधपुर में उन्होंने छात्रावास स्थापित किये जहाँ नवयुवकों व बच्चों को राष्ट्रीय व क्रांतिकारी विचारों में दीक्षित किया जाता था। इन छात्रावासों के संचालन का कार्य क्रांतिकारी विचारों वाले व्यक्तियों को ही सौंपा गया था। इस कार्य में राजाओं, सामन्तों व रईसों का सहयोग प्राप्त करने के लिए उन्होंने 'क्षात्र शिक्षा परिषद' की योजना बनाकर क्षत्रियों के नाम देशभक्ति के विचारों से पूर्ण एक मार्मिक अपील प्रकाशित की। इस अपील से क्षत्रियों को अपनी हीनवस्था से बड़े प्रभावी ढंग से अवगत कराया गया था।[१८]

ब्रिटिश सत्ता के खोखलेपन व उसके अवश्यम्भावी अवसान की ओर संकेत करते हुए बारहठजी ने इसके चाटुकार सत्वहीन देशी नरेशों को समझाया कि विदेशी शासन की अवधि समाप्त प्राय: है। इस सत्ता का सतत रूप से बने रहना कठिन है। जिस आधार को मजबूत समझकर वे अधर में झूल रहे हैं, कहीं ऐसा

न हो कि वह बोदा आधार ही ढ़ह पड़े। उनकी ओजस्वी वाणी इस प्रकार मुखरित हुई –

अवधि अब ओछीह, सोचीजै सह भूपत्यां।
पड़गी पख पोचीह, नीत सलोची नह रखी।।
साज्यां बणिकां साज, रजवट वट खोवै रिधु।
रहसी न ओ राज, आज लगां जिण विध रह्यौ।।
ऊपर रै आधार, पग समेट झूलै पड़्या।
की जाणै करतार, खसक पड़ै खतिया कड़ा।।[19]

भारत के अन्य प्रान्तों यथा बंगाल, पंजाब, महाराष्ट्र और गुजरात आदि में स्वतंत्रता आन्दोलन में गति और तेजस्विता थी किन्तु राजस्थानी रियासतों में इसकी स्थिति शरत काल की क्षुद्र जलधारा की तरह थी। इसका मूल कारण यहाँ के राजाओं की तथाकथित स्वामीभक्ति थी। उन्हें राष्ट्र व प्रजाजनों के हितों से कोई वास्ता नहीं था। उधर प्रजा अभाव, अज्ञान व अशिक्षा के भँवर में छटपटा रही थी। अपने प्रदेश में व्याप्त इस राजनीतिक निष्क्रियत व जड़ता पर खेद व्यक्त करते हुए उन्होंने कहा –

बाजी ली बंगाळ महाराष्ट्र बढ़िया मरद।
पग धकिया पंचाळ दुबक रह्या देसोतड़ा।।
धर गुर्जर री धाक डगमग बड़ आसण डिगै।
हा रजपूत अवाक, ताक रह्या भवितय में।।[20]

जिस युग में ब्रिटिश शासन से पूर्ण स्वतंत्रता के ध्येय का भद्रवर्ग द्वारा विक्षिप्तों का प्रलाप' कहकर उपहास किया जा रहा था, क्रांतिकारियों द्वारा इस काम का बीड़ा उठाना उनके अद्भुत साहस और जीवट का परिचायक था। असंभव प्रतीत होने वाले इस लक्ष्य की सिद्धि के लिए युवकों को हर दृष्टि से सक्षम बनाने हेतु बंगाल में अनुशीलन समितियाँ द्वारा किये जाने वाले कार्य से बारहठजी भलीभाँति परिचित थे। उत्फुल्ल मन से उत्सर्ग की ललक लिए जाँबाज युवकों को तैयार करने में सक्षम एक शिक्षण संस्था की राजस्थान में भी भारी आवश्यकता थी। बारहठजी के निकट सहयोगी अर्जुनलाल सेठी ने जयपुर में वर्धमान विद्यालय के रूप में ऐसी संस्था स्थापित की। वहाँ प्रताप व ईश्वरदान आशिया को भी पढ़ने के लिए भेजा गया। सेठीजी की क्रातिकारी गतिविधियों पर आगे विस्तार से चर्चा की जाएगी। यहाँ इतना कहना पर्याप्त है कि इस विद्यालय के विद्यार्थियों द्वारा क्रांतिकारी कार्यों के लिए डकैतियाँ द्वारा धन जुटाने के जो

प्रयास किये गये थे, उसमें बिना साक्ष्य के केसरीसिंह को भी अभियुक्त बना दिया गया था। यहीं से उनकी विपदाओं की शुरुआत हुई।

नीमेज व कोटा कांड

भरसक प्रयत्नों के बावजूद क्रांतिकारियों को धन की कमी का निरतंर सामना करना पड़ता था। इससे उबरने के लिए राजस्थान के क्रांतिकारियों ने दो डकैतियों की योजना बनायी। सिद्धान्त रूप से उनकी मान्यता थी कि राष्ट्रीय कार्यों के लिए ऐसा करना अनुचित नहीं है। इस योजना का प्रमुख सूत्रधार विष्णुदत त्रिवेदी था। क्रांतिकारियों ने पता लगाया कि जोधपुर रामस्नेही रामद्वारे के महंत प्यारेराम और बिहार के आरा जिले के निमेज मंदिर के महंत भगवानदास ने विपुल संपति इकट्ठी कर रखी है। २० मार्च १९१३ को त्रिवेदी ने सेठीजी के पाठशाला के चार विद्यार्थियों - शोलापुर (महाराष्ट्र) निवासी मोतीचंद व माणकचंद, कश्मीर के पुञ्छ ठिकाने के छुट भाईयों में से जयचंद व केसरीसिंह के अनुज जोरावरसिंह के साथ मिल कर निमेज के मंदिर पर छापा मारा जिसमें महंत और उसका नौकर मारा गया किंतु क्रांतिकारी मंदिर की तिजौरी नहीं तोड़ पाए और उन्हें खाली हाथ वापिस लौटना पड़ा।

इधर कोटा में केसरीसिंह ने क्रांतिकारियों का एक छोटा सा दल गठित किया था। लक्ष्मीनारायण, हीरालाल लाहिरी, हीरालाल जालौरी, डॉ. गुरुदत (गुरुकुल काँगडी के संस्थापक महात्मा मुंशीराम की पोषिता पुत्री के पति) आपजी ओंकारसिंह आदि इसके प्रमुख सदस्य थे। केसरीसिंह का विचार था कि बंगाल की गुप्त समितियों के नमूने पर राजस्थान में भी गुप्त समितियाँ गठित की जाएँ और नवयुवकों को उसी तरह से राष्ट्रसेवा के लिए प्रशिक्षित किया जाए। उसके अनुसार इसके लिए धनसंग्रह डकैतियों आदि द्वारा किया जाना था। यह धन गुप्त समितियाँ व संस्थाओं की स्थापना व शस्त्रों के संग्रह में खर्च किया जाए। उनका यह भी विचार था कि जनमत को पक्ष में करने के लिए क्रांतिकारी साहित्य का वितरण किया जाना चाहिए। इस संगठन का अंतिम ध्येय स्वराज्य था।[२१]

अपनी लक्ष्यसिद्धि के लिए धन प्राप्त करने हेतु क्रांतिकारियों के इस समूह ने केसरीसिंह बारहठ व उनके प्रमुख सहयोगियों के मार्गदर्शन में जोधपुर के रामस्नेही रामद्वारे के धनवान महंत प्यारेराम से धन प्राप्त करने की योजना बनायी। यह महंत एक पोली लाठी में बहुत से हीरे जवाहरात भरकर रखता था। योजना के अनुसार

महंत को उसके सुपरिचित रामकरण नामक व्यक्ति के माध्यम से कोटा बुलाया जाना था। अत: रामकरण जोधपुर पहुँचा और महंत को कोटा ले आया।[२२] उसके ठहरने की व्यवस्था राजपूत छात्रावास में की गयी।[२३] वहाँ साधु से धन प्राप्त करने की कोशिश की गयी लेकिन क्रांतिकारियों के हाथ कुछ नहीं लगा क्योंकि वह धन कहीं और छुपा चुका था जिसका पता नहीं लगा। कोटा के दल को इस समय पंजाब के क्रांतिकारी नेता बाबा गुरदितसिंह की कामागातामारू योजना में सहायता देने के लिए धन की जरुरत थी।[२४] गृह विभाग का आरोप था कि उसे मारने की योजना रची गयी थी जिसके अनुसार महंत को दूध में जहर मिलाकर दिया जाना था लेकिन जब उस पर विष का असर नहीं हुआ तो हीरालाल लाहिरी ने २५ जून १९१२ को छुरा घोंपकर उसे मार डाला।[२५] सरगर्मी से खोज करने पर भी पुलिस छ: महिनों तक किसी पर हाथ नहीं डाल सकी जब तक कि रामकरण द्वारा केसरीसिंह को सांकेतिक भाषा में लिखा गया पत्र उसके हाथ नहीं लग गया। इस पत्र में रामकरण ने लिखा था, "आटा अब तक सड़ चुका होगा इसलिये उसे चंबल में मछलियों को फेंक दिया जाय।"[२६] इसका अर्थ यह लगाया गया कि इस मामले में कोई जाँच होने की हालत में साधु के अवशेष चम्बल नदी में फेंक दिए जाएँ।

क्रांति की तैयारी

सशस्त्र शांति के युग से गुजरते यूरोप में १९१३ तक युद्ध के बादल मंडराने लगे थे। जर्मनी से ब्रिटेन का युद्ध अवश्यम्भावी प्रतीत हो रहा था। इस स्थिति का लाभ उठाने की दृष्टि से क्रांतिकारियों ने धन और हथियार एकत्र करने व सैनिक क्रांति की तैयारियाँ तेज कर दीं। विभिन्न छावनियों में देशी सेनाओं के विद्रोह के ठोस प्रयास शुरु हुए। रासबिहारी बोस द्वारा तैयार की गई इस योजना में राजस्थान में इस कार्य को सम्पन्न करने का दायित्व केसरीसिंह, राव गोपालसिंह खरवा, अर्जुनलाल सेठी व प्रताप आदि को सौंपा गया। क्रांति का दिन २१ फरवरी १९१४ निश्चित किया गया। स्वतंत्रता का घोषणा-पत्र तैयार किया गया, विद्रोह के स्थान निश्चित किये गये और राजस्थान में विभिन्न छावनियाँ में गुप्तरूप से विद्रोह के संगठन का कार्य शुरु हुआ जिसमें प्रधानत: जोरावरसिंह, प्रताप व सोमदत लहरी सक्रिय थे। अंग्रेज सरकार को राजस्थान में अपने विरुद्ध गुप्त राजनीतिक कार्यवाहियों का आभास मिल चुका था। केसरीसिंह के विचारों, संगठन कार्यों व प्रचार की गतिविधियों के कारण उन पूरा सन्देह था लेकिन राजस्थान में उनके प्रभाव व राजाओं व सामन्तों से उनके अच्छे सम्बन्धों के

कारण बिना प्रमाण गिरफ्तार करना कठिन था। सरकार मौके की ताक में थी। यह मौका दिल्ली षड्यंत्र केस की जाँच के सिलसिले में मिला।

दिल्ली षड्यंत्र केस में प्रसिद्ध क्रांतिकारी मास्टर अमीरचंद के घर की तलाशी ली गयी। इस तलाशी में पुलिस के हाथ उन लोगों की सूची लगी जिन्हें लिबर्टी पेम्फलेट भेजा गया था। उसमें अर्जुनलाल सेठी का भी नाम था। वे उस समय तक वर्धमान विद्यालय इन्दौर ले जा चुके थे। उन्हें पकड़ कर दिल्ली लाया गया किन्तु कोई सूत्र हाथ नहीं लगा। इसी समय उनकी इन्दौर पाठशाला का एक अध्यापक शिवनारायण द्विवेदी भी पकड़ा गया। पहले यह जोधपुर में चारण छात्रावास का व्यवस्थापक रह चुका था। उसने आरा (निमेज) कांड की सारी जानकारी पुलिस को दे दी। आरा केस की जाँच के दौरान लगभग एक वर्ष पुरानी घटना जोधपुर के महंत प्यारेराम के रहस्यमय ढंग से लापता हो जाने का मामला पुनः उठाया गया। लम्बे अरसे से केसरीसिंह पर झपटने को उद्यत ब्रिटिश सरकार ने प्यारेराम की हत्या का केस बनाकर उन्हें गिरफ्तार कर लिया। उनके साथ राजस्थान में कार्यरत लगभग सभी क्रांतिकारी पकड़ लिये गये। कोटा केस में रामकरण और लक्ष्मीलाल मुखबिर (सरकारी गवाह) हो गये।

अभियोग एवं सजा

ब्रिटिश सरकार को अपने खुफिया सूत्रों[२७] व कृपालसिंह नारंग जैसे देशद्रोहियों के माध्यम से इस क्रांति योजना का पहले ही पता चला गया था इसलिये पूरे देश में क्रांतिकारियों की धरपकड़ करके सारी योजना विफल कर दी गई। इसी सिलसिले में ३१ मार्च १९१४ को केसरीसिंह को बिना कोई अभियोग लगाये शाहपुरा में इन्दौर पुलिस द्वारा पकड़ लिया गया। वहाँ उन्हें छावनी में कैद रखा गया और जब तक वे वहाँ रहे आसपास की सड़कों पर आवागमन बंद कर दिया गया था। बाद में ३ जून को वे इन्दौर से कोटा लाए गये। कोटा की विशेष अदालत में उन पर महंत प्यारेराम हत्याकांड, राजद्रोह एवं राजनीतिक षड्यंत्र का मुकद्दमा चलाया गया।

इस मुकदमें में २३ जून को ब्रिटिश सरकार के सेन्ट्रल इंटेलिजेंस ब्यूरो, दिल्ली के चीफ सर चार्ल्स क्लीवलैंड की देखरेख में मि. आर्मस्ट्रांग, आई.पी. को छानबीन और सहायता के लिये नियुक्त किया गया। बारहठजी के पक्ष में मुकदमे की पैरवी करने के लिए उनके अनुज किशोरसिंह[२८] लखनऊ के प्रसिद्ध देशभक्त बैरिस्टर हामिद अली खान को लेकर आए। इस पर सर चार्ल्स

क्लीवलैंड की सलाह पर २२ जुलाई १९१४ को देहली के एडवोकेट रायसाहब मूलचन्द को कोटा दरबार की ओर से प्रोसीक्यूशन कौंसल नियुक्त किया गया।[२९] रायसाहब लाहौर व दिल्ली षड्यंत्र केस में भी सरकारी वकील थे। केसरीसिंह के खिलाफ इस मुकदमे से सारे राजस्थान में तहलका मच गया। अधिकांश नरेशों व सामन्तों की उनके प्रति सहानुभूति थी। अंग्रेज सरकार भी इस बात से अनभिज्ञ नहीं थी। कोटा महाराव व अन्य उच्च अधिकारी भी बारहठजी के पक्ष में थे।

राजनीतिक दृष्टि से कोटा अभियोग उस समय का बहुत महत्त्वपूर्ण मामला बन गया। भारत के प्राय: सभी प्रान्तों के बड़े अंग्रेज पुलिस अधिकारी व कई रियासतों के रेजीडेंट भी कोटा पहुँचे। पॉयोनियर व टाइम्स ऑफ इंडिया जैसे समाचार पत्र केसरीसिंह के विरुद्ध निरन्तर विष वमन कर रहे थे। खुफिया विभाग के अधिकारी आर्मस्ट्रांग ने अपनी रिपोर्ट में लिखा कि राजपूताना में राजद्रोह फैलाने में दो व्यक्तियों – केसरीसिंह व अर्जुनलाल सेठी का प्रमुख हाथ है। वे शैक्षणिक प्रवृत्तियों की आड़ में नवयुवकों में विद्रोहात्मक विचार भरते हैं। इन्होंने राजपूताना से राजनीतिक अपराध कर्म करने के लिए दिल्ली में अमीरचंद के पास विचारोन्मुख नवयुवक भेजे हैं। वस्तुत: राजपूताना के राजद्रोहियों में सबसे प्रमुख केसरीसिंह ही हैं। ६ अक्टूबर १९१४ को ट्रायल जज मुंशी श्रीराम चौबे द्वारा केसरीसिंह को बीस वर्ष के आजीवन कारावास की सजा सुनायी गयी। सोमदत्त व रामकरण को भी आजीवन कारावास की सजा हुई। ब्रिटिश सरकार बारहठजी को राजद्रोह और हिंसा द्वारा सरकार का तख्ता उलटने के मामले में फँसाकर मृत्युदंड देने को आतुर थी पर इसमें उसे सफलता नहीं मिली।

बैरिस्टर नवाब हामिद अली खान इस मुकद्दमे में बारहठजी की पैरवी करते हुए उनकी उत्कट देशभक्ति और व्यक्तित्व से इतने प्रभावित हुए कि उन्होंने भरी अदालत में २ सितम्बर १९१४ को उनकी प्रशंसा में नज़्म सुनायी। इस मामले में अलीपुर बम केस में श्री अरविन्द की पैरवी करते हुए देशबंधु चितरंजनदास द्वारा उनके व्यक्तित्व के सम्बन्ध में व्यक्त किये भावपूर्ण उद्गारों की घटना की ही जैसे पुनरावृति हुई।[३०] केसरीसिंह के त्याग व कष्ट सहिष्णुता का उल्लेख करने वाली इस नज्म की बानगी इस प्रकार है –

यह इरशादे अदालत है – उठो तुम बहस को 'हामिद'
निगाहें मुल्जिमों की भी मगर कुछ तुमसे कहती है।

... ...

वो मुल्जिम उम्र जिसकी देश की खिदमत में गुजरी है
वो मुल्जिम पानी होकर हड्डियाँ अब जिसकी बहती हैं।

वो मुल्जिम केसरी जो जाने दिल से देश का हामी,
वो जिसकी खूबियाँ अखलाक का दम भरती रहती हैं।

केसरीसिंह को न केवल आजन्म कारावास की सजा दी गई अपितु हजारों रुपये वार्षिक आय की देवपुरा की सम्पूर्ण पैतृक जागीर, शाहपुरा स्थित विशाल हवेली और सारी संपति ब्रिटिश सरकार के दबाव के कारण शाहपुरा नरेश ने जब्त कर ली। इसमें उनका विशाल पुस्तकालय कृष्णवाणी विलास भी शामिल था। उनकी पत्नी और बच्चे सब कुछ छिन जाने से बेघरबार होकर सड़क पर आ गये। कहीं आशा की कोई किरण नहीं। ऐसे विकट समय में कोटा रियासत के कोटड़ी ठिकाने के कविराजा दुर्गादान ने सरकारी कोप की परवाह न करते हुए केसरीसिंह की पत्नी माणिक्य कुँवर को बच्चों सहित अपने यहाँ बुला लिया। वे रिश्ते में उनकी बुआ लगती थीं। प्रताप फिर फरार हो गये। दिल्ली बम कांड में वे पहले फरार रहे थे। क्रांतिकारियों द्वारा पुनः की जा रही सशस्त्र क्रांति की तैयारी में वे जुट गये।

ब्रिटिश सरकार सारी कोशिशों के उपरान्त भी क्रांतिकारी गतिविधियों के सारे केन्द्रों को नष्ट नहीं कर सकी और न उनकी कार्यवाहियाँ बन्द हुई थीं। ऐसी स्थिति में केसरीसिंह जैसे प्रभावशाली और लोकप्रिय व्यक्ति को कोटा जेल में रखना खतरे से खाली नहीं था। विश्वयुद्ध का विस्तार होते जाने के कारण भारत में अंग्रेजों की स्थिति संकटपूर्ण हो रही थी। इसलिये केसरीसिंह को कोटा से हटाकर बिहार में हजारीबाग जेल में भेज दिया गया।

तपस्यापूर्ण काराजीवन

अपनी मातृभूमि की स्वतंत्रता के स्वप्न संजोना और उनको साकार करने के लिए प्रयत्न करना विदेशी शासकों की दृष्टि में गंभीरतम अपराध था। आजादी के इन दीवानों के साथ जेलों में निम्नकोटि के अपराधियों की भाँति दुर्व्यवहार किया जाता और यातनाएँ दी जातीं। कठोर परिश्रम, तंग कोठरियों में निवास, पशुतुल्य भोजन यही सब कुछ उन्हें हजारीबाग में झेलना था। घर बार तबाह हो चुका था। बड़ा बेटा शहादत के पथ पर चल पड़ा था। अनुज अज्ञातवास में था पर दृढ़ प्रतिज्ञ केसरीसिंह ने इन सभी बातों से अविचलित रहकर जेल जीवन की यातनाओं को सहन किया।[३१] शाहपुरा में गिरफ्तार होते समय उन्होंने यह प्रण कर लिया था कि अब अन्न ग्रहण करूँगा तो केवल अपनी पत्नी मणि के हाथ का बना भोजन ही। हजारीबाग जेल में जहाँ उन्हें कालकोठरी में रखा गया था,

उन्होंने अन्न ग्रहण करने से इंकार कर दिया। उनकी फल और दूध की माँग अस्वीकार कर दी गई। इस पर अट्ठाईस दिन तक वे निराहार रहे। नाक से नली द्वारा चावल की माँड या अन्य तरल चीज जो उन्हें दी जाती उसे वे वमन करके वापस बाहर निकाल देते। उन्नतीसवें दिन अधिकारी उन्हें दूध देने पर राजी हुए किन्तु उसकी मात्रा बहुत कम थी। इस कारण सात दिन बाद उन्हें फिर अनशन करना पड़ा। वस्तुत: डेढ़ साल तक उन्हें यह संघर्ष करना पड़ा। अन्तत: उनकी तपस्या व संकल्प के आगे सरकार को झुकना पड़ा। केसरीसिंह ने अपने संस्मरणों में पत्रकार यज्ञदत शर्मा को बताया – 'बिहार उड़ीसा के जेलों में इंस्पेक्टर जनरल ने एक दिन आकर कहा, केसरीसिंह राणा प्रताप की हिस्ट्री से हम मेवाड़ के पानी की प्रशंसा सुन चुके थे। तुम जीत गये। आज से तुम्हें दूध मिला करेगा।'[३२]

उनका जेल जीवन एक तपस्वी का जीवन था। किसी प्रकार की निराशा, कुंठा, तनाव या असंतोष नहीं। अपने उद्देश्य व प्रयोजन में अटूट आस्था और विश्वास। उनके आत्मबल, संयमित जीवन और सद्व्यवहार ने कैदियों, जेल कर्मचारियों व अधिकारियों को समान रूप से प्रभावित किया। उनके तेजस्वी व्यक्तित्व एवं उदात्त विचारों से जेल अधीक्षक कर्नल मीक और उसकी पत्नी भी बहुत प्रभावित थे और उनके बीच मेल मिलाप बढ़ा। केसरीसिंह के साहित्य दर्शन, इतिहास आदि के विपुल ज्ञान से लाभान्वित होने के लिए कर्नल मीक और उसकी पत्नी उनके साथ विभिन्न विषयों पर चर्चा करते थे। श्रीमती मीक ने उनसे संस्कृत का भी अध्ययन किया। इस अंग्रेज दंपति ने केसरीसिंह से मुकद्दमे के सम्बन्ध में जानकारी हासिल की और इस मामले में वॉयसरॉय से अपील करने की सलाह दी। यद्यपि उन्हें ब्रिटिश सरकार से कोई उम्मीद नहीं थी तथापि उदारमान अधीक्षक के बहुत जोर देने पर उन्होंने वॉयसरॉय के नाम अपील लिखी जिसे जेल अधीक्षक ने अपनी सिफारिश के साथ आगे भेजा। उस समय तक प्रथम महायुद्ध समाप्त हो चुका था। इसमें मित्र राष्ट्रों की विजय और वर्साई संधि के बाद ब्रिटिश सरकार के रवैये में कुछ नरमी आई थी। राजस्थान में क्रांतिकारी गतिविधियाँ समाप्त हो चुकी थीं। अत: केसरीसिंह को लगभग पाँच वर्ष कारावास भुगतने के पश्चात् १९ जुलाई १९१९ को रिहा कर दिया गया। इस बीच उनका पुत्र प्रताप बरेली जेल में नृशंस यातनाओं का शिकार होकर मातृभूमि की वेदी पर बलिदान हो चुका था। इस वज्रपात की उन्हें कोई खबर नहीं थी। हजारीबाग से लौटने पर कोटा जंक्शन पर स्वागत के लिए उपस्थित समुदाय में से डॉ. गुरुदत द्वारा यह पूछे जाने पर उन्हें प्रताप की शहादत का समाचार कब मिला? बारहठजी ने धैर्यपूर्वक जवाब दिया – ''आपके ही मुख से।'' इस दारुण समाचार

के धक्के को भी वे नि:शब्द सह गये क्योंकि उनके अनुसार स्वतंत्रतारूपी यज्ञ में एक समिधा के रूप में अपनी आहुति देनी थी और उसने दे भी दी। मातृभूमि के लिए प्राणाधिक प्रिय की पुत्र की बलि से बढ़कर और क्या त्याग हो सकता था?

जेल से मुक्त होकर जब वे कोटा आए तो यह बात फैली कि रियासत द्वारा उन्हें पुन: गिरफ्तार करके कारावास देने की तजवीज की जा रही है। इस पर पं. मदनमोहन मालवीय ने कोटा रियासत के दीवान रघुनाथदास चौबे को पत्र लिखकर सावधान किया कि यदि बारहठजी को फिर से जेल में भेजने का कोई उपक्रम किया गया तो स्वयं कोटा आकर सत्याग्रह करेंगे लेकिन रियासत ने ऐसी कोई कार्यवाही नहीं की।

हतश्री क्रांतिकारी आन्दोलन और गाँधीवाद की ओर झुकाव

बारहठजी कारावास से मुक्त होकर जब अपनी कर्मभूमि पहुँचे तो देखा कि सारी फिजा ही बदल चुकी थी। क्रांतिकारी आन्दोलन निष्पंद हो चुका था। रासबिहारी बोस व शचीन्द्र सान्याल जैसे क्रांतिदूतों की योजना पर पानी फिर चुका था। क्रांतिकारी आन्दोलन का कोई भविष्य दिखायी नहीं दे रहा था और भारतीय राजनीति के क्षितिज पर महात्मा गाँधी का उदय हो चुका था। क्रांतिकारी संगठन के बिखर जाने के कारण उनके कई साथी गाँधीजी की ओर मुड़ गये थे। जमनालाल बजाज के आग्रह पर अर्जुनलाल सेठी व रामनारायण चौधरी जैसे अग्रणी साथी वर्धा पहुँच गये थे। केसरीसिंह अकेले पड़ गये। शिक्षा प्रचार व समाज सुधार का कार्य भी कारावास के कारण अस्त व्यस्त हो गया था। रूस की साम्यवादी क्रांति का भी प्रभाव पड़ना शुरु हो गया था। दूसरी ओर गाँधीजी के अहिंसात्मक आन्दोलन से जनमानस तीव्रता से प्रभावित हो रहा था। ऐसी स्थिति में केसरीसिंह भी हिंसा के मार्ग का परित्याग कर गाँधीजी व कांग्रेस आन्दोलन की ओर उन्मुख हुए।

सेठीजी की प्रेरणा से जमनालालजी ने केसरीसिह को भी सपरिवार वर्धा आने का निमंत्रण दिया। पुत्री चन्द्रमणि और जामाता ईश्वरदान आशिया भी उनके साथ वर्धा पहुँचे। उस समय राजस्थान के अन्य कई कार्यकर्त्ता जैसे सागरमल गोपा, कन्हैयालाल कलंत्री आदि भी वहाँ मौजूद थे। वहाँ से बाद में 'राजस्थान केसरी' साप्ताहिक पत्र का प्रकाशन कार्य प्रारंभ हुआ, जिसमें देशी राज्यों और मुख्यत: राजस्थान से सम्बन्धित विचार, समाचार आदि प्रकाशित होते थे। सेठीजी व बारहठजी इसमें लिखते थे। वर्धा में रहते हुए केसरीसिंह ने सितम्बर १९२० ई.

में कलकता कांग्रेस के विशेष अधिवेशन में राजपूताना व मध्य भारत की ओर से देशी राज्यों के प्रतिनिधि के तौर पर भाग लिया। वर्धा आश्रम में कुछ महीने रहने के बाद वे कोटा लौट आये। संपूर्ण संपति जब्त हो जाने के कारण उनके न तो रहने का कोई ठिकाना था और न आजीविका का कोई साधन। घोर अर्थाभाव व कष्टों में उन्हें जीवन बिताना पड़ा पर दैन्यभाव कभी पास नहीं फटकने दिया। प्रसिद्ध इतिहासकार डॉ. मथुरालाल शर्मा ने अपने संस्मरणों में बारहठजी के उन दिनों के कठिन जीवन का मार्मिक चित्रण किया है।

नवीन राजनीति में व्याप्त व्यक्तिगत प्रतिस्पर्द्धा, वैमनस्य और गुटबन्दी से उन्हें गहरी ठेस लगी। देशभक्ति का उनके आदर्श व व्रत की यह किरकिरी उनके लिए असह्य वेदना थी। धीरे-धीरे वे सक्रिय राजनीति से अलग हो गये। दिव्यात्मा पत्नी माणिक्य कुंवर के निधन से तो वे संसार से विरक्त ही हो गये। प्रताप की शहादत के बाद यह दूसरा बड़ा आघात था। वे तो १९३४ ई. में सन्यास लेना चाहते थे। किंतु सगे संबंधियों व पुत्र के आग्रह के कारण एकान्तवास ही करना प्रारंभ कर दिया। जीवन के अंतिम दिनों में वे गाँधीजी के सान्निध्य में रहने को इच्छुक थे। जब १९४० ई. में महात्मा गाँधी ने व्यक्तिगत सत्याग्रह प्रारंभ करने की घोषणा की तो केसरीसिंह ने भी उसमें भाग लेने की इच्छा प्रकट करते हुए अपने साथी रामनारायण चौधरी को ७ दिसम्बर '४० को वर्धा पत्र लिखा, 'मेरी इस सत्तर वर्ष की बूढ़ी हड्ढियों में स्वदेश के लिए शान्त आहुति देने का अभी बल है और प्रबल इच्छा भी है।' महात्मा गाँधी ने इस प्रस्ताव पर अपनी प्रसन्नता व्यक्त की। गाँधीजी के अहिंसा दर्शन में पूरी आस्था व्यक्त करते हुए चौधरी जी को लिखे पत्र में उन्होंने लिखा - 'मैं अहिंसा को मानवधर्म का सर्वोपरि अंग समझता हूँ क्योंकि हिंसा पाशविक वृत्ति है। आततायी पर अबला की रक्षा में कदाचित हाथ उठाना अपरिहार्य हो भी तो हिंसक का हाथ तोड़कर तुरन्त उसकी सुश्रुषा में उतना ही प्रेमपूर्वक लग सकता हूँ जितना कि अपने बंधु के लिए।.. आज से पच्चीस छब्बीस वर्ष पूर्व जब हजारीबाग जेल में सिविल सर्जन मि. जॉर्डन ने मनमाना जुर्म इस शरीर पर किया तब भी किसी क्षण मेरे हृदय में उसके या अंग्रेज जाति के प्रति द्वेष उदय नहीं हुआ।... अब तो अहिंसा के निर्मल और खुले मार्ग को श्रेय मानता हूँ।''[३३] किन्तु विधि का विधान कुछ और ही था। सेवाग्राम के लिए प्रस्थान करने से पूर्व ही १४ अगस्त १९४१ को इस बलिदानी की इहलीला समाप्त हो गयी।

आधुनिक राजस्थान के स्वातंत्र्य संग्राम में केसरीसिंह का अनुपम स्थान है। वे इस प्रदेश में क्रांतिकारी आन्दोलन के जनक थे। भीषण कष्ट उठाकर भी अपने

आदर्शों व आस्थाओं से उन्होंने कभी समझौता नहीं किया। उनका व्यक्तित्व एक क्रांतिधर्मा के दुर्लभ गुणों का पयार्य था। राजद्रोह व हत्या के आरोप में कोटा अभियोग के दौरान कई हितैषियों द्वारा क्रांतिकारी सिद्धान्तों का परित्याग कर इस संकट से उबरने के परामर्श को उन्होंने कभी स्वीकार नहीं किया। इस सम्बन्ध में कोटा महाराव को लिखे गये पत्र की ये पंक्तियाँ आदर्श के लिए मर मिटने वालों के लिए सदैव प्रेरणा स्रोत बनी रहेगी कि मैने अपने आप गंगा का प्रादुर्भाव किया और स्वयं उसकी पवित्र धारा में बह चला। जो बह चला, वह रुक नहीं सकता और न रुकने के लिए ही बहा।'

उनके अत्युच्च नैतिक चरित्र की शुभ्रता और पवित्रता ने ही समस्त परिवार को बसन्ती चोला पहिनने की, उत्सर्ग करने की प्रेरणा दी। मातृभूमि की स्वतंत्रता के लिए सर्वस्वार्पण की ऐसी ललक अत्यंत दुर्लभ है। उनके समान उत्कट देशभक्त के लिए पराधीनता असह्य थी अत: राष्ट्र की स्वतंत्रता के लिए संपूर्ण निष्ठा से जुट जाना ही उनके जीवन का एकमेव प्रयोजन बन गया। उनके बहुमुखी कार्य इसी महत ध्येय की प्राप्ति के साधन थे। आत्मोत्सर्ग की ऐतिहासिक शौर्य की वह भावना उनमें अंतिम समय तक बनी रही जो वृद्धावस्था में निर्बलता के कारण घर पर मरने के बजाय रणक्षेत्र में अर्थात् गुलामी के विरुद्ध चल रहे जनसंघर्ष में प्राणोत्सर्ग करने के लिए प्रेरित करती रही। वे अंतिम समय तक कहते रहे कि जिस समाज व राष्ट्र में वीरपूजा न हो वह मृतप्राय: है।

वे उच्चकोटि के बुद्धिजीवी, विचारक और लेखक और कवि थे। उनकी रचनाएँ उनकी बहुमुखी प्रतिभा की साक्षी हैं। सामंती समाज व्यवस्था के जीवन मूल्यों में पलकर भी स्वदेश और पीड़ित शोषित मानवता के कल्याण व प्रगति के लिए सामंती मूल्यों के विरुद्ध संघर्ष करने व जनतंत्रीय मूल्यों को प्रस्थापित करने के लिए, मानव गरिमा की रक्षा के लिए अथक चेष्टा करने के लिए केसरीसिंह बारहठ का जीवन अनुपम है। देश के स्वतंत्रता संघर्ष में अपना सर्वस्व होम कर देने वाले महान् क्रांतिकारी के रूप में वे सदैव स्मरणीय रहेंगे। उनके महान् बलिदानी जीवन के बारे में अंत में यही कहना है कि –

साहां नै सुभराज दीधा केईक दूथियां।
गोरां ऊपर गाज करग्यौ एकज केहरी।।

7:1

प्रबल झंझा में संतरण शहीद प्रताप व जोधार जोरावरसिंह

केहर री कुळकांण भिड़णौ किण विध भूलवै।
नेम धरम निरवाण कवि निभायौ काळिया।।

राजस्थान में क्रांतिकारी आन्दोलन की जो भावभूमि केसरीसिंह बारहठ ने तैयार की उसमें से प्रताप और जोरावरसिंह अश्वत्थ होकर उठे। मातृभूमि के प्रति बारहठजी के पूर्ण समर्पण की अग्निशिखा की वाहक चाचा भतीजे की यह युगल जोड़ी बनी। हार्डिञ्ज बम केस के नायक जोरावरसिंह का भीषण आपदाओं से भरपूर सत्ताईस वर्षों का भूमिगत जीवन व अनेक प्रलोभनों, एवं आसन्न मृत्यु के समक्ष ध्येय के प्रति प्रताप की अविचल निष्ठा भारत के क्रांतिकारी आन्दोलन के कीर्तिकलश हैं। ब्रिटिश सत्ता द्वारा अकिंचनता की पराकाष्ठा पर पहुँचने को विवश कर दिये जाने पर भी अपने महत् लक्ष्य से बारहठ परिवार की यह तेजस्वी त्रिमूर्ति रंचमात्र भी विचलित नहीं हुई। जोधार जोरावर और पराक्रमी प्रताप का अदम्य साहस, कष्टसहिष्णुता व जीवट स्वातंत्र्य रक्षण के लिए मेवाड़ी परम्परा की स्वर्णिम कड़ी थी। 'आनंदमठ' के संतानों का ही उनमें पुनआविर्भाव हुआ। मातृमंत्र में दीक्षित महाप्राण प्रताप ने साम्राज्यवाद के पशुबल को पराजित कर दिया। बरेली-कारागार की अग्निपरीक्षा में अविचल रहकर उन्होंने स्वाधीनता आन्दोलन में राजस्थान का कीर्तिस्तम्भ स्थापित कर दिया। सर्वस्व अर्पण की अपेक्षा रखने वाले क्रांतिकारी आन्दोलन की चर्चा के संदर्भ में इस दुःखद तथ्य को उजागर करना अत्यन्त आवश्यक है कि समकालीन भारतीय इतिहासकारों ने इस आन्दोलन की हरावळ में रहने वाले इन जाँबाज राजस्थनी क्रांतिकारियों को उपेक्षा के आवरण से ढ़ँक दिया है। ये इतिहासकार तो बकौल दुष्यन्तकुमार -

कैसी मशालें ले के चले तीरगी[३४] में आप।
जो रोशनी थी वो भी सलामत नहीं रही।।

तमाम भौतिक आकांक्षाओं से मुँह फेर चुके

इन बलिदानियों की यदि कोई इच्छा थी तो केवल यही कि –

कुछ आरज़ू नहीं है है आरज़ू तो ये है।
रख दे कोई जरा सी खाके वतन कफ़न में।।

प्रथम विश्वयुद्ध के दौरान क्रांतियोजना के नायक रासबिहारी बोस के दाहिने हाथ शहीद प्रताप के बलिदान की कहानी अत्यन्त रोमांचक है। क्रांतिदृष्टा केसरीसिंह बारहठ की प्रथम संतान प्रताप का जन्म १८९३ ई. की ज्येष्ठ शुक्ला नवमी को उदयपुर में हुआ। उस समय बारहठजी महाराणा उदयपुर के सलाहकार थे। बाद में महाराणा फतहसिंह से वैचारिक मतभेद हो जाने से वे कोटा महाराव उम्मेदसिंह के अनुरोध पर कोटा राज्य की सेवा में चले आए। वहीं पर प्रताप का बाल्यकाल व्यतीत हुआ। शिक्षा दीक्षा प्रारंभ हुई। कुछ समय उपरान्त उन्हें डी.ए.वी. स्कूल अजमेर में भर्ती कराया गया जहाँ छात्रों को राष्ट्र प्रेम के संस्कारों से संस्कारित किया जाता था। अंग्रेजों द्वारा स्थापित विश्वविद्यालय बारहठजी की दृष्टि में गुलाम ढ़ालने वाले साँचे थे जो युवकों को अपनी जड़ों से काट देते हैं। अत: प्रताप ने मैट्रिक की परीक्षा देने की आवश्यकता नहीं समझी।

यौवन के प्रभात में बलिपथ पर

उसी समय प्रसिद्ध क्रांतिकारी अर्जुनलाल सेठी ने जयपुर में 'जैन वर्द्धमान विद्यालय' की स्थापना की थी। इसमें विष्णुदत त्रिवेदी जैसे क्रांतिकारी विचारों के अध्यापक नियुक्त किये गए थे। वैसे तो यह शैक्षणिक संस्था थी पर वास्तव में देशभक्त क्रांतिकारी युवकों को तैयार करने का केन्द्र था। केसरीसिंह ने पुत्र प्रताप और जामाता ईश्वरदान आशिया को आगे की पढ़ाई के लिए वहाँ भेज दिया। वहाँ रहते हुए प्रताप में देश की स्वतंत्रता के लिए काम करने की भावना और दृढ़ हो गयी। अपने यहाँ प्रशिक्षण के बाद सेठीजी विद्यार्थियों को चुन चुन कर क्रांतिकारी कार्यों के लिए प्रशिक्षण प्राप्त करने हेतु अन्यत्र भेजा करते थे। जब सेठीजी अपने विद्यालय को जयपुर से हटाकर इन्दौर ले गये तब बारहठजी ने प्रताप को दिल्ली के प्रमुख क्रांतिकारी मास्टर अमीरचंद के पास भेज दिया।

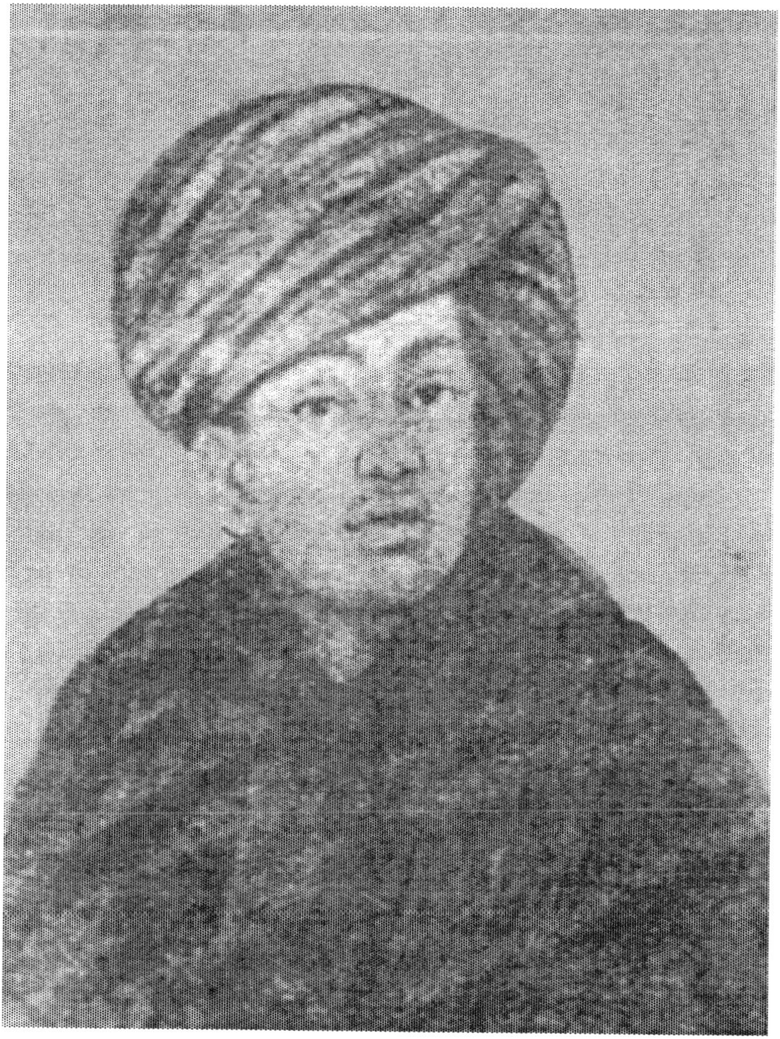

क्रांतिकारी शहीद प्रताप बारहठ

मास्टर अमीरचंद ने उन्हें क्रांतिकारी कार्यों का प्रशिक्षण दिया। इसमें भेष बदल कर राजकीय कार्यालयों से गुप्त समाचार प्राप्त करना, बम बनाना, सैनिकों व नवयुवकों से किस प्रकार संपर्क स्थापित करना आदि बातें शामिल थीं। भेष बदलने की कला में प्रताप ने इतनी महारत हासिल कर ली कि एक बार मास्टर अमीरचंद को ही उन्होंने छका दिया। जब वे भेष बदलकर उनके पास गए, उनसे

बातचीत की तो मास्टरजी उन्हें पहिचान नहीं सके। काफी देर बाद बात करने के बाद उन्होंने अपना परिचय दिया तो मास्टरजी अत्यंत प्रसन्न हुए और बहुत शाबासी दी।[३५] मास्टरजी प्रताप की प्रतिभा व नेतृत्व क्षमता से बहुत प्रभावित थे। यही कारण था कि उन्होनें रासबिहारी बोस से प्रताप को राजस्थान में क्रांतिकारी दल का दायित्व सौंपने की सिफारिश की। उस समय केवल बीस वर्ष की आयु में वे क्रांतिकारियों के सर्वमान्य नेता बन गये। मास्टर अमीरचंद ने बोस से कहा, प्रताप पर पूरा भरोसा किया जा सकता है। प्रताप उनके विश्वास की कसौटी पर खरे उतरे। थोड़े ही समय में राजस्थान में क्रांतिकारी संगठन उनके नेतृतव में बहुत शक्तिशाली बन गया।

दिल्ली बम कांड और प्रताप

रासबिहारी बोस चाहते थे कोई ऐसा कार्य किया जाए जिससे ब्रिटिश शासन की प्रतिष्ठा को गहरा धक्का लगे और उसका आतंक समाप्त हो। भारतीयों में साहस का संचार हो और उनमें यह आत्मविश्वास पैदा हो जाए कि अंग्रेजों के विरुद्ध उठ खड़ा होना संभव है। संयोग से शीघ्र ही ऐसा अवसर आया। बंगाल में बढ़ती हुई क्रांतिकारी गतिविधियों को देखते हुए कलकता के बजाय दिल्ली को भारत की राजधानी बनाना तय किया गया। इस अवसर पर एक भव्य समारोह आयोजित किया गया। इसमें देशी राज्यों के सभी राजाओं, उनके सामन्तों ब्रिटिश भारत के जमींदारों तथा तात्लुकेदारों, उद्योगपतियों, सैनिक अधिकारियों व सभी महत्वपूर्ण व्यक्तियों को आमंत्रित किया गया था। इसका उद्देश्य लोगों पर ब्रिटिश सत्ता की धाक बिठाना व साम्राज्य के ऐश्वर्य का प्रदर्शन करना था। सारे देश का ध्यान इस समारोह की ओर लगा था।

सरकार ने जैसा भव्य आयोजन किया था उसीके अनुरूप इसकी किरकिरी करने के लिए क्रांतिकारियों ने भी वॉयसरॉय लार्ड हार्डिञ्ज को बम से उड़ाने की योजना बनायी। रासबिहारी बोस के अलावा शचीन्द्र सान्याल, भाई बालमुकुन्द, अवधबिहारी और वसंत विश्वास तो दिल्ली में ही थे। इस योजना को कार्यरूप में परिणत करने के लिए प्रताप व उनके चाचा जोरावरसिंह को भी वहाँ बुला लिया गया। क्रांतिकारी दल ने बम फेंकने का कार्य प्रताप को सौंपा और वे कई महीनों तक पत्थर से निशाना लगाकर अभ्यास करते रहे। लेकिन समय करीब आने पर सोचा कि प्रताप मंझले कद के हैं। हो सकता है कि भीड़ आगे आ जाए और निशाना गलत हो जाए। इस पर यह कार्य जोरावरसिंह को सौंपा गया। निश्चित समय पर वे लोग नाव द्वारा यमुना पार कर दिल्ली पहुँचे। कुछ गोटे

किनारी के कपड़े खरीद कर उसमें बम छिपाये, कपड़ों की पोटली उठाये नाव पर चढ़े तो किसी ने कहा, सामान नीचे रख दो, गोद में क्यों उठाये हुए हो?'' तब जोरावरसिंह ने कहा, भाई हम लोग मायरा (भात) भरने जा रहे है कपड़े बिगड़ने का डर है।'' इस तरह वे यमुना पार कर दिल्ली पहुँचे। उसी गड्डी में एक बुर्का भी था जो जोरावरसिंह के नाप से सिलवाया गया था। चाचा भतीजा दोनों चाँदनी चौक में नियत स्थान पर पहुँच गये और वॉयसरॉय की सवारी की प्रतीक्षा करने लगे। प्रताप नीचे खड़े रहे और ऊपर महिलाओं के बीच बुर्का पहन कर जोरावरसिंह खड़े हो गये।[३६]

उस दिन दिल्ली को खूब सजाया गया था। वॉयसरॉय की स्पेशल ट्रेन पहुँचते ही लाल किले से तोपों की सलामी दी गयी। इसके पश्चात् वॉयसरॉय व लेडी हार्डिञ्ज की शोभायात्रा निकाली गयी। वे एक हाथी पर सवार थे जिस पर कारचोबी के फूलों से सज्जित सोने चाँदी का हौदा लगा हुआ था। सेना की टुकड़ियाँ आगे चल रही थीं और सैनिक बैंड मोहफथीन बजा रहे थे। पीछे देशी नरेश अपने राजसी ठाट बाट से चल रहे थे। जब यह जुलूस चाँदनी चौक पहुँचा और पंजाब नेशनल बैंक की इमारत के सामने आया तो एक भीषण धमाका हुआ। एक बम हाथी के हौदे की पीठ पर लगा। बलरामपुरा राज्य का जमींदार महावीरसिंह जो लॉर्ड हार्डिञ्ज पर छत्र लगाये हुए था, मरकर हौदे में लटक गया। वॉयसरॉय की पीठ, दाहिने कंधे, गर्दन व दाहिने कूल्हे पर गहरी चोट आयी और वह बेहोश होकर हौदे में लुढ़क गया। भीड़ में से आवाज आई ''शाबास''।

अनेक जासूसों, पुलिस व सेना की चौकसी रहते हुए लाखों की भीड़ में सभी की आँखों में धूल झोंक कर बंदूक से नहीं, हाथ से बम फेंककर चलते हुए हाथी पर निशाना लगाना अद्भुत साहस, धैर्य व जोखिम का काम था। इसे अंजाम दिया था जोधार जोरावरसिंह ने। यह तो ऐन वक्त पर एक महिला की कुहनी का धक्का लग जाने से निशाना थोड़ा चूक गया वरना हार्डिञ्ज के प्राण पखेरु उड़ जाते।[३७] जुलूस में माने भूचाल आ गया। पुलिस व सेना ने सब सड़कें रोक लीं। सब इमारतों को घेर लिया किंतु जोरावरसिंह ऐसे गायब हुए कि पुलिस को कोई सुराग हाथ नहीं लगा। स्कॉटलैंड यार्ड के प्रसिद्ध जासूस बुलाये गये। सरकार ने एक लाख रुपये के पुरस्कार की घोषणा की। देशी नरेशों ने भी अपनी राजभक्ति का प्रदर्शन करने के लिए लाखों रुपयें के इनाम घोषित किये पर सब व्यर्थ। बम फेंकने वाले का कोई पता नहीं लगा सका।

इस सारी योजना के सूत्रधार थे रासबिहारी बोस। जोरावरसिंह, प्रताप, बसंत विश्वास, मास्टर अमीरचंद, अवधबिहारी व भाई बालमुकुन्द का इसमें सक्रिय

सहयोग था। इसे कार्यरूप में परिणत किया चाचा भतीजे – जोरावरसिंह व प्रताप बारहठ ने। वे दोनों बच निकले और यमुना के किनारे पहुँचे। प्रताप यमुना के पुल के नीचे पानी में कूद पड़े और अड़तालीस घंटे पुल के नीचे भूखे प्यासे लटके रहे। बाद में बदन सूजने के कारण हाथ छूट गये और बेहोशी की हालत में नदी में बहने लगे। लहरों के थपेड़ों ने काफी दूर जंगल में किनारे पर फेंक दिया। पुलिस खोज कर रही थी। उनको मुर्दा समझ कर सिपाही ने बाहर निकाला। साँस चलती देखकर उन्हें उठाकर चलने लगे। इधर जोरावरसिंह जो प्रताप की खोज में थे, दूर से उन्हें सिपाही द्वारा ले जाते देखकर उस तरफ झपट पडे। उस सिपाही का पिस्तौल से वहीं काम तमाम कर अपने स्थान पर पहुँच गये। कई घंटों के उपचार के बाद प्रताप की प्राणरक्षा हो सकी।[३८]

वहाँ से जोरावरसिंह तो फरार हो गये। प्रताप व उनके बहिनोई ईश्वरदान आशिया को दिल्ली षड्यंत्र में गिरफ्तार कर लिया परन्तु प्रमाण न मिलने के कारण छोड़ना पड़ा। उधर आरा (निमेज) कांड में जोरावरसिंह को फाँसी की सजा हुई किन्तु वे पुलिस की पकड़ से बाहर थे। केसरीसिंह को कोटा अभियोग में उम्र कैद हो गई। सारी सम्पत्ति जब्त हो गयी लेकिन इन विपरीत परिस्थितियों में भी प्रताप क्रांति के संगठन के लिए बराबर काम करते रहे। पुलिस उनको छू नहीं सकी।

रासबिहारी बोस दिल्ली बम कांड के पश्चात् बनारस और फिर नवद्वीप चले गये थे। वहाँ से वे गुप्तरूप से क्रांति की योजना को सफलतापूर्वक कार्यान्वित करने का प्रयत्न कर रहे थे। क्रांति के काम को आगे बढ़ाने के लिए अपने नेता से परामर्श करने प्रताप नवद्वीप पहुँचे। यह भारी खतरे का काम था पर वे तो जैसे संकट से खेलने के लिए ही पैदा हुए थे। रासबिहारी से सलाह मशविरा करके वे राजस्थान चले आए और उनके आदेशानुसार काम करने लगे। इस बीच उनकी पारिवारिक जागीर, हवेली आदि सब जब्त हो चुके थे। उस समय तक बनारस षड्यंत्र केस में उनके नाम गिरफ्तारी का वारंट निकल चुका था। उनकी माँ कोटड़ी (कोटा रियासत में गाँव) में विपदा के दिन गुजार रही थी। माँ से धोती खरीदने के बहाने दो रुपये लेकर घर से सदा के लिए निकल पड़े। घर से निकल कर अपने पिता के मित्र मुंशी मोडूलालजी के घर गये और कहा, ''मैं शादी करने जा रहा हूँ।'' मुंशीजी चकित रह गये पर उन्हें क्या पता था कि शादी से प्रताप का क्या तात्पर्य था। उस विषम परिस्थिति में भी वे अल्हड़ और विनोदी बने रहे। वे तो –

सत सत सेवकियां रौ मालक साचौ सेवक बणयौ।
वो बिन बराती बींद बण्यौ आजादी रौ तोरण तणग्यौ।।
अपणै पुरखां रौ लियां जोश मा आवड़ री ले शुभाशीष।
अंतिम वंदन मा चरणां में मन में माता ने झुका शीश।।
... ...
मा जोवण लागी बाट अबै आवैला जेज हुई खासी।
कुण केवै पण वो दो रुपियां में लैवण नै गो है फाँसी।।
बरस गया बाटां जोतां विरह री घड़ियां दिन दूणी।
प्रताप दिल्ली रै आंगणियै जाय धुकाई ही धूणी।[३९]

पिता केसरीसिंह को आजन्म कारावास होने पर प्रताप ने जेल में उन्हें संदेश भेजा कि आप तनिक भी चिंता न करें। प्रताप अभी जिन्दा है। वे पुलिस की आँख बचाकर राजस्थान में घूम घूम कर क्रांतिकारी संगठन दृढ़ करने में लगे रहे। इसी सिलसिले में वे हैदराबाद (सिंध) जा पहुँचे। हैदराबाद में उन्होंने एक खानगी दवाखाने में कम्पाउंडर की जगह काम करना शुरु कर दिया था और फुरसत के समय वाचनालयों में जाने वाले नौजवानों में क्रांतिकारी प्रचार करने लग गये।[३९]

चौधरी रामनारायण, जो राजस्थान के क्रांतिकारी दल में प्रताप के निकट सहयोगी थी, उन्हें खोजते खोजते सिंध हैदराबाद पहुँचे। वे अपनी आत्मकथा में लिखते है – "दूसरे ही दिन हम बीकानेर के लिए चल पड़े। सोचा यह था कि मैं राजधानी में कोई नौकरी कर लूँगा, प्रतापजी कहीं देहात में जा बसेंगे और दोनों मिलकर विप्लवादी दल खड़ा करेंगे। गाँवों में प्रतापजी के कुछ सम्बन्धी रहते थे। लेकिन एक गलती ने योजना पर पानी फेर दिया। जोधपुर स्टेशन पास आया तो प्रतापजी की इच्छा आसानाड़ा स्टेशन पर उतरकर वहाँ के स्टेशन मास्टर से मिलने की हुई। वह दल का सदस्य था। मगर कुछ दिन पहले यहाँ बम का पार्सल पकड़ा जा चुका था और वह अपनी खाल बचाने के लिए पुलिस का मुखबिर बन गया था। इसकी हमें किसी को खबर नहीं थी।"[४०] इस देशद्रोही स्टेशन मास्टर ने प्रताप के साथ विश्वासघात किया। रात को वे जब क्वार्टर में सो रहे थे तो उसने पुलिस को सूचना दे दी और उन्हें गिरफ्तार करवा दिया। उन्हें गिरफ्तार कर बरेली जेल भेज दिया गया।

बरेली जेल में प्रताप की अग्नि परीक्षा हुई। प्रताप के अल्प किन्तु तेजस्वी जीवन के इस अंतिम खंड का प्रमाणिक विवरण प्रसिद्ध क्रांतिकारी शचीन्द्र सान्याल द्वारा बंगला में लिखित पुस्तक 'बन्दी जीवन' में मिलता है। वे भी प्रताप के साथ बनारस षड्यंत्र केस में बरेली जेल में बंदी थे। वे लिखते हैं – पौराणिक

युग का वह गौरवमंडित राजपूताना आज न होने पर भी उस अतीत युग के संस्कार आज भी प्रत्येक राजपूतानावासी के हृदय में अंकित हैं। प्रताप के परिवार की बात देखकर वह बात मेरे मन में स्वत: जाग उठती है।'' भारत सरकार को यह ज्ञात था कि प्रताप क्रांतिकारी दल के सर्वोच्च नेता रासबिहारी बोस के सर्वाधिक विश्वस्त सहायक हैं। उन्हें उस संपूर्ण योजना की जानकारी थी जो बोस ने कलकता से पेशावर तक समूचे उत्तर भारत में विप्लव खड़ा करने के लिए बनायी थी। अंग्रेजी सत्ता के नष्ट होने पर कौन किस प्रदेश को संभालेगा, यह भी उस योजना में निश्चित था। भारत सरकार उनसे प्राप्त हो सकने वाली जानकारी को कितना महत्व देती थी यह इसीसे स्पष्ट है कि केन्द्रीय गुप्तचर विभाग का महानिदेशक आर्चीबाल्ड क्लीवलैंड जेल में उनसे बात करने बरेली पहुँचा था।

जेल अधिकारियों व पुलिस ने प्रताप से जानकारी हासिल करने की काफी कोशिश की पर वे टस से मस नहीं हुए। तब एक दाँव चलाया गया। ब्रिटिश अधिकारियों को विश्वास था कि जेल में अपने पिता की घोर कष्टदायक दशा को देखकर वे अपना धैर्य खो बैठेंगे, विचलित हो जाएंगे। इसलिए उन्हें अपने पिता से मिलाने हजारीबाग जेल ले जाया गया। केसरीसिंह इस बात को समझ गये। वे बोले, ''प्रताप जानता है कि वह केसरीसिंह की संतान है। वह प्राणों के मोह अथवा अन्य किसी प्रलोभन से विश्वासघात नहीं कर सकता है।''[४१]

क्रांतिकारी दल का भेद जानने के लिए पुलिस ने सभी हथकंडे अपनाये। क्लीवलैंड ने उन्हें प्रलोभन दिया कि गुप्त रहस्य खोल देने पर न केवल उन्हें वरन् उनके पिता को भी छोड़ दिया जाएगा। उनके चाचा पर भी मुकद्दमा उठा दिया जाएगा। उनकी जब्त की हुई जागीर व संपति लौटा दी जाएगी। प्रताप की कोमल भावनाओं को उद्वेलित करने के लिए कहा गया, तुम्हारी माँ ने कितना कष्ट पाया है। तुम्हारे दंडित हो जाने पर उसकी अवस्था कैसी शोचनीय हो जाएगी। वह इस आघात को कैसे झेल सकेगी। शचीन्द्र सान्याल 'बंदी जीवन' में लिखते हैं – 'एक दिन पुलिस के साथ प्रताप की करीब तीन चार घंटे बातचीत हुई हम सब पास की कोठरी में बैठे दम थामे जमीन आसमान की बातें सोचने लगे। सन्देह हुआ प्रताप इस बार फूट पड़ेंगे। अंत में एक दिन उन्होंने पुलिस से कह दिया कि वे एक बार और सब बात सोचकर देखेंगे और फिर कुछ कहेंगे।'' अगले दिन प्रताप ने पुलिस से जो कुछ कहा वह हमारे स्वाधीनता आंदोलन का गौरवपूर्ण अध्याय है। उन्होंने कहा, –''तुम कहते हो कि मेरी माँ मेरे लिए रात दिन रोती है और बहुत दु:खी है। मेरी माँ को रोने दो। मैंने अच्छी तरह सोचकर देख लिया है कि मैं अपनी माँ को हँसाने के लिए हजारों माँओं को रुलाना नहीं चाहता। अगर

मैं अपने साथी क्रांतिकारियों की माताओं को रुलाने का कारण बना तो वह मेरी मृत्यु होगी और मेरी माँ के लिए घोर कलंक होगा।[४२] क्लीवलैंड यह सुनकर स्तब्ध रह गया। उसे स्वप्न में भी यह आशा नहीं थी कि कोई व्यक्ति ऐसी विषम परिस्थितियों में फँसकर भी उसके द्वारा दिए गए प्रलोभनों को इस प्रकार ठुकरा देगा। अपने सारे उपायों को निष्फल होता देखकर अंत में जेल अधिकारी अमानुषिक नृशंस यंत्रणाओं पर उतर आए। बरेली जेल में भीषण यातनाएँ दिये जाने पर भी उस दृढ़ प्रतिज्ञ ने मुँह नहीं खोला। पुलिस की पाशविकता व क्रूरताओं को सहते सहते यह बाँकुरा मात्र पच्चीस वर्ष की उम्र में सन् १९१८ ई. की वैशाख पूर्णिमा को शहीद हो गया। बरेली की जनता ने सरकार से अनुरोध किया कि प्रताप की पार्थिव देह उसे सौंपी जाय किन्तु वह माँग अस्वीकार कर दी गयी। सरकार को डर था कि यदि पार्थिव देह दी गयी तो उपद्रव हो जाएगा। प्रताप का दी गयी घोर यंत्रणाओं की कलई खुल जाएगी। उस शहीद की पार्थिव देह को बरेली जेल में ही दफना दिया गया। राजस्थान ने इस प्रकार अपने शहीद के पावनरक्त से मातृभूमि का अभिषेक किया।

प्रताप एक ओर व्रजोपम दृढ़ प्रतिज्ञ क्रांतिकारी थे तो दूसरी ओर अत्यंत सहृदय मित्र वत्सल व्यक्ति थे। उनके क्रांतिकारी साथी रामनारायण चौधरी उनके विषय में अपनी आत्मकथा में लिखते हैं, ''जितने विप्लवादी देशभक्तों से मेरा परिचय हुआ, उनमें प्रताप की छाप मुझ पर सबसे अच्छी पड़ी। वे बड़े कोमल स्वभाव के, निहायत शिष्ट और सदा खुश रहने वाले जीव थे। गीता को जिस रूप में उन्होंने समझा था उसी के अनुसार उनकी चेष्टाएँ होती थीं। धन और स्त्री की इच्छा को उन्होंने खूब जीता था...। सत्य तो यह है कि महात्मा गाँधी को छोड़कर किसी पर मेरी इतनी श्रद्धा नहीं हुई जितनी प्रतापजी पर। वे जहाँ रहते वहीं का वातावरण सरलता, प्रेम और सादगी से भर देते।[४३]

जोधार जोरावरसिंह

जैसा कि पहले उल्लेख किया जा चुका है कि जब ब्रिटिश साम्राज्य की विजय दुन्दुभि बजाती वॉयसरॉय की शोभायात्रा चाँदनी चौक से निकल रही थी, उस समय रणबाँके जोरावरसिंह ने जिस कमाल के साथ बुर्के में से उस पर बम का निशाना लगाया वह स्वाधीनता संग्रम की सदैव स्मरणीय घटना रहेगी। बम फेंक कर ब्रिटिश शासन की आँखों में धूल झोंक कर ऐसे लापता हुए कि सरकार कभी उनका पता नहीं लगा सकी। इस सम्बन्ध में लाला लाजपतराय ने अपनी आत्मकथा में लिखा है, 'जिस आदमी ने १२ दिसम्बर १९११ को दिल्ली दरबार

के मौके पर लॉर्ड हार्डिञ्ज पर बम फेंका, उसने एक याद रखने लायक काम किया। इस आदमी की दिलेरी लासानी थी। इससे भी अधिक हौसला बढ़ाने वाली बात यह है कि एक शक्तिशाली साम्राज्य के सब साधन और शक्ति उस वीर का पता लगाने में असमर्थ रहे।'' ऐसे जांबाज जोरावरसिंह का बाल्यकाल उदयपुर में व्यतीत हुआ और वहीं हुआ शिक्षारम्भ।

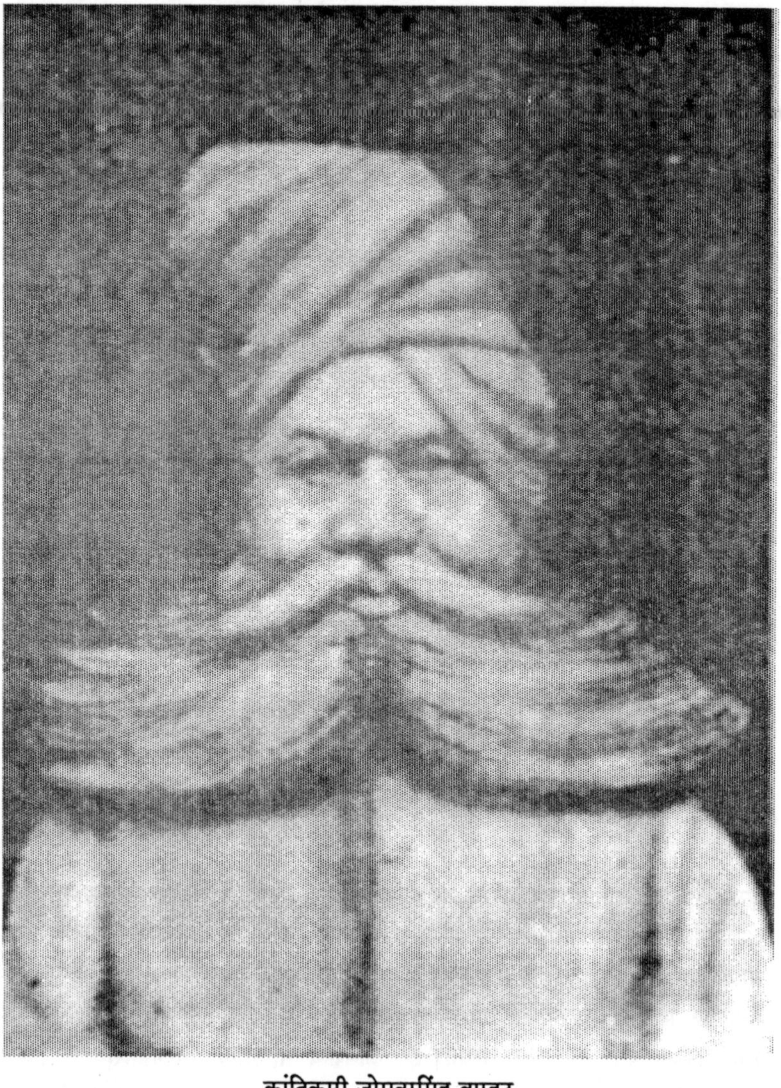

क्रांतिकारी जोरावरसिंह बारहठ

जब उनके पिता कृष्णसिंह बारहठ महाराजा जसवंतसिंह के पास जोधपुर चले आए तो बालक जोरावरसिंह भी वहाँ पहुँचे। वहीं उनकी शेष शिक्षा दीक्षा हुई। कृष्णसिंह के स्वर्गवास के पश्चात् तत्कालीन महाराजा सरदारसिंह ने उन्हें उसी वेतन एवं सम्मान के साथ जोधपुर में महारानी के कामदार के पद पर रख लिया था। युवावस्था में प्रवेश करते ही अग्रज केसरीसिंह की प्रेरणा से क्रांतिकारी आन्दोलन में कूद पड़े।

अर्जुनलाल सेठी के जैन वर्द्धमान विद्यालय के छात्रों मोतीचंद, माणकचंद, जयचंद व शिक्षक विष्णुदत ने क्रांतिकारी कार्यों के लिए निमेज (आरा) मठ पर डाका डालकर धन प्राप्त करने की योजना बनायी थी। जब यह दल जयपुर से निमेज के लिए रवाना हुआ तो मार्ग में बनारस से जोरावरसिंह भी इसमें सम्मिलित हो गये।[४४] धन प्राप्ति का उद्देश्य तो पूरा हुआ नहीं और इस प्रयास में महंत व उसका सेवक मारा गया। इस सिलसिले में निमेज (आरा) षड्यंत्र केस चला था जिसमें मोतीचंद को तो फाँसी हो गई और जोरावरसिंह को भी मृत्युदंड मिला किन्तु वे पुलिस की पकड़ में नहीं आए। निमेज की यह घटना २० मार्च १९१३ को घटित हुई। इसके पूर्व हार्डिञ्ज बम कांड के बाद वे भूमिगत हो चुके थे। आरा षड्यंत्र केस में वारंट जारी होने के बाद उनका शेष जीवन भूमिगत रहकर ही बीता। इस विपदापूर्ण जीवन की चर्चा करने से पूर्व दिल्ली बम कांड पर थोड़ा विस्तार से प्रकाश डालना उचित होगा।

हार्डिञ्ज बम कांड

जैसा कि पहले उल्लेख किया जा चुका है कि इस अत्यन्त जोखिम भरे काम की जिम्मेदारी जोरावरसिंह को सौंपी गई थी जिसे उन्होंने अद्भुत साहस व कौशल से निभाया। लेडी हार्डिञ्ज ने, जो जुलूस में अपने पति के साथ थी, इस घटना विस्तृत विवरण अपने एक ऐतिहासिक पत्र में दिया जो ८ जनवरी १९१३ को बम्बई के टाऊन हॉल की एक सभा में पढ़ा गया।[४५] इस घटना का विवरण देते हुए लेडी हार्डिञ्ज ने लिखा कि यह उसके लिए अत्यंत भयानक अनुभव था। विस्फोट के बारे में इस पत्र में कहा गया – 'जब हम चाँदनी चौक से निकल रहे थे जहाँ चारों ओर जय जयकार और तालियों की ध्वनियाँ सुनाई दे रही थीं, मुझे एकाएक भयंकर धक्का लगा और मैं आगे की ओर गिर गयी। जब मैं उठकर अपनी जगह पर बैठ गई तो आँखों के सामने अंधेरा सा प्रतीत हुआ और सिर में भीषण झनझनाहट के साथ मेरी श्रवण शक्ति जाती रही। वॉयसरॉय मेरी ओर मुडकर बोले, 'मुझे भय है कि यह एक बम था।'' हाथी रुक गया था। इस पर

वॉयसरॉय ने चिल्लाकर कहा आगे चलो और जुलूस फिर आगे बढ़ा। उस समय भीड़ में निस्तब्ध शांति थी परन्तु जब हम पुनः आगे बढ़े तो लोग चिल्लाने लगे थे और मैने सुना कि कुछ आवाजें कह रही थीं, ''शाबास बहादुर।''

''कतिपय सैंकडों के बाद मैने पीछे की ओर अपने शरीर को झुकाया और मुझे वॉयसरॉय के दाहिन कंधे के समीप उनकी वर्दी में एक फटे हुए स्थान से रुधिर युक्त लाल माँस दिखायी पड़ा।... उसी समय वॉयसरॉय के शरीर में झुरझुराहट सी उत्पन्न हुई और वे तेजी से संज्ञाशून्य होते चले गये। कुछ समय उपरान्त उनकी चेतना वापिस लौटी तो उन्होंने समारोह के सम्बन्ध में पूरी तरह आदेश प्रदान कर उसे सम्पन्न करने की आज्ञा दी।''

कड़ी सुरक्षा व्यवस्था के बीच हार्डिञ्ज पर फेंका गया वह बम ब्रिटिश साम्राज्य को चुनौती थी। बम फेंकने के बाद जोरावरसिंह गायब हो गये और खुफिया पुलिस के हाथ में वे कभी नहीं आये। ब्रिटिश सरकार के लिए यह रहस्य ही बना रहा कि आखिर यह बम किसने फेंका? दिल्ली षड्यंत्र केस के नाम से ज्ञात इस केस में जोरावरसिंह के साथियों बालमुकुन्द व अवधबिहारी को तो फाँसी हो गयी। रासबिहारी व जोरावरसिंह भी हाथ नहीं लगे। यह सारा केस परिस्थितिगत साक्ष्यों पर निर्भर था। बम फेंकने के सम्बन्ध में गुप्तचर विभाग ने जो जाँच रिपोर्ट प्रस्तुत की, उसमें कहा गया कि यह बम बसंत विश्वास या रासबिहारी बोस ने फेंका जो सड़क पर खड़े थे। इस रिपोर्ट से असहमत होते हुए हार्डिञ्ज ने खुद फाइल पर टिप्पणी लिखी कि सड़क पर खड़ा कोई व्यक्ति तेरह फीट ऊँचे हाथी के हौदे में बैठे व्यक्ति पर बम नहीं फेंक सकता। बम तो ऊपर बॉलकनी से एक ढ़के हुए हाथ (muffled hand) ने फेंका था। यह फाईल राष्ट्रीय अभिलेखागार दिल्ली में सुरक्षित है।[४६]

यह ढका हुआ हाथ बुर्का ओढ़े खड़े जोरावरसिंह का ही था। इसके अनेक प्रमाण हैं।

१. जोरावरसिंह के अग्रज केसरीसिंह बारहठ की पौत्री श्रीमती राजलक्ष्मी साधना के अनुसार - सन् १९३७ का प्रसंग है। जब मैं और मेरी भुआ चन्द्रमणिजी छोटे दादाजी किशोरसिंहजी के देहावसान पर पटियाला गये तो लौटते समय करीब दस दिन तक हम दिल्ली में ठहरे। साथ में जोरावरसिंह भी थे। एक दिन हम प्रातःकाल चाँदनी चौक से गुजर रहे थे तो अचानक वे फुर्ती से मेरे पास आए और इशारा करके धीरे से बोले, यही वह जगह है, यही वह जगह है - देख लेना। हम कुछ नहीं समझे। कोटा लौटकर दाता से इसके बारे में

पूछा तो बताया कि जोरावरसिंह का अभिप्राय था इसी स्थान से उसने बम फेंका था।[४६]

२. जोरावरसिंह द्वारा हार्डिञ्ज पर बम फेंकने की बात राजस्थान के वरिष्ठ स्वाधीनता सेनानी रामनारायण चौधरी को उनके अंतरंग सहयोगी स्वयं शहीद प्रताप और छोटेलालजी ने कही थी।[४७]

३. अपने सुदीर्घ भूमिगत जीवन में जोरावरसिंह बैरागी और सन्यासी के रूप में वागड़ व उससे लगे मालवा क्षेत्र में विचरण करते रहे। इस दौरान प्रतापगढ जिले के संचेई गाँव में अक्सर उनका आना होता था जहाँ लोग स्वामीजी के रूप में उन्हें जानते थे। इस गाँव के राव जगमालसिंह जाड़ावत की साक्षी के अनुसार – मैंने कई बार उनसे अज्ञातवास का कारण पूछा किन्तु वे हमेशा तुम अभी बच्चे हो यह कहकर टाल दिया करते थे। आखिर जब उन्हें मुझ पर तहेदिल से भरोसा हो गया तो एक दिन देहली में वॉयसरॉय पर बम फेंकने का प्रसंग आने पर एक लंबी सांस लेकर फरमाया कि वह सारी करतूत इसी शरीर की थी जो तुम्हारे सामने है। यही मेरे छिपकर अज्ञात अवस्था में रहने का कारण है।[४८]

४. जोरावरसिंह को पकड़ने के भारत सरकार के सारे प्रयत्न निष्फल हुए थे। बम फेंकने के बाद लगातार सत्ताईस वर्षों तक जंगलों पहाड़ों में छिपे रहे। जीवन के अंतिम दिनों में वे अधिकांशत: मालवा क्षेत्र की सीतामऊ रियासत में रहे। उस समय मणिराजसिंह जगावत उनके निकट सम्पर्क में आए। जगावत बताते है कि जोरावरसिंह ने उन्हें कहा, "लार्ड हार्डिञ्ज जब हौदे पर बैठकर निकले तो मैंने स्वयं एक ऊँचे मकान से उन पर बम फेंका। बम फेंककर हम दिल्ली से निकले तो एक दिन में लगभग चालीस मील चले। एक गुप्तचर हमारे पीछे हो गया। कुछ दिनों के उपरान्त जब हम बाँसवाड़ा की सीमा से निकल रहे थे तो गुप्तचर ने नाकेदार को पुकार कर कहा कि इस व्यक्ति को पकड़ लो। मैंने तुरंत उस नाकेदार को धराशायी कर दिया और वहाँ से भाग निकले।"[४९]

इन साक्ष्यों से स्पष्ट है कि हार्डिञ्ज पर बम फेंकने का अत्यन्त दुष्कर व जोखिम भरा काम जोरावरसिंह की दिलेरी का चमत्कार था। इस मामले में पुलिस के हाथ कोई प्रत्यक्ष सूत्र न लगने के कारण, गहराई से शोध न होने के कारण केवल अनुमान लगाकर इसे टाल दिया गया है। क्रांतिकारी आन्दोलन पर लिखने

वालों के लिए भी यह एक अनबूझ पहेली बनी रही। उस समय विप्लवी कार्यों में बंगाल का प्राधान्य होने के कारण इसका श्रेय वसंत विश्वास और रासबिहारी बोस को देने का वे लोभ संवरण नहीं कर सके किन्तु इन दोनों द्वारा बम फेंके जाने की बात तो स्वयं लार्ड हार्डिञ्ज द्वारा फाइल पर लिखी गयी टिप्पणी से असत्य प्रमाणित हो जाती है। घटना के समय वे दोनों तो सड़क पर खड़े थे।

इस राजस्थानी क्रांतिदूत के साथ इतिहास ने कितना बड़ा अन्याय किया है कि जिस अद्भुत शौर्यपूर्ण कार्य के परिणामस्वरूप उन्हें अपने शेष जीवन का चौथाई सदी से भी अधिक का समय भूमिगत जीवन की भीषण विपदाओं से जूझते हुए बिताना पड़ा उसका कहीं उल्लेख ही नहीं। निरन्तर शोध ही प्रामाणिक इतिहास का आधार बन सकता है और हमारे स्वाधीनता संग्राम की इस महत्वपूर्ण घटना के इस नायक की कुर्बानी को भलीभाँति उजागर करना हमारा कर्त्तव्य है। जोरावरसिंह के बलिदान की अनकही कहानी इतिहास की एक महत्वपूर्ण 'Missing Link' है।

विपदाओं की विकट अटवी भूमिगत जीवन

जोरावरसिंह के सत्ताईस वर्षों के भूमिगत जीवन की भीषण विपदाओं का वर्णन शब्दातीत है। बेघरबार, गुप्तचरों से आँख मिचौनी खेलते, पग पग पर बाधाओं से जूझते इस जोधार ने कभी धैर्य नहीं खोया। उनके इस विपदापूर्ण जुझारु जीवन का लोमहर्षक प्रामाणिक विवरण उनकी पौत्री श्रीमती राजलक्ष्मी साधना व योगेन्द्रबाला ने प्रस्तुत किया है। उनके चार साथियों को फाँसी पर लटकाया जा चुका था और पुलिस को चकमा देते हुए बीहड़ जंगलों में, नदी घाटियां व सुनसान में भटकना उनकी जीवनचर्या बन चुकी थी। साधनाजी के अनुसार, मेरे दादाजी की ससुराल चम्बल के किनारे एक छोटे से गाँव खरकड़ा में थी। चारों ओर घनघोर जंगल था। वहाँ मकान की छत पर घास की रावटी बनायी गयी थी। जिसकी बनावट इस तरह थी कि भीतर बैठा व्यक्ति बाहर किसी को नजर नहीं आये। पितामह जोरावरसिंह बहुत बार वहाँ चले जाते और एक दो माह वहीं बिताते। खतरा होने पर लम्बे समय के लिए कहीं चले जाते।

चम्बल की घाटियों में शेर चीतों से अक्सर सामना हो जाता था। एक बार मंदसौर के पास से गुजर रहे थे। पुलिस पीछे थी। ऐसे समय कहीं भी जाना खतरे से खाली नहीं था। मीलों जंगल में पैदल चलते रहे। रात के अंधेरे में सड़क से गुजरे तो बीच में पुलिस चौकी पड़ती थी। सावधानी से पार होना था पर पुलिस

का एक सिपाही पीछे लग गया। करीब दो तीन मील उसके पीछा किये जाने पर बोले, तुम नाहक ही मेरा पीछा कर रहे हो, मैं तो पास के गाँव का ही रहने वाला हूँ। किसी काम से गया था। मेरी सवारी का घोड़ा शेर ने मार दिया इसी से रातों रात अपने घर जा रहा हूँ। पर वह भी पक्का जासूस था। बोला – मुझे धोखा मत दो। तुम जोरावरसिंह हो। जंगलों में पुलिस तुम्हें ढूँढ़ रही है। संकट सामने था। उन्होंने फुर्ती से उसे दबोच कर काम तमाम कर दिया। वहाँ से फिर जंगल की राह ली। खाने को कुछ नहीं। रात को नदी तैर कर दूसरे किनारे जाते। किनारे के खेतों में से ककड़ी तरबूज तोड़ कर खाते और फिर नदी पार कर जंगल में घुस जाते। इस तरह छः महीने व्यतीत किये। पेड़ों के पत्ते खाकर भी गुजारा किया।

ऐसे कष्टपूर्ण जीवन में ही पैरों में नारू रोग हो गया। असह्य दर्द। किसी तरह बड़े भाई केसरीसिंह के पास कोटा पहुँचे। तीन दिन वहाँ कमरे में ताला लगवाकर रखा पर अधिक ठहरना खतरे से खाली नहीं था। पुलिस चौकन्नी थी। चौथे दिन रात में बैलगाड़ी में चारा भरकर उस पर सुलाकर बूंदी रियासत के छोटे से गाँव मोरटहूका पहुँचाना पड़ा। वहाँ उनकी साली ब्याही हुई थी। गाँव में किसी को मालूम न हो इसलिये सीधे जंगल में पहुँचे। उस जगह जाळ व बबूल के घने पेड़ थे उनके बीच उनको रखा गया। जब रात को सारा गाँव सो जाता तो उनकी पत्नी व केसरीसिंहजी की पुत्रवधू (साधनाजी की माँ) वहाँ पहुँचते। पैर की पट्टी बदलते। खाना खिलाकर सुबह होने से पहले वापस गाँव पहुँच जाते।

छः महीने ऐसी नारकीय यंत्रणा में गुजारने पड़े। पैर में पट्टी खोलने पर बेशुमार मवाद निकलता। उनकी खाट इस झाड़ी से उस झाड़ी के नीचे से लायी जाती। किसी को शक न हो इस डर से इस असहाय अवस्था में भी कई बार अकेल छोड़ना पड़ता। उधर केसरीसिंह पर ब्रिटिश खुफिया पुलिस की पूरी नजर थी। रोज रिपोर्ट रेजीडेंट व ए.जी.जी. के पास आबू पहुँचती थी। इसलिए चाहकर भी रुग्ण भाई को देखने नहीं जा सकते थे। कोटा से किसी तरह दवा का इंतजाम करते। उचित उपचार के अभाव में उनका पैर हमेशा के लिए खिंचकर कुछ छोटा हो गया। इसलिये जीवनभर लंगड़ाकर चलते रहे। वे इस गुप्त जीवन में अपना परिचय अमरदास बैरागी के रूप में देते थे और लोगों के बीच लंगड़ा बाबा के नाम से जाने जाते थे। सफेद धोती, लम्बा कुर्ता व सफेद पगड़ी यही उनकी वेशभूषा होती थी।

उनका अधिकतर भूमिगत जीवन मालवा में सीतामऊ रियासत के गाँवों में व्यतीत हुआ। जब ब्रिटिश सरकार को शक हुआ और सीतामऊ रियासत में उनके

होने की खबर लगी तो सीतामऊ महाराजा रामसिंह पर सरकार का दबाव पड़ा कि उन्हें गिरफ्तार किया जाय। महाराजा ने अपने किसी विश्वस्त व्यक्ति से कहलवाया कि वे रियासत छोड़कर कहीं और चले जाएँ। जोरावरसिंह का काफी परिवारों से परिचय हो चुका था। वे स्वयं को इसी इलाके में सुरक्षित समझते थे। रियासत छोड़ने का संदेश मिलने पर उन्होंने महाराजा को रहीम का यह दोहा लिखकर भेजा –

सर सूखे पंछी उड़े और हि सर ठहराय।
मच्छ कच्छ बिन पच्छ के कहो रहीम कित जाय।।

महाराजा ने कहलवाया, वे भले ही रियासत में रहें पर अपना पूरा ध्यान रखें।

वर्षों तक वे इसी प्रकार विपदाएँ झेलते रहे। खुफिया पुलिस पीछे लगी रही लेकिन पकड़ नहीं पायी। अंत में जो विश्वासघात प्रताप के साथ हुआ, वही उनके साथ हुआ। सन् १९३७ में वे उदयपुर रियासत के मंडा ग्राम में एक स्वजातीय बन्धु के विश्वासघात से पकड़े गये। तीन महीने तक वे हिरासत में उदयपुर रहे। कई जगह से लोगों को बुलाकर उनकी शिनाख्त की कोशिश की गई। जिन–जिन लोगों को बुलाया गया उन्होंने इस घोर संकट में उनकी मदद की और पहचानने से इंकार कर दिया। सीतामाऊ रियासत के ठिकाने पतलासी के कुंवर उदयपुर आए और कहा ये तो मेरे चाचा अमरसिंह है। घर से नाराज होकर निकल गये हैं। उदयपुर महाराणा भोपाळसिंह भी देखने आए (वे जोरावरसिंह के बाल सखा थे) और कहा यह तो जोरावरसिंह नहीं है। केसरीसिंह के दस वर्षीय पौत्र राजेन्द्रसिंह को जो विद्याशाला उदयपुर का विद्यार्थी था, पुलिस यह कर उनके पास ले गयी कि तुम्हारे दादाजी तुमसे मिलने आए है। पर उसने कहा, मेरे तो दो ही दादा है, एक कोटा में, एक पटियाला में। ये पता नहीं कौन है? इस प्रकार शिनाख्त न होने पर आखिर उन्हें छोड़ना पड़ा।

जब १९३७ में प्रान्तों में कांग्रेसी मंत्रिमंडल बने तब श्रीकृष्ण सिन्हा बिहार के मुख्यमंत्री व अनुग्रहनारायणसिंह गृहमंत्री बने। केसरीसिंह ने अपने घनिष्ठ मित्र यू.पी. विधानमंडल के स्पीकर पुरुषोतमदास टंडन के माध्यम से प्रयास किया कि बिहार सरकार जोरावरसिंह के विरुद्ध आरा केस में १९१४ में जारी वारंट रद्द कर दें। उनके प्रयास सफल हुए किंतु विधि का विधान अजीब था। जब १९३९ में पटना के दैनिक अखबार सर्चलाइट में वारंट के रद्द होने का समाचार प्रकाशित हुआ, उसी दिन कोटा में अतरालिया की हवेली में आश्विन शुक्ला पंचमी को जोरावरसिंह का स्वर्गवास हो गया। भारत की स्वाधीनता के दुर्धुर्ष सेनानी

जोरावरसिंह को लगातार सत्ताईस वर्षों तक जूझते हुए अंत में एक महान विरासत छोड़ गये। मातृभूमि की स्वतंत्रता के लिए बारहठ परिवार द्वारा किया गया अनुपम त्याग, बलिदान एवं सर्वस्व अर्पण भारत में क्रांतिकारी आन्दोलन के इतिहास का स्वर्णिम अध्याय है। जिन उदात्त मूल्यों से प्रेरित होकर यह त्रिमूर्ति बलिदान के पथ पर अग्रसर हुई वह राष्ट्र के लिए गौरवपूर्ण थाती है। उसके योग्य उत्तराधिकारी बने बिना हमारे सामने कोई भविष्य नहीं है।

7 : 2

क्रांतिकारी आन्दोलन के अग्रदूत अर्जुनलाल सेठी

बीसवीं सदी के प्रारंभ में राजस्थान में क्रांतिकारी गतिविधियों के बीजारोपण का श्रेय अर्जुनलाल सेठी को है। वर्द्धमान विद्यालय के रूप में क्रांतिपथ के दीक्षा केन्द्र के संस्थापक सेठीजी का जन्म ९ सितम्बर १८८० को जयपुर में हुआ। १९०२ ई. में महाराजा कॉलेज से स्नातक होने के बाद ही वे राष्ट्रीय कार्यों में लग गये। बहुमुखी प्रतिभा के धनी सेठीजी अंग्रेजी, संस्कृत, फारसी, हिन्दी व पाली भाषाओं में पारंगत होने के अलावा जैन, हिन्दू व इस्लामिक दर्शन के प्रकांड पंडित थे। वे उग्र सुधारक और नई पीढ़ी के नेता थे। उस समय निषेधात्मक नियम कानूनों के कारण जयपुर रियासत का वातावरण इतना दमघोटू था कि वहाँ अपने विचारों को अभिव्यक्त करने की कोई गुंजाइश नहीं थी।[५०] उनकी विद्वता की धाक थी। उनकी तेजस्विता, विद्वता और चारित्रिक दृढ़ता की यशोगाथा से प्रभावित होकर जयपुर महाराजा ने उन्हें प्रधानमंत्री का पद देने की पेशकश की किन्तु उन्होंने महाराजा को धन्यवाद देते हुए कहला भेजा, 'श्रीमान् अर्जुनलाल नौकरी करेगा तो अंग्रेजों को कौन निकालेगा?[५१]

वे तो भारतमाता की सेवा का व्रत ले चुके थे। उसी व्रत को पूरा करने में उनका जीवन समर्पित हुआ। उन्होंने यह महत् कार्य जयपुर में वर्द्धमान विद्यालय की स्थापना से प्रारम्भ किया। राष्ट्रीयता से अनुप्राणित यह विद्यालय युवाओं को क्रांतिकारी आन्दोलन का प्रशिक्षण देने का प्रभावी केन्द्र था। वर्द्धमान विद्यालय के नाम से विद्यालय और एक छात्रावास जयपुर के घाट के बालाजी नामक स्थान पर प्रारम्भ किया गया जो गृहविभाग के अनुसार शीघ्र ही राजद्रोहात्मक शिक्षा का केन्द्र बन गया।' सेठ कल्याणमल इन संस्थाओं को वित्तीय सहायता प्रदान करते थे। सन् १९०६ में स्थापित इस विद्यालय के छात्रावास का एक हिस्सा १९१२ ई. में गुलाबचंद बादला के मकान में स्थानान्तरित कर दिया गया जहाँ एक सिक्ख सज्जन की देखरेख में युवकों को प्रशिक्षण दिया जाता था।[५२]

अपनी जड़ों से छात्रों को काटने वाले सरकारी विद्यालयों से वर्द्धमान विद्यालय का वातावरण विल्कुल भिन्न था। वहाँ की हवा में राष्ट्रीयता की गूंज थी। क्रांतिकारी रामनारायण चौधरी १९१३ ई. में अपने भाई युगलकिशेर को इसी विद्यालय में भर्ती कराने हेतु ले गये। वहाँ के वातावरण का जिक्र करते हुए वे अपनी आत्मकथा में लिखते हैं, ''वहाँ मैने देखा कि सरकारी तालीम और राष्ट्रीय शिक्षा में कितना अन्तर है। प्रकाश नामक जौहरी का पाँच छ: साल का लड़का वहीं लकड़ी के खिलौनों से मकान बना रहा था और स्वदेशी का बाजे डंका, स्वदेशी का बाजे डंका गुनगुना रहा था। प्रेम, स्वतंत्रता और कौशल ही अध्यापकों के अस्त्र होते थे। राष्ट्रीयता की सुगंध वहाँ के सारे वायुमंडल में समायी हुई थी। समाज और देश सेवा ही विद्यार्थी के जीवन का मकसद बनाया जाता था।[५३]

इस विद्यालय में महाराष्ट्र व कश्मीर जैसे दूर दराज प्रान्तों से चुन-चुन कर नौजवान इकट्ठे किये गये थे। इनमें शोलापुर के मोतीचंद व माणकचंद व रियासत पुंछ के जयचंद के नाम उल्लेखनीय हैं। ये बड़े जीवट वाले युवक थे। मोतीचंद युवक दल के अगुआ थे।[५४] आरा केस में इन्हें फाँसी दी गई थी। सेठीजी की इस संस्था का विस्तार होने पर मुख्य दानी की इच्छा पर वे उसे इन्दौर ले गये। उनकी अनुपस्थिति में जयपुर के क्रांतिकारी दल की बागडोर बाबू ब्रजमोहनलाल के हाथों में आयी। वे जयपुर के स्कूल ऑफ आर्ट्स के वाइस प्रिंसिपल व हार्डिञ्ज बम केस के मुखिया मास्टर अमीरचंद के मित्र थे।

१९१४ ई. में महायुद्ध छिड़ने से पहले क्रांतिकारी दल की राजपूताना शाखा संगठित हो चुकी थी। सेठीजी इसके नेता थे। केसरीसिंह बारहठ, राव गोपालसिंह खरवा और ब्यावर के सेठ दामोदरदास राठी इस संगठन के स्तम्भ थे। सेठीजी के जिम्मे युवकों को तैयार करने और शिक्षितों में प्रचार करने का विशेष काम था। क्रांतिकारी गतिविधियों में इनके लिप्त होने का सरकार को पहली बार सन्देह फरवरी १९१४ ई. में हुआ जब मास्टर अमीरचंद को इन्दौर से हिंदी में लिखा हुआ एक रहस्यमय पत्र बीच में पकड़ लिया गया। मास्टर अमीरचंद को बाद में दिल्ली षड्यंत्र केस में फाँसी दी गई थी। इस मामले में आगे छानबीन करने से ज्ञात हुआ कि शिवनारायण नामक एक युवक सेठीजी के जयपुर विद्यालय में शिक्षक रह चुका था और वह उनके साथ बाद में इन्दौर पहुँच गया था।

निमेज हत्याकांड

शिवनारायण बम्बई में पकड़ा गया। वह मुखबिर बन गया और पुलिस को बताया कि जयपुर विद्यालय जिसके प्रधान सेठीजी थे, वह एक राजनीतिक व शैक्षणिक संस्था थी। इसका राजनीतिक लक्ष्य स्वराज्य प्राप्ति करना था।[५५] सेठीजी का मत था कि राजनीतिक लक्ष्यों की प्राप्ति के लिए धनसंग्रह हेतु डकैतियाँ डालना व हत्याएँ करना जायज था। बाद में उनके विद्यार्थियों के हाथों आरा या निमेज हत्याकांड हुआ जिसकी विस्तार से चर्चा पहले की जा चुकी है। वस्तुतः निमेज हत्याकांड का सारा षड्यंत्र सेठीजी के मस्तिष्क की ऊपज थी। इस तथ्य की पुष्टि विष्णुदत्त के बयान से होती है जिसने स्वीकार किया कि यह कार्य अंजाम देने के लिए निकले दल के यात्र व्यय के एक हिस्से का भुगतान अर्जुनलाल सेठी ने किया था। निमेज हत्याकांड की सारी कहानी पुलिस को शिवनारायण से मालूम हुई। इस कांड के मुकद्दमे में विष्णुदत्त को निर्वासन और मोतीचंद को मृत्युदंड दिया गया। जोरावरसिंह और जयचंद पुलिस के हाथ नहीं लगे।

दिल्ली षड्यंत्र केस

भारत सरकार की खुफिया रिपोर्ट में अर्जुनलाल सेठी के विद्यालय के सम्बन्ध में दिये गये विवरण के अनुसार – 'दिल्ली षड्यंत्र केस में अभियुक्त विद्यार्थी छोटेलाल के पूर्ववृत के बारे में जाँच पड़ताल से जयपुर में एक राजनीतिक संगठन के होने की बात सामने आयी है जिसका उद्देश्य देश में गुप्त समितियों के माध्यम से स्वराज्य की स्थापना करना है। यह संगठन अखिल भारतीय जैन शिक्षण समिति के नाम से एक शिक्षण संस्था की आड़ में अर्जुनलाल सेठी नामक व्यक्ति द्वारा स्थापित किया गया था जिसे जैन समाज में सम्मानजनक स्थान प्राप्त है। अर्जुनलाल के उपदेशों से विद्यालय की ओर समय समय पर अनेक युवक आकृष्ट हुए हैं।[५६] इसी विद्यालय के विद्यार्थी प्रताप बारहठ और ईश्वरदान आशिया दिल्ली षड्यंत्र केस में अभियुक्त थे।

इस केस में मुकद्दमे के दौरान यह महत्वपूर्ण तथ्य उभर कर सामने आया कि हार्डिञ्ज बम मामले में अर्जुनलाल सेठी का भी हाथ था। यद्यपि उन्हें व हरिराम सेठी को गिरफ्तार नहीं किया गया क्योंकि अभियोजन के पास उनकी गिरफ्तारी को उचित ठहराने के लिए पर्याप्त प्रमाण नहीं थे। मुकद्दमे के दरम्यान एक और यह महत्वपूर्ण तथ्य सामने आया कि दिल्ली के क्रांतिकारी मास्टर अमीरचंद,

अर्जुनलाल सेठी व केसरीसिंह बारहठ से घनिष्ठ रूप से सम्बद्ध थे। अमीरचंद ने सेठीजी के विद्यालय को देखा था। इसमें यह बात भी प्रकट हुई कि जब दिल्ली बम केस का षड्यंत्र अवधबिहारी के घर में रचा जा रहा था, वहाँ रामलाल नामक एक उन्नीस वर्षीय युवक भी उपस्थित था जिसे सावरकर की पुस्तक 'स्वातंत्र्य युद्ध' व अरविन्द घोष की निषिद्ध पुस्तकों में अध्ययन का काम सौपा गया था। रामलाल उर्फ छोटेलाल जैन को अवधबिहारी के घर से सेठीजी अपने साथ ले गये थे। छोटेलाल जयपुर का जैनी था और सेठीजी की शिक्षाओं से अत्यधिक प्रभावित था।

कारावास

यद्यपि निमेज हत्याकांड़ व दिल्ली षड्यंत्र केस में सेठीजी के जुड़े होने का कोई प्रत्यक्ष प्रमाण नहीं था फिर भी उन्हें कुछ समय इन्दौर जेल में नजरबंद रखा गया और फिर जयपुर भेज दिया गया। ५ दिसम्बर १९१४ को जयपुर दरबार ने उन्हें इस आरोप के आधार पर बिना मुकद्दमा चलाये पाँच वर्ष का कारावास दे दिया कि वे राजनीतिक षड्यंत्रों से सम्बद्ध थे और वर्तमान समय तथा भविष्य में भी शांति के लिए खतरनाक हो सकते थे। इस अनुचित दंड की प्रतिक्रिया में अप्रिय घटनाओं को होने से रोकने के लिए महाराजा ने ब्रिटिश सरकार से अर्जुनलाल सेठी को जयपुर से हटाकर अन्यत्र बंदी रखने की प्रार्थना की। इस पर ब्रिटिश सरकार ने १९१८ ई के रेग्यलेशन iii के अन्तर्गत वारंट जारी किया और सेठीजी को मद्रास प्रेसीडेंसी के वेल्लोर जेल में भेज दिया गया।[५७] इससे देश में तहलका मच गया। अनेक राष्ट्रीय नेताओं, संगठनों व समाचार पत्रों ने जयपुर दरबार के इस कृत्य की कठोर आलोचना की। 'मॉडर्न रिव्यू, और अमृत बाजार पत्रिका ने जयपुर रियासत की दमनकारी नीतियों की सार्वजनिक रूप से आलोचना करते हुए सेठीजी की रिहाई की माँग की।[५८] कांग्रेस ने अपने कलकता अधिवेशन में सेठीजी को कारावास दिये जाने पर चिंता व्यक्त की और सरकार से उनकी माँगों को स्वीकार करने के लिए कहा।

यहाँ वस्तुनिष्ठता की दृष्टि से इस बात की ओर ध्यान आकृष्ट करना आवश्यक है कि इस कारावास की अवधि में उनमें वह दृढ़ता व संकल्प शक्ति दिखायी नहीं पड़ी जो वीरवर जोरावर और शहीद प्रताप के क्रांतिकारी जीवन की प्रमुख विशेषता थी। सेठीजी द्वारा अपनी रिहाई के लिए सरकार से बार बार प्रार्थना करने, स्वयं को ब्रिटिश साम्राज्य के कल्याण के लिए बड़ी धनराशि एकत्र करने में समथे होने[६०] जैसी दलीलें एक क्रांतिकारी के लिए अशोभनीय बातें थीं।

अपनी रिहाई के लिए ऐसी कमजोरी का प्रदर्शन निःसंदेह खेदजनक था। वैसे उन्होंने वेल्लोर जेल में राजनीतिक कैदियों के साथ किये जाने वाले दुर्व्यवहार के विरोध में भूख हड़ताल की थी जो सत्तर दिन चली।[६१] उन्हें बाद में १९२० ई. में आम माफी के तहद इस शर्त पर रिहा किया गया कि वे जयपुर महाराजा की पूर्व स्वीकृति के बिना जयपुर रियासत में प्रवेश नहीं करेंगे।

कारा से मुक्ति व लोकप्रियता के शिखर पर

विदेशी शासन में एक ध्येय के लिए जेलयात्रा राष्ट्रवादियों की निगाह में बड़े गौरव की बात थी और वॉयसरॉय को लिखे उनके पत्र की बाहरी दुनिया को जानकारी नहीं थी इसलिये वेल्लोर जेल से मुक्त होकर आते ही सेठीजी युवकों के दिल में समा गये। कारा मुक्ति के बाद पूना स्टेशन पर उनका स्वागत करते हुए लोकमान्य टिळक ने कहा, ऐसे महान और कठोर तपस्वी का स्वागत करते हुए महाराष्ट्र अपने को धन्य समझता है।'' प्रसिद्ध लेखक अयोध्या प्रसाद गोयलीय ने इस घटना का विवरण देते हुए लिखा है कि टिळक महाराज सेठीजी से मिलकर इतने आनंद विभोर हो गये कि उन्होंने अपने गले का रेशमी दुपट्टा उतार कर उनके गले में डाल दिया।[६२]

उस समय सारे देश में उनकी शोहरत फैली हुई थी। उनके एक एक शब्द से स्वतंत्रता की भावना व अंग्रेजी राज के प्रति घृणा फूट पड़ती थी। वे साम्राज्यशाही की पीड़ा से पागल दिखायी पड़ते थे। वे हृदय से बोलते थे और जनसाधारण का मुग्ध करना जानते थे।[६३] १९२१ ई. के बाद वे ही प्रान्त के मुख्य राष्ट्रीय नेता थे। प्रसिद्ध क्रांतिकारी चन्द्रशेखर आज़ाद और उनके दल के लोग मंत्रणा के लिए अक्सर उनके पास अजमेर आया करते थे। मेरठ षड्यंत्र कांड के अभियुक्त शौकत उस्मानी और काकोरी केस के फरार अभियुक्त अशफाक उल्लाह को सेठीजी ने अपने पास छिपाये रखा। इस तरह क्रांतिकारियों को उनसे मदद मिलती रहती थी। उन दिनों उनका प्रभाव इतना था कि एक समय उनकी खादी की टोपी ११०० रु. में नीलाम हुई। जब मध्य भारत के वारंट पर उन्हें गिरफ्तार कर सिवनी ले जाया रहा था तो जनता स्टेशन पर उमड़ पड़ी। अजमेर रेल्वे वर्कशॉप के मजदूर व अन्य सैकड़ों लोग अजमेर से आगे दो तीन स्टेशनों तक पटरियों पर घंटों लेटे रहे। सभी सरकारी अधिकारी असमंजस में पड़ गये। अन्त में सेठीजी के समझाने पर ही वह जनसमूह वहाँ से हटा। मध्यभारत में वे डेढ़ वर्ष कठोर कारावास में रहे। उनके सिवनी जेल से लौटने तक राजस्थान की कांग्रेसी राजनीति में गुटबन्दी उभरनी शुरु हो चुकी थी। राजस्थान में क्रांतिकारी और उग्र

नेतृत्व को समाप्त करने की तैयारियाँ जोरों से शुरु हो गई थीं। अजमेर में गाँधीवादी व चर्खा संघ के लोग जोर पकड़ रहे थे। इनका नेतृत्व हरिभाऊ उपाध्याय (गैर राजस्थानी) कर रहे थे। गाँधीवादी ग्रुप सेठीजी के नेतृत्व को समाप्त करने पर तुला हुआ था।

सेठीजी के विरुद्ध गाँधीवादियों का षड्यंत्र

सेठीजी इस प्रकार की ओछी हरकतों से क्षुब्ध हो गये। उनकी कार्यशैली में घात व छलकपट के लिए कोई स्थान नहीं था। वे किसी तरह की दलबंदी में नहीं फँसना चाहते थे। परंतु उनके मित्र विट्ठलभाई पटेल और पंडित मोतीलाल नेहरू ने अजमेर आकर उन्हें कांग्रेस की बागड़ोर संभालने का अनुरोध किया। उनका अनुरोध उन्होंने स्वीकार किया और फूट का वातावरण ऊपरी तौर पर शांत हो गया किन्तु तथाकथित गाँधीवादियों को यह सह्य नहीं था। वे किसी कीमत पर नेतृत्व हथियाना चाहते थे। गाँधीजी के निकट सहयोगी जमनालाल बजाज ने हरिभाऊ उपाध्याय को राजस्थान पर थोप दिया था। उनसे मिलने वाली आर्थिक मदद के बल पर वे कांग्रेसी हल्कों में अपनी जड़ें जमाने में लगे हुए थे। इस बाहरी आदमी ने यहाँ आकर विष बेल फैलायी और सार्वजनिक जीवन में छल कपट व धूर्तता का श्रीगणेश किया। अपने को गाँधी का अनुयायी कहने वाले इस व्यक्ति ने सारी नैतिकता को धता बताकर कांग्रेस नेतृत्व की लड़ाई में सेठीजी को पछाड़ने के लिए जो घटिया तरीके काम में लिये वे इस प्रदेश में कांग्रेस राजनीति के नैतिकताहीन ओछे हथकंडों के उस दुःखद अध्याय की शुरुआत थी जिसका वीभत्स रूप बाद में शेरे राजस्थान जयनारायण व्यास और उदयपुरी गुट के प्रपंची नेता मोहनलाल सुखाड़िया के बीच कांग्रेस दल के नेतृत्व के लिए हुए संघर्ष में सामने आया। राजस्थान में मूल्यहीनता की राजनीति की घातक शुरुआत हटूंडी आश्रम के मुखौटाधारी हरिभाऊ ने की। सेठीजी जैसे सच्चे देशभक्त और त्यागी के साथ इस नकली गाँधीवादी ने जो निंदनीय व्यवहार किया वह आधुनिक राजस्थान के दुर्भाग्य की शुरुआत थी। पूंजीपतियों के पैसौं पर पलने वाले इस व्यक्ति व उसके गुट से मूल्यपरकता की आशा करना व्यर्थ था।

हरिभाऊ व सेठीजी के बीच चुनाव लड़ा गया। उपाध्याय को जीताने के लिए फर्जी सदस्य बनाये गये, उनके लिए खादी के कपड़े बनवाकर ग्रीनरूम पद्धति का उपयोग किया गया। बनावटी गवाहियाँ और सबूत पेश किये गये। संस्थाओं का दुरुपयोग हुआ।[६४] सेठीजी के खिलाफ महात्मा गाँधी के कान भरे गये। इस प्रकार कौरवी तरीके काम में लेकर सेठीजी को परास्त कर उपाध्याय ने

नेतृत्व हथियाया। सेठीजी जैसे निश्छल व्यक्ति के लिए यह भारी आधात था। नेतृत्व छिनने का नहीं, राजनीतिक क्षेत्र में घुस आई बेईमानी व छलप्रपंच की काली छाया का। अपनी हार्दिक वेदना व्यक्त करते हुए उन्होंने अपने क्रांतिकारी साथी केसरीसिंह बारहठ को लिखे पत्र में लिखा – 'जिन वीर आत्माओं की जुदाई के दाग़ इसे दिलैसौजां में निरन्तर शोले उठाते रहे हैं, वे भव्य जीव आज मौजूद होते तो एक प्रकाश[६५] क्या हजार प्रकाश के पार्थक्य का शर लगने पर भी मुझे लेश मात्र ख्याल नहीं होता, परंतु उन्हीं की स्मृति में एक छोटी सी मूर्ति भी बनाते बनाते ही छीन ली गई तो अब कार्य कर्त्तव्य क्या बाकी रहा है? राजनीतिक क्षेत्र में कोई साथी नहीं, जिधर देखता हूँ उधर काले ही काले बादल हैं। खैर, आपकी और इस अभागे सेठी की दिशा और गति एक ही रही और रहेगी।

हम आप जल बुझे मगर इस दिल की आग को
सीने में 'जौक' हमने न पाया बुझा हुआ।'[६६]

पूंजीपतियों के बल पर उछलने वाले तथाकथित गाँधीवादियों के हाथों एक सच्चे देशसेवक की दुर्गति हुई। उनके विरुद्ध उपाध्याय गुट के लोगों द्वारा इस तरह का प्रचार भी कराया गया कि वे मुसलमान हो गये हैं। उन पर चारों ओर से प्रहार किये जाने लगे। मातृभूमि की सेवा की धुन में न तो उन्होंने कोई व्यवसाय किया था और न परिवार की ओर ध्यान दिया था। उन्हें आर्थिक रूप से नेस्तनाबूद करने में भी कांग्रेसियों ने कोई कसर नहीं रखी।

सेठीजी ने अंतत: घर बार छोड़ दिया। ईशभक्ति में लग गये। वे हिन्दू मुस्लिम एकता के प्रबल समर्थक थे। अजमेर के मुसलमानों की उन पर अविचल श्रद्धा थी। साम्प्रदायिक दंगों के समय उन्होंने अपनी जान पर खेलकर मुसलमानों की रक्षा की। उनकी यही अंतिम इच्छा थी कि मृत्यु के बाद उन्हें जलाया नहीं जाए बल्कि कब्र में दफनाया जाए और २३ दिसम्बर १९४१ को उनकी इहलीला समाप्त होने पर उन्हें दफना दिया गया। कुटिल राजनीति के चलते इस तपस्वी क्रांतिकारी का बहुत कारुणिक अंत हुआ। अंतिम समय में उनके होठों पर शायद ये ही पंक्तियाँ आयी होंगी –

हम थे बावफ़ा जिन्हें नज़रों से गिरा दिया।
शायद तुम्हें तलाश किसी बेवफ़ा की थी।

7 : 3

क्रांति चेता राव गोपाळसिंह खरवा

महाराष्ट्र में बाळ जिमि पाँचाल में लाल।
राजत राजस्थान में गौरवमय गोपाळ।।

–केसरीसिंह बारहठ

क्रांतिदृष्टा बारहठजी की अपने विश्वस्त सहयोगी राव गोपाळसिंह के सम्बन्ध में व्यक्त इस उक्ति से स्वाधीनता आन्दोलन के क्रांतिकारी दौर में उनकी विशिष्ट भूमिका उजागर होती है। उस समय बंगाल क्रांतिकारियों का गढ़ था। शनैः शनैः बंगाल की हवा राजस्थान में भी पहुँचनी प्रारंभ हुई। ब्रिटिश सरकार ने अपने अधीनस्थ राजस्थान के सभी राजाओं से अनुरोध किया कि वे अपनी अपनी रियासतों में न तो किसी प्रकार का क्रांतिकारी साहित्य आने दे और न आतंकवादी तौर तरीके पनपने दें। तत्कालीन गवर्नर जनरल लार्ड मिन्टो ने जयपुर, जोधपुर, उदयपुर, बीकानेर, अलवर आदि के राजाओं को संदेश भेजकर क्रांतिकारी गतिविधियों को हर संभव उपाय से कुचलने का निर्देश दिया। अपने उत्तर में इन सभी राजाओं ने ब्रिटिश सरकार को पूर्ण सहयोग देने का आश्वासन दिया।[६७] लेकिन सभी प्रकार के नियंत्रणों के बावजूद यहाँ क्रांतिकारी आन्दोलन को पनपने से नहीं रोका जा सका। जयपुर, अजमेर व कोटा इसके केन्द्र थे। अजमेर क्षेत्र में राव गोपाळसिंह खरवा व सेठ दामोदरदास राठी इसके अगुआ थे।

रासबिहारी बोस की प्रेरणा से राजस्थान में 'वीर भारत सभा' के नाम से जो गुप्त संगठन बनाया गया, उसके संस्थापकों व संचालकों में केसरीसिंह बारहठ के साथ राव गोपाळसिंह खरवा की अग्रणी भूमिका थी। इन दोनों ने राजपूत राजाओं व दूसरे अधिकार प्राप्त सैनिक वर्ग को अपने पूर्व गौरव का स्मरण दिलाकर बड़े पैमाने पर उन्हें वीर भारत सभा में सम्मिलित करने का प्रयत्न किया था। राव गोपाळसिंह की पहुँच राजघरानों व राजदरबारों में थी अतः वे राजपूत राजाओं में

देश की आजादी प्राप्त करने में क्रांतिकारियों का साथ देकर फिर से अपना स्वतंत्र राज्य स्थापित करने की महत्वाकांक्षा जागृत करने में कामयाब हुए।

रजवाड़ों की मदद से क्रांति की तैयारी

उन्हीं दिनों (१९०९-१०) रासबिहारी बोस ने भोपसिंह नामक युवक को (जो आगे चलकर विजयसिंह पथिक के नाम विख्यात हुए) राजस्थान के राजाओं से पुरानी तोड़ेदार हेड्री मार्टिन बन्दूकें व कारतूस खरीदने के लिए भेजा।[६८] उन्होंने यहाँ आकर स्थिति का अध्ययन किया और बोस के निर्देश पर रावजी से मिले। उनके साथ मिलकर हथियारों की खरीदारी का काम शुरु कर दिया। रावजी के निजी सचिव के रूप में भूपसिंह का भी राजघरानों में आना जाना शुरु हो गया। क्रांतिकारियों को जनता एवं सेना में प्रचार एवं देश विदेश में शस्त्रास्त्र संग्रह के लिये चल रहीं अपनी अनेक योजनाओं के लिए धन की बड़ी आवश्यकता थी। राजस्थान की रियासतों से उन्हें इस काम में गुप्त रूप से मदद मिलती थी। बीकानेर के गंगासिंह व जोधपुर के सर प्रताप वीर भारत सभा के सदस्य बन गये थे। उदयपुर के महाराणा फतहसिंह की भी छिपी सहानुभूति थी। लेकिन क्रांतिकारियों व राजाओं के दृष्टिकोण में अंतर था।

जहाँ क्रांतिकारी स्वराज्य प्राप्ति के बाद देश में जनसत्ता परक राष्ट्रीय राज्य स्थापित करना चाहते थे, वहीं राजा लोग अपनी मध्यकालीन सामंती मानसिकता से ऊपर नहीं उठ पाए थे। वे अपने निजी विशेषाधिकारों का दायरा बढ़ाने के लिए ही अंग्रेजों के नियंत्रण से मुक्त होना चाहते थे। अच्छे शस्त्रास्त्र वे क्रांतिकारियों के हाथों में पड़ने नहीं देना चाहते थे। क्रांति सफल होने की दशा में, गुप्त तैयारियों को देखते हुए जिसके सफल होने की काफी आशा थी, जोधपुर व बीकानेर के शासक अपनी स्वार्थसिद्धि के उपायों के बारे में सोच रहे थे। उनको आशा थी कि अधिकांश क्रांतिकारी तो क्रांति के प्रयत्नों में खप जाएंगे और शेष को अपने श्रेष्ठतर शस्त्रबल से वे काबू कर लेंगे। इस प्रकार क्रांतिकारियों के बलिदान का सुफल उन्हें भोगने को मिलेगा। राव गोपाळसिंह ने राजाओं की इस मनोवृति से रासबिहारी बोस को आगाह कर दिया।[६९]

रावजी उन दिनों क्रांतिकारियों व राजाओं के बीच मुख्य कड़ी का काम करते थे। खरवा क्रांतिकारियों के लिए शरण स्थली था। बोस के माध्यम से उत्तरी भारत के दूसरे क्रांतिकारियों से भी उनका संपर्कसूत्र बना हुआ था। राजस्थान में क्रांतिकारियों के अजमेर समूह का पता ब्रिटिश सरकार को निमेज व कोटा

हत्याकांड के मुकद्दमों के दौरान चला। इस सम्बन्ध में गुप्तचर विभाग के अपराध शाखा के निदेशक ने अपनी रिपोर्ट में कहा, 'गोपाळसिंह और केसरीसिंह ब्रिटिश भारत में राजद्रोहियों के साथ मिले हुए थे तथा ब्रिटिश भारत पर प्रतिकूल प्रभाव डालने वाले षड्यंत्रों व कार्यों को बढ़ावा देने में लगे हुए थे। जब ठाकुर से स्पष्टीकरण माँगा गया तो वह एक के बाद टालू उत्तर देता गया और इस बीच अपने षड्यंत्र जारी रखे। उसके पास आग्नेय अस्त्रों व बारुद का भारी जखीरा था।[७०] ब्रिटिश सरकार ने रावजी के क्रियाकलापों को बहुत गंभीरता से लिया और तदनुसार राजस्थान के ए.जी.जी. ने उन्हें राजद्रोहात्मक कार्यों से दूर रहने की चेतावनी दी लेकिन उन्होंने उस पर कोई ध्यान नहीं दिया और प्रथम विश्वयुद्ध के दौरान ब्रिटिश शासन से मुक्ति पाने के लिऐ क्रांतिकारी दल के सशस्त्र विद्रोह की राजस्थान क्षेत्र में तैयारियों में लगे रहे। इस कार्य में वित्तीय मदद सेठ दामोदरदास राठी से मिलती रही।

प्रथम विश्वयुद्ध और क्रांति की योजना

जून १९१४ ई. में जब यूरोप में विश्वयुद्ध शुरु हो गया तो क्रांतिकारियों ने उत्तरी भारत में एक सशस्त्र क्रांति द्वारा स्वराज्य प्राप्ति के लिए इस अवसर का लाभ उठाने की योजना बनायी। इसी वर्ष दिसम्बर महीने में बनारस में भारत के समस्त क्रांति दलों के नेताओं का सम्मेलन हुआ और देश में क्रांति की एक योजना तैयार कर ली गयी। क्रांतिकारी अपने स्रोतों व साधनों से बन्नू पेशावर से सिंगापुर तक सब अंग्रेजी छावनियों में पहुँच कर तथा भीतर घुसपैठ करके उनकी सैन्यशक्ति व स्थिति का पूरा जायजा ले चुके थे। उस समय भारत की सब छावनियों में कुल मिलकार पन्द्रह हजार गोरी फौज मौजूद थी। अधिकांश भारतीय सेनाएँ आह्वान किये जाने पर देश की स्वतंत्रता के लिए शस्त्र उठाने को तैयार थीं। क्रांतिकारियों की योजना थी कि पहले लाहौर रावलपिंडी और फिरोजपुर छावनियों की सेनाएँ विद्रोह करके कुछ क्रांतिकारियों व आसपास की जनता के सहयोग से वहाँ शस्त्रागारों पर भारतीय पहरेदारों की मदद से कब्जा कर लेंगी।

मणिलाल नामक बोस का एक संदेशवाहक १९१५ की फरवरी के मध्य खरवा पहुँचा और सन्देश दिया कि २१ फरवरी १९१५ क्रांति के लिए नियत दिन है जिसकी शुरुआत रासबिहारी बोस द्वारा पंजाब से लायी गई सेना द्वारा दिल्ली पर आक्रमण से होगी। संदेश में राव गोपाळसिंह को क्रांति में सम्मिलित होने के लिए कहा गया था। विद्रोह हो जाने की स्थिति में रावजी को सर प्रताप के सहयोग की भी उम्मीद थी। उधर भूपसिंह को रासबिहारी ने महाराजा गंगासिंह व

सर प्रताप के उन कदमों पर निगाह रखने की हिदायत दी थी जो वे मेवाड़ के महाराणा फतहसिंह को दिल्ली के सिंहासन पर आसीन करने के लिए उठाने वाले थे। क्रांति के लिए नियत दिन पर राव गोपाळसिंह और दामोदरदास राठी को ब्यावर और भूपसिंह को अजमेर पर कब्जा करने का काम सौपा गया था। अजमेर में राव गोपाळसिंह ने अंग्रेजों के खानसामों व चपरासियों को अपनी ओर मिलाकर यह तय कर लिया था कि निश्चित तिथि को संकेत पाते ही वे उन्हें सोते में पकड़कर चुपचाप क्रांतिकारियों के हवाले कर देंगे।[७१]

क्रांति योजना की विफलता

राव गोपाळसिंह व भूपसिंह २१ फरवरी १९१५ को खरवा स्टेशन के निकट अपने दो हजार सशस्त्र सैनिकों का दल लिए संकेत पाने की प्रतीक्षा कर रहे थे। रात को दस बजे अजमेर से अहमदाबाद जाने वाली जो रेलगाड़ी वहाँ से गुजरती है, उससे खरवा स्टेशन के निकट जंगल में एक बम का धमाका कार्यारंभ का संकेत था। रात को गाड़ी निकल गई पर वह धमाका नहीं हुआ। अगले दिन संदेशवाहक ने आकर लाहौर में घटी घटनाओं की सूचना उन्हें दी। एक मुखबिर कृपालसिंह नारंग ने सारा भेद अंग्रेज पुलिस को बता दिया था। अत: अंग्रेजों ने इसी बीच आत्मरक्षा की पूरी तैयारी कर ली थी। शस्त्रागारों के भारतीय पहरेदारों को तत्काल बदल कर गोरों को तैनात कर दिया गया। छावनियों की भारतीय फौजों को एकाएक स्थानान्तरित करके उनके पारस्परिक एवं क्रांतिकारियों के बीच संपर्क सूत्र विच्छिन्न कर दिये गये। अनेक क्रांतिकारी देशभक्त शस्त्रागारों पर हमला करने के व्यर्थ प्रयास में गोलियों के शिकार हो गये।

इस प्रकार देशव्यापी क्रांति विफल हो गयी। इसके विफल होने की सूचना मिलते ही राव गोपाळसिंह ने तीस हजार पुरानी हैड्री मार्टिन बन्दूकें और बहुत सा गोला बारुद तुरन्त ठिकाने कर दिया और दो हजार सशस्त्र सैनिकों का दल चारों और जंगल में बिखर गया।[७२] सात आठ दिन बाद अजमेर पुलिस ने खरवा पर छापा मारकर राव गोपाळसिंह व उनके साथियों को गिरफ्तार करने की तैयारी की। जिसकी खबर क्रांतिकारी भेदियों द्वारा उन्हें मिल गयी। आत्मसमर्पण कर अंग्रेजों की जेल में अनिश्चित काल तक सड़ने या साधारण अपराधियों की तरह फाँसी पर लटकाए जाने की अपेक्षा सबने लड़कर मरने का निश्चय किया।

इसके बाद राव गोपाळसिंह, भूपसिंह, रळियाराम, सवाईसिंह और मोडसिंह ये पाँचों व्यक्ति बहुत से शस्त्रास्त्र और खाने पीने का आठ दस दिन के लायक

सामान लेकर खरवा के गढ़ से रातों रात निकल पड़े और पास के जंगल में बनी एक ओहदी (शिकारी बुर्ज) में मोर्चा बन्दी कर जा डटे। अगले दिन अजमेर का अंग्रेज कमिश्नर खुद पाँच सौ सैनिकों की टुकड़ी लेकर उन्हें खोजता हुआ वहाँ पहुँचा और उन्हें चारों ओर से घेरकर आत्मसमर्पण के लिए विवश करने लगा। किंतु रावजी और उनके साथियों को मरने मारने के लिए तैयार हुआ देखकर उसे भय हुआ कि कहीं सचमुच संघर्ष होने पर आस पास की जनता उसके खिलाफ न उलट पड़े। फिर साथ की भारतीय सैन्य टुकड़ी पर भी उसे भरोसा नहीं था। ऐसी दशा में मुकाबला होने पर राजस्थान में आग भड़क उठने की आशंका थी।

बल प्रयोग से काम बनता न देखकर कमिश्नर ने कूटनीति का सहारा लिया। उसने राव गोपाळसिंह को कहलवाया कि अभी उन पर कोई अभियोग नहीं है। सिर्फ एहतियात के तौर पर संदेह में ही उनकी गिरफ्तारी की जा रही है। यह भी संभव है उन पर कोई अपराध सिद्ध ही नहीं हो। ऐसी दशा में सरकार से व्यर्थ मुकाबला करके अपराध ओढ़ने में कोई बुद्धिमानी नहीं होगी। काफी बहस मुबाहिसे के बाद यह समझौता हुआ कि उन्हें किसी कारागार में बन्द न करके किसी ऐसी जगह नजरबंद रखा जाएगा जहाँ आस पास के जंगल में शिकार की पूरी सुविधा हो। शिकार के लिए बन्दूक आदि शस्त्र व सवारी के लिए घोड़े उन्हें मिलते रहेंगे और आस पास जहाँ तक दृष्टि पड़े पुलिस का पहरा इस रूप नहीं रखा जाएगा जिससे उन्हें कैदी होने का भान हो। तदनुसार उन्हें मारवाड़ और मेवाड़ की सीमा पर स्थित खरवा से पचहतर मील दूर टाटगढ में नजर बन्द रखने के आदेश हुए। जब रावजी ने खरवा से टाटगढ़ के लिए प्रस्थान किया तो उनका नाबालिग पुत्र गणपतसिंह ब्यावर तक उनके साथ आया। उससे विदा लेते समय उन्होंने यही कहा, 'देश के प्रति वफ़ादार रहो।'[७३] इस आदेश के अनुसार टाटगढ़ में अपने प्रवास के दौरान रावजी को तहसीलदार की अनुमति के बिना किसी से मिलने की मनाही थी। उनके नाम आए सभी पत्र, तार आदि तहसीलदार के मार्फत उन तक पहुँचते थे। उन्हें निर्धारित समय पर एक दिन में एक बार तहसीलदार के सामने हाजरी देनी थी। उन्हें टाटगढ़ की सीमा के भीतर तीन मील तक जंगल में शिकार करने की छूट थी। इस आदेश का उल्लंघन करने पर तीन वर्ष की कैद व जुर्माने का प्रावधान था।[७४] भूपसिंह भी उनके साथ वहीं नजर बंद थे। सोमदत्त नामक व्यक्ति के मुखबिर हो जाने से लाहौर षड्यंत्र के मामले की जाँच में भूपसिंह का भी नाम लिया गया। उन्हें तुरन्त गिरफ्तार कर लाहौर भेजने का आदेश टाटगढ़ पहुँचा। भूपसिंह तब वहाँ से फरार हो गये और बाद में १० जुलाई १९१५ को राव गोपाळसिंह भी नजर बन्दी से भाग निकले। इस घटना पर

टिप्पणी करते हुए खुफिया विभाग के महानिदेशक सी.आर. क्लीवलैंड ने कहा, स्थानीय सरकार के आदेशों का उल्लंघन करने का हमारे सामने यह पहला गंभीर मामला है।''

अजमेर के पुलिस कमिश्नर द्वारा यह आश्वासन दिये जाने पर कि उनके साथ एक राजनीतिक कैदी की भाँति व्यवहार किया जाएगा, रावजी ने किशनगढ़ रियासत में अवस्थित सलेमाबाद के शिव मंदिर में २८ अगस्त १९१५ को समर्पण कर दिया। बाद में उनके खिलाफ बनारस षड्यंत्र केस उठा लिया गया और उन्हें अजमेर के जिला मजिस्ट्रेट द्वारा भारत रक्षा अधिनियम के अन्तर्गत बनाये गये कानूनों का उल्लंघन करने के लिए दो वर्ष का सादा कारावास दिया गया। रावजी ने कानूनी सहायता माँगी लेकिन कमिश्नर ने यह कहकर देने से इन्कार कर दिया कि जब खरवा पर कब्जा किया गया था तब खजाना बिल्कुल खाली था। भारत सरकार ने नजरबंदी के समय इस्तीमरदार के रूप में उनकी सनद को रद्द करके जागीर को जब्त घोषित कर दिया था। खरवा गाँव के निवासिंयों ने भी रावजी को छोड़ने का आग्रह किया लेकिन सरकार ने उस पर कोई ध्यान नहीं दिया। उन्हें बंगाल रेग्यूलेशन एक्ट के अंतर्गत शाहजहाँपुर जेल में रखा गया। इस प्रकार राव गोपाळसिंह ने राजस्थान में क्रांतिकारी यज्ञ में अपने सुख चैन की समिधा डालकर मातृभूमि की मुक्ति के लिए पूरा प्रयास किया। विश्वयुद्ध की समाप्ति के बाद उन्हें जेल से मुक्त किया गया। उनके संघर्ष व उत्तम मानवीय गुणों से प्रभावित होकर योगीवर्य बावजी चतुरसिंहजी जैसे संत ने उनके लिए कहा –

खळां पर खारौ सदा पुखत धरम री पाळ।
रतनाकर नूं राठवड़ गुणसागर गोपाळ।।

7 : 4

क्रांतिकारी आन्दोलन के कल्पवृक्ष सेठ दामोदरदास राठी

ब्रिटेन जैसी सशक्त साम्राज्यवादी सत्ता के चंगुल से मातृभूमि की मुक्ति का जो स्वप्न क्रांतिकारियों ने संजोया था उसे साकार करने के लिए प्रभूत वित्तीय साधनों की आवश्यकता थी। इसके लिये उन्हें कई बार डकैतियों का सहारा भी लेना पड़ता था। आन्दोलन के संगठन को चलाने व लक्ष्यपूर्ति के हेतु साधन जुटाने में उन्हें भारी दिक्कतों का सामना करना पड़ता था। राजस्थान में क्रांतिकारी आन्दोलन की इस महती आवश्यकता को पूरा करने में सेठ दामोदरदास राठी का उल्लेखनीय योगदान रहा। केसरीसिंह बारहठ, राव गोपाळसिंह खरवा व अर्जुनलाल सेठी के कार्यों में उन्होंने भरपूर हाथ बटाया। वे नेपथ्य में रहकर काम करते रहे।

यद्यपि उन्हें उन यातनाओं के दौर से नहीं गुजरना पड़ा जो क्रांतिधर्मा की नियति हैं और न वे जनसमुदाय को उद्वेलित करने वाले ओजस्वी वक्ता थे परन्तु मरुभूमि मारवाड़ के पोकरण गाँव में ८ फरवरी १८८४ ई. को जन्मे राठीजी के मन में देश प्रेम हिलोरें मारता था। ब्यावर की कृष्णा मिल के संस्थापक के रूप में उन्होंने राजस्थान में स्वदेशी आन्दोलन का श्रीगणेश किया। उनकी यह निश्चित मान्यता थी कि देश के महान् क्रांतिकारी, राष्ट्रवादी विचारक व विद्वानों का लोक संग्रह राजस्थान में किया जा सके तो यहाँ क्रांति की ज्वाला सुलगते देर नहीं लगेगी।[७५] इस दृष्टि से उन्होंने अपने समय के क्रांतिकारियों अनन्य देशभक्तों व प्रमुख विचारकों अपने व्यवसाय के माध्यम से राजस्थान में लाकर बसाने का पूरा प्रयत्न किया। इस दृष्टि से अपनी मिल में वे श्यामजी कृष्ण वर्मा जैसे क्रांतिकारी को मैनेजर बनाकर लाए। उनकी प्रेरणा से क्रांतिकारी प्रवृत्तियों की ओर राठीजी का झुकाव और सबल हुआ। राजस्थान के क्रांतिकारियों व क्रांतिकारी प्रवृत्तियों के लिए उनका कोष सदा खुला रहता था।

राष्ट्रीय आन्दोलन में तेजस्विता की कौंध सर्वप्रथम १९०५ में दिखायी दी जब सार्वत्रिक विरोध के बावजूद बंगभग कर दिया गया और इस अन्याय के

प्रतिकार का संकल्प 'वंदे मातरम्' के जयघोष के रूप में प्रकट हुआ। साम्राज्यवाद की इस चुनौती का उत्तर था स्वदेशी आंदोलन। इस आन्दोलन के पुरोधा राष्ट्रवाद के पैगम्बर श्री अरविंद के मिशन को पूरा करने में राठीजी ने जिस निष्ठा का परिचय दिया वह स्वयं में कीर्तिमान है। 'वंदे मातरम्' ने राष्ट्र में जैसे विद्युत संचार कर दिया था। श्री अरविंद की यशसुरभि राजस्थान में भी पहुँची। राठीजी को उनसे भेंट करने की बहुत ललक थी। उन्होंने अपनी यह साध भारत में अंग्रेजी राज जैसे प्रसिद्ध ग्रंथ के यशस्वी लेखक पंड़ित सुन्दर लाल के सम्मुख रखी। पंडितजी का कहना था कि भेंट मैं करवा दूँगा किन्तु शर्त यह है कि आपको अपनी एक वर्ष की आय श्री अरविंद को मातृभूमि के कार्य के लिए समर्पित करनी होगी। राठीजी ने बहीखाते उनके सामने रख दिये। वार्षिक सवा लाख रुपए की आमदनी का हिसाब बैठा। राठीजी ने यह राशि श्री अरविंद को भेंट करने की स्वीकृति दी। वे कलकत्ता गये और इतनी बड़ी राशि (उस समय रुपये के मूल्य की दृष्टि से) राष्ट्र की सेवा के लिए अर्पित कर दी।

मातृभूमि की सेवा के लिए धन अर्पित करने का ऐसा हौसला रखने वाले दामोदरदास राठी की राव गोपाळसिंह खरवा से अंतरंग मित्रता थी। रावजी द्वारा राजस्थान में सशस्त्र क्रांति की जो योजना चल रही थी उसकी सफलता के लिए पृष्ठभूमि में सारा बल राठीजी का ही था। प्रथम विश्वयुद्ध के दौरान सशस्त्र क्रांति की जो योजना बनायी गयी उसमें अजमेर नगर व नसीराबाद छावनी पर कब्जा करने की जिम्मेदारी राव गोपाळसिंह व भूपसिंह पर थी। इसके लिये उन्होंने दो हजार नौजवानों को क्रांति की दीक्षा देकर लम्बे समय तक उन्हें शस्त्र चलाने का प्रशिक्षण दिया था और हजारों टोपीदार बन्दूकों, कारतूसों व अन्य हथियारों का संग्रह किया था। राठीजी द्वारा दी गयी वित्तीय सहायता इस क्रांतिवाहिनी को संगठित करने में सर्वाधिक सहायक थी। उस समय के प्रमुख राष्ट्रीय नेताओं दादाभाई नौरोजी, मोतीलाल घोष, मालवीयजी व लाला लाजपतराय से उनका निकटता का सम्बन्ध था। उन्होंने देश के कोने कोन में फैले हुए प्रवासी राजस्थानियों से सम्पर्क कर उन्हें देश सेवा की ओर प्रवृत्त किया।

हिन्दी के प्रसिद्ध लेखक भगवानदास केला ने 'देशी राज्यों में जनजागृति' नामक ग्रंथ में राठीजी के सम्बन्ध में लिखा है कि क्रांतिकारी आन्दोलन में उन्होंने भरपूर आर्थिक मदद की। प्रसिद्ध पत्रकार अमृतलाल चक्रवर्ती से उन्हें इस कार्य के लिए बहुत प्रेरणा मिली जो लम्बे समय तक कृष्णामिल में उनके साथ रहे थे। गिरिजाकुमार घोष को भी वे अपने पास ब्यावर ले आये। यदि उन्हें दीर्घायु मिलती तो राष्ट्रीय राजनीति में जो स्थान वर्धा का था, राजस्थान में वही दर्जा

ब्यावर को मिलता। मात्र चौतीस वर्ष की आयु में २ जनवरी १९१८ को राठीजी का स्वर्गवास हो गया। अपने निधन से कुछ समय पूर्व २७ दिसम्बर १९१७ को उन्होंने भगवानदास केला को लिखे पत्र में अपनी हार्दिक भावना व्यक्त करते हुए लिखा था – 'काम करने का समय आ गया है। देश व जाति पर प्राण न्यौछावर करने वालों की आज सबसे अधिक आवश्यकता है। देश को आज उन नौजवानों की आवश्यकता है जो अपने विश्वासों पर दृढ़ रहें।''[७६]

वस्तुतः राठीजी राजस्थान में क्रांतिकारी आन्दोलन के महारथियों में से एक थे। उनकी तरुणाई ने राष्ट्र के उज्जवल भविष्य के सपने देखे थे। अपने व्यावसायिक कौशल से उपार्जित सम्पदा को उन्होंने राष्ट्र की थाती समझ कर सहर्ष उसे अर्पित कर दिया।

टिप्पणियाँ एवं संदर्भ

१. धनंजय कीर – सावरकर एंड हिज टाईम्स पृ. ५५८

२. चे गुऐवेरा – रेमिनिसेंस ऑफ ए रिवोल्यूशनरि पृ. ३ शांतिमय रे द्वारा, 'नेशनल रिवोल्यूशनरि मूवमेंट इन इंडिया १९०० – १९१८'' में उद्धृत अ सेन्टेनरी हिस्टरि ऑव इंडियन नेशनल कांग्रेस वॉल्यूम I पृ. ३९५

३. सत्येन्द्रनाथ मजूमदार – इन सर्च ऑफ रिवॉल्यूशनरि आईडियॉलोजी, पृ. १८

४. बामन बिहारी मजूमदार – मिलिटेंट नेशनेलिजम इन इंडिया पृ. ४६

५. रामनारायण चौधरी – बीसवीं सदी का राजस्थान पृ. २७१

६. क्रांतिकारियों के लिए ऋषि बंकिमचन्द्र द्वारा रचित 'आनंद मठ' उपन्यास व उसका केन्द्रीय भाव 'वन्दे मातरम्' गीत प्रेरणा का स्रोत था। इसी रचना में उन्होंने सन्तान धर्म का प्रतिपादन किया था। इसमें देशभक्ति का प्रस्तुतिकरण दिव्य मातृभूमि की आराधना के रूप में किया। ऐसी साधना जो संतान धर्म के साधक के रूप में मातृभूमि के उद्धार हेतु कर्मयोगी की निष्ठा से की जानी थी। मातृभूमि को अपने श्री सम्पन्न दिव्य स्वरूप में उच्चासन पर आरुढ़ करवाने के ध्येय से प्रेरित संतानधर्म के पथिकों का पाथेय था उनका दृढ़ निश्चय, पूर्ण समर्पण, स्व के हर विचार का परित्याग और अविचल धृति। लेखक की कृति – आध्यात्मिक राष्ट्रवाद पृ. ३९

७. नारायणसिंह कविया 'शिवाकार' – क्रांतिकारी ठाकुर केसरीसिंह बारहठ, व्यक्तित्व एवं कृतित्व द्वितीय खंड (श्रद्धांजलि) पृ. ९४

८. ठाकुर कृष्णसिंह साहित्य एवं इतिहास के मर्मज्ञ विद्वान और लेखक थे। उनके द्वारा लिखित राजपूताना के तत्कालीन इतिहास से सम्बन्धित लगभग हजार पृष्ठों के एक वृहद ग्रन्थ बारहठ कृष्णसिंह का जीवन चरित्र और राजपूताना का अपूर्व इतिहास में उस समय की राजनीतिक स्थितियों का खुला एवं वास्तविक चित्रण हुआ है।

९. श्रीमति राजलक्ष्मी साधना - सुमनेश जोशी 'सुमनेश जोशी कृत राजस्थान में स्वतंत्रता संग्राम के सेनानी' पृ. १८

१०. केसरीसिंह बारहठ व्यक्तित्व एवं कृतित्व पृ. १७

११. क्षात्र शिक्षा परिषद की स्थापना के उद्देश्यों पर प्रकाश डालते हुए केसरीसिंह ने कहा - 'अविद्या के जंग से वीर जाति की फौलादी नाव में अनेक छिद्र पड़ गये हैं और अर्थरूपी जल भीतर घुस गया है। विद्या के अभाव में आत्मस्वरूप की भावना विस्मृत होने पर किसी भी जाति एवं समाज का पतन अवश्यम्भावी है।'' - उपर्युक्त पृ. २०

१२. राव गोपाळसिंह खरवा का ३१ जुलाई १९३८ को अपने भतीजे खेतसिंह के नाम लिखा पत्र १ - क्रांतिकारी बारहठ केसरीसिंह व्यक्तित्व और कृतित्व (द्वितीय खंड) पृ. ९९

- केसरीसिंह बारहठ की बाद में कोटा ट्रायल में दी गई गवाहियों से पता चलता है कि १९११ ई. के दिल्ली दरबार में भी महाराणा को जाने से रोकने के लिए खरवा ठाकुर गोपाळसिंह तथा उनके सहयोगियों ने महाराणा को मेवाड़ के सरदारों के नाम पत्र भिजवाया था।

१३. डॉ. मोहनलाल जिज्ञासु - चारण साहित्य का इतिहास भाग २ पृ. २५८ - पुरानी पीढ़ी के पत्रकार श्री यज्ञदत शर्मा ने केसरीसिंह से उनके स्वर्गवास के एक वर्ष पूर्व सन् १९४० ई. में जोधपुर के चारण बोर्डिंग हाउस में भेंट की थी तब बारहठजी ने, प्रो. इन्द्र विद्यावाचस्पति द्वारा सम्पादित 'जनसत्ता दैनिक दिल्ली में प्रकाशित विवरण के अनुसार, इस सम्बन्ध में बतलाया था - हिन्दुआ सूर्य दिल्ली जाने को तैयार हो गया। वीरता रो उठी। मुझसे न रहा गया। मैंने तलवार की जगह कलम संभाली। मेरी हार्दिक वेदना 'चेतावणी रा चूंगट्या'' के रूप में कागज पर बिखर पड़ी। मैने कविता लिखकर महाराणा को भेज दी पर उनकी स्पेशल दिल्ली की राह पर दौड़ लगा रही थी और मेरी कविता उनके पीछे। आखिर महाराणा को कविता मिल गयी। वे तिलमिला उठे और बोले, 'यह कविता उदयपुर में क्यों नहीं मिली? खैर छूटा हुआ तीर वापिस नहीं लौटता, मैं इस कहावत को भी झूठा साबित कर दूँगा।'' ... कर्जन की उम्मीदों पर पानी फिर गया। अखबारों ने बड़ी बड़ी सुर्खियों देकर समाचार छापा 'महाराणा दिल्ली आकर भी लौट गये।'' - राजस्थान केसरी ठाकुर केसरीसिंह बारहठ - पुण्य स्मरण पृ. ९३-९४ संपादक - सवाईसिंह धमोरा

१४. ठाकुर नारायणसिंह कानोता का पुत्र अमरसिंह उन दिनों इम्पीरियल कैडेट की हैसियत से दिल्ली दरबार में भाग लेने आया हुआ था। उसने अपनी डायरी में इस घटना का पूरा विवरण दिया है। इसके अनुसार उसने आधी रात को सर प्रताप को जगाकर अपने पिता का संदेश दिया कि महाराणा मर जाऐंगे पर दरबार में नहीं जाएंगे। सर प्रताप ने उसी समय वॉयसरॉय के सचिव लॉरेन्स को इस बारे में सूचित कर दिया। वस्तुस्थिति बताकर उसे चेतावनी भी दी कि यदि महाराणा पर अनुचित दबाव डाला गया और बदले की कार्यवाही की गई तो बात बिगड़ जाएगी। दिल्ली में सभी नरेशों के लाव लश्कर सहित पड़ाव है और उनकी सहानुभूति महाराणा के साथ है। सचिव से सूचना मिलने पर कर्जन ने स्थिति को भाँप लिया और मन मसोस कर यह मौन संधि स्वीकार कर ली। - उपर्युक्त - पृ. ६०-६१

१५. क्रांतिकारी बारहठ केसरीसिंह व्यक्तित्व एवं कृतित्व खंड़ १ पृ. २३

१६. आजन्म कारावास के बाद हजारीबाग जेल से लिखा गया प्रेरक पत्र।

१७. विष्णुदत भारत धर्म महामंडल का भी सक्रिय कार्यकर्ता था। कई क्रांतिकारी महामंडल के धार्मिक कार्यों के माध्यम से अपनी गतिविधियाँ चला रहे थे। १९१० ई. में राजस्थान में धर्म प्रचार कार्य के नाम पर विष्णुदत को केसरीसिंह के साथ कोटा भेजा गया था।

१८. बारहठजी ने क्षत्रियों की पतितावस्था की ओर इंगित करते हुए लिखा

धर जिण धाशक धूजती शाशक रही निशंक।
वही जात दाशक हुई, अई विधाता अंक।।

१९. राजस्थानी शोध संस्थान चौपासनी के संग्रह से प्राप्त।

२०. श्री अगरचंद नाहटा, बीकानेर के संग्रह से प्राप्त।

२१. एवीडेंस इन कोटा मर्डर केस, फाइल नं. ३, ऑफ १९१४, राजस्थान स्टेट आर्काइव्ज बीकानेर - डॉ. के एस सक्सेना कृत - द पॉलिटिकल मूवमेंटस एंड अवेकनिंग इन राजस्थान पृ. १३४ पर उद्धृत।

२२, २३ – उपर्युक्त

२४. पृथ्वीसिंह महता विद्यालंकार – राजस्थान केसरी ठाकुर केसरीसिंह बारहठ – पुण्यस्मरण पृ. ११०

२५. होम – पॉलिटिकल बी – जुलाई १९१४ संख्या १२४–१२८ – डॉ. सक्सेना पूर्वोक्त

२६. एवीडेंस इन कोटा मर्डर केस, फाइल नं. ३, उपर्युक्त

२७. १९१४ की इस क्रांति की योजना बड़े पैमान पर तैयार की गई थी। जर्मनी का एक दूत देशव्यापी सशस्त्र क्रांति के सूत्रधार रासबिहारी बोस से युद्ध छिड़ने से कुछ समय पूर्व ही जबलपुर के समीप मदन महल में सारी योजना पर विचार विमर्श कर गया था। चैकोस्लावाकिया के क्रांतिकारियों के विश्वासघात से क्रांति यह विशाल आयोजन विफल हो गया। युद्ध के प्रारंभिक वर्षों में अमरीका तटस्थ देश था। अपनी मातृभूमि को साम्राज्यवादी देशों की दासता से मुक्ति दिलाने के लिए प्रयत्नशील सभी देशों के क्रांतिकारी अमरीका में मिले। उस सम्मेलन में भारतीय क्रांतिकारियों ने भूल से चैकोस्लावाकिया के क्रांतिकारियों को सशस्त्र क्रांति की अपनी योजना व जर्मनी से हुए समझौते का भेद बता दिया। उस समय ऑस्ट्रिया की दासता से मुक्त होने के लिए चैकोस्लावाकिया के क्रांतिकारियों की मदद ब्रिटेन व फ्रांस कर रहे थे। इस कारण उन्होंने फ्रेंच राजदूत के माध्यम से भारतीय क्रांतिकारियों की सशस्त्र क्रांति की योजना का भेद ब्रिटिश सरकार तक पहुँचा दिया।

२८. श्री किशोरसिंह ब्राहस्पत्य ख्यातिलब्ध इतिहाज्ञ थे और पटियाला रियासत में दरबारी इतिहासकार के रूप में सेवारत थे।

२९. क्रांतिकारी केसरीसिंह बारहठ व्यक्तित्व एवं कृतित्व खंड़ १, पृ. २९

३०. सन् १९०८ के अलीपुर बम केस में श्री अरविन्द के मामले की पैरवी करते हुए देशबंधु चितरंजन दास ने अदालत को उनके व्यक्तित्व की विशिष्टता के बारे में जो कुछ कहा

वह हमारे राष्ट्रीय आंदोलन का एक महत्वपूर्ण दस्तावेज है। अपने भाषण के अंत में देशबन्धु ने श्री अरविन्द के व्यक्तित्व का शब्द चित्र प्रस्तुत करते हुए कहा था - "My appeal to you is this, that long after the controversy will be hushed into silence, long after this turmoil, the agitation will have ceased, long after he is dead and gone, he will be looked upon as the poet of patriotism, as the prophet of nationalism and the lover of humanity. Long after he is dead and gone, his words will be echoed and reechoed not only in India, but across distant seas and lands".

डॉ. विश्वनाथप्रसाद वर्मा कृत 'पॉलिटिकल फिलॉसॉफी ऑफ श्री अरविन्दो' पृ. ४४८ पर प्रस्तुत।

३१. जिस अविचल धृति से बारहठजी ने अनेकानेक कष्ट सहन किये उसकी ओर उनके समकालीनों का ध्यान जाना स्वाभाविक था। डिंगल के जाने माने कवि रूपसिंह बारहठ ने इस बारे में यह गीत लिखा -

धराधाम अरु धन गयौ गई सह सुख री घड़ियां।
सुत प्रताप सो छोड़ पड़ण लगी दुख झड़ियां।।
माणिक सी मणि महल गई, दधि विपदा डारै।
कुळ रौ दीप किशोर गयौ, वृद्ध बंधु विसारै।।
सह भांत वेह प्रतिकूळ वहै कीधौ सदा रुआड़तौ।
तोई कृष्ण देह वाळौ कवि, केहर रह्यौ दहाड़तौ।

एक दोहे में उनकी स्वातंत्र्य चेतना इस प्रकार बखानी -

दिन दूणा निस चौगुणा सह्या कष्ट अनेक।
सही न गई पण सिंह थी पराधीनता एक।

- राजस्थानी शोध संस्थान चौपासनी के संग्रह से प्राप्त।

३२. राजस्थान केसरी ठाकुर केसरीसिंह बारहठ पुण्यस्मरण पृ. ९५ संपादक - सवाईसिंह धमोरा

३३. कोटा से २२ दिसमबर १९४० को लिखा पत्र। डॉ मथुरालाल शर्मा कृत, हाड़ौती का स्वतंत्रता आन्दोलन पृ. २५

३४. अन्धकार

३५. सुमनेश जोशी - राजस्थान में स्वतंत्रता संग्राम के सेनानी पृ. ४४

३६. दिल्ली बम कांड की यह अछूती, अनकही प्रामाणिक जानकारी केसरीसिंह बारहठ की पौत्री श्रीमती राजलक्ष्मी साधना से प्राप्त हुई है। वे जोरावरसिंह की गोद में खेलकर बड़ी हुई थीं। उनके अज्ञातवास में पटियाला प्रवास में उनके साथ थीं। हार्डिञ्ज पर बम किसने फेंका? इस प्रश्न को इतिहासकारों ने यह कहकर टाल दिया है कि गुप्तचर पुलिस उसका पता नहीं लगा सकी। क्रांतिकारियों के इस अपूर्व साहसी कृत्य पर से रहस्य का पर्दा राजलक्ष्मी ने उठाया है। आप १३, शास्त्रीनगर अजमेर में निवास करती थीं।

३७. राजलक्ष्मीजी द्वारा प्रस्तुत प्रामाणिक विवरण।

३८. उपर्युक्त

३८ए. राजलक्ष्मी साधना रचित, 'अमर शहीद प्रताप - राजस्थान केसरी ठाकुर केसरीसिंह बारहठ, पुण्य स्मरण काव्य खंड पृ. १७-२० संपादक - सवाईसिंह धमोरा

३९. चौधरी रामनारायण - बीसवीं सदी का राजस्थान पृ. २८

४०. उपर्युक्त

४१. फतहसिंह 'मानव' के संस्मरणों से - क्रांतिकारी केसरीसिंह बारहठ व्यक्तित्व एवं कृतित्व खंड १ पृ. ३४

४२. कालीचरण घोष - 'रॉल ऑफ ऑनर' में उद्धृत सुमनेश जोशी - पूर्वोक्त पृ. ४८

४३. चौधरी रामनारायण - पूर्वोक्त पृ. २८-२९

४४. डॉ. के.एस. सक्सेना - द पॉलिटिकल मूवमंटस एंड अवेकनिंग इन राजस्थान - पृ. १२९

४५. सुमनेश जोशी - पूर्वोक्त पृ. ३९

४६. "Mr. Petrie is worthy of high commendation for the manner in which he has carried out his investigation There is one point, however, in which I am quite certain that ``Memo's statement is incorrect i.e. that the bomb was thrown from the ``Patrui". The position where it struck the ``howdah makes this almost impossible considering the height of the elephant."

(HARDINGE OF PENHURST) 17-9-1914. Top secrect notes no. 11, page 64 political department, December 1914 attempt to assainate his excellency the viceroy-

मि. पेट्री, इम्पीरियल सी.आई.डी. के नोट में "Muffled hand" का बार बार उल्लेख हुआ है।

४६. राजस्थान केसरी ठाकुर केसरीसिंह बारहठ, पूर्वोक्त ७५

४७. फतहसिंह 'मानव' उपर्युक्त पृ. ७५ श्री मानव राजलक्ष्मी साधना के पति और सेवानिवृत आर.ए.एस. थे। आपने राष्ट्रीय अभिलेखागार में रहकर इस विषय पर काफी शोध की है। लेखक को एक साक्षात्कार में आपने लार्ड हार्डिञ्ज द्वारा फाइल पर लिखी गई टिप्पणी के बारे में बताया।

४८. उपर्युक्त पृ. ४९

४९. सुमनेश जोशी - पूर्वोक्त पृ. ४०

५०. उस समय वहाँ नागरिक स्वतंत्रता की कैसी दयनीय स्थिति थी इसका अन्दाज इसी बात से लगाया जा सकता है कि बर्फ सोडा बेचने के लिए भी ठेठ कौंसिल से मंजूरी लेनी पड़ती थी।

– रामनारायण चौधरी – बीसवी सदी का राजस्थान पृ. २५ विद्यार्थियों को भी राज्य से पूर्व स्वीकृति प्राप्त किये बिना कोई नाटक आदि खेलने की इजाजत नहीं थी।

५१. रामनारायण चौधरी – उपर्युक्त पृ. २३

सुमनेश जोशी – राजस्थान में स्वतंत्रता संग्राम के सेनानी पृ. ९

५२. होम, पॉलिटिकल ए, जून १९१८ संख्या २८१-३०७ – डॉ. के.एस. सक्सेना कृत 'द पॉलिटिकल मूवमंटस एंड अवेकनिंग इन राजस्थान' पाद टिप्पणी पृ. १२७

५३. रामनारायण चौधरी – पूर्वोक्त पृ. २०-२१

५४. मोतीचंद कितने धैर्यवान और दिलेर युवक थे इसका किस्सा बयान करते हुए चौधरीजी लिखते हैं कि एक बार उनका ऑपरेशन हुआ। डॉ. डलजंगसिंह की राय में वह इतना गंभीर था कि बिना क्लोरोफोम सुंघाए चीरा लगाने की उनकी हिम्मत नहीं हुई पर मोतीचंद ने उफ तक न की। आरा (निमेज) महंत की हत्या के आरोप में जब उन्हें फाँसी लगी तो बलिदान की खुशी में उनका वजन कई पौंड बढ़ा हुआ पाया गया। – चौधरी पूर्वोक्त पृ. २४

५५. होम डिपार्टमेंट, पॉलिटिकल ए जून १९१८ संख्या २८१-३०७ डॉ सक्सेना कृत पूर्वोक्त में उद्धृत

५६. होम पॉलिटिकल बी मई १९१४ संख्या १२७-१४० उपर्युक्त पृत्र १२८

५७. जैन राजनीतिक कांन्फ्रेस के सचिव अतीजप्रसाद जैन का भारतमंत्री के निजी सचिव के नाम पत्र, १८ जुलाई १९१८

५८. मार्डन रिव्यू १५ मार्च १९१५, अमृत बाजार पत्रिका, १० फरवरी १९१५

५९-६०. मेमोरियल फ्रॉम अर्जुनलाल सेठी टू गवर्नर जनरल एंड वॉयसरॉय आफ इंडिया, होम पॉलिटिकल ए जून १९१८ नं. २८१-३०७

६१. सुमनेश जोशी – पूर्वोक्त पृ. १०

६२. उपर्युक्त पृ. ६

६३. रामनारायण चौधरी – पूर्वोक्त पृ. ४१

६४. सुमनेश जोशी – पूवोक्त पृ. १२

– रामनारायण चौधरी – पूर्वोक्त पृ. १०८-१०९

६५. सेठीजी का पत्र बारहठजी के नाम, दिनांक २५ फरवरी १९२४ क्रांतिकारी बारहठ केसरीसिंह व्यक्तित्व एवं कृतित्व खंड प्रथम पृ. २२१

६७. डॉ. के एस सक्सेना – राजस्थान में राजनीतिक जागरण पृ. ५४

६८. सुमनेश जोशी – पूर्वोक्त पृ. ८३६

६९. उपर्युक्त

७०. डॉ. के एस सक्सेना – पूर्वोक्त पृ. १३६

७१. सुमनेश जोशी – पूर्वोक्त पृ. ८३७

७२. उपर्युक्त पृ. ८३८

७३. उक्त समय पुलिस अधिकारी सरदार बहादुर भगवानसिंह बैरिस्टर द्वारा श्री जगदीश दीपक को बतायी गई बात। जगदीशचंद्र दीपक - रिवेजन्ड इन इंगलैण्ड

७४. एफ.एंड पी. सीक्रेट I मार्च १९१७ संख्या १-२९ राष्ट्रीय अभिलेखागार - डॉ. के एस सक्सेना पूर्वोक्त पृ. १३८

७५. सुमनेश जोशी - पूर्वोक्त पृ. ३३

७६. उपर्युक्त पृ. ३६

8

धरती पुत्रों की ललकार : भील व किसान आन्दोलन

भूखे की सूखी हड्डी से वज्र बनेगा महाभयंकर।
ऋषि दधीचि को ईर्ष्या होगी नेत्र नया खोलेंगे शंकर।।
अन्नविहिन उदर की आहें दावानल सी बनकर भीषण।
भस्मीभूत कर देंगी उनको जो दीनों का करते शोषण।।

–जयनारायण व्यास

पृष्ठभूमि

ब्रिटिश प्रभुत्व की स्थापना से राजस्थान में अराजकता व राजनीतिक अस्थिरता के अंधयुग की तो समाप्ति हुई किन्तु जनसाधारण के लिए उस अंतहीन दु:ख रजनी का प्रारंभ हुआ जिसमें अन्याय, शोषण व उत्पीड़न के अन्धकार में जीवन एक दु:सह अभिशाप बनकर रह गया। बाह्य आक्रमणों और आन्तरिक उपद्रवों की प्रबल चुनौतियों का सामना करने में स्वयं को सर्वथा अक्षम पाकर जब राजा अंग्रेजों के शरणानुगत हो गए तो उनकी रियासतों में ऊपरी तौर पर तो भले ही अमन चैन कायम हो गया किन्तु विदेशी सत्ता द्वारा प्रदान की गई इस सुरक्षा ने इन क्लीव राजाओं की अमानुषिकता के उस उफनते हुए ज्वार के लिए फाटक खोल दिया जिसने राजा प्रजा के परंपरागत सौहार्दपूर्ण सम्बन्धों का समूलोच्छेद कर दिया।

पूर्वकाल में अपनी सत्ता को बनाये रखने के लिए जनता के सहयोग की आवश्यकता राजाओं पर अंकुश का काम करती थी पर अब ब्रिटिश प्रभुओं से प्राप्त अभयदान ने उन्हें अपनी प्रजा पर कहर ढाने की खुली छूट दे दी। इस युग में राजस्थान में सामंती व्यवस्था प्रजापीड़न, क्रूरता व मानवीय अध:पतन की

पराकाष्ठा की प्रतीक बनकर रह गयी। एक जंगलराज की शुरुआत हो गई जिसमें रैयत राजाओं व उनके जागीरदारों की भक्ष्य बन गई। उनका एकमात्र ध्येय अपने सुख विलास के लिए अधिकाधिक धन बटोरना रह गया। इसके लिए शोषण के नये से नये तरीके इजाद किये गये। गोरे प्रभुओं की चाटुकारिता में तल्लीन राजा व जागीरदार प्रजा की गर्दन पर सिन्दबाद की कथाओं के बूढ़े की तरह सवार हो गये। जिन मेहनतकश लोगों के परिश्रम पर उनकी विलासिता का तांडव चल रहा था वे तिहरी गुलामी के बोझ के नीचे दबकर सर्वथा असहाय हो गये। सामंती तत्वों के गर्हित आचरण के फलस्वरूप जागीरदारी जुल्म का पर्याय बन गयी। रोंगटे खड़े कर देने वाली क्रूरताएँ व पाशविकताएँ किसानों की नियति बन गयी।

इस दृष्टि से ब्रिटिश आधिपत्य राजस्थान के लिए बहुत घातक सिद्ध हुआ क्योंकि उसके द्वारा प्रदत संरक्षण ने ही यहाँ उन सामंती विकृतियों को जन्म दिया जिनके सम्मुख सारे मानवीय मूल्य एवं संवेदनाएँ तिरोहित हो गयीं। प्रजाजनों के सुख दुख से सर्वथा उदासीन राजाओं व जागीरदारों ने जनसाधारण को इतनी बेरहमी से कुचला कि वे निरन्तर डूबते ही चले गये। ब्रिटिश सरकार की रुचि रजवाड़ों से अधिकाधिक वार्षिक खिराज प्राप्त करने में थी। इस कारण रियासती प्रजा पर करों व लगानों का बोझ बढ़ता ही चला गया। रियासती प्रजा रूपी नींबू को इतनी निर्दयता से निचोड़ा गया कि उसके रेशे तक बाहर निकल आए। ये शोषक सामंत इतने विवेकहीन हो चुके थे कि किसानों व भीलों द्वारा की गई गुहार को भी अपनी सत्ता के लिए चुनौती समझकर उन्होंने निर्मम दमन का सहारा लिया। जागीरदारों की स्वेच्छाचारिता के सम्मुख रैयत की बिल्कुल वही हालत थी कि –

न तड़पने की इजाजत है न फरियाद की।
घुट घुट के मर जाऊँ यही मर्जी मेरे सैयाद की।।

प्रजाजनों के जानो माल, जरजमीन सब कुछ उनकी अंतहीन लिप्सा के शिकार थे। उनसे न्याय की उम्मीद करना तो बालू में से तेल निकालना था।

अनाचार की इस कालरात्रि को भेदने वाली पहली कौंध मेवाड़ में दिखायी पड़ी, जब राणा प्रताप के सुख दुःख के साथी प्रकृति पुत्र भीलों ने सामंती व साम्राज्यवादी शोषण के खिलाफ विद्रोह का झंडा बुलंद किया। उसी से प्रेरणा लेकर जागीरदारी जुल्मों से मुक्ति पाने के लिए बाद में किसान आन्दोलन शुरु हुए जो देश की आजादी तक चलते रहे। भील व किसान आन्दोलन धरती पुत्रों की ललकार थी। इनके माध्यम से मदान्ध शोषकों के खिलाफ जनशक्ति उठ खड़ी हुई। ये दोनों आन्दोलन स्वाधीनता संग्राम के संदर्भ में इस दृष्टि से महत्वपूर्ण हैं

कि जन जागरण के सूचक होने के साथ ही उन्होंने तिहरी गुलामी के पाश से मुक्ति पाने हेतु बलिदानों की एक अटूट श्रृंखला को जन्म दिया। यहाँ यह बात उल्लेखनीय है कि इन दोनों आन्दोलन का श्रीगणेश मेवाड़ में हुआ। बिजोलिया किसान आन्दोलन ने तो एक नये युग का सूत्रपात किया जहाँ के किसानों के संघर्ष की गूंज ब्रिटिश संसद में भी सुनायी पड़ी।

भील आन्दोलन

अत्याचारी सामंती व्यवस्था व उसके संरक्षक ब्रिटिश साम्राज्यवाद के विरुद्ध सर्वप्रथम विद्रोह का झंडा बुलन्द करने का श्रेय भीलों को हैं। अधिकांशत: भील मेवाड़, डूंगरपुर, बाँसवाड़ा व सिरोही रियासतों में आबाद थे। ऐसा विश्वास किया जाता है कि प्राचीनता की दृष्टि से भील भारत के आदिवासियों में अग्रणी हैं। कर्नल जेम्स टॉड ने इन्हें वनपुत्रों की संज्ञा दी है। राजपूत राजाओं ने भी उन्हें धरती के आदि अधिभोक्ताओं के रूप में मान्यता दी। जहाँ तक राजस्थान का सवाल है भीलों ने मेवाड़ के गुहिलोत शासकों की उल्लेखनीय सेवा की। इस सेवा के लिए आभार प्रदर्शन के रूप में डूँगरपुर, बाँसवाड़ा व देवलिया जैसे कस्बों का नामकरण भील सरदारों के नाम पर किया गया है।[१] महाराणाओं के मुगलों के विरुद्ध लम्बे संघर्ष में भीलों का प्रशंसनीय योगदान रहा।

भीलों का प्राचीनतम उल्लेख गुणाढ्य कृत कथा सरित्सागर में मिलता है जिसमें एक भील सरदार द्वारा दूसरे राजा की विंध्य प्रदेश में प्रगति रोकने का विवरण मिलता है। उनकी उत्पत्ति के बारे में कई पौराणिक कहानियाँ प्रचलित हैं। प्राचीन संस्कृत साहित्य में उनका उल्लेख अनेक स्थलों पर हुआ है जिससे उनके इतिहास व इन वनवासियों के प्रति अन्य लोगों के दृष्टिकोणों का पता चलता है। स्वभाव से वे सदैव स्वतंत्रताप्रिय, युयुत्सु, संकोची व अशांत रहे हैं। प्राय: शासक उनको बर्बर समझकर उनके साथ ऐसा व्यवहार करते रहे हैं मानों वे समाज विरोधी तत्त्व हों। लेकिन सारे दमन के बावजूद भील सदैव ईमानदार, स्वतंत्र एवं वचन के पक्के के बने रहे। मेवाड़ के राणाओं व दिल्ली के बादशाओं के मध्य हुए संघर्षों में राणा लोग न केवल अपनी सुरक्षा वरन् उन दुश्मनों से अपने महिला वर्ग की इज्जत आबरू की रक्षा के लिए भीलों के एहसानमंद थे। जिन दुश्मनों का स्पर्श भी पाप था। जब सिंधिया ने उदयपुर घेर लिया तब शहर की रक्षा बहुत कुछ भीलों के दमखम पर निर्भर थी जो घिरे हुए लोगों को झील पर से आवश्यक चीजों की आपूर्ति करते रहे।[३]

नागरीय सभ्यता से दूर व अशिक्षित होने के कारण से वे बहुत अंधविश्वासी हैं तथा भूत प्रेतों को दूर रखने के लिए कई गंडे ताबीज आदि पहनते हैं। वे जादू टोने में भी आस्था रखते हैं और उनके प्रत्येक गाँव में भोपे व ओझे सयाने होते हैं जो बुरी आत्माओं का पता लगाते हैं। केप्टन ग्राहम ने उनके बारे में टिप्पणी करते हुए कहा कि जंगली जातियों में वे सर्वाधिक असभ्य हैं। उनका बौद्धिक स्तर भी बड़ा निम्न है। अत्यन्त सामान्य बातों को छोड़कर कुछ भी समझ पाना उनके बूते से बाहर है।[४] डॉ. खानापुरकर का कहना है कि उनकी बहादुरी और वफादारी ने अनेक निजंधरी कथाओं को जन्म दिया है। हद दर्जे के अंधविश्वासी और सर्वभक्षी इन लोगों की ईश्वर या धर्म में कोई रुचि नहीं। जादू टोने से आगे इनकी पहुँच नहीं। कानून और व्यवस्था के प्रति अनादर उनकी सामान्य प्रवृत्ति है। अपने ऊपर थोपे गये कानून का उन्होंने सदैव विरोध किया। देशी विदेशी शासकों द्वारा ऐसा प्रयत्न करने पर वे उनके खिलाफ उठ खड़े हुए। अट्ठारहवीं सदी में मराठों व फिर ब्रिटिश सत्ता के विरुद्ध उन्होंने इसी कारण विद्रोह कर दिया।

प्रारंभिक आन्दोलन

१८५८ ई. में शासन की बागडोर जैसे ही ईस्ट इंडिया कंपनी के हाथों से निकलकर ब्रिटिश सरकार के हाथों में आयी, ब्रिटिश भारत व देशी रियासतों में अनेक सुधार लागू किये गये। इन सुधारों से भीलों के परंपरागत अधिकारों पर रोक लग गयी। ब्रिटिश शासन के प्रवर्तन से पूर्व वे वन्यक्षेत्र में अप्रतिबंधित अधिकारों का उपभोग करते थे। देशी रियासतों द्वारा ब्रिटिश आधीनता स्वीकार कर लेने के बाद इन स्वतंत्रता प्रिय लोगों को ऐसे प्रतिबन्धों में जकड़ने की शुरुआत हुई जो उनके लिए सर्वथा असह्य थे। ब्रिटिश ताज द्वारा सत्ता संभाले जाने से पहले १३ जनवरी १८१८ ई. को महाराणा भीमसिंह के शासनकाल में मेवाड़ रियासत की कंपनी सरकार से संधि हुई थी जिसके अंतर्गत सारे बाह्य मामले अंग्रेजों को सौंप दिये गए थे। कुछ बातों में उनको रियासत के आन्तरिक मामलों में भी हस्तक्षेप करने का अधिकार था। व्यावहारिक तौर पर अंग्रेज ही रियासत के स्वामी हो गये क्योंकि मेवाड़ द्वारा कंपनी सरकार को दिये जाने वाले खिराज की कोई निश्चित रकम नहीं थी वरन् उसे राजस्व का एक हिस्सा प्राप्त होना था जिसे अंग्रेज १/४ से शुरु करके ३/८ तक बढ़ाते ही गये। चूंकि रियासत के राजस्व में वृद्धि का अर्थ था कंपनी की आय में भी वृद्धि इसलिये उसने मेवाड़ के राजस्व को अधिकाधिक बढ़ाने का प्रयत्न किया। इसका सीधा असर भीलों पर पड़ा।

भील नेता दौलजी खींची

कंपनी से संधि होने का भीलों पर बहुत प्रतिकूल असर पड़ा इसलिये उन्होंने १८१८ ई. में ही अनेक कारणों से विद्रोह कर दिया। उनका नेतृत्व दौलजी खींची ने संभाला जो भीलों में दौला काका के नाम से मशहूर थे।[५] १८१८ ई की संधि के बाद देशी सेनाओं को भंग कर दिया गया। भील मेवाड़ राज्य व जागीरदारों की नियमित सेना व अनियमित सैन्य दल में शामिल थे। देशी सेनाओं के भंग किये जाने से वे बेरोजगार हो गए। दूसरे, संधि होने के तुरन्त बाद मेवाड़ का आंतरिक प्रशासन ब्रिटिश रेजीडेंट कर्नल टाड ने अपने हाथों में ले लिया और उसने भीलों को अपने नियंत्रण में लेने का प्रयत्न किया। तीसरे, गमेतियों (भील सरदारों) को उस समय तक आस पास के गाँवों से दो प्रकार के कर प्राप्त होते थे – 'रुखाळी और भोळाई। रुखाळी कर गाँवों की चौकीदारी और भोळाई यात्रियों की सुरक्षा के लिए प्राप्त होता था। कर्नल टॉड ने भीलों पर अपनी सत्ता दृढ़ता से आरोपित करने के लिए उनके इन करों के अधिकार समाप्त करने का निश्चय किया।

प्रथम दौर में भीलों के विद्रोह के ये तात्कालिक कारण बन गये। इसलिये १८२३ ई. में ब्रिटिश सेनाओं को भोमट क्षेत्र के भीलों के विरुद्ध भेजा गया। चूंकि भोमट क्षेत्र की व्यवस्था का भार मेवाड़ रियासत ने अंग्रेजों को सौंप दिया था अत: विद्रोह भड़कने पर उनका दमनचक्र प्रारंभ हो गया। भीलों ने दौला काका के नेतृत्व में विदेशी सत्ता का डटकर सामना किया। उन्हें दबाकर रखने के लिए भोमट क्षेत्र में चौदह पुलिस थानों की स्थापना की गई। अपनी स्वतंत्रता पर आघात करने वाली यह व्यवस्था भीलों को बहुत अखरी। वे इसके खिलाफ तैयारी करते रहे। आखिर दौला काका की योजना के अनुसार समस्त थानों पर एक ही रात में एक साथ आक्रमण कर दिया गया। कड़ा मुकाबला हुआ। रियासती व अंग्रेज सैनिक भीलों के विषैले बाणों की मार के सामने भाग खड़े हुए। अनेक खेत रहे। भील विद्रोह का यह प्रथम विस्फोट था। अंग्रेजों ने यह देख लिया कि इन वनवासियों से लड़कर पार पाना मुश्किल है इसलिये उन्होंने दौला काका से संधि कर ली। दौलजी की सफलता को समकालीनों द्वारा इस प्रकार सराहा गया।

गड़ गड़ त्रबंक गाज फौजां बिच राड़ां फिरै।
लड़ लड़ दौला लाज थूं थारी राखी थळी।।

काळा मगरा केक रुधिरै ताजा रंगिया।
अधपत लिया अनेक दूणौ रंग है दौलता।।[६]

भीलों को वशवर्ती बनाने के लिए ब्रिटिश सरकार ने कुछ नयी व्यवस्थाएँ कीं। भील क्षेत्र का सामान्य प्रशासन अंग्रेजों ने अपने हाथ में ले लिया और प्रशासन की देखभाल के लिए एक सहायक पॉलिटिकल एजेंट नियुक्त किया गया। उसकी आधीनता में एक भील कोर की स्थापना की गई जिसके लिए मेवाड़ दरबार ने सालाना पचास हजार रुपये देना शुरु किया।[७] इस भील कोर का मुखिया दौला काका को बनाया गया। उनका वेतन सौ रुपये मासिक तय हुआ। फौजी कानून बनने तक यह ठकुरेत पद चलता रहा।[८]

विद्रोह का दूसरा दौर

१८५७ की क्रांति के बाद कंपनी शासन समाप्त करके शासन सूत्र ब्रिटिश सरकार ने सीधे स्वयं ग्रहण कर लिया। तदुपरान्त भारतीय रियासतों में कई प्रशासनिक फेर बदल किये गये। विदेशी सत्ता द्वारा सुधारों की यह प्रक्रिया भीलों को नागवार गुजरी क्योंकि इससे उनके अब तक चले आ रहे अनेक अधिकारों पर रोक लग गयी। उनके मन में अनेक शंकाएँ उठ खडी हुईं। जिन कारणों से भीलों में असंतोष व्याप्त हो गया वे मुख्यत: इस प्रकार थे –

१. बिना भूराजस्व दिये खेती करने, वन उत्पाद (शहद, गोंद, लकड़ी आदि) इकट्ठे करने के अब तक चले आ रहे अधिकार से उन्हें वंचित कर दिया गया। अधिकारी वर्ग उनके साथ क्रूर व अमानवीय व्यवहार करने के अलावा उनसे बलपूर्वक पैसा वसूल करते थे। उत्पीड़न इस हद तक पहुँच गया कि राज्य के कर चुकाने के लिए कुछ भीलों को अपने बच्चों तक को बेचना पड़ा।[९] क्रूर व अन्यायी अधिकारियों में मेहता रघुनाथसिंह व मोतीसिंह अग्रणी थे।

२. सूदखोर बनियों की काली छाया से अब तक मुक्त भील क्षेत्र नयी व्यवस्था के अन्तर्गत उनके शिकंजे में आ गये। अग्रेजी विधि विधानों के रूप में उन्हें शोषण का अतिरिक्त अवसर मिल गया।

३. प्रशासनिक सुधारों की आड़ में भीलों पर अनेक कर थोप दिये गये। भील क्षेत्र में सीमा शुल्क चौकियाँ स्थापित की गईं जिससे उपभोक्ता वस्तुओं के दामों में वृद्धि हुई। तम्बाकू, नमक और अफीम पर नये कर लगाये गये। भीलों द्वारा मदिरा बनाना निषिद्ध कर दिया गया।

४. भीलों में सामाजिक सुधार लागू करने के प्रयत्नों से वे भड़क उठे। उनमें डाकिन प्रथा प्रचलित थी। किसी महिला पर डाकिन होने का सन्देह होने पर उसे यातनाएँ देकर मार दिया जाता था। ब्रिटिश अधिकारियों ने रियासती प्रशासन पर इसे बन्द करने के लिए दबाव डाला। इसे भीलों ने अपने धार्मिक विश्वासों पर आघात माना। १८८१ ई. में प्रारंभ की गई जनगणना से भी वे बहुत शंकालु हो गये।

५. रियासती पुलिस के अत्याचार भील विद्रोह का प्रमुख कारण बने। मार्च १८८१ ई. के प्रथम सप्ताह में उदयपुर खैरवाड़ा मार्ग पर स्थित पदोना गाँव में घटित घटना से भीलों के असंतोष का विस्फोट हो गया। इस गाँव के गमेती को बारापाल के थानेदार ने जमीन सम्बन्धी किसी झगड़े में गवाह के रूप में हाजिर होने के लिए बुलाया था। उसे बुलाने के लिए थाने में एक सवार भेजा गया पर गमेती ने उसके साथ जाने से इंकार कर दिया। सवार द्वारा बल प्रयोग करने की कोशिश करने पर भीलों ने उसे मार डाला। यह सूचना मिलने पर थानेदार पुलिस दस्ता लेकर गाँव पहुँचा और गमेती को गिरफ्तार कर लिया। गमेती पुलिस यातनाओं का शिकार होकर मर गया। इस पर पदोना व बारापाल के भीलों ने पुलिस थाने पर आक्रमण कर दिया और थानेदार उसमें मारा गया। क्रुद्ध भीलों ने आस पास के क्षेत्रों के बनियों की दुकानों व पुलिस चौकियों को भी जला डाला।[१०] टीडी व कोटड़ा के भील भी इन विद्रोहियों के साथ मिल गये। थोड़े ही समय में मेवाड़ के दूसरे पर्वतीय क्षेत्रों में भी विद्रोह फैल गया। विद्रोह का दमन करने के लिए रियासती व ब्रिटिश सेना भेजी गयी किन्तु घने जंगलों में भीलों के विरुद्ध प्रभावी कार्यवाही करना मुमकिन नहीं था। महाराणा सज्जनसिंह के निजी सचिव कविराजा श्यामलदास ने भील नेताओं से बातचीत शुरु की।

इस भील विद्रोह की प्रामाणिक जानकारी केसरीसिंह बारहठ कृत कविराजा श्यामलदास की जीवनी में मिलती है। बारहठजी लिखते है, संवत् १९३७ (१८८० ई.) के बैशाख में कुल हिन्दुस्तान में मर्दुमशुमारी हुई। उस सिलसिल में मेवाड़ में भील जाति की मर्दुमशुमारी के प्रसंग में एक मूर्ख थानेदार की वाचालता के कारण नाहक एक बड़ा बवंडर खड़ा हो गया। जब भीलों ने पूछा कि हमें क्यों गिनते हो तो थानेदार ने कह दिया कि तुम्हारी औरतें लम्बे के साथ लम्बी और

नाटे के साथ नाटी का जोड़ा मिलाकर बदल दी जायेंगी। बस फिर क्या था? घास में चिनगारी पड़ गयी। भीलों ने तुरन्त ही ढोल पीटकर बलवा कर दिया। मालगुजारी की ज्यादती, जंगल उत्पाद संग्रह पर रोक आदि को लेकर वे क्षुब्ध मना तो थे ही। इस मौके पर उन्होंने तत्काल हल्ला बोल दिया और उस थानेदार के साथ ही जो दूसरे अहलकार थे, सबको कत्ल कर दिया और फिर उनके मगरा जिले में जहाँ भी राज का आदमी मिला, साफ कर दिया। विद्रोह की प्रचंड़ अग्नि तीन लाख भीलों में चारों और फैल गयी। इस उपद्रव को दबाने के लिए महाराणा ने कविराजा को पूर्ण अधिकार देकर सेना के साथ मगरा जिले में भेजा। सेना के चीफ मामा अमानसिंह व पुलिस के प्रधान अफसर मौलवी अब्दुल रहमान आदि उनकी अधीनता में थे।"[११]

भीलों के ये दोनों प्रारंभिक आन्दोलन स्वत: स्फूर्त थे और नयी व्यवस्था के प्रति उनकी प्रतिक्रिया की देन थे। भविष्य में उनकी गतिविधियों पर अंकुश लगाने के लिए ब्रिटिश सरकार ने कई उपाय किये। एक ओर तो उन्हें कुछ रियायतें दी गईं तथा दूसरी ओर भील क्षेत्रों पर प्रभावी नागरिक व सैनिक नियंत्रण के लिए चौकियाँ स्थापित की गईं। इन उपायों से इन क्षेत्रों में काफी समय तक शांति बनी रहीं।

गोविन्द गुरु के नेतृत्व में भील आन्दोलन

शोषित व उत्पीड़ित भीलों को गोविन्द गुरु के रूप में एक मसीहा प्राप्त हो गया जिसने उनके नैतिक व भौतिक उत्थान के लिए उनमें जागृति की एक लहर पैदा कर दी। उनकी शिक्षाओं से जागृत हुए भीलों ने अपने सामाजिक व धार्मिक जीवन में आमूल चूल सुधार किये। इस जागरण की परिणति आर्थिक व राजनीतिक शोषण के विरुद्ध मेवाड़ के अलावा अन्य भील क्षेत्रों में भी विद्रोह के रूप में हुई। जहाँ पहले दो आन्दोलनों का सम्बन्ध केवल मेवाड़ रियासत से था, गोविन्द गुरु के नेतृत्व में उनका व्यापक संगठन कायम हुआ और अभूतपूर्व सामाजिक व धार्मिक सुधारों का दौर शुरु हुआ।

गोविंद गुरु का जन्म २० दिसम्बर १८५८ ई. को रियासत डूंगरपुर के बांसीया गाँव में एक सामान्य बंजारा परिवार में हुआ था। वे स्वयं बटाईदार खेतीहर थे। अपने गाँव के पुजारी की सहायता से उन्होंने स्वयं अपने परिश्रम से पढ़ना लिखना सीखा। उनका रहन सहन और व्यवहार संस्कारी ब्राह्मणों की तरह था। गले में रुद्राक्ष की माला धारण करते थे और जिस घर में माँस-मदिरा का प्रयोग हो वहाँ का अन्न जल भी ग्रहण नहीं करते थे। इसी कारण लोग उन्हें

गोविन्द गुरु के नाम से सम्बोधित करते थे। वे अपने प्रारंभिक जीवन में स्वामी दयानंद सरस्वती से बहुत प्रभावित हुए। सन् १८८०-८१ में जब स्वामीजी अपने राजस्थान प्रवास में उदयपुर पहुँचे उस समय गोविन्द गुरु उनके प्रत्यक्ष सम्पर्क में आए। स्वामीजी के विचारों और उपदेशों से प्रभावित होकर उन्होंने तेईस वर्ष की आयु में लोकसेवा की दीक्षा ले ली। स्वामीजी के सान्निध्य में दो वर्ष के दौरान उनके भावी जीवन की दिशा निर्धारित हुई।[१२] दूसरी ओर पत्नी व पुत्रों के निधन की पारिवारिक विपदा के आघात ने उन्हें संसार से विमुख होकर अध्यात्म की ओर प्रेरित किया और वे दशनामी सम्प्रदाय के सन्यासी हो गये।[१३]

उस समय भीलों की दयनीय स्थिति से वे बहुत व्यथित थे। उन्होंने डूंगरपुर, बाँसवाड़ा, दक्षिणी मेवाड़, सिरोही, ईडर व गुजरात मालवा के बीच के पहाड़ी क्षेत्रों में बसने वाले भीलों को संगठित व संस्कारित करके उनके उत्थान का संकल्प लिया। इस संकल्प के लिए उन्होंने स्वामीजी की स्वीकृति प्राप्त कर ली थी।[१४] इस पर्वतीय भील प्रदेश में पूरी चौथाई सदी तक (१८८३-१९०८) गोविंद गुरु भीलों के लिए नवजीवन व जागरण का संदेश फैलाते हुए निरन्तर कार्य करते रहे। उन्होंने बांसिया गाँव में अपनी धूणी व निशान स्थापित किया और आसपास के क्षेत्र के भीलों को आध्यात्मिक शिक्षा देना प्रारम्भ किया। उनकी मुख्य शिक्षाएँ उनके अपने शब्दों में इस प्रकार थीं - 'उस समय मैं सीधे सादे गरीब वनवासी भीलों के बीच में रहता था जिन्हें जगत्कर्ता ईश्वर का कोई ज्ञान नहीं था। मेरी कुटिया पर आने वालों को मैने धर्म व सत्य की राह दिखायी। ईश्वर की पूजा करने, चोरी, धोखाधड़ी व्यभिचार आदि से दूर रहने, किसी के प्रति शत्रुभाव न रखते हुए सभी को एक ही ईश्वर की संतान समझते हुए दूसरों के साथ शांतिपूर्वक रहने, भरणपोषण के लिए कृषिकर्म करने व भोपा, भूत, डाकिन आदि में विश्वास न रखने एवं उनसे अपनी रक्षा हेतु धूणी व निशान स्थापित कर उनकी पूजा करने का निर्देश दिया।[१५] उन्होंने मांसाहार व मद्यपान का त्याग करने पर जोर देने के साथ ही भोजन से पूर्व स्नान करने व ईशपूजा का भी आग्रह किया। माता पिता की आज्ञा मानने, झूठी गवाही न देने, एक ही ईश्वर में आस्था रखने जैसी बातें उनके उपदेशों में सम्मिलित थीं। वे भीलों को अंधविश्वासों व पिछड़ेपन के अंधेरे से बाहर निकालने में प्राणपण से जुट गये।

उनके प्रयत्नों के फलस्वरूप भील अपनी जंगली असभ्य अवस्था से उबरने शुरु हुए। उनकी शिक्षाएँ युगों पुराने सामाजिक व धार्मिक बन्धनों से मुक्ति का संदेश था। इससे भील हीनभाव से उबरने लगे। उन्हें स्वयं को सवर्ण हिन्दुओं के समकक्ष मानने को कहा गया जो गोविंद गुरु की दृष्टि में कई मायनों में भीलों से

हीन थे क्योंकि उनमें युवती विधवाओं के पुनर्विवाह के निषेध जैसी कुप्रथाएँ प्रचलित थीं। गोविंद गुरु की शिक्षाओं में निहित यह भावना उनके इस वक्तव्य से भलीभाँति स्पष्ट होती है – 'राजपूत इतने क्रूर हैं कि वे अपनी कन्याओं का वध कर देते हैं ताकि उनके विवाह के उत्तरदायित्व से बच जाएँ। दु:खों से भरपूर बाल वैधव्य का पाप भी उनके सिर पर है। कोई सच्चा ब्राह्मण भी दृष्टिगोचर नहीं होता है। अब जनेऊ ब्राह्मणत्व की एकमात्र निशानी है। ब्राह्मण भी राजपूतों के समान पापाचरण के दोषी हैं।''[१६]

गोविन्द गुरु के इन विचारों से भीलों में जागृति की लहर आयी। उन्हें अपनी दुर्दशा व अधिकारों का ज्ञान हुआ। उन्हें इस बात का भी बोध हुआ कि शोषक राजा और जागीरदार उनकी विपन्नावस्था के लिए उत्तरदायी हैं। जमीन के मालिक होने के नाते उस पर शासन करने का अधिकार तो स्वयं उन्हें होना चाहिए। इस प्रकार गोविन्द गुरु द्वारा प्रवर्तित सामाजिक धार्मिक सुधार आन्दोलन शनै: शनै: आर्थिक व राजनीतिक आन्दोलन में परिणत होने लगा। भीलों में उनके प्रभाव का विस्तार तेजी से हो रहा था। उनमें एकता स्थापित करने के लिए उन्होंने १९०५ ई. में संपसभा नामक संगठन की स्थापना की।

संपसभा

संप राजस्थानी भाषा का शब्द है जिसका अर्थ है प्रेम, बंधुत्व, मेल मिलाप एवं पारस्परिक एकता। यह वैभव और ऐश्वर्य का भी प्रतीक है। अत: संपसभा का अर्थ था पारस्परिक बंधुत्व, प्रेमभाव एवं एकता का संवर्धन करने वाला संगठन। यह एक सांस्कृतिक अभियान था परंतु आगे चलकर राजाओं द्वारा उसे राजनीतिक समझ लिया गया और संपसभा के सांस्कृतिक समारोहों को विद्रोहात्मक मान लिया गया। संपसभा के माध्यम से गोविन्द गुरु ने भीलों में इन विचारों का प्रसार किया।[१७]

१. माँस व मदिरा का त्याग करो।

२. चोरी, डकैती व लूटमार मत करो।

३. अपना व परिवार का पालन पोषण मेहनत मजदूरी व खेती से करो।

४. अपने गाँवों में पाठशाला खोलो। ज्ञान का प्रसार करो।

५. नित्य स्नान करो। हवन करो, उसमें नारियल की आहुति दो। अगर यह न हो सके तो अंगारों पर घी की कुछ बूँदें डालकर हवन नियम का पालन करो।

६. अपने बच्चों को संस्कारी बनाओ। संस्कारित करने वाले लोगों के व्याख्यान व कथावार्ताओं का गाँव-गाँव में आयोजन कराओ।

७. अपने परिवार और समाज की आर्थिक स्थिति सुधारने की कोशिश करो परंतु चोरी डकैती से नहीं।

८. अदालतों में मत जाओ। अपनी पंचायतें बनाओ। अपने तथा गाँव के मामलों मुकद्दमों का निपटारा पंचायतों में ही करो। पंचायत के फैसले को सर्वोपरि मानो।

९. राजा, जागीरदार या सरकारी अफसर को बेगार मत दो। इनमें से किसी का भी अन्याय मत सहो, अन्याय का मुकाबला बहादुरी से करो।

१०. स्वदेशी का उपयोग करे। अपनी जरूरत के लिए देश के बाहर बनी हुई कोई वस्तु काम में मत लो।

गोविन्द गुरु द्वारा निर्धारित नियमों का पालन करने वाले लोगों को भक्त की संज्ञा दी गई। संपसभा का यह अभियान भील क्षेत्रों में आज भी भक्त आन्दोलन के रूप में याद किया जाता है। भक्त गले में रुद्राक्ष का एक मनका पहिनते थे। संपसभा की स्थापना आरम्भ सिरोही रियासत के भील क्षेत्रों से हुआ। आगे चलकर इस संगठन का फैलाव राजस्थान के संपूर्ण दक्षिणी पूर्वी क्षेत्र में हो गया। संपसभा के भक्त आन्दोलन के प्रभाव में ज्यों-ज्यों वृद्धि हुई सभी गाँवों में संपसभाऐं संगठित की गयीं। भीलों ने माँस मदिरा व चोरी डकैती छोड़ने का संकल्प लिया। प्रत्येक घर में धूणी लगने लग गयी जिसमें गोविन्द गुरु के आदेशानुसार वे प्रतिदिन भी खोपरे का होम देने लगे। उनकी यह निश्चित मान्यता बनती जा रही थी कि धूणी लगाने से उनके कुलदेवता उन पर प्रसन्न रहेंगे। परिवार दैहिक, दैविक भौतिक ताप से सुरक्षित रहेगा। इस विश्वास से भीलों के मनोबल में वृद्धि हुई और वे अन्याय का मुकाबला करने हेतु तत्पर हो गये।

गोविन्द गुरु लाखों भीलों के एकमात्र नेता थे। उनका संकेतमात्र भीलों के लिए आज्ञा थी और हर शब्द एक अलिखित कानून। इन गतिविधियों से राजा और जागीरदार चौकन्ने हो गये। उन्हें यह भय सताने लगा कि गोविन्द गुरु के बढ़ते प्रभाव से उनकी सत्ता पर आँच आ सकती है। इसलिये उन्होंने भक्त आन्दोलन के मार्ग में रोड़े अटकाने शुरु किये। इसकी प्रतिक्रिया स्वरूप यह आन्दोलन धीरे-धीरे राजनीतिक स्वरूप ग्रहण करने लगा। भीलों में बढ़ती हुई चेतना शासकों के लिए चिंता का विषय थी क्योंकि अशिक्षित, असभ्य लोगों पर

तो शासन करना सहज था पर जागृत लोगों को भेड़ बकरियों की भाँति नहीं हाँका जा सकता था। अपने स्वार्थों के लिए खतरा समझकर जागीरदारों व रियासती अधिकारियों ने संपसभा के प्रचारकों व उपदेशकों को अपने अपने क्षेत्रों से खदेड़ना शुरु कर दिया।

उनके साथ दुर्व्यवहार किया जाता था और भक्त आन्दोलन से सम्बन्ध विच्छेद करने के लिए उन पर दबाव डाला जाने लगा। कुछ मामलों में तो उन्हें मद्यपान के लिए बाध्य किया गया। धूणी बुझाकर व निशान फाड़कर पंथ का अपमान किया गया। डूंगरपुर रियासत ने गोविन्द गुरु को रियासत छोड़ने के लिए बाध्य किया।

सत्ताधारियों के ऐसे व्यवहार से भील उनके खिलाफ राजनीतिक रूप से उठ खड़े होने के लिए बाध्य हो गये। अत्याचारी शासन को उखाड़ फेंकने व भील क्षेत्रों में भील सत्ता की स्थापना के लिए गोविन्द गुरु ने संघर्ष का आह्वान किया। इस प्रकार इस सामाजिक धार्मिक सुधार आन्दोलन ने विशिष्ट राजनीतिक रूप ग्रहण कर लिया। १९०८ ई. में डूंगरपुर रियासत छोड़कर गोविंद गुरु ने ईडर व सूंथरामपुर रियासतों के भीलों के बीच हाळी (कृषिकर्म करने वाला वेतनभोगी सेवक) के रूप में काम करना प्रारंभ कर दिया। वस्तुतः वे हाळीपने की ओट में अपने विचारों का प्रसार करने में लगे थे। अपनी नैतिक शिक्षाओं के साथ साथ उन्होंने भीलों में अपने नैसर्गिक अधिकारों व जागीरदारों तथा रियासती अधिकारियों द्वारा किये जाने वाले शोषण के बारे में भी चेतना उत्पन्न कर दी। उन्होंने भीलों को उनकी दयनीय अवस्था के कारणों से अवगत कराया। नव प्रवर्तित व्यवस्था के फलस्वरूप भीलों की पारंपरिक अर्थ व्यवस्थ्ज्ञा इस समय तक छिन्न-भिन्न हो चुकी थी। वे एक पीड़ादायक संक्रमणकाल से गुजर रहे थे। बदले हुए हालात में उन्हें अपने शासकों से न्याय नहीं मिल रहा था। अनेक ऐसे कारण उत्पन्न हो गऐ थे जिनके फलस्वरूप गोविन्द गुरु के नेतृत्व में भीलों के विद्रोह का तीसरा महत्वपूर्ण दौर प्रारंभ हुआ। विद्रोह को जन्म देने वाले प्रमुख कारण इस प्रकार थे –

१. पुराने समय में वनवासी भीलों की आजीविका का मुख्य आधार आखेट व वन्य उत्पाद थे। वर्षा ऋत में वे थोड़ी बहुत मक्के की खेती कर लेते थे। बदले हुए हालात में उनमें से अधिकांश कृषिकार्य करने को विवश हो गये। अब ये रियासत व जागीरदारों के सीधे नियंत्रण में आ गये। स्वतंत्र जीवन बिताने के आदी भीलों के लिए यह सामंती व औपनिवेशिक बन्धन असह्य था। रियासत व जागीरदार

उनसे भारी भूराजस्व वसूल करते थे। भूराजस्व का सामान्य रूप से प्रचलित तरीका बटाई या भागवाड़ी था। इसके अन्तर्गत फसल की बहुत ज्यादा कीमत आँकी जाती थी और उसके अनुरूप राजस्व भुगतान करने में असमर्थ होने की दशा में बहुत अत्याचार किया जाता था। भीलों को खातेदारी के अधिकार नहीं थे। वे तो भूदासों के रूप में काम करते थे। उन्हें कभी भी बेदखल किया जा सकता था। अब वे जागीरदारों के रहमो करम पर निर्भर थे। कोढ़ में खाज के समान सूदखोर बनियों ने उनका जीवन दूभर कर दिया था। नवीन भूराजस्व व्यवस्था भीलों के विद्रोह का एक महत्वपूर्ण कारण बन गयी।

२. भीलों की दूसरी शिकायत वन उत्पादों के बारे में थी। वन प्रशासन के नये नियमों के अंतर्गत वे वन उत्पादों को एकत्र करने से वंचित हो गये। खेती बाड़ी अपना लेने पर भी वे ज्यादातर वन उत्पादों पर ही निर्भर थे। महुआ के पेड़ों का स्वामित्व, बाँस व अन्य वन उत्पादों के व्यापार व ईंधन इकट्ठा करने के उनके अधिकार छिन गये। अब उन्हें इन सब पर कर देना पड़ता था। इस समय वन उत्पादों के दामों में हुई वृद्धि से रियासत ने भीलों पर कर मनमाने तरीके से बढ़ा दिये। इससे उनमें असंतोष व्याप्त होना लाजमी था।

३. भील क्षेत्रों में व्यापक स्तर पर प्रचलित वेठ वगार उनके आक्रोश का बड़ा कारण था। रियासती अधिकारी व जागीरदार भीलों को वैठ के लिए विवश करते थे। इसमें बिना किसी मजदूरी के घोड़ों के लिए घास काट कर लाना, मकानों का निर्माण करना, खेती बाड़ी का काम करना आदि सम्मिलित थे। उन्हें इन जालिमों के घरों में घरेलू नौकरों के रूप में भी मुफ्त काम करना पड़ता था। राजपूताना के ए.जी.जी. ने भारत सरकार के विदेश व राजनीतिक विभाग के सचिव को लिखे गये अपने एक पत्र में इस सम्बध में लिखा, "मौजूदा हालात में भीलों पर ज्यादा ही बोझ पड़ रहा है। मुख्य सड़क या बड़े कस्बे के नजदीक रहने वाले भील अक्सर बेगार के शिकार ज्यादा ही होते हैं। बेगार की पीड़ा इतनी तीव्र है कि इसके कारण कई गाँव उजड़ गये हैं और जमीन परती पड़ी है।[१८] भील लम्बे समय से वेठ वेगार का बोझ ढ़ोते आ रहे थे पर अब गोविन्द गुरु की शिक्षाओं के प्रभाव से वे इस अन्याय के खिलाफ उठ खड़े हुए

चूंकि बेगार जातीय सोपानों पर आधारित थी अत: निम्न समझी जाने वाली जातियों पर इसका बोझ ज्यादा ही था। सामाजिक सुधार आन्दोलन से जागरुक हुए भीलों ने इस अन्याय से लड़ने का निश्चय कर लिया।

४. रियासतों की दोषपूर्ण आबकारी नीति भी भीलों के आन्दोलन का कारण बनी। रियासतों ने मदिरा व्यापार का एकाधिकार अपने हाथ से ले लिया था। भील बहुसंख्यक ईडर, बाँसवाड़ा, सुंथरामपुर डूंगरपुर व कुशलगढ़ जैसी छोटी रियासतें तो अपने कुल राजस्व के १/३ से १/६ तक के लिए इसी एकाधिकार पर निर्भर थीं। अब तक भीलों को महुआ के फूलों से देशी शराब बनाने की छूट थी किंतु अब इसका निषेध कर दिया गया। इससे भीलों में बहुत रोष फैला। इधर सुधार आन्दोलन से प्रभावित होकर उनमें मदिरा त्याग की लहर चल पड़ी जिससे रियासतों व ठेकेदारों के लिए खतरा पैदा हो गया। उनकी आय में कमी आने लगी।[१९] ठेकेदारों व अधिकारियों ने भीलों पर मदिरापान के लिए दबाब डालते हुए सुधार आन्दोलन को कुचलने का प्रयास किया।[२०] यह भीलों के लिए गंभीर चुनौती थी।

५. अधिकारियों व जागीरदारों के दुर्व्यवहार व अत्याचारों से भीलों में भारी रोष फैला। भूराजस्व, जंगल कानूनों, बेगार व आबकारी के मामलों में जागीरदार व उनके कामदार उन्हें सताते थे। कुछ रियासतों में जागीरदारों की अपनी पुलिस थी जो भीलों से क्रूरतापूर्वक पेश आती थी। बाँसवाड़ा के जागीरदारों को अपने काश्तकारों पर अपरिमित दंडाधिकार प्राप्त थे। ये काश्तकार मुख्य रूप से भील थे।

१९१२ ई. में भील विद्रोह का तात्कालिक कारण गोविंद गुरु के नेतृत्व में भीलों का सुधार आन्दोलन था। सत्ताधारियों ने इसे अपनी सत्ता के लिए चुनौती समझते हुए उसे बलपूर्वक कुचलने का प्रयास किया। जागीरदारों व रियासत के अत्याचारों का भीलों ने संगठित होकर मुकाबला करने का निश्चय किया। जैसा कि पहले कहा जा चुका है १९०८ ई. में गोविन्द गुरु ने राजस्थान छोड़कर सुंथरामपुर व ईडर रियासतों के भीलों के बीच एक काश्तकार की ओट में काम करना प्रारम्भ कर दिया था। उनके प्रयत्नों से वहाँ के भील काफी संगठित हो गये और फरवरी १९१० ई. में पालपट्हा ठिकाने के जागीरदार को उनकी वाजिब माँगें मानते हुए एक समझौता करना पड़ा। इस समझौते से भीलों को सामन्ती शोषण के खिलाफ लड़ने का प्रोत्साहन प्राप्त हुआ। यह उनकी उभरती शक्ति का

स्पष्ट प्रमाण था। यह सफलता गोविन्द गुरु के आन्दोलन का नतीजा था। अब इस समाज सुधार आन्दोलन ने आर्थिक राजनीतिक स्वरूप ग्रहण कर लिया। १९११ ई. में गोविन्द गुरु पुनः डूंगरपुर रियासत में अपने मूल स्थान बांसिया आ गये। उन्होंने वहाँ अपनी धूणी स्थापित की और आधुनिक संदर्भ में सामन्ती व औपनिवेशिक शोषण से मुक्ति पाने के लिए भीलों को प्रेरित करना शुरु किया।

भील केन्द्रों के गाँवों में भी उन्होंने धूणियें स्थापित कीं। प्रत्येक नयी धूणी की रक्षा उनके द्वारा नियुक्त कोतवाल करता था। ये कोतवाल केवल धार्मिक मामलों के नहीं वरन् उस क्षेत्र के सभी मामलों के प्रभारी थे। वे भीलों के आपसी झगड़ों को भी निपटाते थे। बांसिया गोविंद गुरु के क्रियाकलापों का केन्द्र बन गया। डूंगरपुर, बाँसवाड़ा के अलावा गुजरात के ईडर, सुंथरामपुर, पंचमहल व खेड़ा जैसे दूर दराज इलाकों के भील भी उनसे मिलने आने लगे।

दक्षिण राजस्थान की रियासतें व बम्बई प्रेसीडेंसी के भील बहुल इलाके इस आन्दोलन से काफी प्रभावित थे। इस जागृति को अपने लिये खतरा समझकर डूंगरपुर पुलिस ने अप्रैल १९१३ में गोविन्द गुरु को गिरफ्तार कर लिया। उनके परिजनों को भी पुलिस हिरासत में रखा गया। उनका सारा माल असवाब जब्त कर लिया गया। गिरफ्तारी के तीसरे दिन उन्हें रिहा करके डूंगरपुर रियासत छोड़ने का आदेश दिया गया। इस पर वे ईडर रियासत के रोजादा गाँव को प्रस्थान कर गये। वहाँ रियासत के शासक ने उन्हें बंदी बनाने का प्रयास किया। रियासतों व जागीरदारों की नित्य परेशान करने वाली हरकतों को देखते हुए गोविंद गुरु ने घने जंगलों से घिरी मानगढ़ पहाड़ी पर अपना डेरा जमा लिया।

मानगढ़ पहाड़ी पर आवास

माही नदी के समीपस्थ इस पहाड़ी पर उन्होंने बहुत बड़ी धूणी जगायी, सात निशान चढ़ाये। अब इसी स्थान से उन्होंने भील जागृति के अपने कार्य का संचालन प्रारंभ किया। अब प्रतिवर्ष मार्गशीर्ष पूर्णिमा को वहाँ पर विशाल मेला लगने लगा क्योंकि इसी दिन गोविन्द गुरु ने पहले पहल वहाँ अपना आसन जमाया था। मानगढ़ की पहाड़ी पर भीलों के इस मिलन को संपसभा का वार्षिक अधिवेशन कहा जा सकता है। इसमें प्रत्येक गाँव का सरपंच अपने क्षेत्र की प्रगति का विवरण गुरु को सुनाता। इस दिन डूंगरपुर बाँसवाड़ा व गुजरात के डेढ़ लाख से अधिक भील मानगढ़ की पहाड़ी पर इकट्ठे होते थे। अपने प्रमुख शिष्यों पूंजीधीरा, कुरीयारीत आदि के आग्रह पर वे एकत्र समूह को उपदेश देते। भीलों

के बढ़ते संगठन से रियासती राजा बहुत चिंतित थे। मानगढ़ पहाड़ी पर होने वाले विशाल वार्षिक मेलों से उन्हें यह आशंका हो गयी कि यह भील राज्य की स्थापना की तैयारी थी। अक्टूबर १९१३ में सुंथरामपुर के पुलिस इंस्पेक्टर ने जमादार युसूफ खान व सिपाही गुलमोहम्मद को आदेश दिया कि वे मानगढ़ पहाड़ी पर जाकर मालूम करें कि आखिर वहाँ क्या हो रहा है? ये दोनों पुलिसमेन वहाँ पहुँचने पर भीलों द्वारा बन्दी बना लिये गये। इससे बाँसवाड़ा, डूंगरपुर व ईडर रियासतें आशंकित हो गयीं। इन सभी ने सम्बद्ध ब्रिटिश अधिकारियों से भीलों का दमन करने की प्रार्थना की। १९१३ ई. के नवम्बर के दूसरे सप्ताह में मेवाड़ भीलकोर, राजपूत व जाट रेजीमेंट की कंपनियाँ भीलों के दमन के लिए वहाँ पहुँच गयीं। १० नवम्बर १९१३ को मानगढ़ पहाड़ी को घेर लिया गया। उस ओर बढ़ते हुए आसपास के क्षेत्रों के भीलों के समूहों ने सेनाओं ने लौटने के लिए बाध्य कर दिया। सेना ने पहाड़ी की चारों ओर से नाकेबन्दी कर दी। गोविन्द गुरु से भीलों का संपर्क टूट गया।

१२ नवम्बर को भीलों का एक शिष्टमंडल पहाड़ी से नीचे उतरा और उसने गोविन्द गुरु का एक पत्र अंग्रेज अधिकारी को सौंपा। इसमें भीलों की शिकायतों व समझौते की शर्तों का वर्णन था। शिष्टमंडल से कहा गया कि पहले वे लोग पहाड़ी से उतर कर अपने घरों को लौट जाएँ फिर उनकी माँगों पर विचार किया जाएगा। भीलों ने अपनी शिकायतों पर जोर देते हुए उन्हें स्पष्ट कर दिया वे अधिकारियों के सामने समर्पण नहीं करेंगे। ब्रिटिश अधिकारी ने उन्हें रेवाकांठा के पॉलिटिकल एजेन्ट व पहाड़ी प्रदेश के अधीक्षक के हस्ताक्षरों से युक्त एक पत्र दिया जिसमें उनके धार्मिक मामलों में हस्तक्षेप नहीं करने का वचन दिया गया था। गोविन्द गुरु के पत्र में भीलों के उत्थान के लिए अपने द्वारा किये गये कार्यों, अपने धार्मिक विश्वासों, जागीरदारों के अत्याचारों व रियासतों द्वारा उन पर लगाये गए झूठे आरोपों का विवरण प्रस्तुत किया गया था। इसमें बताया गया कि किन परिस्थितियों में उन्हें अपने प्रमुख शिष्यों के साथ मानगढ़ पहाड़ी पर आश्रय लेना पड़ा था। इसमें भीलों की ३३ माँगों व शिकायतों का उल्लेख किया गया था।[२१] इस लम्बे पत्र में अपने भील भक्तों द्वारा प्रदान किये गये अन्न पर अत्यन्त सादे जीवन निर्वाह का जिक्र करते हुए उन्होंने कहा कि मैं व मेरे अनुयायी अपनी जीवन रक्षा के लिए न कि लूटपाट के इरादे से इस पहाड़ी पर आए हैं। यदि लूटपाट का इरादा सिद्ध हो जाए तो भले ही हमें तोपों से उड़ा दिया जाए। मेरे अनुयायियों ने सभी बुरी आदतें छोड़ दी हैं। हम पर बल प्रयोग नहीं करें। हमारी

भावनाओं को समझने की कोशिश करें। हमारे हृदय में सच्चाई की ज्योति जल रही है उसे कोई नहीं बुझा सकता।

मानगढ़ पहाड़ी हत्याकाण्ड

रियासतें मानगढ़ पहाड़ी से भीलों को तुरन्त हटाने पर जोर दे रही थीं। डूंगरपुर रियासत के राजा ने दक्षिण राजपूताना के पॉलिटिकल एजेंट को स्थिति की गंभीरता से अवगत कराते हुए पत्र लिखा। बाँसवाड़ा और कुशलगढ़ के राजाओं ने भी ए.जी.जी. को लिखा कि इन क्षेत्रों के भील संगठित होकर बाँसवाड़ा डूंगरपुर में भील राज्य कायम करना चाहते हैं। उधर गुजरात के सुंथरामपुर रियासत के गठरा गाँव के थानेदार को जब पूंजाधीरा ने मार डाला तक राजा ने गोधरा व अहमदाबाद के कमिश्नरों व बड़ौदा और बारिया के राजाओं को तार किये कि डेढ़ लाख भील इकट्ठे होकर मेरा खजाना लूटना व भील राज्य कायम करना चाहते हैं इसलिये जल्दी से मशीनगनें व फौजें भेजें।[२२] इन राजाओं की शिकायत पर ए.जी.जी. ने खैरवाड़ा स्थित छावनी के सेना अधिकारियों को आदेश दिया कि वे गोविन्द गुरु को गिरफ्तार करें और भीलों को तितर बितर कर दें। बड़ौदा, गोधरा और अहमदाबाद से भी मशीनगन और फौज पहुँच गयी।

१७ नवम्बर को सेनाओं ने मानगढ़ पहाड़ी की ओर कूच किया। उस दिन मार्गशीर्ष पूर्णिमा को दूर दूर इलाकों के हजारों भील रंग बिरंगी पोशाकों में उस पहाड़ी पर बड़े चबूतरे पर बनायी गई धूणी में नारियल और घी होम रहे थे कि अकस्मात् इन फौजी दस्तों ने वहाँ पहुंच कर अन्धाधुन्ध गोलियों की बौछार शुरु कर दी। छावनी से आए सैनिकों ने सामने की पहाड़ी पर लगायी गयी मशीनगनों से गोलियाँ बरसाना शुरु किया। पहाड़ी पर धूणी के आसपास लाशों पर लाशें गिरने लगीं। पहाड़ी चारों ओर से घेर ली गई इसलिये जिधर भी लोगों ने मुँह किया वे भून दिये गये। उस दिन खैरवाड़ा छावनी व गुजरात की फौजों ने एक दिन में मानगढ़ पहाड़ी पर करीब १५०० लाशें बिछा दीं।

गोविन्द गुरु को गिरफ्तार कर अहमदाबाद सेन्ट्रल जेल में भेज दिया गया। वहाँ ढाई महीने रखने के बाद उन पर सुंथरामपुर रियासत के गठरा गाँव के थानेदार को मार डालने का अभियोग चलाया गया। अपने शिष्य पूंजाधीरा के इस काम से वे बहुत दुःखी थे। चूंकि यह रियासत सुंथरामपुर का मामला था अतः वहाँ के तालाब की पाळ पर केस की सुनवाई हुई और गोविन्द गुरु को फाँसी की सजा हुई। वहाँ की रानी ने मृत्युदंड को बीस वर्ष की सजा में बदल दिया।

इसकी अपील की गई तो यह सजा दस वर्ष रह गयी। इसके बाद अंग्रेजों की जब जर्मनी से संधि हुई तो कैदियों को छूट मिली तब गोविन्द गुरु को भी रिहा कर दिया गया। उन पर यह पाबन्दी लगा दी गई कि वे गुजरात की सुंथरामपुर व राजस्थान की डूंगरपुर व बाँसवाड़ा रियासतों में प्रवेश नहीं कर सकेंगे। इसके बाद वे ब्रिटिश इलाके में दाहोद के पास झालोद कस्बे में झोंपड़ी बनाकर रहने लगे। वहाँ से लीम्बड़ी के पास कम्बोई नामक गाँव में चले गये और वहाँ खेती के द्वारा अपना जीवन निर्वाह करने लगे। वहीं उनका स्वर्गवास हुआ। वहाँ आज भी उनके नाम की धूणी बनी हुई है तथा प्रतिवर्ष वहाँ मेला लगता है। गोविन्द गुरु को जेल भेजने व निष्कासन से भी भील क्षेत्र में जो जागृति व चेतना व्याप्त हो चुकी थी उसे नहीं मिटाया जा सका।

8 : 1

जुझारु जननेता : तेजपुंज मोतीलाल तेजावत

खोज्या पांना ख्यात रा, नेता राजस्थान।
तेजावत सम न मिळयौ, जात रैत रौ प्राण।।
भण्या सुण्या देख्या घणा नेतावां रा हाल।
मिळ्यौ न मोतीलाल सो अणदागल अहवाल।।
चाकर जात अर रैत रौ मेदपाट रौ मान।
तेजावत तप सूं बण्यौ जनजाति रौ प्राण।।

– बळवंतसिंह मेहता

अंग्रेजों की अधीनता स्वीकार करने के फलस्वरूप प्राप्त सुरक्षा कवच ने राजाओं के निर्द्वन्द्व विलासितापूर्ण जीवन का पथ प्रशस्त कर दिया। अपनी प्रजा को पैरो तले रौंदते हुए उनकी सारी चेष्टाएँ विदेशी प्रभुओं के कृपाकटाक्ष पर केन्द्रित हो गईं। अब राजाओं को प्रजा के सुख दुख से कोई वास्ता नहीं था। अत्याचार से पीड़ित प्रजा ने कभी सिर उठाने की चेष्टा भी की तो उसे कुचलने के लिए ब्रिटिश सत्ता सदैव तत्पर थी। न्यूनतम सुविधाओं से वंचित इन रियासती इलाकों में जागीरदारों जुल्मों की भी कोई इन्तहा नहीं थी। दीन हीन रियासती जनता देश स्वतंत्र होने तक दमन की इस चक्की में पिसती रही। जन साधारण को इस दयनीय स्थिति से उबारने के प्रयास जिन जुझारू व कर्मठ जननेताओं ने किये उनमें मोतीलाल तेजावत की तेजस्विता ने सामन्ती व्यवस्था को हिलाकर रख दिया था। गोविन्द गुरु के बाद उन्होंने आदिवासी भीलों की व्यथा को वाणी दी व अन्याय का प्रतिकार करने के लिए उनमें अद्‌भुत ऐक्य बल का संचार किया। अनाचार को गौरव समझने वाले आततायी तत्वों से उन्होंने जमकर लोहा लिया। इस संघर्ष में तेजावत एकाकी आगे बढ़ते रहे। दलित शोषित भीलों के साथ वे इस प्रकार एकाकार हो गये थे, उनकी व्यथा को उन्होंने इतनी तीव्रता व गहराई से अनुभव किया था कि मोता बाबा के रूप में वे उनके हृदयहार बन गये।

उनके साहसिक अभियान से मेवाड़ और अन्य रियासतों के आदिवासी क्षेत्रों में जो प्रबल झंझावात पैदा हुआ उसने सामन्तों व उनके ब्रिटिश प्रभुओं की नींद हराम कर दी। प्रथम विश्वयुद्ध के बाद जो महत्वपूर्ण परिवर्तन आए रियासती प्रजा भी उनसे अछूती नहीं रही। अन्याय, उत्पीड़न व शोषण के शिकार किसानों व आदिवासी भीलों में भी जागरण की इस लहर से चेतना का संचार हुआ। उन्हें अन्याय के विरुद्ध कमर कसकर उठ खड़े होने हेतु प्रेरित करने का श्रेय मोतीलाल तेजावत को हैं। इसके पहले क्रांतिकारी आन्दोलन से राजस्थान में हलचल अवश्य हुई थी जिसमें अजमेर मेरवाड़ा और मेवाड़ का मुख्य रूप से योगदान रहा पर उसका प्रभाव स्थायी नहीं रहा। भील व किसान आन्दोलन दोनों अहिंसक आन्दोलन थे जिसमें बिजौलिया किसान आन्दोलन की उपलब्धियाँ तो विशेष रूप से उल्लेखनीय रहीं। तेजावत ने आदिवासी क्षेत्रों में अभूतपूर्व संगठन कायम करके सुदीर्घ संघर्ष किया। सन् १८८७ ई. की ज्येष्ठ शुक्ला १ को उदयपुर जिले के भील बहुल पर्वतीय क्षेत्र के जागीरी गाँव कौल्यारी में एक ओसवाल वैश्य परिवार में उनका जन्म हुआ।

आदिवासियों की दारुण अवस्था

इस पर्वतीय क्षेत्र को भोमट के नाम से जाना जाता था। इस क्षेत्र के झाड़ोल ठिकाने के कामदार के रूप में काम करते हुए उन्हें भीलों को करीब से देखने समझने का अवसर प्राप्त हुआ। जागीरदारों द्वारा होने वाले निर्मम शोषण ने उन्हें झकझोर दिया। झाड़ोल रावजी के साथ १९१८-१९ ई. में उन्हें जहाजपुर, नाहरमगरा, जयसमंद आदि स्थानों पर जाने का अवसर मिला। इस भ्रमण में उन्होनें भीलों व गिरासियों की बेगार से होनेवाली दुर्दशा को प्रत्यक्षतः देखा। बेगार देने से मना करने पर उनकी जूतों से पिटाई होती थी। छोटे छोटे दुकानदारों से ली गई सामग्री की नाममात्र की कीमत चुकायी जाती थी। काम में जरा सी कमी रह जाने पर उन्हें शारीरिक यातनाएँ देना तो आम बात थी। ऐसी दारुण घटनाओं ने एक ओर उन्हें भीलों के प्रति अपार सहानुभूतिशील बना दिया तथा दूसरी ओर सामंती अत्याचारों के विरुद्ध उनका अन्तर्मन विद्रोह कर उठा। अन्याय का यह तांडव उनके लिए असह्य था। आठ वर्ष ठिकाने की नौकरी करने के बाद शोषित भीलों के उत्थान का संकल्प लेकर वे कार्यक्षेत्र में कूद पड़े।

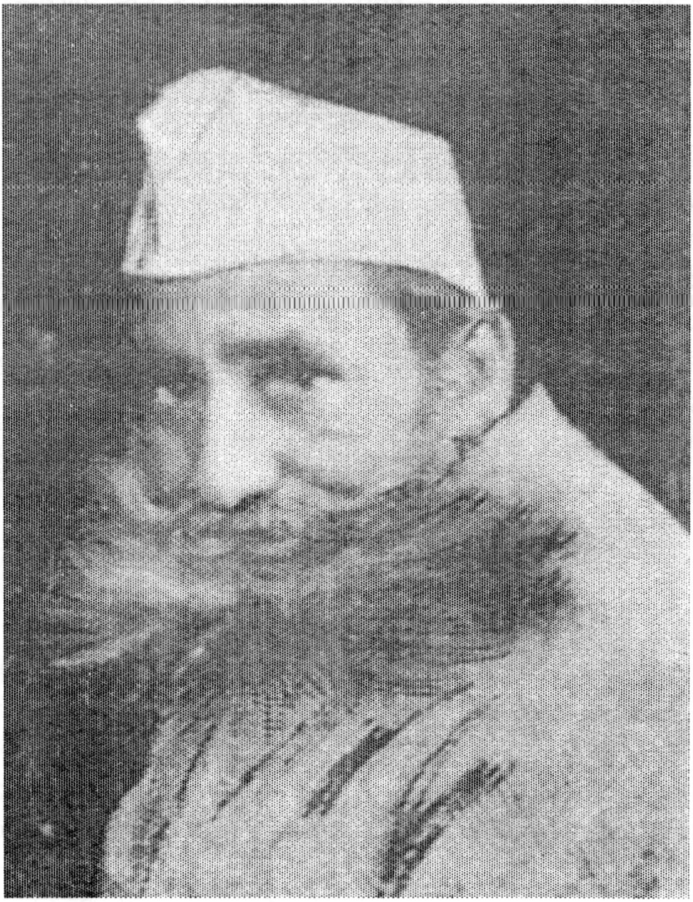

भील नेता मोतीलाल तेजावत

ठिकाने की नौकरी छोड़ने के बाद उन्होंने झाड़ोल में ही एक सेठ के यहाँ मुनीम के रूप में काम शुरु किया। वहाँ व्यापार के सिलसिले में भीलों से उनका और निकट सम्पर्क हुआ। उन्हें इस बात से गहरी ठेस लगी कि उनके गाढ़े पसीने की कमाई शोषक जागीरदार व सूदखोर बनिये हड़प लेते थे। बकाया के भुगतान के बावजूद रसीद नहीं दी जाती थी। चक्रवृद्धि ब्याज का मकड़ जाल फैलता ही जाता था। भीलों के आक्रोश को तेजावत के माध्यम से सशक्त अभिव्यक्ति मिली। उनके दु:खों के निवारण के लिए वे संघर्ष की कठिन राह पर चल पड़े। सामंती निरंकुशता व स्वेच्छाचारिता के उस अंधयुग में यह कितना साहस का

काम था आज यह कल्पनातीत है। उनका यह साहस इस दृष्टि से भी अप्रतिम था कि, 'वे उस समय नितांत एकाकी थे। लाखों भील उनके अनुयायीथे पर जहाँ तक नेतृत्व का प्रश्न है उनका कोई भागीदार नहीं था। बिजौलिया व बेगूं के किसान आन्दोलनों के संचालन व नेतृत्व के सहभागी कई नेता व कार्यकर्ता थे पर भील आन्दोलन का सारा भार तेजावतजी पर था। व्यक्तिगत साहस की यह अनूठी स्थिति थी।''[२३]

अन्तर्मन के आड़ोलन की साक्षी डायरी

उस समय भीलों व अन्य किसानों की कारुणिक स्थिति व तेजावत के हृदय में उठ रहे तूफान की तीव्रता का अनुमान उनकी डायरी से लगाया जा सकता है। इसमें उनके अन्र्तमन की व्यथा और क्षोभ भलीभाँति व्यक्त हुए हैं। उस समय के हालात पर इससे पर्याप्त प्रकाश पड़ता है। उनकी घनीभूत पीड़ा इसमें मुखर हुई है। तिहरी गुलामी का बोझ भीलों को कैसे विदीर्ण कर रहा था, सत्ताधारी उन पर कैसे अकथनीय अत्याचाय ढ़ा रहे थे और बेबस होकर वे इस राक्षसी व्यवस्था की क्रूरताओं को कैसे झेल रहे थे, इन सभी बातों का प्रभावी चित्रण उनकी डायरी में मिलता है। वे लिखते हैं, ''उन दिनों सामन्तशाही राजा महाराजाओं व जागीरदारी जुल्म का सोलहों आना बोलबाला था। जागीरदार निजी स्वार्थ के लिए जनता को हैरान, परेशान और तबाह करते थे। जनता के हितों पर ऊपर से नीचे तक राज्य वाले रंचमात्र भी ध्यान नहीं देते थे और अंधेर गर्दी मचा रखी थी।''[२४] राजाओं व जागीरदारों की मिली भगत का उल्लेख करते हुए वे लिखते है, जुल्मी अत्याचारी राजा व जागीरदार एक दूसरे से मिले जुले थे और एक दूसरे के ऐब छिपाते थे। जुल्मों द्वारा जनता को ठग कर पैसा खा जाते थे। कही बात नहीं करने पर जूतों से पीटकर इज्जत बिगाड़ दी जाती थी और दंड देकर तबाह कर दिया जाता था।''[२५]

छुटभयै जागीरदारों की उद्दण्डता व नृशंसता का कोई ओर छोर नहीं था क्योंकि वे जनता को अपना गुलाम समझते थे। अनपढ़ लोगों पर चाहे जैसा जुल्म करने का उनको हक़ था। औरत, पशु वगैरा सरकार व जागीरदार के नौकर तक ले जाते थे और कोई चूं करने का साहस नहीं कर सकता था। गाय, भैंस दुहाकर जबरन दूध ले जाना उनका हक़ हो चुका था।''[२६] उनके इलाकों में गोरे साहबों के आने पर तो जनता की शामत आ जाती थी क्योंकि डेढ़ महीना पहले से सरबरा (स्वागत) के लिए घास, लकड़ी, घी, बर्तन आदि मुफ्त में ले लेते थे। हर घर से एक आदमी को बेगार के लिए तैनात रहना पड़ता था। साहब के जाने

के बाद बेगार से ठिकाने का साल भर का खर्च बचा लिया जाता था। रियासती अफसर तो मरने के बाद भी प्रजाजनों के लिए मुसीबत का कारण बन जाता था। तेजावत के अनुसार, रियासत में कोई बड़ा हाकिम या अफसर मर जाता तो १०० मन गेहूँ व ५० मन घी खरीदने का हुक्म हो जाता। जुल्मी लोग बनियों को बुलाकर माँगते, वे बिचारे गिड़गिड़ाते। ये डराते, दबाते व परेशान करते थे।[२७] उन्होनें अपनी डायरी में जुल्मो सितम की अनेक ऐसी घटनाएँ दी हैं जो उन्होंने प्रत्यक्ष देखी थीं। अन्याय व उत्पीड़न के शिकार व्यक्तियों की लंबी सूची भी दी है। डायरी में अत्याचारों के अनेक प्रकारों का उल्लेख किया है। संवेदनशील तेजावत ने अभिशप्त आदिवासियों के उद्धार के लिए उनसे एकरूप होकर काम करने का निश्चय किया। उनसे पूर्ण तादात्म्य स्थापित करने के कारण ही उनकी धड़कनों में बस गये। जिस सेवामार्ग पर वे चले उसमें स्व के लिए कोई स्थान नहीं था।

आशा की प्रकाशरश्मि 'एकी' आन्दोलन

भीलों की विपन्नता, व्यथा व असहायता से द्रवित तेजावत को किसी ऐसे अवसर की प्रतीक्षा थी जब इन आदिवासियों का अन्य किसानों के वृहद् समुदाय से सार्थक संवाद स्थापित हो सके ताकि उन्हें संगठित कर अन्यायी व्यवस्था के विरुद्ध आन्दोलन छेड़ा जा सके। चित्तौडगढ़ जिले में बनास नदी के तट पर स्थित मातृकुंडिया नामक स्थान पर वैशाख पूर्णिमा को भरने वाले विशाल मेले में उन्हें ऐसी संभावना दिखाई दी। इस मेले में प्रायः एक लाख व्यक्ति एकत्र होते थे जिनमें अधिकांश किसान होते थे। जनजागरण व संगठन के अपने अभियान का श्रीगणेश करने के लिए तेजावत अपने कुछ साथियों के साथ इस मेले में पहुँचे। मेवाड़ के सभी क्षेत्रों के किसानों में जागीरदारी अत्याचारों के खिलाफ आक्रोश तो पहले से व्याप्त था। तेजावत ने उन्हें संगठित होकर जूझने हेतु प्रोत्साहित किया। वहाँ सभी गाँवों के पंचों से विचार विमर्श करके यह तय किया गया कि जब तक इस अन्याय अनाचार की पूरी कहानी से महाराणा को अवगत नहीं करा दिया जाता तब तक कोई लगान का भुगतान नहीं करेंगे। सभी पंचों ने धर्म और भगवान एकलिंगजी की शपथ लेकर इस निश्चय को मूर्त रूप देने का दृढ़ संकल्प लिया। मेले में घोषणा करवा के तमाम किसानों को पंचों के इस निश्चय की जानकारी दी गई। पंचों के इस निश्चय से सम्बन्धित पाँच पाँच पर्चे सभी गाँवों में भेज दिये गये। इनका आशय यही था कि कोई भी किसान लगान जमा नहीं कराये।

गाँवों में ये पर्चे पहुँचने से किसानों को प्रकाश रश्मि दिखायी पड़ी। उनमें उत्साह का संचार हुआ। तेजावत ने इस पर्चे की ५०-६० प्रतिलिपियाँ करके गुप्त रूप से भील क्षेत्र के सभी गाँवों में भिजवा दीं। वन्य उत्पादों व थोड़ी बहुत खेती पर निर्भर भोमट क्षेत्र के भील उस समय सर्वाधिक पीड़ित थे। संगठित होकर अन्याय के खिलाफ उठ खड़े होने का संदेश देने वाला यह एकी आन्दोलन अपने स्वरूप में प्रारंभ से ही शांतिपूर्ण अहिंसक आन्दोलन था। किसानों व भीलों के मन में आक्रोश व असंतोष के बादल घुमड़ रहे थे पर तेजावत ने उन्हें अहिंसा के माध्यम से अन्याय का प्रतिरोध करने का पाठ पठाया। इस आन्दोलन का मुख्य उद्देश्य आदिवासी भीलों व किसानों में पूर्ण ऐक्य स्थापित करना था। किसानों के जीवन को असह्य बोझ बनाने वाले अनुचित लगान व लाग बागों को समाप्त करना इसका प्रमुख ध्येय था। तेजावत ने बहुत ही गुप्त रूप से भोमट क्षेत्र के गाँवों में आन्दोलन के उद्देश्यों से लोगों को अवगत कराया। उन्होंने व्यक्तिगत रूप से गाँव गाँव जाकर भीलों का समझाया कि किस प्रकार उनका जीवन नारकीय यंत्रणाओं से ग्रस्त था।

अन्याय व अनाचार के निर्मम कुशाप्रहार द्वारा उन्हें जीवन की आधारभूत आवश्यकताओं से भी कैसे वंचित कर दिया गया था, इसकी उन्हें विस्तृत जानकारी देने के साथ ही उनकी न्यूनतम माँगों से भी उन्हें अवगत कराया गया। तेजावत यथार्थ की ठोस चट्टान पर खड़े होकर उन्हें उद्‌बोधित कर रहे थे। भोले भोले प्रकृतिपुत्रों को वे स्वप्निल संसार के मायालोक में नहीं ले गये। उन्हें यह समझाने का प्रयास किया कि इस घोर अंधकार को चीरने वाली प्रकाश किरण कहाँ से और कैसे आएगी? इस पशुतुल्य जीवन से वे कैसे ऊबर सकेंगे। तेजावत की पारदर्शी निष्ठा व निःस्वार्थता से भीलों के मन में यह विश्वास जम गया कि वे उनके सच्चे हितैषी हैं। उन्हें गुमराह नहीं कर रहे हैं। इस प्रकार दोनों के बीच आत्मीयता व आपसी विश्वास का चिरस्थायी सम्बन्ध स्थापित हो गया।

एकी आन्दोलन का विस्तार

भीलों में आपसी एकता व संगठन को सुदृढ़ करने वाले एकी आन्दोलन का श्रीगणेश झाड़ोल व फळासिया गाँवों से किया गया। चूंकि तेजावत इसी क्षेत्र के वाशिन्दे थे अतः इस चुनौती भरे काम का आधार यहाँ तैयार करना उनके लिए अपेक्षाकृत सहज था। बाद में समीपवर्ती पाँच गाँव भी आन्दोलन में शरीक हो गये। शनैः शनैः इसका विस्तार होता चला गया और अधिकाधिक भील इसके साथ जुड़ते चले गये। गुरु के पंज प्यारों की तरह एकी आन्दोलन में भी सर्वप्रथम

झाड़ोल के पाँच व्यक्ति दीक्षित हुए। ये थे – बाला लुहार, नीलाशंकर ब्राह्मण, किशन जोशी, लच्छीराम साधु और अम्बावा कुम्हार।''[२१] इन पाँचों व्यक्तियों को तेजावत एकरोज अर्द्धरात्रि के समय महादेव मंदिर में ले गये। वहाँ उन्होंने महादेव की सौगंध खाकर सदैव एक रहने व आन्दोलन की सफलता के लिए मनोयोगपूर्वक काम करने का व्रत लिया। ये ही व्यक्ति तेजावत के सन्देशवाहकों के रूप में काम करते रहे। इस शपथग्रहण के बाद बदराना गाँव के हरिहर मंदिर में होने वाली अगली बैठक का संदेश उन्होंने गुप्त रूप से आसपास के सभी गाँवों में पहुँचा दिया। इस बैठक में हर एक गाँव के पंचों को शामिल होना था।

यह बैठक सन् १९२१ ई. के ज्येष्ठ महीने के कृष्णपक्ष के अंतिम दिनों में हुई। प्रत्येक गाँव से पंच वहाँ पहुँचे। करीब पाँच सात सौ लोग वहाँ एकत्र हुए। बैठक में जागीरदारी जुल्मों पर खुलकर चर्चा हुई। समान दुःख ने सभी को बंधुत्व की डोर में बांध दिया। भगवान की साक्षी में भीलों ने एकी स्थापित की गयी। और यह तय किया गया कि जिस तरह मातृकुंडिया के मेले में मेवाड़ के किसानों ने अनुचित लगान नहीं देने का निर्णय किया है उसका अनुकरण करते हुए वे भी नाजायज लाग बागों व अन्याय का निवारण नहीं होने तक एकी आन्दोलन से सक्रिय रूप से जुड़े रहेंगे। बदराना की बैठक में लिये गये निर्णय ने भीलों को जागृत कर दिया। ऐसा लगा उन्हें किसी संदेश की प्रतीक्षा थी। असल में सामंती अत्याचारों के घुटन भरे माहौल में एकी आन्दोलन उन्हें ताजा हवा के झोंके जैसा प्रतीत हुआ। जनशक्ति आततायी से भिड़ने को तैयार हो रही थी।

बैठक में आए पंचों ने अपने अपने क्षेत्र में सर्वत्र एकी का संदेश प्रसारित कर दिया। एकी के संकल्प में लोगों को अपनी मुक्ति दिखाई देने लगी। विद्यमान व्यवस्था जिनके स्वार्थपूर्ति का साधन थी उन्होंने भीलों को जागीरदारों के कोप का भय दिखाकर उन्हें आन्दोलन से विरत करने का प्रयत्न किया किन्तु सामंती अत्याचारों के पाश से मुक्ति के लिए छटपटाते लोगों पर इसका कोई असर नहीं हुआ। एकी के सिलसिले में दूसरी बैठक भी बदराना में हुई जिसमें भीलेतर ब्राह्मण, महाजन आदि भी सम्मिलित हुए। बैठक में मातृकुंडिया मेले में एकी आन्दोलन के बारे में किये गए निर्णय के अनुसार खालसा क्षेत्र के अग्रणी व्यक्तियों से सम्पर्क स्थापित करने के लिए आदिवासी क्षेत्रों के प्रतिनिधि तय किये गये। झाड़ोल के प्रतिनिधि के रूप में स्वयं मोतीलाल तेजावत को चुना गया। इन प्रतिनिधियों को महाराणा की सेवा में उपस्थित होकर लोगों के कष्टों के निवारण के लिए आवेदन प्रस्तुत करना था। प्रतिनिधिमंडल के ४१ व्यक्ति उदयपुर पहुँचे। तेजावत ने अपनी डायरी में इस बात को रेखाँकित किया है कि

आदिवासी क्षेत्र के इस प्रतिनिधिमंडल का मार्ग में पड़ने वाले सभी गाँवों में हार्दिक स्वागत हुआ।

उदयपुर से यह प्रतिनिधि मंड़ल खालसा क्षेत्र के किसान नेता गोकुल पटेल से मिलने पाडोली पहुँचा। आदिवासी क्षेत्र के पंचों का वहाँ बड़ा आदर सत्कार हुआ। तेजावत से विचार विमर्श के बाद उनके भय व भ्रमों का निवारण हो गया। इसके बाद एकी आन्दोलन पर विस्तार से चर्चा के लिए गोकुल पटेल के प्रस्ताव पर सभी प्रतिनिधि केशरखेड़ा गाँव में आयोजित होने वाले जाटों के एक प्रीतिभोज में सम्मिलित हुए। यहाँ तेजावत की प्रेरणा से खालसा क्षेत्र व आदिवासी क्षेत्र के प्रतिनिधियों में लिखित 'एकी' हो गई और दोनों पक्ष हर हालत में साथ रहने को वचनबद्ध हो गये। आन्दोलन को गतिशील बनाने के लिए तेजावत ने जागीरदारी अन्याय अनाचारों की व्यथाकथा सप्रमाण लिखित रूप में महाराणा के सम्मुख पेश करने का प्रस्ताव रखा। खालसा व आदिवासी क्षेत्रों के लोगों को इन सभी बातों से भलीभाँति परिचित करा दिया गया ताकि जागीरदार उनमें फूट नहीं डाल सकें।

तेजावत की कार्यपद्धति की सबसे बड़ी विशेषता थी सत्य और अहिंसा पर दृढ़ बने रहना। आदिवासियों की उनमें अगाधा आस्था थी। केशरखेड़ा बैठक में लिये गये निर्णय के अनुसार महाराणा से भेंट करने उदयपुर पहुँचने से पहले घासा, माकतला व कैलाशपुरी में किसानों की बैठकें आयोजित हुईं जिन सभी में एकी रखने की बात पक्की हुई। इन बैठकों में तेजावत मेवाड़ रियासत व जागीरदारों द्वारा किये जाने वाले अन्याय व अत्याचारों का सटीक और विस्तृत ब्यौरा प्रस्तुत करते थे। उनकी बातें सीधे लोगों के हृदय में उतरती थीं। इस अभियान की दूसरी विशेषता थी मार्ग में पड़ने वाले सभी गाँवों में एकी आन्दोलन का अधिकाधिक प्रचार। इससे आन्दोलन को व्यापक जन आधार प्राप्त हो गया। जनता को उनका यही संदेश था कि नृशंस अत्याचारों को किसी हालत में सहन नहीं करना है। सम्मानपूर्ण जीवन जीने के लिए संघर्ष करने का समय आ गया है। एकी आन्दोलन की सफलता के लिए एकलिंगजी मंदिर के गुंसाईजी ने भी आशीर्वाद दिया। गुंसाईजी को तेजावत ने सत्तामद में अन्धे जागीरदारों व अधिकारियों की करतूतों से परिचित कराया। उनके आशीर्वाद का मनोवैज्ञानिक प्रभाव बड़ा लाभदायक था क्योंकि मेवाड़ के असली मालिक तो भगवान एकलिंग ही माने जाते हैं। महाराणा तो उनके दीवान हैं।

महाराणा को ज्ञापन मेवाड़ पुकार

उदयपुर पहुँच कर किसानों व भीलों के प्रतिनिधियों ने राजमहल के निकट पिछोला झील की बड़ी पाळ पर डेरा डाला। राजमहल के निकट बड़ी संख्या में किसानों का एकत्र होना स्वयं में बड़ी बात थी। तीन चार दिन में लगभग सात आठ हजार किसान एकत्र हो गये। सभी ने अपने अपने क्षेत्र में होने वाले अत्याचारों का सप्रमाण विवरण तेजावत को प्रस्तुत किया। उन सभी के मुख्य बिन्दुओं को आधार बनाकर महाराणा को प्रस्तुत करने के लिए उन्होंने 'मेवाड़ पुकार' नाम से एक पुस्तिका तैयार की। उसमें रिश्वतखोरी, अनुचित लाग बागों, शारीरिक यातनाओं व विविध कष्टों का सप्रमाण विवरण प्रस्तुत किया। पुस्तिका सौ कलमों के आधार पर एक इक्कीस सूत्री माँगपत्र तैयार किया गया।

रियासती अधिकारियों व जागीरदारों ने एकी आन्दोलन का दमन करने व किसानों में फूट डालने का भरसक प्रयास किया। पर वे असफल रहे। इधर किसानों की संख्या बढ़ते बढ़ते आठ हजार तक पहुँच गयी। उन्होंने महाराणा द्वारा उनकी कष्ट गाथा की सुनवाई न होने तक सभी तकलीफें झेलकर पाळ पर ही डटे रहने का निश्चय किया।[२९] भ्रष्ट अधिकारी व जागीरदार इस कोशिश में थे कि उनकी कलई खोलने वाली मेवाड़ पुकार पुस्तिका किसी भी तरह महाराणा तक न पहुँचने पाए। इसके लिए उन्होनें कई चालें चलीं। इस पर तेजावत ने ब्रिटिश रेजीडेंट से मिलकर सारी शिकायतें उसे बताने का निश्चय किया। गुप्तचरों द्वारा यह खबर मिलने पर महाराणा ने तेजावत व उनके कुछ साथियों को राजमहल में बुला भेजा। महाराणा को मेवाड़ पुकार प्रस्तुत की गई। उन्होंने बेगार बन्द करने और कई लागतें उठा लेने की घोषणा की किंतु जंगल से बेरोकटोक लकड़ी काटने, बीड़ों से घास काटने तथा फसलों को नुकसान पहुँचाने वाले सूअरों को मारने की स्वीकृति नहीं दी। इस पर बडी पाळ से सभी लोग जगदीश चौक में आकर एकत्र हो गये। वहाँ पर तेजावत व अन्य पंचों ने मिलकर घोषणा की कि महाराणा ने २१ माँगों में से १८ माँगें स्वीकार कर ली हैं और शेष तीन माँगे मेवाड़ के पँच छोड़ रहे हैं।[३०]

इस अभियान का ठोस परिणाम यह निकला की भीलों व किसानों में दमन एवं उत्पीड़न का मुकाबला करने की शक्ति और साहस का संचार हुआ। वे स्वाभिमान की रक्षा एवं विजय का उल्लास लिये घरों को लौटे। गरीबी में आकंठ डूबे भीलों को अपनी दयनीय अवस्था व उसके कारणों का ज्ञान कराना बड़ा कठिन था। मेवाड़ व आस-पास के संपूर्ण भील क्षेत्र में जागृति का संदेश भेजने

का यह दुष्कर कार्य तेजावत के बूते की बात थी। महाराणा द्वारा जो तीन माँगें नहीं मानी गयी थीं उनसे भीलों की तकलीफें ज्यों की त्यों बनी रहीं। उन पर रियासती कर्मचारियों का अत्याचार बढ़ता ही गया। तेजावत के लिये यह असह्य था। उन्होंने इसके लिए जन जागरण अभियान शुरु किया। भीलों के उत्थान का स्वप्न साकार करने हेतु अब उन्होंने एक परिव्राजक का रूप अपना लिया। संपूर्ण भील क्षेत्र में उन्होंने जनसम्पर्क का सघन अभियान प्रारंभ किया। यह उन लोगों को संपूर्णता में समझने का, उनके सुख दुःख से एकाकार होने का प्रयास था। भीलों में साहस पैदा करने के अपने प्रयत्नों से वे झाड़ोल व उसे समीपवर्ती जागीरदारों के कोपभाजन हो गये।

हत्या का घृणित प्रयास व जनजागृति

झाड़ौल के राजराणा ने कमालखाँ सिपाही के सहयोग से तेजावत की हत्या की योजना बनायी। श्रावण का महीना था। उस समय वे खाखड़ गाँव में थे। उन्हें योजना का पता तो चल गया लेकिन जब तक वे सम्हल पाते कुछ सिपाही उन्हें पकड़कर जंगल में ले गये। गाँव वालों ने ढ़ोल बजा दिया और जिसके जो हाथ लगा, लेकर उन्हें बचाने दौड़ पड़े। जंगल में एक स्थान पर पेड़ से बांधकर सिंपाही उन्हें मारने ही वाले थे और उधर कमालखाँ ने बंदूक से निशाना साध रहा था कि भीड़ आ पहुँची। सिपाही भाग खड़े हुए। इस घटना का पता चलने पर पन्द्रह हजार भील झाड़ौल पर चढ़ आए। उदयपुर से अमरसिंह राणावत के नेतृत्व में पुलिस आई लेकिन भील नहीं बिखरे। अन्ततः अधिकारियों को सजा देने का आश्वासन मिलने पर उन्होंने घेरा उठाया। इस घटना के बाद तेजावत की सुरक्षा का भार भीलों ने सम्हाल लिया। वे भीलों के पालों व झोपड़ों में ही रहने लगे। उनके साथ रहते हुए उनमें सामाजिक सुधारों के लिए वे प्रयत्नशील हुए। उनकी मुख्य शिक्षाएँ इस प्रकार थीं –

- मदिरापान नहीं किया जाए।
- कोई व्यक्ति अपने भाई की विधवा से बलपूर्वक विवाह नहीं करेगा।
- पति के जीवित रहते कोई महिला दूसरे आदमी से विवाह नहीं करेगी।
- अविवाहित महिलाओं का अपहरण करने पर भारी जुर्माने का दंड मिलेगा
- विधवा को स्वेच्छया पुनर्विवाह की स्वतंत्रता होगी।

- अविवाहित महिला की शादी के अवसर पर पैसों का लेनेदन नहीं होगा।
- विवाहेतर संबंधों की दोषी महिला को समाज से बहिष्कृत कर दिया जायेगा।
- कोई भील माँस नहीं खाएगा व चोरी नहीं करेगा।[३१]

एकी आन्दोलन का प्रसार व दमन

समाज सुधार सम्बन्धी क्रिया कलापों से भीलों में उनकी लोकप्रियता में वृद्धि हुई। तेजावत राष्ट्रीय स्तर पर महात्मा गाँधी के असहयोग आन्दोलन से बहुत प्रभावित थे। भीलों के कष्टों का निवारण करने के लिए वे भील क्षेत्र में ऐसा ही आन्दोलन प्रारंभ करने के इच्छुक थे। इस समय तक बिजोलिया किसान आन्दोलन भी अपने शिखर पर पहुँच गया था। तेजावत उसकी उपलब्धियों से प्रेरित हुए। जब उन्हें बिजोलिया के नेताओं से समर्थन का आश्वासन मिला तो उन्होंने अपने कार्यक्रम को अन्तिम रूप दिया। उन्होंने भीलों को समझाया कि जमीन के वास्तविक मालिक वे हैं फिर भी सत्ताधारी उनके साथ दुर्व्यवहार करते हैं। उन्हें रियासत व जागीरदारों की कचहरियों से दूर रहने का परामर्श दिया गया क्योंकि वे अन्याय पर आधारित थीं। इन सभी विचारों व शिक्षाओं से उनमें से नवजीवन एवं चेतना का संचार हुआ।

जुलाई १९२१ में लगानबन्दी के रूप में उन्होंने भीलों को असहयोग का आह्वान दिया। इसका पर्याप्त असर हुआ। इसकी परिणति शक्तिशाली भील आन्दोलन में हुई। कोटड़ा के सहायक पॉलिटिकल अधीक्षक मेजर स्यूटन ने इस आन्दोलन के दौरान तेजावत की गतिविधियों के बारे में लिखा, "मोतीलाल महात्मा गाँधी के अनुयायी हैं। वे लोगों से कहते हैं कि जब महात्मा गाँधी सर्वोच्च स्थान प्राप्त कर लेंगे तो उन्हें एक रूपये के पीछे एक आना ही कर देना पड़ेगा। गाँधीजी का अनुसरण न करने पर वे मिट जाऐंगे।"[३२] स्यूटन की इस मक्कारी भरी टिप्पणी से भील आन्दोलन से ब्रिटिश सरकार को होने वाली परेशानी की झलक मिलती है। तेजावत के आह्वान पर झाड़ोल ठिकाने के भीलों ने लगान, लाग बाग व बेगार देने से मना कर दिया। स्थिति को नियंत्रित करने के लिए ठाकुर ने १९ अगस्त १९२१ को तेजावत को गिरफ्तार कर लिया। उनकी गिरफ्तारी के समाचार से भील उद्वेलित हो गये और उन्हें छुड़ाने के लिए हजारों की तादाद में ठिकाने के सामने एकत्र हो गये। इतनी बड़ी भीड़ देख कर ठाकुर

को उन्हें रिहा करने के लिए विवश होना पड़ा। तेजावत ने अब आन्दोलन और तीव्र कर दिया। गाँव गाँव में ढ़ोल बजाकर लोगों को कर न देने व सत्ताधीशों से सहयोग न करने की अपील की। भीलों ने उनकी आज्ञाओं का पालन करने की शपथ ली। उन्होंने यह भी तय किया कि मोता बाबा (भीलों में प्रचलित उनका लोकप्रिय संबोधन) के आदेशों का उल्लंघन करने वाले को बहिष्कार या जुर्माने से दंडित किया जाएगा।[३३]

अपनी गतिविधियों का प्रसार करने के लिए तेजावत ने भोमट क्षेत्र का दौरा किया। भीलों को यह विश्वास हो गया कि वे गाँधीजी के संदेशवाहक हैं। वे उन्हें देवदूत के रूप में देखते थे और उनसे भेंट करने के लिए बड़ी संख्या में भील एकत्र होते थे। वे पूरी निष्ठा से उनका अनुकरण कर रहे थे। उन्होंने लगान, लाग बाग व बेगार से हाथ खींच लिया। प्रशासन पंगु हो गया। रियासत के भील क्षेत्र पर उसका नियंत्रण नहीं के बराबर रह गया। उदाहरण के तौर पर जब झाड़ोल जागीर के अधिकारी लगान वसूल कर रहे थे तब मोतीलाल तेजावत दो हजार भीलों के साथ वहाँ पहुँच गये व लगान के रूप में इकट्ठा किया गया सारा पैसा छीन लिया अफसरों की पिटाई करके उन्हें बंधक बना लिया।[३४]

तेजावत के बढ़ते हुए प्रभाव से महाराणा व ब्रिटिश अधिकारी चिंतित थे। उदयपुर दरबार ने ३१ दिसम्बर १९२१ को आज्ञा प्रसारित की कि भोमट इलाके के जागीरदार लिखित अनुमति के बिना पचास से अधिक व्यक्तियों की मीटिंग न होने दें। इस आदेश के साथ ही तेजावत की गिरफ्तारी के लिए पाँच सौ रू. के पुरस्कार की घोषणा की गयी। उन्हें शरण सहायता देना दंडनीय अपराध ठहराया गया। रियासत द्वारा उठाए गए इन कदमों से भी स्थिति में कोई सुधार नहीं हुआ। अब तक भील आन्दोलन को मजबूत जनाधार प्राप्त हो गया था। इस अभियान का मेवाड़ के अलावा सिरोही, ईडर, प्रतापगढ़, विजयनगर आदि रियासतों पर भी काफी असर पड़ा जहाँ भीलों की तादाद काफी थी। जागीरदारी जुल्मों की कहानी सर्वत्र एक सी थी। मेवाड़ में हुई घटनाओं से प्रेरित होकर वहाँ भी एकी को अपनाया जाने लगा।

इस पर भीलों की शिकायतों का निवारण करने के बजाय उन्हें हतोत्साहित करने के लिए इन रियासतों ने दमन का सहारा लिया। इन क्षेत्रों में भी मार्गदर्शन व नेतृत्व के लिए तेजावत की आवश्यकता थी। उनके कार्यक्षेत्र का विस्तार हो चला था। जनवरी १९२२ में उन्होंने सिरोही रियासत में प्रवेश किया। रियासती गाँवों में जनसभाओं द्वारा एकी आन्दोलन का प्रचार किया गया। निंद्राधीन ये गाँव सहसा जाग उठे। अपनी दयनीय अवस्था का एहसान होने पर उससे मुक्ति के

लिए सचेष्ट हो गए। सिरोही उनके नेतृत्व में भील आन्दोलन का दूसरा महत्वपूर्ण केन्द्र बन गया। यहाँ भी तेजावत ने उदयपुर के नमूने पर भीलों में सामाजिक सुधार का कार्य शुरु किया। सामाजिक सुधारों के साथ ही आर्थिक संघर्ष का भी सूत्रपात किया गया। उन्होंने भीलों व गिरासियों को खुले तौर पर रियासत की आज्ञाओं की अवहेलना करने व लगान अदा करने से मना किया। आदिवासियों ने उनके आदेशों का पूरी निष्ठा से पालन किया।

निरीह भीलों में अन्याय के खिलाफ उठ खड़े होने की सामर्थ्य उत्पन्न कर देना रियासती शासकों की निगाह में एक गंभीर अपराध व उनके लिए चुनौती थी। जनवरी १९२२ के अंतिम सप्ताह में लूटपाट की अनेक घटनाएँ एवं आदिवासियों द्वारा अधिकारियों पर हमला किये जाने की वारदातें प्रकाश में आयीं। महामना मालवीय के पुत्र रमाकान्त मालवीय उस समय सिरोही में दीवान थे। उन्होंने भीलों गिरासियों के इस आंदोलन को नियंत्रित करने के लिए महात्मा गाँधी से मदद माँगी व राजस्थान सेवा संघ के अध्यक्ष विजयसिंह पथिक को मामला सुलझाने के लिए बुलाया। महात्मा गाँधी ने मणिलाल कोठारी को सिरोही भेजा। उन्होंने तेजावत को हिंसक आन्दोलन का रास्ता छोड़ने की सलाह दी। ये सारे प्रयत्न व्यर्थ सिद्ध हुए क्योंकि आदिवासियों को ठोस रियायतें दिये बिना उन्हें संतुष्ट करना संभव नहीं था। इसके लिए रियासत तैयार नहीं थी।

आन्दोलन का प्रसार व नृशंस हत्याकांड

सिरोही व उससे लगी गुजरात की रियासतों ने उदयपुर दरबार को प्रेषित अपने भिन्न भिन्न पत्रों में तेजावत को वहाँ से तुरन्त हटा देने का आग्रह किया। मेवाड़ ने उनकी गिरफ्तारी का वारंट जारी कर दिया। बाकी ने भी उन्हें पकड़ने के लिए पुरस्कारों की घोषणा की लेकिन सघन वनों से घिरे दुर्गम पर्वतीय क्षेत्र में कार्यरत तेजावत को बन्दी बनाना आसान नहीं था। सबसे बड़ी बात तो यह थी कि उनके भील अनुयायी हर क्षण उनकी रक्षा के लिए तत्पर थे। पुरस्कार के लोभ में एक दो दूसरे आदमी मार दिये गये। जन आन्दोलन का तीव्र गति से प्रसार होने से रियासती प्रशासन हैरान रह गया। उनके लिए यह कल्पनातीत था। अतः दमन के कठोर उपाय काम में लेने शुरु किये। भीलों को तेजावत की पहली सीख यही थी कि उन्हें हर हालत में एकता बनाये रखनी है। उन्होंने एकता की शपथ लेने के साथ ही यह भी निश्चय किया कि वे अपनी माँगों पर सर्वमान्य समझौता ही करेंगे। वे इस बात के भी इच्छुक थे कि जो भी निर्णय हो वह तेजावत की स्वीकृति से हो। मेवाड़ के अलावा दूसरी रियासतों के भीलों ने भी

लगान तथा लाग बाग व बेगार आदि देना बन्द कर दिया। दीर्घकालीन शोषण व उत्पीड़न के विरुद्ध उठ खड़ी हुई जनशक्ति का मुकाबला कर सकना रियासतों के लिए दुष्कर कार्य था। भीलों द्वारा लगान व बेगारबन्दी ने रियासतों के लिए संकट उत्पन्न कर दिया इसलिये समझौते के लिए प्रयास चलने लगे। रियासत विजय नगर के पालछितरिया गाँव में रियासती अधिकारियों व भीलों के बीच ७ मार्च १९२२ बातचीत का आयोजन किया गया। वहाँ मेवाड़ भील कोर व अन्य रियासतों की पुलिस भी मौजूद थी। सभा की कार्यवाही शांतिपूर्वक चल रही थी और समझौता होने की गुंजाइश नजर आ रही थी कि भीलकोर के सिपाहियों ने अचानक गोली बारी शुरु कर दी। लगभग १२०० निर्दोष व्यक्ति भून डाले गये और उनकी लाशें कुओं में फेंक दी गईं। तेजावत के पाँव में गोली व छर्रे लगे।[३५] भील उन्हें उठाकर सुरक्षित स्थान पर ले गये। इस हत्याकांड के बाद तेजावत सात वर्ष तक अज्ञातवास में रहे।

सिरोही हत्याकांड व अग्निकांड

इस समय तक सिरोही रियासत में एकी आन्दोलन काफी सशक्त हो चुका था। आदिवासी अन्यायपूर्ण कानूनों की सरेआम अवहेलना करने लगे। दीवान पं. रमाकान्त मालवीय तेजावत से भेंट करके कोई हल निकालना चाहते थे। भील इस शर्त पर तेजावत के गुप्त आवास पर भेंट कराने पर सहमत हुए कि दीवान को निःशस्त्र व बिना किसी सुरक्षा व्यवस्था के चलना होगा। ये शर्तें मान लिये जाने पर एक समझौता हुआ जिसके अनुसार यह निर्णय लिया गया कि एक नियत तिथि पर भील गिरासिये एकत्र होकर व्यावहारिक शर्तें तय करें और उन्हें पूरा करने के लिए अपनी अपनी रियासतों से सहयोग करें। इस बीच मणिलाल कोठारी सिरोही आए। काफी दौड़ धूप के बाद उन्होंने भीलों, तेजावत व ए.जी.जी. हॉलेण्ड को समझौते के लिये राजी किया लेकिन ए.जी.जी. अपने वचन से ही मुकर गया और रियासत ने भी उसका पालन नहीं किया।

दूरदर्शिता के अभाव के कारण रियासत आदिवासियों की वाजिब माँगे मानकर सम्मानजनक समझौता करने के बजाय केवल दमन पर उतारू थी। समझौता वार्ता विफल होने के बाद उन्होंने अपनी पंचायत की बैठक बुलायी जिसमें मेवाड़ व ईडर के भील भी काफी बड़ी संख्या में सम्मिलित हुए। इसमें अनुचित लगान न देने व पुराने बकाया का भुगतान न करने का निश्चय किया गया। रियासत बकाया के भुगतान व एकी तोड़ने के लिए दबाव डाल रही थी। आज्ञापालन न करने पर सैनिक कार्यवाही की धमकी दी पर आदिवासियों ने इस

ओर कोई ध्यान नही दिया। रियासत भीलों को कुचलने पर आमादा हो गई। एकाएक सन् १९२२ की पाँच छः मई को ए.जी.जी. के सचिव मेजर प्रिचर्ड के नेतृत्व में रियासत की सैनिक टुकड़ी ने रोहिड़ा तहसील के बालोलिया व भूला गाँवों को घेर लिया। अंधाधुंध गोलियाँ चलाने के साथ ही दोनों गाँवों को आग लगा दी गयी। गाँव जलकर भस्म हो गये व अनेक व्यक्ति और पशु मारे गये।

इस भीषण कांड की सूचना ९ मई १९२२ को राजस्थान सेवा संघ के अजमेर कार्यालय में पहुँची व १० मई को अखबारों में भी प्रकाशित हुई। सेवा संघ ने श्री रामनारायण चौधरी व सत्यभक्त को घटनास्थल पर जाकर जाँच करने का निर्देश दिया। उन्होंने १५ मई को बालोलिया में पंचों के बयान लिये। पंचों ने करुणकथा बताते हुए कहा, रियासत ने हमें बरबाद कर दिया है। और जीवन निर्वाह के साधनों से भी वंचित कर दिया है। हमें धमकी दी गई है कि एकी की धार्मिक शपथ न तोड़ने पर हमें मार डाला जाएगा।'' भूला गाँव में जाँच दल ने १३८ व्यक्तियों की गवाहियाँ लीं। अपनी रिपोर्ट में उसने पचास मृतकों व डेढ़ सौ घायलों के अलावा अन्य क्षति का विवरण दिया है। रिपोर्ट के अनुसार, दोनों गाँवों में हत्याकांड व अग्निकांड से ३२५ परिवार व १८०० व्यक्ति प्रभावित हुए। ६४० मकान या तो जल गये या नष्ट हो गये। ७०८५ मन अनाज या तो जल गया या लूट लिया गया। ६०० गाड़ी घास जल गयी और १०८ पशु मारे गये। इसके अतिरिक्त जल गये या लूटे गये सामान की कीमत १० हजार रुपये आँकी गई।[३६] इस दुखान्तिका ने लोगों को अपनी नागरिक स्वतंत्रता के अधिकार के प्रति सचेत कर दिया। जब दीवान ने भीलों पर एकी आंदोलन से स्वयं को अलग करने के लिए दबाव डाला तो उन्होंने यह कहते हुए साफ इंकार कर दिया कि एकी का केवल आर्थिक ही नहीं वरन् सामाजिक व धार्मिक पक्ष भी है। इस बात से तेजावत के बुद्धिचातुर्य का पता चलता है। उन्होंने एकी आन्दोलन को धार्मिक व सामाजिक रूप देकर उसे अभेद्य बना दिया।

रियासत की दमनकारी नीति के बावजूद आन्दोलन पूरी तौर पर दबाया नहीं जा सका। भीलों के सुख दुख के साथी तेजावत अभी उसी इलाके में थे। १९२३ ई. के प्रारंभ में उन्होंने पोशीना व सिरोही के भीलों में पुनः नया 'एकी' आन्दोलन शुरु किया। देलवाड़ा के निकट छोचोर से वे आन्दोलन का संचालन करते रहे। ऐसा प्रतीत होता है कि पोशीना पट्टा के मुखियाओं ने तेजावत के नेतृत्व में बम्बई में ईडर रियासत के प्रजामंडल से संपर्क स्थापित किया। ईडर प्रजामंडल ने भी भीलों के आन्दोलन में रुचि लेते हुए उन्हें प्रजामंड़ल के सदस्य बनने का अनुरोध किया। वे इस दिशा तेजावत की सेवाओं का उपयोग करना चाहते थे।[३७]

इसलिये माहीकांठा का पॉलिटिकल एजेन्ट, महाराणा मेवाड़ व बम्बई पुलिस उन्हें गिरफ्तार करने हेतु बहुत उत्सुक थे। हत्याकांड के पश्चात् सिरोही व गुजरात में उनकी खोज चलती रही पर भील उनके लिए रक्षाकवच का काम कर रहे थे इसलिये वे पकड़ में नहीं आए।

इस हत्याकांड के दो तीन वर्ष बाद मेवाड़ दरबार को उनके सिरोही रियासत में होने की सूचना मिलने पर भीलकोर को उनकी तलाश में वहाँ भेजा किंतु छः महीनों तक सिरोही व उससे लगी रियासतों में भटकने के बावजूद वे हाथ नहीं आए। जाहिर है कि उनके छिपने के स्थान अत्यन्त गुप्त व अगम्य थे। निष्ठावान भीलों ने उनकी सुरक्षा की अचूक व्यवस्था कर रखी थी।

स्वैच्छिक आत्मसमर्पण

मणिलाल कोठारी के माध्यम से महात्मा गाँधी भील आन्दोलन की प्रगति व स्थिति से अवगत थे। वे चाहते थे कि रियासतों व तेजावत में कोई सर्वमान्य समझौता हो जाए। अब तक उन्हें कष्टपूर्ण अज्ञातवास में रहते हुए सात वर्ष बीत चुके थे। यह उनके धैर्य व जीवट की परीक्षा की इन्तहा थी। सभी दृष्टियों से समस्या का मूल्यांकन करके गाँधीजी इस निष्कर्ष पर पहुँचे कि तेजावत को पुलिस के सामने स्वैच्छया आत्मसमर्पण कर देना चाहिए ताकि मेवाड़ रियासत के साथ कोई सार्थक संवाद स्थापित हो सके। उस स्थिति में रियासतों पर अपना नैतिक दायित्व स्वीकार करने के लिए भी दबाव डाला जा सकेगा। आन्दोलन के सभी सन्दर्भों पर विचार करने के बाद अन्ततः तेजावत ने गाँधीजी के आदेश का पालन करना उचित समझा और उन्होंनें आत्मसमर्पण का साहसिक निर्णय लिया। इसके अनुरार उन्होंने ईडर रियासत के खेड़ब्रह्म गाँव के ब्रह्माजी के मंदिर में ४ जून १९२९ को स्वयं को गिरफ्तारी के लिए प्रस्तुत किया। सात वर्षों के अज्ञातवास में भीलों के लिए संघर्ष करते करते वे उनसे एकरूप हो चुके थे। उन्हें अपने सुख दुख के सच्चे साथी के विछोह का दुःख होना स्वाभाविक था।

ईडर रियासत ने ए.जी.जी. को सूचित किया कि वह तेजावत को अपने यहाँ नहीं रखना चाहती अतः आगे यथोचित कार्यवाही की जाए। रियासतों को इस बात का डर था कि तेजावत को उनके इलाके में बंदी रखने से भीलों के उपद्रव की आशंका सदैव बनी रहेगी। इधर मेवाड़ ने ए.जी.जी. को लिखा कि तेजावत मेवाड़ी प्रजाजन है अतः उन्हें हमें सौंपा जाए। वे मेवाड़ के कारावास में नहीं रहना चाहते थे पर ए.जी.जी. के यह आश्वासन देने पर कि उनके साथ

राजनीतिक कैदी की भाँति व्यवहार किया जाएगा वे इसके लिए राजी हो गये। मेवाड़ रियासत ने बिना मुकदमा चलाये और उनके खिलाफ बिना कोई आरोप लगाए उन्हें (६ अगस्त १९२९ से २३ अप्रैल १९३६) सात वर्ष तक उदयपुर में केन्द्रीय कारागार में बन्दी रखा। इस बारे में किसी कवि ने बड़ी सटीक बात कही–

भोमट भानु नै तुरंत दियौ जेल में भेज
हिन्दू रवि नहीं सह सक्यौ तेजावत रौ तेज

मणिलाल कोठारी ने नवम्बर १९३५ में उनकी रिहाई के लिए प्रयास किये। वे महाराणा भूपाळसिंह, प्रधानमंत्री धर्मनारायण व पॉलिटिकल एजेन्ट कर्नल बाथम से मिले और उन्हें रिहा करने की प्रार्थना की। पर रियासत उन्हें बिना शर्त छोड़ने को तैयार नहीं था। वह यह चाहती थी कि मोतीलाल इस बात का वचन दें कि

(i) वे किसी राज्य विरोधी गतिविधि में भाग नहीं लेंगे।

(ii) वे महाराणा की अनुमति के बिना मेवाड़ क्षेत्र नही छोड़ेंगे। कोठारी जेल में उनसे मिले पर वे सशर्त रिहाई के लिए तैयार नहीं हुए। रियासत ने पुनः शर्तें माने जाने पर जोर दिया। तेजावत सशर्त रिहाई के लिए तैयार हो गए बशर्ते कि मेवाड़ रियासत भी उनकी दो शर्तें मान ले। पहली तो यह कि वह यह प्रमाणित करे कि वे किसी अपराध के दोषी नहीं है और दूसरी यह कि उन्हें उन लोगों पर मुकद्दमा चलाने की छूट होगी जिन्होंने उनके खिलाफ षड्यंत्र रचा और उन्हें बदनाम करने की कोशिश की।[३८] रियासत ने उनकी शर्तें मान लीं तब १६ अप्रैल १९३६ को तेजावत ने यह शपथपत्र दिया कि –

(i) मैं रियासत की अनुमति के बिना मेवाड़ क्षेत्र नहीं छोडूँगा

(ii) मैने राज्य के विरुद्ध कुछ नहीं किया है और न भविष्य में कुछ करुँगा।

(iii) मुझे यह प्रमाणपत्र दिया जाय कि मैं निर्दोष हूँ ताकि मुझे समाज में सम्मानपूर्ण स्थान मिल सके।

(iv) केन्द्रीय कारावास में मेरे बन्दी जीवन की अवधि के दरम्यान मेरे उत्तम चरित्र का प्रमाणपत्र दिया जाय।

(v) यदि सरकार सोचती है कि मैं किसी काम के योग्य हूँ तो मैं सेवा के लिए तैयार हूँ।

(vi) मुझे उन लोगों के खिलाफ मुकद्दमा दायर करने की अनुमति दी जाय जिन्होंने मेरे खिलाफ साजिश की है।[३९]

रियासत ने उनकी बातों को मानते हुए २३ अप्रैल १९३६ को उन्हें उदयपुर के केन्द्रीय कारागार से रिहा कर दिया। कारावास से मुक्त होने पर भी सरकार ने उन्हें उदयपुर नगर के परकोटे के भीतर नजरबंद रखा। रिहाई के बाद उनसे अपने पंसदीदा कार्य के बारे में पूछे जाने पर उन्होने मेवाड़ के उन किसानों की मदद करने की इच्छा प्रकट की जो कपास की खेती नहीं करते हैं। उन्होंने यह कार्य शुरु करने के लिए पाँच हजार रुपये की व निजी खर्च के लिए एक रूपया प्रतिदिन की माँग की। उन्होंने रियासत को आश्वासन दिया कि इस वित्तीय सहायता से वे खादी बुनेंगे और मेवाड़ के किसानों की आर्थिक दशा सुधारने के लिये खादी के उपयोग का प्रचार करेंगे लेकिन महाराणा को उनकी यह योजना पसंद नहीं आयी। खादी प्रचार के बजाय उन्हें कंजर व सांसियों के बीच काम करने की सलाह दी। ये लोग कानून व्यवस्था की दृष्टि से रियासत के लिए सिरदर्द बन चुके थे।

संध्याकाल की अरुणिमा

अप्रैल १९३८ में मेवाड़ प्रजामंडल की स्थापना होने पर तेजावत उसके साथ जुड़ गये। सदस्यता अभियान में उन्होंने सैकड़ों सदस्य बनाये। १९३९ ई. में उन्हें सत्याग्रह करते हुए गिरफ्तार कर पुन: जेल भेज दिया गया। जेल से छूटने के बाद उदयपुर में प्रतिबंधित जीवन जीते हुए भी प्रजामंडल की गतिविधियों में वे सक्रिय सहयोग देते रहे। रियासत के दमनपूर्ण तौर तरीकों का अहिंसक तरीके सामना करने वालो में वे अग्रगण्य थे। १९४२ ई. में महात्मा गाँधी द्वारा भारत छोड़ो का आह्वान दिये जाने पर मेवाड़ प्रजामंडल ने भी अपना आन्दोलन तेज कर दिया। तेजावत भी बढ़ती उम्र के बावजूद इसमें कूद पड़े। २२ अगस्त १९४२ को उन्हें फिर गिरफ्तार कर लिया गया। तीन वर्ष के लम्बे कारावास के बाद १९४५ ई. में उन्हें रिहा किया गया लेकिन नजरबंदी का अवरोध देश की आजादी तक चलता रहा। आजादी के बाद की आपा धापी की मूल्यहीन राजनीति से वे अत्यंत खिन्न थे। आत्म विज्ञापन से सर्वथा दूर तेजावत ने भीलों को ऐक्य के सूत्र में बाँधकर, अधिकारों की चेतना जगाकर जिस कठिन संघर्ष के लिए उन्हें तैयार किया वह अनुपमेय है। कोई प्रलोभन या भय उन्हें अपने ध्येय से नहीं डिगा सका। सभी प्रकार की संकीर्णताओं से परे तेजावत लोकसेवा को समर्पित साधक थे।

भीलों के उत्थान का उन्होंने जो संकल्प लिया उसे पूरा करने में सर्वस्व न्यौछावर करने में कभी आगा पीछा नहीं किया। इसके लिए पहाड़ों व जंगलों में सात वर्ष के अज्ञातवास से तो राणा प्रताप के संघर्ष की कहानी दोहरायी गयी। तेजावत ने आदिवासियों को युगों पुरानी जड़ता से जगाकर नवयुग के सिंहद्वार पर ला खड़ा किया। गोविन्द गुरु व तेजावत द्वारा प्रेरित व संचालित ये आन्दोलन राजस्थान में अत्याचारी सामंती व्यवस्था पर घातक प्रहार सिद्ध हुए और इनसे आदिवासियों के सामाजिक विकास की आधारभूमि तैयार हुई।

टिप्पणियाँ एवं सन्दर्भ

१. डॉ. के.एस. सक्सेना - द पॉलिटिकल मूवमेंटस एंड अवेकनिंग इन राजस्थान - पृ. १६३

२. कर्नल जेम्स टॉड - एनल्स एंड एंटीएक्टिविटिज ऑफ राजस्थान वॉल्यूम। पृ. १८४

३. उपर्युक्त

४. केप्टन ग्राहम - द भील ट्राइब्स ऑफ खानदेश पृ. ३ डॉ. सक्सेना कृत पूर्वोक्त में उद्धृत पृ. १६४

५. दौलतसिंह खींची जवासके ठाकुर थे। वे चम्पानेर (गुजरात) के पताई रावळ जयसिंह देव खींची के पुत्र थे। भील इन्हें देवता की तरह पूजते थे।

   - डॉ. नृसिंह राजपुरोहित - भारत रा स्वाधीनता संग्राम में राजस्थानी कवियां रौ योगदान पृ. २५२

६. राजस्थानी शोध संस्थान चौपासनी के संग्रह से प्राप्त।

७. चार्ल्स अचीसन - ट्रीटीज, एंगेजमेंटस एंड सनट्स वॉल्यूम ii पृ. २ बी.के. शर्मा कृत पीजेंट मूवमंटस इन राजस्थान पृ. २० पर उद्धृत

८. डॉ. नृसिंह राजपुरोहित - पूर्वोक्त

९. कविराजा श्यामलदास - वीर विनोद खंड २ पृ. २१८२

१०. उपर्युक्त पृ. २२२०

११. क्रांतिकारी बारहठ केसरीसिंह व्यक्तित्व एवं कृतित्व खंड १, पृ. २४१-४२

१२. सुमनेश जोशी - राजस्थान में स्वतंत्रता संग्राम के सेनानी पृ. २-३

१३. बी.के. शर्मा - पूर्वोक्त पृ. २२

१४. सुमनेश जोशी - उपर्युक्त पृ. ३

१५. बी.के शर्मा - पूर्वोक्त पृ. २३

१६. फॉरेन एंड पॉलिटिकल डिपार्टमेंट प्रोसीडिंग्ज, मार्च १९१४ संख्या ८-६२, बी.के. शर्मा कृत उपर्युक्त में उद्धृत पृ. २३

१७. सुमनेश जोशी – पूर्वोक्त पृ. ४

१८. राष्ट्रीय अभिलेखागार – फॉरेन एंड पॉलिटिकल डिपार्टमेंट – इंटरनल, ए प्रोसीडिंग्ज – आबू, १७ सितम्बर १९१४, बी.एन. शर्मा कृत पूर्वोक्त में उद्धृत – पृ. २४

१९. भीलों के द्वारा मदिरापान की बुरी आदत को छोड़ने से रियासतों को आबकारी से होने वाली आय पर प्रतिकूल असर पड़ा। उदाहरण के तौर पर बाँसवाड़ा में शराब की बिक्री अक्टूबर १९१३ में १८७७० गैलन से घटकर ५१५४ गैलन रह गयी।

२०. अपने लाभ के लिए पूरे राष्ट्र को मादक द्रव्य का सेवन करने हेतु विवश करने का उदाहरण उन्नीसवीं सदी के चौथे दशक में चीन के सम्राट द्वारा अफीम की खेती व उसके सेवन पर पाबंदी लगाने पर ईस्ट इंडिया कंपनी द्वारा उस पर उसे जारी रखने के लिए भारी दबाव डालना था। कंपनी को अफीम के व्यापार से बहुत मुनाफा हो रहा था। चीनी सम्राट के न मानने पर उसे युद्ध के माध्यम से इसके लिए विवश किया गया। वे युद्ध ऑपियम वॉर के नाम से विख्यात हैं। रियासतों में यही बात छोटे पैमाने पर हो रही थी।

२१. बी.एन. शर्मा – पूर्वोक्त पृ १. ३८-४३

२२. सुमनेश जोशी – पूर्वोक्त पृ. ६

२३. प्रेमसिंह कांकरिया – भील क्रांति के प्रणेता मोतीलाल तेजावत पृ. २२

२४. उपर्युक्त पृ. २२

२५. उपर्युक्त पृ. २३

२६. उपर्युक्त पृ. २३

२७. उपर्युक्त पृ. २४

२८. उपर्युक्त पृ. २९

२९. पिछोला झील पर भीलों व किसानों के एकत्र होने का पता चलने पर महाराणा फतहसिंह ने महलों से बाहर निकलना ही बंद कर दिया। समय बीतता रहा पर सुनवाई नहीं हुई। इधर एकत्र लोगों का राशन पानी समाप्त हो गया तो समोरबाग व गुलाब बाग में जो कुछ मिला, उसे तोड़कर खाने लगे। पुलिस अफसर अमरसिंह राणावत ने तेजावतजी को बुलाकर बहुत समझाया, प्रलोभन भी दिया किंतु कुछ फल नहीं निकला। – स्वतंत्रता आन्दोलन में मेवाड़ का योगदान – देवकोठारी (संपादक) पृ. ७९

३०. उपर्युक्त। इस सम्बन्ध में प्रेमसिंह कांकरिया ने अपनी कृति भील क्रांति के प्रणेता मोतीलाल तेजावत में भिन्न विवरण दिया है। उनके अनुसार, इनके बारे में तेजावतजी ने जगदीश मंदिर की सीढ़ियों से घोषणा की कि चूंकि ये तीनों माँगे बहुत महत्वपूर्ण हैं इसलिये जनता इन्हें अपने अधिकार से स्वयं स्वीकार करती है अर्थात् इनसे सम्बन्धित राज्यादेशों का जनता पालन नहीं करेगी।'' उपर्युक्त पृ. ४१

३१. राष्ट्रीय अभिलेखागार नयी दिल्ली, फॉरेन एंड पॉलिटिकल डिपार्टमेंट, फाईल नं. ४२८ (P) ऑफ १९२३ बी. एन. शर्मा कृत पूवोक्त में उद्धृत पृ. १०९

३२. उपर्युक्त

३३. उपर्युक्त

३४. उपर्युक्त – फाईल ४२८ (P) ऑफ १९२८

३५. सुमनेश जोशी – पूर्वोक्त पृ. १७७

३६. भगवानदास केला – देशी राज्यों में जनजागृति पृ. ७३

३७. गिरफ्तारी के समय तेजावत के पास मिला पत्र।

३८. राजस्थान ४ मई १९३६ डॉ. के.एस. सक्सेना कृत पूर्वोक्त में उद्धृत पृ. १८३

३९. दैनिक वीर अर्जुन, १२ मई १९३६ – उपर्युक्त।

8 : 2

जनशक्ति का ज्वार बिजोलिया किसान आन्दोलन

यश वैभव सुख की चाह नहीं, परवाह नहीं जीवन रहे, न रहे।
यदि इच्छा है तो यह है, जग में स्वेच्छाचार दमन न रहे।।

– विजयसिंह पथिक

राजाओं द्वारा ब्रिटिश संरक्षण प्राप्त करने के पश्चात् राजस्थान में सामंती शोषण व अन्याय की जिस कराल रात्रि का अवतरण हुआ उसमें प्रजाजनों का जीवन अभाव, दु:ख दैन्य व नि:शेष निराशा का मरुस्थल बन कर रह गया। चूंकि राजस्थान में धन उपार्जन का एकमात्र आधार कृषि थी अत: किसानों को यह मार सबसे अधिक झेलनी पड़ी। राजाओं की जीवन शैली का अनुकरण करने की प्रतिस्पर्धा में जागीरदारों ने अधिकाधिक धन वसूलने के लिए मनमाने करों व लागतों का बोझ किसानों पर डाल दिया। ये लागतें व बेगार सुरसा के मुँह की भाँति बढ़ते ही चले गये। शोषण इस कदर भीषण और निर्मम था कि मेहनतकश किसान विपन्नता के गर्त में ढकेल दिये गये। जागीरदारों के मनमाने अत्याचारों से त्रस्त इन निरुपाय किसानों की व्यथा कथा सुनने वाला कोई नहीं था लेकिन प्रकृति का नियम है कि 'अतिशय रगड़ करे जो कोई अनल प्रकट चंदन ते होहि।' शोषण व अन्याय के खिलाफ आखिर जनशक्ति उठ खड़ी हुई। इसने विभिन्न किसान आन्दोलनों को जन्म दिया। इनमें बिजोलिया किसान आन्दोलन का अग्रगण्य स्थान है। मेवाड़ के बिजोलिया ठिकाने के किसानों का वीरतापूर्ण संघर्ष चम्पारण, खेड़ा व बारडोली के प्रसिद्ध किसान सत्याग्रहों का पूर्वगामी था, जिसका लोहा स्वयं महात्मा गाँधी ने खुले मन से माना।

बिजोलिया किसान आन्दोलन की विशेषताएँ

एक छोटे ठिकाने के विरुद्ध आन्दोलन होते हुए भी महान किसान आन्दोलन के इतिहास में बिजोलिया आन्दोलन एक गौरवपूर्ण अध्याय है। यह

जन्मत: स्थानीय था लेकिन इसका प्रभाव देशव्यापी था। वह स्वावलम्बी, अहिंसक व अवज्ञामूलक था। इसका नेतृत्व पथिकजी व माणिक्यलाल वर्मा जैसे तपोनिष्ठ सुलझे हुए व्यक्तियों के हाथों में था इसलिये यह न कोई थोथा नारा था, न पत्रकारिता का प्रदर्शन न राज्यलिप्सा का उन्माद और न पूंजीवादियों का षड्यंत्र।[४०] यह अपने ढ़ंग का पहला आन्दोलन था जिसने समस्त देश का ध्यान अपनी ओर आकृष्ट किया। वास्तव में यह आन्दोलन बिजोलिया के राव के निरंकुश शोषण और अत्याचार के विरुद्ध ही नहीं वरन् ब्रिटिश शासन, मेवाड़ रियासत व जागीरदारों की सम्मिलित शक्ति के लिए भारत में पहली गंभीर चुनौती थी। यही कारण था कि जब बिचोलिया के किसानों ने राव को लगान देना बंद कर सत्याग्रह किया तो उससे केवल महाराणा मेवाड़ ही वरन् ए.जी.जी. से लेकर गवर्नर जनरल तक चौकन्ने हो गये।

देशी रियासतों में अपनी प्रभुसत्ता के आधीन सामंत वर्ग को संरक्षण देकर अपनी व्यूह रचना करने वाली ब्रिटिश सरकार के गढ़ पर यह पहला आक्रमण था। इसका स्वरूप इतना प्रबल था कि उससे जागीरदार तो क्या मेवाड़ रियासत हिल उठी। भारत में प्रथम किसान सत्याग्रह होने के साथ ही इसकी कुछ निजी विशेषताएँ थीं जिनके कारण यह देश के पीड़ितों व शोषितों के संघर्ष के इतिहास में विशेष स्थान रखता है।

१. बिजोलिया के किसानों ने केवल अपने सीमित साधनों के बल पर जागीरदार, मेवाड़ रियासत व ब्रिटिश सरकार की दुर्दमनीय शक्ति को ललकारा था। इस आन्दोलन में कोई बाहरी सहायता प्राप्त नहीं थी। यह कोई अल्पकालीन आन्दोलन नहीं था जो तात्कालिक भावावेश के वातावरण में चलता गया हो। तीन चरणों में चौतीस वर्षों तक चलने वाले इस आन्दोलन में किसानों को बारम्बार अकथनीय लोमहर्षक अत्याचार सहन करने पड़े।

२. जिस समय बिजोलिया के किसान ब्रिटिश साम्राज्यवाद द्वारा पोषित व संरक्षित सामंती शक्ति से जूझ रहे थे, उस समय देशी रियासतों में न तो कोई राजनीतिक संगठन था और न तब महात्मा गाँधी के नेतृत्व में देशव्यापी प्रथम सत्याग्रह आन्दोलन छिड़ा था। उसमें भी लगान बंदी का आह्वान नहीं किया गया था। उससे वर्षों पहले बिजोलिया के किसानों ने लगान बंदी का आन्दोलन सफल कर सत्याग्रह के इतिहास में एक गौरवपूर्ण अध्याय जोड़ दिया था।

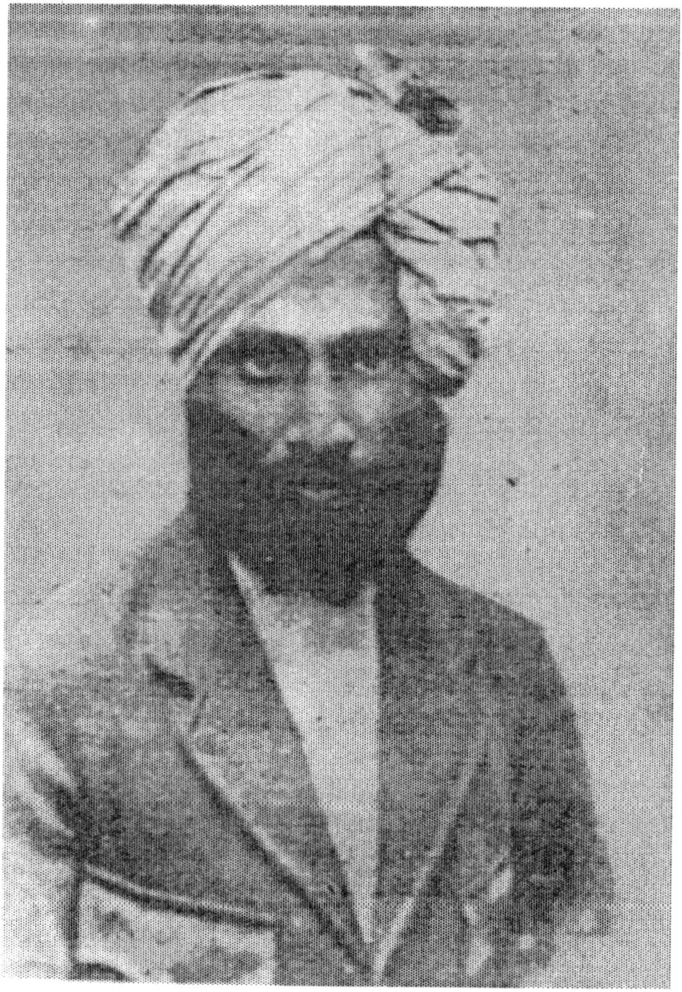

श्री विजयसिंह पथिक

३. इस तेजस्वी किसान आन्दोलन की शक्ति का रहस्य इस बात में निहित है कि उसे विजयसिंह पथिक, साधु सीतारामदास व माणिक्य लाल वर्मा का क्रांतिकारी नेतृत्व प्राप्त था। देश की स्वतंत्रता के बाद बदली हुई परिस्थितियों में इस बात की कल्पना करना भी असंभव है कि उस समय इस प्रकार के आंदोलन चलाने में कितने अप्रतिम साहस, शौर्य व मर्मान्तक उत्पीड़न को सह सकने की सामर्थ्य की

आवश्यकता थी। इस त्रिमूर्ति का गरीब प्रजा के साथ पूर्ण तादात्म्य था। उन्हें किसानों से विमुख करने के लिए कड़ी कैद की सजाएँ दी गयीं, बुरी तरह से अपमानित किया गया, सत्ता व सम्पत्ति के आकर्षक प्रलोभन दिये गये किन्तु उन्होंने समस्त प्रलोभनों को ठुकरा कर आन्दोलन को प्रखरतर बनाया। इसलिये यह आन्दोलन सामन्तों व पूंजीपतियों के षड्यंत्र में नहीं फँसा।

४. इसमें महिलाएँ भी अत्यन्त सक्रिय रहीं बल्कि उन्होंने पुरुषों को पीछे छोड़ दिया। ऐसे अवसर भी आए थे जब ठिकाने के अत्याचारों के कारण पुरुष हतोत्साहित होने लगे थे। जब उनका साहस व धैर्य चुकने लगा तो महिलाओं ने उन्हें ललकारा, चुनौती दी और प्रोत्साहित किया।

५. इस आन्दोलन में बच्चों का भी अत्यन्त प्रशंसनीय योगदान रहा। ठिकाने या रियासत की पुलिस तथा सेना की गतिविधियों की सूचना एक गाँव से दूसरे गाँव ले जाने, गुप्तरूप से रात में कहाँ सभा होगी इसकी सूचना गाँव गाँव पहुँचाने तथा आन्दोलन के संदेशवाहकों का कार्य बच्चे ही करते थे। वे पथिकजी द्वारा स्थापित पाठशाला के छात्र थे।

निरक्षर, निर्धन, आवागमन के साधनों से सर्वथा वंचित प्रदेश में बसे हुए निरीह किसान जो जागीरदार को खम्मा घणी अन्नदाता कहते हुए दोहरे हो जाते थे, नि:शब्द सभी पीड़ाएँ झेल रहे थे। उनमें ठिकाने व मेवाड़ रियासत की दुर्दम्य शक्ति को चुनौती देने की सामर्थ्य भर देने का अद्‌भुत करिश्मा विजयसिंह पथिक के अनुपम नेतृत्व का परिणाम था। बिजोलिया आन्दोलन की पृष्ठभूमि, कारणों व उसके विभिन्न चरणों का विश्लेषण करने से पूर्व जननायक पथिकजी के जीवन पर प्रकाश डालना उचित होगा।

जनजागरण के अग्रदूत पथिकजी

राजस्थान में सशस्त्र क्रांति के स्वप्नदृष्टा विजयसिंह पथिक का जीवन पराधीनता एवं शोषण व अन्याय के विरुद्ध संघर्ष में आग्नेय, साहसी नेतृत्व का अनुपम उदाहरण है। रासबिहारी बोस ने उन्हें राजस्थान में क्रांतिकारी संगठन के लिए भेजा था तब वे भूपसिंह के नाम से जाने जाते थे। राव गोपाळसिंह खरवा के साथ मिलकर प्रथम विश्वयुद्ध के दौरान उन्होंने क्रांति की जो योजना बनायी

थी उसकी पहले चर्चा हो चुकी है। उनका सारा जीवन प्रबल संघर्ष में बीता। उनके मन में मानवगरिमा सुप्रतिष्ठित थी इसलिये दमन व अत्याचार का समूलोच्छेद करने हेतु वे कृतसंकल्प थे। २७ फरवरी १८८४ ई. को जिला बुलंदशहर के गुठावली अख्तियारपुर गाँव में जन्मे पथिकजी को स्वांतत्र्य प्रेम व क्रांतिकारी उग्र भावनाएँ विरासत में मिली। उनके दादा इन्द्रसिंह १८५७ की क्रांति में मालगढ के नवाब की सेना का नेतृत्व करते हुए शहीद हुए। दादाजी के बलिदान के बाद पथिकजी के पिता हमीरसिंह जो उस समय चौदह वर्ष के किशोर थे, परिवार के अन्य लोगों के साथ अंग्रेजों को छकाते हुए भूमिगत जीवन बिताते रहे। आपदाओं व कठिनाईयों से भरे इस जीवन में पैंतालीस वर्ष की आयु में ही उनका देहान्त हो गया। पाँच वर्ष की उम्र में पथिकजी के सिर से माँ का साया भी उठ गया। बालक भूपसिंह महू और इन्दौर में अपने चाचा के पास रहे। इन्दौर प्रवास में ही शचीन्द्र सान्याल के माध्यम से वे रासबिहारी बोस के सम्पर्क में आए और वहीं से उनका क्रांतिकारी जीवन शुरु हुआ।

औपचारिक शिक्षा नाम मात्र की होने पर भी स्वाध्याय और विलक्षण बुद्धि के बल पर वे बहुभाषाविद, उच्चकोटि के कवि, पत्रकार, संगठनकर्ता और राजनीति पटु बने, वे लोकमान्य टिळक और राणा प्रताप के जीवन से विशेष प्रभावित हुए। प्रताप को वे अपना आदर्श व टिळक को गुरु मानते थे।[४१] राजस्थान में क्रांति की योजना असफल होने के बाद उन्हें भी राव गोपाळसिंह खरवा के साथ टाटगढ में नजरबन्द कर दिया गया था। लाहौर षड्यंत्र केस में गिरफ्तारी का वारंट निकलने पर वे वहाँ से फरार हो गये। इसी फरारी अवस्था में उन्होने अपना नाम भूपसिंह से बदलकर विजयसिंह पथिक रख लिया था और पुलिस की नजरों से बचते हुए अनेक विपत्तियाँ झेलते हुए अज्ञातवास करते रहे। क्रांति की असफलता के बाद उनके सारे साथी बिखर चुके थे। बन्दूकों व हथियारों का संग्रह अस्त व्यस्त हो चुका था। अर्जुनलाल सेठी जयपुर जेल में नजरबंद थे। केसरीसिंह बारहठ हजारीबाग जेल में थे। कहाँ और किधर जाना, क्या करना सब कुछ अस्पष्ट था। क्रांति को पुनः उसी स्तर पर संगठित करना अब संभव नहीं था। वे जिस अनिश्चय की स्थिति में जंगलों में भटक रहे थे, वह तो बहुत कुछ ऐसी थी –

मंज़िले बेनिशां नहीं मालूम जा रहा हूँ कहाँ नहीं मालूम।
कब गिरे बिजलियाँ नहीं मालूम कब जले आशियां नहीं मालूम।।

जिस मिशन को लेकर वे राजस्थान में आए थे, इसे कैसे पूरा किया जाएगा इसकी अब कोई तस्वीर उनके दिमाग में नहीं थी। उनके हाथों रियासतों के

शोषित पीड़ित किसानों को संगठित, जागृत और संघर्षशील जुझारु बनाने का महान् कार्य उनकी प्रतीक्षा कर रहा था। स्वयं उनके मन में भावी कार्यक्रम की कोई रूपरेखा नहीं थी। वे नए मार्ग की खोज में थे।[४२] बियाबान जंगलों में भटकते हुए सुनहरे चीते से भिड़न्त का अद्भुत पराक्रमपूर्ण कार्य[४३] करते हुए वे गुरला ठाकुर के पास सहायता के लिए पहुँचे और वहाँ से साधु वेश में मेंगटिया होते हुए कांकरोली के निकट भाणा ग्राम में पहुँचे और वहाँ एक पाठशाला स्थापित की। यहीं उनका परिचय मोही के डूंगरसिंह भाटी व बारहठजी के दामाद ईश्वरदान आशिया से हुआ। भाणा से वे मोही चले गये और वहाँ गुप्तचरों द्वारा उनकी टोह लेने के समाचार मिलने पर चित्तौड़ चले गये। चित्तौड़ के पास ओछड़ी में ठाकुर भूपाळसिंह के पास लगभग सवा वर्ष तक अज्ञातवास में रहे। वे उनके क्रांतिकारी साथी प्रतापसिंह के रिश्तेदार थे। चित्तौड़ में पथिकजी ने विद्या प्रचारिणी सभा से नाता जोड़ लिया। इसी सभा के वार्षिक अधिवेशन में साधु सीतारामदास से उनकी भेंट हुई जिन्होंने उन्हें बिजोलिया के किसानों की कष्ट गाथा सुनाकर वहाँ चलकर उनका नेतृत्व ग्रहण करने की प्रार्थना की। यहीं से पथिकजी के किसान आन्दोलन के चमत्कारिक नेतृत्व की शुरुआत हुई।

नवीन कर्मक्षेत्र

पथिकजी ने राजस्थान में जब अपने नये कर्मक्षेत्र में कदम रखा, सामंतवाद ने राजस्थान की जनता को अपने नागपाश में जकड़ रखा था और रियासती जनता निःश्चेष्ट भाव से उसके अत्याचारों को सहन कर रही थी। बेगार का बोलबाला था। सत्ताधीशों की इच्छा ही कानून थी। उसकी उपेक्षा या अवहेलना करने वालों के लिए अकल्पित यंत्रणाओं के द्वार खुले थे। बिजोलिया के किसानों से भूमिकर के अलावा ८० प्रकार के लाग बाग वसूल किये जाते थे। किसान इस अत्याचार व शोषण के विरुद्ध पहले भी सिर उठा चुके थे किन्तु सत्ताधीशों ने उन्हें दबा दिया। पथिकजी के रूप में उन्हें एक नया पथ प्रदर्शक मिला। उन्होंने किसानों को सत्याग्रह का मंत्र दिया – अन्याय के सामने सिर मत झुकाओ चाहे कितना कष्ट उठाना पड़े, यातनाएँ झेलनी पड़े। उनके नेतृत्व में बिजोलिया के किसानों ने जिस संगठन, एकता व बलिदान की भावना का परिचय दिया उसकी मिसाल भारत के आधुनिक इतिहास में बारडोली को छोड़ कर अन्यत्र शायद ही मिलेगी। यह पथिकजी जैसे जादूगर का काम था कि भोले भाले अशिक्षित ग्रामीणों को फौलादी जामा पहिना दिया। उनकी कार्यप्रणाली में क्रांतिकारियों का साहस, लोकमान्य टिळक की कूटनीति व गाँधीजी के सत्याग्रह का सामंजस्य

था।[४४] इस महान कार्य में पथिकजी ने खूब कष्ट उठाये। उन्हें गुप्त जीवन की सारी असुविधाएँ सहन करनी पड़ीं। रुखी सूखी व समय असमय खाकर संतोष करना पड़ा। कई बार फाकामस्ती में गुजारनी पड़ी। हरदम एक क्रूर शत्रु के घेरे में दाँतों के बीच जीभ की तरह रहना पड़ता। इसलिये कोई आश्चर्य नहीं कि बिजोलिया के किसानों ने उन्हें महात्मा की पदवी दी और उनके शब्द को आज्ञारूप में माना।[४५]

बिजोलिया आन्दोलन की पृष्ठभूमि

बिजोलिया किसान आन्दोलन न केवल खेतीहरों के संघर्ष वरन् दूसरे जन आन्दोलनों के लिए भी प्रेरणा व प्रोत्साहन का स्रोत बना। बिजोलिया मेवाड़ रियासत का प्रथम श्रेणी का ठिकाना था।[४६] वहाँ का जागीरदार राव कहलाता था जिसे महाराणा के दरबार में सोलह सरदारों में बैठक मिलती थी और उसे प्रथम श्रेणी के दंडनायक के अधिकार प्राप्त थे। बिजोलिया को ऊपरमाळ भी कहते हैं। यह भीलवाड़ा जिले के ऊँचे पठारी प्रदेश का नाम है। संस्कृत ग्रन्थों में इसे उत्तम शिखर के नाम से भी संबोधित किया गया है। ऊपरमाळ का पठार चारों ओर दूर दूर तक फैले हुए समतल प्रदेशों से पाँच सौ फीट ऊँचा है। यहाँ की जमीन बहुत उर्वरा है। बिजोलिया का शुद्ध नाम 'विजयवल्ली' था जो बिगडकर बिजोल्ली और अन्त में बिजोलिया हो गया।[४७] स्वतंत्रता प्राप्ति से पूर्व यह प्रदेश आवागमन के साधनों रो प्राय: वंचित था। रियासत की राजधानी उदयपुर से बहुत दूर स्थित होने के कारण बिजोलिया ठिकाने की हालत से दरबार प्राय: अनभिज्ञ ही रहता था। इस स्थिति का लाभ उठाकर ठिकाना मनमाने ढंग से किसानों का शोषण करता था और वहाँ निरंकुशता का तांडव नृत्य होता था। इस ठिकाने में कुल ८३ गाँव थे। कतिपय ऐतिहासिक कारणों से मेवाड़ में सामन्त वर्ग का प्रभाव बहुत ज्यादा था। सामंत अपनी जागीरों के अर्द्ध स्वतंत्र शासक थे। उनको विस्तृत प्रशासनिक अधिकार प्राप्त थे।

मराठों की लूट मार के समय ऊपरमाळ बिल्कुल वीरान हो गया था। बिजोलिय पर दौलतराव सिंधिया का अधिकार हो गया था। तत्कालीन राव केशवदास को अपने दुर्दिन गुढ़ा गाँव में काटने पड़े थे। प्रजाजनों की सहायता से ही केशवदास का बिजोलिया पर पुन: अधिकार हो सका था। ठिकाने को पुन: आबाद करने के लिए उसने अनेक सुविधाएँ देकर बाहर के इलाकों से बुलाकर किसानों को बसाया। अतएव उस समय प्रजा और ठिकाने के सम्बन्ध बहुत अच्छे बने रहे। उस सगय जागीरदार व किसानों के सम्बन्ध इतने मधुर थे कि

जब किसान पैदावार का निर्धारित हिस्सा ठिकाने में जमा कराने जाता और जागीरदार को ज्ञात होता कि किसान के घर में विवाह या कोई अन्य बड़ा व्यय हो गया है तो उस वर्ष का भोग नहीं लिया जाता था।[४८] लेकिन १८९३ ई. के आते आते ठिकाने की नीति में ऐसे परिवर्तन आए जिनके फलस्वरूप किसानों के शोषण का प्रादुर्भाव हुआ। कई नये कर व लाग बाग शुरु किये गये। यहीं से किसानों व ठिकाने के बीच संघर्ष का सूत्रपात हुआ।

नये करों व लागतों का बोझ

किसानों से अधिक धन वसूलने के लिए ठिकाने द्वारा थोपे गये नये कर व अजीबों गरीब लागतें इस प्रकार थीं –

(i) सबसे पहले किसानों पर तलवार बंधाई कर लगाया गया। यह धनराशि नये जागीरदार की गद्दी नशीनी के समय राजा को देनी पड़ती थी। इसे नजराना, तलवारबंदी आदि नामों से पुकारा जाता था। बिजोलिया ठिकाने को चालीस हजार रूपये तलवारबंदी के देने होते थे और राव कृष्णसिंह के समय यह राशि तलवार बंधाई कर लगाकर किसानों से वसूल की जाने लगी। ठिकाने को जितनी रकम देनी पड़ती थी वह उससे कहीं अधिक वसूल करने लगा। यह राशि साठ हजार रुपये तक पहुँच गई।

(ii) नये कर लगाने के अलावा पुरानी लागतों में भी बढ़ोतरी की गयी। उस समय फसल का कूंता (उपज का अनुमान) करके ठिकाने का हिस्सा तय किया जाता था। अब पंचों की सलाह के बिना मनमाने तरीके से कूंता किया जाने लगा। किसानों की आपत्ति की ओर कोई ध्यान नहीं दिया जाता था।

(iii) कपास, गन्ना व अफीम की खेती पर लगान में तीन आना प्रति रुपया वृद्धि की गयी। ठिकाने ने बेगार को, जो पहले विशेष और असाधारण परिस्थितियों में ली जाती थी अब कानूनी बाध्यता कर दिया। ठिकाना प्रतिघर वर्ष में एक गाड़ी ईंधन मुफ्त मंगवाने लगा।

(iv) प्रत्येक गाँव में ठिकाने के हितों की देखभल व निगरानी के लिए शहने नियुक्त कर दिये गये। उनका संपूर्ण व्यय किसानों पर डाल दिया गया। खुद रुखी सूखी खाकर शहनों को घी से तर माल खिलाना पड़ता था। प्रति फसलों पर हर किसान को शहने को १०–१५ सेर मुफ्त अनाज देना पड़ता था।

(v) जागीरदार के बेटे बेटियों व निकट सम्बन्धियों की शादी होने पर किसानों को अनेक प्रकार की बेगारें देनी पड़ती थीं। शादी का पूरा व्यय शादी

खर्च के नाम से किसानों से वसूल किया जाने लगा। इस लागत को नूत बराड कहा जाता था। जागीरदार के यहाँ कोई बड़ा खर्चा होने पर भी उसके लिए उनसे विशेष वसूली की जाती थी।

(vi) किसानों की लड़कियों की शादी पर प्रति विवाह तेरह रुपये चंवरी टेक्स लगा दिया गया।[४९] यही नहीं भांड हिंजड़े भी सरकारी आज्ञा बताकर प्रति घर पाँच सेर से सात सेर अनाज ले लेते थे। किसान पशुओं के लिए रिजका उगाते तो उसका भी एक निर्धारित हिस्सा ठिकाने में घोड़ों के लिए मंगवा लिया जाता था।

(vii) जागीरदार ने किसानों पर कुछ बेतुकी लागतें भी लगा रखी थीं। केवल दो उदाहरणों से इनका बेतुकापन स्पष्ट हो जाएगा। ऐसे दो लाग थे - घुड़पड़ी लाग व सांभरी लाग। घुड़पड़ी लाग का किस्सा यों बताया जाता है कि एक बार राव शिकार के लिए गया तो उसकी घोड़ी किसी गाँव के पास थककर गिर पड़ी और मर गई। गाँववासियों ने एक अच्छी घोड़ी राव को भेंट कर दी। फिर तो वह हरसाल हर गाँव से ली जाने वाली लागत बन गयी।[५०] ऐसी ही अजीबो गरीब कहानी सांभरी लाग की है। भीलों ने एक दिन एक सांभरी जीवित पकड़ ली। उसे उन्होंने राव को त्यौहार के दिन भेंट किया। दूसरे वर्ष उक्त त्यौहार आने पर उनसे फिर सांभरी लाने को कहा गया। जब नहीं ला सके तो ४० रुपये दंड हुआ और हर वर्ष के लिए वह चालीस रुपये की लागत हो गई।[५१]

कहने का अभिप्राय यह कि लगान के अलावा जमाने भर की लागतें व बेगार किसानों से ली जाती थी। जागीरदार की विलासिता में वृद्धि के साथ ही लागतें भी बढ़ती गयीं। श्री प्रमोद ने अपने बिजोलिया आन्दोलन के इतिहास में ८४ लागतों का उल्लेख किया है। इन लागतों का बोझ भयावह था। किसान के पास भोग व लागतें देने के बाद वर्षभर के लिए खाने को भी नहीं बचता था। इस भयंकर शोषण के कारण किसान न केवल कर्ज के बोझ तले दब गये वरन् बेगार की अपमानजनक प्रथा के कारण उनको पग पग पर अपमानित व लांछित भी होना पड़ता था। उनकी मानसिक वेदना अपनी चरम सीमा पर पहुँच गयी थी किन्तु व्यथा को प्रकट करन भी संभव नहीं था।

किसानों का प्रथम संगठित विरोध

१८९७ ई. में गाँव गिरधरपुरा के गंगाराम धाकड़ के पिता के मृत्युभोज में ऊपरमाळ के सभी किसान एकत्र हुए। हजारों की तादाद में एकत्र किसानों के

लिए स्वाभाविक था कि ठिकाने के शोषण व अत्याचार से उपजी अपनी आन्तरिक पीड़ा को उन्होंने एक दूसरे के सम्मुख अभिव्यक्त किया। एकाकी किसान ठिकाने के आतंक से भयभीत होने के कारण अपनी पीड़ा को अंतर में छुपाए हुए था। अब सहपीड़ितों से मिलकर उसमें साहस का संचार हुआ। सभी ने मिलकर उन कष्टों से मुक्ति पाने के उपायों पर विचार किया। लंबी और विस्तृत चर्चा करने के उपरान्त यह तय हुआ कि किसान प्रतिनिधि उदयपुर जाकर महाराणा फतहसिंह तक अपनी कष्ट गाथा पहुँचाएँ। इसके लिए बेरीसाल गाँव के नानजी पटेल और गोपालनिवास के ठाकरी पटेल को प्रतिनिधि चुना गया।[५२] उनके उदयपुर प्रवास को गुप्त रखने के उद्देश्य से यह प्रचारित किया गया कि वे तीर्थयात्रा के लिए दीर्घकाल तक बिजोलिया से जा रहे हैं। उदयपुर में महाराणा से भेंट करना टेढ़ी खीर था। अपना घर बार व खेती छोड़कर दोनों पटेल उदयपुर में छः सात महीने भटकते रहे। अन्ततः उन्हें महाराणा तक बिजोलिया की कष्टगाथा पहुँचाने में सफलता मिली। महाराणा के निर्देश पर सहायक माल हाकिम हामिद हुसैन को बिजोलिया के किसानों की लागत और बेगार संबंधी शिकायतों की जाँच करने के लिए भेजा गया।[५३] हामिद हुसैन ने बिजोलिया पहुँचकर किसानों पर लगायी जाने वाली लागतों व बेगारों की सूची माँगी और साथ ही तत्संबंधी पुराना रिकॉर्ड भी। लागतों का औचित्य सिद्ध करने के लिए ठिकाने के पास कोई लिखित प्रमाण नहीं थे। अतः वह टालमटोल करता रहा। छः महीने तक बिजोलिया में रहने पर भी ठिकाने ने मालहाकिम को कोई समुचित प्रमाण नहीं दिये। उसे बिना जानकारी प्राप्त किये ही उदयपुर लौटना पड़ा। उसने ठिकाने के विरुद्ध महकमा खास में रिपोर्ट दी किन्तु उसका कोई परिणाम नहीं निकला।

किसान प्रतिनिधियों को महाराणा की सेवा में प्रस्तुत होकर अपनी व्यथाकथा सुनाने की धृष्टता की भारी कीमत चुकानी पड़ी। राव ने इसे अपनी सत्ता को चुनौती समझा। अतः उन्हें ऐसा पाठ पढ़ाने का निश्चय किया कि भविष्य में कोई ऐसा दुःसाहस नहीं कर सके। नानजी व ठाकरी पटेल को बिजोलिया से निर्वासित कर दिया गया। वे वर्षों निर्वासित रहे। इस घटना से समस्त ऊपरमाळ क्षेत्र में ऐसा आंतक छा गया कि कोई ठिकाने के शोषण के विरुद्ध बोलने का साहस नहीं जुटा सकता था।

शोषण नयी ऊंचाईयों पर

१९०३ ई. में ठिकाने ने 'चंवरी' नाम से नया कर लगाया। साधु सीतारामदास के अनुसार वृद्धि की। यह कर न केवल आर्थिक दृष्टि से असह्य

बोझ था अपितु घोर अपमानजनक भी था। जो भी पिता अपनी कन्या का विवाह करता वह ठिकाने में जाकर तेरह रुपये जमा कराता और वर ठिकाने में जाकर जब तक राव के सामने नतमस्तक नहीं होता कन्या की विदाई नहीं हो सकती थी। इसे नये कर से प्रजाजनों का क्षुब्ध होना स्वाभाविक था। इस अन्यायपूर्ण अनुचित कर के विरोध में ऊपरमाळ में दो वर्षों तक कन्याओं का विवाह रोक दिया गया लेकिन राव कृष्णसिंह ने कोई ध्यान नहीं दिया। १९०५ ई. में डेढ़ दो सौ विवाह योग्य कन्याओं को लेकर किसान राव के सम्मुख उपस्थित हुए और बताया कि 'चंवरी' लागत के कारण कन्याओं के विवाह रुके पड़े हैं। यह लागत चुकाना हमारे बूते से बाहर है। पहले से हम लागतों के बोझ से दबे हुए हैं। राव ने इस सर्वथा उचित प्रार्थना पर भी ध्यान न देकर उत्तर दिया, इन लड़कियों को बाजार में बेचकर कर चुका दो।''[५४] ऐसे घटिया उत्तर से किसानों के स्वाभिमान को गहरी ठेस पहुँची। अपनी कन्याओं का यह अपमान उनके लिए असह्य था। उन्होंने राव को मुँह पर ही कहा, 'तुम हमारी कन्याओं को बाजार में बिकवाते हो तो तुम्हारे राज्य में ही हम नहीं रहेंगे। जहाँ का शासक कन्याओं को बिकवाता है वहाँ का अन्न जल ग्रहण करना भी पाप है।''

किसान अपने अपने गाँव वापिस आए और बिजोलिया जागीर छोड़ने का निश्चय दोहराया। रातों रात गाँव के गाँव खाली हो गये। किसानों ने ग्वालियर राज्य की सीमा में पहुँच कर ही अन्न जल ग्रहण किया। किसानों के इस कदम से राव की आँखें खुल गयी थीं और उनके समक्ष अपनी गलती कबूल करने का नाटक करते हुए किसी तरह उन्हें मनाकर वापिस लाया। किसान उसकी चिकनी चुपड़ी बातों में आ गए। उसने लागतों में नाममात्र की रियायत की भी घोषणा की।

राव कृष्णसिंह की १९०६ ई. में नि:संतान मृत्यु के बाद उसके भाई बांधवों में कामां के पृथ्वीसिंह को मेवाड़ दरबार ने तलवारबन्दी की अनुमति दी। बाहरी आदमी होने से उसका ऊपरमाळ के लोगों से कोई लेना देना नहीं था। उसके समय में आय में वृद्धि के लिए नये कर लगाने, पुराने करों में बढ़ोतरी करने व उन्हें कठोरता से वसूल करने के प्रयत्न होने लगे। कूंते के लिए आने वाली कर्मचारियों की फौज पर प्रत्येक गाँव को वर्ष में दो हजार रुपये खर्च करने पड़ते थे। यह किसानों पर असह्य आर्थिक बोझ था। कूंता बहुत सख्ती से किया जाता था। गन्ने का लगान भी दुगुना कर दिया गया। जब ठिकाने की लूट और शोषण चरमसीमा को पार कर गया तो बड़ी संख्या में किसान राव के पास पहुँचे लेकिन उसने दिनभर के भूखे प्यासे किसानों की ओर ध्यान देने की भी जरुरत नहीं

समझी और शिकार के लिए निकल गया। इस अपमान से किसानों का मर्माहत होना स्वाभाविक था। उन्होंने वहीं पर निश्चय कर लिया कि अगले वर्ष सारी जमीन पड़त रख दी जाए। कोई किसान बिजोलिया जागीर की भूमि पर खेती न करे। इसके अनुसार उस वर्ष किसानों ने सीमावर्ती राज्यों में जाकर खेती की। बिजोलिया की सारी जमीन पड़त पड़ी रही। इसी वर्ष महाराणा फतहसिंह के मांडलगढ दौरे के दरम्यान किसानों ने उनसे मिल कर अपने कष्टों के निवारण का फिर प्रयत्न किया लेकिन साथ के जागीरदारों ने सुअरों का शिकार खेलने हेतु सुरक्षित जंगलों को हटाने की माँग की सर्वथा झूठी बात महाराणा से कहकर उन्हें भ्रमित कर दिया। फलस्वरूप किसानों की कोई सुनवायी नहीं हुई।

बिजोलिया पर मुंसरमात व बेगार की दलदल

पृथ्वीसिंह की मृत्यु के बाद उसका पुत्र नाबालिग होने के कारण ठिकाना कोर्ट ऑफ वाड्र्स (मुंसरमात) के आधीन कर दिया गया। रियासत मेवाड़ के महकमा खास ने अमरसिंह राणावत को मुंसरिम व मोही के डूंगरसिंह भाटी को नायब मुंसरिम नियुक्त किया। ये दोनों कुछ सुलझे हुए व्यक्ति थे और किसानों की तकलीफों से वाकिब थे। अत: उन्होंने किसानों को बुलाकर उनसे बातचीत की। वे उनकी वाजिब मांगों को मान लेने के पक्ष में थे पर ठिकाने के पुराने कामदार, फौजदार व मुंशी आदि ने इसका विरोध किया। वे लागतों को यथावत रखना चाहते थे ताकि ठिकाने की आय में कमी न हो। मुंसरिम व नायब मुंसरिम का रुख किसानों के प्रति सहानुभूति का था। उन्होनें ठिकने के कर्मचारियों के साथ किसानों को महकमा खास भेजा ताकि फसल में ठिकाने के हिस्से को एक तिहाई करने की माँग स्वीकार हो सके। लेकिन वहाँ के कामदार आदि की चालों में आकर बजाय महकमा खास के बेदला के राव को पंच बनाकर उसकी बात मानने पर सहमत हो गए। नतीजतन उन्हें कोई राहत नहीं मिली।

इसी बीच मेवाड़ के रेजीडेंट ने बिजोलिया क्षेत्र का दौरा किया जिसके लिए प्रजाजनों से हर प्रकार की जमकर बेगार ली गयी। इस बेगार के सिलसिले में गिरधारी नामक कुम्हार को घोर शीतकाल में भी शिविर में ही रहने को विवश किया गया। फलत: ठिठुरन से उसकी मृत्यु हो गयी। इससे किसानों में भारी रोष फैला। ऊपरमाळ के किसान बेगार के बोझ के तले इतने दबे हुए थे कि साँस लेना भी दुश्वार था। रेजीडेंट के लिए बेगार के थोड़े दिनों बाद ही राव की माता की तीर्थयात्रा के लिए बुवाई के समय किसानों को फिर पन्द्रह दिन के लिए बेगार में पकड़ लिया गया। आना कानी करने पर मारपीट कर अपमानित किया गया।

विवश और निरुपाय होकर उन्हें बेगार में बैलगाड़ियाँ लेकर जाना पड़ा लेकिन लौटने पर तीन सौ किसानों ने बेगार नहीं देने का दृढ़ संकल्प किया।

ठिकाने द्वारा किए जाने वाले निर्मम आर्थिक शोषण अत्याचार व अपमान से ऊपरमाळ के किसानों में भारी रोष और क्षोभ व्याप्त था लेकिन उनका सामूहिक विरोध तीन बार असफल हो चुका था। इसका मुख्य कारण यह था कि उनको संगठित कर, ठिकाने के विरुद्ध राजनीतिक मोर्चा खड़ा कर, संघर्ष के समय किसानों को परामर्श देकर उनका मार्गदर्शन करने वाले, जब उनका साहस चुक रहा हो, वे ठिकाने के क्रूर प्रहारों से भ्रमित व आतंकित हो उठें तो उन्हें उद्धबोधित कर उनमें उत्साह भरने वाले, समाचार पत्रों का सहयोग प्राप्त कर किसानों के पक्ष में जनमत तैयार कर सकने वाले तथा मेवाड़ रियासत व भारत सरकार के राजनीतिक अधिकारियों का ध्यान उस ओर आकृष्ट कर सकने वाले नेतृत्व का अभाव था। इस दिशा में प्रारंभिक प्रयत्न साधु सीतारामदास द्वारा स्थापित मित्रमंडल ने किया।

मित्रमंडल द्वारा जनजागरण

साधुजी कुछ समय ठिकाने की सेवा में रहे लेकिन बाद में शोषण व अन्याय के विरुद्ध किसानों के जागरण में लग गये। मित्रमंडल ब्रिटिश भारत में घटित होने वाली घटनाओं से लोगों को परिचित कराने के अलावा जागीर के लोगों में बंधुत्वभाव विकसित करने व बच्चों की शिक्षा के लिए भी प्रयत्नशील रहा। यह संगठन राष्ट्रीय स्वतंत्रता आन्दोलन में अभिरुचि रखने वाले और ठिकाने की स्वेच्छाचारिता का विरोध करने वाले लोगों का मंच बन गया। इस प्रकार छः लोगों का एक छोटा गैर कृषक प्रगतिशील समूह बिजोलिया में किसानों के हितों के संरक्षण व सामंती अत्याचारों के विरुद्ध सक्रिय हो गया। इस समूह में साधु सीतारामदास, ब्रह्मदेव दाधीच, फतहकरण चारण, मगनलाल बीलू, भँवरलाल स्वर्णकार और घीसालाल चित्तौड़ा शामिल थे।[५५]

यह संगठन दो वर्ष तक काम करता रहा। साधु सीतारामदास मित्रमंडल बन्द होने के बाद आयुर्वेदीय चिकित्सा में लगे रहे। इस दौरान वे ऊपरमाळ के किसानों के निकट संपर्क में आए। वे उन्हें ठिकाने की मनमानी व अत्याचारों की कष्टगाथा सुनाते थे। किसानों की दुर्दशा से साधुजी इतने द्रवित हुए कि उन्होंने जागीर के खिलाफ आन्दोलन शुरु करने का निश्चय किया। उन्होंने व उनके साथियों ने गाँव गाँव घूमकर जनजागरण का अभियान प्रारंभ किया। वे लोगों को यह समझाते कि जागीर तुम्हारा शोषण कर रही है, कर्मचारी तुम्हारे साथ

दुर्व्यवहार करते हैं, बेगार लेते हैं फिर भी तुम उनके सामने झुकते हो? आप लोग आन्दोलन क्यों नहीं छेड़ते? आन्दोलन करने पर ठिकाने के अत्याचार समाप्त हो जाऐंगे। आपकी माली हालत में सुधार होगा। बेगार से छुटकारा मिल जाएगा। कब तक आप गुलाम बने रहेंगे? कुछ तो आत्म सम्मान रखो। तीन वर्षों तक मित्रमंडल के समर्पित कार्यकर्ताओं के छोटे से समूह ने किसानों को आने वाले आन्दोलन के लिए तैयार किया। साधु सीतारामदास को प्रज्ञाचक्षु भँवरलाल स्वर्णकार से इस अभियान में बहुत सहायता मिली। वे बहुत अच्छे कवि और गायक थे। उनकी कविता 'मान मान मेवाड़ राणा प्रजा पुकारे रे,' उन दिनों बहुत प्रसिद्ध हुई।

साधुजी के प्रयत्नों व नेतृत्व से प्रभावित होकर बैरीसाल निवास गाँव में हुई बैठक में किसानों ने जमीन पड़त रखने का निर्णय किया। फलस्वरूप तीन लगातार फसलों में ७५ प्रतिशत जमीन बिना जुते रही। जागीर ने किसान नेताओं पर विभिन्न आरोप लगाकर गिरफ्तार करना शुरु कर दिया। साधु सीतारामदास पर जागीर विरोधी गतिविधियों का आरोप लगाकर छः महीने के लिए बन्दी बना दिया। साधुजी का लोकमान्य टिळक से कुछ परिचय था। उन्होंने इस बारे में लोकमान्य को लिखा। लोकमान्य ने मराठा व केसरी में इस बारे में विवरण प्रकाशित किया। जब यह सूचना महाराणा फतहसिंह तक पहुँची तो उन्होंने इसका प्रत्युत्तर दिया। इस प्रकार साधुजी की रिहाई को लेकर ब्रिटिश हस्तक्षेप के माध्यम से शाब्दिक द्वन्द्व प्रारंभ हो गया। महाराणा ने एक घोषणा के जरिये किसानों की कुछ माँगें स्वीकार कर लीं।[५६] इस प्रथम आन्दोलन से कुछ ठोस उपलब्धि न हुई। साधु सीतारामदास ने इसके कारणों का विश्लेषण करते हुए लिखा है, "ठिकाने के कारकून स्थानीय व्यक्ति थे जिन्होंने खूब दमन किया। इन अधिकारियों को मुंसरमात के कारण मेवाड़ रियासत की भी सहायता प्राप्त थी सो यह आग दबा दी गई।[५७] उनके अनुसार किसान अशिक्षित थे। उनका कोई केन्द्रीय संगठन नहीं था और एक करिश्माई नेता का अभाव था जो उनमें साहस व संकल्प का संचार व दृढ़ीकरण कर सके। इस अभाव की पूर्ति विजयसिंह पथिक ने की।

द्वितीय चरण (१९१७-२२)

पथिकजी का आगमन और आन्दोलन में शक्ति संचार

इन्ही दिनों विजयसिंह पथिक टाटगढ़ से फरार होकर ओछड़ी (चित्तौड़ के निकट) में अज्ञातवास कर रहे थे। नायब मुंसरिम डूंगरसिंह भाटी की सलाह पर

साधु सीतारामदास चित्तौड़ में विद्या प्रचारिणी सभा के वार्षिक अधिवेशन के अवसर पर उनसे मिले और बिजोलिया के किसानों की व्यथाकथा सुनाकर उन्हें नेतृत्व संभालने की प्रार्थना की। अन्याय व शोषण के विरुद्ध जूझने के लिए पथिकजी ने हामीभर ली। उनके द्वारा नेतृत्व संभालने के बाद बिजोलिया किसान आन्दोलन का सर्वाधिक तेजस्वी और महत्वपूर्ण दौर प्रारंभ हुआ। पथिकजी नेतृत्व का दायित्व संभालने की स्वीकृति देने के करीब महीने भर बाद बिजोलिया पहुँचे। वहाँ विद्या प्रचारिणी सभा के कार्यालय में अपना आसन जमाया और नियमित अध्यापन शुरु किया जिसका उद्देश्य बच्चों का सर्वांगीण विकास व उनमें देशभक्ति की भावना उत्पन्न करना था पर उनका मुख्य ध्येय तो किसानों को संगठित कर उनके कष्टों का निवारण करना था। उसके पश्चात् बिजोलिया किसान संगठन के अनुरूप ही राजस्थान भर में किसानों व प्रजा का संगठन कर ब्रिटिश सत्ता के विरुद्ध मोर्चा लेना था।

यह पथिकजी की दूरदर्शिता, राजनीतिक सूझ बूझ व संगठन करने की अद्‌भुत क्षमता का ही परिणाम था कि बिजोलिया के किसानों का उन्होंने अत्यन्त सबल व क्रांतिकारी संगठन खड़ा कर दिया जो भारत में अपने ढंग का अनोखा व प्रथम किसान आन्दोलन था। वस्तुतः पथिकजी राजस्थान के वे सर्वप्रथम महाप्राण व्यक्ति थे जिन्होंने रियासतों में सामंती ताकतों से टक्कर लेकर उन्हें पहली बार जनशक्ति का बोध कराया था। दबी हुई रियासती जनता में न्याय के लिये राजा, जागीरदार व शासन के अत्याचारों के विरुद्ध साहस व निर्भीकता से लोहा लेने की भावनाएँ जागृत कीं। लोकधर्म व लोकसेवा के जो महान आदर्श अपने त्याग व कुर्बानियों से उन्होंने स्थापित कर दिये उनका इतिहास में कोई मुकाबला नहीं है।[५८] इस काम में पथिकजी के दाहिने हाथ थे श्री माणिक्यलाल वर्मा। उनका परिवार दो पीढ़ी से ठिकाने की सेवा में रत था। वर्माजी पर पथिकजी के विचारों का बहुत प्रभाव पड़ा और उन्हीं की प्रेरणा से स्वयं को देश के लिए अर्पित कर दिया। उन्होंने ठिकाने की नौकरी छोड़ दी और पथिकजी के नेतृत्व में किसान संगठन का कार्य करने लगे। इसके बाद उनका संपूर्ण जीवन शोषितों की सेवा में ही लगा।

पथिकजी द्वारा किसान आन्दोलन का संगठन

पथिकजी ने ऊपरमाळ के प्रमुख किसानों से सम्पर्क स्थापित करना प्रारंभ किया। उनका किसानों से कहना था कि संसार में निर्बलों के लिए कोई स्थान नहीं है। अतः सबल और तेजस्वी बनने की आवश्यकता है। किसानों का जागरण

व संगठन कोई सुगम कार्य नहीं था। उबड़ खाबड़, घने वनों से आच्छादित सारा प्रदेश। पथिकजी व उनके साथी रात में ही गाँवों में किसानों से संपर्क स्थापित करते थे क्योंकि वे ठिकाने को इसकी भनक नहीं लगने देना चाहते थे। पथिकजी किसानों व मेहनतकश मजदूरों के मनोविज्ञान के अद्‌भुत जानकार थे। उन जैसे क्रांतिकारी से यह छिपा नही था कि किसानों का संगठन दृढ़ किये बिना संघर्ष छेड़ देना राजनीतिक अदूरदर्शिता होगी। वे जानते थे कि अंतिम स्थिति में उन्हें मेवाड़ रियासत व ब्रिटिश शक्ति से लोहा लेना होगा। इसलिये सबल संगठन के अभाव में संघर्ष असफल होगा और किसानों में निराशा छा जाएगी। उस पर्वतीय प्रदेश में रात्रि भ्रमण में खाने पीने का कोई ठिकाना नहीं था। निर्धन ग्रामीणों के घरों में मक्के की रोटी व प्याज खाते और संगठन का काम करते। विद्या प्रचारिणी सभा को भी उन्होंने संगठन का साधन बनाया। उसके साप्ताहिक अधिवेशन रात में होते थे। उसमें पथिकजी देश की हीन दशा, किसानों की दुर्दशा व भारतीयों द्वारा दासता के अपमानपूर्ण जीवन व्यतीत करने के लिए विवश होने का चित्र उपस्थित करते।

इस बीच उन्होंने अपने मित्र व हितैषी नायब मुंसरिम डूंगरसिंह भाटी व ठिकाने के कर्मचारी ईश्वरदान आशिया की सहायता से ठिकाने के सभी कागजातों का गंभीर अध्ययन कर लिया। उससे यह स्पष्ट हो गया कि ठिकाने में जो भयंकर लागतें और बेगार ली जाती हैं, उसका न तो कोई औचित्य है और न वैधानिक आधार। सारी स्थिति का अध्ययन करके वे इस निष्कर्ष पर पहुँचे कि अब तक हुए किसान आन्दोलन की असफलता का सबसे बड़ा कारण था शक्तिशाली व तेजस्वी किसान संगठन का अभाव। ठिकाने द्वारा किये जाना वाला शोषण व उत्पीड़न जब असह्य हो जाता तो किसान क्षुब्ध होकर सामूहिक विरोध करते जिसे ठिकाना दबा देता।

पथिकजी अपनी लगन, कार्यशैली, नेतृत्व क्षमता व विलक्षण सूझ बूझ के कारण थोड़े समय में ही ग्रामीणों के हृदय सम्राट बन गये। किसानों पर उनका ऐसा असाधारण प्रभाव था कि वे उनके संकेत मात्र पर बड़े से बड़ा त्याग करने, कष्ट व जोखिम उठाने को तैयार हो गये। जनजागरण की उनकी गतिविधियाँ अधिक समय तक ठिकाने से छुपी नहीं रहीं। उन्हें खतरनाक व्यक्ति समझकर रियासत ने उनके खिलाफ वारंट जारी कर दिया।[५९] पथिकजी पुलिस के बिजोलिया पहुँचने से पहले उमाजी का खेड़ा पहुँच गये। वैसे भी वे अधिकांशत: इसी गाँव में गुप्त रूप से रहकर किसान संगठन का कार्य करते थे। वहाँ से वे ग्वालियर राज्य के सिंगोली क्षेत्र में चले गये। बाद में माणिक्यलाल वर्मा का

संदेश मिलने पर पुन: ऊपरमाळ क्षेत्र में आए और उमाजी के खेड़े में एक वीरान मकान में आसन जमाया। बाहर के फाटक में वर्षों से लगा ताला ज्यों का त्यों रहा। इसी वीरान मकान में रात में कार्यकर्ता उनसे मिलते और आगे की योजना बनती। रात में ही वे गुप्तरूप से वे गाँवों में किसानों से मिलते। उनके अथक परिश्रम से ऊपरमाळ के किसान जाग गये। आवश्यकता थी उनका स्थायी और दृढ़ संगठन खड़ा करने की। पथिकजी ने अपना निश्चय और योजना बतलाकर कहा कि श्रावण में हरियाली अमावस्या के दिन किसानों का संगठन बनाकर आन्दोलन का श्रीगणेश किया जाए। ऊपरमाळ के प्रत्येक गाँव में इस आशय की सूचना भेजी गई जिसमें पथिकजी की लिखी ये पंक्तियां शामिल थीं –

हरियाली अमावस सुखद शुभ मुहूर्त मान लो।
स्वतंत्रता के अर्थ सब धर्मयुद्ध की ठान लो।[६०]

किसान पंचायत की स्थापना व आन्दोलन का सूत्रपात (पूर्वार्द्ध)

सभा की सूचना मिलने पर ऊपरमाळ के सभी किसान बेरीसाल का बास नामक गाँव में एकत्र हुए। वहाँ किसान पंचायत बनाने का प्रस्ताव रखा गया पर ठिकाने के भय से कोई सरपंच बनने को तैयार नहीं था। पथिकजी ने मन्नाजी पटेल को प्रेरित कर इसके लिए तैयार किया। आज इसकी कल्पना करना भी कठिन है कि निरंकुश शासन के तले दबे उस अलग थलग पिछड़े इलाके में किसानों को संघर्ष के लिए तैयार करने में पथिकजी को कितनी कठिनाई हुई होगी। मन्नाजी पटेल के उत्साह को देखकर कुछ अन्य व्यक्ति भी आगे आए और तेरह व्यक्तियों की समिति आन्दोलन का संचालन करने के लिए बना दी गई। हरियाली अमावस्या को आन्दोलन का शुभारंभ किया गया। ठिकाने तथा मेवाड़ दरबार को किसानों की कष्टगाथा लिखकर भेजने के साथ लागतों व बेगार को समाप्त करने की माँग की गयी। उस समय ऊपरमाळ में दुर्भिक्ष पड़ने के कारण किसानों की माली हालत दयनीय हो रही थी किंतु ठिकाना मनमाना लगान उगाह रहा था। उधर प्रथम विश्वयुद्ध छिड़ जाने से ब्रिटिश सरकार के दबाव से किसानों से युद्धचंदा भी बलपूर्वक उगाहा जाने लगा।

आन्दोलन के प्रारंभ के लिए बेरीसाल में हुई बैठक में ही यह तय हो गया था कि कोई किसान बेगार नहीं देगा। उस समय ठिकाने ने गोविंदनिवास गाँव के नारायण पटेल को बेगार देने से मना करने पर जेल में डाल दिया। सूचना मिलते ही ऊपरमाळ के दो हजार किसान बिजोलिया में एकत्र हो गये। उनका एक ही नारा था इन्हें छोड़ दो या हमें भी जेल दो। तत्कालीन मुंसरिम ने किसानों के

दबाव से नारायण पटेल को रिहा कर दिया। यह उनकी पहली विजय थी। इससे उनमें आत्मविश्वास और उत्साह की लहर व्याप्त हो गयी। बेगार तथा युद्ध चन्दे के विरोध में पथिकजी ने गीतों द्वारा प्रचार किया। साथ ही बिजोलिया आन्दोलन की ओर देश का ध्यान आकृष्ट करने के लिए प्रताप के सम्पादक गणेशशंकर विद्यार्थी से सहायता की अपील करते हुए उन्हें बिजोलिया के किसानों की ओर से राखी भेजी। किसानों को प्रताप के पूरे समर्थन का वचन मिला।

प्रताप में बिजोलिया आन्दोलन के समाचार छपने से सारे देश का ध्यान उसकी ओर आकृष्ट हुआ। भारत सरकार भी चौंकी। आन्दोलन के बढ़ते प्रभाव से ठिकाना बौखला गया। पथिकजी, साधु सीतारामदास, माणिक्यलाल वर्मा और प्रेमचंद भील के नाम राजद्रोह के अपराध में वारंट निकाला गया। पथिकजी के प्रभाव से लोग इतने निर्भीक हो गये कि ठिकाने का आतंक जाता रहा। ठिकाना दमन पर उतारू हो गया। बलपूर्वक युद्ध चंदा वसूल करने के लिए तरह तरह के अत्याचार होने लगे। पथिकजी ने लोकमान्य टिळक को बिजोलिया ठिकाने के अत्याचारों की कहानी लिख भेजी। लोकमान्य किसानों की दृढ़ता व संगठन से बहुत प्रभावित हुए। उन्होंने मराठा में इसके संबंध में अग्रलेख लिखा और तत्कालीन महाराणा फतहसिंह को भी पत्र लिखा और कहा आपके राज्य में स्वतंत्रता के उपासकों को जेल में डालना कलंक की बात है। ऊपरमाळ किसान सभा में जो निश्चय होता, पंचायत बोर्ड का जो आदेश होता किसान उसका दृढ़ता से पालन करते। उन्होंने सभी प्रकार की लागतें देना बंद कर दिया। भीषण दमन के सम्मुख किसानों को अविचल रखने के लिए पथिकजी ने महिलाओं की जागृति पर भी जोर दिया। इसका परिणाम अच्छा हुआ। जब दमन और अत्याचार से भयभीत होकर पुरुष सभाओं में जाने से हिचकने लगे तो महिलाओं ने उन्हें ललकारा। पथिकजी और वर्माजी रचित गीत गाकर उन्हें उत्साहित किया। पथिकजी के हृदयस्पर्शी और ओजस्वी गीत सुनकर किसान आत्मविभोर हो जाते। इस कार्य में भँवरलाल स्वर्णकार और वर्माजी का भी उल्लेखनीय योगदान रहा। वर्माजी द्वारा रचित पंछीड़ा गीत तो ऐतिहासिक गीत बन गया। समस्त ऊपरमाळ अंचल सत्याग्रह संबंधी गीतों से गूंज रहा था। जंगलों व खेतों में रात में सभाएँ होती थीं। ठिकाने के सिपाहियों के आने की सूचना गुप्तचर विद्यार्थी पहले ही पहुँचा देते और लोग विसर्जित हो जाते। राज्य और ठिकाने के कर्मचारियों को दूध दही देना तो दूर, कोई पानी के लिए भी नहीं पूछता था।

इस समय पथिकजी की तकलीफों का कोई पार नहीं था। पैर में नारू निकल जाने से घोर शारीरिक पीड़ा थी। रुखा सूखा खाना। कभी उपवास। गुप्तरूप से रात में गाँवों में सभाओं की व्यवस्था करनी होती थी। अपने कष्टों की परवाह

किये बिना वे आन्दोलन को उग्र बनाने में लगे रहे। किसानों की उनके प्रति अगाध श्रद्धा थी। लोकमानस ने उन्हें महात्मा की संज्ञा दी और पथिकजी के बारे में कई लोकगीत प्रचलित हो गये। उनके प्रति कृतज्ञता ज्ञापित करने वाला एक लोकगीत महिलाएँ अक्सर गाती थीं। गीत इस प्रकार था –

म्हांने पथिकजी आय जगाया ए माय,
इण सूं म्हां गुण नहीं भूलां।
म्हांनै जूत्यां सूं पिटता बचाया ए माय,
इण सूं म्हां गुण नहीं भूलां।
म्हां का टाबरां ने वीर बणाया ए माय
इण सूं म्हां गुण नहीं भूलां।
म्हांकी डूबती जाति ने बचायी ए माय।
इण सूं म्हां गुण नहीं भूलां।

पथिकजी के साहस, शौर्य व अदभुत संगठन क्षमता के बारे में स्वयं महात्मा गाँधी ने कलकता में सी.आर.दास के निवास स्थान पर सी.एफ.एंड्रूज से कहा था – "I can tell you some thing about Pathik. Pathik is a worker, others are talkers. Pathik is a soldier, brave, impetuous but obstinate. He was Mahadeva's infallible guide in Bijolia and the remarkable thing is that the masses of Bijolia have implicit confidence in him".[६१]

पथिकजी ने ऊपरमाळ किसान पंचायत का संगठन इस तरीके से किया था कि वह शक्तिशाली होने के साथ साथ व्यापक और व्यावहारिक भी हो। स्वयं पथिकजी या उनके शिष्यों ने पंचायत में कोई पद नहीं लिया। केवल किसान पटेल ही उसके पदाधिकारी थे। उन्होंने संगठन को प्रारंभ से ही पूरी तरह स्वावलंबी बनाने पर जोर दिया। बिजोलिया आन्दोलन की यह उल्लेखनीय विशेषता थी कि उसमें बाहर से आर्थिक सहायता नहीं ली गयी। पंचायत संगठन में इस बात का भी ध्यान रखा गया कि आवश्यकता पड़ने पर वह सुरक्षा व शांति व्यवस्था का काम भी कर सके। पंचायत के साथ ही ऊपरमाळ सेवा समिति की भी स्थापना की गयी। आन्दोलन को बल देने के लिए प्रचार व प्रकाशन के महत्व को ध्यान में रखते हुए पथिकजी ने ऊपरमाळ को डंको[६२] नामक हस्तलिखित पत्र भी निकलवाया। साधु सीतारामदास, नगारची नाम से इसका सम्पादन करते थे। प्रत्येक गाँव में इसकी दो प्रतियाँ पहुँचती। किसानों को वह पत्र पढ़कर सुनाया जाता। मेवाड़ सरकार और भारत सरकार पर दबाव डालने

के लिए पथिकजी ने देश के प्रमुख समाचारपत्रों का सहयोग प्राप्त करने का भी पूरा प्रयत्न किया। कानपुर के प्रताप ने तो बिजोलिया सम्बन्धी समाचार देने के लिए एक स्थायी स्तम्भ ही खोल दिया था। इसके अलावा इलाहाबाद का अभ्युदय, कलकता का भारत मित्र तथा पूना से मराठा बिजोलिया सम्बन्धी समाचारों को नियमित रूप से प्रकाशित करते थे।

आन्दोलन की बढ़ती शक्ति और ठिकाने द्वारा दमन

उस समय वन्दे मातरम् की आवाज ऊपरमाळ के कोने कोने में गूँजती थी। हर स्त्री पुरुष का वही अभिवादन था। एक छोटे से क्षेत्र में मातृभूमि का पूजा के भाव सभी की हृदयतंत्री में बज रहे थे। रामनारायण चौधरी के शब्दों में मुझे ऐसा प्रतीत हुआ कि इस धर्म में ये सभी किसान आनंदमठ के क्रांतिकारी सन्यासी बन गये हैं। फर्क इतना ही था कि वे सशस्त्र विप्लववादी थे और ये नि:शस्त्र सत्याग्रही।[६३] पंचायत संगठन में डाक वाले का पद बड़े भरोसे और महत्व का था। तुलसा भील के रूप में बिजोलिया के किसानों को एक असाधारण संदेशवाहक मिला था। उसने सब तरह के भय और प्रलोभनों से ऊपर उठकर पंचायत की सेवा की। सत्याग्रह की कल्पना को जो साकार रूप पथिकजी ने बिजोलिया में दिया उतना गाँधीजी स्वयं नहीं कर सके थे।[६४] उस समय बिजोलिया के पन्द्रह हजार किसानों का इतना अच्छा संगठन था कि सभी पंचायत के सदस्य थे। छुआछूत का नाम नहीं था। कोई शराब को छूता तक न था। जिनको अछूत मानते हैं वे पंचायत के अध्यक्ष तक हुए।

पंचायत की बढ़ती शक्ति से मेवाड़ दरबार चिंतित था। उसे नायब मुंसरिम डूंगरसिंह भाटी पर सन्देह था कि वे पथिकजी से मिले हुए हैं। अत: उनके स्थान पर पहले दीपालाल और फिर क्रूरता के लिए कुख्यात माधोसिंह कोठारी को भेजा। उसने आते ही यह झूठी घोषणा कर दी महकमाखास ने किसानों से पूर्ववत लागतें और बेगार लेने की आज्ञा दे दी है। पथिकजी के आदेशानुसार किसानों ने यह बात मानना अस्वीकार कर दिया। राज्य की आज्ञा की अवहेलना के अपराध में ५१ व्यक्तियों को गिरफ्तार कर लिया गया। सभी प्रमुख पटेल, कार्यकर्ता व शिक्षित युवक पकड़ लिये गये। साधु सीतारामदास व वर्माजी भी गिरफ्तार लोगों में शामिल थे। रियासत व ठिकाने द्वारा दमन जैसे जैसे उग्र होता गया पथिकजी आन्दोलन को और तीव्र करते गये। किसान पंचायत का सब सामान जब्त कर लिया गया। ऊपरमाळ सेवा समिति के सेवकों की वर्दियां व अन्य संपति जब्त

कर ली गई। सभाओं पर प्रतिबंध लगा दिया गया। पर इससे आन्दोलन दबा नहीं। किसानों के मजबूत संगठन के सामने ठिकाने की एक न चली।

उस समय दिल्ली में कांग्रेस का अधिवेशन हुआ। पथिकजी के निर्देश पर वर्माजी के नेतृत्व में किसानों का एक प्रतिनिधि मंडल सम्मेलन में भाग लेने पहुँचा। वहाँ गणेशशंकर विद्यार्थी, चाँदकरण शारदा आदि ने उनके आन्दोलन की भूरि भूरि प्रशंसा की। कांग्रेस अध्यक्ष मालवीयजी को भी किसानों ने सुना। सम्मेलन में शरीक होने से उनमें बड़ी चेतना का संचार हुआ। उन्होंने देखा कि कांग्रेस नेता तो प्रबल ब्रिटिश साम्राज्य से भी नहीं डरते है फिर बिजोलिया तो एक छोटा सा ठिकाना है। अत: वे अपने अधिकारों की रक्षा के लिए और सजग व कटिबद्ध हो गये।

किसानों के दिल्ली से लौटने पर नायब मुंसरिम कोठारी का दमनचक्र और तेजी से चलने लगा। दिल्ली जाने वाले सभी किसान बन्दी बना लिये गये। लागत व बेगार देना अस्वीकार करने पर किसानों को पीटा जाता व भाँति भाँति की यातनाएँ दी जातीं। बेगार देने से इन्कार करने पर महिलाओं को भी पकड़ कर घसीटा जाता। उनके कपड़े फट जाते, शरीर लहूलुहान हो जाता पर वे पथिकजी की जय बोलती हुई बेगार देना स्वीकार नहीं करती थीं। यातना व अत्याचार के नये नये तरीके ईजाद किये गये। लोगों के पैर काठ में फँसा कर चौड़ा कर दिया जाता व ताला लगा दिया जाता। उससे भीषण पीड़ा होती। औंधे मुँह बाँधकर लटका दिया जाता और ऊपर से मार पड़ती। छाती और हाथों पर भारी पत्थर लटका कर कई दिन खड़े रखा जाता। घरों से सामान उठवा लेना, खड़ी फसल नष्ट कर देना तो साधारण बात थी। अब तक धाकड़ जाति के किसान ही पंचायत में शामिल थे। अब पंचायत के बढ़ते प्रभाव और नायब मुंसरिम कोठारी के बढ़ते अत्याचारों के कारण अन्य जातियों के किसान भी उसमें सम्मिलित हो गये। आन्दोलन की उग्रता और पथिकजी के प्रचार के कारण महाराणा को अप्रैल १९१९ में बिजोलिया जाँच आयोग नियुक्त करना पड़ा। आयोग के समक्ष ठिकाने के अत्याचारों से सम्बद्ध अकाट्य प्रमाणों सहित स्मरण पत्र प्रस्तुत किया गया। आयोग पंचायत द्वारा प्रस्तुत स्मरण पत्र से बहुत प्रभावित हुआ और उसने पंचायत के पक्ष में फैसला दे दिया।

बिजोलिया की अनुगूंज राष्ट्रीय स्तर पर

१९१९ ई. में अमृतसर में कांग्रेस का अधिवेशन हुआ। पथिकजी ने बिजोलिया का मामला वहाँ रखने का निश्चय किया। पथिकजी ने वहाँ पहुँचकर

लोकमान्य टिळक को बिजोलिया के किसानों की करुण कथा सुनायी। टिळक पंचायत संगठन व किसान आन्दोलन से बहुत प्रभावित थे अत: उन्होंने बिजोलिया सम्बन्धी प्रस्ताव रखना स्वीकार कर लिया। लोकमान्य ने स्वयं बिजोलिया के सम्बन्ध में प्रस्ताव रखा और न.चि. केळकर ने उसका समर्थन किया[६५] पथिकजी ने महात्मा गाँधी का समर्थन प्राप्त करने का भी प्रयत्न किया। उन्होंने बिजोलिया के बारे में जानकारी हासिल करने के लिए पथिकजी को बम्बई बुला भेजा। वे पथिकजी व बिजोलिया आन्दोलन से इतने प्रभावित हुए कि उन्होंने अपने सेक्रेटरी महादेव देसाई को जाँच के लिए वहाँ भेजा। बिजोलिया के किसान समीपवर्ती राज्यों में खेती करने लगे थे अत: ग्वालियर राज्य के फुसरिया गाँव में उन्होंने किसानों के बयान लिये। ठिकाने की जेल व यातना स्थल भी उन्होंने देखे। अपनी रिपोर्ट उन्होंने गाँधीजी को पेश की। वे पथिकजी की कार्यक्षमता, सूझबूझ व संगठन दक्षता से बहुत प्रभावित हुए। पर वे उनके भूमिगत रहकर कार्य करने के विरोधी थे। पथिकजी का कहना था कि मेवाड़ के हालात में प्रकट रूप में काम करना संभव नहीं है।

१९२० ई. में नागपुर में कांग्रेस का ऐतिहासिक अधिवेशन हुआ। पथिकजी ने बिजोलिया किसानों के प्रतिनिधियों को भी वहाँ बुला भेजा। अधिवेशन के अवसर पर पथिकजी ने अपने साथियों की सहायता से बिजोलिया ठिकाने व राजस्थान की देशी रियासतों द्वारा ढ़ाये जाने वाले अत्याचारों की एक प्रदर्शनी आयोजित की। ब्रिटिश सत्ता की छत्रछाया में सामंतशाही निरंकुश होकर कैसे भयानक अत्याचार कर सकती है उसका वास्तविक और ह्रदय द्रावक चित्र कांग्रेस के प्रतिनिधियों ने पहली बार देखा। यह प्रदर्शनी इतनी प्रभावशाली सिद्ध हुई कि देश के सभी भागों से आए प्रतिनिधियों का ध्यान देशी रियासतों की ओर आकृष्ट हुआ। पथिकजी ने यह प्रयत्न किया कि कांग्रेस देशी राज्यों की स्वतंत्रता को भी अपना ध्येय स्वीकार कर ले। उनके प्रयत्न सफल हुए। नागपुर अधिवेशन में कांग्रेस की नीति में मौलिक परिवर्तन किया गया। ब्रिटिश भारत की संकुचित परिधि को छोड़कर कांग्रेस ने देशी राज्यों सहित संपूर्ण हिन्दुस्तान की आजादी प्राप्त करना अपना ध्येय घोषित किया और देशी रजवाड़ों की प्रजा को भी कांग्रेस का प्रतिनिधि बनने का अधिकार दिया गया। नागपुर में बिजोलिया के किसानों की महात्मा गाँधी से भेंट हुई। उन्होंने माणिक्यलाल वर्मा व साथी किसानों को छाती से लगा लिया और कहा, शाबास बहादुरो।[६६] उन्होंने बिजोलिया सत्याग्रह के लिए अपना आशीर्वाद दिया।

उस समय पथिकजी के मन में एक ऐसी संस्था स्थापित करने का विचार दृढ़ हो गया जो राजस्थान के देशी रजवाड़ों के लिए देशभक्त युवकों को

संगठित करे। जिस प्रकार गोखले ने राष्ट्र की आजीवन सेवा का व्रत लेने वाले कार्यकर्ता सुलभ कराने के लिए सर्वन्ट्स ऑफ इंडिया सोसाइटी व लाला लाजपतराय ने लोकसमिति जैसी संस्थाओं की स्थापना की थी उसी तर्ज पर पथिकजी ने वर्धा प्रवास में राजस्थान सेवा संध की स्थापना की। इसमें राजस्थान की आजन्म सेवा का व्रत लेने वाले कार्यकर्ता सम्मिलित हुए। इन कार्यकर्ताओं ने निजी संपति और स्वार्थों का एक उच्च ध्येय के लिए त्याग कर दिया था। देश के लिए काम करने वाले फक्कड़ कार्यकर्ताओं की इस संस्था की गतिविधियों ने सारे राजस्थान को हिला दिया था। स्थानीय प्रजामंडलों के गठन से पहले राजस्थान के प्रत्येक हिस्से में पीड़ितों व मजलूमों का समर्थन करने व उन्हें राहत पहुँचाने में सेवासंघ के कार्यकर्ता सबसे आगे होते थे।

अड़ियल ठिकाना और किसानों की विजय

जाँच कमीशन की सिफारिशों को रियासत ने लागू नहीं किया। इस सम्बन्ध में मालवीयजी के प्रयत्न भी असफल रहे। अत: किसान पंचायत, ठिकाने व रियासत के बीच पुन: संघर्ष छिड़ गया। बिजोलिया के किसान फिर सत्याग्रह के लिए तैयार हो गए। पथिकजी के परामर्श के अनुसा मेवाड़ दरबार को नोटिस दे दिया गया कि किसानों पर होने वाले अत्याचार यदि एक सप्ताह में समाप्त नहीं हुए तो ऊपरमाळ की सारी जमीन पड़त रख दी जाएगी। पंचायत के आदेशानुसार उन्होंने मांडलगढ परगने व ग्वालियर राज्य के सिंगरोली परगने में खेती की। बिजोलिया ठिकाने की भूमि को जोतना छोड़ दिया। यही नहीं पंचायत की आज्ञानुसार उन्होंने ठिकाने की अवज्ञा करना, मालगुजारी व अन्य कोई कर न देना, एक भी लाग व बेगार नहीं देना, ठिकाने की कचहरी व सत्याग्रह से कोई वास्ता नहीं रखने जैसे उग्र कदम भी उठाना शुरु कर दिया। ठिकाने का बहिष्कार व उसकी प्रशासनिक सत्ता को चुनौती उनका प्रमुख कार्यक्रम था। ठिकाना केवल दमन में विश्वास रखता था। उसने अत्याचारों में कोई कमी नहीं रखी पर किसान नहीं झुके। इस आन्दोलन के समय भँवरलाल प्रज्ञाचक्षु ने बिजोलिया के किसानों की दशा का हृदयद्रावक चित्र प्रस्तुत करते हुए महाराणा को सम्बोधित करते हुए एक गीत बनाया जिसे गाकर किसान आन्दोलन का खूब प्रचार किया –

मान मान मेवाड़ राणा प्रजा पुकारे रे राणा मान रे।
बिजोल्या के दुख की अरज्यां लिख लिख रैयत थाकी रै।।

ठिकाना लागतें व बेगार लेने पर तुला हुआ था और किसान किसी भी हालत में इसके लिए तैयार नहीं थे। रेजीडेंट विल्किन्सन के दौरे के समय उन्होंने

बेगार से साफ इन्कार कर दिया। ठिकाने ने जब देखा कि किसानों की एकता के कारण वह बलपूर्वक बेगार लेने में असमर्थ है तो उसने किसानों को परेशान करने व नुकसान पहुँचाने का अत्यन्त जघन्य व पापपूर्ण उपाय ढूँढ निकाला। कंजर व अन्य जरायमपेशा कौमों को ठिकाने ने प्रोत्साहन देना शुरु किया। उनसे किसानों के पशुओं, फसलों व घरबिक्री के समान की चोरियों करवायी जाने लगीं। चोर ठिकाने के प्रियपात्र बन गये।

किसान सत्याग्रह के फलस्वरूप बिजोलिया ठिकाने की आर्थिक स्थिति बहुत दयनीय हो गई थी। तीन वर्षों से उसे कोई मालगुजारी नहीं मिली थी। ऋण को बोझ असह्य हो गया था। स्थिति इतनी नाजुक हो गई थी कि राव का रसोड़ा व निजी खर्च चलाने कठिन हो गए थे। इस कारण वह समझौता करना चाहता था। १९२१ ई. में जब फसलें तैयार हुईं तो किसानों ने ठिकाने को सूचना दी कि वह एक सप्ताह के भीतर कूंता कर ले अन्यथा फसलें काट ली जाएगी। ठिकाने का उत्तर था कि कूंता पिछला बकाया टैक्स जमा कराने पर ही किया जाएगा। किसानों ने फिर ठिकाने को लिखा पर कोई उत्तर नहीं मिला। अत: पंचायत बोर्ड ने घोषणा कर दी कि किसान फसलें काटकर घर ले जाएँ। इसका पता चलने पर ठिकाने ने उन पर हमला करने की योजना बनायी। सिपाही किसानों को रोकने के लिए गाँवों में पहुँचे पर उन्हेांने हमला करने से इन्कार कर दिया। इस घटना से ठिकाने का साहस व मनोबल जवाब दे गया। उस समय अर्जुनलाल सेठी बिजोलिया आए हुए थे। राव ने उनके माध्यम से पथिकजी को सूचना दी कि वह किसानों से समझौता करने का इच्छुक है। पथिकजी ने किसान प्रतिनिधियों व जागीर के अधिकारियों को अजमेर बुलाया। पन्द्रह दिन तक समझौते के लिए वार्ताएँ चलती रहीं। व्यावहारिक तौर पर सब बातें तय हो गई थी लेकिन इस बीच जागीर के अधिकारियों ने महसूस किया कि यदि समझौता अमल में आ गया तो किसान नेता के रूप में पथिकजी का रुतबा और किसान पंचायत की सत्ता हमेशा के लिए स्थापित हो जाएंगे। वे उसका श्रेय पथिकजी को नहीं देना चाहते थे इसलिये उन्होंने मामूली बातों पर समझौता वार्ता भंग कर दी और बिजोलिया लौट गये।

किसान प्रतिनिधियों ने लौटकर अपने मिशन की असफलता का विवरण प्रस्तुत किया तो आन्दोलन पुनः प्रारंभ हो गया। इस बार बिजोलिया के समीपवर्ती आंतरी, भैंसोरगढ, बेगूं, बस्सी, पारसोली, अमरगढ़ व जहाजपुर भी आन्दोलन की चपेट में आ गये।[६७] आन्दोलन के इस फैलाव को देखते हुए ब्रिटिश सरकार ने महाराणा पर शीघ्र समझौते के लिए दबाव डाला। भारत सरकार

की यह मान्यता थी कि यदि यह आन्दोलन इसी तरह चलता रहा तो सारे राजस्थान में फैल जाएगा।

समझौता वार्ता

इस उद्देश्य से एक बड़ा अधिकारी मंडल बिजोलिया पहुँचा। भारत सरकार की ओर से ए.जी.जी. हॉलैण्ड व उसका सचिव ओगल्वी, मेवाड़ का रेजीडेंट विल्किन्सन मेवाड़ रियासत की ओर से प्रधानमंत्री प्रभाषचंद्र चटर्जी तथा बिहारीलाल सायर हाकिम आए। ठिकाने के प्रतिनिधि के रूप में कामदार हीरालाल, फौजदार तेजसिंह, और मास्टर जालमसिंह इस उच्च सत्ता प्राप्त अधिकारी मंडल के सम्मुख उपस्थित हुए।[६८] राजस्थान स्थित सर्वोच्च ब्रिटिश अधिकारी ए.जी.जी. को एक ठिकाने का विवाद सुलझाने के लिए आना पड़ा इसीसे बिजोलिया का राजनीतिक महत्व स्पष्ट हो जाता है। यह कल्पनातीत बात थी। ४ फरवरी १९२२ को ए.जी.जी. की ओर से किसान पंचायत को पत्र प्राप्त हुआ कि हम किसानों के कष्ट मिटाने आएँ हैं अत: पंचायत के प्रतिनिधि हमारे सामने अपना पक्ष प्रस्तुत करने आएँ। पंचायत ने पथिकजी की नीति के अनुरूप उत्तर दिया कि यह लड़ाई हमारे और रियासत के बीच है अत: हम तीसरी शक्ति से फैसला कराना नहीं चाहते। तब चटर्जी ने मेवाड़ के प्रधानमंत्री के नाते निमंत्रण भेजा। इस पर पंचायत ने अपनी स्वीकृति दी और साथ ही राजस्थान सेवा संघ के प्रतिनिधि को भी आमंत्रित करने के लिए लिखा। किसान पंचायत की ओर से माणिक्यलाल वर्मा, पंचायत के सरपंच मोतीचंद, मंत्री नारायण पटेल तथा सेवासंघ की ओर से रामनारायण चौधरी प्रतिनिधि के रूप में समझौता वार्ता में सम्मिलित हुए।

५ फरवरी १९२२ को प्रात: काल दस बजे बिजोलिया के बाहर तालाब के पास बाग में समझौता वार्ता शुरु हुई। यह दृश्य बिजोलिया ही नहीं राजस्थान के इतिहास में अभूतपूर्व था। यह पहला अवसर था जब शोषित और पीड़ित किसान सिर ऊंचा कर आत्मविश्वास से ब्रिटिश सरकार, महाराणा व बिजोलिया के राव के प्रतिनिधियों से बराबरी के स्तर पर बात कर रहे थे। पंचायत ने निमंत्रण स्वीकार करते समय यह शर्त रख दी थी कि उसके पंच भी अधिकरियों के समान ही कुर्सियों पर बैठेंगे। ऊपरमाळ के जनसाधारण के लिए यह सब कल्पनातीत था। करीब पाँच हजार किसानों की भीड़ की व्यवस्था ठिकाने की पुलिस के स्थान पर पंचायत के वृद्ध कर्मचारी देवाजी कर रहे थे। यह तय हुआ कि किसानों की ओर से सरपंच मोतीचंद बोलेंगे। उन्होंने किसानों के अभाव अभियोगों की

सूची हॉलेण्ड को दी। उनके संबंध में दोनो पक्षों के तर्क सुनकर ए.जी.जी. अपना निर्णय देता जाता । छोटी छोटी लागतें बिना बहस के माफ कर दी गईं। किसानों को आतंकित करने के लिए हॉलेण्ड अपने साथ सेना लाया था। उसे दस मील दूर मांडल में रख छोड़ा था किन्तु किसान उससे भयभीत हुए बिना आत्मविश्वास से समझौते की बात करते रहे। जब हॉलेण्ड ने अपना पाइप निकाल कर उसे जलाया तो सरपंच मोतीचंद ने भी अपनी चिलम सुलगाई और तम्बाकू पीने लगे। किसानों का आत्मविश्वास और समता की यह भावना आश्चर्यचकित करने वाली थी। यह सब पथिकजी के नेतृत्व का चमत्कार था। पैंतीस अनुचित लागतें माफ कर दी गईं। कईयों में कमी कर दी गयी। छटूंद, तलवारबंधाई व नूत बराड के सम्बन्ध में जो अनिश्चितता रह गई थी उसके सम्बन्ध में हॉलेण्ड ने पथिकजी से अजमेर में बात करना तय किया। इस प्रकार समझौता हो गया। वर्षों के त्याग, तपस्या व आन्दोलन के उपरान्त किसानों की विजय हुई। हॉलेण्ड के सामने किसानों के पक्ष को रामनारायण चौधरी ने बड़ी योग्यता से रखा। यह उनकी कुशलता का परिणाम था कि उसने किसानों के पक्ष को औचित्य को स्वीकार किया। इस समझौते के बाद किसानों की इच्छानुसार कामदार हीरालाल व फौजदार तेजसिंह को हटा दिया गया। कोटा से तहसीलदार मकसूदअली को कामदार पद पर नियुक्त किया गया। उसने आते ही ठिकाने की ओर से किसानों पर चलने वाले मुकद्दमे उठा लिये।

आन्दोलन का तीसरा चरण (१९२७ - १९४१)

किसानों और ठिकाने के बीच ए.जी.जी. ने जो समझौता कराया था वह एक राजनीतिक युक्ति मात्र थी। राजस्थान के अन्य इलाकों में किसान आन्दोलन न उठने देने के लिए यह एक प्रपंच था। ठिकाने व रियासत की आन्तरिक इच्छा उसे लागू करने की नहीं थी। समझौते के बाद मुकद्दमे तो उठा लिये गये लेकिन आन्दोलन के समय जब्त की हुई संपति नहीं लौटायी गयी। नए कामदार मकसूदअली ने कानूनी दाँवपेचों के द्वारा फैसले को प्रभावहीन बनाने का भरपूर प्रयास किया।

जो बातें फैसले में किसानों के हक में तय हुई थीं उन पर अमल नहीं किया गया। सन् १९२३ से २६ तक चार वर्ष लगातार अतिवृष्टि, अनावृष्टि रोली व शीत जैसी प्राकृतिक आपदाओं के कारण फसलें नष्ट हो गयी थीं। किसानों को तात्कालिक लगान देना भी कठिन हो रहा था और ठिकाना पुराना लगान देने के लिए जोर डाल रहा था। किसानों की स्थिति बड़ी दयनीय हो गई थी। किसान

पंचायत ने वर्माजी के मार्गदर्शन में ठिकाने व रियासत को आवेदन पत्र दिये। १९२६ ई. में बंदोबस्त अधिकारी ट्रेंच के बिजोलिया आने पर उसे भी आवेदन पत्र दिया गया।

दुर्भाग्यवश इस समय माणिक्यलाल वर्मा और पथिकजी में नितान्त निजी कारणों से गंभीर मतभेद हो गये थे। जेल से छूटने के बाद मेवाड़ में पथिकजी के प्रवेश पर प्रतिबंध था इसलिये उन्होंने आन्दोलन का नेतृत्व करने में असमर्थता व्यक्त की। किसानों ने १९२२ ई. में हुए समझौते को लागू करवाने के लिए संघर्ष करने का निश्चय किया और मई १९२७ ई. में उन्होंने जागीर को अपना छः सूत्री माँगपत्र पेश किया जिसमें असिंचित भूमि पर लगान घटाने, चरागाहों के तारबंदी करने जैसी बातें शामिल थीं। अपनी मांगों के समर्थन में दबाव डालने के उपाय के रूप में किसानों ने १९ मई १९२७ को ठिकाने की जमीन से सामूहिक त्यागपत्र देने का निश्चय किया। जागीर ने सामूहिक त्यागपत्र स्वीकार करने से इंकार कर दिया और ट्रेंच की सलाह पर उनसे व्यक्तिगत त्यागपत्र माँगे। किसानों ने अनिच्छा से इसे स्वीकार किया जो समर नीति की दृष्टि से उनकी सबसे बड़ी भूल साबित हुई।[६९] किसानों ने पंचायत बोर्ड द्वारा दिये गए एक मुद्रित फॉर्म पर सशर्त त्यागपत्र दे दिये। जागीर ने इस इस्तीफाशुदा जमीनों को नीलाम करना शुरु कर दिया। किसानों को विश्वास था कि उनकी छोड़ी हुई जमीनों को लेने आगे कोई नहीं आएगा पर ऐसा नहीं हुआ। ये जमीनें गैर धाकड़ किसानों, बनियों व जागीर के कर्मचारियों ने ३ रु. प्रति बीघा की दर से नीलाम में ले ली। इस नीलामी से जागीर को १९,५०० रु. की आमदनी हुई।[७०] किसान इस नीलामी से सकते में आ गये। उन्होंने अपनी जमीनें वापिस लेने की गतिविधियाँ तेज कर दीं। परंतु इस समय वे नेता विहीन थे। ऐसी स्थिति में माणिक्यलाल वर्मा ने जमनालाल बजाज व हरिभाऊ उपाध्याय से सम्पर्क करके उनसे आन्दोलन का नेतृत्व ग्रहण करने की प्रार्थना की। इन दोनों ने इस शर्त पर नेतृत्व करना स्वीकार किया कि पथिकजी इससे अलग हो जाएँ। वर्माजी इस पर पथिकजी से मिले और उन्होंने पंचायत बोर्ड के अनौपचारिक नेतृत्व से त्यागपत्र दे दिया। सन् १९२९ में पंचबोर्ड ने एक प्रस्ताव पास करके पथिकजी को उनकी अमूल्य सेवाओं के लिए धन्यवाद दिया और बजाज व उपाध्याय के नेतृत्व को स्वीकार करते हुए माणिक्यलाल वर्मा को अपना प्रमुख संगठनकर्ता स्वीकार किया। नये नेतृत्व के बारे में रियासत व ठिकाने को सूचना दे दी गयी।

नये नेता विशेषकर हरिभाऊ उपाध्याय ने किसानों की माँगों के बारे में रियासत व बन्दोबस्त अधिकारी ट्रेंच से बातचीत करने में काफी मदद की। ट्रेंच

से हुई बातचीत के मुख्य मुद्दे छोड़ी हुई जमीनें किसानों को लौटाने, छंटूद व लगान सम्बन्धी थे। लम्बी बातचीत के बाद उसके साथ यह समझौता हुआ –

- जागीर १९२२ ई. के समझौते का पालन करेगी।
- छटुंद माफ कर दी जाएगी।
- जमीन का लगान प्रति रु. एक आना की दर से कम कर दिया जाएगा।
- नये काश्तकारों के अधिकार से जो इस्तीफाशुदा जमीन है वह मूल किसानों को आठ आना प्रति बीघा की दर से लौटा दी जाएगी।
- लगान के रूप में किसानों के बकाया ६२ हजार रु. में से २५ हजार की छूट दे दी जाएगी।

समझौते के बाद किसानों ने जमीनें लौटाने के लिए आवेदन पत्र दिये। ठिकाने का कहना था कि ऐसे आवेदन सेटलमेंट के नियमों के विरुद्ध हैं। इन नियमों के अनुसार ठिकाने को छोड़ी हुई जमीन दूसरों को आवंटित करने का अधिकार है। ठिकाने ने इस्तीफाशुदा जमीनों में से ८ हजार बीघा जमीन सन् १९३० तक नये बापीदारों को आवंटित कर दी थी।[७१] अतः उसने आवेदन पत्र अस्वीकार कर दिये। उपाध्याय ने ट्रेंच से हुए समझौते को लागू कराने की हर संभव कोशिश की पर वह निष्फल रही। ढ़ाई साल तक ठिकाना जमीनें लौटाने के मामले को टालता रहा। अब किसानों का धैर्य चुक गया और उन्होंने जमीनों के नये मालिकों के खिलाफ सीधे कार्यवाही का निर्णय किया। मार्च महीने में किसान पंचायत ने नये मालिकों, ठिकाने व रियासत को नोटिस दे दिया कि या तो नये काश्तकार मूल मालिकों के पक्ष में जमीनें खाली कर दें अन्यथा उन्हें बलपूर्वक ढकेल दिया जागा। नोटिस इस प्रकार था १९२७ में जमीनों से जो इस्तीफा दिया गया था वो सशर्त था। इसलिये इस्तीफाशुदा जमीनें हमें लौटा दी जाएँ अन्यथा आगामी अक्षयतृतीया को हम बलपूर्वक जमीन पर कब्जा कर लेंगे और इसके परिणामों के लिए हम जिम्मेदार नहीं होंगे।[७२]

किसान पंचायत के इस नोटिस से बिजोलिया राव आतंकित हो गया। उसने ट्रेंच व महकमाखास को घबराहट भरे कई पत्र लिखे कि बिजोलिया में तुरन्त सेना भेजी जाए। सेना तुरन्त भेज दी गयी। नोटिस के सम्बन्ध में राव का दावा यह था कि इस्तीफे सशर्त नहीं थे। इस्तीफाशुदा जमीन नये काश्तकारों को पूर्ण अधिकारों सहित दी गई है इसलिये जब तक वे सहमत नहीं हों जमीनें मूल मालिकों को नहीं लौटायी जा सकतीं। ठिकाने ने यह भी सुझाव दिया कि मूल

काश्तकारों को बिजोलिया जागीर से बाहर खालसा क्षेत्र में रियायती दरों पर जमीन आवंटित कर दी जाए। स्पष्ट था कि ठिकाना जमीनें लौटाना नहीं चाहता था और ब्रिटिश सरकार भी उसे मूल काश्तकारों को लौटाने के पक्ष में नहीं थी। बन्दोबस्त अधिकारी ट्रेंच व ए.जी.जी. हॉलेण्ड, दोनों ने रियासत को लिखा कि किसानों को कठोरता से दबा दिया जाए।[७३]

ऐसी स्थिति ने किसानों के पास आन्दोलन को तीव्र करने के सिवाय और कोई विकल्प नहीं बचा। इसका अन्देशा होने पर ठिकाने ने किसानों को दबाने के लिए रियासती सेना को बुला दिया।

अप्रैल १९३१ में हरिभाऊ उपाध्याय ने नये काश्तकारों को एक छपा हुआ पत्र भेजा जिसमें उनसे मूल मालिकों को जमीनें लौटा देने का आग्रह करते हुए उनसे आन्दोलन में सहयोग देने का अनुरोध किया गया था। किसान पंचायत के सचिव धीसालाल धाकड़ ने इस उम्मीद से जागीर के गाँवों में इस चिट्ठी की प्रतियों का वितरण किया था कि नये काश्तकारों से अनुकूल उत्तर मिलेगा। इसका कोई असर नहीं होने पर किसानों के पास सीधी कार्यवाही के अलावा कोई विकल्प नहीं बचा। अक्षय तृतीया के दिन सैकड़ों किसानों ने अपनी जमीनें जोतने का प्रयास किया। ठिकाने ने पुलिस और सेना की सहायता से उन पर भीषण अत्याचार किये। करीब दो सौ किसान उनके नेता माणिक्यलाल वर्मा सहित पकड़ लिये गये। इस घटना के तुरंत बाद रियासत ने हरिभाऊ उपाध्याय के मेवाड़ प्रवेश पर रोक लगा दी। उनकी अनुपस्थिति में अनेक कांग्रेस कार्यकर्ताओं को जागीर में भेजा गया जिसमें डूंगरप्रसाद चौधरी, रमादेवी जोशी, प्यारचंद विश्नोई और अचलेश्वरप्रसाद शर्मा के नाम उल्लेखनीय हैं। इस बीच जमनालाल बजाज समझौते के लिए उदयपुर आए। तत्कालीन प्रधानमंत्री सर सुखदेव प्रसाद और महाराणा से उनकी कई मुलाकतों के बाद एक समझौता हुआ जिसकी शर्तें इस प्रकार थीं।

- जमीनें मूल काश्तकारों को लौटा दी जाएँगी।
- अब तक गिरफ्तार किये गये किसानों, मजदूरों व नेताओं को रियासत से अपील करने पर रिहा कर दिया जाएगा।
- १९२० ई. में हुए समझौते को लागू किया जाएगा।
- जागीर व रियासत के अधिकारियों के दुर्व्यवहार की जाँच करायी जाएगी और दोषी पाए जाने वाले लोगों विरुद्ध कार्यवाही होगी।

१९३२-३८ – यातनाएँ व जागीरी ज्यादतियाँ

इन छ: वर्षो की अवधि में ठिकाना पुराने काश्तकारों को जमीन लौटाने के मामले को टालता रहा। महाराणा व बजाज के बीच हुए समझौते को राव ने लागू नहीं किया। ठिकाना व मेवाड़ रियासत दोनों किसानों के साथ छल कर रहे थे। वे एक के बाद दूसरा समझौता करते और उसे भंग कर देते। शोभालाल गुप्त व अन्य कार्यकर्ताओं को यह सुनिश्चित करने के लिए बिजोलिया भेजा गया कि समझौता ठीक ढंग से लागू हो लेकिन उनके साथ ठिकाने ने बड़ा अपमानजनक व्यवहार किया।[७४] १९३९ ई. तक दमन चलता रहा। सात आठ वर्षों की इस अवधि में तीन किसान बेरहम पिटाई के कारण मर गये। सोलह किसानों को अमानवीय यातनाएँ दी गईं, सैकड़ों को मारा पीटा व गिरफ्तार किया गया, महिलाओं, वृद्धों और बच्चों पर भी अत्याचार किये गये। सारी बिजोलिया जागीर यातना शिविर व किसानों पर सामंती ज्यादतियों का केन्द्र बन गयी। जुल्मो सितम का यह सिलसिला निरन्तर जारी रहा लेकिन किसान नहीं झुके और अपने अधिकारों के लिए निरन्तर लड़ते रहे।

सन् १९३९-४१

इस अवधि में किसान प्रतिनिधि फिर मेवाड़ दरबार में उपस्थित हुए और महाराणा से अपनी जमीनें लौटाने का निवेदन किया। तत्कालीन प्रधानमंत्री टी. राघवाचारी उदारवादी व्यक्ति थे। सारे मामले का अध्ययन करके वे इस नतीजे पर पहुँचे कि किसानों के साथ अन्याय व शोषण का अब पटाक्षेप होना ही चाहिए। तत्कालीन मुंसरिम गुलाबसिंह बख्शी भी किसानों को जमीनें लौटाने के पक्ष में थे। इन दोनों अधिकारियों के प्रयत्नों से महाराणा ने जमीनें मूल काश्तकारों को लौटाने के आदेश दिया। यह आदेश मिलने पर ठिकाने ने जमीन मूल काश्तकारों को ६ रु प्रति बीघा की दर से लौटाना शुरु किया। जागीर के अधिकारी घीसालाल चित्तौड़ा व भवानीशंकर व्यास को यह काम सम्पन्न करने के लिए गाँवों में भेजा गया। पर इस काम में उनके सामने कई दिक्कतें आयीं। कई नये काश्तकारों ने या तो जमीन का आगे बेचान कर दिया था या गिरखी रख दिया था। जिन लोगों ने नये काश्तकारों से जमीन खरीदी थी वे उसे मूल काश्तकारों को लौटाने के लिए तैयार नहीं थे। रियासत ने उनके साथ कठोरता बरतने का निश्चय किया। तत्कालीन रेवेन्यूमंत्री डॉ. मोहनसिंह मेहता को जमीन के हस्तान्तरण के काम को शीघ्रतापूर्वक सम्पन्न करने के लिए बिजोलिया भेजा गया। इस काम में माणिक्यलाल वर्मा, गणपतलाल वर्मा और कल्याणपुरा किसान

पंचायत के सरपंच उनके मददगार थे। उनके प्रयत्नों से इस्तीफाशुदा जमीनें १९४१ ई. तक मूल काश्तकारों को लौटा दी गईं। बिजोलिया किसान आन्दोलन का यह तीसरा दौर भी जमीनें लौटाने के साथ ही बिना किसी ठोस उपलब्धि के समाप्त हो गया।

सिंहावलोकन

सामंती स्वेच्छाचारिता एवं जुल्मो सितम के विरुद्ध उठ खड़े होने वाले बिजोलिया के किसानों का साहस व हौसला उस युग में वस्तुत: अकल्पनीय था। सताधारियों के दमन की पराकाष्ठा के सम्मुख डटे रहकर उन्होंने जनशक्ति के सामर्थ्य को उजागर कर दिया। यह शोषण, उत्पीड़न व क्रूर अमानवीय व्यवस्था से मुक्ति पाने के लिये किया गया महत् प्रयास था। इसे प्रतिकूलताओं के झंझावत सहने पड़े। कई उतार चढावों से गुजरना पड़ा। सत्ताधारियों के छलावे से उत्पन्न मोहभंग की त्रासद स्थितियों से गुजरना पड़ा। इसका मूल्यांकन करने पर जो प्रमुख बातें उभरती हैं, डॉ. सुराणा ने उनका बड़ा सूक्ष्म व तलस्पर्शी विवेचन प्रस्तुत किया है।[७५] बिजोलिया आन्दोलन पर गहन शोध व अध्ययन के पश्चात् लिखे गये उनके शोध प्रबंध में इस आन्दोलन की प्रकृति, उपलब्धियों, विफलताओं, नेतृत्व व विविध आयामों के बारे में जो विस्तृत विश्लेषण प्रस्तुत किया गया है उसका सार इस प्रकार है –

(१) प्रारंभ में उठायी गयी माँगों की दृष्टि से यह आन्दोलन पूर्णत: विफल रहा। इसकी मूलभूत विचारधारा की दृष्टि से यह एक पराजय थी। जमनालाल बजाज व हरिभाऊ उपाध्याय के नेतृत्व में किसानों पर गाँधीवादी विचारधारा उनकी ध्येयपूर्ति में उनकी उपयुक्तता का विचार किये बिना ही उन पर थोप दी गई थी। अहिंसा व अत्याचारों को सहन करने की कार्यपद्धति की परिणति हजारों किसानों व महिलाओं के अपमान, अमानवीय यातनाओं व अनाचार में हुई।

(२) इस तीनों आन्दोलनों की ठोस उपलब्धियाँ मामूली रहीं। लाग बागों व करों में कमी सभी के समान उद्देश्य थे। तीनों आन्दोलन कतिपय सुपरिभाषित ठोस लाभों की प्राप्ति के लिए प्रारंभ किये गये थे। तीनों आन्दोलनों के दौरान ठिकाने व मेवाड़ दरबार ने किसानों से कई समझौते किये लेकिन वे निरर्थक सिद्ध हुए। किसानों की समस्याएँ ज्यों की त्यों बनी रहीं। दूसरे आन्दोलन के अंत में हुए १९२२ ई. के समझौते को लागू न करके जागीर ने विश्वास भंग किया। किसानों के शोषण के उसके पुराने रवैये में कोई अंतर नहीं आया। इसी कारण तीसरा आन्दोलन करना पड़ा।

(३) आन्दोलन की उपलब्धि किसानों की एकजुटता, किसानों की आवश्यकताओं की दृष्टि से ज्यादा जीवंत बनाने के लिए जागीर की सामाजिक संरचना में परिवर्तन तथा राव की शक्तियों व सत्ता पर खुला आक्रमण आदि बातें थीं। इन उपलब्धियों को बनाए रखा गया और इस क्षेत्र में किसान लक्ष्य प्राप्त करने में सफल रहे। किसानों ने इन लक्ष्यों की प्राप्ति सुव्यवस्थित तरीके से की। इस आंदोलन ने बहुजातीय, स्थानीय, नये शिक्षित, अभिजात वर्ग को जन्म दिया। किसानों ने पहले की तीन पंचायतों के स्थान पर अपनी एक सामन्य पंचायत बनायी। इन दोनों बातों से जागीर में जनजागरण व बड़े पैमाने पर आंदोलन में जनता की भागीदारी में मदद मिली। जागीर द्वारा किये जाने वाले निर्मम शोषण को उजागर करने में वह सफल रहा।

(४) आन्दोलन अपने दूसरे दौर में बहिर्मुखी हो गया। इसे यह स्वरूप प्रथम चरण में विजयसिंह पथिक व दूसरे चरण में रामनारायण चौधरी जैसे नेताओं से प्राप्त हुआ। आन्दोलन के समय सामाजिक सुधारों का लक्ष्य भी इसके साथ जुड़ गया और पूरे सामाजिक ढ़ांचे को नया रूप देने का प्रयास किया गया। इस प्रकार यह आन्दोलन एक साथ दो मोर्चों पर क्रियाशील था, सुधारात्मक व रूपान्तकारी कार्य। इसने स्थानीय स्तर पर रूपान्तरण के लिए सुधार को साधन के रूप में प्रयुक्त किया। इस उद्देश्य की प्राप्ति के लिए आंदोलन ने जागीर प्रशासन के विकल्प के रूप में किंचित परिवर्तित कर किसान पंचायत बोर्ड को साधन बनाया। एकता स्थापित करने हेतु पंचबोर्ड ने एक तरफ तो अपने द्वार सभी काश्तकार कौमों, खेतीहर मजदूरों, बटाईदारों व श्रमजीवी कारीगरों के लिए खोल दिए व स्वयं को मान्यता प्रदान करने हेतु जागीर पर दबाव डाला। दूसरी ओर उसने शराबखोरी, दहेज, वधूविक्रय, और सर्वोपरि छूआछुत के विरुद्ध अभियान शुरु किया। इसने जागीर के किसानों का बनियों से पूर्ण सम्बन्ध विच्छेद करने के लिए सहकारी दुकानें खोलीं। शिक्षा प्रचार के लिए पाठशालाएँ खोलने के अलावा स्वयं को भारतीय राष्ट्रीय कांग्रेस व स्वदेशी आंदोलन से भी जोड़ा।

(५) तीसरे चरण के आन्दोलन का उद्देश्य आर्थिक लक्ष्यों के साथ साथ सामाजिक सांस्कृतिक लक्ष्यों की प्राप्ति करना था। लेकिन इसका जीवनचक्र व घटनाक्रम जमीनों से इस्तीफा देने की भारी सामरिक भूल से आच्छादित रहा। किसानों ने मेवाड़ रियासत को महसूस करवा दिया कि जागीरदार की स्वेच्छाचारिता की एक सीमा है तथा एक व्यक्ति की तुलना में लोकहित सामाजिक आयामों के संदर्भ में ज्यादा सफल रहे। तीनों में आन्दोलन का द्वितीय चरण अपने आर्थिक व सामाजिक सांस्कृतिक लक्ष्यों की प्राप्ति की दृष्टि से

सर्वाधिक सफल रहा। इसके अंतर्गत किसानों का बिजोलिया के राव से एक व्यापक समझौता हुआ। किसानों की दृष्टि में इसका श्रेय उनके नेता विजयसिंह पथिक को था।

(६) इस आन्दोलन का नेतृत्व चार प्रकार के नेताओं के हाथ में रहा। प्रथम तो मन्नाजी व नारायण पटेल जैसे धाकड़ जाति के जातीय नेता जिन्होंने किसानों को संगठित व एकीकृत करने में महत्वपूर्ण भूमिका निभायी। दूसरे साधु सीतारामदास जैसे संगठनकारी नेता जिन्होंने किसानों के असंतोष को ठोस स्वरूप प्रदान किया। तीसरे विजयसिंह पथिक जैसे करिश्माई नेता जिन्हें किसान मसीहा के रूप में देखते थे। चौथे जमनालाल बजाज व हरिभाऊ उपाध्याय जैसे नेता जिन्होंने अपनी राजनीतिक महत्ता व रुतबे के आधार पर किसानों की समस्या हल करने का प्रयास किया। चौथी श्रेणी के नेता (बजाज, उपाध्याय) आंदोलन के दौरान ज्यादातर बिजोलिया से बाहर ही रहे तथा जागीर व किसानों के बीच मध्यस्थ के रूप में काम किया। जबकि पथिकजी किसानों से पूर्ण तादात्म्य स्थापित कर उनसे एकरस हो गए थे। वे पथिकजी की भाँति भीषण कष्ट उठाकर कभी सक्रिय नहीं हुए।

(७) तीसरे चरण में आन्दोलन स्थानीय साधनों व नेतृत्व की ओर उन्मुख हुआ। एक राजनीतिक नेता के रूप में माणिक्यलाल वर्मा का उदय यहीं से प्रारंभ होता है। साधु सीतारामदास जैसे संगठनकर्ता व पथिकजी जैसे करिश्माई नेता के अभाव से उत्पन्न नेतृत्व के शून्य को वर्माजी ने पहले अनिच्छा पूर्वक और फिर सोत्साह भरने का प्रयास किया। इससे यह स्पष्ट हो जाता है कि किसान आन्दोलनों को ऐसे नेताओं की महती आवश्यकता होती है जो किसानों के बीच में ही रहें और बाहरी दुनिया के महत्वपूर्ण नेताओं के साथ अपने संपर्क सूत्र बनाये रखें। पथिकजी की कार्यशैली इसका उत्तम उदाहरण है। इस दृष्टि से दूसरा आन्दोलन अनूठा था जबकि तीसरा आन्दोलन नेतृत्व के लिहाज से संभ्रम व बिखराव की हालत में रहा।

(८) यह उल्लेखनीय है कि पथिकजी के अंतरंग सहयोगी व दूसरे आन्दोलन के अग्रणी नेता साधु सीतारामदास ने तीसरे चरण में हिस्सा नहीं लिया। तीसरे आन्दोलन के नेता वर्माजी से उनके मतभेद इसके लिए उत्तरदायी थे। पथिकजी भी इस सीमा तक उदासीन हो गये थे कि उन्होंने माणिक्यलाल वर्मा को यह लिखकर दे दिया कि वे बिजोलिया आन्दोलन का नेतृत्व करने की स्थिति में नहीं हैं। जमनालाल बजाज व हरिभाऊ उपाध्याय को बागडोर सौंप देने से इन दोनों निष्ठावान जननेताओं को आन्दोलन से अलग होना पड़ा और इसके बाद उसमें पूर्ववर्ती तेजस्विता नहीं रह गयी।

(९) भागीदारी की दृष्टि से देखें तो मोटे तौर पर ८ हजार स्त्री पुरुष इस आन्दोलनों में शरीक हुए। इनमें अधिकांश धाकड़ जाति के लोग थे। कराड़, गूजर, गोसाई, अहीर व भीलों ने भी समय समय पर इसमें भाग लिया। धाकड़ों की तुलना में उनकी भागीदारी अल्पकालिक रही। जागीर का जनसंख्या घटक तीनों आन्दोलनों में धाकड़ों की सक्रिय भागीदारी में निर्णायक तत्व था। बिजोलिया गाँव जागीर के केन्द्र में हैं और उसके आसपास के ९५ प्रतिशत गाँवों में धाकड़ लोग बसे हुए है। राजपूतों विभिन्न जातियों के माफीदारों, चारणों व बनियों ने जागीर का साथ दिया। जागीर की किसान विरोधी दमनकारी नीतियों को लागू करने में विशेषकर बनियों ने राव की बहुत सहायता की। संपूर्ण आन्दोलन में उनका रुख किसान विरोधी रहा।

निष्कर्ष – बिजोलिया आन्दोलन के लिए सबसे घातक व दुर्भाग्यपूर्ण बात पथिकजी जैसे क्रांतिधर्मा जननायक का इससे अलग होने का विवश होना था क्योंकि पथिकजी के नाम के साथ बिजोलिया वैसे ही जुड़ा हुआ है जैसे हल्दीघाटी के साथ प्रताप का नाम जुड़ा हुआ है। बिजोलिया क्षेत्र में जाने पर वैसे ही पथिकजी की गूंज सुनायी देती है, जैसे हल्दीघाटी में चेतक की टापें सुनायी पड़ती हैं।[७८] जमनालाल बजाज जैसे पूंजीपति व उनके अनुचर हरिभाऊ उपाध्याय जैसे सत्तालोभी जैसे लोगों के हाथ में नेतृत्व जाते ही इस आन्दोलन की पूर्ववर्ती श्री व तेजस्विता तिरोहित हो गए। किसानों में जिस ऐक्य, संकल्प, दृढ़ता, निर्भीकता व साहस का संचार पथिकजी ने अपने करिश्माई नेतृत्व व पूर्ण समर्पण भाव के फलस्वरूप किया था वैसा करना इन लोगों के बूते से बाहर था।

सही बात तो यह है कि गाँधीवादी आन्दोलन पूंजीपतियों के हाथों में पड़ जाने से लोकशक्ति को उभरने देने के काबिल ही नहीं रह गया था। वह समझौता परस्ती व सुविधा परस्ती की ओर अग्रसर होता गया। उसकी असलियत छिपाने के लिए चाहे उसे किसी भी दार्शनिक शब्दावलि में प्रस्तुत किया जाता रहा हो। भारत के राष्ट्रीय आन्दोलन की यही त्रासदी रही कि पूंजीपति इस पर हावी हो गये थे। इस खतरे को पथिकजी ने बहुत पहले ही भाँप लिया था और इसी बात पर उनके गाँधीजी से तीव्र मतभेद थे। उन्होंने इसके दुष्परिणामों से गाँधीजी को बहुत पहले आगाह कर दिया था पर उन्होंने उस समय पथिकजी की उपेक्षा की और जब उन्हें इसका एहसास हुआ तब तक बहुत देरी हो चुकी थी। पूंजीपतियों के आश्रय में पलने वाले चाटुकार गाँधीवादी गुट ने राजस्थान की सेवा में अपनी हड्डियाँ गला देने वाले पथिकजी जैसे सर्वत्यागी, अद्भुत प्रतिभा सम्पन्न जननेता को उपेक्षा व अवहेलना के अंधकार में धकेल कर जनसाधारण को भ्रमित कर

सही नेतृत्व उभरने ही नहीं दिया। परिणामस्वरूप राजस्थान में जनशक्ति उभरने नहीं पायी और अत्याचारी सामंती तत्व ब्रिटिश राज में और बाद में भी हावी रहे। उनका वर्चस्व इस कदर बढ़ गया कि स्वयं माणिक्यलाल वर्मा को अपने शिष्य मोहनलाल सुखाड़िया द्वारा १९६७ ई. में निर्मित मंत्रीमंडल के बारे में कहना पड़ा था कि प्रजाद्रोही सामंती तत्वों को मंत्रिमंडल में स्थान देना कांग्रेस के लिए कलंक की बात है।

पथिकजी स्वतंत्रता प्राप्ति के बाद सात वर्ष जीवित रहे और यह समय उन्हें घोर आर्थिक तंगी व उपेक्षा में गुजारना पड़ा। सत्ता की आपाधापी में बिजोलिया आंदोलन के यशस्वी प्रणेता पथिकजी को एक तरफ ढ़केल दिया गया। राजस्थान के लिए अपना सर्वस्व न्यौछावर करने वाले इस नरपुंगव के साथ वैसा ही कृतघ्नतापूर्ण व्यवहार किया गया जैसा अर्जुनलाल सेठी और बाबा नृसिंहदास के साथ हुआ। अपने साहित्यिक सहयोगी पं. बनारसीदास चतुर्वेदी को लिखे पत्र में उन्होंने लिखा "अपने कार्य और राजस्थान के बारे में क्या लिखूं? मैं तो राजनीतिक क्षेत्र की गंदगी और आपाधापी से विरक्त हो चुका हूँ...।" भग्नहृदय पथिकजी का २८ मई १९५४ को अजमेर में निधन हो गया। देश की आजादी के पश्चात् उनके साथ जो व्यवहार हुआ वह ऐसा ही था कि –

वक़्त जब गुलिस्तां पे पड़ा,
तो पहले गर्दन हमारी कटी।
अब कहते हैं चमन में तुम्हारा काम नहीं
बात फूलों तक रहती तो सह लेते
अब कहते हैं काँटों पर भी तुम्हारा हक़ नहीं।

बिजोलिया आन्दोलन का प्रभाव

जागीरदारी जुल्मों के विरुद्ध किसानों के दृढ़ निश्चयी संघर्ष के प्रतीक बिजोलिया आन्दोलन का प्रभाव उसके समीपवर्ती क्षेत्रों पर पड़ना बिल्कुल स्वाभाविक था क्योंकि इन क्षेत्रों के किसानों के भी दुःख दर्द वही थे जिनके निवारण के लिए पथिकजी व राजस्थान सेवासंघ के नेतृत्व में बिजोलिया किसान पंचायत जूझ रही थी। इससे भारत सरकार के उच्च अधिकारी भी चिंतित थे। उन्हें ऊपरमाळ पंचायत बोर्ड में ग्रामीण जनता की क्रांति के बीज दिखायी दे रहे थे। अधिक प्रबल होने पर पूरे राजस्थान के इसके लपेटे में आने की आशंका थी अतः विदेश विभाग ने इसका कठोरता से दमन करने के लिए महाराणा फतहसिंह पर दबाव डाला। बिजोलिया आन्दोलन में निहित संभावनाओं को देखते हुए ही

ए.जी.जी. हालैण्ड को समझौता कराने के लिए पहल करनी पड़ी। इसके कारण ही कांग्रेस का ध्यान पहली बार देशी रियासतों की समस्या की ओर गया। पथिकजी की राजनीतिक सूझ बूझ, रण कौशल व प्रचार कला इतनी विलक्षण थी कि बिजोलिया आन्दोलन ने राष्ट्रीय महत्व प्राप्त कर लिया। उन्होंने ब्रिटिश संसद की सदस्या एनी हडसन से संपर्क स्थापित कर लिया था। वे ब्रिटिश संसद में राजस्थान के देशी रजवाड़ों में होने वाले अत्याचारों व प्रजाजनों के कष्टों के संबध में प्रश्न उठाती रहती थीं।[७७]

इस आन्दोलन से समीपवर्ती क्षेत्र के किसानों में जागृति उत्पन्न हुई। वे भी अत्याचार व उत्पीड़न के विरोध के लिए तत्पर हो गए। उन्होंने भी बिजोलिया के ढाँचे पर किसान पंचायतें संगठित कर आन्दोलन का निश्चय किया। बिजोलिया के उदाहरण से वे संगठन और एकता के महत्व को समझ गए थे अत: वे पंचायत की कार्यवाही में बहुत रुचि लेते और उसके आदेशों का निष्ठापूर्वक पालन करते। बिजोलिया का अनुसरण करते हुए ठिकाने व फिर मेवाड़ दरबार के सामने कष्ट गाथा प्रस्तुत की गयी। वहाँ भी सुनवाई न होने पर जमीन पड़त रखी गई और सत्याग्रह प्रारंभ किया गया। राजस्थान सेवा संघ के कार्यकर्ताओं का मार्गदर्शन उन्हें मिलता रहा। पंचायतों ने यह घोषणा कर दी कि किसान लागतें व बेगार न दें। इस आदेश का दृढ़ता से पालन किया गया। लागतें व बेगार बन्द कर देने से जागीरदारों के क्रोध की सीमा नहीं रही। इसमें उन्हें आर्थिक नुकसान ही नहीं, अपनी सत्ता को चुनौती दिखाई दी। अत: वे भयंकर दमन पर उतारू हो गये।

पारसोली, अमरगढ, भैंसोरगढ़ व बेगूं क्षेत्रों में किसान आन्दोलन जोर पकड़ने लगा। पथिकजी ने किसानों के मार्गदर्शन के लिए रामनारायण चौधरी को इस क्षेत्र में भेजा। किसानों की माँगों के औचित्य पर विचार किये बिना सभी ठिकानों ने केवल दमन के द्वारा जनजागरण की इस लहर को समाप्त करना चाहा। सभी स्थानों पर किसानों को आतंकित करने व आन्दोलन का दमन करने के लिए पुलिस व सेना बुलायी गयी। पारसोली में एक दिन अचानक ठिकाने के अधिकारियों ने सैनिकों व जरायमपेशा लोगों को लेकर सूर्योदय से पहले गाँव पर हमला बोल दिया। जो जहाँ मिला वहीं जमकर पिटाई की गई। इस मारपीट में कई महिलाएँ भीषणरूप से घायल हो गयीं। सत्याग्रह के दमन के लिए जघन्य अपराधों की पराकाष्टा बेगूं में हुई जहाँ निर्दोष किसानों को गोलियों से भून डाला गया जिसे महात्मा गाँधी ने 'Double Dyerrsm' की संज्ञा दी।[७८]

बेगूं की अंधेरगर्दी

१९२९ ई. में महानाळ (मैनाल) में भैरुकुंड पर बेगूं पट्टे के किसानपंचों की सभा हुई जिसमें बेगूं जागीर के तमाम गाँवों की ओर घोषणा की गई कि –

(१) हम फसल का कूंता नहीं करायेंगे तथा बन्दोबस्त के बाद जो लगान तय होगा वहीं देंगें।

(२) लागतें व बेगार बिल्कुल नहीं देंगे।

(३) सरकारी दफ्तरों व अदालतों का बहिष्कार करेंगे। पंचों के इस निर्णय पर किसानों ने अमल करना शुरु कर दिया। इससे जागीरदार तिलमिला उठे और रावदड़ा के ठाकुर के नेतृत्व में किसानों को कुचलने की कार्यवाही शुरु की। किसानों पर तरह तरह के अत्याचार शुरु हो गये जिनमें खड़ी फसलों को नष्ट करना, जला देना, जंगल से किसानों को घास व लकड़ी नहीं लाने देना, पशुओं को चरनोट में चरने न देना, मारपीट व जुर्माना जैसी कई बातें शामिल थीं। पहले तो किसान शांत रहे पर जब उनकी स्त्रियों को अपमानित किया जाने लगा तो वे अत्यधिक क्रुद्ध हो उठे।

बेगूं के छुटभैया रावदड़ा, छरदा व सेमलिया के ठाकुरों ने तो अत्याचारों की अति कर दी। जो किसान सत्याग्रह में सक्रिय थे उनकी पत्नियों को लठैतों से पिटवाना और बेइज्जत करवाना शुरु कर दिया। रावदड़ा के ठाकुर ने रतनी भीलनी व उदा मालिन को उनके पतियों की अनुपस्थिति में सरे बाजार घसीटवाया और उल्टी लटका कर पिटवाया। उन्हें पकड़कर गढ़ में बुलवाया और उनके घर लुटवा दिये।[७९] महिलाओं के प्रति इस जघन्य अपराध ने आग में घी का काम किया। बेगूं ठिकाने के आदमियों ने खड़ी फसलों को नष्ट करना शुरु किया तो किसानों ने जमीन पड़त रख दी। ठाकुर के नौकर व कर्मचारी किसानों के घर में घुस जाते। स्त्रियों को पीटते, अनाज व सामान लूट लेते। किसान पंचायत की सभा होने पर उस पर आक्रमण कर लेने पर उन्हें तितर बितर कर देते। लेकिन दो वर्षों तक इस घोर दमन के समक्ष भी किसान नहीं झुके। आखिर ठाकुर को समझौते के लिए विवश होना पड़ा। समझौता किसानों के लिए काफी अनुकूल था लेकिन ब्रिटिश सरकार उसे लागू नहीं होने देना चाहती थी। अत: बेगूं ठाकुर पर मेवाड़ दरबार ने इसे रद्द करने के लिए दबाव डाला। उसके नहीं मानने पर उसे कैद कर दिया गया और ठिकाना कोर्ट ऑफ वार्डस के अधीन करके जुल्मो सितम के लिए कुख्यात लाला अमृतलाल को मुंसरिम बना कर भेजा गया पर उसकी युक्तियाँ भी

कामयाब नहीं हुईं। किसानों को आतंकित व उत्पीड़ित करने की सारी कारगुजारियाँ व्यर्थ सिद्ध हुईं। तब सेटलमेंट कमिशनर ट्रेंच को फैसला करने के लिए बुलाया गया। उसने एकतरफा फैसला किसानों पर थोपना चाहा जिसे किसान पंचायत ने अस्वीकार कर दिया और गोविन्दपुर गाँव में एक अखंड पंचायत पाँच महीने तक चलती रही। समझौते की बातचीत का सिलसिला चलता रहा, टूटता रहा। इस पंचायत को तितर बितर करने के लिए भारत सरकार के इशारे पर उदयपुर से सेना भेजी गयी। १३ जुलाई १९२३ को ट्रेंच के आदेश पर वहाँ एकत्र लोगों पर गोलीबारी हुई उसमें रूपाजी व किरपाजी धाकड़ शहीद हो गए। बेगूं इलाके में हुए इस गोलीकांड का पथिकजी ने अपने ऐतिहासिक अभियोग में विशेष अदालत के सामने बयान देते हुए अत्यन्त सजीव और तथ्यपूर्ण विवरण प्रस्तुत किया। उनके शब्दों में, गोली चलने की खबर गाँव में फैलते ही पंचों की औरतें उस ओर दौड़ीं। ट्रेंच और उनके साथियों को मेवाड़ के गौरव पर कालिमा पोतने का अवसर मिल गया। उसने आज्ञा दी कि इनके नाड़े काट डाले जाएँ। सिपाही शिकारी कुत्तों की तरह उन पर टूट पड़े और वापस भागती हुई अनेक स्त्रियों को नंगा कर दिया। कईयों को भालों से घायल किया और अन्य प्रकार से अपमानित किया। यह सब किया गया उस राज्य के प्रधानों की आज्ञा से जो हिन्दुआ सूर्य का राज्य कहलाता है। जिसके धर्म के अनुसार स्त्रियों और उनकी लज्जा की रक्षा करना उनका अनिवार्य कर्त्तव्य है। स्त्री पर हाथ उठाना पाप है। स्त्री को बहन बेटी समझना धर्म है। इन कृत्यों को करने वाले ट्रेंच और उसके साथी अपने को भले ही कुछ समझते रहे किंतु मैं उनके शरीरों में ऐसी नारकीय आत्माओं को प्रतिबिम्ब देखता हूँ जिन्होंने भारतवर्ष में अंग्रेजों के आगमन से पहले कदाचित ही अवतार लिया हो। यह भारत के नामर्द देशी राज्य ही हैं जिसमें ऐसे लोगों को अपनी नारकीय प्रवृतियाँ चरितार्थ करने का अवसर मिलता है और जो विदेशियों के हाथों अपने देशवासियों और प्रजा की इस प्रकार दुर्दशा करा के सदा के लिए कलंकित हो जाते हैं। सिविलियन बहादुर ने ऐसा आचरण यदि अपने देश में अपने सजातीय राज्य में किसी एक भी स्त्री के साथ किया होता तो उसी समय उनका शरीर या तो चील कौओं का भक्ष बन गया होता या तो वे आज कहीं जेलखानें के सींखचों से सर मार रहे होते।[८०]

इस पैशाचिक कांड के बाद ५०० से अधिक किसान पंचों को गिरफ्तार कर रास्ते भर निर्दयता से पीटते हुए बेगूं ले जाया गया। सारे कांड पर लीपापोती करने के लिए रियासत ने झूठी विज्ञप्ति प्रकाशित की कि किसान पंचायत सोवियंत ढंग की बॉल्शेविक संस्था है। ट्रेंच कमीशन लगान वसूल करने गया तो किसानों ने

उस पर लाठियों व बन्दूकों से हमला कर दिया। किसानों पर हुए पाशविक अत्याचारों से पथिकजी बहुत क्षुब्ध हुए। वे गुप्तरूप से बेगूं पहुँच कर आन्दोलन का संचालन करने लगे। ठिकाने के अत्याचार से भयभीत होकर लगान देने वाले किसानों का सामाजिक बहिष्कार होने लगा। बनियों का बहिष्कार शुरु हो गया। संग्रहणी से ग्रस्त होने पर पथिक जंगलों में छुपते छुपाते मार्गदर्शन करते रहे। उनका स्वास्थ्य बहुत गिर गया था अत: विवश होकर गणेशपुरा के डूंगजी धाकड़ के मकान में उन्हें छिपकर रहना पड़ा। वहीं से गिरफ्तार कर उन्हें उदयपुर भेज दिया गया। वहाँ उन पर लगाये गये आरोपों की जाँच के लिए सितम्बर १९२३ में एक तीन सदस्यीय आयोग नियुक्त किया गया। उसने पथिकजी के लिए एक वर्ष कैद व हजार रु. जुर्माने की सजा तजवीज की। दरबार इससे संतुष्ट नहीं था। फिर अदालती नाटक किया गया। दूसरा आयोग बैठाया गया जिसने सजा को बढ़ाकर पाँच वर्ष कर दिया। अप्रैल १९२७ को पथिकजी जेल से रिहा हुए। उनके कारावास की अवधि में राजस्थान सेवा संघ आपसी मतभेदों के कारण बिखर चुका था। जेल से रिहा होने के बाद पथिकजी को आन्दोलन अलग होने के लिए विवश कर दिया गया।

टिप्पणियाँ एवं सन्दर्भ

४०. डॉ. राघव प्रकाश – राजस्थान केसरी विजयसिंह पथिक स्मृति ग्रंथ – पृ. ११५

४१. हरिप्रसाद अग्रवाल – स्मृति ग्रंथ पृ. ४६

४२. सुमनेश जोशी – राजस्थान में स्वतंत्रता संग्राम के सेनानी पृ. २१

४३. पथिकजी अपने फरारी जीवन में दिनभर लगातार पैदल चलने की थकान के कारण विश्राम के लिए हिंसक पशुओं से भरे जंगल में एक चट्टान पर लेटे कि उन्हें नींद आ गयी। इसी बीच एक चीता उनकी टांग पकड़कर घसीटने लगा कि उनकी आँख खुल गई। वे तनिक भी विचलित नहीं हुए। उन्होंने तत्काल रिवॉल्वर निकाला और चीते का काम तमाम कर उसी चीते का सिरहाना लगाकर सो गये। दूसरे दिन प्रात: आसपास के ग्रामीणों ने यह दृश्य देखा तो आश्चर्यचकित रह गये। – स्मृतिग्रंथ – पृ. १५४

४४. रामनारायण चौधरी – बीसवीं सदी का राजस्थान पृ. ४९–५०

४५. उपर्युक्त

४६. बिजोलिया ठिकाने का संस्थापक अशोक परमार था जो अपने मूल निवास जगनेर (भरतपुर) से राणा सांगा की सेवा में चित्तौड़ आ गया था। वह राणा की ओर से १५२७ ई. में खानवा के युद्ध में लड़ा। इस युद्ध में उसने बड़ी वीरता दिखाई जिसके फलस्वरूप सांगा ने उसे २५६ वर्ग किलोमीटर में फैले ऊपरमाळ में जागीर प्रदान की। बिजोलिया

उक्त जागीर का सदर मुकाम था। १८ वीं शताब्दी में मराठों को ऊपरमाळ से बाहर निकालने में वहाँ के किसानों ने महत्वपूर्ण भूमिका निभायी थी।

४७. शंकर सहाय सक्सेना और डॉ. पद्मजा शर्मा - बिजोलिया किसान आन्दोलन का इतिहास - पृ. ३

४८. माणिक्यलाल वर्मा - बिजोलिया किसान आन्दोलन का इतिहास - सक्सेना व शर्मा कृत उपर्युक्त में उद्धृत

४९. इस कर के बारे में दो भिन्न भिन्न मत हैं। सक्सेना व शर्मा का कहना है कि चंवरी एक नया टेक्स था जो जागीर ने १९०३ में लगाया। राज्य अभिलेखागार के अभिलेखों से स्थिति स्पष्ट नहीं होती। साधु सीतारामदास के अनुसार यह कर १८०३ ई. से चला आ रहा था जो प्रारंभ में ५/- रु. था। बाद में राव कृष्णसिंह ने इसे १८५७ ई. में अचानक बढ़ाकर १३ रु. कर दिया। यह दृष्टिकोण ज्यादा सही प्रतीत होता है क्योंकि चंवरी कर पड़ोस की जागीर बेगूं में भी प्रचलित था जिसकी दर थी १६ रु. प्रति विवाह।

डॉ. पुष्पेन्द्र सुराणा -सोशियल मूवमंट एंड सोशियल स्ट्रकचर (अ स्टडी इन द प्रिंसली स्टेट ऑफ मेवाड़) पृ. ६१ पादटिप्पणी

५०. रामनारायण चौधरी - पूर्वोक्त पृ. ६२

५१. पथिकजी का न्यायालय के समक्ष बयान पृ. ८०

५२. माणिक्यलाल वर्मा - बिजोलिया किसान सत्याग्रह का इतिहास - सक्सेना व शर्मा कृत पूर्वोक्त में उद्धृत पृ. ४२

५३. उपर्युक्त पृ. ४३

५४. राजस्थान राज्य अभिलेखागार, बीकानेर में बिजोलिया आन्दोलन सम्बन्धी कागजों में सेक्शन ए, आर्टिकल १३ (ए) में श्री मोतीचंद पटेल, काळूजी पटेल, चुन्नीलाल पटेल व केलाजी पटेल के बयान। उपर्युक्त पृ. ४७ पर उद्धृत।

५५. डॉ. पुष्पेन्द्र सुराणा - पूर्वोक्त पृ. ६७-६८

५६. डॉ सुराणा का साधु सीतारामदास से साक्षात्कार। उपर्युक्त पृ. ७३

५७. स्मृति ग्रंथ - पृ. ५३

५८. सुमनेश जोशी - पूर्वोक्त पृ. २१

५९. पथिकजी ने ऐसा अद्भुत संगठन स्थापित किया था कि उसकी मिसाल इतिहास में ढूंढे नहीं मिलती। महाराणा फतहसिंह को उनके एक अंग्रेज मित्र ने कहा कि पथिक बड़ा खतरनाक व्यक्ति है। वह एक ऐसी आग पैदा कर रहा है जो संपूर्ण राजपूताना में दावानल की तरह फैल जाएगी। - अम्बालाल शर्मा - स्मृति ग्रंथ पृ. १७३

६०. सभा की इस विज्ञप्ति में उन्होंने योगी के नाम से यह उद्बोधन भी जोड़ दिया था, यदि तुम पढ़े लिखे हो तो देश की स्थिति के जानकार होकर भी इतने निर्बल हृदय हो कि कुछ नहीं कर सकते या इतने घोर स्वार्थी हो कि देशहित के लिए कुछ भी त्याग नहीं कर सकते या ऐसे मोहग्रस्त हो कि आपत्तियों का भय तुम्हें कर्त्तव्यपथ से ढकेल कर सड़े गृहस्थ में डाल देता है तो यही उचित है कि तुम गुलामी की जंजीरों में जकड़े नारकीय

जीवन व्यतीत करते रहो. . .।' शंकरसहाय सक्सेना व डॉ. पद्मजा शर्मा – पूर्वोक्त पृ. ७९ पर उद्धृत।

६१. रामनारायण चौधरी – पूर्वोक्त पृ. ५९ पर उद्धृत बनारसीदास चतुर्वेदी ने अपने संस्मरणों में यह बात लिखी है। महात्मा गाँधी व एंड्रूज महोदय की बातचीत के समय वे वहीं उपस्थित थे।

६२. यह पत्र प्रत्येक गाँव में भेजा जाता था। इसका स्वरूप इस प्रकार था।

"वन्दे मातरम्"
"ऊपरमाळ को डंको"

सम्पादक
नगारची

मूल्य एक
पैसो भीलोड़ी

सब लाहिर देशाल निबला साहस

जागी ऊपरमाळ डंको बाज्यो बिजोलिया

कदम – गोविन्द निवास, बैशाख वदी १४ संवत् १८७८ तां २८ अप्रेल १९२२ "नई खबर"

अब पंचबोर्ड आज्ञा दी है के जका घर में विदेशी कपड़ों मिळ जाए याने ऊ कपड़ो रेजा रेजी के सिवाय मील को भी आयो होवे ऊ के भांडा मोसर पर कोई न जावे।.. जो राजवाळा मारपीट कर, खेती बरबाद कर, लुगाइयाँ की बेइज्जती कर, भाँत भाँत का डर दिखाकर रैयत ने बस में राखणी चावै यो वां को भ्रम है।

६३. रामनारायण चौधरी – पूर्वोक्त पृ. ५१

६४. रामनारायण चौधरी – स्मृति ग्रंथ पृ. १९६

६५. सक्सेना एवं डॉ. पद्मजा शर्मा – पूर्वोक्त पृ. १०६

६६. उपर्युक्त पृ. ११३

६७. डॉ. पुष्पेन्द्र सुराणा – पूर्वोक्त पृ. ९९

६८. सक्सेना व डॉ. पद्मजा शर्मा – पूर्वोक्त पृ. १३७

६९. डॉ. पुष्पेन्द्र सुराणा – पूर्वोक्त पृ. १०६

७०. उपर्युक्त

७१. राजस्थान राज्य अभिलेखागर – उदयपुर शाखा – गोपनीय फाईल संख्या ३८१ ए – बी के शर्मा कृत पीजेन्ट मूवमंटस इन राजस्थान पृ. १०३

७२. बिजोलिया पंचायत पुराना रिकार्ड – डॉ. सुराणा कृत पूर्वोक्त में उद्धृत पृ. १०८

७३. राष्ट्रीय अभिलेखागार – होम एंड पॉलिटिकल प्रोसिडिंग्ज, मेवाड़ रियासत से सम्बद्ध फाईल नं. ६९ – डॉ सुराणा, पूर्वोक्त

७४. शोभालाल गुप्त का डॉ. सुराणा से साक्षात्कार - उपर्युक्त पृ. ११०

७५. डॉ. पुष्पेन्द्र सुराणा - पूर्वोक्त पृ. ११२-१३२

७६. कुंभाराम आर्य- विजयसिंह पथिक स्मृति ग्रंथ पृ. २८१

७७. शंकर सहाय सक्सेना व पद्मजा शर्मा - पूर्वोक्त पृ. १६१

७८. यहाँ जलियांवाला बाग हत्याकांड के लिए उत्तरदायी जनरल डायर की ओर संकेत है।

७९. सक्सेना व शर्मा - पूर्वोक्त पृ. १७९

८०. पथिकजी का बयान पृ. ९९ से १०१ तक

9

प्रकाश रश्मियों का विस्तार : रियासतों में उत्तरदायी शासन की माँग

राज करंता रुस जार बंदूकां जोर सूं।
परजा कढियौ फूस भली न अतगत भांनिया।।
बीज टिळक बोयोह सत जळ गाँधी सींचियौ।
अब गहरौ होयोह ओ सुराज सुरतरु उदय।।

उदयराज उज्वल

'स्वराज्य मेरा जन्मसिद्ध अधिकार है', की जो गूंज टिळक महाराज द्वारा संचालित होमरुल आन्दोलन के माध्यम से प्रथम विश्व युद्ध के दौरान समस्त भारत में व्याप्त हुई उसने ब्रिटिश सरकार को यह घोषणा करने के लिए बाध्य कर दिया कि युद्ध की समाप्ति के बाद भारत को स्वशासन देने की दिशा में ठोस कदम उठाए जाएँगे। युद्ध प्रयत्नों में भारतीयों ने ब्रिटिश सरकार की हर तरह से जो सहायता की थी उसे देखते हुए उनकी यह अपेक्षा स्वाभाविक थी कि स्वराज्य की उनकी दीर्घकालीन माँग की पूर्ति के लिए सरकार अपेक्षित संवैधानिक सुधार करेगी किंतु १९१९ ई. के सुधार अधिनियम के रूप में जो योजना प्रस्तुत की गई उससे गहरी निराशा हुई। इस सुधार योजना से न तो भारतीयों की अपेक्षाओं की पूर्ति हुई और न ही शिकायतों का निवारण।

उधर जलियाँवाला बाग की घटनाओं ने राष्ट्रीय आन्दोलन को नया मोड़ दे दिया। ब्रिटिश सरकार के रवैये से क्षुब्ध होकर महात्मा गाँधी को असहयोग आन्दोलन का मार्ग अपनाना पड़ा।

अब भारतीय राजनीति में एक नये युग की शुरुआत हुई। असहयोग के व्यापक प्रभाव को देखते हुए उसे गाँधी की आँधी की संज्ञा दी गयी। उस समय ऐसा लग रहा था कि जैसे महात्मा गाँधी एक तरंगश्रृंग पर सवार थे और उनके

सम्मुख कोई बाधा नहीं थी।[१] भारतीय मानस से अंग्रेजी सत्ता के आतंक का निवारण करने वाले असहयोग आन्दोलन के दूरगामी प्रभाव हुए। उस समय यूरोपीय हलकों में भारत को लुप्त अधिराज्य (lost dominion) कहने का फैशन चल पड़ा था।[२]

देशी रियासतों के शासक ब्रिटिश भारत को उद्वेलित करने वाली जागरण की इस प्रबल लहर से आशंकित हो गये। वे जनसाधारण के हाथों में आए असहयोग के अस्त्र से भयभीत थे। इस समय पं. मोतीलाल नेहरू ने राजपूताना मध्यभारत व अजमेर मेरवाड़ा के राजनीतिक सम्मेलन में अपने अध्यक्षीय भाषण में राजाओं को आश्वस्त करते हुए कहा, इस अवसर पर मैं राजाओं को भरोसा दिलाना चाहूँगा कि ब्रिटिश सरकार के विरुद्ध चलाये गये असहयोग आन्दोलन से उन्हें किसी प्रकार आशंकित होने की आवश्यकता नहीं है। इसका लक्ष्य देशी राजा नहीं हैं।''[३] निस्सन्देह देशी रियासतें असहयोग के दायरे से बाहर थीं फिर भी रियासती शासक इससे चिंतित थे क्योंकि ब्रिटिश भारत में घटित होने वाली घटनाएं रजवाड़ों के प्रजाजनों के लिए जागृति का आधार बन रही थीं। राजस्थान के अग्रणी प्रबुद्ध जन भारत की राजनीतिक स्थिति में आए इस बदलाव से अवगत थे। उन्हें कांग्रेस के उद्देश्यों व आकांक्षाओं से सहानुभूति थी और वे रियासती प्रजाजनों में जागृति का प्रसार चाहते थे। इस बात को मद्देनजर रखते हुए २९ दिसम्बर १९१९ को दिल्ली के चाँदनी चौक स्थित मारवाड़ी पुस्तकालय में राजपूताना मध्य भारत सभा नामक संस्था की स्थापना की गयी।

सभा का लक्ष्य रियासतों में उत्तरदायी सरकार की स्थापना करना व रियासती प्रजाजनों को कांग्रेस संगठन का सदस्य बनाना था। सभा के संस्थाक थे – श्री जमनालाल बजाज (सीकर), अर्जुनलाल सेठी (जयपुर), गोविंददास (जबलपुर), विजयसिंह पथिक (बुलंदशहर), चाँदकरण शारदा (अजमेर), गणेशशंकर (ग्वालियर), स्वामी नृसिहंदेव (जयपुर) व ठाकुर केसरीसिंह बारहठ (शाहपुरा)।[४] इसके सदस्यों ने पहले स्वयं को कांग्रेस से जोड़ना चाहा पर शुरु में उन्हें सफलता नहीं मिली। बाद में कांग्रेस के नागपुर अधिवेशन में उसका कांग्रेस से सम्बन्ध जुड़ गया। सभा ने वर्धा से राजस्थान केसरी नामक पत्र शुरु किया तथा राजस्थन सेवा संघ व उसके मुख्यपत्र तरुण राजस्थान की अमूल्य सहायता की। रियासती प्रजा के जागरण के उद्देश्य से बनायी गयी संस्थाओं में वह प्रारंभिक संस्था थी।

राजस्थान सेवा संघ (पथिकजी द्वारा स्थापित) ने देशी रियासतों के प्रजाजनों की दुर्दशा की ओर कांग्रेस का ध्यान आकृष्ट करने व उसके सम्मेलनों में

रियासती प्रतिनिधियों को भाग लेने का अधिकार दिये जाने के पक्ष में बहुत प्रचार कार्य किया। कांग्रेस नेताओं के नाम लिखी गयी एक खुली चिट्ठी में विजयसिंह पथिक ने लिखा, 'क्या यह आश्चर्यजनक नहीं है कि आपने देशी रियासतों में रहने वाले अपने भाईयों की दुर्दशा पर एक क्षण के लिए भी नहीं सोचा। दक्षिण अफ्रीका, फिजी व ट्रिनिडाड में हमारे भाईयों के साथ होने वाले दुर्व्यवहार के समाचारों से तो आप अधीर हो जाते हैं। मिश्र व आयरलैंड की दुरावस्था पर आपके आँसू निकल पड़ते हैं ब्रिटिश भारत की नौकरशाही का स्वेच्छाचार आपको बेतरह खटकता है परन्तु यह कितने दु:ख व आश्चर्य की बात है कि अपने देश पड़ोस में ही उन बंधुओं पर जो दु:ख सुख में सदैव आपके साथ हैं और रहेंगे, उन पर अन्य सब स्थानों से अधिक अत्याचार और स्वेच्छाचार होता देखकर भी आपका हृदय विचलित नहीं होता। देशभर की राष्ट्रीय महासभा के तोरणद्वार उन अभागों के लिए बंद है।[५]

रियासतों की निरंकुशता के विरुद्ध जनविरोध के प्रतीक भील व किसान आन्दोलनों की चर्चा पहले विस्तार से की जा चुकी है। असहयोग आन्दोलन से सभी वर्गों में हलचल दिखायी देनी शुरु हुई। स्वराज्य की माँग जोर पकड़ने लगी। ब्रिटिश भारत में होने वाली हलचल का रियासतों पर यत् किंचित असर पड़ना लाजमी था यद्यपि राजाओं ने अपने प्रदेशों को अंधकार में बनाये रखने की पुख्ता व्यवस्था कर रखी थी। ब्रिटिश सरकार राजाओं के हाथ और मजबूत करना चाहती थी। इस उद्देश्य से केन्द्रीय धारासभा में गृह सदस्य विलियम विन्सेंट ने २३ सितम्बर १९२२ को इंडियन स्टेटस (प्रोटेक्शन अगेन्स्ट डिसअफेक्शन) विधेयक प्रस्तुत किया। इस विधेयक में किसी भी तरह की राजद्रोहात्मक सामग्री को दंडनीय अपराध बना दिया गया। जब इसे ब्रिटिश संसद की स्वीकृति के लिए प्रस्तुत किया गया जिसका कर्नल वेजवुड और कतिपय अन्य सदस्यों ने तीव्र विरोध किया। उनके अनुसार यह कहना कि भारतीय राजा अपने प्रजाजनों के साथ अपनी संतानों की भाँति व्यवहार करते हैं, वैसा ही है जैसे हेनरी अष्टम् व लुई चौदहवाँ अपने प्रजाजनों के प्रति संतानवत् व्यवहार करते थे।[६]

भारतीय रियासतों की समस्या ब्रिटिश संरक्षण में पलने वाली स्वेच्छाचारिता के कारण पहले से ही जटिल थी। माण्टेग्यू चेम्सफोर्ड सुधारों के बाद उसमें और वृद्धि हुई। इस सुधार योजना द्वारा ब्रिटिश प्रान्तों में आंशिक रूप से उत्तरदायी शासन लागू होने से निरंकुश शासन के तले पिस रही रियासती जनता की समस्याओं की ओर भी लोगों का ध्यान गया। ब्रिटिश भारत की भाँति रियासतों में भी संवैधानिक शासन व शासन में लोगों की भागीदारी की आवाज धीरे धीरे

उठने लगी। समय के साथ यह माँग बलवती होती गयी और इस माँग की तीव्रता और गंभीरता को व्यक्त करने वाले संकेत भी साफ नजर आने लग गये थे। रियासती प्रजा ने कई माध्यमों से स्वयं को संगठित करना प्रारम्भ कर दिया था।[७] प्रथम विश्वयुद्ध के बाद रियासतों में एक नई हलचल दिखायी दे रही थी। सारी अप्राकृतिक बाधाएँ टूट रही थीं। जिज्ञासा व खोजबीन की भावना उदासीनता व जड़ता का स्थान ले रही थी। जनसाधारण में बैचेनी व असंतोष की स्वस्थ भावनाएँ पनपना शुरु हो गयी थी। सरकारी व गैर सरकारी क्षेत्रों में अपना हृदय टटोलने की स्थिति आ गयी थीं। बुद्धिजीवी वर्ग में संवैधानिक सरकार की इच्छा बलवती होती जा रही थी। रियासती प्रजा में ब्रिटिश भारत के स्वदेशवासियों को प्राप्त अधिकार व स्वतंत्रताएँ हासिल करने व प्रगति की दिशा में उनके साथ कदम मिलाकर चलने की आकांक्षा जोर पकड़ती जा रही थी।

भारतीय राष्ट्रीय कांग्रेस के अधिवेशनों के साथ प्रतिवर्ष आयोजित होने वाले रियासती प्रजाजनों के सम्मेलन में यह परिवर्तन स्पष्ट लक्षित होने लगा था। रियासती प्रजाजन कॉन्फ्रेंस का देशी राज्यों के प्रजाजनों के लिए वही महत्व था जो ब्रिटिश भारत में भारतीय राष्ट्रीय कांग्रेस का था। ३० दिसम्बर १९२४ को बेलगाँव में आयोजित रियासती प्रजाजन कॉन्फ्रेंस का अधिवेशन महत्वपूर्ण था। नरसिंघ चिंतामण केळकर की अध्यक्षता में सम्पन्न इस अधिवेशन में अनेक प्रतिनिधि शरीक हुए। देशी रियासतों के प्रशासन में व्याप्त दोषों व कमियों की ओर ध्यान आकृष्ट करते हुए अध्यक्ष ने कांग्रेस से उनके मामलों में सक्रिय रुचि लेने का आग्रह किया। विजयसिंह पथिक कांग्रेस के नाम लिखे गये अपने खुले पत्र में इसकी महती आवश्यकता का भलीभाँति प्रतिपादन कर चुके थे। जैसा कि पहले बताया जा चुका है, यह उन्हीं के प्रयत्नों का परिणाम था कि कांग्रेस ने नागपुर अधिवेशन में अपनी नीति में एक महत्वपूर्ण परिवर्तन करते हुए देशी रियासतों के प्रति अहस्तक्षेप एवं उदासीनता की नीति का परित्याग करते हुए यह प्रस्ताव पारित किया कि अब से कांग्रेस देशी रियासतों सहित समस्त भारत की स्वतंत्रता के लिए प्रयास करेगी। पथिकजी ने कांग्रेस द्वारा देशी रियासतों के आठ करोड़ प्रजाजनों को भाग्य भरोसे छोड़े जाने की नीति के अनौचित्य को भली भाँति उजागर कर दिया था। उनके द्वारा स्थापित राजस्थान सेवा संघ के मुखपत्र राजस्थान केसरी व बाद में तरुण राजस्थान ने इस दिशा में प्रशंसनीय कार्य किया। राजस्थान के प्रजाजनों की व्यथा को वाणी देने व घोर प्रतिक्रियावादी शासन व्यवस्था के दोषों से शेष भारत को परिचित कराने का स्तुत्य कार्य पथिकजी द्वारा संपादित इन्हीं दोनों पत्रों ने किया।

सुधारों के लिए माँग निरन्तर जोर पकड़ रही थी। भारतीय रियासतों के मामलों में अभिरुचि रखने वाले कुछ अग्रणी कार्यकर्ताओं का एक सम्मेलन ५ मार्च १९२२ को न.चि. केळकर व ए.वी. पटवर्धन के आमंत्रण पर बम्बई में सर्वेन्ट्स आफ इन्डिया सोसाइटी के भवन में हुआ।[८] इसमें छब्बीस प्रतिनिधियों ने भाग लिया। केळकर ने अपने प्रारंभिक भाषण में बैठक बुलाये जाने के कारणों की चर्चा करते हुए बतलाया कि किस प्रकार देशी रियासतों की उन्नति सम्पूर्ण भारत की उन्नति के लिए आवश्यक थी। सम्मेलन में एक अखिल भारतीय देशी राज्य प्रजा परिषद की आवश्यकता के प्रश्न पर विचार किया गया। विचार विमर्श के उपरान्त निम्नलिखित चार प्रस्ताव पारित किये गये –

(१) अगले अगस्त या सितम्बर महीने में बम्बई में अखिल भारतीय देशी राज्य लोक परिषद का अधिवेशन हो

(२) परिषद के उद्देश्यों व लक्ष्यों को परिभाषित करने का कार्य स्वयं परिषद को ही सौंपा जाए।

(३) एक प्रांतीय कमेटी का निर्माण किया जाए।

(४) श्री केळकर, पटवर्धन, एम.एस. मेहता, पोपटलाल चूड़गर व जे.आर. धारपुरे प्रांतीय कमेटी के सचिव होंगे।[९] रियासतों के एक अखिल भारतीय संगठन की स्थापना की दिशा में अगला कदम १९२६ ई. में उठाया गया। एक प्रांतीय कमेटी बनायी गयी तथा अखिल भारतीय देशी राज्य लोक परिषद का अधिवेशन बुलाने की उपयुक्तता पर विचार विमर्श किया गया। १ अप्रैल १९२७ को अमृतलाल वी. ठक्कर, प्रो. जी.आर. अभ्यंकर, ए.बी. पटवर्धन, प्रो. के.टी. शाह, मणिलाल कोठारी व रामनारायण चौधरी ने भारतीय रियासतों के कार्यकर्ताओं को १७ व १८ अप्रैल को पुनः एकत्र होने के लिए आमंत्रित किया।

यह बैठक सर्वेन्ट्स ऑफ इंडिया सोसायटी के बम्बई स्थित भवन में हुई। इस बैठक में १९१९ के सुधार अधिनियम के अंतर्गत रियासतों में संवैधानिक प्रगति की समस्याओं पर विचार करने के लिए रियासती प्रजा के प्रतिनिधियों का एक सम्मेलन बम्बई में बुलाने का प्रस्ताव पारित किया गया। अखिल भारतीय देशी राज्य लोक परिषद का पहला अधिवेशन शनिवार १७-१८ दिसम्बर १९२७ को बम्बई में हुआ। इसके लिए देशी राज्यों के निवासियों को अपने हृदयोद्गार प्रकट करने के लिए अधिकाधिक संख्या में पधारने का नम्र निवेदन अमृतलाल

वी. ठक्कर, जी.आर. अभ्यंकर, अमृतलाल डी. सेठ, बालकृष्ण पोद्दार, रंगीलदास कापड़िया व बलवंतराय मेहता (महासचिवों) ने हस्ताक्षरों से भेजा गया। इस आमंत्रण में सूचित किया गया कि अलोर निवासी दीवान बहादुर रामचंद्रराव सर्वसम्मति से परिषद के सभापति चुने गए हैं।' वे धारासभा के उपसभापति रह चुके थे। संवैधानिक कानून के अद्वितीय विद्वान श्री राव भारतीय सैन्डर्स कमेटी के सदस्य रह चुके थे। अधिवेशन का पंडाल माधोबाग में रखा गया।[१०] पन्द्रह सौ से अधिक व्यक्तियों ने इसमें भाग लिया। इस प्रकार अखिल भारतीय देशी राज्य लोक परिषद की स्थापना हुई जिसका मुख्यालय बम्बई में रखा गया।

इसका मुख्य उद्देश्य रियासतों में प्रतिनिधि संस्थाओं के माध्यम से शासकों की छत्रछाया में प्रजाजनों के लिए उत्तरदायी शासन व्यवस्था की स्थापना थी। आगामी वर्षों में परिषद की शक्ति में वृद्धि होती गयी। देशी राज्यों में उत्तरदायी शासन की स्थापना के लिए इसके प्रयत्न उल्लेखनीय रहे। परिषद की कार्यसमिति ने १९३१ ई. में अनेक महत्वपूर्ण प्रस्ताव पारित किये। जब भारत के लिए संघीय ढ़ाँचे के संविधान पर विचार करने के लिए गोलमेज सम्मेलन बुलाया गया था रियासती प्रजा के अधिकारों के बारे में एक स्मरण पत्र तैयार कर सम्मेलन में भाग लेने वाले प्रतिनिधियों में वितरित किया गया। इसमें रियासतों में विद्यमान दशाओं का हवाला देते हुए रियासती प्रजा के मूल अधिकारों की घोषणा पर बल दिया गया था।

राजस्थान की रियासतों में जागरण का प्रारंभिक दौर

अपने निरंकुश शासन को निर्द्वन्द्व और स्वेच्छाचार को अक्षुण्ण बनाये रखने के लिए राजाओं द्वारा रियासती प्रजा को बाह्य प्रभावों से अछूता रखने की पुरजोर कोशिशों के उपरान्त भी देश में सर्वत्र हो रही हलचल से वहाँ कुछ सीमा तक राजनीतिक चेतना का प्रसार होना स्वाभाविक था। राजस्थान सेवा संघ के रूप में रियासती निरंकुशता का सामना करने हेतु एक संबल प्राप्त हो गया था। राष्ट्रीय स्तर पर होने वाली गतिविधियों से न्यूनाधिक रूप से छोटी बड़ी सभी रियासतें प्रभावित हुईं। ब्रिटिश भारत में जिन राजनीतिक अधिकारों की प्राप्ति के लिए संघर्ष चल रहा था, रियासती जनता में भी उसी प्रकार के हक हासिल करने की आकांक्षा अंगड़ाई लेने लगी। चूंकि रियासतों में तो दमन व शोषण का ही बोलबाला था अतः प्रजाजनों की फरियाद को भी राजद्रोह की संज्ञा दी जाती थी। रियासती जनता को तो मध्यकालीन कूपमंडूकता से सरोबार सामंती

वातावरण से लोहा लेते हुए अपना मार्ग प्रशस्त करना था। यह एक दुरुह कार्य था जिसमें पग पग पर भीषण बाधाओं से जूझना पड़ा। विभिन्न रियासतों में उत्तरदायी शासन की स्थापना के प्रारंभिक प्रयासों के विवेचन से यह बात स्पष्ट हो जाएगी।

जोधपुर – राजस्थान सेवा संघ के नमूने पर जोधपुर में मारवाड़ सेवा संघ के नाम से एक संगठन की स्थापना सन् १९२० में की गयी। यह अपने ढंग का मारवाड़ में पहला राजनीतिक संगठन था।[११] इसका उद्देश्य भ्रष्ट नौकरशाही के कुशासन का विरोध करना, सत्ताधारियों के मनमाने कार्यों से उत्पन्न शिकायतों का निवारण कराना व इस प्रकार मारवाड़ के लोगों में जागृति उत्पन्न करना था। यह राजस्थान सेवा संघ से सम्बद्ध था। जयनारायण व्यास, कानमल, भँवरलाल सर्राफ, प्रयागराज भंडारी व दुर्गाशंकर आदि इसके महत्त्वपूर्ण सदस्य थे। वे दिसम्बर १९२१ ई. में कांग्रेस के अहमदाबाद अधिवेशन में शरीक हुए थे।[१२] ये लोग खादी धारण करते थे और अजमेर से समाचार पत्र मंगवा कर लोगों में निःशुल्क वितरण करते थे। इस संगठन का निर्माण होते ही मारवाड़ की पुलिस चौकन्नी हो गयी। संगठन की गतिविधियों के विस्तार और लोकप्रियता में वृद्धि के साथ ही वह सत्ताधारियों की आँखों में खटकने लगा। उस समय के पुलिस महानिरीक्षक ने जयनारायण व्यास के विरुद्ध राजद्रोह अधिनियम के अंतर्गत अभियोग चलाने की सिफारिश की।

इस संगठन को व्यापक जनसमर्थन नहीं मिलने के कारण यह थोड़े समय पश्चात् ही समाप्त हो गया और इनके स्थान पर मारवाड़ हितकारिणी सभा के नाम से एक नया संगठन स्थापित हुआ। इसके संस्थापक मारवाड़ सेवा संघ के अग्रणी व्यक्ति ही थे। इसका नेतृत्व व राजनीतिक कार्यक्रम सेवा संघ वाला ही था किन्तु इस अर्थ में उससे भिन्न भी था कि इसका उद्देश्य महाराजा के संरक्षण में जनसाधारण के उत्थान के लिए कार्य करना था। इसने महाराजा के प्रति अपनी राजभक्ति भी घोषित की। उस समय कठोर प्रेस अधिनियम व राजद्रोह अधिनियम के कारण राजनीतिक कार्य करना आसान नहीं था। थोड़े समय बाद ही हितकारिणी सभा को लोकहित के एक महत्त्वपूर्ण मुद्दे पर अपनी आवाज बुलंद करनी पड़ी।

२९ अक्टूबर १९२३ को रियासती सरकार ने बकरियों व भेड़ों के निर्यात की अनुमति दे दी जिस पर पहले कानूनी पाबंदी लगी हुई थी। लोग आर्थिक व धार्मिक कारणों से इस आदेश से बहुत अप्रसन्न थे। नवनिर्मित हितकारिणी सभा ने इस जनविरोधी कानून के खिलाफ आवाज उठाकर लोगों का समर्थन प्राप्त

करने व अपना आधार व्यापक बनाने का प्रयास किया। उस समय पड़ोसी रियासतों में भी भेड़ बकरियों का निर्यात प्रतिबंधित था। जयनारायण व्यास ने महाराजा को दिये गये ज्ञापन में इस आदेश के जनसाधारण के लिए आर्थिक दुष्परिणामों की ओर ध्यान आकृष्ट किया और बताया कि ग्रामीण जनता के किये यह बहुत घातक सिद्ध होगा। व्यासजी के नेतृत्व में एक शिष्टमंडल भी महाराजा से मिला। यह माँग न्यायोचित व तार्किक थी किंतु एक संगठित प्रतिनिधित्व अधिकारियों के लिए असह्य था। इसमें उन्हें अपनी सत्ता के लिए खतरनाक चुनौती दिखाई पड़ी। अधिकारियों के अड़ंगों के कारण तुरंत सफलता नहीं मिल सकी लेकिन निर्यात पर प्रतिबंध की माँग जोर पकड़ती गयी। १५ जुलाई १९२४ को जोधपुर में इस संबंध में एक सार्वजनिक सभा हुई। यह माँग इतनी उचित थी कि अन्तत: १५ अगस्त १९२४ को महाराजा ने इसे स्वीकार कर लिया। महाराजा के इस कार्य की बहुत प्रशंसा हुई। हितकारिणी सभा व इसके नेता काफी लोकप्रिय हो गये। जयनारायण व्यास मारवाड़ के जननेता के रूप में उभरे। इसके बाद व्यासजी का राजनीतिक दर्जा बढ़ता चला गया। इस सफलता से लोगों को नवीन अनुभव और अन्तर्दृष्टि प्राप्त हुई। व्यासजी उत्पीड़न, अन्याय व शोषण के विरुद्ध थे। उस समय की परिस्थितियों में शासक की दयालुता की दुहाई देकर ही जनसाधारण की शिकायतें प्रस्तुत की जा सकती थीं लेकिन व्यासजी के भीतर विद्यमान विद्रोही सच्ची खरी बात कहने में नहीं चूकता था।

संघर्ष का प्रारंभिक चरण

मारवाड़ हितकारिणी सभा को मादा पशुओं की निकासी के विरोध में चलने वाले आंदोलन से जो लोकप्रियता प्राप्त हुई उससे प्रशासन आशंकित हो गया। हितकारिणी सभा के कट्टर विरोधी प्रधानमंत्री सर सुखदेव प्रसाद ने कुछ अवसरवादी लोगों को इसकी एक प्रतिद्वन्द्वी संस्था बनाने के लिए उकसाया। परिणामस्वरूप राजभक्त देश हितकारिणी सभा का गठन किया गया लेकिन उसे जनमानस में कभी प्रतिष्ठा प्राप्त नहीं हुई जबकि हितकारिणी सभा के नेताओं को जनता के दु:ख तकलीफों को वाणी प्रदान करने वालों के रूप में देखा जाता था। हितकारिणी सभा ने सुखदेव प्रसाद के खिलाफ आरोपों की जाँच के लिए महाराजा को एक आवेदन पत्र प्रस्तुत किया और साथ ही उसे हटाने के लिए वॉयसरॉय को निवेदन पत्र भेजा। प्रतिक्रिया स्वरूप सुखदेव प्रसाद के इशारे पर मारवाड़ स्टेट कौंसिल ने १९ मार्च १९२५ को हितकारिणी सभा के प्रमुख नेताओं के देश निकाले की आज्ञा जारी कर दीं। प्रतापचंद सोनी, चाँदमल सुराणा व

शिवकरण जोशी को उसी दिन आधी रात से पहले मारवाड़ छोड़ने का आदेश मिला।

जयनारायण व्यास, आनंदराज सुराणा, अब्दुल रहमान अंसारी जैसे अन्य नेताओं की उपस्थिति सार्वजनिक हित की दृष्टि से हानिकारक मानी गयी। उन्हें दस नम्बरी घोषित कर दिया गया। उन्हें प्रतिदिन पुलिस थाने में हाजरी देने व रात पुलिस थाने में बिताने की आज्ञा दी गयी। ऐसा अपमान सहन करने के बजाय व्यासजी ने आत्मनिर्वासन में रहना श्रेयस्कर समझा। वे मारवाड़ छोड़कर ब्यावर चले गये और वहीं से जनजागरण का प्रयास करने लगे। वे यंग राजस्थान में आज का मारवाड़ स्तम्भ के अन्तर्गत लेखन द्वारा मारवाड़ की दशा पर प्रकाश डालते रहे। व्यासजी के लेखों और विचारों से प्रभावित मारवाड़ हितकारिणी सभा ने जोधपुर रियासत में उत्तरदायी सरकार की माँग करने के साथ ही रियासत में व्यक्ति स्वातंत्र्य, प्रेस व संगठन बनाने की स्वतंत्रता की आवश्यकता पर बल दिया।

हितकारिणी सभा ने मारवाड़ राज्य लोकपरिषद का पहला अधिवेशन ११ व १२ अक्टूबर १९२९ को जोधपुर में रखने का निश्चय किया। जयनारायण व्यास भी अब तक जोधपुर लौट चुके थे। अधिवेशन की तैयारी पूरी हो चुकी थी कि महाराजा के निजी सचिव नरपतसिंह ने अचानक इस पर रोक लगा दी। इसके लिए बहाना यह बनाया गया कि जागीरदारों ने यह शिकायत की है कि परिषद के कार्यकर्ता किसानों को भड़का रहे हैं। निषेध आज्ञा के विरोध में जोधपुर में तत्काल सभा हुई जिसमें इस आज्ञा के अनौचित्य को कई उदाहरण देकर स्पष्ट किया गया। इस प्रतिबन्ध से युवकों में नये उत्साह का संचार हुआ और वे अधिकाधिक संख्या में आन्दोलन से जुड़ने लगे। मारवाड़ लोकपरिषद को भारतीय देशी राज्य लोकपरिषद की कार्यकारिणी से पूरा नैतिक समर्थन प्राप्त हुआ। उसने जनसाधारण के संवैधानिक आन्दोलन के खिलाफ राज्य की दमन नीति की निंदा की। अमृत बाजार पत्रिका ने महाराजा को याद दिलाया कि राजाओं के दैवी अधिकार का जमाना लद गया है। नवीन चेतना एवं लोकतांत्रिक भावना को दबाने में उन्हें सफलता नहीं मिलने वाली है। लोकपरिषद के अधिवेशन के सिलसिले में जयनारायण व्यास और आनंदराज सुराणा पर २३ अक्टूबर १९२९ को मारवाड़ दंड संहिता की धारा १२० के अन्तर्गत नागौर में मुकद्दमा चलाया गया। तीन महीने सुनवाई के बाद २० जनवरी १९२० को इसका फैसला किया। विशेष ट्रिब्यूनल ने व्यासजी को पाँच वर्ष के कठोर कारावास और १०००/- रुपये जुर्माने का दंड दिया। आनंदराज सुराणा व भँवरलाल सर्राफ को

चार वर्ष के कठोर कारावास व १००/- रुपये जुर्माने की सजा दी गयी। रियासत के इस कदम की राष्ट्रवादी प्रेस ने कड़ी आलोचना की। यंग राजस्थान ने दमन के इन तरीकों को मध्यकालीन की संज्ञा दी। गाँधी इरविन पैक्ट के आधार पर ये तीनों लोकसेवक रिहा कर दिये गये। १९२९ ई. में एक अन्य गतिशील संस्था मारवाड़ यूथ लीग की स्थापना हुई। इसके लक्ष्य हितकारिणी सभा के समान ही थे। मारवाड़ लोकपरिषद का पहला अधिवेशन २४ व २५ अक्टूबर १९३१ को पुष्कर में प्रसिद्ध समाजसेवी चाँदकरण शारदा की अध्यक्षता में हुआ। कस्तूरबा गाँधी व मौलाना आज़ाद ने इसमें भाग लने की स्वीकृति भेजी थी। मणिलाल कोठारी भी इसमें सम्मिलित होने वाले थे। इस अधिवेशन में राज मारवाड़ के द्वारा भेजे हुए गुंडों ने व्यवधान डालने का अभियान शुरु कर दिया। व्यासजी को लाठी की अनेक चोटें लगीं। कस्तूरबा गाँधी लाठियों की मार से बाल बाल बचीं।[१३] गुण्डों को स्वयं सेवकों ने काबू कर लिया और आगे सम्मेलन की कार्यवाही निर्विघ्न चलती रही। कस्तूरबा ने कांफ्रेंस को सम्बोधित किया और राज मारवाड़ के तौर तरीकों पर गहरा खेद व्यक्त किया।

बीकानेर - बीकानेर रियासत में सन् १९२० के पश्चात् ही थोड़ी बहुत राजनीतिक हलचल दिखायी पड़ी। जनता की आवाज को तो पहले से प्रबल रूप से दबा दिया गया था तथा ऊपर से तुर्रा यह कि बीकानेर जनसुरक्षा अधिनियम के द्वारा मार्शल लॉ व कोर्ट मार्शल की तलवार लोगों के सिर पर लटका दी गयी थी। उस समय बीकानेर में घुटन का वातावरण घनीभूत था। बीकानेर व रियासत के अन्य नगरों के स्टेशनों पर पुलिस व चुंगी के अमले का भयानक आंतक छाया रहता था। हर आगन्तुक से पूरी पूछताछ की जाती थी। खद्दरधारी मेहमान के आगमन का अर्थ था घर के आस पास गुप्तचरों के चक्कर। शासन की खामियों की आलोचनों करना तो दूर उनकी ओर किसी रूप में संकेत करना भी असंभव था। पं. नेहरू ने बीकानेर में सर्वव्यापी दमन के बारे में लिखा था - ‘‘जहाँ शादी की कुंकुमपत्रिकाएँ राज्य से सैंसर करानी पड़ती हों और उनके प्रतिवाद में मनगढ़न्त दलीलें दी जाती हों उस राज्य का शासक इंसान नहीं हैवान है।[१४] ऐसे वातावरण में नागरिक स्वतंत्रता की बात भी कल्पनातीत थी। स्वतंत्र विचार सूचक हैंडबिल छापने व छपनवाने से तूफान उठ खड़ा होता था। आवाज लगाकर अखबार बेचना भी पुलिस की नजरों से अपराध था।

महाराजा गंगासिंह की स्वेच्छाचारिता और निरंकुशता का कोई पार नहीं था। अनेक व्यक्तियों को रियासत से निर्वासित कर दिया गया और लंबी लंबी सजाएँ दी गयीं। रियासत में नागरिक स्वतंत्रताओं का दमन इस सीमा तक प्रबल

था कि लोग कानाफूसी में बात करते थे। पूरी रियासत का एक जेलखाना थी।[१५] सोसायटी पंजीकरण अधिनियम के अन्तर्गत अनाथालयों, विधवा आश्रमों, दुर्बल व अशक्तों के आवासगृहों, कला व विज्ञान समितियों का पंजीकरण आवश्यक था किन्तु उसमें राजनीतिक, श्रमिक व किसान संगठनों के लिए कोई गुंजाइश नहीं थी। ऐसी प्रतिकूल परिस्थितियों में १९१२ ई. में चुरू में बड़ी कठिनाई से स्वामी गोपाळदास द्वारा सर्वहितकारिणी सभा स्थापित की गयी।[१६] यह एक सामाजिक शैक्षणिक संस्था थी। कुछ सीमा तक वह अर्द्ध राजनीतिक कार्यों में भी संलग्न थी। सन् १९२० में बीकानेर में कुछ जागरूक कार्यकर्ताओं ने सद्विद्या प्रचारिणी सभा की नींव रखी जिसका मुख्य उद्देश्य रिश्वतखोरी व अन्याय के खिलाफ अभियान चलाना था। इस संस्था के द्वारा धर्म विजय और सत्यविजय नामक दो सामाजिक नाटक अभिनीत किये जाने से भी बीकानेर के प्रशासनिक हलकों में हलचल मच गयी।[१७] बीकानेर सरकार इतनी सावधान हो गयी कि किसी भी बाहरी कार्यकर्ता का रियासत में प्रवेश निषिद्ध कर दिया गया।

इन्ही प्रतिकूल परिस्थितियों में मुट्ठीभर कार्यकर्ताओं ने अखिल भारतीय देशी राज्य लोक परिषद की गतिविधियों में रुचि लेना प्रारंभ किया। इस परिषद की स्थापना के बाद राजाओं की स्वेच्छाचारिता उजागर होने लगी। इस विषय की एक महत्वपूर्ण प्रचार पुस्तिका थी विजयसिंह मोहता द्वारा लिखित 'बीकानेर राज्य में नादिरशाही''। इसमें रियासत में फैली अव्यवस्था और कुशासन का सजीव चित्रण मिलता है। सन् १९३१ में देहली के समाचारपत्रों रियासत व 'प्रिंसली इंडिया' में कुछ लेख प्रकाशित हुए जिनमें बीकानेर के निरंकुश स्वेच्छाचारी शासन की आलोचना की गयी थी। इसी समय चुरू में एक सार्वजनिक सभा हुई जिसमें राज्य द्वारा लगान, किराये आदि बढ़ाने की नीति की आलोचना की गयी। ऐसी मामूली कार्यवाही भी रियासत की निगाह में स्थापित सत्ता को उच्छेदित करने के लिए पर्याप्त थी। लोगों ने स्वच्छ प्रशासन की माँग की पर इस दिशा में कुछ करने के बजाय रियासत ने समाचारपत्रों पर सेंसर लगा दिया और करीब सौ पुस्तकों, अखबारों, चित्रों आदि पर इस आधार पर प्रतिबंध लगा दिया कि वे राजद्रोहात्मक साहित्य की श्रेणी में आते हैं। राज्य की दमनकारी नीति का पहला शिकार पंचायत बोर्ड के सरंपच रामनारायण सेठ बने जिन पर ७ मई १९३१ को पुलिस ने कातिलाना हमला किया क्योंकि उन्होंने खुले तौर पर श्रेष्ठतर सरकार की लोगों की माँग पर समर्थन किया, व बेगार प्रथा की कठोर आलोचना की थी।[१८] महात्मा गाँधी की जय जैसा नारा भी राजद्रोहात्मक कार्य माना जाता था।

बीकानेर षड्यंत्र केस

इस संदर्भ में सबसे उल्लेखनीय घटना बीकानेर षड्यंत्र केस है। एक ऐसा केस जो स्वच्छ प्रशासन की माँग करने के अलावा इस कारण भी चलाया गया कि बीकानेर के स्वेच्छाचारी शासन का असली रूप ब्रिटिश सांसदों के सम्मुख स्पष्ट कर दिया गया था। रियासत का सामान्य राजनीतिक वातावरण भी अच्छा नहीं था। रियासती सरकार ने जमनालाल बजाज, अर्जुनलाल सेठी व चाँदकरण शारदा को निष्कासित करने का आदेश दे दिया था। इस बीच बीकानेर के कुशासन की देश के प्राय: सभी प्रमुख समाचार पत्रों ने कड़ी आलोचना की। यह कहा जाता है कि रियासत की सरकार समाचार पत्रों में प्रकाशित होने वाले उन खुले पत्रों से बहुत क्रुद्ध हो गयी जिनमें रेवेन्यू सदस्य महाराजा मान्धतासिंह पर प्रशासन में भ्रष्ट तरीके अपनाने का आरोप लगाया गया था।

सन् १९३२ में लंदन में द्वितीय गोलमेज परिषद का आयोजन हुआ जिसमें देशी राजाओं के प्रतिनिधि के रूप में बीकानेर के महाराज गंगासिंह ने भाग लिया। उस समय बीकानेर प्रशासन शीर्षक से लिखित एक पुस्तिका गोलमेज परिषद के प्रतिनिधियों व ब्रिटिश सांसदों में वितरित की गयी। इसमें राज्य के अतिशय कुशासन व स्वतंत्रता के अधिकार के हनन के विविध रूपों पर प्रकाश डाला गया था। पुस्तिका महाराजा गंगासिंह के निरंकुश शासन का पर्दाफाश करने में कामयाब हुई।[१९] इस पुस्तिका के वितरण के फलस्वरूप रियासत की पुलिस एकदम सक्रिय हो गयी और कई गिरफ्तारियाँ हुईं गिरफ्तार व्यक्तियों में सत्यनारायण वकील, खूबचंद सर्राफ, स्वामी गोपाळदास, चन्दमल बहड़, बद्रीप्रसाद सरावगी, सोहनलाल शर्मा, प्यारेलाल सारस्वत व लक्ष्मीचंद सुराणा शामिल थे। लक्ष्मीचंद बाद में सरकारी गवाह बन गया।

दमन, उत्पीड़न और निर्वासन महाराजा गंगासिंह की शासन नीति के मूलमंत्र थे। इस मुकद्दमे का उद्देश्य सारी रियासत में लोगों को आतंकित व भयभीत करना था। सेवा समितियों, वाचनालयों, शिक्षण संस्थाओं आदि के रूप में जो भी थोड़ी सी हलचल कहीं दिखाई पड़ती थी किसी बहाने उसका गला घोंटना रियासत का लक्ष्य बन गया था। इस पृष्ठभूमि में खूबराम सर्राफ व उसके साथियों पर ताजिरात बीकानेर की दफा ६७ (७ ग), १२४४ (क), १२० (ख) के संगीन आरोप लगाये गये। दफा ३७७ (ग) के अनुसार राजघराने के किसी भी व्यक्ति के विरुद्ध किसी प्रकार का द्वेष, तिरस्कार, घृणा आदि प्रकट करना व फैलाना अपराध ठहराया गया था जिसके लिए आजन्म कैद व जुर्मान की सजा हो सकती थी।

दफा १२४ (क) में बीकानेर के राजा व सरकार के ही नहीं बल्कि किसी भी राजा व उसकी सरकार के विरुद्ध घृणा पैदा करना अपराध ठहराया गया था।[२०] सर मनुभाई मेहता तब बीकानेर के दीवान थे। उनके आदेश से राजद्रोह एवं षड्यंत्र का वह संगीन मुकदमा चलाया गया। अभियुक्तों को बिना मुकद्दमा चलाये तीन महीने हवालात में बंद रखा गया। दीवान ने १२ अप्रैल १९३२ को उप पुलिस महानिरीक्षक को मुकद्दमा दायर करने का आदेश दिया। १३ अप्रैल १९३२ को जिला जज बाबू बृजकिशोर चतुर्वेदी की अदालत में मुकद्दमा शुरु हुआ। राज्य के भय से कोई वकील अभियुक्तों की पैरवी करने के लिए तैयार नहीं हुआ। तब बाबू मुंक्ताप्रसाद व रघुवरदयाल गोयल ने साहस करके राजद्रोह के इन अभियुक्तों की पैरवी का काम हाथ में लिया।[२१] श्री गंगादास कौशिक ने गोयल के मुंशी के रूप में अदालत में जाना शुरु किया। मुकद्दमे की कार्यवाही की रिपोर्ट समाचार पत्रों में भेजने का काम उन्होंने बड़ी चतुराई से किया।[२२] इस मुकद्दमें के समय वैद्य मंछाराम ने सारे देश का ध्यान इस ओर खींचा और इन जनसेवकों के पक्ष में प्रबल लोकमत तैयार किया।

पुलिस की ओर से पेश किये इस्तगासे में कहा गया कि मार्च १९३१ से सभी अभियुक्त बीकानेर महाराजा व उनकी सरकार के विरुद्ध घृणा द्वेष फैलाने के षड्यंत्र में लगे हुए थे। उन्होंने दिल्ली के 'प्रिंसली इंडिया', अजमेर के त्याग भूमि व दिल्ली के रियासत आदि के संपादकों के साथ मिलकर राजद्रोह फैलाने का षड्यंत्र रचा था। इन पत्रों में प्रकाशित कुछ लेख इसके समर्थन में प्रमाण के तौर पर पेश किये गये। अभियोजन के अनुसार प्रिंसली इंडिया में बीकानेर लेटर शीर्षक से कई लेख प्रकाशित हुए जिनमें रियासत के स्वेच्छाचारी शासन व बीकानेर म्युनिसीपैलिटी के कार्यों पर कड़ा प्रहार करते हुए महाराजा गंगासिंह को बीकानेर का नीरो कहा गया था।[२३] प्रस्तावित संघ शासन में बीकानेर को शामिल करने के सम्बन्ध में कांग्रेस को भेजे जाने वाले मेमोरेंडम को तैयार करने व उस पर लोगों के हस्ताक्षर लेना भी एक षड्यंत्र माना गया जिसके लिए अभियुक्त अपराधी थे। यह भी कहा गया कि उन्होंने अखिल भारतीय देशी राज्य लोकपरिषद के साथ मिलकर राजद्रोही गतिविधियों में भाग लिया था। चुरु में हुई एक सभा में दिये गये स्वामी गोपाळदास के भाषण को राजद्रोही बताकर उसकी रिपोर्ट प्रिंसली इंडिया में छपने के लिए भेजने का आरोप सोहनलाल व प्यारेलाल पर लगाया गया।[२४]

इस मुकदमे की ओर पूरे देश का ध्यान आकृष्ट हुआ और महाराजा के रवैये की कड़ी आलोचना हुई। अभियुक्तों को अपनी सफाई देने का कोई मौका

नहीं दिया गया और हिरासत में उनके साथ अमानुषिक व्यवहार किया गया। इसलिये खूबचंद सर्राफ व उनके मित्रों ने रियासत को लिखा कि बीकानेर सरकार के न्याय पर से हमारा विश्वास उठ गया है इसलिये हमने अदालत की कार्यवाही में भाग न लेने का निश्चय किया है। फिर भी न्याय का नाटक चलता रहा और १५ जनवरी १९३४ को मुकदमे का फैसला हुआ जिसमें अभियुक्तों को अलग अलग अवधि की सजाएँ दी गयीं। सत्यनारायण सर्राफ ७ वर्ष, खूबराम सर्राफ ५ वर्ष, स्वामी गोपाळदास ४ वर्ष, चंदनमल बहड़ ३ वर्ष, बद्रीप्रसाद सरावगी २ वर्ष, प्यारेलाल सारस्वत ६ महीने व सोहनलाल शर्मा ३ महीने। प्यारेलाल व सोहनलाल को बीकानेर की राजकुमारी के पुत्र जन्म के अवसर पर रिहा कर दिया गया। जेल के पास ही उनका भव्य सार्वजनिक अभिनंदन हुआ।[२५]

कोटा – प्रथम विश्वयुद्ध से पहले कोटा में भी प्रजाजनों के किसी प्रकार के आन्दोलन या राजनीतिक हलचल के चिन्ह दृष्टिगोचर नहीं हुए थे। आन्दोलन व अशांति के तत्वों से कोटा के लोग अनभिज्ञ थे।[२६] सन् १९१८ के बाद प्रजा प्रतिनिधि सभा के नाम से एक समिति की कोटा में स्थापना हुई। इस समिति का उद्देश्य लोगों की शिकायतें महकमाखास को प्रस्तुत करना राज्य सरकार से लोगों के अधिकार हासिल करना था। धीरे धीरे रियासत के कई अधिकारी, क्लर्क व आम जनता में से कई लोग इस समिति के सदस्य बने। समिति लोक कल्याण में दत्तचित्त रही, इसने सभी प्रकार की सरकारी गतिविधियों से स्वयं को दूर रखा। थोड़े समय के बाद समिति की नीति में बदलावा आना शुरु हुआ। उसने स्वदेशी वस्त्रों के प्रयोग के लिए लोगों को प्रोत्साहित करने के साथ साथ विदेशी वस्त्रों को जलाने व गाँधी टोपी के प्रयोग को बढ़ावा देना शुरु किया। उस समय असहयोग आन्दोलन के कारण ब्रिटिश भारत में विदेशी वस्त्रों के बहिष्कार की धूम मची हुई थी। कोटा प्रतिनिधि सभा का भी बाहर घटित होने वाली घटनाओं से प्रभावित होना बिल्कुल स्वाभाविक था। यह सब देखते हुए रियासती सरकार ने उसकी गतिविधियों पर अंकुश लगाना शुरु किया। सरकार ने इस दृष्टि से पब्लिक सेफ्टी एक्ट, सीडिशियस मीटिंग एक्ट, पब्लिक सोसाइटी रजिस्ट्रेशन एक्ट जैसे अनेक कानून पास किये।

इन तमाम अधिनियमों का उद्देश्य लोगों की नागरिक स्वतंत्रता को प्रतिबंधित करना था। कोटा प्रजा प्रतिनिधि सभा की गतिविधियों का तुरंत दमन कर दिया गया और १९१९ ई. में अंत तक यह संस्था समाप्त हो गयी। १८ अक्टूबर १९२० को कोटा में एक प्रदर्शन हुआ जिसमें लोगों ने खाद्यान्न की कमी व भारी कीमतों की राजा से शिकायत की। जब राजा ने उनकी बात पर

उचित रूप से ध्यान नहीं दिया तो दंगा शुरु हो गया। कानून व्यवस्था तुरंत स्थापित कर दी गयी। आने वाले कुछ वर्षों में राजनीतिक जीवन में कोई हलचल दिखायी नहीं दी। सन् १९२६ ई. में हाड़ौती प्रजामंडल के नाम से एक सोसाइटी की स्थापना हुई। १९२७ ई. में इसका नाम कोटा प्रजामंडल कर दिया गया। १९३७-३८ तक यह संस्था इतनी अशक्त थी कि वह साधारण व औपचारिक काम ही करती रही। १९३१ ई. में कोटा में मामूली हलचल हुई। पन्द्रह दिसम्बर को कोटा के व्यापारियों की प्रजामंडल के कार्यालय में बैठक हुई जिसमें विदेशी कपड़ों का व्यापार न करने का निश्चय किया गया। इसे प्रभावी बनाने की दृष्टि से सभी व्यापारियों के पास एक शिष्टमंडल भेजा गया। यह कदम बहुत सफल साबित हुआ। जिन दुकानों में विदेशी वस्त्रों की बिक्री जारी रही वहाँ पिकेटिंग करके बिक्री रुकवा दी गयी।

ब्रिटिश सरकार गाँधीजी द्वारा प्रारंभ किये गये सविनय अवज्ञा आन्दोलन की छूत देशी राज्यों में नही फैलने देना चाहती थी अत: राजाओं को एक नोट भेजा गया जिसमें कहा गया कि यदि दरबार अपने अपने क्षेत्रों में सविनय अवज्ञा आन्दोलन के समकक्ष ब्रिटिश सामान के बहिष्कार जैसे कार्यों को दबाने में सफल हुए तो भारत सरकार इसका स्वागत करेगी। वे यह भी सुनिश्चित करें कि उनके प्रदेशों का उपयोग ब्रिटिश भारत में आन्दोलन चलाने के लिए नहीं किया जाय। इसके लिए उनकी विद्यमान शक्तियाँ व अधिकार पर्याप्त नहीं हैं अत: वे और अधिकार ग्रहण कर इस कार्य को सम्पादित करें।[२७] यह इस बात का स्पष्ट संकेत था कि सविनय अवज्ञा आन्दोलन का दमन करने के लिए राजाओं को इच्छानुसार कदम उठाने की छूट दे दी गयी थी। कोटा में स्थिति नियंत्रण में थी फिर भी कोटा नरेश ने ब्रिटिश अधिकारियों को लिखा कि भारत का प्रत्येक शुभेच्छु जो इस विशाल देश की भलाई चाहता है, ब्रिटिश भारत की राजनीतिक स्थिति पर उसका चिंतित होना स्वाभाविक है। संधियों व मित्रता के सुदृढ़ बंधनों में बंधे होने के कारण मेरे तमाम संसाधन ब्रिटिश सरकार की सेवा में प्रस्तुत रहेंगे।

कहने का अभिप्राय यह कि द्वितीय विश्वयुद्ध शुरु होने से पहले कोटा में कोई प्रकट राजनीतिक आन्दोलन नहीं चल सका। १९३४ ई. में बम्बई में हुए कांग्रेस अधिवेशन में कोटा से किसी ने भाग नही लिया। अजमेर कांग्रेस ने ७ फरवरी १९३७ को हुई अपनी बैठक में तय किया कि कुछ कार्यकर्ता कांग्रेस समितियों का संगठन करने व इन क्षेत्रों में नये सदस्य बनाने हेतु झालावाड़

रियासत व हाड़ौती का भ्रमण करें लेकिन उन्हें लोगों से कोई अनुकूल उत्तर नहीं मिला।

अलवर – अन्य रियासतों की भांति अलवर में भी सताधीशों की मनमानी व जनसाधारण की पूर्ण उपेक्षा के कारण परिस्थिति विकट ही थी। अलवर ब्रिटिश भारत से लगा होने के कारण रियासत की प्रजा धीरे धीरे राजनीतिक रूप से सचेत हो रही थी लेकिन उदीयमान राजनीतिक आकांक्षाओं की पूर्ति कर सकने वाली प्रतिनिधि संस्थाओं का वहाँ नामोनिशान नहीं था। महाराजा के मनमाने आदेश ही वास्तव में कानून थे। रियासत में कोई ढंग का समाचार पत्र नहीं था तथा अभिव्यक्ति की स्वतंत्रता व सार्वजनिक सभा आदि करने के अधिकार निषिद्ध थे।[२८] अलवर राज्य राजद्रोह कानून प्रचलित था जिसके अनुसार 'किसी राजनीतिक मसले' पर विचार विमर्श करने के लिए आमसभा करने व ऐसे मामलों से सम्बद्ध किसी प्रकार की लिखित या मुद्रित सामग्री के प्रदर्शन और वितरण की मनाही थी।

नीमूचाणा हत्याकांड

ऐसे घुटन भरे वातावरण की प्रतिक्रिया स्वरूप रियासत में कई आन्दोलनों का सूत्रपात हुआ। मई १९२५ में बणसूर व गाजी का थाना तहसीलों में बन्दोबस्त किया गया जिसके अंतर्गत लगान २५ प्रतिशत बढ़ा दिया गया। नीमूचाणा गाँव के राजपूत काश्तकारों ने लगान वृद्धि का इस आधार पर विरोध किया कि लोग पहले से ही करों के बोझ से दबे हुए हैं अतः यह वृद्धि असह्य है। इस बन्दोबस्त के समय बिस्वेदारों के अधिकारों को भी छीन लिया गया तथा मंदिरों की माफी की भूमि भी खालसा कर दी गयी।[२९] रियासत की इन कार्यवाहियों का विरोध करने के लिए राजपूत किसानों ने एक कमेटी बनाकर महाराजा व भारत सरकार को कई प्रार्थनापत्र व तार दिये किंतु उन पर कोई ध्यान नहीं दिया गया। महाराजा इस बात से नाराज हो गया कि प्रजा भारत सरकार को प्रार्थनापत्र आदि भेजने की धृष्टता करें। प्रारंभ में महाराजा ने किसानों की बात पर कोई ध्यान नहीं दिया लेकिन जब उनकी माँग जोर पकड़ कर आन्दोलन का स्वरूप धारण करने लगी तो उसने कठोरता से दमन करने का निश्चय किया। इसके लिए १४ मई १९२५ ई. को सशस्त्र पुलिस नीमूचाणा भेज दी। लोग डर के मारे गाँव छोड़ खेतों में जा छुपे। रियासत के अधिकारियों ने उन्हें समझा बुझा कर वापस गाँव में बुलाया और आश्वासन दिया कि वे उनकी कठिनाईयों को समझने व उनके निवारण के लिए आए हैं। उनका विश्वास कर लोग गाँव में एकत्र हो गये। उसी समय पुलिस

ने गाँव को घेर लिया और मुख्य रास्तों पर मशीनगनें लगा दीं। पुलिस के साथ मजिस्ट्रेट व महानिरीक्षक भी थे। लोग डर के मारे भागने लगे तब मजिस्ट्रेट की आज्ञा के बिना ही पुलिस महानिरीक्षक ने गोली चलाने की आज्ञा दे दी। पुलिस ने गाँव में आग लगा दी और भागते हुए लोगों पर गोलियाँ चलाना जारी रखा।

बर्बरता के इस तांडव में किसी को नहीं बख्शा गया। घरों में छिपे हुए लोगों को भी बाहर निकाल कर पिटाई की गयी। मशीनगन से बयालीस मिनट तक गोलियाँ चलायी गयीं। अग्निकांड में कई लोग व पशु जल मरे।[३०] जानमाल की काफी क्षति हुई। लगभग सौ व्यक्तियों को जान से हाथ धोना पड़ा और करीब दो सौ घायल हो गये। करीब एक लाख रुपये की संपत्ति नष्ट हो गयी।[३१] इस हत्याकांड के समाचार काफी समय तक बाहर नहीं जाने दिये गये। बाहर के लोगों को उस क्षेत्र में जाने की इजाजत नहीं थी लेकिन धीरे धीरे यह बात उजागर होने लगी तब महाराजा ने इस भीषण कांड के सत्ताईस दिन बाद १० जून को एक विज्ञप्ति निकाली कि नीमूचाणा के किसानों की हिंसक भीड़ को तितर बितर करने के लिए पुलिस को गोली चलानी पड़ी जिसमें दो व्यक्ति मारे गये व चार घायल हो गये। घायलों में से एक की बाद में मृत्यु हो गयी।[३२] हत्याकांड के समाचार रियासत से बाहर पहुँचने पर सभी क्षेत्रों में इसकी कड़ी निंदा हुई। इस हत्याकांड के विरोध में बम्बई के मारवाड़ी विद्यालय में १८ जून को वल्लभभाई पटेल की अध्यक्षता में एक सार्वजनिक सभा हुई। इसमें निन्दा प्रस्ताव पारित करके एक स्वतंत्र कमेटी द्वारा जाँच कराने की माँग की गई।[३३] राजस्थान सेवा संघ ने इस कांड की जाँच के लिए कन्हैयालाल कलंत्री लादूराम जोशी और हरिभाई किंकर को नीमूचाणा भेजा। कलंत्री ने अपनी रिपोर्ट में राष्ट्रीय नेताओं से अपील की कि इस कांड की सार्वजनिक जाँच करवायी जाए।

कई क्षेत्रों से यह माँग उठती रही तब मणिलाल कोठारी की अध्यक्षता में एक जाँच समिति बनायी गयी जिसके सचिव रामनारायण चौधरी थे। इस समिति ने अपनी रिपोर्ट में बताया कि नीमूचाणा कांड में मृतकों की संख्या ९५ थी और २०० व्यक्ति घायल हुए।[३४] उस समय के अनुमान के अनुसार एक लाख रुपये की संपति नष्ट हो गयी थी। उस समय तक कांग्रेस की नीति देशी राज्यों में अहस्तक्षेप की थी अत: वह इस कांड पर मौन रही लेकिन वर्ष के अंत में जब कानपुर में कांग्रेस का अधिवेशन हुआ तब देशी राज्य प्रजा परिषद के आग्रह पर महात्मा गाँधी ने प्रस्ताव तैयार किया कि देशी राज्यों की प्रजा परिषद अलवर राज्य में नीमूचाणा की अमानुषिक घटनाओं पर खेद प्रकट करती है। राज्य ने अपनी पुलिस और अफसरों द्वारा किये गये घोर अत्याचारों और अनियमितताओं

के कारणों व ब्यौरों की खुली व निष्पक्ष जाँच की अनुमति न देने का दुराग्रह किया है।'' महात्मा गाँधी ने अप्रत्यक्षरूप से नीमूचाणा हत्याकांड के मामले में दिलचस्पी लेकर रियासती जनता का मार्गदर्शन किया। इस हत्याकांड से रियासती जनता को अपने राजाओं के अत्याचारों का भान हुआ जिससे अंधराजभक्ति में कमी आयी और अत्याचार का विरोध करने की भावना जागृत हुई। इसके फलस्वरूप आगामी कुछ वर्षों में विभिन्न रियासतों में राजनीतिक गतिविधियों में वृद्धि हुई और उत्तरदायी शासन की माँग जोर पकड़ने लगी।

जाँच आयोग जिन निष्कर्षों पर पहुँचा उन्हें मद्देनजर रखते हुए समाचार पत्रों ने रियासत की कड़ी आलोचना की। तरुण राजस्थान ने लिखा कि यदि राज्य के अधिकारियों को नीमूचाणा के किसानों की कठिनाईयों जानने के लिए भेजा गया तो साथ में इतना पुलिस बल भेजने की क्या आवश्यकता थी? यदि ग्रामीणों ने गोलियों चलाई (जैसा कि राज्या द्वारा जारी विज्ञप्ति में कहा गया था) पुलिस दल के कितने व्यक्ति मारे गये या घायल हुए? इस विषय में रियासत की सरकार मौन है अत: स्पष्ट है कि सरकार ने ही पुलिस दल भेजा और गोलियाँ चलवायीं। कुछ स्त्रियों का मारा जाना स्पष्ट करता है कि गोलियाँ मनमाने ढ़ंग से चलायी गयीं।[३५] गोलीकांड के बाद बाहरी लोगों को जाँच हेतु नहीं जाने देना और घटना के काफी समय बाद लीपापोती करने के लिए सरकार द्वारा विज्ञप्ति जारी करने से स्पष्ट हो गया था कि रियासत अपने अत्याचारों को छिपाना चाहती थी।[३६] प्रताप ने घटनास्थल पर उपस्थित एक व्यक्ति के बयान प्रकाशित किये थे जिसने लगभग ग्यारह हजार कारतूसों के इस गोलीकांड में प्रयोग होने की बात कही। स्पष्ट है कि पुलिस दल पूरी तैयारी के साथ नीमूचाणा के लोगों को सबक सिखाने गया था। गोलीकांड के बाद तैतीस व्यक्ति गिरफ्तार किये गये, जिनमें से माधोसिंह व गोविन्दसिंह को बीस बीस वर्ष कारावास की सजा दी गई।[३७]

जाँच समिति की रिपोर्ट ने महाराजा को रियासत की ओर से जाँच आयोग नियुक्त करने के लिए विवश कर दिया। इसमें दो मंत्री, एक राजपूत विस्वेदार, दो जागीरदार व दो दूसरे सदस्य थे। ये सभी महाराज के अपने विश्वस्त लोग थे अत: उन्होंने अपनी रिपोर्ट में किसानों पर निराधार आरोप लगाते हुए पुलिस द्वारा आत्मरक्षा में गोली चलाने की बात कही। सन् १९२७-२८ में अपनी दमन नीति के अनुसार महाराजा ने अलवर रियासत में आधा दर्जन से अधिक अखबारों के आने से रोक लगा दी और आदेश जारी किया कि जिस व्यक्ति के पास प्रतिबन्धित पत्रों का एक पृष्ठ भी पाया जायेगा उसे पाँच वर्ष का कठोर कारावास और पाँच हजार रुपए जुर्माने का दंड दिया जाएगा। और आवश्यकता पड़ने पर

उसे अपनी मातृभूमि से दूर भेजा सकता है और अलवर रियासत से हमेशा के लिए निष्कासित कर दिया जायेगा।[३८]

इन सब बातों के परिणामस्वरूप महाराजा इतना अधिक अलोकप्रिय हो गया कि उसकी सार्वजनिक रूप से खिल्ली उड़ाई गयी।[३९]

मेव आन्दोलन

नीमूचाणा की दुखान्तिका के बाद अलवर रियासत को एक अन्य भीषण समस्या का सामना करना पड़ा। सन् १९३२ में अलवर में सांप्रदायिक दंगा हो गया। रियासत द्वारा कठोर एहतियाती कदम उठाये जाने के बावजूद ऐसी अनेक घटनाएँ घटित हो गयीं जिनकी परिणति हिन्दू मुस्लिम संघर्ष में हुई। २९ मई को हुए दंगे का तात्कालिक कारण तो एक हिंदू खोमचे वाले व मुस्लिम ग्राहक में हुई मामूली निजी तकरार थी लेकिन इसने शीघ्र ही दोनों सम्प्रदायों के बीच बड़े दंगे का रूप धारण कर लिया। साम्प्रदायिक तनाव व संघर्ष के कारण अनेक मुसलमान दिल्ली भाग गये। महाराजा द्वारा व दूसरी सार्वजनिक समितियों द्वारा समझाए - बुझाए जाने पर वे अंतत: अलवर लौट आए। दोनों समुदायों में सद्भावना की पुनर्स्थापना के लिए अलवर यूनियन नाम से कई नवीन समिति की स्थापना की गयी जिसमें दोनों समुदायों के प्रभावशाली लोग शामिल थे। लेकिन यह साम्प्रदायिक सद्भाव अल्पजीवी सिद्ध हुआ। बाहरी मुस्लिम नेता अलवर में गड़बड़ फैलाने पर आमादा थे। अलवर रियासत के उत्तरी जिलों में मेव मुसलमान बहुसंख्यक थे। नवम्बर १९३२ में मेव और मेवाती काश्तकारों ने इस आधार पर अधिकारियों को लगान वसूल करने से बलपूर्वक रोक दिया कि वह बहुत भारी था। महाराजा ने राजस्वमंत्री जी. अलीखान को स्थिति का विस्तृत विवरण प्रस्तुत करने का काम सौंपा। उसने अपने प्रतिवेदन में कहा कि, 'आन्दोलन अपने वर्तमान रूप में पूर्णतया बाहरी तत्त्वों द्वारा भड़काया गया है। इसी के साथ किसानों के प्रति सद्भाव व उन्हें राहत प्रदान करने के लिए रियासत ने मेव काश्तकारों को लगान में छूट दे दी लेकिन वे इससे संतुष्ट नहीं हुए क्योंकि उनका आन्दोलन आर्थिक नहीं राजनीतिक था जिसकी जड़ें सांम्प्रदायिकता में गहरे रूप से विद्यमान थीं। अलवरी मेवों के ब्रिटिश भारतीय प्रवक्ता ने उनके विद्रोह के कारणों पर प्रकाश डालते हुए बताया कि अलवर राज्य ने अत्यधिक लगान, अन्यायपूर्ण जागीरदारी प्रथा, जंगलात, चरागाह व शिकार संबंधी कठोर कानूनों से मेवों को अर्द्ध भुखमरी व निराशा की स्थिति में धकेल दिया था। लेकिन यह बात ठीक नहीं थी।

मेव काश्तकारों पर वे ही कानून कायदे लागू थे जो रियासत के अन्य सभी क्षेत्रों व किसानों पर लागू थे। इसके अलावा महाराजा ने उदार तरीके से राहत भी पहुँचायी थी। १९३३ ई. के शुरुआत में स्थिति इतनी गंभीर हो गयी कि अलवर के मेव व्यवहारिक तौर पर पूर्ण विद्रोह की राह पर चल पड़े थे। अलवर की सेनाओं को मरसौली गाँव की ओर कूच करने की आज्ञा देनी पड़ी जहाँ मेवों ने खुला विद्रोह कर हिन्दुओं पर हमले शुरु कर दिये थे। इन हमलों का उद्देश्य स्थानीय हिंदुओं को सबक सिखाना था जिन्होंने प्रशासन के विरुद्ध मेवों के संघर्ष के लिए चंदा देने से मना कर दिया था। स्थिति तब बहुत बिगड़ गयी जब गुडगाँव व रोहतक के पड़ोसी इलाकों के मेवों ने अलवर में जत्थे भेजने शुरु कर दिये और उन्होनें सीधी कार्यवाही की धमकी देने के साथ ही आगजनी, अधिकारियों पर गोली चलाने व आतंक फैलाने जैसी कार्यवाहियाँ शुरु कर दीं। मेव विद्रोह पर विस्तार होता चला गया और विद्रोहियों की संख्या ८० हजार के करीब हो गयी। रियासत स्थिति पर काबू नहीं पा सकी। अनेक घर जला दिये गये। बड़े पैमाने पर संपति की लूटपाट हुई। अंतत: रियासती सेना की सहायता के लिए ब्रिटिश सेना भेजी गयी। ब्रिटिश सेना के आगमन से विद्रोह की आग ठंडी हो गयी।

मेव आन्दोलन के कारण जो भी रहे हों किन्तु यह खतरनाक रूप से एक साम्प्रदायिक विद्रोह में तब्दील हो गया। राज्य के बाहर और भीतर के मुस्लिम संप्रदायवादी अपने निजी हितों व स्वार्थों की पूर्ति के लिए इसमें कूद पड़े। उन्होनें आग को और हवा दी। जब अलवर की गड़बड़ को दबा दिया गया तो महाराजा ने अपने प्रजाजनों के साथ उदारता से पेश आने का निश्चय किया। मेव आन्दोलन यद्यपि काफी धीमा पड़ गया था लेकिन वह पूरी तरह से समाप्त नहीं हुआ था। महाराजा इसका स्थायी समाधान निकालने हेतु उत्सुक था। सर्वोच्च सत्ता भी अलवर की स्थिति के बारे में चिंतित थी अत: उसने राजस्व और पुलिस विभाग वरिष्ठ ब्रिटिश अधिकारियों के नियंत्रण में रखने का निश्चय किया। केप्टन ए. डब्ल्यू इबॉटसन को राजस्व अधिकारी व मेकनमारा को पुलिस प्रधान नियुक्त किया गया। ब्रिटिश सत्ता द्वारा अलवर रियासत में लागू किये जाने वाले सुधारों को लेकर इबॉटसन और महाराजा में गंभीर मतभेद उत्पन्न हो गए। महाराजा को बाहरी हस्तक्षेप के कारण बेचैनी हो रही थी जबकि ब्रिटिश अधिकारियों को यह शिकायत थी कि नवीन सुधारों को लागू करने में उन्हें महाराजा का सहयोग नहीं मिल रहा था। ये मतभेद बढ़ते गये। ब्रिटिश सरकार ने राज्य के लिए एक नया प्रधानमंत्री भी नियुक्त करने का निश्चय किया जिसे शासन संचालन का दायित्व

सौंपा जाना था। महाराजा को यूरोप प्रवास पर जाने को कहा गया। राजनीतिक विभाग ने फ्रांसिस बर्नियर वायली को अलवर का प्रधानमंत्री नियुक्त किया। वायली के लंदन से आगमन तक लोथियन ने मार्च १९३३ में प्रधानमंत्री का पद संभाला।

महाराजा द्वारा गद्दी त्यागने की बातें हवा में थीं। इस बीच २० अप्रैल १९३३ को आयोजित गंगामाता दरबार में महाराजा ने भविष्य में स्वदेशी वस्त्र प्रयोग करने का संकल्प लिया।[४०] इसके पहले दिसम्बर १९३२ के प्रारंभ में उन्होंने बनारस हिन्दू विश्वविद्यालय में दीक्षान्त भाषण दिया जिसमें ज्ञान के केन्द्र के रूप में बनारस की परम्परा व महानता की चर्चा की।[४१] दिसम्बर १२ को महाराजा ने ए.जी.जी. की उपस्थिति में अपने विरुद्ध ब्रिटिश भारत में कतिपय लोगों द्वारा किये जा रहे दुष्टतापूर्ण प्रचार की चर्चा की। महाराजा की इन गतिविधियों व राष्ट्रीय आन्दोलन के साथ उनकी अप्रत्यक्ष सहानुभूति से ब्रिटिश सत्ता चौंक गयी। रियासत में साम्प्रदायिक अशांति को सरकार ने हस्तक्षेप का बहाना बनाया और उस समय सनसनीखेज घटनाएँ घटित हुई जब ए.जी.जी. कर्नल आँगीलवी ने महाराजा को दो विकल्पों में से एक चुनने की सलाह दी।

(i) दो वर्ष की अवधि के लिए अलवर का परित्याग

(ii) अलवर की स्थिति की जाँच करने के लिए एक जाँच आयोग की नियुक्ति के लिए हामी।[४२] महाराजा को इस बारे में निर्णय लेने के लिए केवल ४८ घंटे दिये गये। अंततः महाराजा को रियासत छोड़ कर इंगलैण्ड जाने के लिए बाध्य कर दिया गया जहाँ उन्हें सम्राट से भेंट करने का अवसर भी नहीं दिया गया।[४३] वे अगस्त में लंदन पहुँचे।

भरतपुर – रियासत की भूराजस्व नीति व कुप्रबंध के कारण १९२४ के आते आते भरतपुर में किसानों में काफी असंतोष व्याप्त हो गया। वित्तीय व प्रशासनिक अव्यवस्था व अकुशलता इस सीमा तक पहुँच गयी कि अन्ततः ब्रिटिश सरकार को हस्तक्षेप का निश्चय करना पड़ा। किसानों की शिकायतों का निवारण करने के बजाय राज्य ने ऐसी दमन नीति अपनाई कि कई गाँव पूर्णतः नष्ट हो गये।[४४] रियासत की दमन नीति के बावजूद आन्दोलन आस पड़ोस के इलाकों में फैलने लग गया था। प्रजाजनों ने १ से १५ अप्रैल १९२७ के बीच अनेक सम्मेलन आयोजित किये जिन्हें रविन्द्रनाथ ठाकुर, वी.जे. पटेल, मदनमोहन मालवीय व चाँदकरण शारदा जैसे प्रमुख नेताओं ने सम्बोधित किया।[४५] रियासत को न केवल लोगों के विरोध और अव्यवस्था का सामना

करना पड़ रहा था वरन् कुशासन के कारण उस पर भारी कर्ज भी हो गया था। इन परिस्थितियों में ब्रिटिश सरकार ने महाराजा के सामने दो विकल्प रखे कि या तो वह गद्दी छोड़कर सारे अधिकार ब्रिटिश सरकार द्वारा नियुक्त दीवान को सौंप दे या जाँच कमीशन के लिए तैयार रहे। महाराजा को एक निश्चित समय में उत्तर देने के लिए कहा गया।[४६] भरतपुर के बारे में ब्रिटिश सरकार का रवैया लीक से हटकर कोई बात नहीं थी। महाराजा ने जाँच कमीशन का विकल्प स्वीकार किया। तब ब्रिटिश सरकार ने जाँच के दौरान महाराजा को राज्य से बाहर जाने का आदेश दिया।

इस पर अखिल भारतीय जाट महासभा के सचिव ने वॉयसरॉय को तार देकर सूचित किया कि भरतपुर जाँच आयोग रियासत के आन्तरिक मामलों में अनुचित हस्तक्षेप है तथा जाट समुदाय इस कार्यवाही से बहुत रुष्ट है। दिल्ली की स्वराज्य सभा ने भी भारत सरकार से भरतपुर के वित्तीय मामलों के सम्बन्ध में जाँच आयोग की नियुक्ति स्थगित करने का निवेदन किया। उसने वॉयसरॉय से निवेदन किया कि भरतपुर के महाराजा को १९२४ ई. की विनाशकारी बाढ़ से हुए नुकसान से उबरने का अवसर दिया जाय।[४७] मुस्लिम माफीदारों व आगरा में रहने वाले भरतपुर के प्रजाजनों ने प्रस्ताव पारित किया कि वे भरतपुर राज्य के मामलों में ब्रिटिश सरकार द्वारा जाँच की बात से बहुत क्षुब्ध हैं। नरेन्द्र मंडल (Chamber of Princes) की स्थायी समिति भी भरतपुर के मामलों को लेकर बहुत उत्तेजित थी इस मामले को उसने संपूर्ण राजतंत्रीय व्यवस्था के लिए एक कसौटी माना।[४८] वस्तुतः इस बात से राजस्थान के तमाम राजा क्षुब्ध थे। अजमेर, नसीराबाद व राजगढ़ में आयोजित प्रजाजनों की सभाओं में सरकार के फैसले की निंदा की गयी। इस व्यापक विरोध के फलस्वरूप ब्रिटिश सरकार ने भरतपुर जाँच आयोग की नियुक्ति का निर्णय वापस ले लिया और महाराजा ने राज्य में व्यवस्था की बहाली के लिए वॉयसरॉय द्वारा आवश्यक समझे जाने वाले किसी भी कदम के लिए सहमत होना मंजूर किया। महाराजा ने वॉयसरॉय द्वारा मनोनीत ब्रिटिश दीवान को नियुक्त करना मंजूर किया। तदनुसार पी.जी. मैकेंजी को ९ फरवरी १९२८ को दीवान नियुक्त किया गया। उसे पूर्ण वित्तीय और प्रशासनिक अधिकार दिये गये।

यूरोपीय दीवान ने राज्य प्रशासन में कई परिवर्तन किये और मनमाने तरीके से काम करना शुरु किया। विधानमंडल का गठन अनिश्चित काल के लिए स्थगित कर दिया गया। नरपालिकाएँ भंग कर दी गयीं। राजभक्त लोगों को निष्कासित कर दिया गया और बाहरी लोग ऊँचे वेतन पर बड़े बड़े पदों पर

नियुक्त किये गये। जिस दिन मैकेंजी कार्यभार संभालने पहुँचा उसी दिन भूतपूर्व प्रशासन के कुछ नामी गिरामी लोगों को निष्कासित करने के आदेश भारत सरकार से प्राप्त हुए। इसके अनुसार चार बड़े अधिकारियों को भ्रष्टाचार के आरोपों में निष्कासित कर दिया गया जिनमें जनरल स्टाफ का प्रधान राजाकिशन भी सम्मिलित था। राजकिशन को ६ सितम्बर १९२८ को देहली में गिरफ्तार कर दिया गया। उस पर भारतीय दंड संहिता की दफा ३४७, ३७६, ३८७ व ४५१ में अभियोग चलाया गया। भरतपुर की सेशन अदालत द्वारा राजकिशन को आजन्म निष्कासन व १०० रूपये के जुर्मान के दंड दिया गया।[४९] राजकिशन की इस नियति पर आमतौर पर लोगों को संतोष हुआ। मुकद्दमे के दौरान यह बात उभर कर सामने आयी कि जब वह व्यक्ति सत्ता के शिखर पर था तो उसने अकथनीय अमानुषिक अत्याचार किये थे।

इधर राज्य का राजनीतिक वातावरण भी बहुत तनावपूर्ण हो रहा था। १९२९ ई. में भरतपुर पीपल्स एसोसियेशन गठित की गयी। उसी समय राजस्थान राज्य लोकपरिषद ने अपना अधिवेशन भरतपुर में रखने का निश्चय किया। ब्रिटिश दीवान के लिए ये राजनीतिक गतिविधियाँ असह्य थीं। रामनारायण चौधरी ने दीवान को चेतावनी दी कि दमनपूर्ण शासन जन असंतोष को और बढ़ावा देगा और उसे इस विनाशकारी पथ पर आगे बढ़ने से पहले दो बार सोचने की सलाह दी। लेकिन दीवान ने इस पर कोई ध्यान नहीं दिया तथा भरतपुर पीपल्स एसोसियेशन के सचिव देशराज को उनके पैतृत्क गाँव जुरेहा में गिरफ्तार करके भरतपुर तक ४५ मील पैदल चलने के लिए विवश किया गया।[५०] एसोसियेशन के अध्यक्ष गोपीलाल यादव और सेंट जॉन्स कॉलेज आगरा के एम.ए. के एक विद्यार्थी की गिरफ्तारी के लिए वारंट जारी किये गये। गंगाप्रसाद चौबे व लाला लाजपतराय के घरों की तलाशी ली गयी तथा धारा १२४ए के अन्तर्गत राजद्रोहात्मक भाषणों के लिए अनेक गिरफ्तारियाँ की गयीं। इन कार्यवाहियों से एक विस्फोटक स्थिति पैदा हो गयी और लोगों ने माँग की कि ब्रिटिश दीवान तुरन्त रियासत छोड़ दे। लेकिन दीवान ने आतंक फैलाने के लिए सभी प्रकार के जुलूसों, प्रदर्शनों व राजनीतिक भाषणों पर पाबंदी लगी दी और जिला मजिस्ट्रेट मायाशंकर जैसे विशिष्ट व्यक्ति को सेवानिवृत्ति से पूर्व अवकाश ग्रहण करने को विवश किया गया।[५१] इन हालात में अखिल भारतीय जाट महासभा ने भारत सरकार के राजनीतिक सचिव से न्याय की माँग करते हुए एक प्रस्ताव पारित किया तथा वॉयसरॉय को एक ज्ञापन दिया। महासभा ने स्वच्छ प्रशासन व राज्य के प्रशासन में स्थानीय लोगों को सम्मिलित किये जाने की माँग की तथा माँग न

माने जाने की स्थिति में सविनय अवज्ञा आन्दोलन की चेतावनी दी। जाट महासभा का एक शिष्टमंडल भारत सरकार के राजनीतिक सचिव से ३१ मई १९२९ को भेंट करने में कामयाब हुआ। सचिव ने आश्वासन दिया कि महासभा की शिकायतों पर ध्यान दिया जाएगा किन्तु वह आश्वासन कभी पूरा नहीं किया गया।

टिप्पणियाँ एवं संदर्भ

१. सुभाषचन्द्र बोस – इंडियन स्ट्रगल पृ. ८७

२. वी.पी.एस. रघुवंशी – इंडियन नेशनल मूवमेंट एंड थॉट पृ. १६८

३. इंडियन रिव्यू, मद्रास अप्रैल १९२१ पृ. २६७ डॉ. एल.एस. राठौड़ कृत – पॉलिटिकल एंड कांस्टीटयूशनल डवलपमेंट इन राजस्थान में उद्धृत पृ. ३९

४. राजपूताना मध्यभारत सभा की रिपोर्ट – पृ. १ उपर्युक्त पृ. ४०

५. विजयसिंह पथिक द्वारा राजपूताना निवासी, व बी.एस. पथिक राजपूताना के नाम से लिखी गई चिट्ठियाँ। जो प्रताप प्रेस कानपुर से प्रकाशित व मुद्रित हुई। अंग्रेजी में लिखे खुले पत्र का उपशीर्षक था – A Straight Question अंग्रेजी में एक अन्य खुला पत्र 'राजपूताना' हस्ताक्षर से लिखा गया – The Indian National Congress and The Indian States an open letter to Congress. लेखक की निजी फाईल में संग्रहीत।

६. इसमें व्यंग्य निहित है। इंगलैण्ड का राजा हेनरी अष्टम व फ्रांस का लुई चौदहवाँ अपनी स्वेच्छाचारिता व निरंकुशता के लिए यूरोप में विशेष रूप से जाने जाते हैं।

७. रियासती प्रजा के कई संगठन बनने लगे जैसे दक्कन स्टेटस कॉन्फ्रेंस, काठियावाड़ स्टेटस पॉलिटिकल कॉन्फ्रेंस, राजस्थान सेवा संघ, हैदराबाद स्टेट पीपल्स कॉन्फ्रेंस आदि।

८. डॉ. एल.एस. राठौड़, पूर्वोक्त पृ. ४४

९. इंडियन स्टेटस पीपल्स कॉन्फ्रेंस बम्बई, १७, १८ दिसम्बर १९२७ की रिपोर्ट

१०. ८ दिसम्बर १९२७ को देशी राज्य प्रजा परिषद की ओर से भेजा गया निमंत्रण पत्र – लेखक की निजी फाइल में संग्रहीत।

११. डॉ. सौभाग माथुर – स्ट्रगल फोर रेसपांसिबल गवर्नमेंट इन मारवाड़ – पृ. १४

१२. उपर्युक्त

१३. उपर्युक्त – पृ. ३५

१४. शंभुदयाल सक्सेना का लेख – ''जब प्रेस व अखबार का नाम लेना भी गुनाह समझा जाता था।' – विजयसिंह पथिक स्मृति ग्रंथ पृ. २५५

१५. शारंगधरदास कृत – बीकानेर पृ. ११३ डॉ. एल.एस. राठौड़ कृत पूर्वोक्त में उद्धृत पृ. ४९

१६. स्वामी गोपाळदास बहुत उदारवादी और सुलझे हुए सन्यासी थे। उनमें धार्मिक कट्टरता लेशमात्र भी नहीं थी। सर्वहितकारिणी सभा की स्थापना के समय से ही ऐसे नियम बनाये गये थे कि किसी प्रकार के धार्मिक भेदभाव के बिना सभी लोग इसके सदस्य बन सकते थे। सभा के प्रयास से बनाये गये धर्मस्तूप पर स्थापित भगवान श्रीकृष्ण, महावीर व बुद्ध आदि की मूतियाँ सभी धर्मों के प्रति स्वामी गोपाळदास की आदर भावना को व्यक्त करती है।

१७. बीकारने का राजनीतिक विकास पृ. १७

१८. त्यागभूमि - २२ मई १९३१ डॉ. के.एस. सक्सेना कृत द पॉलिटिकल मूवमेंटस एंड अवेकनिंग इन राजस्थान में उद्धृत पृ. २०३

१९. इस पुस्तिका का लेखन और वितरण अमृतलाल सेठ के द्वारा किया गया था। इस बात का रहस्योद्‌घाटन स्वयं अमृतलाल सेठ ने राजपूताना स्टेट पीपल्स कन्वेशन (३१ दिसम्बर १९३३, ब्यावर) में किया।

२०. सुमनेश जोशी - राजस्थान में स्वतंत्रता संग्राम के सेनानी पृ. १०१

२१. उपर्युक्त - पृ. ७६०

२२. उपर्युक्त - पृ. ७६०

२३. प्रिंसली इंडिया, ३० सितम्बर १९३१, ७ अक्टूबर १९३१

२४. सुमनेश जोशी - पूर्वोक्त पृ. १०१-१०२

२५. अर्जुन १ मार्च १९३४ डॉ. सक्सेना कृत पूर्वोक्त पृ. २०६

२६. कोटा के दीवान का पॉलिटिकल एजेंट को पत्र, १४ मई १९०७

२७. पॉलिटिकल एजेंट कॉल्विन का पत्र संख्या ४२/पी ११० बी. ३२ दिनांक २० जनवरी १९३२ - ब्रिटिश भारत में सविनय अवज्ञा आंदोलन के बारे में रियासतों के सहयोग के संदर्भ में। डॉ एल एस राठौड़, पूर्वोक्त पृ. ५२

२८. पी एल चूड़गर ७ द इंडियन प्रिंसेज अंडर ब्रिटिश प्रोटेक्शन पृ. ९५ - ९६ डॉ. के एस सक्सेना कृत पूर्वोक्त में उद्धृत पृ. १८८

२९. प्रताप - १५ जुलाई १९२५

३०. भगवानदास केला - देशी राज्यों में जनजागृति पृ. २१०

३१. शोभालाल गुप्त - गाँधीजी और राजस्थान पृ. ४५

३२. टाइम्स ऑफ इंडिया १२ जून १९२५

३३. जी आर अभ्यंकर - प्रॉब्लम्स ऑफ इंडियन स्टेटस पृ. ४१०

३४. भगवानदास केला - पूर्वोक्त पृ. २१५

३५. 'तरुण राजस्थान २३ जुलाई १९२५

३६. ट्रिब्यून - १० अगस्त १९२५

३७. भगवानदास केला - पूर्वोक्त

३८. रियासत, १४ जनवरी १९२८ – डॉ. के.एस. सक्सेना कृत पूर्वोक्त में उद्धृत – पृ. १८९

३९. प्रजाजन महाराजा से कितने रुष्ट थे इसका पता इस घटना से लगता है कि जब वह अलवर में आयोजित सनातन धर्म सभा की बैठक में सम्मिलित होने गया तो वहाँ शर्म शर्म के नारों से उसका स्वागत किया गया। स्थिति इतनी नाजुक हो गई कि महाराजा को पुलिस के संरक्षण में वहाँ से जाना पड़ा।

४०. डॉ. एल.एस. राठौड़ – पूर्वोक्त पृ. ६३

४१. उपर्युक्त

४२. द इंडियन रिव्यु, मद्रास, जून १९३३ पृ. ४०७ – उपर्युक्त में उद्धृत पृ. ६४

४३. फाइल नं. ६२४ पी (सीक्रेट) ऑफ १९३३ – फॉरेन एंड पालिटिकिल डिपार्टमेंट – उपर्युक्त में उद्धृत

४४. खेडी, शाहपुर व थाना एटा के ग्रामीणों द्वारा वॉयसरॉय को भेजा गया तार – फाईल नं. १३४ (२) पॉलिटिकल ऑफ १९२४ डॉ. सक्सेना कृत पूर्वोक्त में उद्धृत – पृ. १९९

४५. राजस्थानी की राजनीतिक स्थिति पर पाक्षिक रिपोर्ट सन् १९२७ फाईन नं. ४२१ (पी) ऑफ १९२७, फॉरेन एंड पॉलिटिकल डिपार्टमेंट डॉ. सक्सेना – उपर्युक्त

४६. द इंडियन डेली मेल, नवंबर २४, १९२७

४७. उपर्युक्त – दिसम्बर २८, १९२७

४८. द इंडियन नेशनल हैराल्ड, दिसम्बर, २७, १९२७

४९. डॉ. एल.एस. राठौड – पूर्वोक्त पृ. ६७

५०. द नेशनल हेरल्ड – २९ जनवरी १९२९

५१. ट्रिब्यून – १६ मार्च १९२९

10

प्रजामंडल आन्दोलन

पृष्ठभूमि

प्रजा नै पाळै नहीं समझै नहीं सुत रूप
रक्षक अब रह्या नहीं भक्षक बणिया भूप

यां नै राजा क्यूं कर्‌या राम गयौ कांई भूल।
जनम बिगाड़्यौ जगत में मुख पै पड़गी धूल।।

बीसवीं सदी के प्रारंभिक दो दशकों तक देशी रियासतों के प्रजाजन भाग्य भरोसे जी रहे थे। निरंकुश सामंती व्यवस्था के अत्याचारों से विदीर्ण रियासती जनता के कष्टों की राष्ट्रीय स्तर पर किसी को सुध नहीं थी। जहाँ ब्रिटिश भारत में नौकरशाही की मनमानी के विरुद्ध और संवैधानिक सुधारों के लिए कांग्रेस लगातार आन्दोलन करती आ रही थी, देशी राज्यों के प्रति उसकी अहस्तक्षेप की नीति के कारण राजस्थानी रियासतों में शासन के मध्यकालीन तरीके ही प्रचलित थे। पथिकजी के प्रयत्नों से नागपुर कांग्रेस में देशी राज्यों के सम्बन्ध में प्रस्ताव पारित किये जाने का उल्लेख पहले किया जा चुका है लेकिन सन् १९२७ तक इस दिशा में कोई विशेष प्रगति नहीं हुई। इसी वर्ष अखिल भारतीय देशी राज्य लोक परिषद की स्थापना हुई थी। अगले वर्ष यानी सन् १९२८ मे देशी रियासतों और कांग्रेस के सम्बन्धों में महत्त्वपूर्ण मोड़ आया जब कांग्रेस ने देशी राज्यों में भी उत्तरदायी शासन की माँग की और इस प्रकार राष्ट्रीय आन्दोलन में एक नये अध्याय की शुरुआत हुई।[१] १९२९ के लाहौर अधिवेशन में रियासतों में उत्तरदायी सरकार की माँग को फिर दोहराया गया और रियासती प्रजा को कांग्रेस ने अपनी पूरी सहानुभूति का विश्वास दिलाया। सन् १९३१ में जब महात्मा गाँधी कांग्रेस के एकमात्र प्रतिनिधि के रूप में दूसरे गोलमेज सम्मेलन में लंदन गए तो वहाँ उन्होंने

राजाओं से आग्रह किया कि भावी संवैधानिक योजना में अपने प्रजाजनों के लिए स्थान अवश्य रखें। बाद के वर्षों में कांग्रेस ने देशी राज्यों में उत्तरदायी शासन के मसले को बराबर उठाया। सन् १९३४ मे बम्बई अधिवेशन में पूर्ण उत्तरदायी शासन प्राप्त करने के देशी रियासतों के प्रजाजनों के न्यायोचित व शांतिपूर्ण संघर्ष में, 'कांग्रेस ने अपने पूर्ण समर्थन व सहयोग का फिर आश्वासन दिया।[2] अप्रैल १९३५ में जबलपुर और अक्टूबर में मद्रास में समवेत अखिल भारतीय कांग्रेस कमेटी ने इस सिद्धान्त की पुष्टि की। अगले वर्ष लखनऊ कांग्रेस ने स्पष्ट किया कि [illegible] में रियासती प्रजाजनों को शेष भारत की भाँति आत्मनिर्णय का अधिकार प्राप्त होना चाहिए। भारत के प्रत्येक भाग के लिए एक समान नागरिक, राजनीतिक व लोकतांत्रिक स्वतंत्रताओं के समर्थन की भी बात इस घोषणा में कही गयी। पट्टाभि सीताराम्मैया की अध्यक्षता में जुलाई १९३६ में कराची में आयोजित अखिल भारतीय देशी राज्य लोक परिषद के अधिवेशन में कांग्रेस द्वारा रियासती प्रजा के उत्तरदायी शासन प्राप्त करने के प्रयत्नों के समर्थन में और तीव्रता आयी। इस सम्मेलन में राजाओं के संरक्षण में उत्तरदायी शासन का प्रस्ताव पारित किया गया। इसलिये पट्टाभि सीताराम्मैया ने १९३६ ई. को दोहरी ऐतिहासिक घटना का वर्ष कहा – एक तो लखनऊ कांग्रेस द्वारा उठाया गया सुनिश्चित कदम और दूसरे अखिल भारतीय देशी राज्य लोक परिषद द्वारा उठाया गया उतना ही सुनिश्चित कदम।

इसके पश्चात् देशी राज्यों के सम्बन्ध में कांग्रेस द्वारा पारित महत्त्वपूर्ण प्रस्ताव हरिपुरा प्रस्ताव है। उस समय यह महसूस किया गया कि कांग्रेस के लिए बिना समय गँवाये अपनी नीति में परिवर्तन करने का समय आ गया था क्योंकि जब तक देशी राज्यों के प्रजाजनों को निश्चित रूप से यह नहीं कह दिया जाए कि वे स्वशासन के लिए अपने संघर्ष में ठोस सहायता के लिए भारतीय राष्ट्रीय कांग्रेस की ओर देख सकते हैं इस संघर्ष में उनकी सफलता के अवसर बहुत कम हैं। अतः हरिपुरा में कांग्रेस की नीति में एक महत्त्वपूर्ण परिवर्तन हुआ। उसने घोषित किया कि– 'कांग्रेस शेष भारत की भाँति देशी रियासतों में भी राजनीतिक, आर्थिक व सामाजिक स्वतंत्रताओं का समर्थन करती है। वह रियासतों को भारत का अभिन्न अंग मानती है जिन्हें अलग नहीं किया जा सकता है। पूर्ण स्वराज्य का कांग्रेस का लक्ष्य देशी रियासतों सहित समस्त भारत के लिए है क्योंकि भारत की एकता और अखंडता की रक्षा स्वाधीन होने पर भी उसी भाँति बनाये रखनी है जैसी पराधीनता के युग में विद्यमान रही है।[3] कांग्रेस ने रियासतों में पूर्ण उत्तरदायी सरकार व नागरिक स्वतंत्राओं की गांरटी का समर्थन

करते हुए अनेक रियासतों में विद्यमान पिछड़ेपन, नागरिक स्वतंत्रताओं के पूर्ण अभाव व स्वतंत्रता के दमन पर खेद प्रकट किया।

रियासतों सम्बन्धी हरिपुरा अधिवेशन के प्रस्ताव से प्रजाजनों को जो उम्मीदें बंधी वे भविष्य में नागरिक स्वतंत्रता और पूर्ण उत्तरदायी शासन के लिए उसके संघर्ष में कांग्रेस से मिले भरपूर समर्थन से पूरी हुईं। सितंबर १९३८ में अखिल भारतीय कांग्रेस कमेटी की देहली में आयोजित बैठक में देशी राज्यों की समस्या पर आगे विचार किया गया। अब तक इस सम्बन्ध में कांग्रेस की नीति सुस्पष्ट हो चुकी थी। अब रियासतों में प्रजा मंडलों को पूरा सहयोग देने व उनकी गतिविधियों में सक्रिय भागीदारी का निश्चय किया गया। जवाहरलाल नेहरू ने रियासतों के बारे में १९३९ में कहा, आज समस्याओं की समस्या देशी रियासतों व रियासती प्रजाजनों की है जो दीर्घकाल तक निरंकुश शासन व कुशासन के अधीन नि:शब्द कष्ट भोगते रहे हैं। वे इस व्यवस्था को और अधिक सहन नहीं करेंगें। उत्तरी हिमालय के दर्रों से लेकर सुदूर दक्षिण में कन्याकुमारी तक करोड़ों, लोग उस स्वतंत्रता की ओर प्रयाण कर रहे हैं जिससे वे अब तक वंचित रहे हैं।[४] रियासती प्रजा को अपील करते हुए उन्होंने कहा, परीक्षा की घड़ी शीघ्र ही आने वाली है। कांग्रेस की नई नीति की परिणति रियासतों व ब्रिटिश भारत के प्रान्तों के स्वतंत्रता आन्दोलन के संयोजन में हुई। रियासतों में उत्तरदायी शासन के लिए आन्दोलन में सन् १९३८ के बाद नवीन तेजस्विता और तीव्रता आयी। वस्तुत: हरिपुरा कांग्रेस प्रस्ताव ने रियासती प्रजा के संघर्ष को नया मोड़ दिया। यह निश्चित किया गया कि समय आ गया है कि अब रियासती प्रजाजन स्वावलंबी बनें और स्वयं को उन अधिकारों की प्राप्ति के लिए संगठित करें जिनसे अब तक उनको वंचित रखा गया है। रियासतों में इस लक्ष्य की प्राप्ति हेतु प्रजामंडल गठित किये गये।

मेवाड़ प्रजामंडल

राजस्थान की अन्य रियासतों की भाँति मेवाड़ में भी निरंकुश सामन्ती शासन के फलस्वरूप प्रजाजन सभी प्रकार की नागरिक स्वतंत्रताओं व अधिकारों से वंचित थे। ब्रिटिश भारत में हो रही हलचल का मेवाड़ पर प्रभाव पड़ना स्वाभाविक था। देश में चल रहे स्वतंत्रता संग्राम को बल देने व मेवाड़ में उत्तरदायी सरकार की स्थापना के लिए एक शक्तिशाली संगठन की आवश्यकता अनुभव की जा रही थी। प्रजाजन अभिव्यक्ति व संगठन निर्माण की स्वतंत्रता जैसे अधिकारों के लिए लालायित थे लेकिन मेवाड़ प्रशासन उनकी ओर से मुँह फेरे

हुए था। इस उद्देश्य से श्री माणिक्यलाल वर्मा ने बळवंतसिंह मेहता, हीरालाल कोठारी, भूरेलाल बया, रमेशचंद्र व्यास, भवानीशंकर वैद्य व अन्य साथियों से विचार विमर्श किया एवं मेवाड़ प्रजामंडल की स्थापना का निश्चय किया। इसे कार्यरूप देने के लिए मेवाड़ प्रजामंडल के संस्थापक सदस्य २४ अप्रैल १९३८ को बळवंतसिंह मेहता के मकान साहित्यकुटीर में एकत्र हुए। वहाँ प्रजामंडल का विधान स्वीकार किया गया। इसे बळवंतसिंह मेहता व प्रेमनारायण माथुर ने तैयार किया। २३ जुलाई '४१ के दिन कार्यकारिणी की बैठक में इसे संशोधित किया गया। प्रजामंडल के प्रथम अध्यक्ष बळवंतसिंह मेहता निर्वाचित हुए। विधान के अनुसार इसका उद्देश्य 'महाराणा साहब की छत्रछाया में उचित और शांतिपूर्ण उपायों द्वारा पूर्ण उत्तरदायी शासन स्थापित करना था।[५] प्रजामंडल की स्थापना होते ही रियासत के प्रधानमंत्री धर्मनारायण ने इसे गैर कानूनी घोषित कर दिया। पुलिस ने उदयपुर में प्रजामंडल के कार्यालय पर छापा मारा तथा इसकी पट्टिका हटा दी। माणिक्यलाल वर्मा और रमेशचन्द्र व्यास को रियासत छोड़कर चले जाने का आदेश दिया गया और उन्हें निष्कासित कर दिया गया। परिणास्वरूप प्रजामंडल रियासत को यह अल्टीमेटम देने को बाध्य हो गया कि यदि ४ अक्टूबर १९३८ तक प्रतिबन्ध नहीं हटाया गया तो उसे सविनय अवज्ञा आन्दोलन शुरु करने के लिए बाध्य होना पड़ेगा। उदयपुर शहर में अभी प्रजामंडल का अपना कोई आधार नहीं था अत: माणिक्यलाल वर्मा को विवश होकर २२ मई १९३८ को उदयपुर छोड़कर जाना पड़ा।[६]

रियासत द्वारा लगाये गये प्रतिबन्ध को हटवाने के लिए मेवाड़ प्रजामंडल के नेताओं ने देश के विभिन्न भागों के छोटे बड़े संगठनों का समर्थन प्राप्त कर अपने पक्ष में जनमत जुटाने का प्रयास किया। अनेक संगठनों ने मेवाड़ प्रजामंडल पर से प्रतिबन्ध हटाने के पक्ष में प्रस्ताव पारित किये जिनमें पहल मारवाड़ लोकपरिषद ने की। इस सम्बन्ध में परिषद द्वारा पारित प्रस्ताव में कहा गया कि प्रजामंडल को गैर कानूनी घोषित करने व उसके मंत्री के निर्वासन को लोकपरिषद 'सखेद आश्चर्य' की दृष्टि से देखती है। इसे मेवाड़ की जनता के 'मूलभूत अधिकारों पर अमानुषिक प्रहार' बताते हुए प्रतिबंध तुरंत हटाने की माँग की गयी। बम्बई में रहने वाले मेवाड़ी व्यापारियों ने भी इस सम्बन्ध में १० जुलाई १९३८ को प्रस्ताव पारित करके उसकी प्रतिलिपि महाराणा को भेजी। प्रजामंडल को मिले समर्थन के विषय में डॉ. बृजकिशोर शर्मा ने मत व्यक्त किया है कि संभवत: राजस्थान का प्रजामंडल आन्दोलन सामन्त विरोधी और पूँजीवाद समर्थक था। उसके नेताओं ने चाहे किसी भी भावना से प्रेरित होकर कार्य किया हो किंतु जाने अनजाने वे पूँजीपति वर्ग के हित के साधक बने।"[७]

प्रजामंडल द्वारा सत्याग्रह

उदयपुर से निष्कासन के पश्चात् माणिक्यलाल वर्मा ने अजमेर से प्रजामंडल की गतिविधियों का संचालन प्रारंभ किया। उनकी प्रेरणा से मुख्य रूप से भीलवाड़ा, नाथद्वारा और उदयपुर में प्रजामंडल की ओर से अहिंसात्मक सत्याग्रह प्रारंभ किया गया। आन्दोलन धीरे धीरे तीव्र होने लगा। रियासती अधिकारियों ने नाथद्वारा में सत्याग्रहियों पर लाठीचार्ज किया और आन्दोलन का दमन करने की चेष्टा की। रियासत ने एक आदेश जारी करके तमाम सार्वजनिक सभाओं व संस्थाओं पर प्रतिबन्ध लगा दिया लेकिन अम्बालाल जोशी ने सफलतापूर्वक एक सभा आयोजित की जिसमें करीब तीन हजार लोगों मे भाग लिया।[८] दमन के बावजूद लोगों का मनोबल ऊँचा था। सत्याग्रह का सफलतापूर्वक संचालन करने के लिए जमनालाल बजाज से तीन चार हजार रुपये की वित्तीय सहायता माँगी गयी। अगस्त १९३८ ई. में प्रजामंडल को अहमदाबाद से कुछ वित्तीय सहायता प्राप्त करने में कामयाबी मिली। वर्माजी ने यह भी तय किया कि सत्याग्रहियों को १५ सितम्बर '३८ को अजमेर से विदा किया जाएगा और वे दशहरे के अवसर पर मेवाड़ में सत्याग्रह प्रारंभ करेंगे। आन्दोलन प्रारंभ होने पर ३९ व्यक्ति गिरफ्तार कर लिये गये। इस मुकाम पर वर्माजी का यह विचार था कि प्रजामंडल आन्दोलन को आतंकवादी तरीके अपनाकर नया मोड़ दिया जा सकता है लेकिन हरिभाऊ उपाध्याय ने इस आधार पर इस अभिमत का विरोध किया कि चूंकि प्रजामंडल के नेता राज्य से निर्वासित है फलत: उनके लिए ऐसे आन्दोलन को नियंत्रण में रखना कठिन होगा।[९] आन्दोलनकारियों का यह भी मत था कि मेवाड़ प्रजामंडल आन्दोलन संपूर्ण राजस्थान का आन्दोलन बन जाए और इस दृष्टि से जमनालाल बजाज से इसका नेतृत्व ग्रहण करने का अनुरोध किया गया लेकिन उन्होंने इसे स्वीकार नहीं किया।

२ फरवरी १९३९ को रियासत के आदेश का उल्लंघन करते हुए माणिक्यलाल वर्मा ने मेवाड़ क्षेत्र में प्रवेश किया। मेवाड़ पुलिस ने उन्हें जहाजपुर तहसील में गिरफ्तार कर लिया जब वे और उनके साथी मेवाड़ प्रजामंडल की स्तुति में गीत गा रहे थे और मेवाड़ प्रजामंडल की जय के नारे लगा रहे थे। जहाजपुर के जिला दंडनायक की अदालत में वर्माजी पर मुकद्दमा चला जहाँ उन्हें एक वर्ष के कठोर कारावास और २५१ रुपये जुर्माने का दंड दिया गया। पूरी रियासत में करीब २८८ सत्याग्रही गिरफ्तार किये गये जिनमें से पैंतीस को अलग अलग अवधि की सजा दी गई। इस मौके पर जमनालाल बजाज ने हरविलास शारदा से आग्रह किया कि वे रियासत के प्रधानमंत्री धर्मनारायण से मेवाड़

प्रजामंडल से कोई समझौता करने के बारे में बातचीत करें। इस बीच महात्मा गाँधी की सलाह पर ३ मार्च १९३९ को सत्याग्रह स्थगित कर दिया गया लेकिन मेवाड़ सरकार ने जेल में बंद कार्यकर्ताओं को रिहा नहीं किया और अन्ततः उन्हें रिहा करने के बाद भी प्रजामंडल पर से प्रतिबन्ध नहीं हटाया गया। इसके शीघ्र बाद ही टी. राघवाचारी को मेवाड़ राज्य का नया प्रधानमंत्री नियुक्त किया गया जो अपने पूर्वगामी की तुलना में काफी उदारचेता व्यक्ति थे। इसी समय सरकार ने यह भी घोषणा की कि मेवाड़ के लिए निकट भविष्य में उसका एक विधानमंडल स्थापित करने का इरादा है। इस पर जनमत जानने के लिए मेवाड़ विधानसभा विधेयक का प्रारूप प्रकाशित किया गया। पहली बार उदयपुर में गाँधी टोपियाँ दिखायी पड़ी[१०] और २६ जनवरी १९४० को स्वाधीनता दिवस बड़े उत्साह से मनाया गया। अन्ततः १९४१ में प्रजामंडल पर से प्रतिबन्ध हटा दिया गया। उसी वर्ष मंडल का पहला अधिवेशन उदयपुर में हुआ। इसका उद्‌घाटन आचार्य कृपलानी ने किया। प्रजामंडल ने अपनी शक्ति अब मुख्यतः भील व हरिजनोत्थान के रचनात्मक कार्यों में लगायी लेकिन इस समय बाह्य संसार में घटित घटनाओं ने दूसरा ही मोड़ ले लिया जिसका प्रभाव प्रजामंडल पर पड़ा।

१९४२ का वर्ष घटना बहुल वर्ष था। इससे पहले भारत विश्वयुद्ध की घटनाओं का दूरस्था दर्शक था किंतु अब युद्ध उसके द्वार पर दस्तक दे रहा था। भारत की ओर बढ़ते जर्मन एक ओर तो स्टेलिनग्राड को जीतने का प्रयास कर रहे थे और दूसरी ओर सिकन्दरिया के पास स्वेज नहर पर अधिकार जमाने में जी जान से लगे हुए थे। पूर्व में जापान भारतभूमि में प्रवेश कर चुका था और भारतीय शहर उसकी बमबारी का निशाना बन रहे थे। बर्मा, मलाया व सिंगापुर पर जापानी विजय से यह धारणा जोर पकड़ रही थी कि ब्रिटिश साम्राज्य अब बिखराव के कगार पर है। कांग्रेस ने ब्रिटिश सरकार से समझौता करने की बहुत कोशिश की पर वह निष्फल रही। क्रिप्स मिशन बिना किसी उपलब्धि के इंग्लैण्ड लौट चुका था। इधर महात्मा गाँधी ने अंग्रेजों 'भारत छोड़ो' का नारा दिया। इस नारे ने पूरे देश में जैसे विद्युत संचार कर दिया। भारत के प्रत्येक भाग में जैसे क्रांतिकारी ज्वार आ गया। महात्मा गाँधी ने विभिन्न प्रजामंडलों के अध्यक्षों की एक बैठक बंबई में बुलायी। इसमें उन्होंनें परामर्श दिया कि प्रत्येक प्रजामंडल अपने रियासत के शासक को इस आशय का पत्र भेजें कि वह सर्वोच्च सत्ता से अपना सम्बन्ध विच्छेद कर ले।

इस पृष्ठभूमि में मेवाड़ प्रजामंडल की कार्यसमिति की बैठक २१ अगस्त १९४२ को हुई। इसमें मंडल ने शेष राष्ट्र का अनुसरण करने का निश्चय किया

और महात्मा गाँधी के परामर्श द्वारा महाराणा को यह पत्र भेजा गया – 'मेवाड़ राज्य में बसने वाले हम लोग यह महसूस करते हैं कि ब्रिटिश भारत के हमारे भाईयों के साथ हमारा भी भाग्य जुड़ा हुआ है। इसलिये तत्काल स्वाधीनता की माँग और उसके लिये की जाने वाली लड़ाई में हम अगर भाग नहीं लेते हैं तो हम अपनी मातृभूमि संयुक्त भारत के प्रति अपने कर्त्तव्य को पूरा नहीं करते। जहाँ तक देशी राज्य का सवाल है प्रजामंडल के सर्वाधिकारी (अध्यक्ष) की हैसियत से मैं आपसे निवेदन करता हूँ कि यदि आप महात्मा गाँधी के आदेशानुसार अपने को ब्रिटिश सार्वभौम सत्ता से अविलम्ब स्वतंत्र कर लेंगे और अपनी जनता को हुकूमत में साझीदार बनाकर उसकी शुभनिष्ठा प्राप्त करेंगे तो उक्त माँगें पूरी हुई समझी जाएँगी। मैं आपसे यह भी निवेदन कर रहा हूँ कि इस प्रकार आप जनता का प्रेम और गौरव तो प्राप्त करेंगे ही, अंग्रेजी सत्ता को भारत से हटाने में मेवाड़ जो भाग लेगा उसका श्रेय भी आपको प्राप्त होगा।'[११]

यह पत्र महाराणा को उसी दिन प्रस्तुत कर दिया गया। शाम को एक सार्वजनिक सभा रखी गयी। उसी दिन अर्द्ध रात्रि में प्रजामंडल के सभी नेताओं को अपने अपने घरों से ही गिरफ्तार कर केन्द्रीय कारागार में भेज दिया गया। मेवाड़ सरकार ने २३ अगस्त को सभी सार्वजनिक सभाओं व जुलूसों पर रोक लगा दी। दमनचक्र तेज हो गया। शहर में प्रदर्शन व हड़ताल कुछ समय तक जारी रहे। आन्दोलन केवल उदयपुर शहर तक सीमित नहीं रहा। नाथद्वारा, भीलवाड़ा, चित्तौड़, छोटी सादड़ी, भिंडर, कानोड़, बिजोलिया, बनेड़ा, कपासण, जहाजपुर च अन्य अनेक स्थानों के लोग भी आन्दोलन में शरीक हो गये। इसका दूरगामी व गहरा असर पड़ा। १९४२ के आन्दोलन ने मेवाड़ के लोगों की युगों की नींद से जगा दिया। मध्यकालीन जड़ता में लिपटे हुए मेवाड़ राज्य में जागृति के चिन्ह दिखायी देने लगे लेकिन १९४५ तक भी लोगों को कोई ठोस राजनीतिक अधिकार प्रदान नहीं किये गये। सन् १९४० में की गई विधानसभा की स्थापना की घोषणा एक पवित्र आशा मात्र ही बनी रही। अक्टूबर १९४४ में प्रजामंडल की कार्यसमिति रियासत में विधानसभा व नगर परिषदें स्थापित करने की माँग दोहरा चुकी थी। ६ सिम्बर १९४५ को प्रजामंडल पर से प्रतिबंध हटा लिया गया। दिसम्बर १९४५ में जब अखिल भारतीय देशी राज्य लोक परिषद का अधिवेशन उदयपुर में हुआ तो लोगों में अभूतपूर्व उत्साह उमड़ पड़ा। अनेक बड़ी सार्वजनिक सभाएँ हुईं और उत्तरदायी सरकार की स्थापना की माँग दोहरायी गयी। पं. जवाहरलाल नेहरू की अध्यक्षता में सम्पन्न इस सम्मेलन में देश के गणमान्य नेता व कार्यकर्ता सम्मिलित हुए जिनमें शेख अब्दुल्ला का नाम उल्लेखनीय है। अपने अध्यक्षीय भाषण में पं. नेहरू ने रियासती प्रजा की जागरुकता की बड़ी प्रशंसा

की लेकिन राजा महाराजाओं की मानसिकता पर खेद प्रकट करते हुए कहा कि वे जहाँ पहले थे अब भी वहीं हैं। उन्हें चाहिए कि वे प्रजा को उत्तरदायी शासन प्रदान कर हमारे मित्र बन जाएँ।[१२]

माणिक्यलाल वर्मा और मेवाड़ प्रजामंडल

सन् १९३८ में अपने अजमेर प्रवास के दौरान माणिक्यलाल वर्मा ने मेवाड़ की प्रजा में राजनीतिक चेतना विकसित करने व प्रजामंडल का सामाजिक आधार व्यापक करने हेतु कुछ विज्ञप्तियाँ व पर्चे प्रकाशित कर लोगों में वितरित करवाए। इससे जनता को गतिशील बनाने में काफी हद तक सफलता मिली। पहला पर्चा मेवाड़ प्रजामंडल क्या चाहता है', शीर्षक से प्रकाशित हुआ। इसमें प्रजामंडल के ध्येयों पर विस्तार से प्रकाश डालते हुए कहा गया – प्रजामंडल प्रजा की भलाई के ख्याल से कायम हुआ है इसलिये यह प्रजाहित के सभी कामों के लिए इच्छुक है। इस बात कौन इन्कार करेगा कि प्रजा की भलाई में ही राज्य की भलाई है। प्रजामंडल सबसे पहले तो यह चाहता है कि प्रजा को अपने दिल की बात कहने की पूरी आजादी हो। वह ऐसा तभी कर सकती है जब संस्थाएँ बनाने, सभाएँ करने, लेख लिखने व अखबार निकालने आदि पर राज्य की ओर से कोई रुकावट नहीं हो। दूसरी बात प्रजामंडल यह कहता है कि राज्य में गाँव गाँव में स्कूल खोलने चाहिये और ऐसा इंतजाम करना चाहिए कि कोई आदमी बिना इलाज के मरने न पावे। तीसरी बात प्रजामंडल यह चाहता है कि मेवाड़ में कोई आदमी नंगा भूखा या घर बार के बिना न रहे। यह तभी हो सकता है जब गरीबों पर टैक्स का बोझ घटाया जाय। चौथे शहरों व कस्बों में म्युनिसपैलिटियों व गाँवों में पंचायतें कायम की जाएँ और इनका इंतजाम प्रजा के चुने हुए मेंबरों के हाथ में हो। पाँचवे प्रजामंडल यह चाहता है कि राज्य कर्मचारी प्रजा के साथ अच्छा व्यवहार करें और उसकी शिकायतों पर फौरन ध्यान दें। छठी बात प्रजामंडल यह चाहता है कि रियासत ने बेगार के खिलाफ जो हुक्म निकाला है उस पर सख्ती से अमल किया जाए। सातवीं बात जो सबसे बड़ी और महत्त्व की बात है – प्रजामंडल यह चाहता है कि राजकाज में प्रजा को साझेदार बनाया जाए अर्थात् मेवाड़ में महाराणा की छत्रछाया में प्रजा के चुने हुए लोगों की कौंसिल कायम की जाए।[१३]

इन माँगों से स्पष्ट है कि प्रजामंडल का सबसे ज्यादा जोर आर्थिक व राजनीतिक मुद्दों पर था। उसने मुख्य रूप से व्यापारियों व किसानों की आर्थिक समस्याओं को उजागर किया क्योंकि वे ही आन्दोलन के मुख्य आधार बन सकते

थे और बने भी। ब्रिटिश सत्ता द्वारा संरक्षित सदियों पुरानी सामंती व्यवस्था से लड़ना कोई सहज काम नहीं था अत: यह पर्चा बडी संयत भाषा में लिखा गया था। तत्कालीन परिस्थितियों में सामान्य तरीकों से अपनी बात कहकर ही जनाधार प्राप्त करना संभव थ। आधार का विस्तार होने के साथ साथ उसका स्वर भी बदलता गया। सत्याग्रह को अधिक तीव्र बनाने के उद्देश्य से एक पर्चा 'मेवाड़ का वोपारी अर करसां सूं अरज' नाम से राजस्थानी भाषा में प्रकाशित किया गया। इसमें कहा गया – ''आजकल मेवाड़ में जणी तरह का राज को इंतजाम है वो बहुत रद्दी अर खराब है। न जाणै कठी कठी का बारला लोग जणां नै नीं तो आपां पिछाणां अर नी आपणां घरां री हालत जाणै मेवाड़ में आ गिया है। वणां में भी कतरा तो अस्या है के ज्यौ घमंड अतरौ राखै के रैय्यत नै ढांढा समझै...। करसाण री हालत तो मेवाड़ में बहुत बुरी है। व्रणां पर कर्जो अतरौ लद रियौ है के सात पीढ़ी तांई नीं चुका सकै। ...आंपणै मेवाड़ में जमीन रौ हासल १४ लाख बैठे श्रीमान महाराणा साब रा जेब खर्च, बिजली खर्च, मोटर म्हैल, हाथीखाना, तनखादारां में कुल बारा – तेरा लाख रुपिया खरच व्है रिया है।

.... मेवाड़ सरकार रौ खरचौ अतरौ वधियौ है के जणी रै वास्तै नवा नवा टैक्सां नै जनम देवणौ पड़े हैं। अणी सब रोगां रौ इलाज करबा के वास्तै कमेटी वणी है जणी रौ नाम मेवाड़ प्रजामंडल है..। अणी वखत सरकार जमीन पर ज्यौ हासल लगा राख्यौ है वो बहुत बेजा है। जिका कानून खोटा खोटा मेवाड़ सरकार बणाया है वणां कानूनां नैं नीं मानणा। मेवाड़ में लाखां पशुं रोगां सूं मरै अणां रै इलाज रौ बंदोबस्त होणौ चाहिजै... करसां सूं लिरीजण बाळी बेगार खतम हुवणी चाहिजै।''[१४] इस पर्चे में प्रजामंडल का बदला हुआ स्वर स्पष्ट है। किसानों के जीवन और सुख दु:ख पर विशेष ध्यान दिया जाना इस बात की ओर संकेत करता है कि किसान ही इस आंदोलन के मेरुदंड बन सकते थे। किसानों में ही संघर्ष की सामर्थ्य अधिक थी। प्रजामंडल आन्दोलन के दौरान उन्होंने ही सबसे अधिक साहस दिखाया था। दूसरा महत्त्वपूर्ण वर्ग व्यापारियों का था जो धनवान और आधुनिक चेतना से युक्त थे लेकिन उनके लिए राजनीतिक अधिकारों को पूर्ण अभाव था। तत्कालीन राज्य व्यवस्था उनके व्यवसाय में बाधक थी अत: प्रजातंत्र का नारा उन्हें लुभावना लगता था। मेवाड़ प्रजामंडल ने सामंती व्यवस्था के विरोध को अपना मुख्य मुद्दा बनाया। प्रजामंडल के गीत उसकी विचारधारा के द्योतक है। इन गीतों ने जहाँ एक ओर लोगों को उसकी विचारधारा से अवगत कराया वहीं तत्कालीन अन्यायपूर्ण सामंती व्यवस्था से लड़ने का उनका उत्साह बढ़ाया। प्रजामंडल मोटे तौर पर अखिल भारतीय राष्ट्रीय कांग्रेस की विचारधारा

से ही प्रभावित था। अहिंसा का सिद्धान्त उसका मूलमंत्र था। उस पर मध्यम वर्ग के आदर्शवादी विचार भी छाये हुए थे।

कोटा प्रजामंडल

वैसे तो कोटा राज्य प्रजामंडल की स्थापना १९३६ ई. में हुई थी किंतु उसकी उपस्थिति का आभास १९३९ के बाद से होने लगा। सन् १९३६ में कुछ लोगों ने कोटा में अजमेर प्रान्तीय कांग्रेस कमेटी की शाखा स्थापित करने का प्रयास किया था। चूँकि प्रजामंडल और कांग्रेस के सदस्य वे ही व्यक्ति थे अत: कमेटी प्रजामंडल के साथ कदम मिलाकर चलती रही। मई १९३९ में कोटा प्रजामंडल का चौथा वार्षिक अधिवेशन मंगरोल में सम्पन्न हुआ। इसमें ग्रामीण बहुत थोड़ी संख्या में सम्मिलित हुए। राज्य प्रशासन की आलोचना करते हुए इसमें कई भाषण हुए। प्रजामंडल की मंडी रामगंज शाखा ने अपना अधिवेशन १७-१८ अप्रैल १९४० को रखा। इसमें भी उपस्थिति कम रही। इस बैठक में सीमा शुल्क व सहकारी समिति की आलोचना करते हुए कुछ प्रस्ताव पारित किये गये। सत्याग्रह के सिलसिले में गिरफ्तार व्यक्तियों को रिहा करने की पं. मदनमोहन मालवीय की अपील को ध्यान में रखते हुए कोटा कांग्रेस कमेटी की एक बैठक १४ सितम्बर १९४१ को हुई जिसमें इस सम्बन्ध में प्रस्ताव पारित किया गया। इसने कोटा म्युनिसिपल चुनाव में वयस्क मताधिकार की भी माँग की। २३ नवम्बर को कोटा में आयोजित अपनी बैठक में प्रजामंडल ने कई प्रस्ताव पारित किये जिनमें अशिक्षा के निवारण, अधिक दवाईयों की आपूर्ति, काश्तकारों को अधिक सुविधाओं व रबी फसल खराब होने पर लगान में छूट आदि की माँग रखी गयी।[१५] प्रजामंडल ने कोटा में एक लोक सेवक दल शुरु करने का भी निश्चय किया। इस संगठन का उद्देश्य कोटा में महाराव के संरक्षण में पूर्ण उत्तरदायी शासन की लक्ष्य प्राप्ति में प्रजामंडल की सहायता करना था।

सन् १९४२ तक प्रजामंडल की साधारण बैठकें होती रहीं और उत्तरदायी शासन की प्राप्ति के लिए योजनाएँ बनायी जाती रहीं। २६ जनवरी १९४२ को प्रजामंडल ने स्वतंत्रता दिवस मनाया जिसमें मुश्किल से ३५ लोग सम्मिलित हुए। अगस्त ४२ में महात्मा गाँधी की गिरफ्तारी से कॉलेज के छात्र काफी उत्तेजित हो गये और उन्होंने जुलूस निकाले। प्रजामंडल के नेताओं ने इस स्थिति का लाभ उठाकर विद्यार्थियों का अपने काम में प्रयोग किया। शहर में कुछ गड़बड़ हो गई जिसे अन्तत: दबा दिया गया। २३ अगस्त को प्रजामंडल ने सत्याग्रह की घोषणा की। इसकी बैठक में वक्ताओं ने कर न देने, ब्रिटिश सरकार को सारी सहायता

से हाथ खींच लेने, स्कूलों, कॉलेजों व सरकारी कार्यालयों के सामने धरना देने जैसी बातों के अलावा कैदियों की रिहाई व संवैधानिक सुधार लागू किये जाने की माँग की। २ अगस्त की शाम को चारों कैदी रिहा कर दिये गये और महाराजा ने धीरे धीरे संवैधानिक सुधार लागू करने का वादा किया।[१६] स्पष्ट है कि कोटा में प्रजामंडल का न तो कोई जन आधार बन पाया था और न ही उसकी गतिविधियों में लोगों को प्रेरित करने की क्षमता थी। वह केवल छिटपुट प्रतीकात्मक कार्य करता था। उसमें वह जुझारु तेवर कहीं नहीं थे जो मेवाड़ और जोधपुर प्रजामंडलों की विशिष्टता थी।

अलवर

अलवर रियासत भी राजनीतिक चेतना के विकास पथ पर अग्रसर थी। हरिपुरा कांग्रेस के बाद रियासती प्रजाजनों ने अपने अपने क्षेत्रों में उत्तरदायी शासन प्राप्त करने के लक्ष्य से स्टेट कांग्रेस व प्रजामंडल संगठित करना प्रारंभ कर दिया था। महाराजा के संरक्षण में उत्तरदायी शासन प्राप्त करने के लक्ष्य से जनमत को जागृत व संगठित करने के लिए अलवर राज्य प्रजामंडल १९३८ ई. में स्थापित किया गया। प्रजामंडल ने पब्लिक एसोसियेशन पंजीकरण अधिनियम के अन्तर्गत पंजीकरण के लिए आवेदन किया। रियासत ने पंजीकरण आवेदन रद्द कर दिया क्योंकि उनकी दृष्टि में प्रजामंडल के उद्देश्य ठीक नहीं थे। दरबार को जो बात स्वीकार्य थी, वह थी, 'राज्य के प्रशासन के साथ लोगों की प्रगतिशील सहभागिता, बावजूद इसके कि प्रजामंडल एक अपंजीकृत संस्था थी, उसने सन् १९३८ में अपने निर्माण के समय से ही अलवर प्रशासन की खामियों को उजागर करना शुरु कर दिया था। स्वामी नृसिंहदास ने राज्य में प्रचलित निरंकुश शासन के कुप्रभावों की चर्चा करते हुए बताया कि उदार निरंकुशता के सर्वोत्तम नमूने भी उस सुशासन का ठोस आधार नहीं बन सकते जो उत्तरदायी सरकार व नागरिक स्वतंत्रताओं की गांरटी से ही संभव है।[१७] अपने पक्ष में जनमत तैयार करने के लिए प्रजामंडल ने अलवर के विभिन्न मोहल्लों में वार्ड सभाएँ आयोजित करना शुरु किया। इससे सरकार आतंकित हो गयी और प्रजामंडल व कांग्रेस कमेटी को संगठित करने में लगे कार्यकर्ताओं को गिरफ्तार करना प्रारंभ कर दिया। दिल्ली प्रदेश कांग्रेस कमेटी के महासचिव सी. कृष्णन् नैयर, श्रीमती सत्यवती और मौलाना इमदाद साबरी प्रजामंडल व कांग्रेस कार्यकर्ताओं की गिरफ्तारी से उत्पन्न स्थिति का अध्ययन करने अलवर गये। नैयर वहाँ विचाराधीन कैदियों से मुलाकात करना चाहते थे किंतु उन्हें इसकी इजाजत नहीं दी गई। उन्होंने इस बारे

में एक वक्तव्य में कहा, ''राज्य में दमन चक्र पूरे जोर पर है। अलवर कांग्रेस कमेटी के अध्यक्ष, अलवर राज्य प्रजामंडल के महामंत्री और हरिजन सेवक संघ के मंत्री सहित दस सार्वजनिक कार्यकर्ताओं को गिरफ्तार कर अलवर जेल में डाल दिया गया है। यह स्पष्ट है कि विचाराधीन कैदियों के साथ अच्छा व्यवहार नहीं हो रहा है।''[१८] एक अन्य वक्तव्य में नैयर ने कहा, 'समय आ गया है कि राजनीतिक कार्यकर्ताओं के साथ व्यवहार करने के विद्यमान तरीके छोड़कर अलवर में सक्रिय कार्यकर्ताओं की माँगों को पूरा करने के लिए एक स्पष्ट नीति अपनायी जाए।' अखिल भारतीय देशी राज्य लोक परिषद् के महामंत्री जयनारायण व्यास भी अलवर पहुँचे। उन्हें रियासत ने तुरन्त अलवर से चले जाने का आदेश दिया।[१९]

इस प्रकार रियासत १९३८ में राजनीतिक आंदोलन को दबाने में सफल रही। १९३९ में पहली अप्रैल से रियासत का इरादा संशोधित म्युनिसिपल बोर्ड प्रारंभ करने का था। बाद में 'संशोधित अलवर म्युनिसिपल बोर्ड' के नियमों के अन्तर्गत तय किया गया कि नवगठित म्युनिसिपल बोर्ड अगस्त १९३९ से कार्यारंभ करेंगे। इसके अनुसार जुलाई में अलवर में म्युनिसिपल चुनाव हुए। प्रजामंडल ने उनमें सक्रिय भाग लिया। चूँकि वह पंजीकृत नहीं था अत: उसने कुछ उम्मीदवारों को समर्थन देने की घोषणा की। कुल अट्ठारह निर्वाचित सदस्यों में से पन्द्रह प्रजामंडल के समर्थक, दो स्वतंत्र पार्टी के और एक अंजुमन ए इस्लाम का प्रतिनिधि था। चूँकि प्रजामंडल पंजीकृत नहीं था अत: इसके समर्थन से निर्वाचित सदस्यों में से अधिकांश ने स्वयं को प्रजामंडल का सदस्य घोषित नहीं किया। २ सितम्बर को नगरपालिका के उपाध्यक्ष के चुनाव के मुद्दे पर प्रजामंडली दो भागों में विभक्त हो गये। प्रजामंडल से अलग होने वाले सदस्यों ने म्युनिसिपल प्रोग्रेसिव पार्टी के नाम से अपना अलग दल बनाया। उनके घोषणा पत्र में नगरपालिका सुधार व पुनर्गठन की बातें सम्मिलित थीं। इस दल का निर्माण होने से प्रजामंडल अधरझूल में लटक गया।

आपसी मतभेदों से इतना निर्बल हो जाने के बाद प्रजामंडल ने पंजीकरण के लिए पुन: आवेदन किया। मुख्यमंत्री ने उसके संशोधित विधान की प्रतिलिपि माँगी और इस बात पर बल दिया कि प्रजामंडल का उद्देश्य राज्य के प्रशासन के साथ लोगों की प्रगतिशील सहभागिता' होना चाहिए। प्रजामंडल ने इस शर्त को अस्वीकार करते हुए राज्य से मान्यता प्राप्त करने का विचार ही छोड़ दिया। प्रजामंडल के महासचिव ने स्पष्ट कर दिया कि मंडल का उद्देश्य उत्तरदायी सरकार' की स्थापन है। 'राज्य के प्रशासन के साथ लोगों की प्रगतिशील सहभागिता' एक अस्पष्ट गोलमाल बात है अत: वह प्रजामंडल को स्वीकार्य नहीं

है। इस प्रकार प्रजामंडल की मान्यता व पंजीकरण के लिए अलवर सरकार अपने मत पर अडिग थी। अंततः प्रजामंडल के नेता झुक गये। यह विचित्र बात है कि लम्बी चौड़ी बातों के बावजूद प्रजामंडल के नेताओं ने १ अगस्त १९४० से मंडल का पंजीकरण रियासत की इच्छानुसार उसके संशोधित उद्देश्य की घोषणा के संदर्भ में कराया। इसमें संदेह नहीं कि अधिकारियों ने लोकमत को जागृत करने, लोगों की आवश्यकताओं व आकांक्षाओं को स्वर देने और उनकी शिकायतें संवैधानिक तरीके से महाराजा के सम्मुख प्रस्तुत करने के प्रजामंडल के अधिकार को मान्यता प्रदान की।

भरतपुर

सन् १९३८ के मध्य तक भरतपुर राज्य प्रजामंडल के नाम से अभिज्ञात एक संस्था ने भरतपुर दंड संहिता संशोधन अधिनियम के अन्तर्गत पंजीकरण के लिए आवेदन किया। रियासत ने आवेदन पत्र अस्वीकृत कर दिया। ९ अप्रैल १९३९ को प्रजामंडल के अध्यक्ष ने राज्य सरकार को अल्टीमेटम दे दिया कि मंडल पर से प्रतिबंध नहीं हटाने व दमनकारी कानूनों को रद्द न करने की स्थिति में सविनय अवज्ञा आन्दोलन शुरु किया जायेगा। इन माँगों को दरबार ने अस्वीकार कर दिया। इस पर २१ अप्रैल से प्रजामंडल ने आन्दोलन शुरु कर दिया। राज्य सरकार की आलोचना करते हुए भाषण दिये गये व जुलूस निकाले गये। सरकार ने प्रजामंडल के नेताओं की चेतावनी दी किंतु उन्होंने उस पर कोई ध्यान नहीं दिया। इस पर गिरफ्तारियाँ शुरु हुईं लेकिन शीघ्र ही दरबार व प्रजामंडल के नेताओं के बीच समझौता हो गया। इसके परिणामस्वरूप अनेक राजनीतिक कैदी रिहा हो गये। भरतपुर प्रजामंडल ने अपना नाम बदल कर 'भरतपुर राज्य प्रजा परिषद्' कर दिया और अपने ध्येयों व लक्ष्यों को सुस्पष्ट किया। तब सरकार ने उसे पंजीकृत कर दिया।

मार्च १९४० के बाद परिषद की शक्ति में वृद्धि होना प्रारंभ हुई। लोगों के बीच इसकी बढ़ती लोकप्रियता को देखकर अधिकारी थोड़े ही समय में बेचैन हो गये। उन्होंने परिषद के मार्ग में अवरोध पैदा करने व इसके बारे में भ्रान्तियाँ फैलाने के लिए नोटिस जारी करने शुरु कर दिये। २ नवम्बर १९४० को प्रजा परिषद के कार्यकर्ताओं ने पं. नेहरू की गिरफ्तारी के सिलसिले में एक सभा आयोजित की जिसमें ब्रिटिश सरकार के इस कदम की आलोचना करते हुए उनके समर्थन में एक प्रस्ताव पारित किया गया। दिसम्बर १९४० में जयनारायण व्यास की अध्यक्षता में भरतपुर में प्रजा परिषद का पहला राजनीतिक सम्मेलन

हुआ। अपने अध्यक्षीय भाषण में व्यासजी ने ब्रिटिश सरकार की नीति की कठोर आलोचना की और इस बात पर गहरी आपत्ति उठायी कि भारत सरकार का राजनीतिक विभाग मोटी मोटी तनख्वाहों पर रियासतों में प्रशासक भेजता था, जो इस तरह शासन चलाते थे कि जैसे गड़रिये भेड़ों को हाँकते हैं।[२०] इस सम्मेलन में अनेक प्रस्ताव पारित किये गये जिनमें से अधिकांश भरतपुर की जनता को उत्तरदायी शासन प्रदान करने से सम्बन्धित थे। सितम्बर २८-३० को प्रजा परिषद का भरतपुर में एक विशेष अधिवेशन हुआ। जयपुर प्रजामंडल के अध्यक्ष हीरालाल शास्त्री भरतपुर पहुँचे व इसकी बैठकों में भाग लिया। इस प्रकार १९४० – ४१ में प्रजा परिषद की गतिविधियों में काफी अग्रगामिता दिखायी पड़ी। इस सम्बन्ध में यह बात कभी नहीं भुलायी जानी चाहिए कि प्रजा परिषद की गतिविधियों के लिए स्थानीय लोगों के अलावा बाहरी लोगों का भी काफी योगदान था।

जयपुर – सन् १९३१ में जयपुर राज्य में प्रजामंडल की स्थापना हुई। मुख्य रूप से यह कार्य जमनालाल बजाज के प्रयासों से हुआ। अगले पाँच वर्षों तक तो यह निष्क्रिय ही रहा। १९३६ में इसने सक्रिय रूप से काम करना प्रारंभ किया। मंडल को लोकप्रिय होते देखकर तत्कालीन अंग्रेज दीवान ने उसे कुचलने का निश्चय किया। ३० मार्च १९३८ को जयपुर दरबार ने अचानक यह आदेश निकाला कि सरकार की आज्ञा के बिना जयपुर में किसी भी प्रकार की सार्वजनिक संस्था की स्थापना नहीं की जा सकेगी। इस आदेश का मुख्य लक्ष्य प्रजामंडल की गतिविधियों को समाप्त करना था। प्रजामंडल ने इस आशा से कि कुछ समय पहले उसे रियासत द्वारा मान्यता देने का वचन दे दिया गया था, पंजीयन के लिए प्रार्थना पत्र दिए। उसका वार्षिक अधिवेशन ८-९ मई को जमनालालजी की अध्यक्षता में घोषित हो चुका था। अपने जन्मकाल से ही मंडल को अपने अस्तित्व की लड़ाई लड़नी पड़ी थी क्योंकि जयपुर दरबार ने उसे कार्य करने की इजाजत नहीं दी थी। रियासत द्वारा बनाये गये पब्लिक सोसाइटीज रेग्युलेशन एक्ट के अन्तर्गत सरकार द्वारा मान्यता प्राप्त व पंजीकृत न हुए किसी संगठन या संस्था का सदस्य बनना दंडनीय अपराध था। पंजीयन के लिए प्रजामंडल के आवेदन को इस आधार पर नामंजूर कर दिया गया कि वह पंजीकरण कानून में निर्धारित शर्तों को पूरा नहीं करता है।

इस कानून के अनुसार एक पंजीकृत संगठन की सदस्यता रियासत की सीमा में निवास करने वाले उसके प्रजाजनों तक सीमित होनी चाहिए थी और संगठन का कोई पदाधिकारी राज्य से बाहर के किसी राजनीतिक संगठन का पदाधिकारी

नहीं होना चाहिए था। प्रजामंडल के उस समय के अध्यक्ष जमनालाल बजाज मूलतः तो जयपुर राज्य के ही प्रजाजन थे (सीकर ठिकाने में 'काशी का बास' गाँव) लेकिन व्यापार के सिलसिले में वर्धा में रहते थे और अखिल भारतीय कांग्रेस की कार्यसमिति के सदस्य व कोषाध्यक्ष थे। अतः उपर्युक्त नियम के संदर्भ में जयपुर प्रजामंडल का पंजीकरण आवेदन ठुकरा दिया गया। जयपुर रियासत में पड़े अकाल का लेखा जोखा करने व राहत कार्य के संगठन के विचार से ३० दिसम्बर १९३८ को प्रजामंडल की बैठक होने वाली थी। इस बैठक में भाग लेने के लिए वर्धा से आए बजाज को सवाई माधोपुर स्टेशन पर आई.जी.पी., एफ.एस. यंग ने एक आदेश थमाया जिसमें शांति भंग होने का खतरा होने के आधार पर उनके रियासत में प्रवेश पर पाबन्दी लगा दी गयी थी।[२१]

राजकोट के बैरिस्टर पी.एल. चूड़गर ने जयपुर दरबार के सामने उपस्थित होकर जमनालालजी पर लगायी गई निषेधाज्ञा को हटवाने की कोशिश की पर उन्हें सफलता नहीं मिली। इस बीच ५ जनवरी १९३९ को प्रजामंडल के कुछ नेता बारडोली में समवेत हुए और उन्होंने बजाज के नेतृत्व में सत्याग्रह प्रारंभ करने का निर्णय लिया। गाँधीजी ने इस पर मोटे तौर पर अपनी स्वीकृति देते हुए सुझाया कि आन्दोलन के स्वरूप को निश्चित करने के लिए वे पहले वल्लभाई पटेल से सलाह मशविरा कर लें। सरदार ने आगामी संघर्ष की सारी तफसील तैयार करके उसे अंतिम स्वरूप दे दिया। स्वयं पर लागू निषेधाज्ञा के सम्बन्ध में रियासत को लिखे गये पत्र में बजाज ने लिखा, 'जनहित को ध्यान में रखते हुए और जनता में शांति बनाये रखने के लिए जयपुर राज्य में मेरा प्रवेश निषिद्ध करने का आदेश मेरे समूचे सार्वजनिक जीवन से कोई मेल नहीं खाता।... प्रजामंडल का अपना संविधान है। जयपुर राज्य के अनेक प्रमुख व्यक्ति इनके सदस्य हैं। उसकी सारी गतिविधियाँ अभी तक जयपुर राज्य में प्रचलित कानून का पालन करते हुए होती रही हैं। उसने अपनी सभाओं व जुलूसों पर अनुदार व खिन्न कर देने वाली पाबंदियों को बर्दाश्त किया है।

प्रजामंडल के उद्देश्यों की चर्चा करते हुए इस पत्र में कहा गया, जहाँ तक हमारे उद्देश्य का सवाल है यह स्पष्ट है। हम महाराजा की छत्रछाया के अंतर्गत उत्तरदायी शासन की माँग करते हैं। इसलिये लोगों को यह बताना कि उत्तरदायी शासन क्या है और उसे प्राप्त करने के लिए क्या किया जाना चाहिए, हमारा कर्त्तव्य बन जाता है। तथापि हम उत्तरदायी शासन प्राप्त करने के लिए सविनय अवज्ञा का प्रस्ताव नहीं रखना चाहते। ...मंडल खुले, प्रतिष्ठित व पूर्ण रूप से अहिंसक उपायों में विश्वास करता है। प्रजामंडल पर लगाये गये प्रतिबंध के

सम्बन्ध में महात्मा गाँधी ने ९ जनवरी १९३९ को लिखा, 'जयपुर में जमनालालजी की प्रेरणा से विगत छः वर्षों से प्रजामंडल संस्था काम कर रही है। मंडल का संगठन एक मजबूत संगठन है। उसमें जिम्मेदार लोग सदस्य के रूप में शामिल हैं और मंडल ने अब तक रचनात्मक कार्यक्रम की दिशा में अच्छा काम किया है। यदि प्रतिबंध नहीं हटाया गया तो मंडल को अपना कर्तव्य निभाना पड़ेगा क्योंकि कहा जाता है कि यह प्रतिबंध मंडल के रचनात्मक और संवैधानिक सभी कामों पर पाबंदी का प्रारंभ मात्र है।''[२२] गाँधीजी ने आगे कहा कि प्रजामंडल के सदस्यों के निरपराध होने पर भी उन्हें कैद करके यदि जयपुर के अधिकारी गंभीर दर्जे की स्थिति उत्पन्न कर देते हैं तो कांग्रेस व इसलिये भारत भर का उसे उदासीन भाव से देखते रहना असंभव हो जाएगा। शक्ति संपन्न होते हुए भी कांग्रेस जयपुर की प्रजा की भावनाओं का कुचला जाना चुपचाप सहन कर ले तो वह अपने कर्तव्य से विमुख मानी जाएगी।

रियासत के अंग्रेज दीवान सर कैम्प ने जमनालालजी के पत्र और गाँधीजी द्वारा इस बात के लिए सावधान कर दिये जाने के बावजूद कि जयपुर प्रजामंडल के वैधानिक अधिकारों के लिए संघर्ष करने वाले अखिल भारतीय व्यक्तित्व जमनालाल को यदि गिरफ्तार किया जाता है तो परिणाम ठीक नहीं होंगे, कोई परवाह नहीं की। जमनालालजी ने संबंधित अधिकारियों को नोटिस देकर फरवरी के प्रारंभ में निषेध आज्ञा का उल्लंघन कर जयपुर रियासत में प्रवेश किया। उन्हें गिरफ्तार कर रियासत की सरहद के बाहर ले जाकर छोड़ दिया गया। दुबारा प्रवेश करने पर भी वैसा ही किया गया। जमनालालजी ने अपनी डायरी में लिखा है कि उन्हें पाँच सौ मील की दूरी तक दो दिन और एक रात यात्रा करने पर विवश किया गया। किंतु वह फिर जयपुर राज्य में प्रवेश करने से नहीं रुके। अन्त में १२ फरवरी को उन्हें गिरफ्तार कर मौरन सागर में कैद कर दिया गया।[२३] बजाज व अन्य सत्याग्रहियों के साथ जो बर्ताव हो रहा था उसके विषय में गाँधीजी ने हरिजन में एक लेख लिखा। सत्याग्रहियों को जिस जेल में बन्द किया गया था वहाँ सांपों का बड़ा भीषण उत्पात था। गाँधीजी ने इसका सख्त विरोध किया। उन्होंने लिखा, 'क्या जयपुर दरबार की आत्मा इस हद तक सो गयी है कि जब तक कैदियों को साँप नहीं काट लेते वह जाग नहीं सकती। मोरन सागर की आबोहवा अच्छी नहीं थी। वहाँ रहते हुए जमनालाल जी का स्वास्थ्य काफी बिगड़ गया। उनकी बिना शर्त रिहाई की माँग करते हुए महात्मा गाँधी ने १९ जुलाई १९३९ के 'हरिजन' के एक लेख ने जयपुर दरबार को अनिश्चित कारावधि के औचित्य को सिद्ध करने या फिर उनकी बिना शर्त रिहाई करने हेतु आग्रह किया।

सत्याग्रह के दौरान कोई पाँच सौ व्यक्तियों ने स्वयं को गिरफ्तारी के लिए प्रस्तुत किया और जेल गये। इनमें महिलाओं की संख्या काफी थी। जयपुर का शासक वर्ग इस बात को जल्दी ही समझ गया कि जनता के आन्दोलन को दबाना संभव नहीं है। वॉयसरॉय ने भी इस मामले में पहल की। फलस्वरूप जमनालालजी व प्रजामंडल के कार्यकर्ता १२ अगस्त १९३९ को रिहा कर दिये गये। सार्वजनिक सभाओं व जुलूसों पर से प्रतिबन्ध हटा दिया गया और दरबार ने तत्काल प्रशासनिक सुधारों की घोषणा की। इसमें सन्देह नहीं कि यह प्रजामंडल व बजाज के नेतृत्व की उल्लेखनीय सफलता थी। जेल से रिहा होने के बाद बजाज ने महाराजा से अनेक बार भेंट की। उनके प्रयत्नों से एक तर्कसंगत समझौता हुआ। यद्यपि सार्वजनिक संस्थाओं के सम्बन्ध में कानून जैसा का तैसा ही बना रहा फिर भी उसमें इस प्रकार के सुधार अवश्य किये गये जिनके तहत किसी भी सार्वजनिक संस्था के पंजीयन की अनिवार्यता समाप्त हो गयी। १० सितम्बर '३९ को बजाज ने काफी विस्तृत वक्तव्य प्रकाशित कराया जिसमें सारी परिस्थिति स्पष्ट रूप से जनता के सामने रखी। समझौते का स्वागत करते हुए महात्मा गाँधी ने लिखा, "...संयम और शान्ति के साथ चलाये गये आन्दोलन का यह अंत सुखदायी है। यह अहिंसा की जीत है। प्रारंभ से ही राजनीतिक शिक्षण और आत्माभिव्यक्ति के लिए कम से कम जरुरी माँगें ही रखी गयी थीं। उत्तरदायी शासन का उद्देश्य सामने रखा गया किन्तु उसे कभी ऐसी विरोधवृति या आक्रमणशील प्रवृति के साथ प्रस्तुत नहीं किया गया कि मानों तत्काल पूर्ण उत्तरदायित्व प्राप्त करने पर लोगों का जोर है। प्रजामंडल ने अपनी सीमा और राज्य के लोगों के पिछड़ेपन को बड़ी बुद्धिमानी से समझा।"[२४]

इस बीच अंग्रेज दीवान सर बीकैम्प के स्थान पर राजा ज्ञाननाथ, भारतीय दीवान की नियुक्ति हुई किन्तु नागरिक स्वतंत्रता के मूल प्रश्न पर सरकार के रुख में कोई उल्लेखनीय परिवर्तन नहीं आया। पूना में चिकित्सा करवा रहे जमनालालजी ने महात्मा गाँधी को तार किया कि जयपुर सरकार ने दमन प्रारंभ कर दिया है। आप से भेंट करने के बाद जयपुर जाना चाहता हूँ। वे हीरालाल शास्त्री के साथ जयपुर गये और वहाँ नये दीवान से मुलाकात की। इस भेंट के पश्चात् गाँधीजी को लिखे अपने पत्र में जमनालालजी ने राजा ज्ञाननाथ के प्रति गहरा असंतोष व्यक्त करते हुए लिखा, 'उनका दृष्टिकोण संकीर्ण है और हम लोगों को यह रुख बहुत ही प्रतिक्रियावादी जान पड़ता है। इसलिये हमें अपनी अनेक भेंटों के दौरान बड़ा धक्का सा लगा और ऐसे अवसर भी आए जब लगा कि बातचीत एकदम से टूट जाएगी। किन्तु प्रधानमंत्री परिश्रमी और प्रामाणिक

जान पड़ते हैं। यदि उन्होंने ठीक रुख अपनाया तो संभव है बातचीत संभल जाए।[२५] राजा ज्ञाननाथ से अपनी मुलाकातों के दौरान बजाज ने अपने राजनीतिक कौशल का अच्छा परिचय दिया। ऐसी अनेक बातें जिन्हें प्रजामंडल ने आन बान का मामला मान रखा था, जयपुर दरबार ने स्वीकार कर ली। प्रधानमंत्री ने जो बातें मानीं, वे इस प्रकार थीं –

(१) सरकार को प्रजामंडल द्वारा अपना पुराना नाम बनाये रखने में कोई आपत्ति नहीं है।

(२) प्रजामंडल के कार्यकर्ता को अधिकार होगा कि वह रियासत के बाहर कानून सम्मत किसी संगठन का सदस्य या पदाधिकारी रह सके।

(३) जिन लोगों का जन्म जयपुर रियासत में हुआ है और जो अब रियासत के बाहर हैं, वे प्रजामंडल के सदस्य बन सकेंगे।

(४) यदि महाराजा के प्रति निष्ठा का भाव अक्षुण्ण रहता है तो उत्तरदायी सरकार की माँग को गैर कानूनी नहीं माना जाएगा।

(५) प्रजामंडल की गतिविधियों के बारे में लोगों को समझाने के लिए बोलने की पूरी स्वतंत्रता रहेगी।[२६] इस सबके बावजूद प्रधानमंत्री ने इस बात पर जोर दिया कि किसी भी प्रकार की शिकायतों को दूर करने के लिए मंडल सरकार से कहेगा, प्रजा से नहीं। जमनालालजी व प्रजामंडल के अन्य पदाधिकारियों ने इस बात को अस्वीकार कर दिया और यह आग्रह किया कि उन्हें जनता को विश्वासपूर्वक अपने साथ रखने और सहयोग पाने का संवैधानिक अधिकार प्राप्त होना चाहिए। जयपुर सरकार इस बात का भी आग्रह किये हुए थी कि प्रजामंडल रियासत के बाहर के किसी संगठन से सम्बद्ध नहीं रहेगा और उत्तरदायी शासन की माँग कोई तात्कालिक माँग न होकर अंतिम उद्देश्य होगी।

सन् १९४२ तक जयपुर प्रजामंडल कोई वास्तविक शक्ति अर्जित नहीं कर सका था। हीरालाल शास्त्री जैसे नेताओं के दौरों से लोगो में कोई विशेष उत्साह जागृत नहीं हुआ। जून १९४१ को प्रजामंडल के कार्यकर्ताओं का जयपुर में हुआ सम्मेलन बड़ा निराशाजनक सिद्ध हुआ। चूंकि पंडाल में कोई दर्शक नहीं आए अत: मार्ग चलते लोगेां को वहाँ लाना पड़ा।[२७] दुर्भाग्यवश इसी समय प्रजामंडल की कार्यकारिणी के सदस्यों में कार्य करने के तरीकों को लेकर गंभीर मतभेद उठ खड़े हुए। इसकी परिणति चिरंजीलाल अग्रवाल के नेतृत्व में प्रजामंडल प्रोग्रेसिव

पार्टी के नाम से एक नये दल के गठन में हुई।[२८] इसका परिणाम यह हुआ कि राजनीतिक कार्यकर्ताओं की शक्ति का भरपूर उपयोग नहीं हो सका। आपसी मतभेदों के कारण जयपुर भारत छोड़ो आंदोलन के दौरान अन्य रियासतों को नेतृत्व प्रदान नहीं कर सका। नवम्बर १९४१ में सीकर में राजनीतिक सम्मेलन हुआ जिसमें जयपुर प्रजामंडल के तत्कालीन अध्यक्ष हीरालाल शास्त्री ने माँग रखी कि महाराजा को विस्फोटक स्थिति का अनुभव करके रियासत में उत्तरदायी शासन स्थापित करने की माँग तुरंत स्वीकार कर लेनी चाहिए। बाद में 'आजाद मोर्चे' के नाम से एक नये दल ने निरंकुश शासन के विरुद्ध सत्याग्रह छेड़ दिया। सत्याग्रहियों मे मास्टर रामकरण जोशी, बी.एस. देशपांडे, ओमदत्त शास्त्री, लादूराम जोशी आदि प्रमुख व्यक्ति थे। आन्दोलन डेढ़ साल से अधिक समय तक चला। जयपुर प्रजामंडल आंदोलन की सबसे बड़ी विशेषता जमनालालजी बजाज के कारण इसे राष्ट्रीय स्तर पर कांग्रेस का भरपूर समर्थन प्राप्त होना था। महात्मा गाँधी के वक्तव्यों व लेखों से स्पष्ट है कि बजाज के नेतृत्व के फलस्वरूप उन्होंने इसमें गहरी अभिरुचि ली। बजाज के राष्ट्रीय व्यक्तित्व ने प्रजामंडल को गरिमा व गति प्रदान की।

जोधपुर प्रजामंडल

राजस्थान की अन्य रियासतों की भाँति जोधपुर में भी सामंती निरंकुशता का घटाटोप छाया हुआ था। भारत सरकार के पॉलिटिकल विभाग द्वारा नियुक्त होने वाले प्रधानमंत्री इस स्वेच्छाचारिता का सिंचन ही करते थे। उनका एकमात्र लक्ष्य ब्रिटिश हितों का संरक्षण था। इस बात से उन्हें कत्तई वास्ता नहीं था कि इस मध्यकालीन व्यवस्था में प्रजा किस तरह से कुचली जा रही है। वह न्यूनतम अधिकारों से भी वंचित है। सर सुखदेव प्रसाद तो प्रजापीड़क प्रधानमंत्री के रूप में एक अभिशाप ही था, उसके बाद सर डोनाल्ड फील्ड नामक एक अंग्रेज १९३५ ई. में प्रधानमंत्री पद पर नियुक्त हुआ। उसने ब्रिटिश हितों की पूर्ण रक्षा के अलावा अन्य सभी बातों की अनदेखी की। ऐसी किसी भी गतिविधि का कठोरता से दमन किया जिसमें राजा व जागीरदारों की निरंकुश सत्ता के खिलाफ बोलने की रंचमात्र भी गुंजाइश हो। जागीरदारी जुल्मों के विरुद्ध रैयत की फरीयाद सुनने के लिए कोई तैयार नहीं था।

ऐसे वातावरण में १९३४ में स्थापित रियासत के एकमात्र राजनीतिक संगठन जोधपुर प्रजामंडल को अत्यन्त प्रतिकूल परिस्थितियों में काम करना पड़ रहा था। वह न तो सार्वजनिक सभाएँ कर सकता था, न खुले रूप से लोगों से सहयोग

प्राप्त कर सकता था। प्रजामंडल के लिए परिस्थिति इस कारण भी और अधिक विषम और विकट हो रही थी कि उसके मेरुदंड महान लोकनायक जयनारायण व्यास इस समय निर्वासित थे। जोधपुर प्रजामंडल को व्यासजी जैसा साहसी, धुन का धनी, संकल्पशील, दृढ प्रतिज्ञ व अद्‌भुत संगठनकर्ता नेता प्राप्त होने से उसकी गतिविधियों में जो व्यापकता, तेजस्विता एवं जुझारुपन दिखायी देता है वैसा अन्यत्र देखने में नहीं आया। अखिल भारतीय देशी राज्य लोकपरिषद के महामंत्री के रूप में व्यासजी का अखिल भारतीय व्यक्तित्व था और शीर्ष राष्ट्रीय नेताओं से उनका निकट सम्पर्क था।

तपोनिष्ठ व्यासजी

जोधपुर प्रजामंडल की सक्रियता व उपलब्धियाँ बहुत कुछ व्यासजी के निर्भीक नेतृत्व की देन थी। इन सन्दर्भ में व्यासजी के बहुआयामी व्यक्तित्व पर विचार करना अत्यंत प्रासंगिक होगा। न केवल मारवाड़ वरन् अन्य रियासतों के प्रजामंडलों को भी उनसे प्रेरणा, मार्गदर्शन एवं सहायता प्राप्त होती रही। लोक सेवा को पूर्णत: समर्पित उनका सार्वजनिक जीवन एक कष्टसाध्य साधना थी। उनका तप: पूत जीवन जिन उदात्त मानवीय मूल्यों से उद्‌भासित था वे अनुपम हैं। न केवल राजस्थान वरन् शेष भारत में भी व्यासजी के समान अत्युच्च नैतिक धरातल पर अवस्थित नेतृत्व का उदाहरण दुर्लभ है। मातृभूमि की सेवा के लिए सर्वस्व अर्पण की उनकी ललक, भीषण विपदाओं में भी अडिग रहने की उनकी सामर्थ्य, झकझोर देने वाली विपत्तियों में भी अपनी निष्ठाओं व आस्थाओं से तिल भर भी न हटने की उनकी क्षमता, एक भावुक कवि और जनहित के सजग प्रहरी पत्रकार, सामंती अत्याचारों से आजीवन लोहा लेने वाले जुझारु व्यासजी में पौरुष व धृति का अद्‌भुत समन्वय था।

त्याग व तपस्या के पर्याय, लोकसेवा को समर्पित उनके जीवन पर विचार करने पर ऐसा लगता है कि कई अर्थों में राजस्थान में लोकमान्य टिळक का पुन: आविर्भाव उनके रूप में हो गया था। टिळक महाराज के समान ही अजेय आत्मबल, जनसाधारण से पूर्ण तादात्म्य, लोकसेवा के सम्मुख स्व के प्रत्येक विचार का पूर्ण परित्याग, अन्याय व अनाचार के विरुद्ध अनथक संघर्ष, अग्निगर्भ पत्रकारिता, अपनी अविचल आस्थाओं के लिए निर्वासन का त्रासद जीवन आदि बातें उन्हें राजस्थान के लोकमान्य टिळक की श्रेणी में रखती हैं।

जोधपुर के एक सामान्य पुष्करणा ब्राह्मण परिवार में जन्मे व्यासजी का जीवन प्रेरक नेतृत्व की अद्‌भुत कहानी है जिसमें क्षुद्रता व संकीर्णता के लिए

कोई स्थान नहीं था। विश्वासघात, मित्रद्रोह व छलकपट का गरलपान करने पर भी अपने सार्वजनिक जीवन पर उन्होंने कभी इसकी छाया नहीं पड़ने दी। 'शेरे राजस्थान' के लोक विभूषण से विभूषित व्यासजी के व्यक्तित्व को ढालने में किशोरावस्था में उन पर पड़ा स्वामी श्रद्धानंद का प्रभाव उनके जीवन में निर्णायक मोड़ था। व्यासजी के कर्मठ व हलचल भरे सार्वजनिक जीवन का प्रारंभ उनके किशोर मन को झकझोर देने वाली एक अद्‌भुत घटना से हुआ।

उन दिनों व्यासजी पंजाब विश्वविद्यालय से मेट्रिक की परीक्षा देने के लिए दिल्ली आए हुए थे। महात्मा गाँधी ने सत्याग्रह का जो शंखनाद किया था उसके फलस्वरूप स्वामी श्रद्धानंद, हकीम अजमलखाँ व डॉ. अंसारी के नेतृत्व में दिल्ली में सत्याग्रह आन्दोलन पूरे ज्वार पर था। ३० मार्च १९१९ को दिल्ली रेल्वे स्टेशन पर एकत्र जनसमुदाय पर पुलिस ने गोली चला दी जिसमें दो युवक काम आए। नगर के उत्तेजनापूर्ण वातावरण में और भी कई महत्त्वपूर्ण घटनाएँ घटीं जिनके व्यासजी प्रत्यक्षदर्शी थे। इन युवकों की शवयात्रा व बाद में स्वामी श्रद्धानंद के नेतृत्व में सत्याग्रहियों के विशाल जुलूस व सार्वजनिक सभा में अधिकारियों द्वारा मशीनगनों व पशुबल का प्रदर्शन करने पर भी स्वामीजी द्वारा जनता को पूरी तरह से नियंत्रण में रखे जाने के दृश्य ने उन्हें बहुत प्रभावित किया। उस अलौकिक दृश्य से तो वे अभिभूत हो गए जब स्वामी श्रद्धानंद निर्भय होकर चाँदनी चौक में घंटाघर के नीचे गुरखों की संगीनों के सामने छाती ताने खड़े हो गये थे। सिंह गर्जना करते हुए उन्होंने कहा, सामने खड़ा हूँ छेद डालो। व्यासजी के शब्दों में, "....कुछ मिनट बाद हमने देखा कि स्वामी श्रद्धानंदजी एक बड़ी भीड़ के साथ घंटाघर की ओर आ रहे थे। जो सिपाही महारानी विक्टोरिया की मूर्ति के पास मशीनगनों के साथ खड़े थे उन्होंने अपनी बॉयनट वाली बन्दूकें स्वामीजी की छाती पर तान दीं। वह उनके सामने छाती तानकर खड़े रहे। ....स्वामी श्रद्धानंद के शब्द आज भी मेरे कानों में गूंज रहे हैं जिनमें उन्होंने लोगों से भगवान राम और इमाम हजरत अली के आदर्श अपने सामने रखने की अपील की थी...।"[२९]

अपनी इस दिल्ली यात्रा व उसकी प्रतिक्रिया के बारे में व्यासजी ने लिखा कि दिल्ली यात्रा से मेरे जीवन को नया मोड़ मिल गया। मेट्रिक परीक्षा के लिए की गयी दिल्ली की वह यात्रा वस्तुत: जिम्मेदार है मेरे भावी जीवन को राजनीतिक साँचे में ढ़ालने के लिए। वहाँ मुझे जो वास्तविक प्रोत्साहन मिला उसको मैं कभी भूल नहीं सकता।'[३०] व्यासजी में अपने संकल्प के लिए जो दृढ़ता और व्रत के लिए जो निष्ठा पैदा हुई, उसके पीछे भी एक प्रेरक घटना है। एक बार कुछ कार्यकर्ताओं द्वारा एक गोष्ठी में उनसे यह पूछने पर कि आप में जो दृढ़ता, लगन

व धुन है, उसका कारण क्या है? उन्होंने विनम्र शब्दों में बताया, 'सन् १९२३ में हल्दीघाटी की यात्रा में वहाँ खड़े हो मैंने महाराणा प्रताप को साक्षी रखकर यह प्रतिज्ञा की थी, मैं भी अपना सारा समय उनकी ही तरह देश के लिए अर्पित करुँगा और कोई कष्ट, क्लेश, विघ्न और अभाव जन्य पीड़ा मुझे विचलित नहीं कर सकेगी।''[३१] कहना न होगा. कि व्यासजी अपनी इस प्रतिज्ञा पर चट्टान की तरह दृढ़ रहे और सर्वस्व होमकर भी उससे विचलित नहीं हुए। व्यासजी की जीवनगाथा को निःस्सन्देह प्रणवीर प्रताप की यशोगाथा का प्रतिबिम्ब कहना चाहिए।

उन्हीं दिनों दिल्ली से स्वामी श्रद्धानंद का तेजस्वी राष्ट्रीय दैनिक 'विजय' पं. इन्द्र विद्या वाचस्पति के संपादन में निकलता था। उसी के पठन से व्यासजी में पत्रकारिता अपनाने के संस्कार जागृत हुए। दिल्ली की घटनाओं की जोधपुर लौटने पर जो प्रतिक्रिया हुई, उसके सम्बन्ध में व्यासजी एक अन्य पत्र में लिखते हैं – 'जोधपुर पहुँचते न पहुँचते मेरे दिलो-दिमाग पूरी तरह राजनीति में रंग गये, भले ही मैं अपने राजनीतिक विचारों को कोई व्यावहारिक रूप नहीं दे सका। हम लोगों ने शहर के बाहर पुष्करणा नवयुवक मंडल व वाचनालय की स्थापना की। हमारा वाचनालय लोक संपर्क के लिए बड़ा केन्द्र बन गया..।'' जोधपुर लौटने पर उन्होंने समाचारपत्रों व राष्ट्रीय साहित्य की एक छोटी सी दुकान खोल ली जिसका उद्देश्य लोगों में राष्ट्रीय साहित्य पढ़ने की अभिरुचि पैदा करना था। इस पृष्ठभूमि में व्यासजी ने राजनीतिक चेतना से स्पंदित होकर सार्वजनिक जीवन में प्रवेश किया।

पुष्करणा नवयुवक मंडल के वाचनालय व पुस्तकालय में इकट्ठे होने वाले नवयुवकों में देश के प्रति कर्त्तव्य पूरा करने के बारे में खुलकर विचार विमर्श होता था। १९२२ ई. में मारवाड़ हितकारिणी सभा के मंच से व्यासजी के संघर्षपूर्ण तपस्वी सार्वजनिक जीवन का प्रारंभ हुआ जिसमें निर्वासन, नजरबंदी, घोर आर्थिक संकट व अन्य विपदाओं से उन्हें निरन्तर जूझना पड़ा। उन्होंने पहला मोर्चा सामाजिक क्षेत्र में लिया। दकियानूस, रुढ़िग्रस्त पुष्करणा समाज में व्याप्त अनेक कुप्रथाओं के विरुद्ध उन्होंने आवाज बुलन्द की और 'पुष्करणा' नामक मासिक पत्र भी शुरु किया। इसी से उनके भावी सफल व यशस्वी पत्रकार जीवन का श्रीगणेश हुआ। समाज सुधार के इस मोर्चे ने मुनि श्री चुन्नीलालजी महाराज के सम्पर्क से काफी व्यापक रूप ग्रहण कर लिया। व्यासजी ने दूसरा बड़ा मोर्चा मारवाड़ में सामंतशाही से लिया जिसने जनता को बिल्कुल निरीह व दीन हीन बनाकर दासता के बंधनों में जकड़ रखा था। जनता के भाग्य विधाता बने सामंत

मनमाने अत्याचारों को अपना पराक्रम समझे हुए थे। अनेक जागीरों में बँटे मारवाड़ रियासत में उन्हें पहले जागीरदारों की स्वेच्छाचारिता से लोहा लेना पड़ा। इसी संघर्ष ने अंत में उत्तरदायी शासन की माँग का रूप धारण किया। उन्मत्त सामन्तों ने गरीब किसानों की व्यथा को वाणी देने वाले व्यासजी व उनके साथियों को कुचलने के लिए बर्बर अमानुषिक उपाय काम में लेने में कोई कसर नहीं छोड़ी लेकिन वे दृढ़तापूर्वक डटे रहे। पथिकजी की भाँति व्यासजी ने भी गीतों और कविताओं के माध्यम से जन जागरण का भरपूर प्रयास किया। अपनी ओजमयी कविताओं द्वारा उन्होंने किसानों में तेजस्विता और संकल्प शक्ति का संचार किया। सामंतशाही को ललकारने वाली उनकी यह कविता मारवाड़ के जनसंघर्ष के इतिहास में सदैव अमर रहेगी –

भूखे की सूखी हड्डी से वज्र बनेगा महाभयंकर।
ऋषि दधीचि को ईर्ष्या होगी नेत्र नया खोलेंगे शंकर।।
अन्न विहीन उदर की आहें दावानल सी बनकर भीषण।
भस्मीभूत कर देगी उनको दीनों का जो करते शोषण।।

. . . .

जी भर आज सता ले मुझको आज तुझे देता आजादी
तेरे इन कृत्यों में सोई छुपकर तेरी ही बरबादी

.. . ...

नहीं रहेगी सत्ता तेरी बस्ती तो आबाद रहेगी।
जालिम तेरे सब जुल्मों की उसमें कायम याद रहेगी।।

बार बार मारवाड़ रियासत से निर्वासित रहकर ब्यावर अजमेर, दिल्ली, बम्बई आदि से उन्होंने मारवाड प्रजामंडल व मारवाड लोक परिषद के जन आन्दोलन का नेतृत्व एवं संचालन किया। निर्वासन की अवधि में उन्होंने भीषण दुःख उठाये। ब्यावर प्रवास के दौरान चिकित्सा व दवाईयों के अभाव में उनका पुत्र चल बसा। उस समय मात्र २५ रुपये की आर्थिक सहायता करने से भी तथा कथित मित्र कतरा गये।[३२] केपीटल ग्रंथ की रचना कर रहे कार्ल मार्क्स के पुत्र की भी ऐसी ही स्थिति में लंदन में दारुण मृत्यु हुई, जिसके अंतिम संस्कार का प्रबन्ध उसके मित्रों ने किया।

सतत संघर्ष

व्यासजी को १९३० ई. से ही मारवाड़ के विभिन्न किलों में नजरबन्द रहना पड़ा जहाँ न्यूनतम सुविधाओं का भी नितान्त अभाव था। पहली बार उनको

राजद्रोह के अपराध में छः वर्ष कारावास व जुर्माने की सजा हुई। देशी राज्यों में उन दिनों जेल जीवन ब्रिटिश भारत से कहीं अधिक कठोर था। प्राय: सभी जेल यात्राओं व किलों में नजरबंदी के दौरान व्यासजी को भूख हड़ताल करनी पड़ी। नागौर किले में जब वे नजरबन्द थे तब पीठ में ऐसा दर्द उठा कि किसी भी प्रकार की चिकित्सा के अभाव में वे गर्म रेत पर लेटकर पीठ सेका करते थे। उन्हें अपने राजनीतिक जीवन में मुख्य रूप से पाँच मोर्चो पर लड़ना पड़ा। पहला मोर्चा था सामंती तत्वों का जिसमें जागीरदार, उनके छुटभैये और देशी नरेश सब शामिल थे। दूसरा, उन निहित स्वार्थों का जो देशी राज्यों में अपनी जड़ें जमाए हुए थे। तीसरा था सामंतशाही का अंधपोषक ब्रिटिश सरकार का पॉलिटिकल विभाग। चौथे, सामंतशाही के हस्तक प्रतिक्रियावादी और पाँचवा था कांग्रेस के उन नेताओं का जो देशी राज्यों मे किसी प्रकार के आंदोलन के पक्ष में नहीं थे।[३३] इस दृष्टि से उनकी स्थिति चक्रव्यूह भेदन के लिए कौरव दल के महारथियों का एकाकी सामना करने वाले अभिमन्यु के समान थी।

उस समय तमाम देशी राज्यों में व्याप्त दमघोटू वातावरण में व्यासजी को कर्मक्षेत्र में उतरना पड़ा था। उस युग में नागरिक अधिकारों का इतना भीषणता से दमन होता था जो आज अविश्वसनीय प्रतीत होता है। मारवाड़ रियासत में प्रचलित दो तीन कानूनों के उदाहरण से उस स्थिति का अनुमान लगाया जा सकता है। १९०९ ई. में मारवाड़ राजद्रोह कानून जारी किया गया। इसके अनुसार राज्य में असंतोष व अशांति पैदा करने वालों को आजीवन कैद की सजा दी जा सकती थी। १९२२ ई. में जारी मारवाड़ प्रेस कानून के अनुसार राजनीति से सम्बद्ध कोई पुस्तक व पैंफलेट सरकारी आज्ञा के बिना प्रसारित नहीं किया जा सकता था। १९२३ ई. के टाईपराइटर कानून के तहद टाईपराइटर को भी वैसे ही पंजीकृत कराना आवश्यक था जैसे ब्रिटिश भारत में प्रेस डिक्लेरेशन लेना पड़ता था। कौंसिल और महाराजा के नाम से राज्य में पूर्णत: स्वेच्छाचारिता छायी हुई थी। ऐसे प्रजापीड़क निरंकुश शासन के खिलाफ व्यासजी सन् १९३७ से '४५ तक निरन्तर जूझते रहे।

व्यापक नेतृत्व

सन् १९२० से '२६ तक विविध कार्य[३४] करते हुए जयनारायण व्यास स्वयं को भविष्य के लिए तैयार करते रहे। सन् २७ तक उनके चिंतन में प्रौढ़ता और विचारों में परिपक्वता आ चुकी थी और उनके कार्य करने की सही दिशा 'तरुण राजस्थान' के द्वारा निर्धारित होने लगी थी। जिन दिनों व्यासजी तरुण राजस्थान

के संपादक की हैसियत से राजस्थान की रियासती जनता में राजनीतिक चेतना का संचार कर रहे थे, उन्हीं दिनों बम्बई में डॉ. अभ्यङ्कर व उनके साथियों ने अखिल भारतीय देशी राज्य लोक परिषद की स्थापना की थी। व्यासजी अपने कुछ साथियों के साथ राजस्थान की रियासतों के प्रतिनिधियों के रूप में इसमें सम्मिलित हुए। उन्होंने तभी निश्चय कर लिया था कि राजस्थान में भी देशी रियासतों के कार्यकर्ताओं का प्रान्तीय संगठन बनाया जाए। बम्बई से आते ही उन्होंने राजस्थान की सभी रियासतों के कार्यकर्ताओं का जोधपुर में एक राजनीतिक सम्मेलन बुलाने की घोषणा की। उनकी योजना थी कि देशी राज्य लोकपरिषद् के सभी अखिल भारतीय नेता जोधपुर आएँ और वे राजस्थान के कार्यकर्ताओं का मार्गदर्शन करें लेकिन रियासती सरकार ऐसा कोई सम्मेलन होने नहीं देना चाहती थी। अत: सम्मेलन की घोषित तिथियों से पहले ही उसने सम्मेलन पर प्रतिबन्ध लगा दिया और व्यासजी व उनके साथी आनंदराज सुराणा व भँवरलाल सर्राफ अलग अलग किलों में नजरबंद कर दिये गये।

जेल से रिहा होने पर व्यासजी ने १९३२ ई. में पुष्कर में मारवाड़ प्रजापरिषद् का एक राजनीतिक सम्मेलन आयोजित किया। इसी वर्ष वे नमक सत्याग्रह में अजमेर में पुन: गिरफ्तार हो गये। सन् '३३ के अंत में अजमेर जेल से रिहा होते ही व्यासजी ने अखिल भारतीय देशी राज्य लोकपरिषद से सम्पर्क सूत्र कायम किया। ब्यावर में उन्होंने प्रांतीय देशी राज्य प्रजा परिषद की स्थापना करके राजस्थान की रियासतों के कार्यकर्ताओं का एक विशाल सम्मेलन आयोजित किया। यहीं से उन्होंने पहली बार राजस्थान की सभी रियासतों के कार्यकर्ताओं को एक संस्था में सूत्रबद्ध करने की शुरुआत की। उनकी यह निश्चित मान्यता थी कि रियासतों की ऐतिहासिक और भौगोलिक इकाईयाँ भले ही अलग अलग हों किन्तु प्रजाजनों के दु:ख दर्द व समस्याएँ एक समान हैं और उनका समाधान भी मिलकर निकाला जा सकता है। इसके लिये लोकराज की स्थापना आवश्यक थी जिसके लिए राजतंत्रों से खुला संघर्ष अपरिहार्य था। इसके लिए व्यासजी हर रियासत की जनशक्ति को जागृत और संगठित करने में लग गये। ब्यावर सम्मेलन से रियासतों के कार्यकर्ताओं को नया दृष्टिकोण, कार्य करने की नयी दिशा प्राप्त हुई। अखिल भारतीय देशी राज्य लोक परिषद् ने व्यासजी को राजस्थान के अलावा पंजाब व संयुक्त प्रान्त की रियासती जनता को संगठित करने का कार्य भी सौंपा। उन्होंने १९३५ में दिल्ली में देशी राज्य लोक परिषद का एक विशेष अधिवेशन बुलाया जिसमें प्रिंसेज प्रोटेक्शन एक्ट की कठोर आलोचना की। व्यासजी ने सारे देश की देशी रियासतों का दौरा किया और सभी रियासतों में

नवयुवकों को संगठित करके राजतंत्रों के विरुद्ध मोर्चाबन्दी की योजना में लग गये। ऐसा लगता है कि 'व्यासजी की आत्मा भारत के देशी राज्यों के शोषित और पीड़ित प्रजाजनों की विवशताओं से अत्यन्त उद्विग्न हो रही थी और वे सारे देश में राजतंत्रों की समाप्ति के लिए एक संगठित अभियान शुरु करने में लगे हुए थे।[३५]

अखिल भारतीय देशी राज्य लोकपरिषद के महामंत्री के नाते उन्हें भारत व्यापी देशी राज्यों के जन आन्दोलन के सफल नेतृत्व का गौरव प्राप्त हुआ। पहले इस परिषद का कार्यक्षेत्र मुख्यत: दक्षिणी भारत और कुछ अंशों तक सौराष्ट्र व गुजरात तक सीमित था। राजस्थान, मध्यभारत, पंजाब व हिमाचल आदि उत्तरी भारत के देशी राज्य कहीं अधिक पिछड़े हुए थे और उनकी प्रजा की स्थिति अधिक दयनीय थी। व्यासजी को परिषद के तत्कालीन नेतृत्व का ध्यान उत्तरी भारत के देशी राज्यों की ओर आकर्षित करने के लिए कुछ संघर्ष भी करना पड़ा। परिषद् के नवसारी अधिवेशन में सफल होने के बाद जब इस संगठन की बागडोर उनके हाथ में आ गयी तब उन्होंने विशाल दृष्टिकोण का परिचय देते हुए सम्पूर्ण भारत की लगभग छ: सौ देशी रियासतों की दु:ख तकलीफों पर ध्यान दिया वह विस्मयजनक था।[३६] जैसलमेर के शहीद सागरमल गोपा, टिहरी के शहीद श्री देवसुमन, लोहारु के गोलीकांड, बीकानेर षड्यंत्र केस, शेखावाटी किसान आन्दोलन, भरतपुर में दमन आदि, गरज यह कि ऐसी कोई घटना नहीं थी जिस पर व्यासजी ने निजी रूप से ध्यान नहीं दिया हो। इसीलिये तो वे देशी राज्यों की समस्त जनता की आशाओं व आकांक्षाओं के केन्द्र बन गये।

प्रजाजनों के हितों का सजग प्रहरी 'अखंड भारत'

देशी रियासतों की निरंकुश राजतंत्रीय व्यवस्था में पिस रही जनता के दु:ख दर्द को उजागर करने, राजाओं के कुकृत्यों का पर्दाफाश करने व जनजागरण के लिय व्यासजी ने अपने कुछ उत्साही मित्रों के सहयोग से १९३६ ई. में 'अखंड भारत' नामक एक बड़ा हिन्दी दैनिक शुरु किया। इसके द्वारा उन्होंने तमाम देशी रियासतों के कार्यकर्ताओं को संगठित करने का बीड़ा उठाया। इसमें उन्होंने अलग अलग रियासतों के राजाओं व जागीरदारों के क्रूर अत्याचारों को बेनकाब करना शुरु किया। एक ही महीने में इसकी पचीस हजार से अधिक प्रतियाँ निकलने लग गयीं। जन आकांक्षाओं की अभिव्यक्ति से रियासती जन आन्दोलनों को बड़ा बल मिला लेकिन रियासती सरकारें 'अखंड भारत' की लोकप्रियता और उसके बढ़ते हुए प्रभाव को सहन नहीं कर सकीं। अधिकांश रियासतों में 'अखंड भारत' पर पाबन्दी लगा दी गयी। उसे पास में रखना या पढ़ना कानूनन बंद कर

दिया गया। आर्थिक रूप से वह संकटग्रस्त रहा और एक मित्र के विश्वासघात के कारण डेढ़ वर्ष बाद ही चालीस हजार का घाटा उठाकर उसे बेचना पड़ा। 'अखंड भारत' के डेढ़ वर्ष की एक घटना चिर स्मरणीय रहेगी। उसके कारण चार राज्यों के राजाओं के सिंहासन डोल गये थे। उन्हें गद्दी से हटा दिया गया था। जब 'अखंड भारत' का प्रकाशन बन्द कर देना पड़ा तो व्यासजी ने सब हिसाब देखा और बोले कि चालीस हजार में चार राजाओं का गद्दीच्युत होना कोई घाटे का सौदा नहीं है।

व्यासजी के पास उन दिनों अनेक रियासतों के सहयोग के अत्यंत आकर्षक प्रस्ताव आए किन्तु इस तेजस्वी लोकसेवक की सत्यनिष्ठा को कोई नहीं डिगा सका। व्यक्तिगत स्वार्थों के लिये या अखंड भारत के लिए किसी राजा या धनपति से सहयोग लेकर संपन्नता से जीवनयापन करने की अपेक्षा व्यासजी ने अभावों में तिल तिल कर जलना ही श्रेयस्कर समझा। फलौदी के रायसाहब सांघीदास थानवी के माध्यम से बीकानेर के महाराजा गंगासिंह ने उन्हें 'अखंड भारत' चालू रखने के लिय एक लाख रुपये प्रदान करने का प्रस्ताव रखा था लेकिन व्यासजी ने यह कहकर इस प्रस्ताव को अस्वीकार कर दिया कि 'अपने दुश्मन की तलवार हाथ में ले लड़ने की अपेक्षा अपनी टूटी हुई तलवार से लड़ना मुझे कहीं अधिक पसंद है।''[३७]

व्यासजी के दुर्लभ गुणों के कारण कई देशी राजा भी मन ही मन उनका आदर करते थे। सामंतशाही व राजतंत्र के दृढ़ स्तम्भ बीकानेर के महाराजा गंगासिंह द्वारा २१ फरवरी १९३७ को जोधपुर के तत्कालीन दीवान डॉनाल्ड फील्ड को व्यासजी के बारे में लिया गया पत्र उनके दुर्लभ चारित्रिक गुणों पर बखूबी प्रकाश डालता है। निर्वासित जीवन बिता रहे व्यासजी उन दिनों 'अखंड भारत' बन्द हो जाने पर निपट निराशा की स्थिति में सिनेमा व्यवसाय में प्रवेश करने का निश्चय कर चुके थे। इस पत्र में महाराजा ने लिखा –

ऐतिहासिक पत्र – ''.... मैं इस पत्र के द्वारा एक ऐसे व्यक्ति के बारे में जो कि देशी राजाओं के विरुद्ध जनमत तैयार करने में सबसे अधिक तेज और आग के शोले की तरह दग्ध करने वाला है, अपनी राय आप तक पहुँचाने का इरादा रखता हूँ। ... देशी रियासतों का भविष्य उन लोगों के चरित्र पर बहुत कुछ निर्भर करता है जो कि इन क्षेत्रों के जन जीवन पर आज हावी हैं। ... राजशाही के ये शानदार सतून और साम्राज्यवादी शासन की ऊँची इमारत आज के जन सेवकों को खत्म नहीं कर सकेगी और उनसे इन्साफ की भीख माँगेगी। ... निस्सन्देह जयनारायण व्यास राजशाही की आलोचना निर्दयतापूर्वक करने में किसी से पीछे

नहीं हैं लेकिन वे पक्के ईमानदार हैं। उनको कोई भ्रष्ट नहीं कर सकता। वे अपनी राजनीतिक मान्यताओं व आत्मा के प्रति सत्यनिष्ठ हैं। हजारों धोखेबाज, चरित्रहीन और बेईमान टट्टूओं के होते हुए आप मुश्किल से किसी को व्यासजी जैसा पवित्र पाऐंगे जो राजाओं के प्रति घृणा और दुर्भावना रखते हुए भी ईमानदार हो और देशी रियासतों का शासन ठीक तरह से चलाकर भलाई करने की क्षमता रखता हो। .. सिर्फ जयनारायणजी व्यास ऐसे आदमी हैं जो अपने हजारों साथियों पर अपने उच्चादर्शों का असर रखते हैं और राजपूताना के सभी वर्गों में जिनका स्थान है। वे हमसे सहमत हों अथवा न हों लेकिन उनमें जिम्मेदारी का निश्चय माद्दा है ...। जयनारायण व्यास एक गरीब घर में पैदा हुए हैं इसलिये हमेशा आर्थिक दिक्कत में गुजरते रहते हैं। अपने कई दूसरे साथियों व हमराहियों की तरह वे ब्लेकमेलिंग अथवा अनीति से आर्थिक लाभ उठाने में विश्वास नहीं करते। ...मैं जब सोचता हूँ कि जयनारायण व्यास सिनेमा में जाना चाहते हैं तो मेरा हृदय खून के आँसू रोता है। वे मेरे बड़े से बड़े दुश्मन रहे हैं फिर भी मेरी मान्यता है कि वे पवित्र व्यक्ति हैं और उनके अथक परिश्रम से किसी न किसी दिन राजपूताना के इन रेगिस्तानी इलाकों में शांति और खुशहाली आएगी।

आज उनकी असफलता पर संभवत: हम खुश हो लें लेकिन वह दिन अधिक दूर नहीं है जब हम महसूस करेंगे कि हमारे हट जाने से रिक्त हुए स्थान की पूर्ति के लिए वे ही सबसे उपयुक्त व्यक्ति हैं ...यह सही है कि हम दो भिन्न भिन्न हितों का प्रतिनिधित्व करते हैं फिर भी इस बात पर विश्वास करने का कोई कारण नहीं है कि स्वार्थ यदि टकरा भी रहें हो तो इसका अर्थ यह कदापि नहीं हो सकता कि एक पक्ष के हित कत्तई मिटा दिये जाएँ।''

व्यासजी का निर्मल चरित्र, जनहित पर केन्द्रित दृष्टि भीषण आर्थिक संकट में भी निष्कलंक पवित्र जीवन, निरन्तर संकटों से जूझने की सामर्थ्य, एकाकी श्रम से आत्मनिर्णय की साधना जैसे उनके विशिष्ट गुण इस पत्र से उजागर होते हैं।

देशी रियासतों के जन आंदोलन के सम्बन्ध में अपराजेय वृत्ति के धनी व्यासजी कांग्रेस व गाँधीजी के सम्मुख नतशिर नहीं हुए। देशी राज्यों के प्रति कांग्रेस की उपेक्षावृति से उनका हृदय कभी कभी विद्रोह कर उठता था। वे इस विचार से कत्तई सहमत नहीं थे कि कांग्रेस के आन्दोलन से देशी राज्यों को अछूता रखा जाए। जमनालाल बजाज से भी इसी बात पर उनका मतभेद रहा। अंतत: बजाज उनके विचारों से सहमत हो गए। जयपुर प्रजामंडल सत्याग्रह इसका प्रमाण था। व्यासजी की प्रेरणा से कराची कांग्रेस के अवसर पर देशी राज्यों के लोकनेताओं का एक शिष्टमंडल गाँधीजी से मिला और उनके आग्रह किया कि

भारतीय शासन सम्बन्धी ऐसी कोई योजना स्वीकार नहीं की जाए जिसमें देशी राज्यों की जनता की उपेक्षा कर केवल राजाओं को प्रमुखता दी जाए। १९३८ ई. में हरिपुरा कांग्रेस में नेताजी सुभाष बोस की अध्यक्षता में कांग्रेस ने देशी राज्यों के प्रति अपने रुख में जो परिवर्तन किया उसका अधिकांश श्रेय व्यासजी को है। उन्होंने अखिल भारतीय देशी राज्य लोकपरिषद को कांग्रेस के समानान्तर ऐसा प्रभावी जन संगठन बना दिया कि उसकी उपेक्षा करना सहज नहीं रहा। हरिपुरा कांग्रेस से ठीक पहले नवसारी में परिषद के एक विशेष अधिवेशन का आयोजन इसी अभिप्राय से किया गया था कि कांग्रेस पर अपना रुख बदलने के लिए दबाव डाला जाए। परिषद् के बढ़ते हुए वेग को संतुलित करने के लिए कांग्रेस को अपने रुख में परिवर्तन करने के लिए बाध्य होना पड़ा।

हरिपुरा कांग्रेस में इस सम्बन्ध में प्रस्तुत प्रस्ताव के प्रस्तोता थे पट्टाभि सीतारामैया व अनुमोदक थे व्यासजी। पं. नेहरू जैसे राष्ट्रीय नेता की सहानुभूति देशी राज्यों की पीड़ित प्रजा के लिए प्राप्त करके कांग्रेस के दृष्टिकोण में परिवर्तन लाने का दु:साध्य कार्य व्यासजी की असाधारण कार्यक्षमता का सूचक था। ब्रिटिश सरकार ने जब देशी रियासतों की प्रजा की उपेक्षा कर केवल राजाओं को प्रमुखता देते हुए शासन सुधार की योजनाएँ बनाने का प्रयास किय तब तब व्यासजी ने उसका डटकर विरोध किया चाहे वह १९३५ का भारत सरकार अधिनियम हो, १९४२ की क्रिप्स योजना या '४६ की मंत्रिमंडल मिशन योजना। स्वतंत्रता प्राप्ति के उपरान्त संविधान सभा में देशी राजाओं के नहीं वरन् जनता के प्रतिनिधि शामिल किया जाना व रियासतों के एकीकरण की रक्तहीन क्रांति से पहले उसकी पूर्वपीठिका के रूप में सभी रियासतों में लोकप्रिय शासन कायम किया जाना उस भारत व्यापी जन आंदोलन की चरम परिणति थी जिसका सफल सूत्र संचालन व्यासजी ने देशी राज्य लोक परिषद के माध्यम से किया था।

वर्तमान राजस्थान के मंत्रदृष्टा व निर्माता

राजस्थान के जननेताओं में जयनारायण व्यास ही वे पहले दूरदर्शी व्यक्ति थे जिन्होंने यहाँ की तमाम रियासतों का विलीनीकरण करके एक संघ राज्य बनाने का नारा दिया। १९३२ ई. की जेलयात्रा में वृहद राजस्थान का विचार उनके भावाकाश पर उदित हुआ। उस समय से उनकी यह निश्चित मान्यता बन गई कि अलवर से ईडर तक का सारा क्षेत्र 'वृहद राजस्थान' की एक इकाई है भले ही इस समय वह कितनी रियासतों व जागीरों में विभक्त है। यह निर्विवाह है कि इस व्यापक दृष्टि से काम करने वाले वे पहले राजस्थानी नेता थे और इसी भावना से

प्रेरित होकर उन्होंने अखिल भारतीय देशी राज्य लोकपरिषद के अन्तर्गत उसकी राजस्थान शाखा का गठन व संचालन किया था।[३८] राजस्थान की तमाम रियासतों को राजनीतिक आन्दोलन की दृष्टि से एक माला में गूंथने वाला यही पहला संगठन था। परिषद के सन् १९३९ के लुधियाना अधिवेशन में छोटी छोटी रियासतों को आपस में या पड़ोसी राज्यों में मिलाकर उन्हें एक इकाई में गठित करने या पड़ोसी प्रान्तों में मिलाने की जो योजना पं. नेहरू की अध्यक्षता में प्रस्तुत की गई थी वह देशी राज्यों के विलीनीकरण की भूमिका थी। व्यासजी ने बड़ी दक्षता व दूरदर्शिता से यह योजना तैयार की थी। इसलिए उन्हें राजस्थान संघ के निर्माण व देशी राज्यों के एकीकरण की रक्तहीन क्रांति के मंत्र दृष्टा कहना सर्वथा उचित है। व्यासजी अपने अभिन्न मित्र गुजराती दैनिक जन्मभूमि के संपादक व सौराष्ट्र ट्रस्ट' के प्रवर्तक एवं देशी राज्यों में जनजागरण के उन्नायक अमृतलाल सेठ के साथ मिलकर 'महान राजस्थान' का स्वप्न देखते थे जिसमें गुजरात का सौराष्ट्र प्रदेश भी शामिल था। स्वतंत्रता प्राप्ति के बाद देश के कर्णधार उनके समान उदात्त भावना से काम लेते तो वर्तमान राजस्थान का रूप उसके अतीत के समान गौरवशाली होता।

राजस्थान के हितों के समर्थन व गरिमा की रक्षा के लिए व्यासजी दृढ़ प्रतिज्ञ व्रती के रूप में डटे रहे। इसके लिए उन्होंने कांग्रेस हाईकमांड के महारथियों की नाराजगी की भी कभी चिंता नहीं की। आबू को गुजरात में मिलाने के लिए सिरोही रियासत के विभाजन की सरदार पटेल की योजना का डटकर विरोध करने का दमखम व्यासजी में ही था। जब सभी कांग्रेसी पटेल की भृकुटि से ही थर्राते थे, वह व्यासजी जैसे दुर्दम्य जन्मजात योद्धा के ही बूते की बात थी कि राजस्थान के हितों पर आघात पहुँचाने वाली इस योजना को उन्होंने सर्वथा अनुचित व अमान्य करार देकर संघर्ष करने में आगा पीछा नहीं किया। इसके परिणामस्वरूप उन्हें सरदार पटेल का कोपाभाजन होना पड़ा और उन जैसे दुग्ध धवल सार्वजनिक जीवन वाले जननेता पर स्वतंत्र भारत में गृहमंत्री पटेल के इशारे पर राई का पर्वत बनाकर स्पेशल ट्रिब्यूनल में संगीन मुकद्दमा चलाया गया लेकिन व्यासजी इससे हतप्रभ नहीं हुए। उन्हें पटेल से मेल मिलाप की सलाह भी दी गयी पर स्वाभिमानी व्यासजी सरीहन अन्याय के सम्मुख झुकने को तैयार नहीं हुए। उस समय यह साफ लग रहा था कि उनके राजनीतिक जीवन को हमेशा के लिए ग्रहण लग जाएगा पर धुन के धनी व्यासजी ने अपनी टेक नहीं छोड़ी। गढ़े गये आधारहीन इस मुकद्दमे को आखिर भारत सरकार को वापस लेना पड़ा।

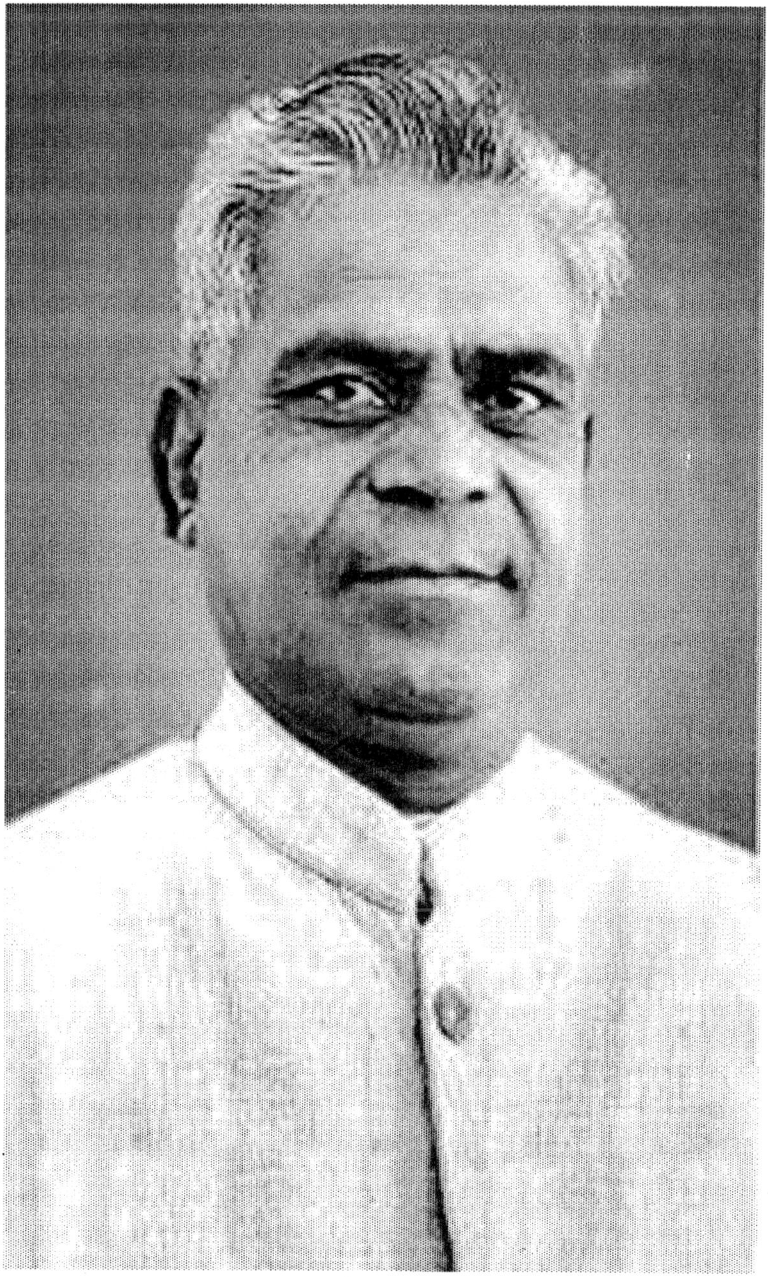

शेरे राजस्थान जयनारायण व्यास

लोकशक्ति के उन्नायक

व्यासजी के पहले महान् क्रांतिकारी केसरीसिंह बारहठ की पीढ़ी राजाओं को उनके विगत गौरव की याद दिलाकर उनकी सत्ता व साधनों का देश में सशस्त्र क्रांति के लिए उपयोग करने हेतु प्रयत्नशील थी। पथिकजी ने राजा और जागीरदार के अत्याचारों के विरुद्ध सत्याग्रह का सूत्रपात किया और लोकशक्ति को अन्याय का सामना करने के लिए सन्नद्ध किया। व्यासजी राजस्थान में पहले व्यक्ति थे 'जिन्होंने इतिहास के गतिशील संदर्भ के प्रकाश में यह उद्घोषणा की कि राजाओं व सामन्तों का समय समाप्त हो चुका है। वे या तो स्वेच्छा से राज्यसत्ता जनता के निर्वाचित प्रतिनिधियो को सौंप दें अन्यथा रूस में जार के साथ जो कुछ घटनाएँ घटी हैं उनकी पुनरावृत्ति राजस्थान की हर रियासत में होगी।[३९] राजस्थान के राजनीतिक क्षितिज पर व्यासजी का उदय एक उग्र और तेजस्वी पत्रकार के रूप में हुआ जब उन्होंने 'तरुण राजस्थान' का संपादन भार संभाला। व्यासजी से पूर्व पथिकजी के संपादन में इस पत्र ने रियासती जनता में अत्याचार व अन्याय के विरोध का साहस तो जगा दिया था लेकिन अब 'तरुण राजस्थान' ने एक ओर तो राजतंत्र की समाप्ति और उत्तरदायी शासन की स्थापना पर जोर दिया और दूसरी ओर जागीरी प्रथा के उन्मूलन व उसके लिए जन आन्दोलन संगठित करने पर बल दिया। रियासतों की दबी कुचली जनता व्यासजी की इस बात पर विश्वास करने को तैयार नहीं थी कि राजशाही भी कभी समाप्त हो जाएगी पर प्रबुद्ध लोगों को इसमें भविष्य बोलता दिखाई दे रहा था। 'तरुण राजस्थान' के संपादन द्वारा व्यासजी ने यह सिद्ध कर दिया कि मिशनरी पत्रकार ही समाज को प्रेरक नेतृत्व देने में सक्षम है। बाद में राजस्थानी भाषा में 'आगीवाण' नामक पाक्षिक पत्र भी लोकसेवा को समर्पित उनकी मिशनरी पत्रकारिता की अगली कड़ी था। उनके 'अखंड भारत' की चर्चा पहले की जा चुकी है। जीवन के संध्याकाल में भी वे 'पीप' नामक अंग्रेजी साप्ताहिक के द्वारा अपने स्वतंत्र चिंतन व परिपक्व विचारों की निर्भीक अभिव्यक्ति के द्वारा देश का मार्गदर्शन करते रहे।

अवसरवादी राजनीति से अवसन्न व्यासजी

उदात्त नैतिक मूल्यों में उनकी दृढ़ आस्था थी और किसी प्रकार के नैतिक स्खलन के साथ समझौता करना उनके स्वभाव में नहीं था। बुराई चाहे किसी भी क्षेत्र में हो, उसे मिटाने के लिये वे सतत जूझते रहे। स्वतंत्रता के बाद जैसी

सत्तालोलुप नैतिक मूल्यों से विहीन अवसरवादी राजनीति विकसित हुई व्यासजी के लिए यह असह्य थी। सत्ता उनके लिए कांग्रेस के आदर्शों को पूरा करने का साधन थी। वह स्वयं साध्य नहीं थी। अपने मंत्रिमंडलीय सहयोगियों व विधायकों के चारित्रिक पतन की उन्होंने कभी अनदेखी नहीं की। स्वार्थी तत्वों को उनकी नैतिक दृढ़ता रास नहीं आयी और फलस्वरूप कुटिल चालों द्वारा लोकनायक व्यासजी को उन्होंने अपने मार्ग से हटाने के लिए निकृष्ट कोटि के उपायों का सहारा लेकर सफलता हासिल की। व्यासजी को राजस्थान के मुख्यमंत्री पद से हटाना गुरुद्रोह, मित्रद्रोह, विश्वासघात, छलछद्म व नैतिक पतन की पराकाष्ठा की दुखान्तिका है। लेकिन सत्ता से हटने के बाद भी उन्होंने कांग्रेस में व्याप्त भ्रष्टाचार के विरुद्ध अपनी मुहिम जारी रखी। उनकी यह मान्यता थी कि लोक कल्याणकारी नीतियों का सही क्रियान्वयन तब तक संभव नहीं है जब तक प्रशासन में नैतिक व चारित्रिक मूल्यों को प्रतिष्ठापित नहीं किया जाता। लोकजीवन में नैतिक मूल्यों की स्थापना और अवसरवादिता को रोकने के लिए वे अंगद की तरह पैर जमा कर ऐसे खड़े हुए कि सारा कांग्रेस संगठन हिल गया। कांग्रेस के अनुशासन व नियंत्रण की तलवार सिर पर लटकी होने पर भी उन्होंने जो साहसिक कदम उठाया था, उससे कभी पीछे नहीं हटे। पं. नेहरू से भी इन्हीं मसलों को लेकर उनके गहरे मतभेद हो गये पर सत्यनिष्ठ व्यासजी ने अपनी टेक भी नहीं छोड़ी। स्वाधीनता आन्दोलन के आदर्शों को ध्वस्त होते देखकर वे मर्माहत हो उठे और उस दीपशिखा को सतेज बनाये रखने के लिए ही उन्होंने अपनी उत्तरवर्ती जीवन समर्पित कर दिया। १४ मार्च १९६३ को जब व्यासजी ने मातृभूमि से विदाई ली तो उनके मन में यही कसक रह गयी कि –

जिन्हें जौके नज़र बख्शा गया था हो चुके रुखसत।
हम अब तारे फलक से तोड़ लाएँ भी तो क्या होगा।
जहाँ 'आजाद' ता हदेनज़र बंजर ज़मीनें हों।
घटाएँ आ कर बारिश लुटाएँ भी तो क्या होगा।।

व्यासजी और प्रजामंडल आन्दोलन

व्यासजी के गतिशील और प्रेरक नेतृत्व में काम करने वाले जोधपुर प्रजामंडल ने लोकहित के मामलों पर भरपूर ध्यान दिया। अब तक व्यासजी अखिल भारतीय व्यक्तित्व का दर्जा प्राप्त कर चुके थे। मारवाड़ से अपने निर्वासन काल में भी वे 'आगीवाण' और 'अखंड भारत' के माध्यम से अलख जगाने का कार्य निरन्तर करते रहे थे। व्यासजी जैसे दिग्गज नेता के कारण जोधपुर प्रजामंडल

अन्य रियासतों के प्रजामंडलों की तुलना में कहीं अधिक शक्तिशाली व जुझारू था। उत्तरदायी शासन की स्थापना के लिए जोधपुर प्रजामंडल व लोक परिषद् ने पूरे राजस्थान में प्रेरक व अग्रणी भूमिका निभायी। उसने जनकल्याण से संबंध रखने वाले सभी मुद्दों को प्रबलता से उठाया।

शिक्षा पर ध्यान

रियासत में शिक्षा के प्रश्न पर प्रजामंडल ने प्रारंभ से ही ध्यान दिया। जनकल्याण में अभिरुचि रखने वाली एकमात्र सार्वजनिक संस्था होने के नाते उसे दसवीं कक्षा तक नि:शुल्क शिक्षा की माँग उठाकर इस कार्य को गति प्रदान की। प्रजामंडल के सचिव अभयमल जैन ने पूरे भारत में जहाँ कहीं भी रियासत के निवासी अच्छी खासी संख्या में रहते हों 'जोधपुर शिक्षा दिवस' मनाने का आह्वान किया। उन लोगों द्वारा पारित प्रस्तावों की प्रतिलिपियाँ रियासती अधिकारियों को भेजी जाती थीं ताकि शिक्षा शुल्क लगाने सम्बन्धी रियासत के प्रस्ताव के बारे में वे जनभावनाओं से अवगत हो सकें। २१ जून १९३६ को जोधुपर शिक्षा दिवस मनाने का निश्चय किया गया। ५ मई १९३६ को जयकृष्ण मूंदड़ा की अध्यक्षता में प्रजामंडल ने एक सार्वजनिक सभा का आयोजन कर शिक्षण संस्थाओं में फीस की बढ़ोतरी के विरोध में एक प्रस्ताव पास कर महाराजा को भेजा। 'जोधपुर शिक्षा दिवस' मनाये जाने के दिन रियासत द्वारा जुलूसों आदि पर प्रतिबन्ध लगाये जाने के बावजूद पुरुषोत्तमदास गौड़ की अध्यक्षता में एक सभा आयोजित की गई। एक हजार से अधिक लोगों द्वारा हस्ताक्षरित एक स्मरणपत्र प्रजामंडल के माध्यम से महाराजा को प्रस्तुत किया गया जिसमें शिक्षण शुल्क को मंसूख करने की माँग की गयी थी। शिक्षण संस्थाओं में फीस बढ़ाये जाने के मामले को प्रजामंडल ने पूरी गंभीरता से लिया था। लोकहित से सम्बद्ध यह एक न्यायोचित मामला था पर जनता की माँग पर ध्यान न देकर सरकार अपनी जिद पर अड़ी रही।

इसी समय विभिन्न प्रान्तों में कांग्रेस की सहायक संस्थाओं के रूप में नागरिक स्वतंत्रता यूनियनें (civil liberties unions) बनायी गयीं ताकि लोगों को अपने राजनीतिक विचार प्रकट करने के लिए एक वैकल्पिक मंच मिल सके। जोधपुर में इस यूनियन का गठन रियासत की आँख की किरकिरी बन गयी। इस आशंका से कि वह राजनीतिक गतिविधियों में भाग लेगी, १४ जून १९३६ को उस पर उसके जन्म से पूर्व ही प्रतिबंध लगा दिया गया। जोधपुर महाराजा की इस कठोर कार्यवाही पर प्रतिक्रिया व्यक्त करते हुए जवाहरलाल नेहरू ने व्यंग्यात्मक

रूप से कहा, 'सिविल लिबर्टिज यूनियन के विरोध में कदम उठाना उचित व सही बात है। मैं जोधपुर दरबार को उसकी जागरुकता पर बधाई देता हूँ।''[४०] जुलाई १९३६ में अखिल भारतीय देशी राज्य लोक परिषद के अध्यक्ष पट्टाभि सीताराम्मैया, सचिव मणिशंकर त्रिवेदी व पंजाब राज्य लोक परिषद के सचिव तालिब हुसैन जोधपुर की यात्रा पर आए। उन्होंने महाराजा से उत्तरदायी शासन स्थापित करने की जनता की माँग पूरी करने का आह्वान किया। इसी बीच जवाहरलाल नेहरू इस बात की घोषणा कर चुके थे कि रियासती जनता का स्वतंत्रता पर समान अधिकार है और वह शेष भारत से अविच्छेद्य रूप से जुड़ी हुई है। पट्टाभि सीतारामैया के आगमन और पं. नेहरू के समर्थन ने प्रजामंडल की गतिविधियों में उत्साह का संचार कर दिया। इससे रियासती अधिकारी आशंकित हो गये। प्रजामंडल की गतिविधियों का अन्त करने के लिए दमनकारी कदम उठाये गये। अभयमल जैन, मानमल जैन व छगनराज चौपासनी वाला जैसे प्रमुख नेता पुलिस थाने में बुलाकर राजद्रोह के अभियोग में गिरफ्तार कर लिये गये। उन्हें जोधपुर शहर से दूर अलग अलग किलों में कैद कर दिया गया। यह रियासत की ज्यादती थी कि गिरफ्तारियाँ मनमाने तरीके से की गयीं व बिना मुकद्दमा चलाये कारावास की सजा दे दी गयी लेकिन उन दिनों रियासत में यह कोई असामान्य बात नहीं थी। लोगों के मन में आतंक पैदा करने व उन्हें राजनीतिक गतिविधियों से दूर रखने के लिए ऐसे तरीके काम में लिये जाते थे। इन तीनों नेताओं को बिना मुकद्दमा चलाये कैद रखने का चारों ओर विरोध हुआ। जब मारवाड़ में ये दमनकारी कार्यवाहियाँ चल रही थीं, जयनारायण व्यास बम्बई में निर्वासित जीवन बिता रहे थे। इन्हीं दिनों उन्होंने अखंड भारत का प्रकाशन शुरु किया जिसमें रियासत के बारे में समाचारों को प्रमुखता से स्थान दिया जाता था। जोधपुर दरबार ने रियासत में इस अखबार के प्रवेश पर पाबंदी लगा दी।

सतत दमन

प्रजामंडल ने किसानों की समस्याओं पर भी ध्यान दिया और प्रमुख नेताओं के बंदी होने पर भी अन्य कार्यकर्ता काश्तकारों की स्थिति का अध्ययन करने गाँवों में गये। सरकार ने प्रजामंडल के अध्यक्ष को आदेश दिया कि इस कार्य को तुरन्त बन्द किया जाय और यह चेतावनी दी गई कि ऐसी आपत्तिजनक हरकतें जारी रहने पर कठोर कदम उठाने जाएँगें। जोधपुर प्रजामंडल ने सितम्बर १९३७ में पं. जवाहरलाल नेहरू व भूलाभाई देसाई के क्रमशः मारवाड़ जंक्शन व जोधपुर से

गुजरते समय उनका उत्साहपूर्वक स्वागत करते हुए उन्हें मारवाड़ की समस्याओं से अवगत कराया। रियासत द्वारा प्रजामंडल के कार्यकर्ताओं के गाँवों में प्रवेश पर पाबंदी लगाये जाने के बारे में भूलाभाई ने कहा कि किसी भी सभ्य देश में ऐसा नहीं हो सकता। ऐसा लगता है कि जोधपुर सरकार का न्याय में कोई विश्वास नहीं है।

निर्वासन काल बीत जाने पर व्यासजी ने जोधपुर लौटने का निश्चय किया लेकिन २३ जुलाई १९३७ को रेलगाड़ी मारवाड़ जंक्शन पहुँचते ही पुलिस उन्हें गिरफ्तार कर पाली ले आयी। व्यासजी ने इस सम्बन्ध में मुख्यमंत्री को तार भेजा। किंतु अगले ही दिन बड़े बेहूदे तरीके से उन्हें पत्थरों से भरे ट्रक में बिठाकर मारवाड़ की सीमा से बाहर ब्यावर में ले जाकर छोड़ दिया गया। व्यासजी के मारवाड़ में प्रवेश पर प्रतिबंध व निर्वासन की अवधि बढ़ाने के विरोध में पुरुषोत्तमदास नायर की अध्यक्षता में एक आम सभा हुई। नवम्बर १९३७ में पुलिस ने लगभग एक दर्जन स्थानों की एक साथ तलाशी ली जिसमें प्रजामंडल के अध्यक्ष अचलेश्वर प्रसाद शर्मा, सिविल लिबर्टी व यूनियन के अध्यक्ष पुरुषोत्तम प्रसाद, प्रजामंडल के महासचिव अभयमल जैन व रणछोड़दास गट्टाणी आदि के घरों पर छापे मारे गये। अचलेश्वर प्रसाद शर्मा पर मारवाड़ दंड संहिता की धारा १२४अ व मारवाड़ राजद्रोह कानून की धारा ३ के अंतर्गत मुकद्दमा चलाया गया। दिसम्बर १९३७ में प्रजामंडल के सचिव छगनराज चौपासनी वाला व सिविल लिबर्टिज यूनियन के अध्यक्ष पुरुषोतम प्रसाद नायर को मारवाड़ राजद्रोह अधिनियम १९०९ के अंतर्गत गिरफ्तार कर लिया गया। चौपासनी वाला पर जयनारायण व्यास द्वारा लिखित पुस्तक 'मारवाड़ की अवस्था' अपने पास रखने का आरोप था और उन्हें दो महीने का कठोर कारावास दिया गया। नायर पर ५०० रुपये जुर्माना किया गया।

सन् १९३८ के प्रारंभ में रियासत का राजनीतिक वातावरण बड़ा तनावपूर्ण था। जोधपुर प्रजामंडल व सिविल लिबर्टिज यूनियन पर प्रतिबंध लगा दिया गया। लोगों को आतंकित करने के लिए कार्यकर्ताओं को ना कुछ बातों के लिए गिरफ्तार किया जाने लगा। सार्वजनिक जीवन से जुड़े लोगों को इस समय नेताजी सुभाष बोस के जोधपुर आगमन से बहुत प्रेरणा व कार्य करने का उत्साह प्राप्त हुआ। उनकी यात्रा का उद्देश्य जैसा कि स्वयं सरकार ने स्वीकार किया, लोगों तक कांग्रेस का संदेश पहुँचाना था। रियासत की दमनपूर्ण कार्यवाहियों के बावजूद विद्यार्थी वर्ग में राजनीतिक चेतना का तेजी से प्रसार हो रहा था। रियासत में सभी हाकिमों व रेल्वे अधिकारियों को सावधान कर दिया गया था और उन्हें निर्देश था

कि वे राजनीतिक कार्यकर्ताओं की गतिविधियों का पूरा ध्यान रखें क्योंकि इस बात का डर था कि सक्रिय कार्यकर्ता ग्रामीण क्षेत्रों में भी आन्दोलन के लिए किसान सभा जैसे संगठन बनायेंगे।

मारवाड़ लोक परिषद की स्थापना

मारवाड़ के राजनीतिक विकास में सबसे महत्त्वपूर्ण घटना मई १९३८ में मारवाड़ लोक परिषद की स्थापना थी। इसका उद्देश्य महाराजा के संरक्षण में मारवाड़ में उत्तरदायी शासन स्थापित करना था।[४१] इसीके ध्वज तले बाद के वर्षों में उत्तरदायी शासन की प्राप्ति के लिए संघर्ष चलता रहा। लोक परिषद ने निरंकुशता व जागीरदारी जुल्मों के खिलाफ भी आन्दोलन चलाया। 'प्रजा' के स्थान पर 'लोक' शब्द का प्रयोग इस बात पर बल देने के लिए किया जाता था कि जनता की इच्छा ही सर्वोपरि है। रियासत के प्रमुख स्वतंत्रता सेनानी व राजनीतिक जागरण के अग्रदूत जयनारायण व्यास अभी भी निर्वासित थे। लोक परिषद के महासचिव अभयमल जैन ने 'मारवाड़ लोक परिषद क्या' है, शीर्षक से लिखित पुस्तिका में इसे जनसाधारण का दल बताते हुए कहा कि वह उनके अधिकारों की रक्षा के लिए लड़ेगा तथा जनता के निर्वाचित प्रतिनिधियों से बनी संवैधानिक सरकार की स्थापना के लिए संघर्ष करेगा। अगस्त १९३८ में रणछोड़दास गट्टाणी की अध्यक्षता में हुई लोक परिषद की कार्यसमिति की बैठक में रियासत से व्यासजी के निर्वासन के आदेश को तुरंत रद्द करने व तमाम राजनीतिक कैदियों को रिहा करने की माँग की गयी। दमनकारी उपायों से परिषद के समर्पित कार्यकर्ताओं को डराने व दबाने में असफल होकर अधिकारी उनके खिलाफ अनर्गल व झूठा प्रचार करने के निम्नस्तर पर उत्तर आए। किराये के टट्टूओं ने लोक परिषद के खिलाफ पर्चेबाजी शुरु कर दी। ऐसे अवसरवादी तत्वों को परिषद के विरुद्ध विष वमन का अवसर १३ नवम्बर '३८ को श्रीमती विजयलक्ष्मी पंडित की जोधपुर यात्रा के दौरान प्राप्त हुआ जब वे अस्वस्थ होने के कारण पूर्व निश्चित सार्वजनिक सभा को संबोधित नहीं कर पायीं थीं। परिषद की बैठकों को भंग करने और वहाँ हुल्लड़ मचाने के घटिया तरीके भी रियासत ने कई बार काम में लिये। उस समय नेताजी सुभाष बोस कांग्रेस अध्यक्ष थे। जोधपुर से गुजरते हुए ६ दिसम्बर '३८ को हवाई अड्डे पर लोक परिषद के कार्यकर्ताओं ने उनसे भेंट कर जोधपुर की बिगड़ती हुई राजनीतिक स्थिति से अवगत कराया। अपने एक वक्तव्य में सुभाषबाबू ने रियासती अधिकारियों को जनइच्छा के सम्मुख झुकने की सलाह दी।

१९३९ का वर्ष लोक परिषद के लिए शुभ रहा क्योंकि इस वर्ष राजनीतिक व संगठनात्मक दृष्टि से उसकी स्थिति में काफी सुधार हो गया। व्यासजी का निर्वासन आदेश वापस ले लिया गया और लोक परिषद की बैठकों को भंग करने की साजिशें भी बंद हो गयीं लेकिन परिषद ने अपने जुझारु तेवर में कमी नहीं आने दी। व्यासजी के बारे में बीकानेर के महाराजा गंगासिंह द्वारा जोधपुर के प्रधानमंत्री सर डोनाल्ड फील्ड को लिखे गये पत्र पर पहले विस्तार से प्रकाश डाला जा चुका है। ४ फरवरी १९३९ को हुई बैठक में परिषद ने व्यासजी के निर्वासन आदेश को रद्द किये जाने पर हार्दिक प्रसन्नता प्रकट करते हुए महाराजा को इस सही निर्णय के लिए बधाई दी और आशा व्यक्त की कि वे रियासत के एकमात्र राजनीतिक कैदी अचलेश्वर प्रसाद शर्मा को रिहा करने की उदारता दिखायेंगे।[४२]

उत्तरदायी शासन की माँग

जोधपुर लौटने के बाद सरदार मार्केट में एक विशाल सभा को सम्बोधित करते हुए व्यासजी ने रियासती आन्दोलन की चर्चा करते हुए बताया कि लोग उत्तरदायी सरकार, नागरिक अधिकारों व देश की नीति निर्माण में भागीदारी के इच्छुक हैं। उनके मतानुसार भारतीय रियासतों में जन आन्दोलन अपने अधिकारों की रक्षार्थ होने के साथ ही उस संघीय व्यवस्था के विरुद्ध भी था जिसमें रियासती प्रजा का अस्तित्व ही खतरे में पड़ जाने वाला था। फरवरी १९३९ में लुधियाना में पं. नेहरू की अध्यक्षता में आयोजित अखिल भारतीय देशी राज्य लोक परिषद के अधिवेशन में जोधपुर के प्रतिनिधियों जयनारायण व्यास, कन्हैयालाल कलंत्री, मानमल जैन, अभयमल जैन, छगनराज चौपासनीवाला व बालमुकुन्द बिस्सा आदि ने भाग लिया।

बदले हालात में जोधपुर दरबार रियासत के प्रशासन में लोगों को जोड़ने हेतु उत्सुक था। काफी विचार विमर्श के उपरान्त रियासत ने जोधपुर में केन्द्रीय सलाहकार बोर्ड और प्रत्येक हुकूमत में जिला सलाहकार बोर्ड स्थापित करने का निर्णय किया। इन बोर्डों ने फरवरी १९३९ से कार्यारंभ किया। जयनारायण व्यास को केन्द्रीय सलाहकार बोर्ड में गैर सरकारी सदस्य के रूप में मनोनीत किया गया। वस्तुतः सरकार लोगों का सहयोग नहीं चाहती थी। सहयोग के नाम पर वह लोक परिषद् का ध्यान व शक्ति दूसरी ओर मोड़ना चाहती थी ताकि वह सरकार का विरोध नहीं करें। पूर्वपारित दमनकारी कानून ज्यों के त्यों बने रहे। व्यासजी द्वारा सलाहकार बोर्ड में सम्मिलित होना राजनीतिक चातुर्य का काम था भले ही

रणछोड़दास गट्टाणी जैसे उनके साथी ने इस बात का जोर शोर से विरोध किया था। इससे लोक परिषद को अपना संगठन मजबूत बनाने के लिए अनुकूलता प्राप्त हो गयी। बोर्ड में व्यासजी की भूमिका से उनके राजनीतिक रुतबे में वृद्धि होने के साथ ही लोक परिषद को भी जनता के हितों की संरक्षक पार्टी के रूप में सम्मान प्राप्त हुआ। द्वितीय विश्वयुद्ध शुरु होने के बाद कांग्रेस की नीति के अनुरूप लोक परिषद ने भी रियासत द्वारा ब्रिटिश सरकार की मदद करने के सभी उपायों का विरोध किया। व्यासजी ने सलाहकार बोर्ड के अलावा अन्य कई समितियों से भी त्यागपत्र दे दिया। बोर्ड में वे एकमात्र ऐसे मनोनीत सदस्य थे जो प्रशासनिक सुधार लागू न करने के लिये सरकार की बेहिचक आलोचना करते रहते थे। बोर्ड उनके लिए अपने राष्ट्रवादी विचारों के प्रसार के लिए अच्छा मंच था।

१९३९ में मारवाड़ में भीषण दुर्भिक्ष पड़ा। लोकपरिषद ने अकालपीड़ित प्रजाजनों के मामलों को गंभीरतापूर्वक उठाया और उन्हें राहत पहुँचाने में रियासत की निष्क्रियता व लापरवाही को उजागर किया। इससे परिषद शहरी व ग्रामीण जनता के हितों का प्रतिनिधित्व करने वाले जनसाधारण के दल के रूप में लोकप्रिय हो गयी। इसकी बढ़ती लोकप्रियता से रियासत इतनी आशंकित हो गयी कि प्रधानमंत्री ने परिषद के सदस्यों के विरुद्ध भारत रक्षा कानून के अंतर्गत कार्यवाही की धमकी दी।

आन्दोलन की तीव्रता

रियासत में राजनीतिक तनाव दिनों दिन बढ़ता जा रहा था। जन आधार वाले एकमात्र राजनीतिक संगठन लोक परिषद की अवैधानिक घोषित कर दिया गया। २८ मार्च १९४० को परिषद के प्रमुख नेताओं को गिरफ्तार कर अलग अलग किलों में बन्द कर दिया गया। व्यासजी को जालोर व अभयमल जैन को सिवाना के किले में बन्दी रखा गया। ये घटनाएँ मारवाड़ के इतिहास में अभूतपूर्व थीं। अत: महाराजा को अपनी सरकार के इस कार्य का औचित्य सिद्ध करने हेतु बयान देने के लिए बाध्य होना पड़ा। महाराजा के वक्तव्य के बावजूद आंदोलन तीव्र होता चला गया। गिरफ्तारी के समय व्यासजी ने कहा कि जोधपुर सरकार ने नाजी नमूने का दमन प्रारंभ कर दिया है क्योंकि नाजीवाद का अभिप्राय नागरिक स्वतंत्रताओं का दमन और पशुबल का प्राधान्य है। सरकार ने 'जनसभाओं व जुलूसों पर प्रतिबन्ध लगा दिया लेकिन जुलूस रोज निकलते रहे। लोक परिषद के अध्यक्ष गट्टाणी की अनुपस्थिति में अब आन्दोलन की बागडोर मथुरादास माथुर के हाथों में आ गयी थी। उन्होंने घोषणा की कि लोक परिषद जिम्मेदार हकूमत

के लिए शांतिपूर्ण उपायों से अहिंसक आन्दोलन कर रही है। परिषद के नेताओं पर सत्ता लोलुपता का आरोप लगाना मिथ्यापवाद है। मारवाड़ में घटित हो रही घटनाओं पर महात्मा गाँधी ने भी चिंता व्यक्त करते हुए 'हरिजन' में लेख लिखे। राष्ट्रीय प्रेस में भी रियासत के प्रशासन के विरुद्ध प्रतिक्रिया काफी तीखी रही। लोक परिषद के नेता एक के बाद एक गिरफ्तार होते गये। बरार से लौटने पर गट्टाणी को भी गिरफ्तार कर बाली किले में भेज दिया गया। जोधपुर जेल में बन्द सत्याग्रहियों ने जेल में हो रहे दुर्व्यवहार के खिलाफ वहीं आन्दोलन शुरु कर दिया।

दमन के बावजूद सरकार आंदोलन को दबाने व परिषद पर कोई असम्मानजनक समझौता थोपने में असमर्थ रही। अतः उसे परिषद से समझौता करने को बाध्य होना पड़ा। प्रधानमंत्री ने व्यासजी को पत्र लिखा और लोक परिषद् के पंजीकरण का सुझाव दिया। स्टेट कौंसिल की एक बैठक में बिगड़ती राष्ट्रीय व अन्तरराष्ट्रीय परिस्थिति के संदर्भ में सारे हालात का जायजा लिया गया और यह तय हुआ कि राज्य में आन्दोलन समाप्त करने के दिशा में सकारात्मक कदम उठाए जाएँ। व्यासजी ने परिषद् की ओर से समझौते पर हस्ताक्षर किये जिसमें पब्लिक सोसाइटीज एक्ट के तहद परिषद् के पंजीकरण के अलावा उसे किसी बाहरी संगठन से सम्बन्ध रखने की छूट जैसी बातें सम्मिलित थीं।[४३] मारवाड़ सरकार द्वारा लोक परिषद् को मान्यता दिए जाने से इस संगठन के सम्मान में अभिवृद्धि के साथ साथ उसकी जिम्मेदारियों में भी इजाफा हुआ। प्रशासन परिषद् के सहयोग से काफी लाभान्वित हो सकता था। परिषद् के माध्यम से वह अपने कार्यों के लिए अच्छा जनसमर्थन जुटा सकता था लेकिन इस संभावनाओं का उपयोग नहीं किया गया। प्रशासन इस भ्रान्ति में था कि चूंकि लोकपरिषद् को मान्यता मिल गयी है अतः मामला वहीं खत्म हो जाना चाहिए और रियासती प्रशासन को अपने तरीके से काम करने की छूट होनी चाहिये। जब रियासत अकाल की चपेट में आ गई तो मामला उलझ गया। प्रशासन ने इस सम्बन्ध में लोक परिषद से कोई मदद नहीं ली। परिषद् ने अकाल राहत के लिए एक करोड़ रुपये की स्वीकृति देने के लिए महाराजा के प्रति कृतज्ञता अवश्य व्यक्त की थी लेकिन वह उस राशि का दुरुपयोग होते नही देख सकती थी। स्थिति नाजुक थी लेकिन परिषद लोगों की तकलीफों का अपने राजनीतिक उद्देश्यों के लिए उपयोग नहीं करना चाहती थी अतः व्यासजी ने लोक परिषद् की सभी इकाईयों से अकाल राहत का कार्य उनके जिम्मे करने और सार्वजनिक रूप से अकाल के मामले पर वाद-विवाद न करने का अनुरोध किया। इसके बावजूद

वाद विवाद चलता रहा जिसके फलस्वरूप अकाल राहत मंत्री ठाकुर माधोसिंह ने त्यागपत्र दे दिया।

वर्धनशील प्रभाव और सामंती अत्याचारों का मुकाबला

सन् १९४१ में लोक परिषद् ने जोधपुर नगरपालिका के चुनावों में भारी बहुमत प्राप्त किया। उसके बाईस में से अट्ठारह प्रत्याशी विजयी रहे। परिषद् की शक्ति व लोकप्रियता इन चुनावों से भली-भाँति प्रमाणित हो गयी। जयनारायण व्यास को अपने वार्ड में अस्सी प्रतिशत से भी अधिक मत मिले। व्यासजी नगरपालिका के पहले निर्वाचित अध्यक्ष बने। उत्तरदायी शासन के लक्ष्य को लेकर चलने वाली लोक परिषद् ने अब ग्रामीण क्षेत्रों में भी अपने काम का विस्तार प्रारंभ किया। गाँवों तक पहुँचने का लोक परिषद् का निर्णय जागीरदारों के लिए एक चुनौती था। जागीरी क्षेत्रों के काश्तकार भूदासों (serf) के रूप में जागीरदारों के रहमो करम पर निर्भर थे। यह जागीर प्रथा मध्यकाल का भग्नावशेष थी। बिजोलिया की भाँति मारवाड़ में भी किसान भाँति - भाँति के लाग बागों से परेशान थे।[४४]

निरंकुश सत्ता का उपभोग करने वाले इन प्रभावशाली जागीरदारों के लिए लोक परिषद के क्रियाकलाप असह्य थे क्योंकि उसके जनाभिमुख विचारों से उनके स्वार्थों पर सीधा आघात पहुँचता था। यद्यपि लोक परिषद ने जागीर प्रथा के समाप्ति की माँग नहीं की और उसका आन्दोलन जागीरदारों के अत्याचारों के विरोध तक सीमित था लेकिन आने वाले समय में उसका जागीर प्रथा के जड़ों पर प्रहार करना लाजमी था इसलिये सभी जागीरदार लोक परिषद के प्रबलतम शत्रु पक्ष के रूप में उठ खड़े हुए। १५ अप्रैल १९४१ को उनकी एक गुप्त बैठक हुई जिसमें लोक परिषद् के विरोध में एक नया संगठन खड़ा करने का निश्चय किया गया।[४५] इस बैठक में यह माँग की गयी कि या तो सरकार लोक परिषद् का दमन करे या उन्हें उससे निपटने की छूट दे दी जाए। लोक परिषद् के प्रति जागीरदारों के रवैये के बारे में मथुरादास माथुर ने ५ मई १९४१ को आयोजित एक आमसभा में कहा कि वे परिषद् के विरुद्ध योजनाएँ गढ़ रहे हैं तथा गाँवों में परिषद् की शाखाएँ खोलने में हर तरह के अड़ंगे लगा रहे हैं क्योंकि वे नहीं चाहते कि जनजागरण हो। ऐसा होने से उनके मनमाने शासन में बाधा होगी।

जागीरदारों के जुल्म बढ़ते जा रहे थे। राजपूत सभा व जागीरदार सभा ने लोक परिषद को कुचलने के लिए हाथ मिला लिये। उन्होंने परिषद के नेता

जयनारायण व्यास को गाँवों में प्रवेश करने पर गंभीर परिणामों की धमकी दी। परिषद् ने अपना दृष्टिकोण स्पष्ट करते हुए कहा कि वह जागीर प्रथा का उन्मूलन चाहती है। जागीरदारों से व्यक्तिगत रूप से उसकी कोई शत्रुता नहीं है। उसका ध्येय किसानों की मदद करना है और वह केवल यह चाहती है कि जागीरदार उनसे गैर कानूनी लाग बाग नहीं लें। गून्दोज ठाकुर और उसके गुर्गों ने गून्दोज लोक परिषद के अध्यक्ष अमरसिंह पर कातिलाना हमला किया जिसमें वे गंभीर रूप से घायल हो गए। अत्यंत चिंताजनक स्थिति में उन्हें अस्पताल ले जाना पड़ा। लोक परिषद के लाडनूं अधिवेशन के बाद पूरी रियासत में कार्यकर्त्ताओं पर हमलों की घटनाएँ बढ़ने लगीं। चंडावल ठिकाने ने बर्बरतापूर्ण हमले में रिकॉर्ड कायम कर दिया। गाँव के बाहर एकत्र कार्यकर्ताओं पर लाठियों और भालों से घातक हमला किया गया। हमलावर ठिकाने के भाड़ेती टट्टू थे। गाँव में लोगों को घरों से बाहर निकाल कर पीटा गया। २ अप्रैल १९४१ को हुई लोक परिषद की बैठक में जागीरी जुल्मों से विशेष रूप से प्रभावित स्थानों चंडावल और नींबाज में सत्याग्रही जत्थे भेजने का निर्णय लिया गया।

व्यासजी ने मारवाड़ में उत्तरदायी शासन आन्दोलन शीर्षक से एक पर्चा जारी किया जिसमें उन्होंने संघर्ष के औचित्य को सिद्ध करते हुए सर डोनाल्ड फील्ड के प्रधानमंत्रित्व में रियासत की बिगड़ती हुई स्थिति पर प्रकाश डाला। उनके अनुसार सर डोनाल्ड मारवाड़ का मुसोलिनी बन कर जागीरदारों को अपने शिकंजे में रखकर परिषद् को कमजोर करने व सभी प्रकार के सुधारों में बाधा डालने पर आमादा था। व्यासजी द्वारा लिखित उत्तरदायी शासन के लिए संघर्ष, व संघर्ष क्यों नामक पर्चों के प्रकाशन से सरकार क्रुद्ध हो गयी और २६ मई १९४२ को उन्हें धारा १२४अ के अन्तर्गत गिरफ्तार कर लिया गया। इस प्रकार रियासत के इतिहास में एक शानदार आंदोलन का प्रारंभ हो गया। राष्ट्रीय नेता भी जोधपुर की घटनाओं की अनदेखी नहीं कर सके। पं. नेहरू ने जोधपुर के सम्बन्ध में इलाहाबाद से ५ जून १९४२ को एक वक्तव्य जारी किया।

१९३८ में स्थापित मारवाड़ लोक परिषद चार वर्षों की अवधि में ही जोधपुर रियासत में प्रबल राजनीतिक शक्ति बन गयी। राजस्थान में आम तौर पर राजनीतिक पिछड़ेपन के कारण जोधपुर का अग्रगामी राजनीतिक आन्दोलन शेष प्रदेश के लिए प्रेरणा स्रोत बन गया। मार्च १९४० में ऑल राजस्थान पॉलिटिकल कॉन्फ्रैंस जोधपुर में करने की घोषणा हुई। जनजागृति से रियासती सरकार बहुत भय खाती थी अत: लोक परिषद के कार्यकर्त्ताओं की बड़े पैमाने पर गिरफ्तारियाँ हुईं। उत्तरदायी शासन के लिए '४२ के आन्दोलन के सिलसिले में व्यासजी को

टिळक पुण्यतिथि के दिन १ अगस्त १९४२ को हंसराज सिंघवी की विशेष अदालत में साढ़े छः वर्ष के कठोर कारावास की सजा सुनायी गयी। यह सत्याग्रह निरंतर चलता रहा। इसी के दौरान जेल अधिकारियों की क्रूरता के शिकार होकर बालमुकुन्द बिस्सा शहीद हो गये। दमन अधिक कठोर होने पर आन्दोलन भूमिगत रूप से चलाया गया।

लोक परिषद् के गिरफ्तार कार्यकर्ताओं व नेताओं को १९४४ के ग्रीष्म में रिहा कर दिया गया। इस आन्दोलन का अप्रत्यक्ष नैतिक दबाव उस समय स्पष्ट हो गया जब रियासती सरकार ने भावी संवैधानिक सुधारों के लिए १९ जून १९४४ तक सुझाव आमंत्रित किये। मारवाड़ लोक परिषद् के कार्यकर्ताओं को सम्बोधित करते हुए केन्द्रीय धारा सभा के सदस्य बाबू श्रीप्रकाश ने सही कहा था, "कार्यकर्ताओं के प्रयत्न और बलिदान सफल रहे हैं क्योंकि मारवाड़ में उत्तरदायी शासन की स्थापना के लिए कदम उठाये जा रहे हैं। ऐसे अवसरों का उपयोग साहस व चतुराई से होना चाहिए। लोकतंत्र की सफलता के लिए अनुशासन आवश्यक है।" वर्षों की तपस्या तब रंग लायी जब अंततः व्यासजी के प्रधानमंत्रीत्व में मारवाड़ में लोकप्रिय शासन की स्थापना हुई।

टिप्पणियाँ एवं संदर्भ

१. पट्टाभि सीताराम्मैया – द हिस्टरी ऑफ इंडियन नेशनल कांग्रेस खंड I पृ. ७८

२. उपर्युक्त पृ. १२०

३. डॉ. एल.एस. राठौड़ – पॉलिटिकल एंड कॉन्स्टीट्यूशनल डवलपमेंट इन राजस्थान पृ. ७१

४. द टाइम्स ऑफ इंडिया – ९ फरवरी १९३९ – डॉ. राठौड़ कृत उपर्युक्त में उद्धृत – पृ. ७३

५. मेवाड़ प्रजामंडल का विधान एवं नियमोपनियम – देवकोठारी (संपादक) स्वतंत्रता आन्दोलन में मेवाड़ का योगदान (परिशिष्ट) पृ. २९५–३०८

६. बृजकिशोर शर्मा – 'मेवाड़ प्रजामंडल की सामाजिक एवं वैचारिक पृष्ठभूमि' – देव कोठारी (संपादक) उपर्युक्त पृ. ८५

७. उपर्युक्त पृ. ८७

८. डॉ. के.एस. सक्सेना – द पॉलिटिकल मूवमंटस एंड अवेकनिंग इन राजस्थान – पृ. २१७

९. उपर्युक्त

१०. एल.एस. राठौड़ – पूर्वोक्त पृ. ७४

११. डॉ. गोपीनाथ शर्मा – 'मेवाड़ में १९४२ का आन्दोलन और विजय का प्रभात' – देव कोठारी (सं.) पूर्वोक्त पृ. १५०

१२. देव कोठारी – पूर्वोक्त पृ. १५२

१३. उपर्युक्त पृ. ८७-८९

१४. राजस्थान राज्य अभिलेखागार, शाखा उदयपुर, प्रजामंडल संबंधी कागजात फाईल संख्या ३०, संवत् १९९५, महकमा खास, उदयपुर - देव कोठारी - उपर्युक्त - पृ. ९०-९४

१५. एल.एस. राठौड़ - पूर्वोक्त पृ. ७७

१६. कोटा राजपत्र (असाधारण अंक) अगस्त १९४२

१७. द हिंदुस्तान टाइम्स, २१ जून १९३८

१८. द नेशनल कॉल, ४ जुलाई १९३८

१९. द बॉम्बे क्रॉनिकल, २० जुलाई १९३८

२०. राजपूताना रियासतों की जनवरी १९४१ की पहली पाक्षिक खुफिया रिपोर्ट - एल.एस. राठौड़ कृत पूर्वोक्त पृ. ८१

२१. श्री मन्नारायण - जमनालाल बजाज (आधुनिक भारत के निर्माता) पृ. १४३

२२. महात्मा गाँधी - 'हरिजन' १४ जनवरी १९३९ - श्री मन्नारायण कृत उपर्युक्त में उद्धृत पृ. १४९-५२

२३. श्री मन्नारायण - उपर्युक्त - पृ. १५७

२४. 'हरिजन' २२ सितम्बर १९३९ - उपर्युक्त में उद्धृत पृ. १६३-६४

२५. टू ए गांधीयन केपिटेलिस्ट - पृ. १४५

२६. श्री मन्नारायण पूर्वोक्त पृ. १६६

२७. राजपूताना राज्यों की पहली पाक्षिक खुफिया रिपोर्ट जून १९४१, एल.एस. राठौड़ पूर्वोक्त पृ. ८७

२८. चिरंजीलाल अग्रवाल का जमनालाल बजाज को पत्र ६ अगस्त १९४१ - के.एस. सक्सेना पूर्वोक्त पृ. २३७

२९. सत्यदेव विद्यालंकार - धुन के धनी - पृ. २१

३०. उपर्युक्त पृ. २१-२२

३१. उपर्युक्त पृ. ७०

३२. जयनारायणजी व्यास के साथी स्वतंत्रता सेनानी श्री रणछोड़दास गट्टाणी से लेखक का साक्षात्कार।

३३. सत्यदेव विद्यालंकार - पूर्वोक्त पृ. २९

३४. सन् १९१९ से '२६ तक उन्होंने मारवाड़ हितकारिणी सभा के आन्दोलन, सामाजिक सुधारों के प्रारंभिक कार्य, स्कूल की अध्यापकी (सुमेर पुष्टिकर स्कूल में), रेल्वे और पी.डब्ल्यू.डी. की कर्ल्की, बीकानेर में मोहताजी जैसे सेठ के सचिव के रूप में कार्य, बगड़ी के गुरुकुल आश्रम में आचार्यत्व आदि विभिन्न कार्य किये। व्यापक स्तर पर राजनीतिक जीवन में उतरने की यह भूमिका थी।

३५. सुमनेश जोशी - राजस्थान में स्वतंत्रता संग्राम में सेनानी पृ. २६७

३६. सत्यदेव विद्यालंकार – पूर्वोक्त पृ. ३८

३७. उपर्युक्त पृ. ५७

३८. उपर्युक्त पृ. ४०

३९. सुमनेश जोशी – पूर्वोक्त पृ. २६२

४०. द हिन्दुस्तान टाइम्स, ५ जुलाई १९३६ सौभाग माथुर कृत 'स्ट्रगल फॉर रेसपांसिबल गवर्नमेंट इन मारवाड़' में उद्धृत पृ. ४५

४१. मारवाड़ लोक परिषद का संविधान, अनुच्छेद २, सौभाग माथुर उपर्युक्त पृ. ५९

४२. अभयमल जैन का महाराजा को पत्र, ६ फरवरी १९३९, उपर्युक्त पृ. ६४

४३. द हिन्दुस्तान टाइम्स, २५ जून १९४० उपर्युक्त पृ. ८१

४४. जागीरदारों का एकमात्र लक्ष्य निजी एशो आराम के लिए मेहनतकश किसानों का खून चूसना था। उनसे अधिकाधिक धन बटोरने के लिए अजीबो गरीब लाग वसूल किये जाते थे जिनमें से कई तो स्वयं रियासत ने गैर कानूनी घोषित कर दिये थे। निरंकुशता, अहम्मन्यता, क्रूरता व बर्बरता ही इन सामंतों की कार्यशैली के पर्याय थे। जागीरों में किसानों को हवा रोशनी के लिए खिड़कियें – दरवाजे खोलने पर भी टैक्स (लाग) देना पड़ता था जिसे 'सुखवणी लाग' कहते थे। ऐसा ही अनुचित लाग – 'कांसा लाग' था।

४५. सौभाग माथुर – पूर्वोक्त पृ. ९४

11

भारतीय राष्ट्रीय कांग्रेस की संजीवनी शक्ति राजस्थान

और ही थे वो ज़माने वो ज़माने वाले।
अब कहाँ लोग वफ़ाओं का सिला देते हैं।।।

सन् १९८५ ई. में भारतीय राष्ट्रीय कांग्रेस के शताब्दी समारोह की राष्ट्रव्यापी हलचल दिखायी दी। राष्ट्रीय स्वाधीनता संग्राम के हरावळ में रहने वाली इस संस्था का सर्वत्र यशोगान किया गया, उसके तप त्याग की नाना रूपों में चर्चा हुई, पाँच खंडों में उसका वृहदकाय शताब्दी इतिहास भी प्रकाशित किया गया किन्तु प्रशस्ति गान के इस कोलाहल में दिगंतव्यापी ब्रिटिश साम्राज्यवाद से लोहा लेने में कांग्रेस संगठन को सक्षम और कृतकार्य बनाने वाले महिमावंत राजस्थान की महती भूमिका की किसी को सुध नहीं आयी। यह कांग्रेस के लिए 'कामधेनु' की भूमिका निभाने वाली इस वीरप्रसू धरती के प्रति न केवल अकृतज्ञता थी वरन् इस संस्था के इतिहास लेखन में भी ईमानदारी के अभाव का प्रमाण था।

भारतीय इतिहास की विसंगतियों को दूर करने के लिए उसके पुनर्लेखन की बात कई बार कही जाती है और भारतीय विद्याभवन, बम्बई ने राजस्थान के बलबूते पर ही यह काम हाथ में लिया किन्तु उसके दसवें खंड में इतिहासज्ञों द्वारा लिखित राष्ट्रीय आंदोलन की सुदीर्घ कथा में एक आधारभूत महत्त्व की बात तो अनकही ही रह गई कि अंग्रेजों के स्वामीभक्त देशी राजाओं के गढ़ राजस्थान ने ही वह बारुद प्रदान किया जिससे ब्रिटिश सत्ता के सुदृढ़ दुर्ग में पलीता लगा और भारतखंड में उसका अवसान हुआ।

आधुनिक भारत के इतिहासवेत्ताओं की इस संबंध में उदासीनता का घातक परिणाम यह है कि हमारे राष्ट्रीय आंदोलन के एक महत्त्वपूर्ण आयाम की निरंतर

अनदेखी की जा रही है और जो प्रभूत कार्य राजस्थान ने किया उसका श्रेय उसे नहीं मिला। राष्ट्रीय आंदोलन के मेरूदंड के रूप में काम करने वाले राजस्थानियों की साधना का प्रामाणिक विवरण प्रस्तुत करके समकालीन भारतीय इतिहास के एक गौरवपूर्ण अध्याय को उद्‌घाटित करना आवश्यक है।

राष्ट्रीय आंदोलन के सूत्रधार महात्मा गाँधी के बनने के पश्चात् कांग्रेस आम आदमी तक पहुँची। स्वराज्य के लिए जनसंघर्ष का आधार तैयार हुआ। १९२० ई. के पश्चात् तो कांग्रेस का कायाकल्प हो गया। महलों से लेकर झोंपड़ी तक गाँधी के सन्देश का प्रभाव दृष्टिगोचर हुआ। बक़ौल अकबर इलाहाबादी

बुद्धू मियाँ भी हजरते गाँधी के साथ हैं।
गोया कि खाक हैं मगर आँधी के साथ हैं।।

गाँधीजी ने स्वराज्य प्राप्ति के लिए जो कष्टसाध्य यज्ञ प्रारंभ किया, उसकी ज्वाला राजस्थान के बलबूते पर ही अखंड व तजोमयी बनी रही। उनका आन्दोलन बहुमुखी था। स्वतंत्रता संघर्ष के साथ साथ उन्होंने राष्ट्र निर्माण पर भी पूरा ध्यान दिया। स्वराज्य के लिए कांग्रेस ने गाँधीयुग में जो संघर्ष किया उसके तीन महत्त्वपूर्ण सोपान हैं – १९२०-२२ का असहयोग आंदोलन, १९३०-३२ का सविनय अवज्ञा आंदोलन और १९४२ का भारत छोड़ो आंदोलन या अगस्त क्रांति।

कांग्रेस के नेतृत्व में चले राष्ट्रीय आंदोलन के इन तीनों चरणों में राजस्थान आगीवाण (अग्रपंक्ति में) रहा। लगभग तीन दशकों की इस अवधि में कांग्रेस को जैसा संबल राजस्थान से प्राप्त हुआ, वह अनुपम है। हमारे राष्ट्रीय आंदोलन के दो पक्ष थे – एक राजनीतिक और दूसरा रचनात्मक। इन दोनों धाराओं को सशक्त बनाने में राजस्थानी सपूतों की अहम भूमिका रही। उनके त्याग, सेवाभाव और उत्सर्ग तत्परता से ही कांग्रेस की शक्ति एवं सामर्थ्य में उत्तरोत्तर वृद्धि हुई।

कांग्रेस जैसे महाकाय राष्ट्रव्यापी संगठन की गतिविधियों के संचालन के लिए प्रभूत धनराशि की आवश्यकता रहती थी। वित्तीय साधनों की कमी तो महाप्राण को भी नि:शेष कर देती है। कांग्रेस को कभी अर्थाभाव के दलदल में नहीं धँसना पड़ा। महात्माजी के केवल एक इंगित पर राजस्थानी सपूतों ने अपना धन वैभव कांग्रेस को अर्पित करने में आगा पीछा नहीं सोचा। कांग्रेस संगठन के लिए बापू के पाँचवे बेटे श्री जमनालाल बजाज और मरुभूमि के मेघ घनश्यामदासजी बिड़ला का योगदान तो खैर बहुश्रुत है किंतु उनके समकालीन श्री प्रभुदयालजी हिम्मतसिंहका, सीतारामजी सेकसरिया, भागीरथजी कानोडिया,

बृजलालजी बियाणी, गौरीशंकरजी डालमिया, श्री बैजनाथजी केडिया, सरदारसिंह मोहनोत, राधाकृष्ण नेवटिया, आनंदराजजी सुराणा व माँ के दूध को उज्वल करने वाली इंदुमती गोयनका, राधादेवी गोयनका, सावित्रीदेवी बियाणी, यमुनादेवी, चमेलीदेवी, ज्ञानवती लाठ और दूसरे सैकड़ों देशभक्तों के यशधवल कार्यों की अधिकांश लोगों को जानकारी नहीं है और न ही इस दिशा में प्रयत्न किया गया है।

राष्ट्रीय आंदोलन में तेजस्विता की कौंध सर्वप्रथम १९०५ ई. में दिखाई दी जब सार्वत्रिक विरोध के उपरांत भी बंग भंग कर दिया गया और इस अन्याय के प्रतिकार का संकल्प 'वंदे मातरम्' के जयघोष के रूप में प्रकट हुआ। लोकमान्य टिळक के शब्दों में वह 'आणी बाणी ची वेळ' (संकटकाल) थी और इस चुनौती का प्रत्युत्तर था स्वदेशी आंदोलन। इस आन्दोलन के पुरोधा 'राष्ट्रवाद के पैगंबर' श्री अरविंद और 'भारतीय अशांति के जनक' लोकमान्य के मिशन को पूरा करने में सेठ दामोदरदास राठी और श्री पदमचंद जैन ने जिस निष्ठा का परिचय दिया वह स्वयं में कीर्तिमान है। वन्दे मातरम् ने राष्ट्र में जैसे विद्युत् संचार कर दिया था। श्री अरविंद की यशसुरभि मरूभूमि में भी पहुँची। ब्यावर की कृष्णा मिल के संस्थापक सेठ दामोदरदास राठी को उनसे भेंट करने की बहुत ललक थी। उन्होंने अपनी यह साध 'भारत में अंगरेजी राज' जैसे प्रसिद्ध ग्रंथ के यशस्वी लेखक पं. सुंदरलाल के सम्मुख रखी। पंडितजी का कहना था कि भेंट मैं करवा दूँगा किन्तु शर्त यह है कि आपको अपनी एक वर्ष की आय श्री अरविंद को मातृभूमि के कार्य के लिए अर्पित करनी होगी। राठीजी ने बहीखाते उनके सामने रख दिये। वार्षिक सवा लाख रुपये की आमदनी का हिसाब बैठा। सेठजी ने सहर्ष यह राशि श्री अरविंद को भेंट करने की स्वीकृति दी। वे कलकत्ता गए और इतनी बड़ी राशि (उस समय की कीमतों की दृष्टि से) मातृभूमि की सेवा के लिए उन्हें अर्पित कर दी।

सन् १९०२ में अमरावती को केन्द्र बनाकर लोकमान्य टिळक विदर्भ का दौरा करना चाहते थे। जब उनके रहने के लिए किसी ने भी स्थान नहीं दिया, उस समय दादा साहब खापर्डे के कहने पर सेठ श्री पदमचंद जैन ने लोकमान्य को आग्रहपूर्वक कई महीनों तक अपने यहाँ ठहराया और बाद में वे उनके साथ सूरत कांग्रेस में भी शामिल हुए। लोकमान्य के विचारों का प्रचार करने के लिए आपने दैनिक 'लोकमान्य' पत्र निकालने का निश्चय किया। श्री हनुमानप्रसाद पोद्दार ने इसके लिए प्रारंभ में पाँच हजार रुपये से सहायता की। उन्होंने लाला लाजपतराय और स्वामी श्रद्धानंद स्मारक फंड भी स्थापित किया। सन् १९०२ में कलकत्ता में

बड़ा बाजार कांग्रेस कमेटी की स्थापना हुई। उसके प्रधानमंत्री की हैसियत से पदमचंदजी ने विदेशी वस्त्र बहिष्कार आंदोलन चलाया। उस समय टिळक स्वराज्य फंड की स्थापना हुई जिसमें बड़ा बाजार से लाखों रुपये दिये गये।

प्रथम विश्वयुद्ध के पश्चात् राष्ट्रीय राजनीति में भारी बदलाव आया। गाँधीजी ने कांग्रेस को नवीन दिशा प्रदान की। गाँधीयुग में कांग्रेस को राजस्थान का प्रबल समर्थन प्राप्त हुआ। महात्माजी की कार्यप्रणाली राजस्थानी समाज को बहुत पसंद आयी इस कारण उनके प्रत्येक कार्य में उसने सोत्साह भाग लिया।

सरोरुह का सिंचन

कांग्रेस के सरोरुह का सिंचन करने में शीर्षस्थ राजस्थानी थे श्री जमनालाल बजाज। सीकर जिले के नन्हें से गाँव काशी का बास में जन्मे जमनालालजी महात्मा गाँधी के दाहिने हाथ थे। कांग्रेस के सर्वतोभावेन उत्कर्ष के लिए उन्होंने स्वयं को पूरी तरह खपा दिया। बाईस फरवरी १९४२ को 'हरिजन' में गाँधीजी ने 'अग्नि परीक्षा' शीर्षक से लिखे लेख में लिखा था, "उसने (जमनालाल) अपने लिए कुछ भी नहीं बचाया, सब कुछ मुझे अर्पित कर दिया। शायद ही मेरा कोई ऐसा काम हो जिसमें मुझे उसका महत्त्वपूर्ण हार्दिक सहयोग न मिला हो।"

गाँधीजी के सम्पर्क में आने से पूर्व स्वराज्य के साहस पूर्ण समर्थन के कारण जमनालाल टिळक के प्रशंसक थे। १९०६ ई. में वे स्वदेशी आंदोलन से जुड़े और प्रतिनिधि की हैसियत से कांग्रेस के कलकत्ता अधिवेशन में सम्मिलित हुए। पं. मोतीलाल नेहरू, दादाभाई नौरोजी, सर जे.सी. बोस, महामना मालवीय और सुरेन्द्रनाथ बनर्जी जैसे माने हुए नेताओं से उनका सम्पर्क था। टिळक ने एक व्यापारी को जमनालालजी के बारे में लिखा, 'एक महान देशभक्त और उतना ही बड़ा व्यापारी।" सर जगदीशचन्द्र बसु उन्हें पुत्रवत् स्नेह करते थे। एक बार कलकत्ता में जमनालालजी के साथ कोई दुर्घटना घटी, तब सर बसु ने अपनी इंगलैण्ड यात्रा स्थगित कर दी और उन्हें पहुँचाने के लिए उनके साथ वर्धा तक गए। उन्होंने एक पत्र में जमनालालजी को लिखा, "मुझे यह सोच सोच कर खुशी होती है कि मेरा कहलाने वाला एक व्यक्ति तो ऐसा है जो देशसेवा जी जान से करेगा।"

सर वसु की यह भविष्यवाणी अक्षरशः सत्य निकली। जब गाँधीजी १९१४ ई. में दक्षिण अफ्रीका से लौटे तो जमनालालजी ने उनसे सीधा सम्पर्क साधा। पहले अहमदाबाद के कोचरब फिर साबरमती आश्रम में एक दो बार जाकर

उन्होंने गाँधीजी की कार्यप्रणाली को नजदीक से देखा। जब आत्मप्रेरणा से उन्होंने स्वयं को महात्माजी के हवाले किया ते उनके द्वारा प्रारंभ किए गए सभी कामों का अभिन्न अंग बनने के साथ साथ स्वराज्य आन्दोलन के सुदीर्घ काल में उन्होंने अपना सर्वस्व झोंक देने में कभी आगा-पीछा नहीं किया। स्वयं गाँधीजी के शब्दों में जमनालालजी उनके लिए 'कामधेनु' थे। उनके अभाव में बापू अपने आप का सर्वथा असहाय महसूस करते थे। उनके निधन पर सरदार पटेल के ये शब्द उपर्युक्त तथ्य को उजागर करते हैं – बापू ने अपना सच्चा पुत्र खो दिया, देश ने सच्चा कर्मयोगी, कांग्रेस ने सुदृढ़ स्तंभ और हम सबने अपना सगा भाई खो दिया।'' स्वराज्य आन्दोलन में जमनालालजी की विशिष्ट भूमिका की जानकारी जून १९५१ में प्रकाशित 'एक गाँधीवादी पूँजीपति'' नामक पुस्तक की प्रस्तावना में पं. नेहरू के इन शब्दों से होती है – ''हम में से अधिकांश लोग तो एक-दूसरे जैसे थे और इसलिये हम लोगों में से किसी के बिना भी काम चल सकता था। मगर जमनालालजी अपने ढंग के निराले व्यक्ति थे। उनके समान निष्ठावान लोग आंदोलन में बहुत थोड़े थे।''

सन् १९२० में कांग्रेस के कलकत्ता अधिवेशन में असहयोग का प्रस्ताव पारित हुआ तो जमनालालजी ने तत्काल रायबहादुर की पदवी छोड़ दी और पूर्णत: राष्ट्रीय आंदोलन से जुड़ गए। इसी वर्ष वे कांग्रेस के नागपुर अधिवेशन की स्वागत समिति के निर्विरोध अध्यक्ष चुने गए। इसके बाद उन्हें कांग्रेस के कोषाध्यक्ष का पद प्रदान किया गया जिसे उन्होंने आजीवन सफलतापूर्वक निभाया। अपने स्वागत भाषण में उन्होंने व्यापारी बंधुओं से अनुरोध किया – ''अगर हम स्वराज्य प्राप्ति के उद्देश्य से सहयोग करें तो मित्रों व्यापार, उद्योग व अर्थ में कई गुना वृद्धि हो सकेगी...। यदि हम अब भी नहीं चेते तो इससे आने वाली पीढ़ियों की उन्नति के रास्ते बंद हो जाएँगे और इस तरह हम उनके प्रति नैतिकता की दृष्टि से अन्याय करेंगे। हमें भविष्य की पीढ़ियों को ध्यान में रखते हुए अपनी सारी कमाई स्वतंत्रता के इस राष्ट्रीय प्रयास में लगा देनी चाहिए।'' कांग्रेस को महत्त्वपूर्ण योगदान देने के कारण उन्हें वर्किंग कमेटी का सदस्य बनाया गया और इसके उत्तरदायित्वों का निर्वाह अंतिम समय तक कुशलतापूर्वक करते रहे।

कई दृष्टियों से कांग्रेस के नागपुर अधिवेशन का स्वतंत्रता आंदोलन में महत्त्वपूर्ण स्थान है। आत्मनिर्भरता की भावना के रूप में एक नयी जिम्मेदारी का उदय हुआ। लगभग चौदह हजार लोगों ने इसमें भाग लिया। नागपुर अधिवेशन की सफलता के लिए उन्होंने दिन में बीस बीस घंटे तक काम किया। इस

अधिवेशन में हुए तीन महत्त्वपूर्ण निर्णयों को साकार रूप देने के लिए वे कटिबद्ध हो गए। पहला था – जिन वकीलों ने अदालतों का बहिष्कार किया था, उनके परिवारों की सहायता के लिए स्थापित टिळक स्वराज्य फंड के लिए एक करोड़ रुपये की राशि इकट्ठा करना। दूसरा एक करोड़ लोगों को कांग्रेस का सदस्य बनाना और तीसरा बीस लाख चर्खे देश के विभिन्न भागों में चलवाना। जमनालालजी ने इस फंड में एक लाख रुपये का दान दिया। दूसरे वर्ष जब यह राशि लगभग समाप्त हो गई तो उन्होंने फिर से एक लाख रुपये उसी उद्देश्य से दान में दिये। उनकी इस भावना की प्रशंसा करते हुए 'यंग इंडिया' ने उनके बारे में लिखा – 'जब तक भारत माता के जमनालाल जैसे लाल है, तब तक भारत को सम्मान और स्वतंत्रता प्राप्ति की दिशा में निराश होने की आवश्यकता नहीं है।''

यह उल्लेखनीय है कि गाँधीजी ने असहयोग के बारे में शिक्षकों और विद्यार्थियों से पहली बार अपील करते हुए जो भाषण दिया था वह वर्धा के मारवाड़ी विद्यालय के हॉल में हुआ था। यह विद्यालय जमनालालजी की देखरेख में चलता था। फलस्वरूप विद्यालय ने सरकारी सहायता और मान्यता का त्याग कर दिया। उसे राष्ट्रीय विद्यालय में बदल दिया गया। भारतीय अर्थ व्यवस्था के ब्रिटिश साम्राज्य द्वारा शोषण के प्रतीकात्मक विरोध में जलायी गयी विदेशी वस्त्रों की होली में बजाज परिवार के हजारों रुपये के कपड़े जलाए गए। ऐसा कहा जाता है कि लगभग तीन सेर सोना व चाँदी जो जानकीदेवी (जमनालालजी की सहधर्मिणी) के कीमति कपड़ों में टाँगा गया था, उस आग की राख से निकला।

साबरमती आश्रम से कुछ वर्षों तक गाँधीजी के संपादन में 'यंग इंडिया' अंग्रेजी में और 'नव जीवन' गुजराती में प्रकाशित होता था। जमनालालजी ने सुझाया कि इसका हिंदी संस्करण भी प्रकाशित होना चाहिए। बापू को सुझाव ठीक लगा और योजना की सारी आर्थिक जिम्मेदारी जमनालालजी ने ले ली। वे 'कर्मवीर', 'प्रताप' और 'राजस्थान केसरी' जैसे राष्ट्रीय पत्रों को इससे पहिले आर्थिक मदद देते ही थे। उन्हीं के प्रयासों से बम्बई में गाँधी पुस्तक भंडार खोला गया। हिंदी में गाँधी साहित्य लोगों को कम कीमत पर सुलभ करवाने के लिए दिल्ली में सस्ता साहित्य मंडल शुरु करवाने में उनका बड़ा हाथ था।

वेलेन्टाइन शिरोल पर चलाए गए मुकद्दमे में आपने लोकमान्य की पूरी सहायता की। देश का सफल नेतृत्व करने में बापू के पीछे जमनालालजी का बहुत बड़ा हाथ था। बापू के शब्दों में ''उन्होंने मेरे सभी कामों को पूरी तरह से

अपना लिया था। यहाँ तक कि मुझे कुछ नहीं करना पड़ता था। मैं जैसे ही कोई काम शुरु करता तो वे स्वयं ही उसका सारा बोझ उठा लेते ....। जहाँ तक मैं जानता हूँ, मैं कह सकता हूँ कि ऐसा पुत्र आज तक किसी को नहीं मिला।'' साबरमती जेल से १७ मार्च १९२२ को लिखा गया गाँधीजी का पत्र जमनालालजी से उनके सम्बन्धों की घनिष्ठता पर प्रकाश डालता है। इस पत्र में अन्य बातों के अलावा उन्होंने लिखा था – ''तुम पाँचवें पुत्र तो बने ही हो लेकिन मैं लायक बनने का प्रयत्न कर रहा हूँ...।' यह पत्र उन लोगों के लिए स्वर्णाक्षरों में सुरक्षित रखा जाना चाहिए जो क्रियात्मक रूप से गाँधीजी के विचारों की गहराई में जाना चाहते हैं।

नागपुर झंडा सत्याग्रह जमनालालजी के तपः पूत जीवन की अविस्मरणीय घटना है। उन्होंने इस आंदोलन का संचालन उसी ढंग और भावना से प्रेरित होकर किया जिस तरह से गाँधीजी ने नागपुर कांग्रेस के बाद असहयोग आंदोलन का संचालन किया था। इस अवसर पर उन्होंने जिस साहस और सूझबूझ का परिचय दिया, उसके कारण वे सारे देश की निगाह में ऊँचे उठ गए। झंडा सत्याग्रह के अगुआ होने के कारण जमनालालजी को अट्ठारह महीने की कड़ी कैद की सजा और तीन हजार रुपये जुर्माना किया गया। न्यायालय में उन्होंने खुद के लिए कठिन से कठिन सजा माँगी। मौलाना मोहम्मद अली ने खबर मिलने पर तार किया – 'शाबास बनिये। पाँव छूने को जी कर रहा है। किचलू भी मेरे साथ।' इस सम्बन्ध में अखिल भारतीय कांग्रेस कार्यसमिति ने निम्नांकित प्रस्ताव पारित किया – 'अखिल भारतीय कांग्रेस की कार्यसमिति सेठ जमनालाल बजाज को नागपुर में सत्याग्रह आंदोलन चलाने के उपलक्ष में सजा के लिए हार्दिक बधाई अर्पित करती है और उन्हें विश्वास दिलाती है कि उन्होंने जो आंदोलन चलाया था, समिति का उसे हार्दिक समर्थन प्राप्त है।''

जेल से छूटने के बाद जमनालालजी ने गाँधीजी के रचनात्मक कार्यक्रमों को आगे बढ़ाने के लिए देश भर का दौरा किया। महादेव देसाई के शब्दों में, ''उनकी अपनी रुचि सदा राजनीति में प्राण फूँकने वाले रचनात्मक कार्यों में ही रहती थी। अपनी इस रुचि के फलस्वरूप उन्होंने अनेक रचनात्मक प्रवृतियाँ का बड़े उल्लास से पोषण किया। ....जमनालालजी ने अपना सब कुछ देकर गाँधीजी को मोल ले लिया। कबीर, मीराँ मध्यकालीन भक्त है, जमनालालजी आधुनिक भक्त कहे जा सकते हैं।'' देश की यात्रा के दौरान उन्होंने महसूस किया कि गाँधीजी के नेतृत्व में जेल में रहते हुए कुछ महत्त्वपूर्ण कार्यकर्ताओं को भीषण आर्थिक संकट का सामना करना पड़ रहा है। इसलिये वर्धा में गाँधी सेवा संघ

की स्थापना के लिए उन्होंने पहल की और इस संस्था को एक लाख रुपये की राशि ऐसे कार्यकर्ताओं की मदद के लिए दान में दी। १९३४ ई. में जब उन्होंने सेवासंघ के अध्यक्ष पद से त्यागपत्र दिया तब तक संघ को उनके द्वारा दी गयी कुल राशि बढ़कर ढाई लाख रु हो गयी थी।

कांग्रेस के सन् १९२३ के दिसम्बर महीने में हुए काकीनाडा अधिवेशन में देशभर में खादी के काम के लिए एक अखिल भारतीय खद्दर बोर्ड की स्थापना का निश्चय किया गया। जमनालाल जी ने बोर्ड का अध्यक्ष बनकर काम करना स्वीकार किया और खादी आंदोलन को सुदृढ बनाने हेतु अपनी सारी ताकत लगा दी। गाँधीजी के शब्दों में, ''जमनालालजी ने खादी के काम में मुझसे ज्यादा नहीं तो मुझसे कम समय भी नहीं दिया। मैने केवल मंत्र दिया पर जमनालाल ने तो अपने पैसे, अपनी समझदारी और संगठन शक्ति के जरिए इसे रूप दिया ...। मेरे जेल में रहते उसीने इसे सुनियोजित किया, अन्यथा यह योजना निरर्थक सिद्ध होती।

उनके अथक प्रयत्नों से ही देश भर में कांग्रेस का रचनात्मक कार्यक्रम जड़ें जमा सका। जहाँ सन् १९२५ में खादी का उत्पादन नाममात्र का था, सन् १९४२ में जमनालालजी के निधन के समय यह बढ़कर लगभग एक करोड़ रुपये का हो गया। कांग्रेस के विभिन्न रचनात्मक कार्यक्रमों को बढ़ावा देने के लिए जमनालालजी ने जो यात्राएं की, उनमें राजस्थान की जयपुर, जोधपुर, उदयपुर, बीकानेर, कोटा आदि देशी रियासतें शामिल थीं। इन रियासतों में कांग्रेस के कोई संगठन नहीं थे। अत: वहाँ के लोगों में राजनीतिक जागृति के प्रादुर्भाव के विचार से प्रजामंडलों का गठन किया। देशी रियासतों में काम करने वाले अधिकांश प्रमुख कार्यकर्ताओं को समय-समय पर बड़ी चतुराई और लगन से जमनालालजी ने अपना अनुयायी बना लिया था। राजस्थान में श्री हीरालाल शास्त्री, श्री हरिभाऊ उपाध्याय व लादूराम जोशी जैसे कार्यकर्ता जमनालालजी की मदद, मार्गदर्शन व प्रोत्साहन से ही राजनीतिक क्षेत्र में उचित स्थान बना सके थे। जयपुर सत्याग्रह ने भारत की सामंती रियासतों में स्वतंत्रता के संघर्ष के इतिहास का एक नया अध्याय लिखा। राजस्थानी रियासतों में राजनीतिक जागरण लाने का सर्वाधिक श्रेय आदि किसी एक व्यक्ति को जाता है तो वह जमनालाल बजाज थे।

उनकी हार्दिक इच्छा थी कि बापू साबरमती आश्रम छोड़ने के बाद वर्धा को अपना मुख्यालय बनाएँ। उन्होंने गाँधीजी को इस बात के लिए आश्वस्त किया कि वह उनकी योजना के अनुसार विभिन्न संस्थाओं को प्रारंभ करने के लिए

सभी आवश्यक सुविधाएँ जुटा सकने में समर्थ हैं। सन् १९३५ में बापू जमनालालजी के वर्धा शहर की बाह्य सीमा पर स्थित विशाल बाग में रहने चले गए और अंततः ३० अप्रैल १९३६ को वे सेवाश्रम में बस गए। सन् '३५ में ही उन्होंने देश में ग्रामीण और कुटीर उद्योग धंधों की उन्नति के लिए अखिल भारतीय ग्रामोद्योग संघ शुरु करने का निश्चय किया। जमनालालजी ने इस नई संस्था को वह बगीचा अर्पित कर दिया जो बापू के स्वर्गीय भतीजे के नाम पर 'मगनवाड़ी' संज्ञा से प्रसिद्ध हुआ। सेवाग्राम में गाँधीजी के आश्रम का सारा प्रबंध भी उन्हीं के जिम्मे था।

गाँधीजी सेवाग्राम में आकर रहने लगे तब कांग्रेस कार्यकारिणी की प्रायः सभी बैठकें वर्धा में होने लगीं और राष्ट्र के नेता जमनालालजी के सम्मानीय अतिथि होकर बजाजवाड़ी में ठहरने लगे। उन्होंने अपने निवास को 'राष्ट्रीय अतिथि गृह' का रूप दे दिया। वे केवल राजनीतिक स्तर पर नेताओं का आतिथ्य न करके व्यक्तिगत और पारिवारिक स्तर पर इस कर्त्तव्य को निभाते थे। इस प्रकार की अतिथि सेवा में प्रतिमास कोई ३० हजार रुपये व्यय होते थे। जमनालालजी उनकी घरेलू और आर्थिक समस्याओं का भी बड़ी सावधानी और स्नेह से ध्यान रखते थे और इसकी किसी को कानों कान खबर नहीं होती थी। सस्ता साहित्य मंडल द्वारा प्रकाशित उनके पत्र व्यवहार के संकलन (''जमनालालजी का राजनीतिक नेताओं से पत्र व्यवहार'') से पता चलता है कि चोटी के राष्ट्रीय नेताओं से उनके कैसे घनिष्ठ सम्बन्ध थे।

जमनालालजी से मिली सहायता के विषय में डॉ. राजेन्द्र प्रसाद ने उन्हें लिखा – ''आपने मेरे लिए जो कुछ किया, उसके लिए मैं किन शब्दों में आपको धन्यवाद दूँ? केवल भगवान ही इन सब बातों को जानता है। आपने जो मदद मुझे पहुँचायी है, वह उसके लिए आप पर कृपालु होगा।'' राजेन्द्र बाबू जमनालालजी से कांग्रेस सम्बन्धी अनेक मामलों में भी सलाह लेते रहते थे जिनमें स्वराज्य भवन का उपयोग, बिहार केन्द्रीय राहत समिति और कांग्रेस के इतिहास का प्रकाशन आदि भी शामिल थे। बिहार के भूकंप के बाद १९३४ ई. में जमनालालजी वहाँ गए और कई महीनों तक वहीं बने रहे। उनके देहावसान के बाद भी राजेन्द्र बाबू बजाजवाड़ी, वर्धा को अपना घर मानते रहे और स्वास्थ्य सुधार की दृष्टि से वहाँ महीनों ठहर जाते थे। भारत के प्रथम राष्ट्रपति के रूप में जब वे वर्धा आए तो सरकारी प्रथा के बावजूद सर्किट हाऊस में न ठहर कर बजाजवाड़ी में ही ठहरे। यह वास्तव में जमनालालजी की उस स्मृति के प्रति

सदाशयता की अभिव्यक्ति ही थी, जो पूर्णत: नि:स्वार्थ भाव से राष्ट्रीय नेताओं को सभी तरह की मदद पहुँचाना अपना पवित्र कर्त्तव्य मानते थे।

शायद यह तथ्य भलीभाँति सामने नहीं आया है कि जमनालालजी के पं. नेहरू से भी बहुत घनिष्ठ व अन्तरंग सम्बन्ध थे। जवाहरलालजी ने बिना किसी हिचकिचाहट के अपने सारे आर्थिक मामले उन्हें सौंप दिए थे। विभिन्न कंपनियों में पैसा लगाते समय वह जमनालालजी से सलाह लेते थे और परिवार के आभूषण तथा चल अचल संपति को बेचने आदि के समय, आर्थिक संकट पड़ने पर उनकी सहायता लेते थे। ३० अक्टूबर १९४१ को मसूरी से जमनालालजी को पत्र लिखते हुए इन्दिराजी ने लिखा, ''जब मैंने आपका पत्र बापू को बतलाया तो उन्होंने मुझसे कहा कि मैं आपकी सलाह के अनुसार चलूँ। इन मामलों में हम लोग बहुत नहीं समझते। इस विषय में हम पूरी तरह आपकी बात को मानकर चलेंगे।'' १९३१ ई. में पं. मोतीलाल नेहरू के आकस्मिक निधन के बाद जब जवाहरलालजी ने स्वराज्य भवन ट्रस्ट की स्थापना का विचार किया तब उसका विधान और नियम उपनियम आदि बनाने में जमनालालजी की मदद ली। इस नये ट्रस्ट की स्थापना में उन्होंने एकाग्रभाव से योगदान दिया।

१० अक्टूबर १९३३ को पं. नेहरू ने जमनालालजी को लिखा, ''आपने हम लोगों के लिए जो कुछ किया है यदि उस सबके लिये आपके प्रति कृतज्ञता प्रकट करुँ तो शायद आपको यह अनुचित लगेगा। आप कहेंगे मित्रों और भाईयों के बीच इस तरह की कोई औपचारिकता नहीं होनी चाहिए। एक हद तक यह बात सही है। बावजूद इसके कमला और मैं दोनों दिल में इस बात को महसूस करते हैं कि वक़्त वक़्त पर आपने स्नेह, सावधानी और सतर्कता के साथ हमारी कितनी ही चिंताओं के बोझ से हमें मुक्त किया है। हमें आपके प्रति इन सबके लिए अपनी कृतज्ञता जाहिर करनी ही चाहिए।'' काका कालेलकर द्वारा सम्पादित पुस्तक ''गाँधीवादी पूंजीपति'' की भूमिका में पं. नेहरू ने राष्ट्रीय आंदोलन एवं कांग्रेस संगठन में जमनालालजी की भूमिका का मूल्यांकन करते हुए लिखा, ''मेरा ख्याल है कि यदि यह कहा जाय कि जमनालालजी ने राष्ट्रीय आंदोलन में विशिष्ट और विरल खूबी को दाखिल किया तो ऐसा कहना ही सही होगा। .. वे अपने ढंग के अनोखे व्यक्ति थे क्योंकि राष्ट्रीय आन्दोलन में वे जिस भक्तिभाव से आए थे, वैसी श्रद्धा और भक्ति मन में लेकर कम ही लोग आए होंगे। इसीलिये हम लोग उनकी बहुत कद्र करते थे। उनकी निरपेक्ष प्रामाणिकता और उद्देश्य के प्रति ईमानदारी ने हम सब लोगों के मन में घर कर लिया था। ...कोई भी व्यक्ति उनकी जगह लेने योग्य नहीं था।''

चक्रवर्ती राजगोपालाचारी भी विभिन्न सार्वजनिक और व्यक्तिगत मामलों में जमनालालजी की सहायता पर निर्भर करते थे। २० जुलाई १९२५ को उन्होंने जमनालालजी को एक पत्र में लिखा, "आपके उत्साहवर्द्धन और प्रसन्नता का मेरी निगाह में बड़ा मूल्य है। काम बहुत कठिन है, विशेषकर इसलिये कि इस काम में पूरे मन से अपने को खपा देने वाले आप जैसे लोग बहुत ही थोड़े हैं।" राष्ट्रीय आंदोलन के प्रति उनके पूर्ण समर्पणभाव के विषय में राजाजी ने अपने एक लेख में लिखा, "उन सब सुख सुविधाओं को छोड़कर जो उनकी संपत्ति और प्रभाव के कारण उनके कदमों में थी, उन्होंने एक साधारण कार्यकर्ता की तरह स्वयं को सत्याग्रह में झोंक दिया।" कांग्रेस के लिए बड़े से बड़ा त्याग करने में जमनालालजी ने कभी आगा-पीछा नहीं सोचा। उनकी बड़ी इच्छा थी कि अपनी सारी संपत्ति सार्वजनिक कार्य के लिए गाँधीजी को समर्पित कर दें किन्तु बापू ने उन्हें ऐसा करने से रोका।

सीमांत गाँधी बादशाहखान अक्सर बजाजवाड़ी में ठहरा करते थे। सन् १९३६-३७ में जब पश्चिमोत्तर सीमा प्रांत से सरकार ने उन्हें देश निकाला दे दिया तो वे कुछ महीनों तक सेवाग्राम में रहे। बजाजवाड़ी में वे अपनी पुत्री मेहताब और तीसरे पुत्र अब्दुल अली खाँ के साथ जमनालालजी के परिवार के सदस्यों की तरह ही रहते थे। उनके बड़े पुत्र अब्दुल गनी ने कई वर्षो तक उत्तरप्रदेश में जमनालालजी की चीनी मिल में काम किया। १९६९ ई. में गाँधी शताब्दी के अवसर में बादशाहखान भारत आए। वे भारत सरकार के अतिथि थे। उन्होंने संपूर्ण देश का भ्रमण किया किंतु कहीं भी राजभवन में नहीं ठहरे। इसका अपवाद बना केवल गुजरात। वहाँ राज्यपाल श्रीमन्नारायण की विनती को स्वीकार करते हुए राजभवन में विश्राम किया। जब पत्रकारों ने उनसे पूछा कि राजभवन में ठहर कर आपने अपना नियम खंडित नहीं किया? तो उनका उत्तर था कि "भला मैं अपनी बेटी मदालसा (राज्यपाल की पत्नी जमनालालजी की दुहिता थी) के साथ ठहरने से किस तरह इंकार कर सकता हूँ? हम तो एक ही परिवार के लोग हैं और बहुत वर्षों बाद मिले हैं तो साथ रहना ही चाहिए। वे दोनों तो मेरे बच्चे हैं। उनके साथ नहीं ठहरुँ तो कहाँ ठहरुँ?" बजाजवाड़ी में समय समय पर आथित्य सत्कार प्राप्त करने वाले नेताओं में मौलाना आजाद, जयरामदास दौलतराम, आसफअली, डॉ. सैय्यद मोहम्मद, सरोजिनी नायडू, पट्टाभि सीताराम्मैया, गोविंदवल्लभ पंत, आचार्य कृपलानी आदि के नाम प्रमुख हैं।

कांग्रेसाध्यक्ष चुने जाने के बाद नेताजी सुभाष बोस कई बार बजाजवाड़ी में ठहरे। जमनालालजी उन्हें स्नेह और सम्मान से सरोबार कर दिया। जब सुभाष

बाबू ने गाँधीजी से मतभेद होने पर कांग्रेस छोड़कर फॉरवर्ड ब्लॉक नामक नया राजनीतिक दल स्थापित कर लिया और वर्धा आने पर कांग्रेस के विरोध में बजाजवाड़ी के सामने के मैदान में एक सार्वजनिक सभा की तब भी जमनालालजी ने उन्हें बजाजवाड़ी में ठहरने का आग्रह किया। वे यही मानते थे कि राजनीतिक मतभेद मैत्रीपूर्ण सामाजिक सम्बन्धों में आड़े नहीं आने चाहिए।

पट्टाभि सीतारामैया ने कांग्रेस के इतिहास के खंड दो (पृ. ३०९) में राष्ट्र के लिए जमनालालजी के त्याग व समर्पण का मूल्यांकन करते हुए लिखा है – 'यदि ऐश्वर्य सेवावृति में सहायक है तो केवल एक ही व्यक्ति ऐसा है जिसने अपने ऐश्वर्य से अपने देशवासियों के कष्टों और मुसीबतों को कम करने की भरसक चेष्टा की है। .. यदि पृथ्वी पर जन्म लेकर मनुष्य का परम कर्त्तव्य मानव जीवन से पूर्ण लाभ उठाना है तो एक ही व्यक्ति ऐसा है जिसक जीवन इतना व्यापक और कठोर परिश्रम से शोभित था..। वह व्यक्ति है, सेठ जमनालाल बजाज।

राष्ट्र व कांग्रेस संगठन के लिए जमनालालाजी की अविचल निष्ठा और सर्वस्व अर्पण की ललक एक निजंधरी कथा है। आधुनिक भारत में राष्ट्रीय आंदोलन व महात्मा गाँधी के प्रति ऐसी पारदर्शी निष्ठा व मारुति भक्ति का अन्य कोई उदाहरण दिखायी नहीं देता। ४ नवम्बर १९७० को तत्कालीन राष्ट्रपति वी.वी. गिरि द्वारा उनके सम्मान में विशेष डाक टिकिट जारी किया गया। उस अवसर पर बोलते हुए राष्ट्रपति ने कहा, 'जमनालाल बजाज का जीवनवृत्त मातृभूमि के लिए बलिदान की एक गाथा ही है। व्यापारियों में श्रेष्ठ यह महापुरुष गाँधीजी से प्रभावित हुआ और उसने अपनी संपत्ति, संगठन शक्ति और व्यावसायिक चातुर्य को पूरे मन से देश के हित में समर्पित कर दिया।''

कर्मयोगी सीताराम सेकसरिया

जमनालालजी की प्रेरणा से कांग्रेस संगठन के लिए प्रभूत त्याग करने वाले दूसरे कर्मयोगी थे सीतारामजी सेकसरिया। शेखावटी के नवलगढ़ कस्बे में जन्मे पद्मभूषण सेकसरियाजी मानव सेवा को पूर्णत: समर्पित व्यक्तित्व। अभावों से जूझते आजीविका की खोज में कलकत्ता पहुँचे। वहाँ के वातावरण में वे राष्ट्रीयता के रंग में रंग गए। अपनी डायरी में वे लिखते हैं – '१९०५ ई. में बंगभंग आन्दोलन के साथ ही स्वदेशी आन्दोलन शुरु हुआ था। उसमें मारवाड़ी युवकों ने अच्छा भाग लिया ... टेरोरिस्ट आंदोलन से भी उनका ताल्लुक रहा।

परिणामस्वरूप मारवाड़ी समजा के मुख्य मुख्य नवयुवक पकड़े गए। उनमें प्रमुख थे श्री प्रभुदयालजी हिम्मतसिंहका, श्री ओंकारमल सर्राफ, श्री ज्वालाप्रसाद कानोडिया श्री हनुमानप्रसाद पोद्दार आदि।''

१९१९ में लोकमान्य टिळक व महात्मा गाँधी का कलकत्ता आगमन हुआ। उस समय तक सीतारामजी में काफी राजनीतिक चेतना विकसित हो चुकी थी। गाँधीजी की कार्यशैली से प्रभावित हो राजस्थानी समाज के अनेक नवयुवक राष्ट्रीय आंदोलन से जुड़ गए। सीतारामजी को इस ओर खींचने वाले थे जमनालालजी। उनकी प्रेरणा से उन्होंने राष्ट्रसेवा का व्रत लिया और सन् १९२१ तक तो व्यापार व्यवसाय से सन्यास लेकर पूर्णतः राष्ट्रसेवा में लग गये।

बापू से मिलने वर्धा भी गए और उनकी आज्ञा से कलकत्ता में खादी भंडार का काम हाथ में लिया। १९२७ में साईमन कमीशन के बहिष्कार के बाद विदेशी वस्त्रों के बहिष्कार में भी सीतारामजी आगे रहे। सन् १९३०, ३२ व ३३ के सत्याग्रह आंदोलनों में वे जेल गए। कलकत्ता के कांग्रेस संगठन में कई महत्त्वपूर्ण कार्यों की जिम्मेदारी उन्हें सौंपी गयी। १९४५ में वे बंगाल में कांग्रेस संसदीय बोर्ड़ के सदस्य चुने गए।

देश के बड़े बड़े नेताओं महात्मा गाँधी, रविन्द्रनाथ ठाकुर, पं. मोतीलाल नेहरू व सुभाष बाबू के वे अत्यन्त विश्वासपात्र और स्नेहभाजन थे। १९३०-३२ में बड़ा बाजार में चलने वाली पिकेटिंग की जिम्मेदारी उन्होंने विशेष रूप से निभायी। १९३९ में जयपुर राज्य प्रजामंडल ने जमनालालजी के नेतृत्व में आंदोलन किया। इस आंदोलन की सहायतार्था कलकत्ता में जो संगठन कायम किया ग्या उसकी पूरी जिम्मेदारी सीतारामजी पर थी। सन् १९४० में गाँधीजी ने व्यक्तिगत सत्याग्रह प्रारंभ किया। उसमें केवल वे ही लोग भाग ले सकते थे, जिनका नाम गाँधीजी चुनें। कलकत्ता की बारी आयी तो उन्होंने सर्वप्रथम सीतारामजी का नाम चुना। गाँधीजी द्वारा चलायी गयी अन्य सभी प्रवृत्तियाँ जैसे हरिजन सेवा, खादी प्रचार, हिन्दू मुस्लिम एकता आदि में वे बहुत सक्रिय रहे।

पराधीन भारत में विधानसभाओं के अंतिम चुनाव १९४६ ई. में हुए। उस चुनाव हेतु गठित संसदीय बोर्ड के वे प्रमुख सदस्य थे। चुनाव के लिए सरदार पटेल ने १० लाख रु उन्हें स्वविवेक से खर्च करने के लिए भेजे थे। कांग्रेस के नेताओं व कार्यकर्ताओं में उनका कितना विशिष्ट स्थान था, उसका पता इस घटना से चलता है कि एक राजनीतिक सम्मेलन में भाग लेने जब वे उड़ीसा गए तो वहाँ डॉ. हरेकृष्ण मेहताब ने कहा, ''सीतारामजी हमारे नेता हैं। हम सब तो इनके सिपाही हैं।''

शेखावटी का नाम रोशन करने वाले सपूतों में एक अग्रगणय नाम भागीरथजी कानोडिया सीतारामजी के समाजसेवा के सभी कार्यों में राम के साथ लक्ष्मण की भाँति। तरुणाई की दहलीज पर खड़े भागीरथजी ने कलकत्ता की 'ज्ञानावर्द्धिनी मित्रमंडली' के सदस्य बनकर राष्ट्रसेवा का व्रत लिया। इस मंडली ने अनेक समाजसेवी संस्थाएँ स्थापित कीं और कांग्रेस के लिए करोड़ों रुपये का चंदा करवाया। इस संस्था में ऊर्जा संचार करने वालों में श्री पदमराजजी जैन, नागरमल जी केडिया, रंगलालजी जाजोदिया, वसंतलालजी मुरारका, रामकुमार जी भुवालका, गंगाप्रसादजी भौतिका, प्रभुदयालजी हिम्मतसिंहका इत्यादि के नाम और कार्य उल्लेखनीय हैं।

१९२९ ई. में गाँधीजी द्वारा कलकत्ता में शुद्ध खादी भंडार का उद्घाटन किये जाने के बाद भागीरथजी ने खादी प्रचार में अग्रपंक्ति में रहकर काम किया। खादी को जनप्रिय बनाने के लिए पूरी लगन से कार्य किया। खादीभंडार के संचालक श्री महावीरप्रसाद पोद्दार की देखरेख में गाँधी साहित्य के प्रकाशन का कार्य भी प्रारंभ हुआ। महात्माजी के पुस्तकें बढ़िया कागज पर सुंदर ढंग से मुद्रित हों, यह भागीरथजी की हार्दिक इच्छा थी। इसके लिए आवश्यक धनराशि की व्यवस्था उन्होंने की। हरिजनसेवा का कार्य उन्हें विशेष प्रीतिकर लगता था। बंगाल में कांग्रेस द्वारा हरिजनों की उन्नति के लिए जो भी कार्य शुरु किए गए, उनमें भागीरथजी का विशेष योगदान रहा। राजस्थान हरिजन सेवक संघ के वह २० वर्ष तक अध्यक्ष रहे। हरिजन सेवा के महारथी ठक्कर बापा से उनके आतमीय संबंध थे। 'बंगाल के गाँधी'' सतीशचन्द्र दासगुप्त व उनकी संस्था खादी प्रतिष्ठान से उनका प्रगाढ़ सम्बन्ध रहा। नवद्वीप की बंगवाणी व अन्य कई गाँधीवादी संस्थाओं से वे आजीवन जुड़े रहे। आजादी के अरुणोदय के पश्चात् जब राजस्थान एकीकरण की ओर अग्रसर हो रहा था, उस समय वहाँ कांग्रेसजनों की आपसी फूट को मिटाने में भागीरथजी अग्रणी रहे। उन्हीं के प्रयत्नों से २६ अगस्त १९५० को हीरालाल शास्त्री व जयनारायणजी व्यास में समझौता हो सका था। सेकसरियाजी की भाँति वे भी व्यक्ति नहीं, संस्था थे।

क्रांतिकारी गतिविधियाँ

प्रथम विश्वयुद्ध के दरम्यान क्रांतिकारी आन्दोलन में भी राजस्थानी युवक सक्रिय रहे। उस समय कलकत्ता में कई भूमिगत संगठन सक्रिय हुए और सशस्त्र क्रांति की तैयारी की गयी। कई कांड हुए जिनमें एक बहुचर्चित था रोड़ा कांड। आर.वी.एंड रोड़ा कंपनी ने १९१४ में जर्मनी से आग्नेय हथियार मंगवाए। ५०

माऊजर पिस्तौलों और २६ हजार कारतूसों वाली इस खेप को पुलिस की नजर से बचाकर सही स्थान पर पहुँचाने का अत्यन्त जोखिम भरा साहसी काम करने वाले राजस्थानी युवकों प्रभुदयालजी हिम्मतसिंहका, घनश्यामदास बिड़ला, ओंकारमल सर्राफ, फूलचंद चौधरी, ज्वालाप्रसाद कानोडिया, हनुमानप्रसाद पोद्दार व कन्हैयालाल चितलांगिया के इस साहसिक कृत्य की जानकारी कितने लोगों को हैं?

इन युवकों में अग्रणी थे प्रभुदयालजी हिम्मतसिंहका। दुमका (संथाल परगना, बिहार) में जन्मे प्रभुदयालजी सिंघाणा (खेतड़ी रियासत) के मूल निवासी थे। क्रांतिकारी आन्दोलन में शरीक होने के कारण ब्रिटिश हकूमत ने उन्हें ४५ महीने नजरबंद रखा। क्रांति को उन्होंने जनसेवा और निर्माण का अर्थ दिया। १९२० ई. में बड़ा बाजार कांग्रेस कमेटी की स्थापना के पश्चात् वे गाँधीजी से अधिकाधिक प्रभावित हुए। इसी वर्ष १ जनवरी को आम क्षमादान के अंतर्गत उन्हें नजरबन्दी से मुक्ति मिली। बड़ा बाजार कांग्रेस कमेटी की स्थापना के अवसर पर जकरिया स्ट्रीट में राधाकृष्णजी नेवटिया के घर पर गाँधीजी का आगमन बड़ा बाजार के राजस्थानी समाज के लिए ऐतिहासिक घटना थी। इसके पश्चात् ही प्रभुदयालजी महात्मा गाँधी के निकट सम्पर्क में आए।

'भागां रा भीड़ू' प्रभुदयालजी हिम्मतसिंहका

गाँधी युग में राष्ट्रीय आंदोलन के लिए अर्थ संग्रह की सारी जिम्मेदारी जमनालालजी पर थी। इस कार्य में प्रभुदयालजी उनके दायें हाथ थे। कांग्रेस के लिए कई बार चंदा किया। नेताओं के निजी खर्च और अर्थ संकट को दूर करने के लिए सहयोग दिया। नमक सत्याग्रह के लिए आवश्यक धनराशि की व्यवस्था की। हरिजनों की सेवा के लिए अलख जगायी। दानदाताओं को उन पर पूरा भरोसा था। जमनालालजी के पश्चात् कांग्रेस के लिए सबसे बड़े याचक सीतारामजी और प्रभुदयालजी थे। १०२ वर्ष की उम्र में आपका १९९१ ई. में निधन हुआ।

भारतीय स्वाधीनता संग्राम के अमृत पुरुष थे नेताजी सुभाष बोस। जेलजीवन की दुश्वारियों के फलस्वरूप वे क्षयरोग से ग्रस्त हो गये। उनकी चिकित्सा वियेना में हुई। इस दीर्घ और घातक बीमारी में उनकी चिकित्सा की सारी जिम्मेदारी प्रभुदयालजी ने ओढ़ी। इस कार्य के लिए चंदा करना उनकी दृष्टि में नेताजी का अपमान था। इसी प्रसंग में श्री रुड़मलजी गोयनका का भी नाम उल्लेखनीय है।

कांग्रेस के अध्यक्ष की हैसियत से नेताजी चंदे के लिए उनकी पेढ़ी पर गए तो उन्होंने चैक बुक उनके सम्मुख रख दी और निवेदन किया कि आप इच्छानुसार रकम इसमें भर लें।

कांग्रेस में समाजवादी धड़े के प्रमुख स्तंभ डॉ. राममनोहर लोहिया मूलत: राजस्थानी थे। उनके व्यक्तित्व के निर्माण में प्रभुदयालजी का विशिष्ट योगदान रहा। डॉ. लोहिया मारवाड़ी छात्रावास कलकत्ता की देन थे जिसकी स्थापना में प्रभुदयालजी की अग्रणी भूमिका थी। वे ही लोहियाजी को १९२६ ई. में बनारस से कलकत्ता लाए। उच्च शिक्षा हेतु उनके विदेश (जर्मनी) जाने का भी प्रबंध किया और समय समय पर उन्हें पैसे भी भेजते रहते थे। लोहियाजी जैसा फौलादी और तेजस्वी व्यक्ति भी उनके सम्मुख अनुजभाव की विनयशीलता से झुक जाता था।

१९३४ ई. में सर्वनाशी भूकंप ने बिहार को झकझोर दिया। उस विपदा में लस्तपस्त लोगों की सहायता के लिए कांग्रेस ने डॉ. राजेन्द्रप्रसाद के नेतृत्व में प्रशंसनीय कार्य किया। उस विराट सहायताकार्य में प्रभुदयालजी डॉ. राजेन्द्रप्रसाद के दाहिने हाथ थे। भूकंप राहतकार्य की बंगीय समिति के वे अध्यक्ष थे और अखिल भारतीय समिति के सदस्य। उन पर सरदार पटेल को अटूट विश्वास था। पूर्वी भारत में कांग्रेस का समस्त कार्य सरदार केवल उन्हें सौंपते थे। सरदार के विश्वास की लौ को उन्होंने कभी मंद नहीं पड़ने दिया। सन् १९३० के आसपास वे सरदार पटेल के सम्पर्क में आए। सन् ३० वाले दशक में आसाम में सादुल्ला नामक लीगी नेता का बहुत प्रभाव था। कांग्रेस के लिए वह विषबेल के समान था। उसके प्रभाव का उच्छेदन करने का कठिन काम सरदार ने प्रभुदयालजी को सौंपा। वे इस कार्य में सफल हुए। १९४६ ई. के चुनावों में कांग्रेस ने आसाम की जिम्मेदारी उन्हें सौंपी थी। इसी वर्ष अक्टूबर-नवम्बर में भारत पाकिस्तान सीमा का निर्धारण करने के लिए रेडक्लिफ ट्रिब्यूनल गठित किया गया। इस न्यायाधिकरण में आसाम सरकार ने अपने सॉलिसीटर के रूप में पी.डी. हिम्मतसिंहका फर्म को नियुक्त किया। उनकी मेहनत और लगन से ही सिलहट का हिन्दू बहुल क्षेत्र भारत को मिल सका। १९४६ ई. में वे संविधान सभा के सदस्य भी चुने गये।

नोआखली जाने से पहिले गाँधीजी आसाम गए थे। बापू के उस दौरे में प्रभुदयालजी सहित पन्द्रह बीस सत्यनिष्ठ गाँधीवादी सभी खतरों से जूझते रहे। नोआखली दंगों के समय बनी बनी बंगाल रिलीफ कमेटी के वे सचिव थे। लालबहादुर शास्त्री व जयप्रकाशनारायण से भी उनके घनिष्ठ सम्बन्ध रहे।

राधाकृष्णजी नेवटिया की दुर्लभ पुस्तक **'राजनीतिक क्षेत्र में मारवाड़ी समाज की आहुतियाँ'** से यह तथ्य भलीभाँति उजागर होता है कि ब्रिटिश भारत के सभी प्रान्तों में राजस्थानी समाज ने राष्ट्रीय आंदोलन के प्रत्येक क्षेत्र में प्रभूत योगदान दिया। इस पुस्तक में राष्ट्रसेवा में समर्पित ४८३ राजस्थानी देशभक्तों का परिचय दिया हुआ है। इस अध्याय में तो उनका नामोल्लेख भी संभव नहीं है। बानगी के तौर पर कुछ उदाहरण प्रस्तुत हैं।

विदर्भ क्षेत्र में कांग्रेस की पैठ, सम्मान और जनसाधारण में गहरी जड़ें जमाने में विदर्भ केसरी बृजलालजी बियाणी की तपस्या व त्याग की महती भूमिका रही। श्रीनेवटियाजी के शब्दों में, 'विचारों में गाँधीवादी निर्भीकता, कार्य में लगनशील गौरव की सजगता, भावना में कलाकार की कोमल सरसता और अभिव्यक्ति में किसी मर्मान्तक कवि की अन्तस्तल को छूने वाली चेतनता, माननीय बरार केसरी के आंतरिक भावों का परिचय है।'' सन् १९३० से '३५ तक उन्होंने विदर्भ प्रान्तीय कांग्रेस कमेटी का मंत्रीपद संभाला। सन् ३०-३२ में सविनय अवज्ञा आन्दोलन में बरार प्रान्त की सत्याग्रह समिति के वे डिक्टेटर थे। इस आंदोलन में उन्हें डेढ़ साल की सजा मिली। राष्ट्रीय आन्दोलन में बियाणीजी का कितना महत्त्वपूर्ण स्थान था इसका पता इसी बात से चलता है कि सन् १९४० के व्यक्तिगत सत्याग्रह में महात्माजी ने आचार्य विनोबा भावे के बाद उन्हें ही दूसरा सत्याग्रही नियुक्त किया। अगस्त '४२ की तूफानी क्रांति में वे तीन वर्ष तक जेल में रहे।

बियाणीजी के साथ साथ महाराष्ट्र में श्रीनिवास बगड़का, इन्द्रमल मोदी, लक्ष्मीनारायण मूंदड़ा, पशुपति कानोडिया, बाबूलाल माखरिया, जमनादास अडूकिया, बैजनाथ सेकसरिया, रतनलाल जोशी आदि के नाम स्वाधीनता संघर्ष के जुझारुओं में अग्रणी हैं। इन राजस्थानी युवकों ने मातृभूमि के लिए बलिदान दिए, कष्ट सहन व त्याग की मिसाल कायम की।

मरुभूमि के मेघ जी.डी. बिड़ला

कांग्रेस को स्वावलंबी बनाने और उसके आधार को सुदृढ़ बनाने में अवसर आने पर घनश्यामदासजी बिड़ला ने भामाशाह की भूमिका निभायी। प्रारंभ में वे भी प्रभुदयालजी की भाँति क्रांतिकारी आंदोलन से जुड़े। लोकमान्य टिळक के निधन के पश्चात् टिळक स्मारक निधि के लिए दो राजस्थानियों ने आगे बढ़कर काम किया। एक जमनालालजी बजाज और दूसरे घनश्यामदास बिडला। १९१५

ई. में गाँधीजी की कलकत्ता यात्रा के पश्चात् जी.डी. बाबू (आदरसूचक सम्बोधन) और बापू के बीच प्रारंभ हुए पत्र व्यवहार, अपनत्व एवं श्रद्धाभाव की मंदाकिनी अगले तैंतीस वर्षो तक बिड़ला भवन में बापू की शहादत तक अविराम रूप से प्रवाहित होती रही। दिल्ली स्थित बिड़ला हाऊस देश के नामी गिरामी नेताओं के आतिथ्य का विशिष्ट स्थान रहा। गाँधीजी जब कभी दिल्ली आते प्राय: यहीं ठहरते थे। मालवीयजी के लिए तो वह घर के समान था। जी.डी. बाबू के पिताश्री राजा बलदेवदास बिड़ला मालवीयजी के घनिष्ठ मित्र थे। उन्होंने काशी हिंदू विश्वविद्यालय की स्थापना के लिए मालवीयजी को ३२ लाख रुपये अर्पित किये। इसी बिड़ला हाऊस में कांग्रेस कार्यसमिति की अनेक बैठकें हुई जिनमें महत्त्वपूर्ण निर्णय लिए गये। जी.डी. बाबू के निजी सेवक केदारदत्त के अनुसार – 'बिड़ला हाऊस में नेताओं का जमघट लगा रहता था और हम लोग इस बात का ध्यान रखते थे कि हरएक की पसंद का भोजन बने। कई बार सौ सवा सौ लोग दोपहर के खाने के लिए इकट्ठे होते थे।''

राजनीति के लिए पत्रकारिता प्राणवायु की भाँति होती है। जनजागृति इसीसे संभव है। इसी कारण से प्रारंभ से ही राष्ट्रीय नेताओं ने इस ओर पर्याप्त ध्यान दिया। पत्रकारिता के महत्त्व को पहिचानकर जी.डी. बाबू ने कांग्रेस के वरिष्ठ नेताओं को दैनिक समाचार पत्र शुरु करने में प्रभूत सहायता दी। राजधानी दिल्ली से १९२४ ई. में शुरु किए गए दैनिक पत्र हिन्दुस्तान टाइम्स को उन्होंने कांग्रेस की रीति नीति के प्रचार प्रसार के लिए १९२७ ई. में खरीद लिया। महामना मालवीयजी हिंदुस्तान टाइम्स के पहिले चेयरमेन बने। डॉ. राजेन्द्र प्रसाद और सच्चिदानंद सिन्हा को पटना से 'सर्च लाईट' पत्र निकालने में जी.डी. बाबू ने सहायता दी। इलाहाबाद से मालवीयजी ने 'लीडर' भी बिड़लाओं के सहयोग से निकाला। अपने पितामह और पिताश्री की भाँति जी.डी. बाबू भी बहियाँ से परें उत्तम पुस्तकों और ग्रंथों के अनुरागी 'बामणी बनिये' थे, अत: राष्ट्रवादी सरस्वती उपासकों से उनका गहरा मेलजोल रहा। जिनमें अनेक की उन्होंने सहायता की। इनमें चन्द्रशेखर वेंकटरमण, डॉ. रमेशचन्द्र मजूमदार और आचार्य हजारी प्रसाद द्विवेदी के नाम उल्लेखनीय हैं।

१९३६ ई. में लखनऊ में पं. जवाहरलाल नेहरू को कांग्रेस अध्यक्ष चुना गया। उन्हीं दिनों बम्बई के उद्योगपति कांग्रेस अध्यक्ष के रूप में पं. नेहरू के भाषणों के समाजवादी रवैये से काफी आशंकित हो गए और उन्हें लगता था कि पं. नेहरू का समर्थन करना, आ बैल मुझे मार वाली बात होगी। उन्होंने कांग्रेस और नेहरू का खुला विरोध करने की नीति अपनायी। जी.डी. बाबू को यह बात

नागवार गुजरी। इन उद्योगपतियों ने जब कांग्रेस विरोधी घोषणा पत्र जारी किया तो जी.डी. बाबू ने उन्हें ऊँचा नीचा लिया और बताया कि भारतीय उद्योग की आवश्यकताओं की पूर्ति करने में केवल कांग्रेस ही सक्षम है।

कांग्रेस के लिए धनसंग्रह करने में जी.डी. बाबू ने जी जान से कार्य किया। १९२१ ई. में टिळक स्मारक कोष के लिए धनसंग्रह हेतु प्रारंभ हुई उनकी अग्रणी भूमिका गाँधी तथा पटेल स्मारक निधि संग्रह करते हुए पराकाष्ठा पर पहुँची। कांग्रेस कोष में उद्योगपतियों से पैसा उनके प्रभाव से ही आया। स्वतंत्रता संग्राम में आर्थिक मोर्चे पर कहीं दुर्बलता न रहे इस बात का जी.डी. बाबू ने पूरा ध्यान रखा। उनकी यह स्पष्ट मान्यता थी कि भारत की राजनीतिक स्वतंत्रता के लिए गाँधीजी का यज्ञ तब तक फलीभूत नहीं होगा जब तक भारतवासी आर्थिक आजादी के मोर्चे को नहीं संभालेंगे। राजनीतिक क्षेत्र में जी.डी. का हर प्रयत्न 'आर्थिक क्रांति की विजय यात्रा को निरापद बनाने के लिए समर्पित था।' यदि यह कहा जाए कि उद्योग और राजनीति के बीच उन्होंने 'सबसे बड़े सेतु' की भूमिका निभायी, तो अतिशयोक्ति नहीं होगी। 'भारत की स्वतंत्रता हेतु राजनीतिक लड़ाई का आर्थिक क्षेत्र में पूरक बन सकने के लिए और अंत में भारत की स्वतंत्रता को सुदृढ़ आर्थिक आधार देने के लिए वे संतत प्रयत्नशील रहे।'' उनके जीवनीकार श्री रामनिवास जाजू की यह बात बिल्कुल सही है।

जी.डी. बाबू पर मालवीयजी और लाला लाजपतराय का भी बहुत प्रभाव रहा। लालाजी से उनका परिचय १९२३ के आसपास हुआ। जी.डी. बाबू के नाम लालाजी के पत्रों का अध्ययन करने से एक बात बहुत स्पष्ट हो जाती है कि लालाजी को उनसे बहुत आशाएँ थीं और वह उन्हें एक नेता के रूप में देखना चाहते थे। उस समय देश में चल रहे राजनीतिक सामाजिक आंदोलन की मुख्य धारा से जुड़े रहने के कारण जी.डी. बाबू की अपनी मान्यताएँ भी परिपक्व होती जा रही थीं और वे किसी भी समस्या पर अपने विचार या अभिमत शीर्षस्थ नेताओं के सम्मुख प्रकट करने में संकोच नहीं करते थे।

जब १९३० के अंत में ब्रिटिश सरकार की ओर से दूसरे गोलमेज सम्मेलन का प्रस्ताव आया तब कांग्रेसजनों की आम राय यह थी कि गाँधीजी इसमें भाग न लें क्योंकि यह सम्मेलन पूर्ण स्वराज्य का लक्ष्य सिद्ध करने में सहायक नहीं होगा। उधर जी.डी. बाबू जिन्हें भारतीय व्यापारियों के प्रतिनिधि के रूप में इस सम्मेलन में आमंत्रित किया गया था, यह मानते थे कि इस सम्मेलन से स्वराज्य की दिशा में अच्छी प्रगति हो सकती है। उन्होंने गाँधीजी के सामने यही राय रखी। अंततः गाँधीजी ने गोलमेज सम्मेलन में भाग लेने का निर्णय किया और

अगस्त १९३१ में गाँधीजी, मालवीयजी आदि नेताओं के साथ जी.डी. बाबू भी 'राजपूताना' नामक जहाज से लंदन रवाना हुए।

सन् १९३५ ई. में ब्रिटिश संसद भारत में संवैधानिक सुधारों के लिए एक अधिनियम पारित करने वाली थी। जी.डी. की यह इच्छा था कि इस सम्बन्ध में गाँधीजी और भारतमंत्री सर सैम्युअल होर के बीच यदि सार्थक संवाद हो तो वह भारत के हक में लाभदायक बात होगी। इंगलैण्ड के अग्रगण्य नेताओं से जी.डी. बाबू का अच्छा परिचय था। इसलिये वे लंदन गये और इंडिया ऑफिस व व्हाइट हॉल में महत्त्वपूर्ण व्यक्तियों से मुलाकात की। उन्होंने उन सभी को यह समझाने का प्रयास किया कि कांग्रेसी नेता किस वजह से इस अधिनियम का विरोध कर रहे थे। इस संबंध में भारतीयों की प्रतिक्रिया से ब्रिटिश लोगों को अवगत कराने और समझौते की गुंजाइश निकालने के प्रयास में वह लॉर्ड लोदियन, लॉर्ड जेटलैंड, रेम्जे मेकडानल्ड, लॉर्ड लिनलिथगो, प्रधानमंत्री बाल्डविन तथा न्यू स्टेटसमेन के प्रभावशाली संपादक किंग्सले मार्टिन जैसे अनेक महत्त्वपूर्ण व्यक्तियों से मिले। सितम्बर १९३५ में भारत लौटने पर उन्होंने महात्मा गाँधी से भेंट की और उन्हें ब्रिटिश नेताओं से अपनी बातचीत का ब्यौरा दिया।

इस सदी के चौथे दशक की राष्ट्रीय राजनीति में जी.डी. बाबू एक ओर तो अंग्रेजों के सम्मुख गाँधीजी की व गाँधीजी के समक्ष अंग्रेजों की बात पेश करते थे एवं दूसरी तरफ उद्योगपतियों व कांग्रेस के बीच की एक योजक कड़ी का कार्य करते रहे। यह बहुत कठिन और नाजुक भूमिका थी जिसमें कोई भी साधारण व्यक्ति देर सबेर दोनों पक्षों का विश्वास खो बैठता। इसे जी.डी. बाबू के व्यवहार कौशल, राजनय और व्यक्तिगत प्रतिष्ठा का ही प्रमाण कहना होगा कि इस प्रकार के सद्प्रयत्नों के लिए उन्हें दोनों पक्षों द्वारा सेतु की संज्ञा दी गयी। हालांकि उन्होंने स्वयं कभी सक्रिय राजनीति में भाग नहीं लिया लेकिन वह निरंतर प्रमुख राष्ट्रीय धारा से जुड़े रहे।

जी.डी. बाबू और गाँधीजी का वैचारिक आदान प्रदान निकट होने पर व्यक्तिगत रूप से, अन्यथा पत्र व्यवहार द्वारा बना रहता था। व्यक्तिगत और सैद्धान्तिक दोनों स्तरों पर उन्होंने एक दूसरे को प्रभावित किया। एक ओर जहाँ गाँधीजी के अपार स्नेह से अभिभूत होकर जी.डी. बाबू ने उन्हें पितृतुल्य माना वहीं गाँधीजी ने २० जुलाई १९२४ को लिखे पत्र में जी.डी. को अपना नीति रक्षक घोषित किया। मई १९२७ में उन्होंने महात्माजी को असहयोग आंदोलन फिर शुरु करने के विषय में पत्र भेजा। पहिले ११ अक्टूबर को काशी से लिखे

पत्र में उन्होंने बापू से कहा कि जिस पुनीत कार्य में वह लगे हैं, उसे जारी रखें। धन के अभाव में कहीं काम रुकता हो तो बिना संकोच के लिखें।

स्वाधीनता संग्राम की कई कठिन परिस्थितियों में जी.डी. बाबू ने गाँधीजी को बहुत व्यावहारिक सलाह दी और बापू ने उस पर अमल किया। अंग्रेजों व गाँधीजी के बीच कड़ी का काम करने का अपना कर्त्तव्य वह सतत रूप से निभाते रहे। उनका विचार था कि अंग्रेजों से संवाद बनाए रखने पर स्वराज्य प्राप्ति के काम में तीव्रता लायी जा सकती है। जुलाई १९३२ में वे इसी उद्देश्य से सर जॉन एंडरसन से मिले। सर एंडरसन तो गाँधीजी से मिलकर कई पेचीदा मसलों पर बातचीत करना चाहते थे किंतु दुविधा यह थी कि वॉयसरॉय लॉर्ड विलिंगडन को प्रांतीय गर्वनरों के गाँधीजी से मिलने पर आपत्ति थी। इसलिये जी.डी. बाबू को दोनों की मुलाकात कराने में काफी कठिनाई हुई लेकिन अंततः वे सफल हो गए।

देश के स्वाधीन होने तक जी.डी. बाबू भारतीय स्वाधीनता संग्राम के राजदूत की भूमिका बराबर निभाते रहे। सन् १९३५ की गर्मियों में वह एक बार फिर इंगलैण्ड गए और वहाँ ब्रिटेन के अर्थमंत्री श्री बटलर के अलावा सर जॉर्ज सुष्टर, सर बेसिल ब्लेकेट, सर हेनरी पेजफ्राट इत्यादि अनेक प्रमुख अंग्रेज नेताओं से उन्होंने भारतीय स्वाधीनता संग्राम के बारे में विस्तार से चर्चा की और उसकी विस्तृत रिपोर्ट गाँधीजी को भेजी।

लॉर्ड लिनलिथगो वॉयसरॉय बनकर भारत आए तो देश की स्वाधीनता के लिए अंग्रेजों से बातचीत चलाने वालों को एक नया उत्साह महसूस हुआ क्योंकि लिनलिथगों को आमतौर पर एक सदाशयी और ईमानदार व्यक्ति माना जाता था। जी.डी. बाबू से उनकी पहिली मुलाकात ५ अगस्त १९३६ को हुई। लगभग एक घंटे की इस चर्चा में उन्होंने वॉयसरॉय को स्वाधीनता संग्राम की वस्तुस्थिति से अवगत कराया और गाँधीजी के साथ उनके वैचारिक आदान प्रदान का महत्त्व भी वॉयसरॉय को समझाने में सफल रहे। वार्तालाप के अंत में लिनलिथगो ने जी.डी. बाबू से कहा, ''गाँधीजी से यह कह दीजिये कि मेरी राय में राष्ट्रीयता अपराध नहीं है और मैं सहज दृष्टिकोण अपनाने में समर्थ हूँ।'' इस एक वाक्य से ही अनुमान लगाया जा सकता है कि वॉयसरॉय की पहिली मुलाकात में ही प्रभावित करने और अपने अनुकूल बनाने में जी.डी. बाबू को किस हद तक सफलता मिली।

सन् १९३७ की गर्मियों में जी.डी. बाबू एक बार फिर लंदन गए और वहाँ उन्होंने भारतीय स्वाधीनता संग्राम के विषय में व्यक्तिगत प्रचार और वरिष्ठ अंग्रेज

राजनेताओं से चर्चा का दौर चलाया। यह राष्ट्रीय आंदोलन का वह चरण था जब राष्ट्रीय नेताओं और अंग्रेजों के बीच परस्पर संदेह और अविश्वास की खाई कुछ और भी गहरी हो गई थी। महादेव भाई ने जी.डी. बाबू को लंदन पत्र लिखकर सावधान किया कि लॉर्ड हैलीफेक्स हमारे साथ दुरंगी चाल चल रहे हैं। लंदन में अपनी बातचीत और व्यक्तिगत अनुभवों के आधार पर १६ जून १९३७ को उन्होंने महादेवभाई को लिखा कि मेरी राय में तो वस्तुस्थिति के सम्बन्ध में कोई मौलिक मतभेद नहीं है। समय के साथ गतिरोध कम हुए। वह नये उत्साह से अपने काम में जुट गए।

१९४२ ई. में स्वाधीनता आंदोलन ने तेजी पकड़ी। उन्होंने आंदोलन में सक्रिय भाग लेने और जेल जाने की इच्छा भी प्रकट की थी पर गाँधीजी ने मना कर दिया और कहा, 'देश को धन की आवश्यकता है, धन कमाओ और देशहित में लगाओ।'' जी.डी. बाबू ने स्वाधीनता संग्राम के लिए, भारतीय समाज के कल्याण के लिए चलाये गए गाँधीजी के कार्यक्रमों के लिए उन्हें बहुत धन दिया। गाँधीजी को जब भी धन की आवश्यकता महसूस हुई, उन्होंने नि:संकोच जी.डी. बाबू को संदेश भेजा और उन्होंने अविलंब आदेश का पालन किया। १९४२ का 'भारत छोड़ो' आंदोलन ब्रिटिश साम्राज्यवाद से गाँधीजी की आखिरी लड़ाई थी। 'करो या मरो' का बीजमंत्र बापू ने जनता को दिया और देखते ही देखते अगस्त क्रांति की ज्वाला ब्रिटिशराज को दग्ध करने लगी। इसे दबाने के लिए गोरी सत्ता ने भी जुल्मो सितग की इन्तहा कर दी।

अगस्त क्रांति में आहुति

इस आंदोलन को सफल बनाने में कलकत्ता के बड़े बाजार का राजस्थानी समाज 'आगीवाण रहा। जयप्रकाश नारायण, डॉ. राममनोहर लोहिया और अरुणा आसफअली जैसे अग्रणी क्रांतिदूतों का अज्ञातवास राजस्थानी समाज ने ही पार लगाया।

इन विभूतियों के भूमिगत जीवन को निरापद बनाने की जिम्मेदारी राजस्थानी समाज के कुछ खास परिवारों को सौंपी गयी। उन्होंने ऐसे कौशल से यह काम अंजाम दिया कि पुलिस को कोई सुराग नहीं मिल सका। आंदोलन को सफलतापूर्वक चलाने के लिए आवश्यक धनसंग्रह राजस्थानी समाज की बालीगंज में हुई गुप्तसभा में किया गया। बीस हजार रुपये का चंदा तो सभास्थल पर ही हो गया। बाकी काम समाज के इन महानुभावों को सौंपा गया – श्री

रामेश्वरलाल नोपानी, श्री राधाकृष्ण नेवटिया, श्री रामकुमार भुवालका, भागीरथजी कानोडिया और प्रभुदयालजी हिम्मतसिंहका। यह राजस्थानी लोगों के साहस व चातुर्य के बूते की बात थी कि अंग्रेज सरकार के सबसे खतरनाक शत्रुओं को शरण दी और उन्हें कोई आँच नहीं आने दी। इस दुष्कर दुःसाध्य कार्य में राजस्थानी समाज की महिलाओं ने जिस साहस, सूझ बूझ, क्षमता एवं चतुराई का परिचय दिया वह सराहनीय है। इन महीयसी महिलाओं में ज्ञानवती लाठ और यमुनादेवी नेवटिया के नाम अग्रगण्य हैं।

राजस्थान की मातृशक्ति की यशोज्ज्वल दीपशिखा थी, सेठ पदमराजजी जैन की आत्मजा इंदुमती गोयनका। राष्ट्रीय आंदोलन में बंगाल से गिरफ्तार होने वाली वह प्रथम महिला थी। १९३० ई. के सविनय अवज्ञा आंदोलन में सरकार के विरुद्ध पुलिस कर्मचारियों के नाम अपील निकालने के आरोप में उसे नौ महीने की सजा हुई।

राजस्थान ने कांग्रेस को अपने तन मन और धन के अमृत जल से सींचकर अश्वत्थ बनाने में भरपूर योगदान दिया। लक्ष्मी के लाडेसर राजस्थानी सपूतों ने कांग्रेस को हर कदम और हर मोड़ पर मुक्त हस्त से विपुल धनराशि प्रदान करके उसकी जड़ों को मजबूत बनाया। विदेशी शासन में यह बड़े साहस का काम था। गाँधीयुग की सत्ताईस वर्षो की अवधि में राष्ट्रीय आंदोलन की नदी को महानदी बनाने में राजस्थान अग्रपंक्ति में रहा। भारतीय राष्ट्रीय कांग्रेस को राजस्थान के अवदान के बारे में जब कभी निष्पक्ष रूप से सही अर्थो में सम्पूर्ण शोध खोज होगी तो यह अनकही कहानी सम्मुख आएगी।

ऐतिहासिक दृष्टि से यह कितने खेद का विषय है कि राष्ट्रीय आन्दोलन को सुदृढ़ आधार प्रदान करने वाले, कांग्रेस की जड़ों को सींचने वाले राजस्थानियों की भूमिका के बारे में कहीं कोई चर्चा नहीं होती। राजस्थान ने तो बलिदानों की अपनी परंपरा को अक्षुण्ण बनाये रखा लेकिन वह कीर्तिकथा उपेक्षा की धुंध में तिरोहित हो गई है।

12

आजादी की उदास भोर एवं राजस्थान का एकीकरण

न पूछो जब बहार आई तो दीवानों पे क्या गुजरी।
जरा देखो कि इस मौसम में फरज़ानों पे क्या गुजरी।।

– जगन्नाथ 'आजाद'

कफ़स से छूटने पै शाद थे हम कि लज़्ज़ते ज़िंदगी मिलेगी।
क्या खबर थी बहारे गुलशन लहू में डूबी हुई मिलेगी।।

– अबुल मजाहिद 'जाहिद'

१८ जुलाई १९४७ को 'द साउथ मेट्रोपॉलिटन गैस बिल' व 'द फेलिक्स टॉवर पायर बिल' के साथ इंगलैण्ड के राजा द्वारा 'भारत स्वतंत्रता अधिनियम को स्वीकृति दिये जाने के साथ ही ब्रिटेन का भारतीय साम्राज्य इतिहास के पन्नों में समा गया। जिस खोई हुए स्वतंत्रता को प्राप्त करने के लिए भारतीय सन् १८५७ से जद्दो जहद कर रहे थे, जिसके लिए अगणित बलिदान हुए उस स्वतंत्रता का सूर्योदय इस अधिनियम के अनुसार १५ अगस्त १९४७ को होना था किन्तु कूटनीति प्रवीण अंग्रेजों ने अपने साम्राज्यरूपी मुकुट के सबसे चमकीले हीरे को खोने से पहले नवोदित भारत के मार्ग को कंटकाकीर्ण बनाने में कोई कसर नहीं छोड़ी। भारत स्वतंत्रता अधिनियम में रक्तस्नात बँटवारे के अलावा देशी रियासतों को खुली छूट देकर भारत के बाल्कनीकरण[१] का पूरा संरजाम कर दिया गया था।

ब्रिटिश संरक्षण में पल रही निरंकुश रियासती व्यवस्था एक मध्यकालीन भग्नावशेष थी जिसे एक अभिशाप के रूप में प्रजाजनों को झेलना पड़ रहा था किंतु ब्रिटिश ताज के प्रति परम निष्ठावान इन सत्वहीन राजाओं के भविष्य को लेकर ब्रिटिश सत्ता बड़ी चिन्तित थी। इसलिये भारत के अंतिम वॉयसरॉय के रूप में कार्यभार संभालने के लिए प्रस्थान करने से थोड़ा सा पहले लॉर्ड माऊंटबेटन को राजा जॉर्ज षष्ठ ने बकिंघम राजप्रासाद में आने का बुलावा भेजा। बातचीत के

दौरान राजा ने बताया कि वह भारतीय राजाओं के लिए विशेष रूप से चिंतित है।[२] चूंकि उनके ब्रिटिश ताज से सीधे संधि सम्बन्ध थे अतः ब्रिटिश भारत के स्वतंत्र होने पर उनका छिन्न भिन्न होना लाजमी था। जब तक वे सत्ता हस्तान्तरण से उद्भूत होने वाले नये राज्य या राज्यों से सम्बन्ध नहीं जोड़ते, राजा लोगों की नियति एक खतरनाक शून्य में विलीन होने की थी। भारत अधिराज्य में मिलना एक अनिवार्यता थी पर इसके फलस्वरूप निजी स्वार्थों की दृष्टि से राजाओं को बहुत कुछ खोना था। भारत सरकार के राजनीतिक विभाग का सचिव सर कॉनराड कोरफील्ड ब्रिटिश भारत को स्वतंत्रता मिलने से पूर्व दो बातों के लिए कृतसंकल्प था। एक तो यह कि कम से कम दो तीन बड़ी रियासतों को कांग्रेस की बाढ़ में डूबने से बचा लिया जाए और दूसरे उसने यह भी तय कर लिया था कि वह अन्य रियासतों के विलीनीकरण में भी जितनी बाधाएँ खड़ी कर सकता है, करेगा।

इसके लिये उसने सर्वोच्च सत्ता (Paramountcy) के हथियार का उपयोग किया। उसने भारत मंत्री लॉर्ड लिस्टोवेल को अपने इस दृष्टिकोण से सहमत करा लिया कि रियासतों के सम्बन्ध में ब्रिटेन को प्राप्त सर्वोच्च सत्ता किसी भी मूल्य पर नये भारतीय अधिराज्य को नहीं सौंपी जाए। लियोनोर्ड मॉस्ले को एक साक्षात्कार में उसने कहा, "मेरा काम राजाओं के हितों की देखभाल करना था। भारत के हालात को सहज बनाना मेरा दायित्व नहीं था।"[३] उसके आदेश पर रियासतों से सम्बन्धित सारी फाईलों की छंटनी करके राजाओं के लिए परेशानी पैदा कर सकने वाली बहुत सी फाइलें आग के हवाले कर दी गयीं। और इस प्रक्रिया में उनसे सम्बद्ध कोई चार टन कागज नष्ट कर दिये गये।[४]

केबिनेट मिशन ने भी अपनी रिपोर्ट में देशी राज्यों के संदर्भ में कह दिया था कि यह बात साफ है कि ब्रिटिश भारत द्वारा स्वतंत्रता प्राप्ति के साथ ही, चाहे वह ब्रिटिश राष्ट्रमंडल के अन्तर्गत हो या उससे बाहर - ब्रिटिश ताज और रियासतों के बीच अब तक जो सम्बन्ध विद्यमान थे, उनका यथावत बने रहना संभव नहीं होगा। सर्वोच्च सत्ता (Paramountcy) न तो ब्रिटेन बनाये रख सकता है और न ही उसे नयी सरकार को हस्तान्तरित किया जा सकता है। केबिनेट मिशन योजना के अन्तर्गत रियासतों के पास संघ को सुपुर्द किये जाने वाले विदेशी मामलों, रक्षा व संचार जैसे विषयों के अलावा बाकी सारे विषय बने रहने थे। प्रारंभिक दौर में संविधान सभा में उनका प्रतिनिधित्व एक वार्तालाप समिति (negotiating committee) द्वारा किया जाना था।

मैं कहाँ रहूँ चमन में : रियासती भारत की चिंता

आसन्न युगान्तकारी परिवर्तन के संदर्भ में सर कॉनराड कोरफील्ड ने ८, ९ एवं १० जून '४६ को क्रमश: नरेन्द्र मंडल (Chamber of Princes) की संवैधानिक सलाहकार समिति, राज्यमंत्रियों की समिति व नरेन्द्र मंडल की स्थायी समिति को सम्बोधित किया। उसने स्पष्ट किया कि अन्तरिम समय की समाप्ति के बाद सर्वोच्च सत्ता की विलुप्ति के निर्णय से रियासतों को सौदेबाजी करने का सर्वोत्तम अवसर प्राप्त हो जाएगा। उसने रियासतों को एक वार्तालाप समिति गठित करने का परामर्श दिया जो उन शर्तों को तय करेगी जिनके आधार पर रियासतें संविधान सभा की बैठकों में भाग लेने के लिए अपनी स्वीकृति देंगी। शीघ्र ही नरेन्द्र मंडल की स्थायी समिति की अनेक बैठकें हुईं और अन्तत: एक लम्बा प्रस्ताव तैयार किया गया जो २९ जनवरी १९४७ को बम्बई में हुए राजाओं के सम्मेलन में स्वीकार किया गया। इसमें कुछ आधारभूत प्रस्तावों पर बल दिया गया जो रियासतों द्वारा योजना की स्वीकृति के आधार बनने थे।

इस प्रस्ताव के पास होते ही अच्छा खासा विवाद छिड़ गया। राजन्य वर्ग में मतभेदों की एक अनिष्ट सूचक दरार पड़ गयी। राजाओं की जनरल कॉन्फ्रेंस की एक बैठक अप्रैल के प्रथम सप्ताह में बम्बई में बुलायी गयी। इसमें नरेन्द्र मंडल के अध्यक्ष (चांसलर) के सचिवालय ने एक परिपत्र वितरित किया। इस परिपत्र में निहित 'प्रतीक्षा करो और देखो' की नीति राजाओं के एक प्रभावशाली वर्ग को स्वीकार्य नहीं थी। परिस्थिति की अनिवार्यता को भाँपते हुए बीकानेर नरेश शार्दूलसिंह की पहल पर काफी बड़ी तादाद में राजाओं ने स्वतंत्रता से पहले भारतीय संघ में मिलने की इच्छा व्यक्त कर दी थी। उनके इलाके सत्ता हस्तान्तरण के बाद भारत के अंग बन जाने थे।

बीकानेर महाराजा का राष्ट्रीय स्वरूप

'देखो और प्रतीक्षा करो' की नीति के प्रति अपना विरोध प्रकट करते हुए महाराजा शार्दूलसिंह ने सभी राजाओं से अपील की कि वे अवसर के अनुकूल आचरण करते हुए भारत की स्वतंत्रता और महानता के सहनिर्माता बनें। बीकानेर नरेश ने उन्हें चेतावनी दी कि यदि उन्होंने यह अवसर खो दिया तो पुन: ऐसा अवसर शायद कभी नहीं आएगा। उनका कहना था कि यदि मुस्लिम लीग अन्तत: संविधान निर्माण की प्रक्रिया में भाग न लेने का निश्चय करती है तो भी इसमें कोई सन्देह नहीं कि रियासतों के हित में यही है कि जून १९४८ तक एक

मजबूत केन्द्रीय सरकार बन जानी चाहिए जो सत्ता संभाल सके।'[५] इस सिलसिले में अन्त में उन्होंने कहा कि यद्यपि नरेन्द्र मंडल द्वारा रियासतों से आग्रह किया गया कि वे अपने यहाँ संवैधानिक सरकारों की स्थापना करें किन्तु अनेक रियासतों ने इस दिशा में कदम नहीं उठाया है और उनसे अपील की कि वे लोगों के प्रति उत्तरदायी शासन की स्थापना यथाशीघ्र करें। महाराजा का कहना था कि ये दोनों कदम सारी स्थिति को 'जादुई तरीके' से बदल देंगे। संविधान सभा के प्रति अधिकांश राजाओं के रुख के विरोध में बीकानेर महाराजा नरेन्द्र मंडल की स्थायी समिति की बैठक में बहिर्गमन कर गये।[६]

भारतीय अधिराज्य में सम्मिलित होने की अनिच्छुक रियासतों की 'बनिया मनोवृत्ति' पर खेद प्रकट करते हुए पंडित जवाहरलाल नेहरू ने १८ अप्रैल १९४७ को अखिल भारतीय देशी राज्य लोक परिषद के ग्वालियर अधिवेशन में घोषणा की कि संविधान सभा में सम्मिलित नहीं होने वाली रियासतें 'विरोधी' रियासतें मानी जाएँगी और उन्हें ऐसा माने जाने के परिणाम भुगतने के लिए तैयार रहना चाहिए।[७] उन्होंने प्रजामंडलों से संविधान बनाने के लिए अपनी अपनी रियासतों में संविधान सभा बनाये जाने की माँग रखने का आह्वान किया। नेहरू की धमकी ने बम विस्फोट का काम किया। धौलपुर के महाराजा राणा इस विषय में वॉयसरॉय को अपनी चिंता से अवगत कराने के लिए तुरंत दिल्ली पहुँचे।

कांग्रेस की विचारधारा तो राजतंत्रीय व्यवस्था के आधार को ही चुनौती देने वाली थी और विभिन्न रियासतों में किसी समय समादृत राजवंशों के स्वेच्छाचारी शासन के विरुद्ध जनसंगठन उठ खड़े हुए थे। अत: उनके लिए यह बात दैव दुर्विपाक की भाँति थी कि साम्राज्य की सरकार ने अपना भारतीय साम्राज्य स्वाधीनता सेनानियों को सौंपने का निश्चय कर लिया था और इस बात की पूरी संभावना थी कि भारत एक गणतंत्र घोषित होगा। इस बात में सभी राजा एकमत थे कि सर्वोच्च सत्ता किसी तीसरे पक्ष को स्थानान्तरित नहीं की जाए। इंगलैण्ड के सम्राट के सर्वाधिक वफादार मित्रों व सहयोगियों के रूप में उनका यह दृढ़ विश्वास बना रहा कि ब्रिटिश सरकार उनके साथ विश्वासघात नहीं करेगी। उनमें से कुछ का यह सोचना था कि स्वतंत्रता ब्रिटेन द्वारा दिया जाने वाला उपहार था। उस उपहार का स्वरूप क्या होगा यह तय करने का अधिकार दाता को था।

रियासतों की समस्या

ऐतिहासिक शक्तियों के प्रवाह की दिशा को जानने एवं वस्तुस्थिति से आँखें मूँदे रहने वाले राजाओं को उस समय गहरा धक्का लगा जब २५ जून

१९४६ को अंतरिम केबिनेट ने रियासतों के विलीनीकरण की समस्या से निपटने के लिए रियासती विभाग बनाने के प्रस्ताव को स्वीकार कर लिया गया। चूँकि भारत स्वतंत्रता अधिनियम के अनुसार १५ अगस्त '४७ को रियासतों पर से सर्वोच्च सत्ता विलुप्त हो जानी थी और उन्हें दोनों अधिराज्यों में से किसी एक में मिलने या स्वतंत्र रहने की छूट दी जानी थी इसलिये यह अत्यधिक आवश्यक हो गया था कि १५ अगस्त से पहले उन्हें भारत में मिलाने की कार्यवाही पूरी हो जाए। सरदार पटेल की अध्यक्षता में रियासती विभाग इस अत्यन्त जटिल व दुष्कर कार्य को सम्पादित करने में लग गया। इस कार्य में लॉर्ड माउंटबेटन का पूरा सहयोग मिला। उन्होंने राजाओं को समझा बुझाकर, प्रलोभन देकर व घुड़की पिलाकर भारत अधिराज्य में सम्मिलित होने के लिए राजी करने का प्रयास किया।

रियासती विभाग को सबसे पहले जो काम हाथ में लेना पड़ा वह था भारत के 'हृदय प्रदेश का संरक्षण क्योंकि निरंकुश राजाओं के शासन में रियासतों का अर्थहीन बेमेल मिश्रण भारत संघ की एकता के लिए खतरा था। अत: रियासतों समेत समस्त देश के लिए एक सामान्य केन्द्र आवश्यक था। निराशावादियों ने भविष्यवाणी कर दी कि भारतीय स्वतंत्रता का जहाज रियासतों की चट्टान से टकरा कर चूर हो जाएगा। भारत सरकार की नीति को परिभाषित करते हुए सरदार पटेल ने ५ जुलाई, '४७ को एक महत्त्वपूर्ण वक्तव्य दिया और रियासतों से रक्षा, विदेशी मामलों व संचार के तीन महत्त्वपूर्ण विषयों के मामले में भारत अधिराज्य में मिलने का अनुरोध किया। ये ऐसे विषय थे जिनके साथ पूरे देश के हित जुड़े हुए थे। उन्होंने कहा "...अपनी संस्थाओं सहित यह देश यहाँ के निवासियों की गौरवपूर्ण धरोहर है। यह एक संयोगमात्र है कि कुछ लोग रियासतों में रहते हैं और कुछ ब्रिटिश भारत में किंतु सभी भारत की संस्कृति में साझीदार हैं ... कोई भी हमें टुकड़ों में नहीं बाँट सकता। हमारे बीच अलंघ्य बाधाएँ खड़ी नहीं की जा सकतीं। अत: मेरा यह आग्रह है कि हमारे लिये यह बेहतर होगा कि हम विदेशियों की भाँति आपस में संधि करने के बजाय मित्रों की भाँति साथ बैठकर कानून बनाएँ। मैं अपने मित्रों रियासती शासकों व लोगों को हम सभी के सामान्य कल्याण के लिए मातृभूमि के प्रति सामान्य निष्ठा से प्रेरित मित्रता एवं सहयोग की इस भावना से संविधान सभा की बैठकों में भाग लेने को आमंत्रित करता हूँ।"[८]

इस वक्तव्य में इस बात पर जोर दिया गया था कि कांग्रेस राजाओं की शत्रु नहीं है वरन् वह उनकी व उनके प्रजाजनों की समृद्धि, सुख व संतोष की

अभिलाषा रखती है। सरदार पटेल ने एक अन्य अपील में राजाओं को याद दिलाया कि हम भारत के इतिहास के एक महत्त्वपूर्ण दौर से गुजर रहे हैं। अपने सम्मिलित प्रयत्नों से हम राष्ट्र को एक नयी ऊँचाई तक पहुँचा सकते हैं जबकि एकता के अभाव में नयी विपत्तियाँ हमारे सिर पर मंडराती रहेगी। मैं आशा करता हूँ कि भारतीय रियासतें यह बात ध्यान में रखेंगी कि सामान्य हित में सहयोग का विकल्प अराजकता है।''[१]

सरदार पटेल और रियासती विभाग के सचिव वी.पी. मेनन के तमाम प्रयत्नों के बावजूद कुछ रियासतों ने एकीकरण के मार्ग में अड़ंगे डालने जारी रखे। भोपाल का नवाब हमीदुल्लाखान और हैदराबाद (दक्खन) का निजाम उस्मान अली मुस्लिम लीग के प्रोत्साहन एवं अपनी दुर्बुद्धि के कारण राष्ट्रीय हितों पर आघात करने में अग्रणी थे। नवाब भोपाल ने कई राजाओं को बहकाने व गुमराह करने की कोशिश की। राजस्थान की रियासतों में जोधपुर के शासक हनवंतसिंह ने हमीदुल्लाखान के बहकावे में आकर रियासत के भारत में विलीनीकरण से पहले जिन्ना से सांठ गांठ का जो अविचारपूर्ण कदम उठाया रियासती विभाग के लिए वह भारी चिंता का विषय बन गया।

एकीकरण और जोधपुर रियासत

मारवाड़ के लोकप्रिय शासक महाराजा उम्मेदसिंह के स्वर्गवास के पश्चात् गद्दीनशीन उनके युवा पुत्र हनवंतसिंह ने एकीकरण के इस नाजुक दौर में ऐसी दिशा में कदम उठाने का सोचा जो रियासत एवं समस्त राष्ट्र के लिए प्राणघातक सिद्ध होता। एक हिन्दू रियासत को पाकिस्तान में मिलाने के बारे में सोचना ही अचिंतनीय बात थी। वी.पी. मेनन की पुस्तक 'द स्टोरी ऑफ इंटिग्रेशन ऑफ इंडियन स्टेट्स, मन्मथदास की पुस्तक 'पार्टीशन एंड इनडिपेंन्डेंस ऑफ इंडिया, लियोनार्ड मॉस्ले की कृति 'द लास्ट डेज ऑफ ब्रिटिश राज', लेरी कॉलिन्स व डोमिनिके लेपियर की कृति 'फ्रीडम एट मिड नाइट' व बीकानेर के तत्कालीन प्रधानमंत्री सरदार के.एम. पणिक्कर की आत्मकथा में इस प्रसंग का प्रामाणिक विवरण उपलब्ध है। उन्हीं के आधार पर इस पुस्तक में इस घटना का सिलसिले वार वर्णन प्रस्तुत किया गया है।

लियोनोर्ड मॉस्ले के अनुसार रियासती विभाग के सचिव वी.पी. मेनन को उनके खुफिया सूत्रों ने सूचित किया कि विभाग के ब्रिटिश अधिकारी जोधपुर के महाराजा हनवंतसिंह को भारत में विलयपत्र पर हस्ताक्षर करने के बजाय पाकिस्तान में मिलने हेतु प्रेरित करने में सक्रिय रूप में लगे हुए थे। ऐसा करने का

महाराजा को पूर्ण वैधानिक अधिकार था। राजाओं की स्वतंत्रता के विषय में वॉयसरॉय का स्पष्ट ना था पर उसने यह बात जोर देकर कही थी कि रियासतों को दोनों अधिराज्यों में से किसी में भी मिलने की स्वतंत्रता थी जिससे उनकी सीमाएँ मिलती हों। जोधपुर की सीमाएँ दो अन्य राजपूत रियासतों बीकानेर व जैसलमेर की भाँति भारत व पाकिस्तान दोनों को छूती थीं। अधिकांश राजाओं की भाँति जोधपुर को भी कांग्रेस से विद्वेष था और उसे डर था कि भारतीय अधिराज्य में उसके अच्छे भविष्य की विशेष गुंजाइश नहीं थी।

उसने जिन्ना से गुप्तरूप से भेंट करने का निश्चय किया जिसके बारे में महाराजा को आशा थी कि उसका रुख अधिक अनुकूल था। इस भेंट की व्यवस्था भोपाल के नवाब हमीदुल्ला ने की थी। इस मुलाकाल में जैसलमेर का महाराजा भी साथ था जिसकी रियासत भी पाकिस्तान सीमा से जुड़ी थी। दोनों राजाओं को देखकर जिन्ना की खुशी का कोई पार नहीं था।[१०] वह जानता था कि यदि ये दो बड़ी रियासतें पाकिस्तान में मिल जाती है तो अन्य राजपूत रियासतें भी उसका अनुसरण कर सकती हैं। पाकिस्तान में उनका विलय बँटवारे के फलस्वरूप आधे पंजाब व बंगाल को खोने की क्षतिपूर्ति से कहीं बढ़कर होगा। साथ ही यह अधिकांश रियासतों को भारत में मिलाने की योजना पर प्रबल आघात होगा। इसलिये उसने मेज की दराज से कोरा कागज निकाल कर जोधपुर महाराजा के सम्मुख रखते हुए कहा, 'महाराजा साहब, आप इस पर जो चाहे शर्तें लिख दीजिये। मैं उन पर दस्तखत कर दूँगा।'' महाराजा जोधपुर ने जैसलमेर महाराजा से पूछा, क्या आप मेरा साथ देंगे? जैसलमेर का उत्तर था, एक शर्त पर। मुझे लिखित रूप में यह वचन दिया जाय कि हिन्दुओं व मुसलमानों के बीच संघर्ष होने पर मेरी रियासत को पूर्णत: तटस्थ रहने का अधिकार होगा।

जिन्ना ने उसे आश्वासन दिया कि ऐसी कोई दिक्कत नही आएगी और उसे ऐसी मामूली बातों की चिन्ता नहीं करनी चाहिए। इस बातचीत से जोधपुर महाराजा को पहली बार इस बात का आभास हुआ कि पाकिस्तान में मिलने का अर्थ होगा एक हिन्दू रियासत का हिन्दू राजा मुस्लिम देश में मिल जाए। उसने इस पर सोचने के लिए समय माँगा और देहली में अपनी होटल में लौट आया। वी.पी. मेनन को इस घटनाचक्र की भनक मिल चुकी थी अत: वे महाराजा से मिलने होटल आए। दोनों वॉयसरॉय भवन पहुँचे। जहाँ मेनन ने वॉयसरॉय को जोधपुर महाराजा की जिन्ना से मुलाकात और राजपूत रियासतों को पाकिस्तान में मिलाने के मुस्लिम लीग के षड्यंत्र के बारे में बताया। वॉयसरॉय भवन के प्रतीक्षा

कक्ष में यह बात हुई। लॉर्ड माउंटबेटन का कहना था कि यदि महाराजा चाहें तो उन्हें पाकिस्तान में मिलने का पूरा हक है लेकिन क्या उन्होंने सोचा है कि इसके परिणाम क्या होंगे? एक हिन्दू रियासत के हिन्दू राजा होने के नाते वे इस सिद्धान्त के सर्वथा विपरीत आचरण कर रहे थे कि भारत का विभाजन एक मुस्लिम व गैर मुस्लिम अधिराज्य में हो रहा था। उनके पाकिस्तान में मिलने के निर्णय से जोधपुर में प्रबल साम्प्रदायिक संघर्ष उठ खड़ा होगा।

महाराजा ने तुरंत दर्पोक्ति की – जिन्ना ने मुझे एक खाली काग़ज़ देकर उस पर अपनी शर्तें लिखने का प्रस्ताव रखा है। आप मुझे क्या देंगे? मेनन का उत्तर था, 'मैं भी आपको खाली काग़ज़ देने को तैयार हूँ लेकिन आप दूसरों की तरह भ्रामक आशाएँ संजोए हुए हैं। इससे कोई ठोस उपलब्धि नहीं होने वाली है।' माउंटबेटन ने दोनों पक्षों को समझौते के लिए राजी करते हुए मेनन से जोधपुर को कुछ रियायतें देने का आग्रह किया। इसी समय वॉयसरॉय के थोड़ी देर के लिए अन्दर जाने पर महाराजा ने मेनन के सिर पर पिस्तौल तानते हुए कहा, 'मैं तुम्हारी बात मानने से इंकार करता हूँ।'' मेनन ने संयत स्वर में उत्तर दिया कि यदि आप यह सोचते हैं कि मुझे मारकर आप अधिक रियायतें प्राप्त कर सकेंगे, तो आप गलती पर हैं। ये बचकानी हरकतें मत कीजिये। माऊंटबेटन के पुनः कक्ष में आने पर मेनन ने उन्हें रिवॉल्वर वाली घटना बताई। इस पर वॉयसरॉय का कहना था कि यह मज़ाक करने का समय नहीं है और धीरे से पूछा – विलयपत्र पर हस्ताक्षर का क्या हुआ? इसके तीन दिन बाद महाराजा ने विलयपत्र पर हस्ताक्षर कर दिये। इसके लिये वी.पी. मेनन काग़ज़ात लेकर स्वयं जोधपुर आए। राजमहल के सामने एकत्र भीड़ ने मेनन व कांग्रेस के खिलाफ नारेबाजी की।[११]

इस विषय में लेरी कॉलिन्स व डोमिनिके लेपियर अपनी प्रसिद्ध कृति 'फ्रीडम एट मिडनाईट' में लिखते हैं – किसी रियासत का विलीनीकरण इतना तूफानी नहीं था जितना जोधपुर के युवा महाराजा ने इस बारे में पैदा किया। अपने साथी महाराजा जैसलमेर के साथ उसने दिल्ली में जिन्ना के साथ एक गुप्त भेंट की व्यवस्था की। वे मुस्लिम नेता से यह मालूम करना चाहते थे कि यदि वे अपनी हिन्दू रियासतों को उसके मुस्लिम अधिराज्य में मिलाते हैं तो उन्हें क्या रियायतें और विशेषाधिकार प्राप्त होंगे?

अपने कांग्रेसी प्रतिद्वन्द्वियों से दो बड़े महाराजाओं को झटक लेने के विचार से परम आल्हादित जिन्ना ने अपने दराज से खाली काग़ज़ निकाल कर जोधपुर नरेश की ओर बढ़ाया। उसका कहना था, 'इस पर अपनी शर्तें लिख दीजिये' और 'मैं इस पर हस्ताक्षर कर दूँगा।' दोनों व्यक्तियों ने अपने होटल जाकर इस

पर विचार करने का समय माँगा। वहाँ उन्होंने वी.पी. मेनन को अपनी प्रतीक्षा करते पाया। महाराजा जोधपुर की इस पहल के बारे में मेनन को अपने रहस्यपूर्ण स्रोतों से भनक लग चुकी थी जिसकी परिणति अंतत: उसकी रियासत की पाकिस्तान में विलीनीकरण में होती। मेनन ने महाराजा से कहा, 'वॉयसराय उनसे तुरंत मिलने के इच्छुक हैं। वॉयसरॉय भवन पहुँचकर मेनन ने उन्हें तुरंत महाराजा से बात करने का आग्रह किया।

महाराजा के सद्य दिवंगत पिता से माऊंटबेटन की छब्बीस वर्षों से मैत्री थी। उस मैत्री का हवाला देते हुए वॉयसरॉय ने युवक महाराजा से कहा कि उनके पिता को ऐसे व्यवहार से भारी धक्का लगता। उन्होंने महाराजा को भरोसा दिलाया कि मेनन और वह स्वयं पटेल को उनके लिए अधिकाधिक उदार दृष्टिकोण अपनाने के लिए राजी करेंगे। अंतरिम समझौते पर राजा के हस्ताक्षर कराने का काम मेनन पर छोड़कर वॉयसरॉय कक्ष से निकल गए। उनके जाने के बाद जोधपुर के महाराजा ने जेब से अपने वर्कशॉप में बना फाउन्टेन पेन निकाला और समझौते पर हस्ताक्षर किये। फिर इसकी टोपी खोलने पर .२२ का पिस्तौल प्रकट हुआ जो उसने मेनन के सिर पर तान दिया। मेनन चिल्लाए – मैं तुम्हारी धमकियों से डरने वाला नहीं हूँ। आवाज सुनकर माउंटबेटन लौट आए और पिस्तौल छीन ली। तीन दिन बाद मेनन अंतिम विलयपत्र लेकर जोधपुर पहुँचे जहाँ खिन्न मन से राजा ने उस पर हस्ताक्षर कर दिये।[१२]

प्रो. मन्मथनाथदास ने अपनी शोधपूर्ण कृति 'पार्टीशन एंड इनडिपेंडेस ऑफ इंडिया– (इन साइड स्टोरी ऑफ माऊंटबेटन डेज) में इस घटना पर प्रकाश डालते हुए लिखा है – 'अपने ब्रिटिश सलाहकारों से प्रभावित जोधपुर के महाराजा हनवंतसिंह का सोचना था कि चूँकि उसकी रियासत भौगोलिक रूप से पाकिस्तान से जुड़ी हुई है, वह विलीनीकरण के मुद्दे पर जिन्ना से बेहतर शर्तों की उम्मीद कर सकता है। कांग्रेस के प्रति अपनी शत्रुता के कारण महाराजा ने इस तथ्य से भी आँखें मूँद लीं कि रियासत की हिन्दू प्रजा के मन में हिन्दू राजा के इस कृत्य की प्रतिक्रिया क्या होगी? पाकिस्तान के सीमान्त पर अवस्थित दूसरी रियासत जैसलमेर के महाराजा के साथ उसने जिन्ना से गुप्त भेंट की। दो राजपूत राजाओं का एक मुस्लिम राज्य में मिलने के इरादे से भेंट करने आना जिन्ना के राजनीतिक जीवन में गौरवपूर्ण क्षण थे। अत: वह उनकी हर शर्त मानने के लिए तैयार था लेकिन जब जिन्ना ने एक खाली कागज पर महाराजा हनवंतसिंह से अपनी शर्तें लिखने के लिए कहा तो महाराजा के पैरों तले जमीन खिसक गयी। अपनी प्रजा की प्रतिक्रिया के भय ने महाराजा को आत्मघात करने से रोक दिया।

विलयपत्र पर हस्ताक्षर करने से पूर्व महाराजा के व्यवहार के बारे में जानकारी माऊंटबेटन पेपर्स से मिलती है। वॉयसरॉय के अनुसार, 'मैने अपने अध्ययनकक्ष में वी.पी. मेनन को विलयपत्र पर जोधपुर के हस्ताक्षर कराने के लिए छोड़ दिया क्योंकि मुझे उसी समय पास में ही अपनी पत्नी के अध्ययन कक्ष में हैदराबाद के शिष्टमंडल से निपटना था। मेरी अनुपस्थिति में जोधपुर के युवा महाराजा ने एक रिवॉल्वर तानकर मेनन को धमकी दी कि यदि उसने भूखों मरते जोधपुर के लोगों के साथ धोखा किया तो वह उसे मार डालेगा; लेकिन उसने विलयपत्र पर हस्ताक्षर कर दिये।''[१३]

स्पष्ट है कि यह घटना समकालीन राजस्थान के इतिहास में एक शोकान्तिका बन सकती थी। इससे यह भी जाहिर हो जाता है कि भोपाल के नवाब, जोधपुर महाराजा व जूनागढ़ जैसे रियासती शासकों ने राष्ट्र व प्रजाजनों के हितों से कैसे मुँह फेर लिया था। रियासती विभाग की चौकसी से यह दुर्घटना होते होते टल गयी। उस समय के समाचार पत्रों में भी यह बात सुर्खियों का विषय बनी थी। स्वाधीनता सेनानी सुमनेश जोशी द्वारा संपादित अखबार 'रियासती' ने इसे मुख पृष्ठ पर छापा था। यह एक ऐसा भयानक दुःस्वप्न था जिसकी कल्पना मात्र थर्रा देने वाली है। जिन्ना ने जोधपुर महाराजा को फुसलाने के लिये क्या सब्जबाग दिखाये थे, इसका प्रभावी वर्णन सरदार के.एम. पणिक्कर की आत्मकथा में उपलब्ध है।[१४] १५ अगस्त '४७ से पहले हैदराबाद, जूनागढ़ और कश्मीर को छोड़कर बाकी सभी रियासतें भारत संघ में मिल चुकी थीं। रियासतों का विलीनीकरण भारतीय नीति निर्माताओं की उल्लेखनीय उपलब्धि थी।[१५] विलयपत्र पर सर्वप्रथम हस्ताक्षर बीकानेर के महाराजा शार्दूलसिंह ने किये।

मानव इतिहास में ऐसा अन्य कोई उदाहरण नहीं है जब ५६२ मुकुट चंद दिनों में ही धूल में मिल गये। उनमें से कई राज्य काफी रक्तपात के बाद हासिल किये गये थे लेकिन 'जनक्रांति की उत्ताल तरंगों ने राजाओं को अपने दैदीप्यमान वस्त्रों, उपाधियों व तमगों सहित सिंहासनच्युत कर दिया और रक्त की एक बूँद बहाये बिना उन्हें आम नागरिकों की श्रेणी में खड़ा कर दिया।[१६] इस प्रकार आधुनिक भारत के इतिहास के अत्यंत आश्चर्यजनक घटनाक्रम का अवसान हुआ। जिस समय लाखों स्त्री पुरुष एक रक्तरंजित गृहयुद्ध में मारे जा रहे थे, राजाओं की एक पूरी फौज ने चुपचाप समर्पण कर दिया। राजा लोग इस भ्रांति में थे कि विलयपत्र भी ब्रिटेन के साथ की गयी पूर्ववर्ती संधियों की भाँति था जिसके अन्तर्गत उन्हें पूर्ण आन्तरिक स्वायत्तता प्राप्त थी। उन्हें केवल रक्षा, विदेशी मामलें और संचार जैसे विषय नयी केन्द्रीय सरकार के हवाले करने थे

जो वास्तव में कभी उनके अधिकर में थे ही नहीं। यही बात माउंटबेटन ने उन्हें विलयजाल में फँसाने के लिए कही थी। राजाओं के पास न तो समय था और न दूरदर्शिता कि वे ताज के प्रतिनिधि से भावी उत्तराधिकारी सरकार की ओर से अपनी भावी स्वतंत्रताओं के विषय में किसी गारंटी की माँग करते। जब एक विशाल साम्राज्य समय की उत्ताल तरंगों में निमज्जित हो रहा था तो भला छोटी छोटी नाकुछ रियासतें १५ अगस्त १९४७ की भावना के ज्वार के सम्मुख कैसे टिकी रह सकती थीं जिनमें से अधिकांश तो उसी साम्राज्य की देन थी।

राजस्थान की रियासतों का एकीकरण

१५ अगस्त १९४७ से पहले भारत अधिराज्य में रियासतों का विलीनीकरण उन्हें भारत के संवैधानिक ढाँचे में उपयुक्त स्थान प्रदान करने की प्रक्रिया का पहला चरण था। उसके शीघ्र बाद ही दूसरा चरण प्रारंभ हुआ जिसमे दोहरे एकीकरण की प्रक्रिया जुड़ी हुई थी – रियासतों का पर्याप्त बड़ी प्रशासनिक इकाईयों में समेकन और उनका लोकतांत्रिकरण। इस दिशा में स्वयं राजाओं की ओर से पहल की गयी। राजपूताना एजेंसी की बाईस रियासतों में से अधिकांश अपना अलग अस्तित्व बनाये रखने में सक्षम नहीं थीं। भारत सरकार के रियासती विभाग के निर्णय के अनुसार स्वतंत्र भारत में वे रियासतें ही अपना पृथक अस्तित्व बनाये रख सकेंगी जिनकी वार्षिक आय एक करोड़ रु और जनसंख्या १० लाख या उससे अधिक हो। इस मापदंड के अनुसार राजस्थान में केवल चार रियासतें जोधपुर, जयपुर, बीकानेर व उदयपुर इस श्रेणी में आती थीं।

एकीकरण के लिए मेवाड़ व अन्य रियासतों की पहल

हालात को देखते हुए मेवाड़ के महाराणा भूपालसिंह ने २५-२६ जून १९४६ को राजस्थान गुजरात व मालवा के राजाओं का एक सम्मेलन उदयपुर में आयोजित किया जिसमें उन्होंने उपस्थित राजाओं से 'राजस्थान यूनियन' का निर्माण करने की अपील की जो भावी भारतीय संघ की सुदृढ इकाई बन सके। महाराणा का सुझाव था कि प्रस्तावित यूनियन भारत संघ की एक सब फेडरेशन के रूप में बनायी जाए जिसमें रियासतें अपना पृथक अस्तित्व कायम रखते हुए कतिपय विषय यूनियन को सौंप दे। राजाओं ने महाराणा की योजना पर विचार करने की सहमति जतायी।

इस योजना को कार्यरूप में परिणत करने की दृष्टि से महाराणा ने के.एम. मुंशी को अपना संवैधानिक सलाहकार नियुक्त किया। उनकी सलाह पर उक्त राजाओं का एक और सम्मेलन २३ मई '४७ को उदयपुर में बुलाया गया। सम्मेलन में राजाओं को चेतावनी देते हुए महाराणा ने कहा – "हम लोगों ने मिलकर अपनी रियासतों की यूनियन नहीं बनायी तो सभी रियासतें जो प्रान्तों के समकक्ष नहीं हैं, निश्चितरूप से समाप्त हो जाएँगी।" मुंशी ने भी महाराणा की योजना का जोरदार समर्थन किया। फलतः जयपुर, जोधपुर व बीकानेर जैसी बड़ी रियासतों को छोड़कर शेष रियासतों ने इस योजना में सम्मिलित होने की स्वीकृति दे दी। सम्मेलन ने प्रस्तावित 'राजस्थान यूनियन' का संविधान तैयार करने के लिए एक समिति का गठन किया। इस समिति नें १ फरवरी १९४८ को आयोजित राजाओं व उनके प्रतिनिधियों के सम्मेलन में यूनियन के विधान का एक प्रारूप प्रस्तुत किया पर सम्मेलन में उक्त प्रारूप पर मतैक्य नहीं हो सका।[१७] महाराणा ने ६ मार्च १९४८ को अपनी जन्मगांठ के अवसर पर राजस्थान व गुजरात के राजाओं से अपील की कि राजपूताना की चार बड़ी रियासतों का अस्तित्व कायम रखते हुए एक ऐसे संघ का निर्माण किया जा सकता है जो एक महत्त्वपूर्ण इकाई के रूप में भावी भारतीय संघ में महत्त्वपूर्ण भूमिका अदा कर सके। पर महाराणा की इस अपील का राजाओं पर कोई विशेष असर नहीं हुआ।

जयपुर के महाराजा सवाई मानसिंह की स्वीकृति से रियासत के दीवान सर वी.टी. कृष्णामाचारी ने भी प्रदेश के राजाओं व उनके प्रतिनिधियों का एक सम्मेलन बुलाया। इस सम्मेलन में उन्होंने प्रस्ताव रखा कि राजपूताना की रियासतों का एक ऐसा संघ बनाया जाय जिसमें उच्च न्यायालय, उच्च शिक्षा, पुलिस आदि विषय तो संघ को सौंप दिये जाएँ और शेष विषय इकाईयों के पास रहें। इस प्रस्ताव के स्वीकार्य न होने की स्थिति में उन्होंने एक वैकल्पिक प्रस्ताव यह रखा कि जिन रियासतों में अपना अलग अस्तित्व बनाये रखने की क्षमता नहीं है, वे पड़ोस की बड़ी रियासतों में मिल जाएँ।[१८] पर सम्मेलन बिना कोई निर्णय लिये समाप्त हो गया। उधर कोटा के महाराव भीमसिंह ने प्रयत्न किया कि कोटा, बूँदी और झालावाड़ को मिलाकर एक संयुक्त राज्य बना दिया जाए। डूंगरपुर के महारावल लक्ष्मणसिंह डूंगरपुर, बाँसवाड़ा, प्रतापगढ़ व कुशलगढ़ को मिलाकर एक इकाई बनाने के लिए प्रयत्नशील थे। पर ये दोनों प्रयास सफल नहीं हो सके।

राजस्थानी रियासतों को इस बात का भलीभाँति एहसास था कि रियासती विभाग द्वारा निर्धारित मापदंड के अनुसार स्वतंत्र भारत में अधिकांश का अलग

अस्तित्व बने रह सकने की गुंजाइश नहीं है। अत: परस्पर मिलकर स्वावलंबी राजनीतिक इकाईयों का निर्माण करने के अलावा उनके सामने कोई चारा नहीं है लेकिन राजाओं का पारस्परिक अविश्वास और द्वेष इसमें बाधक बन रहा था। बड़ी रियासतों द्वारा एकीकरण के लिए की गयी पहल की छोटी रियासतों ने बड़ी रियासतों द्वारा उन्हें निगल जाने के प्रयत्न के रूप में देखा। कुछ सीमा तक उनका संदेह उचित भी था। महाराणा मेवाड़ के प्रयत्नों से ऐसा आभास हो रहा था कि वे छोटी छोटी रियासतों को मेवाड़ में मिलाकर वृहत्तर मेवाड़ का निर्माण करना चाहते हैं। एकीकरण की चर्चा के दौरान महाराणा ने जाने-अनजाने ऐसे संकेत दिये भी थे। जयपुर तो अंत तक यह प्रयत्न करता रहा कि वृहद् राजस्थान का निर्माण करने की बजाय रियासतों को तीन चार इकाईयों में बाँट दिया जाए तथा करौली व अलवर को जयपुर में मिला दिया जाए। इसी प्रकार बीकानेर ने पड़ोसी रियासत लोहारु को बीकानेर में मिलाने के लिए खूब प्रयत्न किया पर सरदार पटेल के सामने उसकी एक न चली। कुल मिलाकर बात यह हुई कि छोटी रियासतों ने वंश परम्परा और पुरातन प्रतिष्ठा को ध्यान में रखते हुए बड़ी रियासतों में मिलने का विरोध किया। इस प्रकार राजाओं द्वारा एकीकरण के लिये किये गये प्रयत्न निष्फल रहे। प्रबल जनमत और केन्द्रीय सत्ता के दबाव से रियासतें एकीकरण की दिशा में अग्रसर हुईं।

जनमत का दबाव व एकीकरण का प्रारंभ

राजाओं द्वारा रियासतों के एकीकरण के लिए किसी भी प्रयास में राजस्थान की जनता और प्रजामंड़लों को विश्वास में नहीं लिया गया था अत: इन प्रयासों के प्रति जनता उदासीन रही किंतु राजस्थान के विभिन्न राजनीतिक संगठन स्वतंत्र रूप से बृहद् राजस्थान के निर्माण के लिए प्रयत्नशील थे। अखिल भारतीय देशी राज्य लोक परिषद् की राजपूताना शाखा तो सितम्बर १९४६ में ही प्रस्ताव पारित कर चुकी थी कि राजस्थान की कोई भी रियासत अपने बूते पर भारत संघ में शामिल होने के योग्य नहीं है। अत: सारा राजस्थान एक ही इकाई के रूप में संघ में शामिल होना चाहिए। मार्च १९४८ में अखिल भारतीय देशी राज्य लोक परिषद की प्रान्तीय सभा की कार्यसमिति ने स्पष्ट रूप से घोषणा कर दी थी कि राजस्थान की सभी रियासतों व अजमेर-मेरवाड़ा को मिलाकर वृहद् राजस्थान बनाने के अलावा और कोई चारा नहीं है। दूसरी ओर डॉ. लोहिया के नेतृत्व में समाजवादी दल अखिल भारतीय स्तर पर राजस्थान राज्य के निर्माण की माँग कर रहा था।

मत्स्यसंघ का निर्माण

वृहद् राजस्थान के निर्माण की दिशा में पहला कदम मत्स्य संघ के निर्माण से उठाया गया। अलवर व भरतपुर से लगी धौलपुर व करौली की छोटी छोटी रियासतें थीं। ये चारों रियासतें रियासती विभाग के मापदंड़ के अनुसार स्वतंत्र अस्तित्व बनाये रखने में सक्षम नहीं थीं। अत: भारत सरकार ने चारों रियासतों के राजाओं के सामने प्रस्ताव रखा कि उनके एकीकरण द्वारा एक नये राज्य का निर्माण किया जाए। यह प्रस्ताव उन्होंने स्वीकार कर लिया। महाभारत काल में यह क्षेत्र मत्स्य प्रदेश के नाम से अभिज्ञात था अत: के.एम. मुंशी के सुझाव पर भारत सरकार ने प्रस्तावित राज्य का नाम 'मत्स्यसंघ' रखा। इस नये राज्य का उद्घाटन केन्द्रीय मंत्री एन.वी. गाडगिल ने किया। मत्स्य संघ का क्षेत्रफल लगभग १२ हजार किलोमीटर, जनसंख्या १८ लाख और वार्षिक आय दो करोड़ रुपये थी। धौलपुर महाराजा को संघ का राजप्रमुख बनाया गया। अलवर प्रजामंडल के प्रमुख नेता शोभाराम कुमावत मत्स्य संघ के प्रधान मंत्री बने। भारत सरकार ने एक आई.सी.एस. अधिकारी प्रशासक के रूप में नियुक्त किया जिसे मंत्रीमंडल की सहमति के बिना कोई भी आदेश जारी करने का अधिकार था।

एकीकरण का द्वितीय चरण – संयुक्त राजस्थान

मत्स्य संघ के निर्माण के बाद रियासती विभाग ने दक्षिणी व दक्षिणी पूर्वी राजस्थान की छोटी छोटी रियासतों की ओर ध्यान दिया। विभाग ने इन रियासतों का मध्य भारत व गुजरात की रियासतों के साथ एकीकरण का प्रस्ताव रखा किंतु वह प्रस्ताव न तो राजाओं को स्वीकार्य था और न ही जन प्रतिनिधियों को। ये इस तरह के एकीकरण के पक्ष में थे जिससे राजस्थान की सदियों पुरानी सांस्कृतिक एकता अक्षुण्ण रहे। अत: रियासती विभाग ने कोटा, बूँदी, झालावाड़, टोंक, डूंगरपुर, बाँसवाड़ा, प्रतापगढ़, किशनगढ़ और शाहपुरा रियासतों को मिलाकर 'संयुक्त राजस्थान' के निर्माण का प्रस्ताव रखा।

मार्ग में अवरोध

प्रस्तावित राज्य के हाड़ौती और वागड़ क्षेत्र के बीच मेवाड़ रियासत थी। भारत सरकार द्वारा निर्धारित मापदंड के अनुसार मेवाड़ को अपना स्वतंत्र अस्तित्व बनाये रखने का अधिकार था। अत: रियासती विभाग मेवाड़ पर विलय के लिए दबाव डालने के पक्ष में नहीं था फिर भी कुछ राजाओं के आग्रह पर

विभाग ने मेवाड़ से नये राज्य को सम्मिलित होने का अनुरोध किया पर मेवाड़ महाराणा व प्रधानमंत्री सर रामामूर्ति ने इसे अस्वीकार करते हुए कहा कि 'मेवाड़ का तेरह सौ वर्ष पुराना राजवंश अपनी गौरवशाली परम्परा को तिलांजति देकर भारत के मानचित्र पर अपना अस्तित्व समाप्त नहीं कर सकता।'[१९] उनका कहना था कि यदि अन्य रियासतें चाहें तो मेवाड़ में मिल सकती हैं। महाराणा की इस हठधर्मिता की मेवाड़ प्रजामंडल ने तीखी आलोचना की। प्रजामंडल के प्रमुख नेता व संविधान सभा के सदस्य माणिक्यलाल वर्मा ने दिल्ली में इस सम्बन्ध में एक वक्तव्य जारी करते हुए कहा कि 'मेवाड़ की बीस लाख जनता के भाग्य का फैसला अकेले महाराणा व प्रधानमंत्री रामामूर्ति नहीं कर सकते। प्रजामंडल की यह स्पष्ट नीति है कि मेवाड़ अपना अस्तित्व समाप्त कर राजपूताना प्रान्त का अंग बन जाए।'[२०] प्रजामंडल के मुखपत्र 'मेवाड़ प्रजामंडल पत्रिका' के ८ और १५ मार्च के सम्पादकीय लेखों में जोर देकर यह बात कही गई कि आधुनिक युग में मेवाड़ एक अलग इकाई के रूप में विकास नहीं कर सकता। जनता के हितों को ध्यान में रखते हुए उसे तुरन्त संयुक्त राजस्थान का हिस्सा बन जाना चाहिए। पर मेवाड़ सरकार अपने निर्णय पर अडिग रही अत: बिना मेवाड़ के ही संयुक्त राजस्थान के निर्माण का निश्चय किया गया।

प्रस्तावित संयुक्त राजस्थान में कोटा सबसे बड़ी रियासत थी अत: रियासती विभाग ने निर्णय लिया कि कोटा के महाराव भीमसिंह को राजप्रमुख पद प्रदान किया जाय। यह बात बूंदी के महाराव बहादुरसिंह को मान्य नहीं थी क्योंकि वंश परम्परा के अनुसार कोटा के शासक बूंदी के छुटभैय्या थे। बूँदी महाराव ने उदयपुर जाकर भूपाळसिंह से निवेदन किया कि यदि मेवाड़ इसे नये राज्य में शामिल हो जाए तो महाराणा राजप्रमुख बन जाएँगे और बूंदी की कठिनाई का निवारण हो जाएगा लेकिन महाराव को भी वही उत्तर मिला जो रियासती विभाग को दिया गया था। अंतत: बूंदी को कोटा महाराव को राजप्रमुख बनाने का प्रस्ताव मानना पड़ा। प्रस्तावित राज्य में शामिल होने वाली सभी रियासतों के राजाओं ने विलय पत्र पर हस्ताक्षर कर दिये।[२१]

मेवाड़ का संयुक्त राजस्थान में विलीनीकरण

संयुक्त राजस्थान में सम्मिलित होने के मुद्दे पर महाराणा व मेवाड़ प्रजामंडल में मतभेद पैदा हो चुका था। उधर मार्च १९४८ में प्रजामंडल के बहुमत वाले मंत्रीमंडल के निर्माण को लेकर भी गतिरोध पैदा हो गया। महाराणा ने इसमें निर्दलीय सदस्य के लिये डॉ. मोहनसिंह मेहता का नाम सुझाया जो प्रजामंडल को

१९४२ के आंदोलन में उनकी भूमिका के कारण स्वीकार्य नहीं था। राज दरबार में प्रजामंडल के विरुद्ध साजिश की जाने लगी। मुसद्दी वर्ग की यह धारणा थी कि मेवाड़ का संयुक्त राजस्थान में विलय भले ही हो जाए पर सत्ता प्रजामंडल के हाथ में न जाए। उसे विश्वास था कि संयुक्त राजस्थान में भी मत्स्य संघ की तरह प्रशासन में प्रजामंडल के प्रतिनिधियों का नहीं अपितु भारत सरकार द्वारा नियुक्त आई.सी.एस. अधिकारियों का दबदबा रहेगा। मुसद्दियों व प्रधानमंत्री के प्रभाव में आकर २३ मार्च १९४८ को महाराणा ने मेवाड़ को संयुक्त राजस्थान में शामिल करने के अपने इरादे की सूचना वी.पी. मेनन को भेज दी। यह सब कुछ बड़े गोपनीय ढंग से किया गया।

अप्रैल में विधानमंडल के दो स्थानों के चुनावों को लेकर प्रजामंडल और क्षत्रिय परिषद् में ठन गयी। प्रजामंडल के तिरंगे झंडे का क्षत्रिय परिषद द्वारा अपमान किये जाने को लेकर उदयपुर शहर में हड़ताल व गोलीबारी की नौबत आ गयी। प्रजामंडल ने तुरंत पूर्ण उत्तरदायी शासन की स्थापना व गोलीकांड की जाँच की माँग की। महाराणा के लिए स्थिति विकट हो गयी। मुसद्दी वर्ग ने उन्हें परामर्श दिया कि प्रजामंडल से मुक्ति पाने का उपाय मेवाड़ को जल्द से जल्द संयुक्त राजस्थान में विलय कर देना है। इस विषय में रियासती विभाग से प्रारंभिक बातचीत तो हो चुकी थी। परिवर्तितत परिस्थिति में महाराणा ने इसका अंतिम फैसला कर दिया और सर रामामूर्ति, डॉ. मोहनसिंह मेहता व अन्य सलाहकारों को मेवाड़ के विलय की शर्तें तय करने दिल्ली भेजा। रियासती विभाग तो ऐसे अवसर की प्रतीक्षा में ही था। वह इस मामले में सावधानी यह बरत रहा था कि ऐसा कोई कदम नहीं उठाया जाय जिसमें अन्य राजाओं को यह लगे कि मेवाड़ पर विलय के लिए दबाव डाला जा रहा है। अब स्वयं महाराणा की ओर से पहल होने पर काम आसान हो गया।

मेवाड़ जैसी ऐतिहासिक रियासत के विलय के लिए विभाग महाराणा के साथ विशेष रियायत करने पर भी राजी हो गया। भारत सरकार का यह नीतिगत निर्णय था कि किसी भी रियासत के शासक को १० लाख रुपये से अधिक प्रिवीपर्स नहीं दिया जाएगा। महाराणा की ओर से २० लाख रु वार्षिक प्रिविपर्स की माँग की गई थी। रियासती विभाग ने इसके लिए रास्ता ढूँढ निकाला। उसने महाराणा को दस लाख रुपये प्रिवीपर्स पाँच लाख रुपये राजप्रमुख के पद का भत्ता और पाँच लाख रुपये मेवाड़ के राजवंश की परम्पराओं के अनुसार धार्मिक कार्यों के लिए व्यय हेतु देना स्वीकार कर लिया।[२२] उसने महाराणा को संयुक्त राजस्थान का आजीवन राजप्रमुख बनाना भी स्वीकार कर लिया। उस समय अन्य

किसी रियासत के शासक को इतनी रियायतें नहीं दी गई थीं। उसने महाराणा की यह प्रार्थना भी स्वीकार कर ली कि ५ अप्रैल को उदयपुर में हुए गोलीकांड की न्यायिक जाँच नहीं करवायी जाएगी।

मेवाड़ का प्रतिनिधि मंडल रियासती विभाग से महाराणा की इच्छानुसार शर्तें स्वीकार करवा के उदयपुर लौटा तो उन्होंने स्वयं को काफी हल्का महसूस किया। ११ अप्रैल १९४८ को महाराणा ने विलय पत्र पर हस्ताक्षर कर दिये। भारत का सबसे पुराना राजवंश राष्ट्र की मुख्यधारा में मिल गया। जहाँ वी.पी. मेनन जैसे विचक्षण कूटनीतिज्ञ व बूंदी के महाराव असफल हो गये थे, मेवाड़ के विलीनीकरण का वह दुष्कर कार्य मुसद्दियों ने कर दिखाया। मेवाड़ के संयुक्त राजस्थान में विलय में उनकी भूमिका को एक-दो कवियों ने काव्यात्मक अभिव्यक्ति दी।[२३] महाराणा द्वारा विलयपत्र पर हस्ताक्षर करने के तुरन्त बाद रियासती विभाग ने पथिकजी के साथी अग्रणी जननेता माणिक्यलाल वर्मा को राज्य के प्रधानमंत्री पद के लिए मनोनीत किया। यह भी तय किया गया कि संयुक्त राजस्थान के निर्माण के ऐतिहासिक महत्त्व को ध्यान में रखते हुए पं. नेहरू द्वारा इसका उद्घाटन करवाया जाएगा।

मेवाड़ के संयुक्त राजस्थान में विलय के पश्चात् अब जोधपुर, बीकानेर व जयपुर जैसी बड़ी रियासतों का मसला हल होना बाकी था। इस सम्बन्ध में स्वयं सरदार पटेल ने २० फरवरी '४८ के अपने पत्र में बीकानेर महाराजा को आश्वासन दिया था कि बड़ी रियासतों का विलय तभी किया जाएगा जब वहाँ की जनता व शासक दोनों विलय के पक्ष में होंगे।[२४] उन्हीं दिनों राजस्थान के विभिन्न भागों में सामंत वर्ग सशस्त्र रैलियाँ निकाल कर अपनी शक्ति का प्रदर्शन कर रहा था। इस वर्ग को राजाओं का समर्थन प्राप्त था। अत: भारत सरकार में कुछ लोगों की यह धारणा बनती जा रही थी कि राजस्थानी रियासतों के एकीकरण से सामंतवादी शक्तियों को संगठित होने का अवसर मिलेगा। इस कारण रियासती विभाग ने इस दिशा में फूँक फूँक कर कदम रखने की नीति अपनायी।

संयुक्त राजस्थान से बाहर रह गयी जोधपुर, बीकानेर व जैसलमेर रियासतों की सीमाएँ पाकिस्तान से मिली हुई थीं जहाँ से सदैव आक्रमण का भय बना रहता था। थार रेगिस्तान में अवस्थित होने के कारण अपना आर्थिक विकास करना उनकी सामर्थ्य से परे था। अत: रियासती विभाग ने इन तीनों रियासतों को काठियावाड़ के साथ मिलकर एक केन्द्रशासित राज्य बनाने की योजना बनायी[२५] पर इस योजना का कड़ा विरोध हुआ फलत: इसका त्याग करना पड़ा।

वृहद् राजस्थान की माँग

इन सारी गतिविधियो के बीच वृहत्तर राजस्थान की बात भी जोर पकड़ती गयी। उदयपुर में यह चर्चा जोरों पर थीं कि जोधपुर, जयपुर व बीकानेर को मिलाकर शीघ्र ही वृहत्तर राजस्थान का निर्माण होगा जिसकी राजधानी अजमेर होगी। बीकानेर ने इस संघ में मिलने की बात का खंडन करते हुए इसे आधारहीन बताया। जोधपुर, बीकानेर व जैसलमेर के राजा अलग से 'मारवाड़ यूनियन' बनाने के लिए प्रयत्नशील थे। यह सोचा गया कि जयपुर 'मत्स्य संघ' में शामिल होगा और सिरोही एक केन्द्र शासित क्षेत्र बन जाएगा। इस प्रकार राजपूताना में तीन संघों के निर्माण की संभावना नजर आ रही थी। मत्स्य संघ, संयुक्त राजस्थान व मारवाड़ यूनियन। इस बारे में प्रारंभिक बातचीत देहली में हुई लेकिन उसमें सफलता नहीं मिली।

इस बीच समाजवादी दल ने 'वृहद् राजस्थान' की आवाज उठायी। समाजवादी नेता जयप्रकाश नारायण ने ९ नवम्बर '४८ को उदयपुर में एक विशाल सभा को सम्बोधित करते हुए कहा कि वृहत्तर राजस्थान बनाने के लिए जोधपुर, जैसलमेर व बीकानेर रियासतें यदि २० नवम्बर से पहले राजस्थान में नहीं मिलायी जाती हैं तो समाजवादी दल राज्यव्यापी आन्दोलन शुरु करेगा। राजस्थान की तमाम रियासतें एक ही शासन व संविधान के अन्तर्गत होनी चाहिए। इन रियासतों को संघ में सम्मिलित किये बिना राजस्थान अधूरा रहेगा।[२६] राजनीतिक घटनाचक्र क्षिप्रगति से घटित हो रहा था। भारत सरकार के लिए वृहद राजस्थान के प्रश्न को आगे टालना कठिन हो गया।

तीन इकाईयों में विभाजन का प्रस्ताव

वृहद् राजस्थान के निर्माण के लिए सम्बद्ध राजाओं से बातचीत करने से पहले रियासती विभाग के सचिव वी.पी. मेनन ने जयपुर के दीवान सर वी.टी. कृष्णामाचारी और बीकानेर के दीवान सी.एस. वैंकटाचारी से इस बारे में विचार विनिमय किया। इस बैठक में कृष्णामाचारी ने राजस्थान की सभी रियासतों को एक ही इकाई के रूप में एकीकृत करने का विरोध किया। उनका तर्क यह था कि ऐसा करने से पूर्वी पंजाब में सिक्खों की 'हिजेमनि' (Hegemony) (प्राधान्य) की तरह राजस्थान में सामंतवर्ग का आधिपत्य स्थापित हो जाएगा जो देश के हित में ठीक नहीं होगा। उनका सुझाव था कि यहाँ की रियासतों को तीन इकाईयों में विभक्त कर दिया जाए। पहली इकाई 'संयुक्त राजस्थान' यथावत

बनी रहे। जयपुर, अलवर व करौली का विलय करके दूसरी इकाई बनायी जाए। भरतपुर और धौलपुर को पड़ोस के प्रान्त उत्तरप्रदेश में मिला दिया जाए। कृष्णामाचारी के सुझाव में दम था लेकिन वी.पी. मेनन और वेंकटाचारी ने जन भावना और आन्दोलन की चेतावनी को देखते हुए सभी रियासतों को एक ही इकाई बनाने के पक्ष में थे। उनका कहना था कि 'आज नहीं तो कल समाजवादियों के आन्दोलन से विवश होकर वृहद् राजस्थान राज्य का निर्माण करना होगा तो फिर यह पहल उनके हाथों में क्यों जाने दी जाए।'[२७]

अत: सरदार पटेल की सहमति से मेनन ने ३ दिसम्बर '४८ को जयपुर, जोधपुर व बीकानेर के शासकों की बैठक जयपुर में बुलायी। इसमें राजाओं के अलावा उदयपुर, सिरोही व जोधपुर के प्रधानमंत्री माणिक्यलाल वर्मा, गोकुलभाई भट्ट व जयनारायण व्यास भी उपस्थित थे। बैठक में राजस्थान की सभी रियासतों को मिलाकर एक संघ बनाने की योजना पर विचार विमर्श किया गया। तीनों राजा अपनी रियासतों को अलग इकाईयों के रूप में बनाये रखने के इच्छुक थे। ५ दिसम्बर को मेनन बीकानेर गये और तीनों राजाओं से सम्मिलन (merger) के प्रश्न पर आगे और बातचीत की। व्यासजी ने इस विषय पर महाराजा जोधपुर से ९ जनवरी १९४९ को बम्बई में विचार विमर्श किया। १३ जनवरी को मेनन इस विषय पर आगे बातचीत के लिए उदयपुर पहुँचे। तीव्र गति से चलने वाली इन तमाम गतिविधियों और विचार विमर्श के उपरांत ये तीनों बड़ी रियासतों भी वृहद् राजस्थान में सम्मिलित होने के लिए सहमत हो गयीं। तत्पश्चात् १ जनवरी १९४९ को उदयपुर में सरदार पटेल ने एक विराट आमसभा में वृहद् राजस्थान के स्वप्न के निकट भविष्य में ही पूरे होने की घोषणा की। इस प्रकार वृहत्तर राजस्थान की जिस योजना पर पिछले कई महीनों से जो विचार-विमर्श चल रहा था वह बीकानेर, जयपुर, जोधपुर व जैसलमेर के राजाओं के जनकल्याणकारी निर्णय से साकार रूप ग्रहण करने के काफी निकट पहुँच गयी। इन राजाओं द्वारा घोषित संवैधानिक सुधारों की विभिन्न योजनाएँ इस नयी योजना के स्वीकृत होने से स्वत: समाप्त हो गयीं।

वृहद् राजस्थान की शासन व्यवस्था के सम्बन्ध में कुछ महत्त्वपूर्ण प्रश्न उभर कर सामने आए जैसे राज्य का राजप्रमुख कौन हो? मंत्रिमंडल व प्रशासन का स्वरूप क्या हो? राजधानी कहाँ बने आदि। इन मुद्दों का हल खोजने के लिए वी.पी. मेनन ३ फरवरी १९४९ को श्री गोकुलभाई भट्ट (अध्यक्ष प्रांतीय कांग्रेस कमेटी), माणिक्यलाल वर्मा (प्रधानमंत्री, संयुक्त राजस्थान), जयनारायण व्यास (प्रधानमंत्री, जोधपुर) व हीरालाल शास्त्री (प्रधानमंत्री, जयपुर) की एक बैठक

बुलायी। इसमें सर्वसम्मति से यह निर्णय लिया गया कि जयपुर के महाराजा सवाई मानसिंह को राजप्रमुख और मेवाड़ के प्राचीन राजवंश की मर्यादा को ध्यान में रखते हुए महाराणा भूपाळसिंह को महाराज प्रमुख का पद दिया जाए। राजधानी का मसला सरदार पटेल पर छोड़ दिया गया। उन्होंने इसके लिए विशेषज्ञों की एक समिति नियुक्त थी। इस समिति ने जयपुर को राजस्थान की राजधानी बनाने का सुझाव दिया और साथ ही अन्य बड़े नगरों का महत्त्व बनाए रखने के लिए कुछ राज्य स्तरीय सरकारी कार्यालय वहाँ रखने की सिफारिश की जिसके अनुसार उच्च न्यायालय जोधपुर में, शिक्षा विभाग बीकानेर में, खनिज विभाग उदयपुर में व कृषि विभाग भरतपुर में रखने का निर्णय लिया गया। राजस्थान संघ का उद्‌घाटन ३० मार्च १९४९ को सरदार पटेल द्वारा किया गया। बाद में १५ मई '४९ को 'मत्स्य संघ' भी वृहत्तर राजस्थान में मिला दिया गया। सिरोही रियासत, जिसे बम्बई प्रान्त में जोड़ दिया गया था, उसका २६ जनवरी '५० को बम्बई व राजस्थान के बीच बँटवारा किया गया जिसके अनुसार सिरोही का बड़ा हिस्सा राजस्थान मे मिला दिया गया जबकि आबू पर्वत बम्बई में बना रहा। सिरोही को बम्बई प्रान्त के साथ जोड़ने का अन्यायपूर्ण काम सरदार पटेल और के.एम. मुंशी की महागुजरात बनाने की योजना का अंग था।

इस प्रकार राजस्थान के एकीकरण का कारवाँ चलता रहा। इस बात का पूरा ध्यान रखा गया था कि लापरवाही से लदान या अकुशल संचालन से इस पर अनावश्यक बोझ और दबाव नहीं पड़े। कदम ब कदम आगे बढ़ते हुए किसी भी ऐतिहासिक परिप्रेक्षय में राजस्थानी रियासतों का समेकन (integration) काफी तीव्र गति से हुआ। इस एकीकरण में एक विशेष भव्यता और तेजस्विता थी। यह सरदार पटेल के मार्गदर्शन में एक शांतिपूर्ण क्रांति थी जो विभिन्न चरणों से गुजरते हुए नेपोलियन सम गति से एक सुदृढ राजनीतिक एकता की ओर अग्रसर हो रही थी।[२८] यह कोई अव्यवस्थित विलीनीकरण न होकर भारत के साथ एकीकरण की सुनिश्चित योजना थी। सारी प्रक्रिया समय की माँग के अनुरूप थी। एकीकरण के इस महत् कार्य में राजाओं को इस बात का श्रेय है कि उन्होंने राजनीतिक बुद्धिमत्ता का प्रमाण देते हुए निजी हितों व पदलिप्सा से ऊपर जनकल्याण को स्थान दिया।

राजस्थान के निर्माण के समय से ही यहाँ के लोग इस बात को लेकर बहुत क्षुब्ध थे कि आबू पर्वत और सिरोही की देलवाड़ा तहसील एवं अजमेर मेरवाड़ा का अन्तःक्षेत्र राजस्थान से बाहर रखे गये थे। अजमेर मेरवाड़ा को अंग्रेजों ने राजनीतिक व सामरिक कारणों से चीफ कमिश्नर के प्रांत के रूप में अलग-

थलग रखा था जिसे स्वतंत्रता के बाद 'सी' श्रेणी के राज्य का दर्जा दिया गया। जबकि सिरोही रियासत का विलीनीकरण राजस्थान में हुआ था तब आबू पर्वत को बम्बई में रखना घोर अन्याय था। अजमेर का अलग अस्तित्व बनाये रखना भी अनुचित था। रियासतों के एकीकरण में अहम भूमिका निभाने वाले वी.पी. मेनन ने अपनी पुस्तक 'द स्टोरी ऑफ इंटिग्रेशन ऑफ इंडियन स्टेट्स' में ठीक ही लिखा है, 'जब एक बार हमने राजपूताना की सभी रियासतों का संघ बना दिया तब कोई कारण नजर नहीं आता कि अजमेर प्रांत का पृथक अस्तित्व बनाये रखा जाता।'[२९]

राज्य पुनर्गठन आयोग की नियुक्ति व सन् १९५६ में राज्य पुनर्गठन विधेयक पारित होने के बाद आबू पर्वत व अजमेर को १ नवम्बर १९५६ को राजस्थान में मिला दिया गया। यह राजस्थान के लोगों के लिए आल्हादजनक बात थी कि अजमेर के रूप में उन्हें हृदय स्थली व आबू के रूप में आत्मा की पुनर्प्राप्ति हो गयी। राज्यों के पुनर्गठन की योजना के अन्तर्गत राजस्थान में हुए दूसरे प्रादेशिक परिवर्तनों के अन्तर्गत कोटा जिले के सिरोज सब डिवीजन का मध्यप्रदेश में मिलाया जाना तथा पूर्ववर्ती मध्य भारत के मन्दसौर जिले के सुनेल टप्पा को राजस्थान में मिलाया जाना जैसी बातें शामिल थीं।

इस प्रकार शताब्दियों में पहली बार संयुक्त राजस्थान का स्वप्न चरितार्थ हुआ। यह वही स्वप्न था जो सोलहवीं सदी में राणा सांगा ने राजपूत राजाओं के परिसंघ के रूप में देखा था। देश के राजनीतिक विकास के नाजुक दौर में सत्तासीन लोगों को इस बात का श्रेय दिया जाना चाहिए कि उन्होंने राष्ट्रीय एकता व कल्याण के लिए अपनी पूरी ताकत का इस्तेमाल किया। जब राजस्थान के राजनीतिक एकीकरण के लिए रियासतों के समेकन का प्रश्न आया तो राजाओं ने पर्याप्त विवेक और देशभक्ति का परिचय दिया जिसकी सरदार पटेल ने भूरि भूरि प्रशंसा की। इस दृष्टि से वे एक स्वतंत्र व लोकतांत्रिक भारत के सहनिर्माता होने का दावा कर सकते थे। अत: यह कहना सर्वथा उपयुक्त है कि हमारे स्वातंत्र्योत्तर युग का सबसे आश्चर्यजनक कार्य रियासतों के मामले को सुलझाने का है। यह उपलब्धि सभी सम्बद्ध लोगों के सहयोग व सरदार पटेल की प्रतिभा का परिणाम थी। हमारे शत्रुओं ने बहुत पहले भविष्यवाणी कर दी थी कि ब्रिटिश शासन की समाप्ति होते ही सामंतवाद के अवशिष्ट भग्नावशेष भारत की एकता को ताश के पत्तों के महल की भाँति ढ़हा देंगे। जिस तरीके से रियासतों को भारत के मानचित्र में समायोजित किया गया वह भारत की अत्यन्त प्रेरक उपलब्धि है।[३०]

भारत के स्वाधीनता संग्राम एवं एक नवोदित राष्ट्र के रूप में उसके अग्रगामी प्रयाण में राजस्थान ने बलिदान एवं त्याग की अपनी परम्परा के अनुरूप बहुमूल्य योगदान दिया है। यह बात दीगर है कि ब्रिटिश सत्ता द्वारा पोषित निरंकुश सामन्ती व्यवस्था ने इस प्रदेश की संभावनाओं को उजागर होने से रोकने के साथ ही उसकी छवि ऐसी धूमिल कर दी कि राष्ट्रीय स्वाधीनता संग्राम की चर्चा करते समय राजस्थान के प्रभूत बलिदानों की ओर किसी का ध्यान ही नहीं जाता। १८५७ के प्रथम स्वतंत्रता संग्राम से लेकर पं. नेहरू के शब्दों में नियति से पूर्व निर्धारित मिलन' (tryst with destiny) की घड़ी तक राजस्थानी जूझने में कभी पीछे नहीं रहे। उनकी स्वातंत्र्य चेतना उन्हें मातृभूमि की सेवा के लिए सदैव प्रेरित करती रही। खेद और आश्चर्य तो इस बात का है कि स्वातंत्र्य युद्ध की प्रतीक 'हल्दीघाटी' के प्रदेश को राष्ट्रीय स्वतंत्रता आंदोलन का वर्णन करते समय विस्मृत कर दिया जाता है। समकालीन भारतीय इतिहास लेखन की यह एक भारी कमी है कि स्वतंत्रता के बलिपंथी राजस्थान की सर्वथा उपेक्षा कर दी गयी है। इतिहासज्ञों के इस अन्याय को देखते हुए तो यही कहना पड़ेगा कि –

वही कातिल वही शाहिद वही मुंसिफ ठहरे
अकरिबा मेरे करें खून का दावा किस पर?

टिप्पणियाँ एवं संदर्भ

१. बाल्कान तुर्की भाषा का शब्द है जिसका अर्थ है – पहाड़। पर्वतीय क्षेत्र होने के कारण बाल्कान प्रायद्वीप में सांस्कृतिक व राष्ट्रीय एकता का उत्थान नहीं हो सका। वहाँ सदा भौगोलिक तथा जातीय वैविध्य बना रहा जिसके फलस्वरूप उसके इतिहास में विभाजन, संघर्ष और अराजकता का दौर दौरा रहा। इस क्षेत्र की इस स्थिति के कारण बाल्कनीकरण का अर्थ हो गया है – किसी भौगोलिक क्षेत्र का खंड खंड हो जाना, उसमें निरंतर अव्यवस्था, अराजकता और युद्ध की स्थिति बने रहना। बॉस्निया, हर्जेगोविना और सर्बिया जो आज गृहयुद्ध की लपटों में दग्ध हो रहे हैं, इसी बाल्कान प्रदेश में है।

२. लियोनोर्ड मॉस्ले – द लास्ट डेज ऑफ ब्रिटिश राज पृ. १७७

३. उपर्युक्त पृ. १८२

४. उपर्युक्त पृ. १८३

५. फ्री प्रेस जर्नल, ३ अप्रैल १९४७, डॉ. एल.एस. राठौड़ कृत 'पॉलिटिकल एंड कॉन्स्टीट्यूशनल डवलपमंट इन राजस्थान' में उद्धृत पृ. १२३

६. उपर्युक्त

७. मन्मथनाथदास – पार्टीशन एंड इनडिपेन्डेस ऑफ इंडिया – पृ. २२९

८. वी.पी. मेनन – 'द स्टोरी ऑफ इंटिग्रेशन ऑफ इंडियन स्टेट्स – पृ. ९१

९. उपर्युक्त पृ. १००

१०. यह भेंट दिल्ली में ६ अगस्त १९४७ को हुई थी।

११. सारे घटनाक्रम के लिए देखिये – लियोनोर्ड मॉस्ले कृत – 'द लास्ट डेज ऑफ ब्रिटिश राज' अध्याय – द डाऊन फॉल ऑफ द प्रिंसेज पृ. १९९–२०३

१२. लेरी कॉलिन्स व लेपियर – 'फ्रीडम एट मिडनाइट' अध्याय – वी विल ऑलवेज रिमेन फ्रेंड्स पृ. २०७–२०८

१३. माऊंटबेटन पेपर्स २१३, पसर्नल रिपोर्ट नं. १७, अगस्त १६, १९४७ – मन्मथनाथदास कृत – पार्टीशन एंड इनडिपेंडेस ऑफ इंडिया पृ. २६०–६१ पर उद्धृत

१४. पणिक्कर लिखते हैं – '६ अगस्त १९४७ को सवेरे एक मित्र कर्नल केसरीसिंह (महाराजा हनवंतसिंह के ए.डी.सी.) एक पत्र लेकर जोधपुर से आए जिसने परिस्थितियों की गंभीरता के बारे में हमारी आँखें खोल दीं। भोपाल के नवाब महाराजा जोधपुर को जिन्ना से मिलाने ले गये थे। जिन्ना ने पेशकश की थी कि वे जोधपुर को स्वतंत्र राज्य के रूप में मान्यता देकर संधि करने को तैयार है। उन्होनें यह भी पेशकश की कि जोधपुर राज्य को जो हथियार चाहिए वे पाकिस्तान के बन्दरगाह कराची के मार्फत बिना सीमा शुल्क दिए लाए जा सकते हैं। जिन्ना ने महाराजा को राजस्थान का सर्वेसर्वा बनाने की पेशकश की जिससे जोधपुर महाराजा चकित रह गए और उनके मन में इच्छा जागी कि वे राजस्थान के सम्राट बन जाएँगे। केसरीसिंह ने उन्हें समझाया कि उन्हें हस्ताक्षर करने से पहले अपनी माता व अन्य सम्बन्धियों से विचार विमर्श करना चाहिए। जोधपुर लौटने पर केसरीसिंह ने राज्य के दीवान वेंकटाचारी को तथ्यों से अवगत कराया। षड्यंत्र की गंभीरता देखकर वेंकटाचारी ने मेरे पास पत्र भिजवाया . . .।

१५. कुछ शासकों के लिए विलयपत्र पर हस्ताक्षर करना एक क्रूर दुखान्तिका थी। मध्यभारत के एक राजा ने हस्ताक्षर करने के कुछ सैकंड बाद ही दिल का दौरा पड़ने से वहीं दम तोड़ दिया। धौलपुर के महाराजा राणा ने आँखों में आँसू भर कर माऊंटबेटन से कहा – आपके राजा के पूर्वजों और मेरे पूर्वजों के बीच १७६५ ई. से चले आ रहे सम्बन्धों का अब अंत हो रहा है। बड़ौदा के गायकवाड़, जिनके एक पूर्वज ने अंग्रेज रेजीडेंट को हीराकणी खिलाकर मारने का प्रयत्न किया था, हस्ताक्षर करने के बाद मेनन से लिपटकर बच्चों की तरह रो पड़े। एक छोटी सी रियासत का राजा कई दिनों तक हस्ताक्षर करने से इसलिये हिचकिचाता रहा कि उसे अभी भी अपने दैवी अधिकार मे विश्वास था।

– लेरी कॉलिन्स एवं लेपियर – फ्रीडम एट मिडनाइट – पृ. २०६

– लियोनार्ड मॉस्ले – द लास्ट डेज ऑफ द ब्रिटिशराज – पृ. १९८

– मन्मथनाथदास – पार्टीशन एंड इनडिपेन्डेंस ऑफ इंडिया – पृ. २६०

१६. मन्मथनाथदास – उपर्युक्त पृ. २२१

१७. मेवाड़ प्रजामंडल पत्रिका – २० फरवरी १९४८, बी.एल. पनगड़िया कृत 'राजस्थान में स्वतंत्रता संग्राम' पृ. १०८ पर उद्धृत

१८. उपर्युक्त

१९. उपर्युक्त पृ. ११२

२०. मेवाड़ प्रजामंडल पत्रिका, ८ मार्च १९४८ उपर्युक्त में उद्धृत

२१. संयुक्त राजस्थान में शामिल होने वाली बाँसवाड़ा रियासत के महारावल चन्द्रवीरसिंह ने विलयपत्र पर हस्ताक्षर करने में थोड़ी हिचकिचाहट दिखायी पर पड़ोसी रियासतों के अनुरोध पर यह कहते हुए विलयपत्र पर हस्ताक्षर कर दिये कि 'मैं अपने डेथ वारंट पर हस्ताक्षर कर रहा हूँ।'

२२. पनगड़िया – पूर्वोक्त – पृ. ११५

२३. इस सम्बन्ध में मेवाड़ के अग्रणी कवि नाथूदान मेहारिया ने यह दोहा कहा –
झक मारी पे'ली कितां असी न मारी और।
मिळ मारी मेवाड़ में मोहन अर मनोर।।
इसमें वित्तमंत्री डॉ. मोहनसिंह मेहता और गृहमंत्री राव मनोहरसिंह बेदला की ओर इशारा है।

२४. डॉ. करणीसिंह – 'द रिलेशन्स ऑफ द हाऊस ऑफ बीकानेर विद द सेन्ट्रल पॉवर्स – पृ. ३३७

२५. वी.पी. मेनन – द स्टोरी ऑफ द इंटिग्रेशन ऑफ इंडियन स्टेट्स – पृ. २६३

२६. इंडियन न्यूज क्रॉनिकल – १२ नवम्बर १९४८ एल.एस. राठौड़ कृत पूर्वोक्त में उद्धृत – पृ. १३७

२७. सरदार पटेल्स कोरेसपॉन्डेन्स खंड ७ पृ. ४२८–३० पनगड़िया कृत पूर्वोक्त में उद्धृत पृ. १२३

२८. एल.एस. राठौड़ – पूर्वोक्त पृ. १३९

२९. वी.पी. मेनन – पूर्वोक्त पृ. २६६

३०. सी.पी.एन. सिंह – हिन्दुस्तान स्टेण्डर्ड, नयी दिल्ली ३० मार्च १९५६